Schriften des Instituts für Arbeits- und Wirtschaftsrecht der Universität zu Köln

Begründet von Hans Carl Nipperdey

Herausgegeben von

Prof. Dr. Martin Henssler
Prof. Dr. Herbert Wiedemann

Band 134

Jan Alexander Daum

Der Betrieb als Organisation

Eine Erprobung an matrixstrukturierten Unternehmen und Konzernen

Nomos

C.H.BECK

Erster Berichterstatter: Prof. Dr. Heinz-Dietrich Steinmeyer
Zweiter Berichterstatter: Prof. Dr. Clemens Höpfner
Dekan: Prof. Dr. Matthias Casper
Tag der mündlichen Prüfung: 23.06.2020

Die Deutsche Nationalbibliothek verzeichnet diese Publikation in der Deutschen Nationalbibliografie; detaillierte bibliografische Daten sind im Internet über http://dnb.d-nb.de abrufbar.

Zugl.: Münster (Westf.), Univ., Diss. der Rechtswissenschaftlichen Fakultät, 2020

ISBN 978-3-8487-7018-2 (Print)

ISBN 978-3-7489-1079-4 (ePDF)

Die Bände 1–113 sind beim Verlag C. H. Beck, München, erschienen.

Onlineversion
Nomos eLibrary

D6

1. Auflage 2021

Für Annika

Vorwort

Diese Arbeit wurde im Wintersemester 2019/20 von der rechtswissenschaftlichen Fakultät der Westfälischen Wilhelms-Universität Münster als Dissertation angenommen. Die mündliche Prüfung fand am 23. Juni 2020 statt. Für die Drucklegung wurde die Arbeit auf den Stand von September 2020 gebracht.

Mein Dank gilt in erste Linie meinem verehrten Doktorvater, Herrn Professor Dr. Heinz-Dietrich Steinmeyer. Er hat mich durch seine Vorlesungen zunächst für das Arbeits- und Sozialrecht und später während meiner Mitarbeit an seinem Lehrstuhl für die Wissenschaft begeistert. Danken möchte ich auch Herrn Professor Dr. Clemens Höpfner, der das Zweitgutachten erstellt und die Arbeit schon in ihrer Entstehung durch wertvolle Anregungen begleitet hat. Bei Herrn Professor Dr. Herbert Wiedemann und Herrn Professor Dr. Martin Henssler bedanke ich mich für die Aufnahme des Werkes in die Schriftenreihe des Instituts für Arbeits- und Wirtschaftsrecht der Universität zu Köln.

Viele weitere Menschen haben zu meinem juristischen Werdegang und dem Gelingen dieser Arbeit beigetragen. Neben den vielen tollen Kolleginnen und Kollegen am Institut für Arbeits-, Sozial- und Wirtschaftsrecht der Universität Münster seien namentlich vor allem Herr Professor Dr. Mark Lembke, LL.M. (Cornell), Herr Justizrat Volker C. Karwatzki sowie Frau Rechtsanwältin Claudia Karwatzki genannt.

Der größte Dank gebührt jedoch meiner Familie. Meine Mutter Ingrid Maria Daum hat mich stets dazu ermutigt, einen eigenen Weg einzuschlagen und steht mir auf diesem zuverlässig zur Seite. Von meinen Großeltern, Roswitha und Werner Senzel, habe ich gelernt, dass Disziplin und Lebensfreude einander bedingen. Gewidmet ist dieses Buch meiner Frau Annika, deren Besonnenheit, Zuversicht und Expertise mein Leben und meine Arbeit bereichern.

Münster, im September 2020 — Jan Alexander Daum

Inhaltsverzeichnis

Einleitung

A. *Die Relativität der Betriebsbegriffe*

Bereits 1926 beklagte der für nicht absehbare Zeit untrennbar mit dem Betriebsbegriff verbundene *Erwin Jacobi*, dass das positive Recht den Begriff des Betriebs verwende, ohne ihn näher zu bestimmen und stattdessen stillschweigend auf das Begriffsverständnis des täglichen Lebens verweise. Dies sei ungeeignet, da die Alltagssprache jedes der Worte „Betrieb", „Unternehmen", und „Unternehmung" als Bezeichnung für mehrere Begriffe und andererseits alle drei Worte auch im Sinne desselben Begriffes verwende.[1] Gleichwohl knüpft der Gesetzgeber bis heute an das Tatbestandsmermal „Betrieb“ an[2], ohne – so viel darf vorweggenommen werden – dessen divergierendere Bedeutungen zu beachten. Beispielhaft seien die in dieser Arbeit untersuchten Teilrechtsgebiete angeführt, in denen der Betrieb eine betriebsratsfähige Einheit (vgl. § 1 BetrVG), den sachlichen Anwendungsbereich des KSchG (vgl. § 23 Abs. 1 KSchG), den Bereich der kündigungsschutzrechtlichen Sozialauswahl (vgl. § 1 Abs. 3 KSchG) sowie das Transferobjekt des Betriebsübergangs (vgl. § 613a BGB) bezeichnet.

Um der Bedeutungsvielfalt seiner Zeit entgegenzuwirken, machte sich *Jacobi* daran, den *„Grundbegriffe[n] des Betriebs und des Unternehmens nach[zu]gehen, die für alle Rechtsdisziplinen brauchbar sind und die es dann ermöglichen, den verwirrend mannigfaltigen Sprachgebrauch der verschiedenen positiven Regelungen zu klären“*[3]. Betrieb und Unternehmen grenzte er über den jeweils von ihnen verfolgten Zweck ab. Für den Betrieb komme es auf den unmittelbaren, technischen Zweck der Tätigkeit (Herstellung von Brettern, Einkauf und Verkauf von Waren, Transport von Personen oder Sachen) an, nicht auf das entferntere Ziel, umdeswillen die Tätigkeit vom Betreibenden vorgenommen würde, wie insbesondere die Gewinnerzielungsabsicht. Ob mehrere Betriebsmittel denselben Zweck verfolgen, bestimme sich anhand ihrer Verbundenheit, die sich aus gemeinsamen Be-

1 *Jacobi*, in: FS Ehrenberg, S. 1 f.

2 Beispielhaft sei auf den durch Art. 1 Nr. 1 des Tarifeinheitsgesetzes v. 3.7.2015 (BGBl. I, S. 1130) eingefügten § 4a TVG hingewiesen, der „Tarifkollisionen im Betrieb“ verhindert; hierzu *Giesen/Kersten*, Arbeit 4.0, S. 126 f.

3 *Jacobi*, in: FS Ehrenberg, S. 2.

triebseinrichtungen, einer einheitlichen Betriebsleitung oder einem bestimmten Arbeitsverfahren ergeben könne.[4] Demnach sei der Betrieb die *„Vereinigung von persönlichen, sächlichen und immateriellen Mitteln zur fortgesetzten Verfolgung eines von einem oder von mehreren Rechtssubjekten gemeinsam gesetzten technischen Zwecks"*.[5]

Hierauf aufbauend etablierte sich in der deutschen Arbeitsrechtswissenschaft für viele Jahrzehnte die Vorstellung eines allgemeinen arbeitsrechtlichen Betriebsbegriffs, der gleichermaßen auf die Gliederung der Berufsverbände, den Geltungsbereich von Tarifverträgen, Betriebsveräußerungen sowie auf das Betriebsverfassungs- und Kündigungsschutzrecht anwendbar sein sollte.[6] Zitiert wird bis heute meist die durch *Nipperdey*[7] für das Betriebsverfassungsrecht modifizierte *Jacobi*-Definition im Wortlaut von *Arthur Nikisch*, wonach es sich bei dem Betrieb um die organisatorische Einheit handle, *innerhalb derer ein Unternehmer allein oder in Gemeinschaft mit seinen Mitarbeitern mit Hilfe von sächlichen und immateriellen Mitteln bestimmte arbeitstechnische Zwecke fortgesetzt verfolgt"*.[8] Da auch der Gesetzgeber den Betriebsbegriff für wissenschaftlich erforscht hielt, verzichtete er

---

4 *Jacobi*, in: FS Ehrenberg, S. 12.

5 *Jacobi*, in: FS Ehrenberg, S. 9.

6 Vgl. aus jüngerer Zeit *Boemke*, in MHdb ArbR, Bd. 3, § 284 Rn. 1 (*„Der Begriff des Betriebs wird im BetrVG nicht definiert, sondern vorausgesetzt. Es ist daher der allgemeine arbeitsrechtliche Betriebsbegriff."*); *v. Hoyningen-Huene*, in: FS Stahlhacke, S. 173, 180 (*„Dieser allgemeine arbeitsrechtliche Betriebsbegriff kann auch zunächst für alle arbeitsrechtlichen Normen herangzogen werden, also neben dem BetrVG auch bei §§ 1, 15 IV, 23 KschG und § 613a BGB."*); HWK/*Quecke*, § 23 KSchG Rn. 3 (*„Maßgeblich ist der allg. arbeitsrechtl. Betriebsbegriff."*); *Schrader*, NZA 2019, 951, 959 (*„Vereinheitlichung im Sinne des Zugrundeliegens des Betriebsbegriffs beim Betriebsübergang nach § 613 a BGB einheitlich auch im BetrVG ist daher zeitgemäß und wäre wünschenswert"*).

7 *Nipperdey*, in: *Hueck/Nipperdey*, ArbR II (1930), S. 494: *„Betrieb im Sinne des Gesetzes ist die von einem Unternehmer aufgebaute, auf räumlicher Einheit beruhende und auf eine gewisse Dauer angelegte organisatorische Verbindung von persönlichen, sächlichen und immateriellen Mitteln zur Verfolgung eines technischen Zwecks."*

8 Soweit ersichtlich findet sich der Wortlaut erstmals bei *Nikisch*, ArbR I (1936), S. 14; später u.a. auch bei *Hueck*, in: Hueck/Nipperdey, ArbR I, 7. Aufl. 1963, S. 93; bzgl. des BetrVG zitiert von BAG v. 17.5.2017 – 7 ABR 21/15, NZA 2017, 1282; BAG v. 23.11.2016 – 7 ABR 3/15, NZA 2017, 1003; BAG v. 17.1.2007 – 7 ABR 63/05, NZA 2007, 703, BAG v. 22.6.2005 – 7 ABR 57/04, NZA 2005, 1248; BAG v. 22.10.2003 – 7 ABR 18/03, AP BetrVG 1972 § 1 Gemeinsamer Betrieb Nr. 21; BAG v. 23.3.1984 – 7 AZR 515/82, NZA 1984, 88 jeweils m.w.N.; bzgl. des KSchG BAG v. 24.10.2019 – 2 AZR 85/19, BeckRS 2019, 32070 Rn. 19; BAG v. 27.6.2019 – 2 AZR 38/19, NZA 2019, 1427 Rn. 21; BAG v. 20.6.2013 – 2 AZR 271/12, NZA 2013, 837; BAG v. 13.6.1985 – 2 AZR 452/84, NZA 1986, 600; BAG v. 26.8.1971 – 2 AZR 233/70, AP KSchG 1969 § 23 Nr. 1; bzgl. § 613a BGB: BAG v. 10.11.2011 –8 AZR

auf die Einfügung von Legaldefinitionen[9] und verwies in den Gesetzesbegründungen des KSchG und des § 613a BGB auf das vermeintlich eindeutige betriebsverfassungsrechtliche Verständnis.[10] Zunächst hielt selbst das BAG die Begriffe „Betrieb“ und „Unternehmen“ für durch Wissenschaft und Praxis geklärt, so dass es darauf verzichtete, sie näher zu erläutern.[11] Es hat eine gewissen Tragik, dass *Jacobis* Versuch der begrifflichen Klärung letztlich zu einer bis heute andauernden Verunsicherung im Umgang mit dem Betrieb beigetragen hat.

Denn jeglicher Versuch einer allgemeinen, das heißt von einer konkreten Regelung unabhängigen Begriffsbildung, steht von vornherein im Widerspruch zu der sprachwissenschaftlichen Erkenntnis, dass die Bedeutung sprachlicher Äußerungen sowohl vom Kontext des Urhebers (juristisch: dem historischen Gesetzgeber) als auch von dem Rezipienten (Rechtsanwender) abhängt.[12] Folgende Aussage *Collingwoods* lässt sich sowohl auf die Diskussion um den Betriebsbegriff wie auch auf jegliche juristische Auslegung übertragen: *„Jede Antwort muß die richtige Antwort auf die Frage sein, die sie zu beantworten vorgibt.“*[13] Bezogen auf die juristische Begriffsbildung ist die Erkenntnis von der Relativität der Rechtsbegriffe eng mit *Rudolf Müller-Erzbach* und *Karl Engisch* verbunden. *Müller-Erzbach* erläuterte bereits 1912, wohlgemerkt 14 Jahre vor Erscheinen von *Jacobis* Betriebs-Abhandlung, dass das gesetzgeberische Bemühen, jeden Begriff in den verschiedenen Gesetzen im gleichen Sinne zu verwenden, ein niemals zu erreichendes Ziel sei.[14] Aus der Gleichförmigkeit der Worte, Zeichen und Ausdrücke dürfe nicht auf einen gleichen Inhalt geschlossen werden. Vielmehr ergebe sich die Bedeutung eines Rechtsbegriffs aus seiner Beziehung

538/10, AP BGB § 613a Nr. 421; BAG v. 23.9.2010 – 8 AZR 567/09, NZA 2011, 197; BAG v. 11.12.1997 –8 AZR 729/96, NZA 1998, 534; BAG v. 22.9.1994 – 2 AZR 54/94, NZA 1995, 165.

9 Vgl. BT-Drs. 1/1546, S. 2 (BetrVG 1952); BT-Drs. 1/2090, S. 12 (KSchG 1951); BT-Drs. 6/1786, S. 59 (§ 613a BGB).

10 Hierzu 1. Kap. B II. 1. und III 1.

11 BAG v. 3.12.1954 – 1 ABR 7/54, AP § 88 BetrVG 1952 Nr. 1; vgl. auch BAG v. 3.6.2004 – 2 AZR 386/03, NZA 2004, 1380, 1381, wonach am allgemeinen arbeitsrechtlichen Betriebsbegriff festzuhalten sei.

12 *Rüthers/Fischer/Birk*, Rn. 161 ff.

13 *Collingwood*, S. 38; zur Bedeutung der Hermeneutik für die Rechtswissenschaft vgl. *Rüthers/Fischer/Birk*, § 5 Rn 158 f.: *„Das Verstehen eines Textes setzt voraus, dass man die Frage oder die Problemlage verstanden hat, auf die der Text eine Antwort ist oder war“.*

14 *Müller-Erzbach*, S. 31.

auf den ganzen Rechtssatz.[15] Hinsichtlich des Betriebs wurden Zweifel an einer allgemeinen Begriffsbildung zunächst im Betriebsverfassungsrecht geäußert[16], ehe *Joost*[17] auch für das Kündigungsschutz- und Betriebsübergangsrecht die Notwendigkeit einer teleologischen Begriffsbildung darlegte.[18] Spätestens seitdem § 613a BGB der Umsetzung europäischer Richtlinien mit einem autonomen Verständnis des Transferobjekts dient, ist die Vorstellung eines allgemeinen arbeitsrechtlichen Betriebsbegriffs widerlegt.[19]

B. Betrieb und Organisationsgestaltung

Jacobis eigentliche Leistung besteht darin, den Betrieb als Organisation erkannt und beschrieben zu haben, indem er zwischen einem für den Betrieb maßgeblichen unmittelbaren technischen Zweck und dem entfernteren Ziel des Unternehmens unterschied.[20] Die Verbundenheit der Arbeitnehmer und damit die Zweckverfolung drücke sich in der gemeinsamen Leitung aus, wobei zwischen der für den Betriebsbegriff maßgeblichen technischen Leitung und einer allgemeinen wirtschaftlichen Oberleitung zu differenzieren sei.[21] Noch deutlicher zum Ausdruck bringen dies die zeitlich und inhaltlich unmittelbar an *Jacobi* anknüpfenden Formulierungen der *„organisatorischen Verbindung“*[22], *„organisatorischen Einheit“*[23] und *„organisatorischen Zusammenfassung“*[24].[25]

---

15 *Müller-Erzbach*, S. 31; später aufgegriffen von *Engisch*, Relativität, S. 69; vgl. auch *Wank*, Begriffsbildung, S. 110 ff.

16 Vgl. *Gamillscheg*, ZfA 1975, 357, 398 f.; *Richardi*, in: Dietz/Richardi 1981, § 1 BetrVG Rn. 62.

17 *Joost*, Betrieb und Unternehmen, passim.

18 Zum dogmengeschichtlichen Ausgangspunkt *Preis*, RdA 2000, 257 ff.

19 *Preis*, RdA 2000, 257, 259; gleichwohl findet sich die Bezeichnung bis heute in der Literatur, vgl. etwa *Boemke*, in MHdb ArbR, Bd. 3, § 284 Rn. 1; *v. Hoyningen-Huene*, in: v. Hoyningen-Huene/Linck/Krause, § 17 KSchG Rn. 10.

20 *Umnuß*, Betriebsverfassung, S. 31.

21 *Jacobi*, in: FS Ehrenberg, S. 12.

22 *Nipperdey*, in: *Hueck/Nipperdey*, ArbR II (1930), S. 494.

23 *Nikisch*, ArbR I (1936), S. 14; *Hueck*, in: Hueck/Nipperdey, ArbR I, 7. Aufl. 1963, S. 93.

24 *Molitor*, Deutsches Arbeitsrecht (1938), S. 30.

25 *Joost*, Betrieb und Unternehmen, S. 109, der dies jedoch als „Binsenweisheit“ bezeichnet.

In der Betriebswirtschaftslehre werden Organisationen als soziale Gebilde beschrieben, die dauerhaft ein Ziel verfolgen und eine formale Struktur aufweisen, mit deren Hilfe die Aktivitäten der Mitglieder auf das verfolgte Ziel ausgerichtet werden sollen.[26] Es handelt sich um Kollektive natürlicher Personen, deren Verhalten durch den Aufbau von Hierarchien und die Ausübung von Leitungsmacht gesteuert wird, um zuvor festgelegte Ziele zu erreichen.[27] Die vorliegende Arbeit wird untersuchen, ob die arbeitsrechtlichen Kollektive der Betriebsverfassung, des Kündigungsschutzgesetzes und des Betriebsübergangsrechts den vorgefundenen betriebswirtschaftlichen Organisationsstrukturen folgen[28] – für die Bildung arbeitsrechtlicher Betriebe mithin die Grundsätze der betriebswirtschaftlichen Abteilungsbildung fruchtbar gemacht werden können. Die Vermutung liegt nahe, zieht doch auch die Rechtsprechung mitunter Organigramme zur Beurteilung des Betriebszuschnitts heran.[29]

Obgleich demnach die Ausübung von Leitungsbefugnissen für sämtliche hier untersuchten Betriebsbegriffe konstituierend sein könnte, darf die vorliegende Abhandlung nicht als Versuch der Unterstützung eines bereits widerlegten allgemeinen Betriebsbegriffs missverstanden werden. Denn sowohl in den Wirtschaftswissenschaften als auch der Arbeitsrechtswissenschaft ist anerkannt, dass inhaltlich zwischen verschiedenen Leitungsbefugnissen zu differenzieren ist. In der Betriebswirtschaft wird etwa zwischen einer die Modalitäten der Aufgabendurchführung betreffenden fachlichen Leitung und zur Personalsteuerung ermächtigenden disziplinarischen Leitungsbefugnissen unterschieden.[30] Das dem Arbeitgeber gegenüber seinen Arbeitnehmern zustehenden Weisungsrecht unterteilt bereits § 611a Abs. 1 S. 2 BGB in Inhalt, Durchführung, Zeit und Ort der Tätigkeit.[31]

---

26 *Frese/Graumann/Theuvsen*, Organisation, S. 20; *Kieser/Walgenbach*, S. 6; *Laux/Liermann*, S. 2.

27 *Laux/Liermann*, S. 2; *Kieser/Walgenbach*, S. 16.

28 Für das BetrVG *Konzen*, Unternehmensaufspaltungen, S. 107; *Schubert*, Matrixorganisationen, S. 43; *Windbichler*, Arbeitsrecht im Konzern, S. 288; vgl. auch *Böhm*, RdA 2013, 193, 203; *Konzen*, Unternehmensaufspaltungen, S. 79; *Naztel*, Betriebszugehörigkeit, S. 13.

29 Vgl. etwa BAG v. 21.5.2015 – 8 AZR 409/13, NZG 2016, 35 (§ 613a BGB); BAG v. 11.2.2004 – 7 ABR 27/03, NZA 2004, 618, 620; LAG Hamm v. 28.10.2005 – 13 TaBV 98/05, BeckRS 2006, 40316 (BetrVG); vgl. auch *Stoffels/Lembke*, § 1 Rn. 29.

30 *Bach et al.*, Wertschöpfungsorientierte Organisation, S. 246; *Nicolai*, S. 61 f.; *Schulte-Zurhausen*, Organisation, S. 173.

31 Zu den einzelnen Ausprägungen des arbeitsrechtlichen Direktionsrechts umfassend *Fischels*, S. 195 ff.

Die Ausübung von Leitungsbefugnissen als betriebskonstituierend anzusehen, führt mithin nicht zwangsläufig zu einem deckungsgleichen Betriebszuschnittt in § 1 BetrVG, §§ 1, 23 Abs. 1 KschG und § 613a Abs. 1 BGB. Eine Abweichung vom Organisationsbegriff der Betriebswirtschaftslehre ist hiermit nicht verbunden: Denn auch sie kennt keine einheitliche Vorstellung vom Begriff „Organisation", gleichwohl jedoch Merkmale, die die verschiedenen Organisationsbegriffe miteinander verbinden.[32] Die Aufgabe der vorliegenden Abhandlung muss es daher sein, das die Betriebsbegriffe verbindene Element im Sinne eines kleinsten gemeinsamen Nenners zu ermitteln und zu erproben, von dem aus mit der weiteren Ausdifferenzierung zu beginnen ist. Mit anderen Worten: Die einzelnen Betriebsbegriffe müssen – entsprechend der Relativität der Rechtsbegriffe – vor dem Hintergrund derjenigen Leitungsmacht bestimmt werden, auf die das Telos der Vorschrift abzielt.

C. Matrixorganisationen

Obgleich *Nipperdey* bereits im Jahr 1930 den Betrieb als *„organisatorische Verbindung"* bezeichnete, dauerte es mehr als 50 Jahre, bis die These vom betriebskonstituierenden Leitungsapparat in der Literatur erstmals anhand konkreter betriebswirtschaftlicher Organisationsmodelle überprüft wurde. Einen Anstoß hierfür dürfte *Thomas Raiser* gegeben haben, der den Betrieb als einer der ersten nicht als aliud zum Unternehmen verstand, sondern ihn als Suborganisation der Gesamtorganisation „Unternehmen" erkannte.[33] Zeitlich parallel zur Erforschung des Konzernarbeitsrechts[34] erschienen dann in den 1980er-Jahren die ersten Abhandlungen zu den Auswirkungen bestimmter betriebswirtschaftlicher Organisationsgestaltungen auf die Mitbestimmung in Betrieb und Unternehmen.[35] In den vergangenen

32 *Frese/Graumann/Theuvsen*, Organisation, S. 20; *Joost*, Betrieb und Unternehmen, S. 108; *Kieser/Walgenbach*, S. 6.

33 *Raiser*, Das Unternehmen als Organisation, S. 126; krit. *Joost*, Betrieb und Unternehmen, S. 100.

34 Monographisch etwa *Fabricius*, Gespaltene Arbeitsverhältnisse; *Henssler*, Arbeitsvertrag im Konzern; *Wendeling-Schröder*, Divisionalisierung; *Wiedemann*, Unternehmensgruppe; *Windbichler*, Arbeitsrecht im Konzern; später u.a. *Bayreuther*, Abhängige Unternehmen; *Temming*, Vertragsbeherrschende Dritte.

35 Vgl. insbesondere *Joost*, Betrieb und Unternehmen, S. 108 ff.; *Konzen*, Unternehmensaufspaltungen; *Rancke*, passim; *Wendeling-Schröder*, Divisionalisierung; etwas später *Umnuß*, Betriebsverfassung (1993); *Wank*, Lean Management (1995);

Jahren sind insbesondere Untersuchungen zu den betriebsverfassungsrechtlichen Besonderheiten der in dieser Arbeit untersuchten Matrixstrukturen hinzugekommen.[36] Die vorliegende, über das Betriebsverfassungsrecht hinausgehende Analyse wird zeigen, dass sich die Erkenntnisse der betriebswirtschaftlichen Organisationsgestaltung für sämtliche hier untersuchten Betriebsbegriffe fruchtbar machen lassen und zu einer deutlicheren Konturierung arbeitsrechtlicher Organisationseinheiten beitragen.

Die These von der Leitungsmacht als kleinstem gemeinsamen Nenner der untersuchten Betriebe lässt sich besonders gut anhand sogenannter Matrixorganisationen erproben, in denen Leitungsbefugnisse nicht von einer Stelle ausgeübt werden, sondern auf mehrere Instanzen verteilt sind. Charakteristisch für matrixorganisierte Unternehmen und Konzerne ist die Ausrichtung nach mindestens zwei Gliederungsprinzipien. Beispielhaft sei der Volkswagen-Konzern erwähnt, der seit 2016 in eine funktionsbezogene (Entwicklung, Produktion und Vertrieb) und eine baureihenbezogene (Small, Compact, Mid-/Fullsize; Battery Electric Vehicles) Dimension gegliedert ist.[37] Dies hat zur Folge, dass mehrere Stellen einer Hierarchieebene mit der Leitung derselben Mitarbeiter betraut sind, wobei sich Inhalt und Bezugspunkt der jeweils ausgeübten Leitungsmacht regelmäßig unterscheiden. So wird beispielswiese nur die Leitungsstelle (Instanz) der funktionsbezogenen Dimension zur Einstellung, Entlassung und anderer disziplinarischer Maßnahmen befugt sein, während in fachlicher Hinsicht beide Instanzen auf die ihnen unterstellten Beschäftigten einwirken. Da somit nicht nur inhaltlich divergierende Leitungsbefugnisse auf mehrere Instanzen verteilt sein können, sondern zum Teil auch dieselbe Kometpenz von mehreren Instanzen parallel ausgeübt wird, dienen Matrixstrukturen dieser Arbeit als Probe aufs Exempel: Lässt sich für sie die Leitung als be-

---

zu betriebswirtschaftlichen Netzwerken außerhalb des Konzerns zudem auch *Kreuder*, in: FS Simitis, S. 171; *Krebber*, Unternehmensübergreifende Arbeitsabläufe.

36 Vgl. etwa *Bachner*, NZA 2019, 134; *Bauer/Herzberg*, NZA 2011, 713, 717; *Berger*, passim; *Henssler*, NZA-Beil. 2014, 95, 102; *Kort*, NZA 2013, 1318, 1321 ff.; *Maywald*, S. 154 ff.; *Ricken*, ZfA 2016, 535; *Rein*, passim; *Schubert*, Matrixorganisationen, passim; *Witschen*, RdA 2016, 38, 41 f.

37 *Volkswagen AG*, Konzernlagebericht 2016, S. 52, 186; als Vorbild diente die in der Porsche AG seit 1999 praktizierte Baureihenorganisation.

triebskonstituierendes Merkmal handhabbar machen, gelingt dies erst recht in weniger ausdifferenzierten Organisationsgestaltungen.[38]

38 Vgl. *Joost*, Betrieb und Unternehmen, S. 121, der die These vom Betrieb als Organisationseinheit u.a. aufgrund der heterogenen Leitungsstrukturen in Matrixorganisationen ablehnt.

1. Kapitel: Systematisierung der Betriebsbegriffe

Nachdem der Betrieb von *Jacobi* früh als Organisation erkannt und von *Nipperdey* als solche benannt wurde[39], versäumte es die Arbeitsrechtswissenschaft für viele Jahre, die organisatorische Betrachtung mit einer teleologischen Auslegung des jeweiligen Tatbestandsmerkmals „Betrieb“ zu verbinden. Vielmehr begnügte man sich weitestgehend mit der von *Jacobi* lediglich als „Grundbegriff“[40] konzipierten Definition[41], ohne die divergierenden Schutzzwecke von Betriebsverfassungs-, Kündigungsschutz- und Betriebsübergangsrecht hinreichend zu berücksichtigen.[42] Insbesondere *Joost* legte die Notwendigkeit einer teleologischen Bestimmung der einzelnen Betriebsbegriffe ausführlich dar und lehnte aufgrund dessen auch den Organisationsbegriff als für die Betriebsabgrenzung untauglich ab.[43]

Das erste Kapitel der vorliegenden Abhandlung wird sich der Frage widmen, inwieweit sich eine organisatorische Betrachtung der hier untersuchten Betriebsbegriffe und deren teleologische Auslegung miteinander verbinden lassen. Als Anknüpfungspunkt könnten hierfür Leitungsbefugnisse dienen, die ein sämtliche Organisationen konstituierendes Element darstellen (A). Es soll untersucht werden, ob auch für die hier untersuchten Betriebsbegriffe als Tatbestandsmerkmale geschriebenen Rechts die Ausübung von Leitungsbefugnissen konstituierend wirkt und – falls ja – welche Form der Leitung jeweils maßgeblich ist (B).

---

39 Hierzu bereits unter Einleitung B.

40 *Jacobi*, in: FS Ehrenberg, S. 2.

41 Exemplarisch etwa BAG v. 3.12.1954 – 1 BR 7/54, NJW 1955, 277: *„Die Begriffe: „Betrieb" und „Unternehmen" sind durch die Wissenschaft und Praxis des Arbeitsrechts so geklärt, daß der Senat keinen Anlaß hat, über die Unterscheidung längere Ausführungen zu machen“.*

42 *Joost*, Betrieb und Unternehmen, S. 95; Richardi/*Richardi/Maschmann*, § 1 BetrVG Rn. 19; *Richter*, in: MHdB ArbR, Bd. 1, § 24 Rn. 4.

43 *Joost*, Betrieb und Unternehmen, S. 94; zust. u.a. Richardi/*Richardi/Maschmann*, § 1 BetrVG Rn. 19.

A. Betriebswirtschaftliche Organisationsmerkmale

Als Organisation werden in den Wirtschaftswissenschaften sowohl ein soziales Gebilde (institutionaler Organisationsbegriff) als auch diejenigen Strukturen und Verhaltensregeln bezeichnet, mit denen das soziale Gebilde seine Ziele zu erreichen bezweckt (funktionaler Organisationsbegriff).[44] Im ersten Fall lässt sich davon sprechen, dass ein Gebilde eine Organisation *ist*, im zweiten Fall, dass ein Gebilde eine Organisation *hat*.[45] Über die Merkmale, die eine Organisation im institutionalen Sinn kennzeichnen, herrscht weitgehend Einigkeit: Es bedarf mindestens zweier Personen, die aufgrund einer sie dauerhaft verbindenden Struktur ein gemeinsames Ziel bzw. eine gemeinsame Aufgabe[46] zu erreichen haben.[47]

Wie das Ziel eines Unternehmens bestmöglich erreicht werden kann, ist eine Frage der betriebswirtschaftlichen Organisationsgestaltung. Durch sie werden jene Strukturen festgelegt, die das Unternehmen als Organisation prägen. Mittel der Organisationsgestaltung sind dabei stets die Differenzierung und Integration. Während das Gesamtziel der Organisation im Rahmen der Differenzierung in mehrere Teilaufgaben unterteilt wird, behandelt die Integration (auch Koordination) die möglichst effiziente Zusammenführung der Teilaufgaben zu einem Ganzen.[48]

Um eine Organisationsstruktur zu entwickeln, untergliedert sich die Differenzierung in die Aufgabenanalyse und die Aufgabensynthese.[49] Im Rahmen der Aufgabenanalyse[50] wird festgelegt, welche Aufgaben es gibt und in welche Teilaufgaben diese zerlegt werden können. Klassischerweise wird dabei zwischen funktionalen (auch Verrichtungsorganisation[51]) und divisionalen Organisationen (auch Spartenorganisationen[52]) unterschie-

---

44 Zur Unterscheidung grdl. *Nordsieck*, S. 18, vgl. auch *Laux/Liermann*, S. 2; *Picot/Dietl/Franck* et al., S. 27; *Schanz*, in: HWO, Sp. 1460; *Schulte-Zurhausen*, S. 1.

45 *Sydow/Wirth*, Organisation und Strukturation, S. 20.

46 Zur Aufgabe als Ausgangspunkt aller organisatorischen Arbeit grdl. *Nordsieck*, S. 19 ff.; *Kosiol*, S. 41; vgl. hierzu auch *Picot/Dietl/Franck* et al., S. 305.

47 Vgl. *Adzic*, S. 13; *Bronner*, in: HWUO, Sp. 230; *Frese/Graumann/Theuvsen*, Organisation, S. 20; *Laux/Liermann*, S. 2; *Miebach*, S. 11; *Raiser*, S. 100; *Umnuß*, Betriebsverfassung, S. 76; *Schanz*, in: HWO, Sp. 1460.

48 *Kieser/Walgenbach*, S. 16; *Schanz*, in: HWO, Sp. 1460; *Schreyögg/Geiger*, S. 25.

49 Grdl. *Kosiol*,, S. 42 ff. und 76 ff.; vgl. auch *Picot/Dietl/Franck* et al., S. 309; *Schreyögg/Geiger*, S. 29 f.

50 Vertiefend *Eigler*, in: HWUO, Sp. 54 ff.

51 *Braun/Beckert*, in: HWO, Sp. 641.

52 *Frese/Graumann/Theuvsen*, Organisation, S. 436.

den.[53] Während in funktionalen Organisationen die Differenzierung anhand zu erledigender Verrichtungen erfolgt (beispielsweise Forschung und Entwicklung, Produktion, Vertrieb)[54], sind divisionale Organisationen objektbezogen nach Produktgruppen, Regionen oder Kunden untergliedert. In der sich anschließenden Aufgabensynthese werden die ermittelten Aufgaben in personenunabhängigen Stellen gebündelt und mehrere Stellen anschließend zu Abteilungen zusammengefasst.[55] Eine Abteilung entsteht dabei aus der Zusammenfassung mehrerer Stellen unter eine übergeordnete Stelle. Die übergeordnete Stelle ist mit Weisungsbefugnis gegenüber den ihr unterstellten Stelleninhabern ausgestattet und wird in der Betriebswirtschafslehre als „Instanz" bezeichnet.[56]

Die im Rahmen der Aufgabensynthese gebildeten Abteilungen sind selbst bereits in sich abgeschlossene Organisationseinheiten, wodurch es bezüglich der Gesamtorganisation zu einer Unterbrechung des Leistungsflusses kommt. Das Ziel der organisatorischen Integration ist es, die durch die Differenzierung entstandenen Brüche zwischen einzelnen Stellen und Abteilungen miteinander zu verknüpfen und im Hinblick auf die Gesamtaufgabe zu koordinieren.[57] Dabei kann sich ein Organisationsgestalter grundsätzlich zwischen einem Einlinien- und einem Mehrliniensystem entscheiden.[58] In einem Einliniensystem wird jede Stelle rangmäßig einer Instanz zugeordnet, wodurch ein eindeutig gestaffeltes System von Über- und Unterordnung (Hierarchiepyramide) entsteht. In einem Mehrliniensystem untersteht eine Stelle hingegen mehreren weisungsbefugten Instanzen, die jeweils auf spezifische Funktionen spezialisiert und bezüglich derer weisungsbefugt sind. Die historisch bekannteste Ausprägung eines Mehrliniensystems ist das sogenannte Funktionsmeisterprinzip von *F.W. Taylor*, wonach eine Stelle insgesamt acht Instanzen (Funktionsmeistern) unterstellt sein sollte, unter anderem einem Arbeitsverteiler, einem Ge-

---

53 Hierzu u.a. Bach et al. Wertschöpfungsorientierte Organisation, S. 261; *Frese/Graumann/Theuvsen*, Organisation, S. 436; *Mellewigt*, in: HWUO, Sp. 1360; *Kosiol*, S. 54 ff. nennt zusätzlich Rang, Phase und Zweckbeziehung als weitere Differenzierungsmerkmale.

54 Hierzu *Braun/Beckert*, in: HWO, Sp. 640 ff.

55 *Mellewigt*, in: HWUO, Sp. 1356.

56 *Mellewigt*, in: HWUO, Sp. 1356; *Nicolai*, S. 60; *Schreyögg/Geiger*, S. 41.

57 *Kieser/Walgenbach*, S. 16; *Schreyögg/Geiger*, S. 66.

58 Aus Gründen der Übersichtlichkeit außer Acht gelassen wird an dieser Stelle das sog. Stabliniensystem, das dem Einliniensystem spezialisierte Stabstellen mit ausschließlich beratender Funktion hinzufügt, hierzu *Picot/Dietl/Franck* et al., S. 319.

schwindigkeitsmeister und einem Instandhaltungsmeister.[59] Auch bei den hier untersuchten Matrixorganisationen handelt es sich um Mehrliniensysteme.[60]

Den dargestellten Grundlagen der betriebswirtschaftlichen Organisationsgestaltung lässt sich entnehmen, dass eine Organisation nicht bereits durch die Vereinbarung eines Ziels oder durch die Zuweisung einer Aufgabe an Stellen entsteht. Es bedarf zusätzlich einer Struktur, welche die einzelnen Akteure zum Zweck der gemeinsamen Zielerreichung miteinander verbindet, damit von einer Organisation gesprochen werden kann. Diese Struktur ergibt sich durch die Unterstellung bestimmter Stellen unter die Leitung anderer (Abteilungsbildung), sprich durch die Hierarchiesierung des Gebildes. Die Hierarchie wirkt zum einen in die Organisation hinein, indem sie die den einzelnen Stellen zugewiesenen Teilaufgaben miteinander verknüpft. Zum anderen dient sie der Abgrenzung nach Außen zu anderen Organisationseinheiten.[61]

B. *Der Betrieb als gesetzliches Tatbestandsmerkmal*

Der Ursprung[62] des Betriebs als Tatbestandsmerkmal geschriebenen Rechts liegt im Sozialversicherungsrecht, genauer in § 1 des Unfallversicherungsgesetzes vom 6. Juli 1884.[63] Die Vorschrift legte den versicherten Personenkreis der gesetzlichen Unfallversicherung auf bestimmte Arbeiter und Betriebsbeamte fest und knüpfte hierfür an den *Betrieb* als Substantiv für das *Betreiben* von Bergwerken, Steinbrüchen, Werften und anderen besonders unfallträchtigen Branchen an.[64] In das Arbeitsrecht fand der Betrieb Eingang als Bezugspunkt der Arbeitnehmermitbestimmung – zu-

---

59 *Taylor*, S. 132.

60 Zur Gestaltung matrixorganisierter Unternehmen und Konzerne siehe 3. Kap. A.

61 Zur Konnexität von Organisations- und Betriebsgrenzen siehe unter 2. Kap. B. I.

62 Zur historischen Entwicklung des Betriebsbegriffs und seiner Verwendung instruktiv *Joost*, Betrieb und Unternehmen, S. 13 ff.

63 RGBl. 1884, S. 69.

64 § 1 Abs. 1 S. 1 des Unfallversicherungsgesetzes v. 6.7.1884 lautete: „*Alle in Bergwerken, Salinen, […] sowie in Fabriken und Hüttenwerken beschäftigten Arbeiter und Betriebsbeamten […], werden gegen die Folgen der bei dem Betriebe sich ereignenden Unfälle nach Maßgabe der Bestimmungen dieses Gesetzes versichert. Dasselbe gilt von Arbeitern und Betriebsbeamten, welche von einem Gewerbetreibenden, dessen Gewerbebetrieb sich auf die Ausführung von Maurer-, Zimmer-, Dachdecker-, Steinhauer- und Brunnenarbeiten erstreckt, in diesem Betriebe beschäftigt werden, sowie von den im Schornsteinfegergewerbe beschäftigten Arbeitern.*“

nächst in § 11 des Gesetzes über den vaterländischen Hilfsdienst vom 6.12.1916[65], wo er die „Fabrik“ als Tatbestandsmerkmal ablöste. Ab 1920 diente der Betrieb dann als zentraler Bezugspunkt des Betriebsrätegesetzes (BRG 1920)[66], in dem der Gesetzgeber erstmals zwischen den Organisationseinheiten Betrieb und Unternehmen unterschied und feststellte, dass *„in den neuzeitlichen Riesenunternehmen zahlreiche Betriebe Bestandteile eines und desselben Unternehmens“* seien.[67] Auf dieses Verständnis nahm der Gesetzgeber bei der Kodifizierung des KSchG (1951)[68], des BetrVG (1952)[69] und des Betriebsübergangs in § 613a BGB (1972)[70] explizit Bezug.

Sowohl historisch als auch de lege lata lässt sich eine Zweiteilung des Betriebs als Gegenstand gesetzlicher Regelungen feststellen: Insbesondere das öffentliche Recht verwendet den Betrieb weiterhin hauptsächlich als Substantivierung des Verbs „betreiben“, etwa einer Anlage (vgl. § 15 BImSchG), eines Energieversorgungsnetzes (§ 11 EnWG) oder eines bestimmten Gewerbes (vgl. § 101 SGB III), während die im Folgenden untersuchten Betriebe als organisatorische Einheiten beschrieben werden, die durch die Unterstellung von Arbeitnehmern und/oder Betriebsmitteln unter einen einheitlichen Leitungsapparat (betriebswirtschaftlich: Instanz) geprägt sind. Die noch immer geläufige, von *Jacobi*, *Hueck/Nipperdey* und *Nikisch* entwickelte Betriebsdefinition[71] bringt zwar jenen Bezug zur betriebswirtschaftlichen Organisation eines Unternehmens zum Ausdruck, berücksichtigt jedoch weder, dass eine Zusammenfassung von Ressourcen auf unterschiedlichen Rechten mit divergierendem Inhalt (grob: fachliches und inhaltliches Weisungsrecht im Sinne des § 611a Abs. 1 BGB; Disziplinarrechte) beruhen kann, noch konkretisiert sie den arbeitstechnischen Zweck oder setzt beides in einen Bezug zu den von der jeweiligen Norm verfolgten Zielen. Ein derart hohes Abstraktionsniveau mag den Vorteil bieten, gleichsam auf § 1 BetrVG, § 613a BGB und §§ 1, 23 KSchG anwend-

65 RGBl. I 1916, S. 307.
66 RGBl. I 1920, S. 147.
67 Verhandlungen der verfassungsgebenden Deutschen Nationalversammlung, 1919, Bd,. 338, Anlagen Nr. 928, S. 24; abgedruckt bei *Joost*, Betrieb und Unternehmen, S. 30.
68 BT-Drs. 1/2090, S. 16; hierzu unter 1. Kap. B. II. 1.
69 BT-Drs. 1/1546, S. 3; hierzu unter 1. Kap. B. I. 1.
70 BT-Drs. 6/1786, S. 59; hierzu unter 1. Kap. B. III. 1. a).
71 *Vgl. nur Hueck*, in: Hueck/Nipperdey, ArbR I, 7. Aufl. 1963, S. 93: *„Betrieb ist die organisatorische Einheit, innerhalb derer ein Unternehmer allein oder in Gemeinschaft mit seinen Mitarbeitern mit Hilfe von sächlichen und immateriellen Mitteln bestimmte arbeitstechnische Zwecke fortgesetzt verfolgt“*; zur Entstehung dieser Formulierung bereits unter Einleitung B.

bar zu sein, ohne dabei erhebliche Widersprüche zu erzeugen.[72] Der Rechtsprechung wird dies gelegen kommen, um ohne wissenschaftlichen Begründungsaufwand (vermeintliche) Einzelfallgerechtigkeit herbeizuführen. Diese Simplifizierung wird jedoch zum Preis einer unnötig großen Rechtsunsicherheit erkauft. Es obliegt dem vorliegenden Kapitel, die notwendigen Differenzierungen vorzunehmen, um sie an späterer Stelle[73] an der besonders komplexen Organisationsform des Matrixkonzerns zu erproben.

I. Die betriebsratsfähigen Einheiten des BetrVG

Durch das BetrVG werden die Arbeitnehmer an den Entscheidungen des Arbeitgebers beteiligt. Dem Betriebsrat als demokratisch legitimiertem Repräsentationsgremium der Belegschaft werden Beteiligungsrechte mit divergierender Intensität eingeräumt, etwa Informations-[74], Anhörungs-[75], Mitbestimmungs-[76] und Initiativrechte[77]. Indem das BetrVG die autonome Leitungsbefugnis des Arbeitgebers begrenzt, knüpft es an die Folgen der dem Arbeitnehmerstatus immanenten persönlichen Abhängigkeit an. Das strukturelle Ungleichgewicht zwischen Arbeitgeber und Arbeitnehmer soll durch die Teilhabe an den Entscheidungen des Arbeitgebers verringert werden.[78] Diese sogenannte Teilhabefunktion wird überwiegend auf das in Art. 20 Abs. 1 GG verankerten Demokratie- und Sozialstaatsprinzip sowie auf das Allgemeine Persönlichkeitsrecht des Art. 2 Abs. 1 i.V.m. Art. 1

---

72 Zu erheblichen Systembrüchen kommt es jedoch bei der Anwendung auf § 17 Abs. 1 KSchG, siehe hierzu unter 1. Kap. B. II. 2. c).

73 Siehe 4. Kap.

74 Informationsrechte finden sich beispielsweise in §§ 80 Abs. 2, 85 Abs. 3; 89 Abs. 4, 90, 92 Abs. 1, 100 Abs. 2, 105, 106108 Abs. 5, 111 S. 1 BetrVG.

75 Anhörungsrechte finden sich beispielsweise in §§ 96 Abs. 1 S. 3, 102 Abs. 1 BetrVG.

76 Die in der Praxis relevantesten Mitbestimmungsrechte finden sich in § 87 BetrVG.

77 Initiativrechte finden sich beispielsweise in §§ 80 Abs. 1 Nr. 2 und 3, 91, 92 Abs. 2, 93, 95 Abs. 2, 112 Abs. 4, 104 S. 1 BetrVG.

78 *Christiansen*, S. 53; *Fitting*, § 1 BetrVG Rn. 2; ErfK/*Koch*, § 1 BetrVG Rn. 1; *Kreutz*, Betriebsautonomie, S. 186; *Müllner*, S. 94; *Rein*, S. 80; *Wedemeyer*, Betriebszugehörigkeit, S. 18; vgl. auch der Bericht der Mitbestimmungskommission, BT-Drs. VI/334, S. 64 – 66; a.A. *Boemke*, in: MHdb ArbR Bd. 3, § 283 Rn. 3, der eine Kompensation einseitiger Leitungsbefugnisse aufgrund des privatautonomen Vertragsschlusses nicht für geboten hält.

Abs. 1 GG zurückgeführt.[79] Vereinzelt wird gar behauptet, die persönliche Abhängigkeit der Arbeitnehmer verstieße ohne ihre Mitbestimmung gegen die Menschenwürde.[80] Die Konzeption als kollektive Beteiligung der Arbeitnehmer führt zudem zu einem Ausgleich der womöglich divergierenden Interessen innerhalb der Belegschaft (Ausgleichsfunktion).[81] Die Repräsentation der Belegschaft durch den Betriebsrat setzt nämlich voraus, dass aus den zuvor bestehenden Individualinteressen ein Kollektivinteresse gebildet wird. Dies geschieht durch internen Dialog und Kompromissfindung.

Die Teilhabe- und Ausgleichsfunktion der Betriebsverfassung spiegeln sich auch im Betriebsbegriff des § 1 BetrVG wieder, der zum einen eine Arbeitnehmergruppe mit vergleichbaren Interessen zur Gesamtbelegschaft abgrenzt[82] und diese zum anderen einem Verhandlungspartner auf Arbeitgeberseite gegenüberstellt. Das BetrVG kann insofern als Verhandlungsgesetz bezeichnet werden.[83] Verwirklicht werden Teilhabe und Ausgleich durch kollektive Interessenvertretungen auf insgesamt drei Repräsentationsebenen:[84] Auf erster Stufe steht der Betrieb im Sinne des § 1 BetrVG, dessen Vertretungsgremium – der Betriebsrat – grundsätzlich für alle mitbestimmungspflichtigen Angelegenheiten zuständig ist. In aus mehreren Betrieben bestehenden Unternehmen ist gemäß § 47 BetrVG zusätzlich ein Gesamtbetriebsrat zu bilden, der subsidiär für solche Angelegenheiten zuständig ist, die das Gesamtunternehmen oder mehrere Betriebe betreffen und nicht durch die Einzelbetriebsräte geregelt werden können, vgl. § 50 Abs. 1 BetrVG. Auf dritter Ebene kann in Konzernen gemäß § 54 Abs. 1 BetrVG ein Konzernbetriebsrat errichtet werden.

Ein Betriebsrat kann gemäß § 1 Abs. 1 BetrVG in Betrieben mit mindestens fünf ständigen wahlberechtigten (vgl. § 7 BetrVG) Arbeitnehmern gewählt werden, sofern wenigstens drei Arbeitnehmer wählbar im Sinne des § 8 BetrVG sind. Hierunter fallen gemäß § 1 Abs. 1 S. 2 BetrVG auch gemeinsame Betriebe mehrerer Unternehmen, die lediglich die Besonderheit aufweisen, dass sich mehrere Unternehmen ausdrücklich oder konkludent

---

79 BAG v. 10.12.2002 – 1 ABR 7/02, NZA 2004, 223, 227; *Boemke*, in: MHdbArbR III, § 283 Rn. 2; *Fitting*, § 1 BetrVG Rn. 4; *v. Hoyningen-Huene*, in: FS Stahlhacke, S. 173, 183; a.A. GK-BetrVG/*Wiese*, Einleitung Rn. 82 m.w.N.; vgl. instruktiv *Kolbe*, Mitbestimmung und Demokratieprinzip, S. 109 ff.

80 *Däubler*, Grundrecht auf Mitbestimmung, S. 155 ff.

81 *Gamillscheg*, AuR 2001, 411, 413 *Rieble/Klebeck*, in: FS Richardi, S. 693, 694.

82 *Gamillscheg*, AuR 2001, 411, 413; *Stöckel*, S. 57; *Zöllner/Loritz/Hergenröder*, S. 455.

83 *v. Hoyningen-Huene*, in: FS Stahlhacke, S. 173, 178 f.

84 *Berger*, S. 70; *Konzen*, RdA 2001, 76, 78; *Wendeling-Schröder*, NZA 1999, 1065.

auf eine einheitliche Leitung des Betriebs in personellen und sozialen Angelegenheiten verständigt haben. Eine solche Führungsvereinbarung wird unter den Voraussetzungen des § 1 Abs. 2 BetrVG widerlegbar vermutet. Betriebsratsfähig[85] sind aufgrund der Fiktion des § 4 Abs. 1 BetrVG auch Betriebsteile, die die Voraussetzungen des § 1 Abs. 1 BetrVG erfüllen und entweder räumlich weit vom Hauptbetrieb entfernt sind (§ 4 Abs. 1 S. 1 Nr. 1 BetrVG) oder durch Aufgabenbereich und Organisation eigenständig sind (§ 4 Abs. 1 S. 1 Nr. 2 BetrVG). Ein wesentlicher Unterschied zwischen dem Betrieb im Sinne des § 1 Abs. 1 BetrVG und dem selbstständigen Betriebsteil nach § 4 Abs. 1 BetrVG besteht darin, dass die Arbeitnehmer in letzterem gemäß § 4 Abs. 1 S. 2 BetrVG beschließen können, an der Betriebsratswahl des Hauptbetriebs teilzunehmen, sofern in ihrem Betriebsteil kein eigener Betriebsrat besteht. Die Repräsentationseinheit von Arbeitnehmern in Betrieben im Sinne des § 1 Abs. 1 BetrVG kann hingegen ausschließlich durch einen Tarifvertrag nach Maßgabe des § 3 BetrVG angepasst werden.

1. Verzicht auf eine Legaldefinition

Obwohl der Betrieb die „*Keimzelle der betriebsverfassungsrechtlichen Beteiligung*“[86], „*Grundlage der Betriebsverfassung*“[87] und „*Wurzel der Mitbestimmungsrechte*“[88] ist, beinhaltet das BetrVG keine Legaldefinition des Betriebs. Auch in der Geschichte der betrieblichen Mitbestimmung[89] finden sich nur wenige legislatorische Konkretisierungsversuche. Bereits bezüglich des Begriffs der „Fabrik“ als ursprünglichem Anknüpfungspunkt der Arbeitnehmermitbestimmung hatten zahlreiche Definitionsversuche ihre Schranke in der „*Vielseitigkeit des praktischen Lebens*“ gefunden.[90] Einen ers-

---

85 Vgl. *Joost*, Betrieb und Unternehmen, S. 238 f., der zutreffend zwischen „Betrieb“ und „betriebsratsfähiger Einheit“ differenziert.

86 *Konzen*, AuR 1985, 341, 346.

87 *Gamillscheg*, ZfA 1975, 358.

88 *Preis*, in: Wlotzke/Preis/Kreft, § 1 BetrVG Rn. 13.

89 Ausführlich hierzu *Joost*, Betrieb und Unternehmen, Kap. 1 – 3; vgl. auch *Preis/Poverdano Peramato*, in: FS 100 Jahre Betriebsverfassung, S. 571, 571 f.; speziell zur Entstehung des BRG 1920 *Bepler*, in FS 100 Jahre Betriebsverfassung, S. 74 ff.; *Reichold*, ZfA 2020, 5 ff.

90 Vgl. Begründung zum Entwurf eines Gesetzes über die Unfallversicherung der Arbeiter, Sternographische Berichte über die Verhandlungen des Reichstages, 5. Legislaturperiode, IV. Session 1884, Anlage Nr. 4, S. 70.

ten vorsichtigen, jedoch rein tautologischen Versuch enthielt § 9 S. 1 des Betriebsrätegesetzes vom 4.2.1920[91]: *„Als Betriebe im Sinne des Gesetzes gelten alle Betriebe, Geschäfte und Verwaltungen des öffentlichen und privaten Rechtes."*

Nach 1945 wagten allein die Länder Hessen und Bayern die Legaldefinition des Betriebs. So lautete § 5 Abs. 1 des Hessischen Betriebsrätegesetzes vom 31.5.1948: *„Unter Betrieb ist jede auf die Erzeugung, Herstellung oder Verteilung von Gütern oder auf sonstige gewerbliche Leistungen (...) gerichtete Einheit sachlicher Betriebsmittel zu verstehen, in der Arbeitnehmer tätig sind."*[92] § 6 Abs. 1 des Bayerischen Betriebsrätegesetzes vom 25.10.1950 definierte den Betrieb als *„jede auf räumliche Einheit beruhende Sammlung von Arbeitnehmern zur fortgesetzten Erzielung von Arbeitsergebnissen ohne Rücksicht darauf, ob der Betrieb wirtschaftlichen oder anderen Zwecken dient."*[93]

Die in § 3 Abs. 1 des Entwurfs des BetrVG 1952[94] vorgesehene – und zunächst von der Bundesregierung für notwendig erachtete – Legaldefinition[95] wurde auf Einwand des Bundesrates gestrichen, *„da eine eindeutige begriffliche Abgrenzung im Gesetz nicht möglich sei"*[96] und auf den von der Rechtsprechung und Wissenschaft entwickelten Betriebsbegriff aufgebaut werden könne.[97] Zuletzt hatte der Koalitionsvertrag von SPD und Bündnis 90/Die Grünen im Jahr 1998 eine Legaldefinition des Betriebs angestrebt.[98] Infolgedessen hatten diverse Interessengruppen Vorschläge erarbeitet. Beispielsweise sollte nach dem Willen des DGB als Betrieb *„der auf räumlicher Verbundenheit von Arbeitsplätzen oder Arbeitsstätten, sozialer Verbundenheit sowie insbesondere miteinander verknüpften Arbeitsabläufen beruhende Tätigkeitszusammenhang von Arbeitnehmerinnen und Arbeitnehmern"* gelten.[99] Praktisch handhabbar gemacht werden sollte der offen formulierte Tatbestand mittels der typologischen Methode.

---

91 Vgl. Betriebsrätegesetz v. 4.2.1920, RGBl. 1920, S. 147.

92 Vgl. Betriebsrätegesetz für das Land Hessen v. 31.5.1948, HessGVBl. 1948, S. 117.

93 Vgl. Betriebsrätegesetz v. 25.10.1950, BayGVBl. 1950, S. 227.

94 BT-Drs. 1/1546, S. 2.

95 BT-Drs. 1/1546, S. 2: *„Betrieb im Sinne dieses Gesetzes ist der Arbeitsverband von Arbeitgebern und Arbeitnehmern, der mit Hilfe von Arbeitsmitteln bei räumlicher Zusammenfassung bestimmte nicht-hoheitliche Aufgaben verfolgt."*

96 BT-Drs. 1/1546, S. 2.

97 BT-Drs. 1/1546, S. 3.

98 Auszugsweise abgedruckt in AuR 1998, 476, 477.

99 Novellierungsvorschläge des DGB zum BetrVG 1972, S. 10; kritisch *Reichold*, NZA 1999, 561, 566 ff.; *Richardi*, NZA 2000, 161 jeweils m.w.N.

Der Gesetzgeber entschied sich bei der Erarbeitung des BetrVG 2001 letztlich bewusst gegen die Aufnahme einer Legaldefinition. Eine solche werde gerade den modernen Unternehmensstrukturen und Arbeitsformen nicht gerecht, bei denen der Betrieb herkömmlicher Form zunehmend an Bedeutung als zentrale Einheit verliere.[100] Die Gesetzesbegründung macht deutlich, dass ein entwicklungsoffenes, modernen Arbeitsformen gerecht werdendes Verständnis des Betriebs bezweckt wurde und die künftige Normanwendung nicht an den tradierten Betriebsbegriff gebunden sein sollte.[101]

2. Das Leitmerkmal des Betriebs

Mangels Legaldefinition oblag es Literatur und Rechtsprechung des 20. Jahrhunderts, den Betriebsbegriff des § 1 BetrVG zu konkretisieren. Aufgrund der Funktion des betriebsverfassungsrechtlichen Betriebsbegriffs, Arbeitnehmergruppen voneinander abzugrenzen, galt es, ein geeignetes Kriterium für eine sachdienliche Einteilung zu finden.[102] Hierbei traten im Wesentlichen zwei antagonistische Zielvorgaben zu Tage, die sich bei dem Zuschnitt der als „Betrieb" bezeichneten Einheit gegenüberstehen[103]: Einerseits soll der Betriebsrat als Arbeitnehmervertretung auf niedrigster Ebene möglichst nah an den Arbeitnehmern angesiedelt sein, um einen intensiven Austausch zwischen der Belegschaft und ihrem Vertretungsorgan zu ermöglichen – beispielsweise, indem er Betriebsversammlungen durchführt, Sprechstunden einrichtet oder die Arbeitnehmer an ihren Arbeitsplätzen aufsucht (Prinzip der Arbeitnehmernähe). Andererseits bedarf es der Nähe des Betriebsrats zu seinem Verhandlungspartner auf Arbeitgeberseite, um die Verhandlungen des Betriebsrats mit dem Arbeitgeber möglichst effektiv zu gestalten (Prinzip der Entscheidungsnähe).[104] In der historisch von eindimensional organisierten Fabriken geprägten Arbeits-

100 BT-Drs. 14/5741, S. 26; hieran wird nach wie vor festgehalten, vgl. BMAS, Arbeiten 4.0, S. 163.

101 Richardi/*Richardi/Maschmann*, § 1 BetrVG Rn. 15.

102 Vgl. *Joost*, Betrieb und Unternehmen, S. 239.

103 Vgl. *Christiansen*, S. 54 ff.; *Gamillscheg*, ZfA 1975, 357, 380; *Joost*, Betrieb und Unternehmen, S. 239; *Preis*, RdA 2000, 257, 268; *Rancke*, S. 256; *Umnuß*, Betriebsverfassung, S. 57 f.; *Wedemeyer*, Betriebszugehörigkeit, S. 14 ff.

104 Vgl. zu den Prinzipien *Birk*, AuR 1978, 226, 230; *Henssler*, in: FS Küttner, S. 479, 481 f.; *Oehmann*, DB 1964, 587, 588; *Rancke*, S. 252 ff.; DKKW/*Trümner*, § 1 BetrVG Rn 53.

welt,[105] in der die betriebliche Mitbestimmung ihren Ursprung hat, ließen sich beide Zielvorgaben weitgehend parallel verwirklichen, da sowohl die Arbeiter und Arbeitnehmer als auch der weisungsbefugte Arbeitgebervertreter räumlich in der Fabrik zugegen waren.[106] Mit der durch moderne Kommunikationsmittel voranschreitenden Vernetzung der Arbeitswelt können Weisungen jedoch nicht mehr nur ausschließlich am Ort ihrer Befolgung erteilt werden, sondern von jedem Punkt der Erde aus. Die heutigen technischen Möglichkeiten werden unter anderem in unternehmensübergreifenden Matrixstrukturen nutzbar gemacht, wenn der Matrixmanager von seinem zentralen Arbeitsplatz aus Arbeitnehmer unterschiedlicher (Konzern-)Unternehmen weltweit steuert.[107] Divergieren – wie in solchen Organisationsformen – der Ort der Entscheidung und der der Verrichtung, geraten die Zielvorgaben der Arbeitnehmer- und Entscheidungsnähe miteinander in Konflikt.[108] Ausgehend von einer teleologischen Begriffsbildung lässt sich die gesamte Kontroverse um die betriebsverfassungsrechtliche Betriebsdefinition auf die Kernfrage zurückführen, welches der beiden Prinzipien vorrangig zur Geltung kommen muss oder ob beide auf gleicher Stufe im Rahmen einer Gesamtbetrachtung zu beachten sind.[109]

---

105 Zur historischen Entwicklung des Betriebsverfassungsrechts u.a. *Joost*, Betrieb und Unternehmen, Kap. 1-3; *Polter*, passim; *Umnuß*, Betriebsverfassung, Kap. 2 – 4; *Weber*, ZfA 1993, 517 ff.

106 *Preis/Greiner*, KollArbR, Rn. 1719; vgl. zum „Leitbild des stationären Betriebs" und den Friktionen einer modernen Arbeitswelt u.a. *Lingemann/Steinhauser*, NZA 2020, 87, 88; *Loritz*, in: FS 100 Jahre Betriebsverfassungsrecht, S. 425, 430 ff.

107 Zu den Auswirkungen auf den Betriebsbegriff siehe 4. Kap. B. I.

108 *Gamillscheg*, ZfA 1975, 357, 380; *Joost*, Betrieb und Unternehmen, S. 239 f.; *Preis*, RdA 2000, 257, 268; auch *Preis/Poverdano Peramato*, in: FS 100 Jahre Betriebsverfassung, S. 571, 582; *Rancke*, S. 256; *Wedemeyer*, Betriebszugehörigkeit, S. 14 ff.

109 *Henssler*, in: FS Küttner, S. 479, 482.

a) Vorrang der Entscheidungsnähe

Bis heute zitieren das BAG und die herrschende Meinung eine auf *Jacobi*[110] sowie *Hueck/Nipperdey*[111] und *Nikisch*[112] zurückzuführende Betriebsdefinition.[113] Demnach ist der Betrieb als organisatorische Einheit zu verstehen, *„innerhalb derer der Arbeitgeber zusammen mit den vom ihm beschäftigten Arbeitnehmern bestimmte arbeitstechnische Zwecke fortgesetzt verfolgt“*[114].[115] Das BAG war lange Zeit der Vorstellung eines allgemeinen Betriebsbegriffs verhaftet. Den Betriebsbegriff hielt es für *„so geklärt, daß der Senat keinen Anlaß hat, über die Unterscheidung längere Ausführungen zu machen“*.[116] Auch die Übertragung des betriebsverfassungsrechtlichen Begriffsverständnisses auf das KSchG hielt es für nicht begründungsbedürftig.[117] Noch 2004 sprach das Gericht davon, am allgemeinen arbeitsrechtlichen Betriebsbegriff festzuhalten.[118]

Aufgrund dieser Tradition wird leicht übersehen, dass das BAG zwar noch immer die „allgemeine“ Betriebsdefinition zitiert, tatsächlich jedoch seit einem grundlegenden Beschluss des 6. Senats vom 23.9.1982[119] – teleologisch begründet – nahezu ausschließlich auf einen einheitlichen Lei-

---

110 Vgl. *Jacobi*, in: FS Ehrenberg, S. 9: *„Vereinigung von persönlichen, sächlichen und immateriellen Mitteln zur fortgesetzten Verfolgung eines von einem oder von mehreren Rechtssubjekten gemeinsam gesetzten technischen Zweckes.“*

111 *Nipperdey*, in: Hueck/Nipperdey, ArbR II (1930), S. 494; *Hueck, in:* Hueck/Nipperdey, ArbR I, 7. Aufl. 1963, S. 93.

112 *Nikisch*, ArbR I (1936), S. 14.

113 Vgl. hierzu bereits unter Einleitung B.

114 BAG v. 9.12.2009 – 7 ABR 38/08, NZA 2010, 906 Rn. 22; BAG v. 17.1.2007 – 7 ABR 63/05, NZA 2007, 703 Rn. 15; weitere Nachweise bereits in der Einleitung Fn. 8.

115 Teilweise fand sich der Zusatz, dass sich die verfolgten Zwecke „nicht in der Befriedigung von Eigenbedarf erschöpfen“ dürfen. Nicht zuletzt vor dem Hintergrund des zum 1.9.2014 in Deutschland wirksam gewordenen ILO-Konvention 189 wird hierauf mittlerweile verzichtet; vgl. hierzu *Kocher*, NZA 2013, 929, 931 f.; DKKW/*Trümner*, § 1 BetrVG Rn. 42.

116 BAG v. 3.12.1954 – 1 ABR 7/54, NJW 1955, 277.

117 BAG v. 23.3.1984 – 7 AZR 515/82, NZA 1984, 88; BAG v. 5.3.1987 – 2 AZR 623/85, AP KSchG 1969 § 15 Nr. 30; BAG v. 13.6.1985 – 2 AZR 452/84, AP KSchG 1969 § 1 Nr. 10; BAG v. 3.6.2004 – 2 AZR 386/03, NZA 2004, 1380; grundsätzlich gebilligt durch *BVerfG* v. 27.1.1998 – 1 BvL 15/87, NZA 1998, 470.

118 BAG v. 3.6.2004 – 2 AZR 386/03, NZA 2004, 1380, 1381.

119 BAG v. 23.9.1982 – 6 ABR 42/81, AP BetrVG 1972 § 4 Nr. 3.

tungsapparat als betriebskonstituierendes Element abstellt.[120] Hierzu wird die Jacobi-Nipperdey-Hueck-Definition mittlerweile in ständiger Rechtsprechung um folgenden Zusatz ergänzt: „*Dazu müssen die in der Betriebsstätte vorhandenen materiellen und immateriellen Betriebsmittel zusammengefasst, geordnet und gezielt eingesetzt und die menschliche Arbeitskraft von einem einheitlichen Leitungsapparat gesteuert werden.*“[121] Dieser Gedanke lässt sich – in Abgrenzung zur Relevanz des arbeitstechnischen Zwecks – ebenfalls der Rechtsprechung zum gemeinsamen Betrieb mehrerer Unternehmen entnehmen, in der es bereits 1985 heißt:

> „*Maßgebend ist in erster Linie die Einheit der Organisation. Der Annahme eines gemeinsamen Betriebes steht daher nicht entgegen, daß die beteiligten Unternehmen unterschiedl. arbeitstechnische Zwecke verfolgen, sofern dies im Rahmen einer Organisationseinheit geschieht. Die arbeitstechnischen Zwecke müssen weder identisch sein noch zueinander in funktionellem Zusammenhang (etwa in Form einer Hilfsfunktion) stehen.*“[122]

Das BAG fasst mithin diejenigen Arbeitnehmer zu einem Betrieb zusammen, über deren personelle und soziale Angelegenheiten derselbe Leitungsapparat einheitlich entscheidet. Ein solcher betriebskonstituierender Leitungsapparat liegt nicht bereits dann vor, wenn in der betreffenden Einheit irgendein arbeitsrechtliches Direktionsrecht ausgeübt wird. Beispielsweise kennzeichnen die Gewährung von Urlaub oder die Erstellung von Zeugnissen noch keinen einen Betrieb konstituierenden Leitungsapparat.[123] Denn auch der bloße Betriebsteil im Sinne des § 4 Abs. 1 BetrVG ist nach der Rechtsprechung des BAG durch eine gewisse Verselbstständigung gekennzeichnet, die sich etwa in der Ausübung allgemeiner Vorge-

---

120 Zutreffend aber *Preis/Poverdano Peramato*, in: FS 100 Jahre Betriebsverfassung, S. 571, 579.

121 Vgl. BAG v. 23.11.2016 – 7 ABR 3/15, NZA 2017, 1003 Rn. 31; BAG v. 9.12.2009 – 7 ABR 38/08, NZA 2010, 906 Rn. 22; BAG v. 17.1.2007 – 7 ABR 63/05, NZA 2007, 703 Rn. 15; BAG v. 19.2. 2002 – 1 ABR 26/01, NZA 2002, 1300, 1301; BAG v. 29.5.1991 –7 ABR 54/90, NZA 1992, 74, 75; BAG v. 25.9.1986 – 6 ABR 68/84, NZA 1987, 708 Ls. 5; als eines von mehreren maßgeblichen Merkmalen bereits erkannt von BAG v. 1.2.1963 – 1 ABR 1/62, NJW 1963, 1325, 1327 unter II 2 g) der Gründe.

122 BAG v. 13.6.1985 – 2 AZR 452/84, AP KSchG 1969 § 1 Nr. 10 unter A II 2 b) bb) der Gründe.

123 Zu den betriebskonstituierenden Leitungsbefugnissen unter 1. Kap. B. I. 3.

setztenfunktionen manifestiert.[124] Dem Betriebsteil fehlt es aber gerade an dem den Betrieb konstituierenden eigenständigen Leitungsapparat.[125]

Die Auffassung des BAG, dass es sich bei dem einheitlichen Leitungsapparat in den mitbestimmungsrelevanten Angelegenheiten um das wesentliche betriebskonstituierende Merkmal handelt, wird auch im Schrifttum überwiegend unterstützt.[126]

b) Vorrang der Arbeitnehmernähe

Gegen die Maßgeblichkeit des eigenständigen Leitungsapparats haben sich insbesondere *Gamillscheg* und *Joost* positioniert.[127] Für sie ist stattdessen betriebskonstituierend, dass Arbeitnehmer in räumlicher Nähe zueinander Arbeit verrichten. So definiert *Gamillscheg* den Betrieb als einen *„auf gewisse Dauer angelegte[n] Tätigkeitsbereich eines Arbeitgebers, in dem er Arbeitnehmer in räumlicher Verbundenheit beschäftigt“*.[128] *Joost* spricht inhaltsgleich von der *„durch einen Arbeitgeber nicht nur kurzfristig erfolgende[n] Beschäftigung von Arbeitnehmern in räumlicher Verbundenheit“*.[129] Begründend führen die Befürworter eines räumlichen Betriebsverständnisses an, dass die Arbeitnehmervertretung auf Betriebsebene historisch aus dem Phänomen der räumlichen Zusammenarbeit vieler Arbeitnehmer entstanden sei.[130] Die entscheidungsbefugte Stelle sei für die Betriebsdefinition hingegen unbeachtlich, da die Letztentscheidungsbefugnis ohnehin dem Unternehmen als Rechtsträger zustehe. Als tatsächlicher Verhandlungspartner des Betriebsrats sei der Arbeitgeber in der Wahl seines Vertreters grundsätzlich

---

124 Beispiele aus BAG v. 9.12.1992 – 7 ABR 15/92, BeckRS 2009, 55089.

125 BAG v. 28.6.1995 – 7 ABR 59/94, AP BetrVG 1972 § 4 Nr. 8; BAG v. 17.2.1983 – 6 ABR 64/8, AP BetrVG 1972 § 4 Nr. 4; ausführlich auch *Henssler*, in: FS Küttner, S. 479, 488.

126 *Berger*, S. 100; BeckOK-ArbR/*Besgen*, § 1 BetrVG Rn. 15; *Christiansen*, S. 150; *Fitting*, § 1 Rn. 101; *Hanau*, ZfA 1990, 115, 120; Düwell/*Kloppenburg*, § 1 BetrVG Rn. 14; ErfK/*Koch*, § 1 BetrVG Rn. 10; *Konzen*, Unternehmensaufspaltungen, S. 80 ff.; *Maschmann*, in: FS 100 Jahre Betriebsverfassungsrecht, S. 463, 466 f.; *Rancke*, S. 269 ff.; *Reuter*, Anm. zu BAG v. 14.9.1988 – 7 ABR 10/87, AP BetrVG 1972 § 1 Nr. 9; Richardi/*Richardi*/*Maschmann*, § 1 BetrVG Rn. 35.

127 Vgl. *Gamillscheg*, ZfA 1975, 357, 399; *Joost*, Betrieb und Unternehmen, S. 241; dem folgend *Klevemann*, Anm. zu BAG v. 23.11.1988 – 7 AZR 121/88, ArbuR 1989, 354, 360.

128 *Gamillscheg*, ZfA 1975, 357, 399.

129 *Joost*, Betrieb und Unternehmen, S. 400.

130 *Joost*, Betrieb und Unternehmen, S. 265.

frei. Der Arbeitgebervertreter müsse daher nicht zwangsläufig aus dem Betrieb selbst stammen.[131] Ferner sei es mit dem telos der Betriebsverfassung nicht vereinbar, wenn der Repräsentationsbereich der Arbeitnehmer von Organisationsentscheidungen des Arbeitgebers abhinge und sich durch eine Modifikation der Leitungsstrukturen jederzeit einseitig verändern ließe.[132] Letztlich erweise sich das Merkmal der Steuerung durch einen einheitlichen Leitungsapparat insbesondere in Matrixorganisationen als untauglich. Da diese auf die Zusammenarbeit mehrerer entscheidungsbefugter Stellen ausgerichtet seien, könne von einer einheitlichen Leitungsebene von vornherein nicht die Rede sein.[133]

c) Typusbegriff und Gesamtbetrachtung

Ein Teil der Literatur räumt keinem der beiden Prinzipien den Vorrang ein, sondern wendet beide als Merkmale des Typus „Betrieb“ an.[134] Die Denkfigur des Typusbegriffs wurde maßgeblich von *Karl Larenz* und seinen Schülern geprägt[135] und ist allein in Abgrenzung zum sogenannten Klassenbegriff zu verstehen. Demnach sei ein Klassenbegriff durch eine bestimmte Anzahl kumulativ vorliegender Merkmale definierbar, während der Typus durch eine Vielzahl komparativer Merkmale beschrieben werde und einer abschließenden Definition nicht zugänglich sei[136] (vielfach als

---

131 *Joost*, Betrieb und Unternehmen, S. 247 f.

132 *Gamillscheg*, ZfA 1975, 357, 377; *ders.*, ArbuR 2001, 411, 413; *Joost*, Betrieb und Unternehmen, S. 118 f.; *Klevemann*, ArbuR 1989, 354, 359; *Löwisch*, in: FS Kissel, S. 679, 680; *Ziemann*, ArbuR 1990, 55, 60; a.A. *Berger*, S. 227; GK-BetrVG/*Franzen*, § 1 Rn. 43; *Preis*, RdA 2000, 257, 278 f.; *Schubert*, Matrixorganisationen, S. 43; vgl. auch LAG Hessen v. 13.4.2011 – 8 Sa 922/10, BeckRS 2011, 75839; LAG Düsseldorf v. 22.10.2008 – 7 TaBV 85/08, BeckRS 2009, 55991.

133 *Joost*, Betrieb und Unternehmen, S. 122; zur Lösung derartiger Konstellationen unter dem Prinzip der Entscheidungsnähe siehe unter 4. Kap. B. I. 3.

134 *Fromen*, in: FS D. Gaul, S. 151, 174 ff; HWK/*B. Gaul*, § 1 BetrVG Rn. 6; *Preis*, RdA 2000, 257, 278; *Preis/Poverdano Peramato*, in: FS 100 Jahre Betriebsverfassung, S. 571, 583; *Witschen*, RdA 2016, 38, 42; i.Erg. wohl auch DKKW/*Trümner*, § 1 BetrVG Rn. 56 f.

135 Vgl. *Rüthers/Fischer/Birk*, Rn. 184.

136 *Larenz/Canaris*, Methodenlehre, S. 427, 440; *Strache*, S. 53.

„*Offenheit des Typus*"[137] bezeichnet).[138] So verstanden, können bei einem Typus auch einzelne Merkmale gänzlich fehlen, wenn dies durch das umso stärkere Vorliegen anderer Merkmale aufgewogen wird.[139] Übertragen auf den Betriebsbegriff wäre eine Einheit als Betrieb zu qualifizieren, wenn dessen typischen Merkmale in solcher Zahl und Stärke vorlägen, dass die Einheit im Ganzen dem Typus „Betrieb" entspräche.[140] *Fromen* zieht hierbei die folgenden sechs Merkmalgruppen heran: Identität des Betriebsinhabers; Leitung; räumlicher Zusammenhang; soziale Verbundenheit; gemeinsame Nutzung der personellen, sächlichen und immateriellen Betriebsmittel; Verknüpfung der Arbeitsabläufe in personeller, technischer und organisatorischer Hinsicht.[141]

Auch das LAG Niedersachen war in einer Entscheidung aus dem Jahr 1990 vergleichbar vorgegangen, als es sich explizit gegen das BAG stellte und den Betrieb als „*denjenigen Tätigkeitszusammenhang von Arbeitnehmern auf der Grundlage eines äußerlich abgrenzbaren, fremdbestimmten Leistungssubstrates [definierte], durch den die Interessenvertretung der Arbeitnehmer ortsnah und effektiv verwirklicht werden kann*".[142] Hierzu führte es in einer nicht abschließenden Aufzählung insgesamt sechs Merkmale[143] auf, die – so das Gericht – nicht in jedem Fall alle vollständig vorliegen müssten. Entschei-

137 *Herschel*, in: FS Kunze, S. 225, 233; *Larenz/Canaris*, Methodenlehre, S. 315.; *Leenen*, Typus, S. 34.; vgl. hierzu kritisch *Wank*, Begriffsbildung, S. 128 m.w.N.

138 Den Erkenntnisgewinn der Unterscheidung bezweifelt *Wank*, Begriffsbildung, S. 123 ff.; *Rüthers/Fischer/Birk*, Rn. 184 lehnen den Typusbegriff sowohl mangels Erkenntnisgewinns als auch wegen der Ähnlichkeit von Larenz' Typologik zum NS-vorbelasteten konkret-allgemeinen Begriff ab, vgl. hierzu auch *Rüthers*, Auslegung, S. 302 ff.

139 Eingehend zur rechtstheoretischen Konzeption des Typus: *Hassemer*, Tatbestand und Typus, passim; *Kuhlen*, Typuskonzeptionen, passim; *Larenz/Canaris*, Methodenlehre, S. 290 ff.; *Leenen*, Typus, passim; *Wank*, Begriffsbildung, S. 123 ff.

140 Vgl. *Fromen*, in: FS D. Gaul, S. 151, 174.

141 *Fromen*, in: FS D. Gaul, S. 151, 178; HWK/*B. Gaul*, § 1 BetrVG Rn. 9 sieht in der räumlichen Nähe jedoch ein nur schwaches Indiz.

142 LAG Niedersachen v. 23.4.1990 – 3 TaBV 27/90, BetrR1990, 104, 114.

143 Die räumlich-technische verbundene Arbeit in gleichen oder benachbarten Räumen, gegenseitige Austausch- und Versetzbarkeit, gemeinsame Sozialeinrichtungen, Wahrnehmung der Arbeitgeberfunktionen durch zumindest teilidentisches Personal, gegenseitige wirtschaftlich-technische Abhängigkeit und Durchdringung, einander ergänzende oder aufeinander bezogene Produktion und/oder Dienstleistung.

dend sei das Gesamtbild.[144] Auch im Schrifttum variieren Auswahl und Gewichtung der einzelnen Merkmale.[145]

d) Stellungnahme

Ob die räumliche Verbindung von Betriebsmitteln ein notwendiges Kriterium für die Annahme eines Betriebs ist, war bereits für das Betriebsrätegesetz vom 4.2.1920 umstritten. Hintergrund war die Ablösung des räumlich verstandenen Repräsentationsbereichs der Fabrik durch den Betrieb im Hilfsdienstegesetz vom 5.12.1916.[146] Die damals noch herrschende Ansicht, die eine räumliche Verbundenheit der Arbeitnehmer als erforderlich ansah[147], ist mit dem heute geltenden Betriebsverfassungsrecht nicht vereinbar. Zum einen ergibt sich bereits aus der Begründung des BetrVG 2001, dass der Gesetzgeber vorrangig auf die Entscheidungsnähe abgestellt hat. So heißt es bereits im ersten Satz der Begründung: *„Der Betriebsrat muss dort arbeiten, wo die wichtigen Entscheidungen im Betrieb getroffen werden.“*[148] Zum anderen gelten nach § 4 Abs. 1 Nr. 1 BetrVG Betriebsteile als selbstständige Betriebe, wenn sie die Voraussetzungen des § 1 Abs. 1 Satz 1 erfüllen und räumlich weit vom Hauptbetrieb entfernt sind.[149] Wäre für den Betriebsbegriff des Betriebsverfassungsrechts allein die räumliche Nähe der Betriebsmittel maßgeblich, wäre die von § 4 Abs. 1 Nr. 1 BetrVG erfasste Einheit von vornherein kein Betriebs*teil*, sondern ein eigenständiger

---

144 LAG Niedersachen v. 23.4.1990 – 3 TaBV 27/90, BetrR 1990, 104, 114 f.; zustimmende Anm. v. *Trümner*, BetrR 1990, 116, 116 f.; ähnlich bereits zuvor ArbG Bielefeld v. 16.8.1989 – 2 BV 7/89 –, juris.

145 DKKW/*Trümner*, § 1 BetrVG Rn. 57 gewichtet „belegschaftsbezogene Momente“ (insbes. räumliche Verbundenheit) beispielsweise besonders stark, während sie nach HWK/*B. Gaul*, § 1 BetrVG Rn. 7 eine bloß untergeordnete Rolle spielen. Auch *Preis*, RdA 2000, 257, 278 hält die Entscheidungsnähe für besonders gewichtig.

146 Hierzu ausführlich *Joost*, Betrieb und Unternehmen, S. 37.

147 Vgl. *Feig/Sitzler*, BRG, 14. Aufl. 1931, § 9 Anm. 1; *Gürteler*, 1928, § 9 BRG Anm. 1; *Mansfeld*, 2. Aufl. 1930, § 9 BRG Anm. 2; *Nörpel*, NZfA 1930, Sp. 138; *Zink*, Der Arbeitgeber 1923, S. 53; a.A.: RAG v. 25.9.1929 – RAG RB 28/29, ARS 7, 90, 92 (die für 5 Monate auf einer Baustelle in Hamburg eingesetzten Arbeitnehmer sind dem Betrieb in Mainz zuzuordnen); vgl. auch *Flatow/Kahn-Freund*, 13. Aufl. 1931, § 9 BRG unter II, der die räumliche Nähe nur als Indiz zugunsten eines Betriebs benennt.

148 BT-Drs. 14/5741, S. 26.

149 Die Regelung fand sich bereits in § 4 II AOG, § 3 BetrVG 1952 sowie § 4 S. 1 Nr. 1 BetrVG 1972.

Betrieb, so dass es der Fiktion des § 4 Abs. 1 Nr. 1 BetrVG nicht bedürfte.[150]

Die Regelung des § 4 BetrVG spricht auch gegen eine Gesamtbetrachtung: Denn der wesentliche Unterschied zwischen der herrschende Meinung (Maßgeblichkeit der Entscheidungsnähe) und einer Gesamtbetrachtung liegt allein darin, dass die herrschende Meinung Aspekte wie die räumliche Verbundenheit oder die Personenidentität von Leitungsstellen als Indizien des Oberbegriffs des „einheitlichen Leitungsapparats" heranzieht, während bei einer Gesamtbetrachtung sämtliche Kriterien inklusive des einheitlichen Leitungsapparats auf gleicher Stufe stehen. § 4 Abs. 1 BetrVG enthält jedoch die gesetzgeberische Wertung, dass grundsätzlich der Entscheidungsnähe der Vorrang einzuräumen ist und nur im Ausnahmefall andere Kriterien wie beispielsweise auch die Arbeitnehmernähe, die nur unter den Voraussetzungen des § 4 BetrVG zum Tragen kommt, maßgeblich sein sollen.[151] Diese gesetzgeberische Wertung lässt sich ebenfalls § 1 Abs. 2 BetrVG entnehmen. Demnach wird das Vorliegen einer für einen Gemeinsamen Betrieb erforderlichen Führungsvereinbarung vermutet, *„wenn zur Verfolgung arbeitstechnischer Zwecke die Betriebsmittel sowie die Arbeitnehmer von den Unternehmen gemeinsam eingesetzt werden"* (Nr. 1) *„oder die Spaltung eines Unternehmens zur Folge hat, dass von einem Betrieb ein oder mehrere Betriebsteile einem an der Spaltung beteiligten anderen Unternehmen zugeordnet werden, ohne dass sich dabei die Organisation des betroffenen Betriebs wesentlich ändert"* (Nr. 2). In beiden Alternativen sieht das Gesetz das Bestehen bzw. Beibehalten einer einheitlichen Organisation als entscheidend dafür an, von einem einheitlichen Betrieb und nicht von zwei getrennt zu behandelnden Betrieben bzw. Betriebsteilen auszugehen. Bei dem Gemeinsamen Betrieb mehrerer Unternehmen handelt es sich ebenfalls um einen Betrieb im Sinne des § 1 Abs. 1 S. 1 BetrVG[152], der lediglich die Besonderheit aufweist, dass die Betriebsmittel mehreren Rechtsträgern zugeordnet sind und auf Grundlage einer Führungsvereinbarung eingesetzt werden.[153] Folglich lässt sich die in § 1 Abs. 2 BetrVG

---

150 Wie hier *Christiansen*, S. 49; HWK/*B. Gaul*, § 1 BetrVG Rn. 9; *Rose*, in: Hess et al, § 1 BetrVG Rn. 5; *Fitting*, § 1 BetrVG Rn. 104; *Löwisch*, in: FS Kissel, S. 679, 681 Fn. 4; *Rieble/Klebeck*, in: FS Richardi, S. 693; *Rein*, S. 62; *Schubert*, Matrixorganisationen, S. 33; wohl auch *Fabricius*, Gespaltene Arbeitsverhältnisse, S. 11.

151 a.A. *Konzen*, Unternehmensaufspaltungen, S. 21; *Preis*, Kollektivarbeitsrecht, S. 536; DKKW/*Trümner*, § 1 BetrVG Rn. 33, nach denen sich aus § 4 BetrVG keine Rückschlüsse auf den Betriebsbegriff ziehen lassen.

152 Vgl. *Rieble/Klebeck*, in: FS Richardi, S: 693, 703.

153 *Rieble/Gistel*, NZA 2005, 242, 243; *Walle*, in: FS Moll, S. 711, 718.

zum Ausdruck kommende Wertung zugunsten des Prinzips der Entscheidungsnähe auch auf den Betrieb eines einzigen Unternehmens übertragen.

Zudem bezweckt die betriebsverfassungsrechtliche Arbeitnehmerrepräsentation, die durch ihre persönliche Abhängigkeit hervorgerufene Fremdbestimmtheit der Arbeitnehmer auszugleichen.[154] Diese folgt jedoch nicht aus der Gruppenzusammenarbeit, sondern ist Konsequenz des umfangreichen Weisungsrechts des Arbeitgebers.[155] Treffend bezeichnet *Reichold* die betriebliche Mitbestimmung als eine durch die vertragliche und institutionelle Abhängigkeit des Arbeitnehmers erforderliche Angemessenheitskontrolle.[156] Hierin kommt die Schutz- bzw. Teilhabefunktion des Betriebsverfassungsrechts zum Ausdruck, aufgrund derer der Handlungsrahmen des Arbeitgebers eingegrenzt und eine Teilhabe der Belegschaft an seinen Entscheidungen ermöglicht wird. Folglich ist für eine effiziente Mitbestimmung die Nähe des Betriebsrats zum Entscheidungsträger auf Arbeitgeberseite wichtiger als die räumliche Nähe der Arbeitnehmer zueinander. Dies gilt nicht zuletzt, da die einer Instanz unterstellten Arbeitnehmer sehr viel wahrscheinlicher eine homogene Wählerschaft bilden, deren Interessen durch einen gemeinsamen Betriebsrat effizient wahrgenommen werden können.[157] Denn die Mitbestimmung ist auf betrieblicher Ebene unter anderem zur Herstellung von Verteilungsgerechtigkeit innerhalb der Belegschaft kollektiv ausgestaltet (sogenannte Ausgleichsfunktion).[158] Verteilungskonflikte entstehen jedoch insbesondere dadurch, dass Arbeitnehmergruppen trotz Zugehörigkeit zu derselben Einheit unterschiedlich behandelt werden. Die Einheit bestimmt sich dabei nach der Stelle, die über die Verteilung der Ressourcen zu entscheiden hat – den einheitlichen Leitungsapparat.[159] Letztlich wird auch der Betriebsrat die Arbeitnehmerinteressen umso besser durchsetzen können, je näher er an der personellen

154 *Kreutz*, Betriebsautonomie, S. 172 ff.; *Söllner*, RdA 1968, 437 f.; GK-BetrVG/*Wiese*, Einleitung Rn. 73; HWK/*B. Gaul*, Vor § 1 BetrVG Rn. 1; *Säcker*, in: FS Quack, S. 421, 423.

155 Vgl. *Söllner*, RdA 1968, 437; *Rüthers*, JZ 1970, 625, 628; *Kempen*, AuR 1986, 129, 132; *Wank*, Arbeitnehmer und Selbstständige, S. 149 f.; *Reuter*, Anm. zu BAG v. 14.9.1988 - 7 ABR 10/87, AP BetrVG 1972 § 1 Nr. 9; *Kreutz*, Betriebsautonomie, S. 186; *Christiansen*, S. 53; nur bzgl der Mitbestimmung in sozialen Angelegenheiten *Birk*, Leitungsmacht, S. 111 ff.

156 *Reichold*, Betriebsverfassung als Sozialprivatrecht, S. 509.

157 a.A. DKKW/*Trümner*, § 1 BetrVG Rn. 57.

158 Vgl. zur Ausgleichsfunktion der Betriebsverfassung u.a. GK-BetrVG/*Wiese*, Einleitung Rn. 88; *ders.*, ZfA 2000, 117, 122 ff.; *Jochums*, S. 21; H. *Hanau*, Individualautonomie, S. 77; *Reichold*, Betriebsverfassung als Sozialprivatrecht, S. 521.

159 Vgl. *Jochums*, S. 22.

und sozialen Leitungsmacht angesiedelt ist.[160] Der von der Gegenansicht bezweckte „enge Draht“ der Belegschaft zum Betriebsrat setzt hingegen nicht zwingend eine räumliche Verbundenheit voraus. Denn in Zeiten moderner Kommunikationsmittel können räumliche und kommunikative Nähe nicht gleichgesetzt werden.[161] Hierin liegt gerade der Unterschied zu der Zeit des BRG 1920, zu der eine einheitliche „Betriebsleitung“ nur bei räumlicher Verbundenheit der Betriebsstätten möglich war. Dementsprechend gingen damalige Kommentierungen davon aus, dass *„mit zunehmender räumlicher Entfernung zweier Betriebsstätten voneinander die Einheit der technischen Betriebsleitung und des Arbeitsverfahrens (...) immer geringer [werde]“*[162].

Joosts Einwand, ein einheitlicher Leitungsapparat läge in modernen Unternehmensorganisationen vielfach nicht vor und könne daher nicht betriebskonstituierend sei,[163] trägt nicht, da sowohl die Rechtsprechung als auch das BetrVG selbst für solche Konstellationen praktikable Lösungen bereithalten[164]: Denn zum einen lässt es die Rechtsprechung zu Recht genügen, dass an betreffender Stelle die *„deutliche Mehrheit der Entscheidungen getroffen wird, die der Mitbestimmung unterliegen“*.[165] Zum anderen können die Vertretungsstrukturen gemäß § 3 BetrVG durch Tarifvertrag weitgehend individuell interessengerecht auf die Besonderheiten der jeweiligen Organisation zugeschnitten werden.[166] Werden im Rahmen der Matrix projektbezogene Arbeitsgruppen im Sinne des § 87 Abs. 1 Nr. 13 BetrVG gebildet, können diesen Arbeitsgruppen in Betrieben mit mehr als 100 Arbeitnehmern gemäß § 28a Abs. 1 BetrVG auch bestimmte Aufgaben und

---

160 *Preis*, in: Wlotzke/Preis/Kreft, § 1 BetrVG Rn. 19; *Rieble/Klebeck*, in: FS Richardi, S. 693, 694.

161 *Rieble/Klebeck*, in: FS Richardi, S. 693, 695.

162 *Flatow/Kahn-Freund*, 13. Aufl. 1931, § 9 BRG Anm. 2.

163 *Joost*, Betrieb und Unternehmen, S. 122; ähnlich auch *Umnuß*, Betriebsverfassung, S. 113; *Rieble*, NZA-Beil. 1/2014, 28, 30.

164 *Reuter*, Anm. zu BAG v. 14.9.1988 – 7 ABR 10/87, AP BetrVG 1972 § 1 Nr. 9; vgl. auch BAG v. 13.8.2008 – 7 ABR 21/07, NZA-RR 2009, 255; ausführlich hierzu unter 4. Kap. B. I. 3.

165 BAG v. 17.2.1983 – 6 ABR 64/81, AP BetrVG 1972 § 4 Nr. 4; BAG v. 23.9.1982 – 6 ABR 42/81, AP BetrVG 1972 § 4 Nr. 3; LAG RLP v. 11.11. 1999 – 6 Sa 335/99 –, juris; ArbG Potsdam v. 10.2.2010 – 7 BV 149/09 –, juris; zustimmend u.a. *Konzen*, Unternehmensaufspaltungen, S. 85 f.; *Hanau*, ZfA 1990, 115, 120; *Christiansen*, S. 55 f.

166 Vgl. zu den Gestaltungsmöglichkeiten in Matrixorganisationen *Berger*, S. 277 ff.; *Maschmann*, in: FS 100 Jahre Betriebsverfassungsrecht, S. 463, 471 ff.; *Schubert*, Matrixorganisationen, S. 56 ff.; *Witschen*, RdA 2016, 38, 44 ff.; *Wurth*, in: FS Moll, S. 775, 786 ff.

Kompetenzen des Betriebsrats übertragen werden. Hierdurch kann eine besondere Nähe zwischen dem Repräsentationsgremium und den Arbeitnehmern der Arbeitsgruppe erreicht werden.[167]

Das bloße Abstellen auf die räumliche Verbundenheit führte zudem dazu, dass in zentral organisierten Unternehmen die primäre Kompetenz auf den Gesamtbetriebsrat übergehen müsste. Dies widerspräche jedoch der in § 50 Abs. 1 BetrVG erkennbaren Zuständigkeitsabgrenzung des BetrVG, wonach die Vertretung der Arbeitnehmer grundsätzlich dem Einzelbetriebsrat zugewiesen und der Gesamtbetriebsrat bloß subsidiär zuständig ist.[168] Sowohl die Befürworter eines räumlichen Ansatzes als auch diejenigen einer Gesamtbetrachtung scheinen ferner zu ignorieren, dass der Betrieb im Sinne des § 1 Abs. 1 S. 1 BetrVG nicht die einzige Einheit ist, die eine betriebsverfassungsrechtliche Repräsentation der Arbeitnehmer gewährleistet. So geht *Joost* davon aus, dass unter Anwendung der h.M. in jedem Unternehen mit zentraler Personalabteilung nur ein einheitlicher Betriebsrat gebildet werden dürfe.[169] Richtigerweise können unter den Voraussetzungen des § 4 Abs. 1 BetrVG jedoch auch in Betriebsteilen Betriebsräte gewählt werden. Dabei sind die betriebsratsfähigen Einheiten des BetrVG als Gesamtkonzeption zu verstehen, in der der einheitlichen Leitung zwar der Vorzug gewährt wird (Betrieb), allerdings nur dann, wenn die Effektivität der Mitbestimmung mangels Arbeitnehmernähe nicht gefährdet wird. Droht die Repräsentation der Arbeitnehmer aufgrund der räumlichen Distanz zum Betriebsrat beeinträchtigt zu werden, fingiert § 4 Abs. 1 BetrVG einen Betrieb, um eine effektive und arbeitnehmernahe Interessenvertretung zu ermöglichen.[170] Das BetrVG als Ganzes nimmt mithin selbst die Gesamtabwägung vor, die teilweise bereits für den Betriebsbegriff allein gefordert wird.[171]

Dem BAG und dem herrschenden Schrifttum folgend ist für den Betrieb im Sinne des § 1 Abs. 1 S. 1 BetrVG mithin ein einheitlicher Leitungsapparat bezüglich der mitbestimmungsrelevanten Tatbestände das konstituierende Merkmal.

---

167 *Schubert*, Matrixorganisationen, S. 33.

168 Vgl. BAG v. 23.9.1975 – 1 ABR 122/73, AP BetrVG 1972 § 50 Nr. 1; *Konzen*, Unternehmensaufspaltungen, S. 81 Fn. 390; *Umnuß*, Betriebsverfassung, S. 121.

169 *Joost*, Betrieb und Unternehmen, S. 115.

170 Zur „Korrekturfunktion" des § 4 BetrVG *Richardi*, in: FS Wiedemann, S. 493, 501; *Rieble/Klebeck*, in: FS Richardi, S. 693.

171 Ähnlich *Schubert*, Matrixorganisationen, S. 44; vgl. auch *Umnuß*, Betriebsverfassung, S. 143.

3. Betriebskonstituierende Leitungsbefugnisse

Der durch die betriebliche Interessenvertretung bewirkte Ausgleich der persönlichen Abhängigkeit der Arbeitnehmer findet nur bezüglich der Aspekte statt, in denen das BetrVG eine Beteiligung des Betriebsrats vorsieht. Diese Selbstverständlichkeit wird in § 3 Abs. 1 Nr. 2 BetrVG aufgegriffen,[172] wonach ein Spartenbetriebsrat nur dann durch Tarifvertrag gebildet werden kann, wenn die Leitung der Sparte auch Entscheidungen in *„beteiligungspflichtigen Angelegenheiten"* trifft. Der Inhalt der betriebskonstituierenden Leitungsbefugnisse ist mithin das Spiegelbild derjenigen Kompetenzen auf Arbeitgeberseite, die das BetrVG dem Betriebsrat zuweist. In der Rechtsprechung des BAG findet sich dieser Gedanke in der Formel vom *„Kern der Arbeitgeberfunktionen in sozialen und personellen Angelegenheiten"*[173] wieder, der von derselben institutionalisierten Leitung ausgeübt wird.

Dass es sich um Arbeitgeberfunktionen handeln muss, lässt sich bereits dem telos der betrieblichen Mitbestimmung als Ausgleich zum Direktionsrecht des Arbeitgeber entnehmen.[174] Die Bezeichnungen „personelle" und „soziale" Angelegenheiten rekurrieren dabei auf den fünften (§§ 92 ff. BetrVG) bzw. dritten Abschnitt (§§ 87 ff. BetrVG) des vierten Teils des BetrVG, die amtlich mit „Personelle Angelegenheiten" bzw. „Soziale Angelegenheiten" überschrieben sind. Betriebskonstituierend wirken dabei in personeller Hinsicht insbesondere die Entscheidungsbefugnis bezüglich Einstellungen, Entlassungen, Abmahnungen und Versetzungen[175]

---

172 Vgl. *Rein*, S. 81.

173 BAG v. 23.11.2016 – 7 ABR 3/15, NZA 2017, 1003 Rn. 33; BAG v. 13.2.2013 – 7 ABR 36/11, NZA-RR 2013, 521 Rn. 28; BAG v. 18.1.2012 – 7 ABR 72/10, NZA-RR 2013, 133 Rn. 35; BAG v. 13.8.2008 – 7 ABR 21/07, NZA-RR 2009, 255 Rn. 19; BAG v. 22.6.2005 – 7 ABR 57/04, NZA 2005 unter B II 1; BAG v. 14.12.1994 – 7 ABR 26/94, NZA 1995, 906 unter B I 2 a); vgl. auch BAG v. 21.7.2004 – 7 ABR 57/03, AP BetrVG 1972 § 4 Nr. 15 (*„Kern der betriebsverfassungsrechtlich relevanten Arbeitgeberfunktionen"*); BAG v. 29.5.1991 – 7 ABR 54/90, NZA 1992, 74 unter B II 2; BAG v. 14.9.1988 – 7 ABR 10/87, NZA 1989, 190 unter B 3 (*„Kern der Arbeitgeberfunktionen im sozialen und personellen Bereich"*); BAG v. 23.9.1982 – 6 ABR 42/81, AP BetrVG 1972 § 4 Nr. 3 unter III 2 c (*„Kern der Arbeitgeberfunktionen im Bereich der personellen und sozialen Mitbestimmung"*).

174 Hierzu bereits unter 1. Kap. B. I.

175 Vgl. BAG v. 9.12.2009 – 7 ABR 38/08, NZA 2010, 906 (Befugnis zu Einstellungen, Befristungsabreden sowie den Ausspruch von Abmahnungen und Kündigungen); BAG v. 14.1.2004 – 7 ABR 26/03, BeckRS 2009, 55090 (Einstellungsbe-

(vgl. § 99 ff. BetrVG), in sozialer Hinsicht unter anderem die Erstellung von Schicht- und Dienstplänen, die Urlaubsgewährung, die Festlegung von Beginn und Ende der täglichen Arbeitszeit sowie die Anordnung von Überstunden[176] (vgl. § 87 BetrVG). Erforderlich, aber auch ausreichend, ist dabei, dass die Betriebsleitung die qualitative[177] Mehrheit der Kompetenzen in den beteiligungspflichtigen Angelegenheiten innehat.[178]

Zum Anwendungsbereich sämtlicher Mibtestimmungstatbestände Stellung zu nehmen, würde den Rahmen der vorliegenen Arbeit sprengen.[179] Pauschalierend kann jedoch die Feststellung getroffen werden, dass sich die mitbestimmungsrelevanten Entscheidungsbefugnisse – mit Ausnahme der personellen Einzelmaßnahmen (vgl. §§ 99 ff. BetrVG) – auf Interessen der Belegschaft als Kollektiv beziehen, nicht hingegen auf die persönliche Stellung des einzelnen Arbeitnehmers. Hingewiesen sei zudem darauf, dass der Arbeitgeber aufgrund der von Art. 12 Abs. 1 GG geschützten Unternehmerfreiheit in der Konkretisierung des individuellen Arbeitsinhalts autonom ist.[180] Dass wirtschaftliche Entscheidungen aus der betriebskonstituierenden Leitungsmacht auszuklammern sind, kommt einfachgesetzlich in § 111 BetrVG zum Ausdruck, wonach bei geplanten Betriebsänderungen als Gesprächspartner des Betriebsrats „*der Unternehmer*" vorgesehen ist.[181] Die Betriebsleitung kennzeichnet in Abgrenzung hierzu hingegen die Befugnis, unternehmerische Zielsetzungen personell, technisch und organisatorisch umzusetzen.[182] Auch die Rechtsprechung hält die Entscheidungsbefugnisse in wirtschaftlich kaufmännischen Angelegenheiten für

---

fugnis); LAG Hamm v. 28.10.2005 – 13 TaBV 98/05, BeckRS 2006, 40316 (Befugnis zur Kündigung u. Durchführung des Anhörungsverfahrens).

176 Vgl. BAG v. 14.1.2004 – 7 ABR 26/03, BeckRS 2009, 55090.

177 Zum Erfordernis der qualitativen Mehrheit siehe unter 4. Kap. B I 2 a).

178 BAG v. 17.2.1983 – 6 ABR 64/81, AP BetrVG 1972 § 4 Nr. 4 unter II 1 der Gründe; BAG v. 23.9.1982 – 6 ABR 42/81, AP BetrVG 1972 § 4 Nr. 3 unter III 2 b) der Gründe; vgl. auch LAG Hessen v. 21.1.2010 – 5 TaBV 201/08 –, juris Rn. 25; LAG RLP v. 11.11. 1999 – 6 Sa 335/99 –, juris; ArbG Potsdam v. 10.2.2010 – 7 BV 149/09 –, juris; zustimmend u.a. *Berger*, S. 80; *Christiansen*, S. 55 f.; *Hanau*, ZfA 1990, 115, 120; *Konzen*, Unternehmensaufspaltungen, S. 85 f.

179 Vertiefende Ausführungen zur für Matrixorganisationen besonders relevanten Einstellung i.S.d. § 99 Abs. 1 BetrVG finden sich unter 4. Kap. B III. 1. a).

180 *Reichold*, Betriebsverfassung als Sozialprivatrecht, S. 516 f.

181 *Konzen*, Unternehmensaufspaltungen, S. 82.

182 *Preis*, RdA 2000, 257, 279.

unerheblich, da diese unternehmerischen Entscheidungen der Mitbestimmung nach dem BetrVG weitgehend entzogen seien.[183]

4. Gemeinsamer Betrieb mehrerer Unternehmen

Der Leitgedanke der Entscheidungsnähe trägt ebenso den gemeinsamen Betrieb mehrerer Unternehmen[184], der synonym als Gemeinschaftsbetrieb[185] oder Einheitsbetrieb[186] bezeichnet wird: Dem Betriebsrat soll als Verhandlungspartner auf Arbeitgeberseite eine zu den betriebsverfassungsrechtlich relevanten Entscheidungen befugte Instanz gegenüberstehen. Spiegelbildlich erstreckt sich auch der Repräsentationsbereich der Arbeitnehmer über Unternehmensgrenzen hinweg, wenn diese Leitungsmacht unternehmensübergreifend ausgeübt wird.[187] Hierdurch ist gewährleistet, dass der betriebsverfassungsrechtlichen Interessenvertretung eine homogene Wählerschaft zugrunde liegt, innerhalb derer Verteilungskonflikte interessengerecht gelöst werden können.[188] Ohne eine einheitliche Interessenvertretung würde die Belegschaft hingegen in einzelne Gruppen zerfallen, obwohl sie insgesamt derselben Leitung unterworfen wäre.[189] Mithin wählen die im gemeinsamen Betrieb beschäftigten Arbeitnehmer trotz verschiedener Vertragsarbeitgeber einen einheitlichen Betriebsrat und werden von diesem repräsentiert. Für die Betriebsgröße betreffende Schwellenwer-

183 BAG v. 25.5.2005 – 7 ABR 38/04, AP BetrVG 1972 § 1 Gemeinsamer Betrieb Nr. 28 Rn. 36; BAG v. 23.9.1982 – 6 ABR 42/81, AP BetrVG 1972 § 4 Nr. 3 unter III 2 b); LAG RLP v. 8.11.2016 – 8 TaBV 23/15, BeckRS 2016, 115897 Rn. 59; zust. *Berger*, S. 80; *Bonanni/Otte*, BB 2016, 1653, 1656; vgl. auch BAG v. 5.6.1964 – 1 ABR 11/63 –, juris unter II 3 c), wonach es auf die wirtschaftliche Seite „weniger“ ankomme.

184 Zum gemeinsamen Betrieb mehrerer Unternehmen eingehend *Bonanni*, Gemeinsamer Betrieb, passim; *Jochums*, passim; *Kreutz*, in: FS Richardi, S. 637 ff; *Walle*, in: FS Moll, S. 711 ff.; *Zöllner*, in: FS Semler, S. 995 ff.

185 Vgl. BAG v. 24.9.1999 – 2 AZR 352/98, AP KSchG 1969 § 23 Nr. 21; *Maschmann*, in: Dornbusch/Fischermeier/Löwisch, § 1 BetrVG Rn. 11.

186 *Wiedemann*, Anm. zu BAG v. 13.6.1985 – 2 AZR 452/84, AP KSchG 1969 § 1 Nr. 10.

187 *Jochums*, S. 17.

188 Zur Ausgleichsfunktion der Betriebsverfassung *H. Hanau*, Individualautonomie, S. 105 ff.; *Jochums*, Gemeinsamer Betrieb, S. 21; *Franzen*, Beil. 3 zu NZA 2006, 107, 110; *Reichold*, Betriebsverfassung als Sozialprivatrecht, S. 511 ff.; *Rieble/Klebeck*, in: FS Richardi, S. 693, 694.

189 Vgl. *Wanhöfer* S. 30 f.

te des BetrVG (z.B. §§ 9, 28a, 38, 112a Abs. 1, 2 BetrVG) zählen sämtliche im gemeinsamen Betrieb beschäftigten Arbeitnehmer mit.[190]

5. Selbstständige Betriebsteile

§ 4 Abs. 1 S. 1 BetrVG erklärt mittels einer Fiktion auch Teile von Betrieben für betriebsratsfähig, sofern diese räumlich weit vom Hauptbetrieb entfernt (Nr. 1) oder durch Aufgabenbereich und Organisation eigenständig sind (Nr. 2). Negativ formuliert fand sich eine vergleichbare Regelung bereits in § 9 Abs. 2 BRG 1920, wonach Nebenbetriebe und Bestandteile eines Unternehmens nicht als besondere Betriebe galten, sofern sie sich innerhalb der gleichen Gemeinde oder wirtschaftlich zusammenhängender, nahe beieinander liegender Gemeinden befanden.

Betriebsteile sind räumlich weit entfernt, wenn aufgrund der Distanz eine ordnungsgemäße Betreuung durch den im Hauptbetrieb errichteten Betriebsrat nicht gewährleistet ist.[191] Das BAG fragt im Rahmen einer Gesamtwürdigung, ob wegen der räumlichen Trennung des Hauptbetriebs von dem Betriebsteil die persönliche Kontaktaufnahme zwischen einem dortigen Betriebsrat und den Arbeitnehmern im Betriebsteil so erschwert ist, dass der Betriebsrat des Hauptbetriebs die Interessen der Arbeitnehmer nicht mit der nötigen Intensität und Sachkunde wahrnehmen kann und sich die Arbeitnehmer nur unter erschwerten Bedingungen an den Betriebsrat wenden können.[192] Es handelt sich um einen relativen Maßstab, für den insbesondere, aber nicht ausschließlich, die Verkehrsverbindung entscheidend ist.[193] Wie bereits der Argumentation zum Betriebsbegriff zugrundegelegt,[194] bezweckt § 4 Abs. 1 S. 1 BetrVG eine Korrektur zugunsten des Prinzips der Arbeitnehmernähe, wenn eine sachgerechte Interessenvertretung der Belegschaft ansonsten nicht möglich wäre. Die Belegschaft eines nach § 4 Abs. 1 S. 1 BetrVG qualifizierten Betriebsteils kann einen eigenen Betriebsrat wählen, sich durch einfachen Mehrheitsbeschluss an der

---

190 *Maschmann*, in: Dornbusch/Fischermeier/Löwisch, § 1 BetrVG Rn. 14.

191 BAG v. 17.5.2017 – 7 ABR 21/15, NZA 2017, 1282 Rn. 20; BAG v. 7.5.2008 – 7 ABR 15/07, NZA 2009, 328, 331 Rn. 26 m.w.N.

192 BAG v. 7.5.2008 – 7 ABR 15/07, NZA 2009, 328 Rn. 26; BAG v. 14.1.2004 – 7 ABR 26/03, BeckRS 2009, 55090; BAG v. 21.6.1995 - 2 AZR 783/94, BeckRS 1995, 30924069; LAG Köln v. 6.2.2015 – 4 TaBV 60/14, BeckRS 2015, 68781; LAG Schleswig-Holstein v. 17.12.2013 – 1 TaBV 35/12, NZA-RR 2014, 242.

193 Richardi/*Richardi/Maschmann*, § 4 BetrVG Rn. 19.

194 Vgl. 1. Kap. B. I. 2. d).

Betriebsratswahl des Hauptbetriebs beteiligen (vgl. §§ 4 Abs. 1 S. 2 BetrVG) oder auf die Wahl eines Betriebsrats verzichten.[195]

Zusätzlich zu der räumlich weiten Entfernung verlangt die Rechtsprechung eine organisatorische Verselbstständigung in Form örtlicher Leitungsmacht.[196] Diese müsse sich jedoch nicht auf alle Mitarbeiter der organisatorischen Einheit beziehen, sondern könne auch nur in Form der fachlichen Weisungsbefugnis gegenüber einzelnen Arbeitnehmern bestehen.[197] Setzt man die Anforderungen derart niedrig, ist die ungeschriebene Voraussetzung der organisatorischen Verselbstständigung jedoch nicht dazu geeignet, den selbstständigen vom unselbstständigen Betriebsteil abzugrenzen. Denn Weisungsbeziehungen werden bereits dann vorliegen, sobald innerhalb des Betriebsteils Arbeitnehmer aus zwei Hierarchieebenen zusammenarbeiten.[198] Vielmehr legt ein argumentum e contratio nahe, dass die organisatorische Eigenständigkeit des Betriebsteils im Rahmen des § 4 Abs. 1 S. 1 Nr. 1 BetrVG – anders als nach Nr. 2 – nicht maßgeblich ist, zumal als Verhandlungspartner des Betriebsrats ohnehin nicht die Leitung des Betriebsteils, sondern diejenige des Hauptbetriebs im Sinne des § 1 Abs. 1 S. 1 BetrVG fungiert.[199] Folglich kann es auf die organisatorischen Verselbstständigung des Betriebsteils im Sinne des § 4 Abs. 1 S. 1 Nr. 1 BetrVG nicht ankommen.[200]

Die Betriebsfiktion aufgrund eigenständigen Aufgabenbereichs und eigenständiger Organisation (§ 4 Abs. 1 S. 1 Nr. 2 BetrVG) ist in der Praxis schwer zu handhaben und daher von untergeordneter Relevanz. Denn zum Betrieb im Sinne des § 1 BetrVG grenzt sich der Betriebsteil gerade dadurch ab, keinen eigenen, umfassend zuständigen Leitungsapparat mit eigenem Aufgabenbereich zu haben.[201] Nach soweit ersichtlich allgemeiner Ansicht setzt die nach § 4 Abs. 1 S. 1 Nr. 2 BetrVG für einen selbstständigen Betriebsteil erforderliche eigenständige Organisation die Befugnis des Betriebsteilleiters voraus, über einen Teil der mitbestimmungsrelevan-

---

195 Vgl. *Junker*, Grundkurs ArbR, Rn. 660; *Preis/Greiner*, KollArbR, Rn. 1736.

196 BAG v. 7.5.2008 – 7 ABR 15/07, NZA 2009, 328, 330 Rn. 19; BAG v. 17.1.2007 – 7 ABR 63/05, NZA 2007, 703 Rn. 15; BAG v. 28.6.1995 – 7 ABR 59/94, AP BetrVG 1972 § 4 Nr. 8 unter B I 2.

197 ArbG Frankfurt/Main v. 21.7.2009 – 12 BV 184/09, BeckRS 2013, 72862.

198 Zutreffend *Witschen*, RdA 2016, 38, 43.

199 BAG v. 19.2.2002 – 1 ABR 26/01, NZA 2002, 1300, 1302; ErfK/*Koch*, § 4 BetrVG Rn. 4; *Witschen*, RdA 2016, 38, 43.

200 *Witschen*, RdA 2016, 38, 43.

201 ErfK/*Koch*, § 4 BetrVG Rn. 4.

ten Aspekte selbst zu entscheiden („relative Eigenständigkeit").[202] Missverständlich sind insofern Formulierungen, wonach sich bei einem Betrieb im Sinne des § 1 BetrVG die in der organisatorischen Einheit ausgeübte Leitungsmacht auf alle wesentlichen Funktionen des Arbeitgebers in personellen und sozialen Angelegenheiten erstrecke, während es für den Betriebsteil im Sinne des § 4 Abs. 1 Nr. 2 BetrVG ausreiche, wenn überhaupt eine den Einsatz der Arbeitnehmer bestimmende Leitung institutionalisiert sei, die Weisungsrechte des Arbeitgebers ausübt.[203] Richtigerweise sind Betrieb und Betriebsteil im Sinne des § 4 Abs. 1 Nr. 2 BetrVG danach abzugrenzen, dass die Betriebsleitung die Mehr- und die Betriebsteilleitung die Minderzahl der mitbestimmungsrelevanten Angelegenheiten entscheidet.[204] Da dies in Zweifelsfällen schwer zu quantifizieren ist, enthält § 4 Abs. 1 S. 1 Nr. 2 BetrVG vor allem der Klarstellung, dass es für die Belegschaft zweckdienlich sein kann, trotz der räumlichen Nähe zu einer anderen Betriebsstätte einen eigenen Betriebsrat zu wählen.[205]

6. Zwischenergebnis

Der Betrieb im Sinne des § 1 BetrVG setzt sich aus sämtlichen Arbeitnehmern zusammen, die von einer bezüglich der beteiligungspflichtigen Angelegenheiten kompetenten Instanz einheitlich und im Namen des Betriebsinhabers geführt werden. Betriebskonstituierend wirkt die Befugnis zur Ausübung der Arbeitgeberbefugnisse in personellen (vgl. §§ 99 ff. BetrVG) und sozialen (vgl. § 87 BetrVG) Angelegenheiten, nicht hingegen die Entscheidungskompetenz bezüglich wirtschaftlicher Angelegenheiten sowie die inhaltliche Konkretisierung der Arbeit. Eine räumliche Nähebeziehung der zum Betrieb zusammengefassten Arbeitnehmer setzt der Betriebsbegriff des § 1 BetrVG nicht voraus, kann jedoch gemäß § 4 Abs. 1 S. 1 Nr. 1 BetrVG zur Betriebsratsfähigkeit selbstständiger Betriebsteile

---

202 BAG v. 17.5.2017 – 7 ABR 21/15, NZA 2017, 1282 Rn. 17; BAG v. 23.11.2016 – 7 ABR 3/15, NZA 2017, 1003 Rn. 64; BAG v. 17.1.2007 – 7 ABR 63/05, AP BetrVG 1972 § 4 Nr. 18 Rn. 15; BAG v. 29.1.1992 – 7 ABR 27/91, NZA 1992, 894, 898; BAG v. 1.2.1963 – 1 ABR 1/62, NJW 1963, 1325, 1327; LAG Düsseldorf v. 13.1.2016 – 12 TaBV 67/14 –, juris Rn. 48; BeckOK-ArbR/*Besgen* BetrVG § 4 Rn. 15; *Dietz*, in: FS Nikisch, S. 23, 34; GK-BetrVG/*Franzen*, § 4 Rn. 15; ErfK/*Koch*, § 4 BetrVG Rn. 5; Richardi/*Richardi/Maschmann*, § 4 BetrVG Rn. 27.

203 So aber BAG v. 17.1.2007 – 7 AB 63/05, NZA 2007, 703, 705 Rn. 15.

204 Vgl. *Umnuß*, Betriebsverfassung, S. 143 f. zu § 4 S. 1 Nr. 2 BetrVG 1972.

205 ErfK/*Koch*, § 4 BetrVG Rn. 5.

führen, wenn ansonsten eine arbeitnehmernahe Repräsentation durch den Betriebsrat unmöglich ist.

Sowohl der Betrieb im Sinne des § 1 BetrVG als auch der selbstständige Betriebsteil nach § 4 Abs. 1 S. 1 Nr. 2 BetrVG sind aufgrund der sie konstituierenden Hierarchie eigenständige Organisationseinheiten im Sinne der betriebswirtschaftlichen Organisationslehre. Der Betriebsteil im Sinne des § 4 Abs. 1 S. 1 Nr. 1 BetrVG definiert sich hingegen allein anhand räumlicher Kriterien. Da er keiner konstituierenden Instanz bedarf, handelt es sich bei ihm um keine Organisationseinheit, sondern lediglich den Teil einer Organisation.

II. Die Betriebe des KSchG

Bereits auf den ersten Blick ist das KSchG betriebsgeprägt. In seinen 28 Paragraphen wird achtmal der „Betrieb" erwähnt, ebenso häufig werden betriebliche Erfordernisse, Interessen oder Gründe angesprochen. Der Betriebsrat wird an 26 Stellen erwähnt. Die Dauer der Betriebszugehörigkeit ist gemäß § 1 Abs. 3 S. 1 KSchG ein Kriterium der im Rahmen der betriebsbedingten Kündigung vorzunehmenden Sozialauswahl.

1. Betriebsbezogene Konzeption des KSchG 1951

Diese betriebliche Prägung ist auf die erste Kodifizierung eines materiellen Kündigungsschutzes für Arbeitnehmer in §§ 84 ff. BRG 1920[206] zurückzuführen. Gemäß § 84 BRG 1920 konnten die Arbeitnehmer beim Arbeiter- und Angestelltenrat Einspruch gegen eine arbeitgeberseitige Kündigung erheben. Gemäß § 87 BRG 1920 wurde über den Einspruch im gesetzlichen Schlichtungsverfahren entschieden, das jedoch zugunsten des Arbeitnehmers allenfalls mit einem Abfindungsanspruch enden konnte. § 56 des Gesetzes zur Ordnung der nationalen Arbeit (AOG)[207], der § 84 BRG 1920 zum 20.1.1934 ablöste, behielt den Betriebsbezug bei[208], räumte dem Be-

---

206 RGBl. I 1920, S. 147, 167 ff.

207 RGBl. I 1934, S. 45, 52.

208 § 56 Abs. 1 AOG: „*Wird einem Angestellten oder Arbeiter nach einjähriger Beschäftigung in dem gleichen Betrieb oder in dem gleichen Unternehmen gekündigt, so kann er, wenn es sich um einen Betrieb mit in der Regel 10 Beschäftigten handelt, binnen zwei Wochen nach Zugang der Kündigung beim Arbeitsgericht mit dem Antrag auf*

triebsrat hierbei jedoch lediglich ein Beratungsrecht ein und erklärte die Arbeitsgerichte für entscheidungszuständig. Eine unwirksame Kündigung hatte den „Widerruf der Kündigung" und damit die Weiterbeschäftigung zur Folge. Nachdem nach Ende des Zweiten Weltkrieges das AOG zunächst weitergalt und erst mit Wirkung zum 1.1.1947 durch das Kontrallratsgesetz Nr. 40 außer Kraft gesetzt wurde, kam es in den einzelnen Ländern zunächst zu einer Rechtszersplitterung des Kündigungsschutzes, ehe am 11.8.1951 das KSchG inkraft trat.

Anknüpfend an die Konzeption des BRG 1920 beabsichtigte der Gesetzgeber eine enge Verknüpfung des KSchG mit dem Betriebsverfassungsrecht.[209] In der Begründung des KSchG 1951 heißt es wörtlich: *„Auch*[210] *der Entwurf will im wesentlichen das bisherige Recht wieder einführen, das sich bewährt hat".*[211] Folglich sollten die Vorschriften des KSchG gemäß § 21 Abs. 1 KSchG 1951 (entspricht § 23 Abs. 1 KSchG) sachlich *„für Betriebe und Verwaltungen des privaten und des öffentlichen Rechts"* gelten. Die Begrifflichkeiten wurden § 9 S. 1 BRG 1920 entnommen, wonach als Betriebe *„alle Betriebe, Geschäfte und Verwaltungen des öffentlichen und privaten Rechtes"* galten. Mit der betriebsbedingten Kündigung gestaltete der Gesetzgeber auch den Kündigungsgrund des § 1 Abs. 2 S. 1 Var. 3 KSchG betriebsbezogen aus. Demnach ist eine Kündigung sozial ungerechtfertigt, wenn sie nicht durch dringende betriebliche Erfordernisse, die einer Weiterbeschäftigung des Arbeitnehmers in diesem Betrieb entgegenstehen bedingt ist. Entsprechend heißt es in der Gesetzesbegründung des KSchG 1951:

> *„Bei der Entscheidung, ob dringende betriebliche Erfordernisse einer Weiterbeschäftigung entgegenstehen, sind (...) lediglich die Verhältnisse des Beschäftigungsbetriebs zu berücksichtigen. Was dabei als Betrieb anzusehen ist, bestimmt sich nach den Vorschriften des Betriebsräterechts; es ist die Einheit, für die ein Betriebsrat zu bestellen ist."*[212]

Auch die Sozialauswahl, die anzustellen ist, wenn mehrere Arbeitnehmer für eine Kündigung in Betracht kommen, wurde betriebsbezogen konzipiert. Dies wird insbesondere durch den Verweis des § 1 Abs. 3 S. 1 KSchG

Widerruf der Kündigung klagen, wenn diese unbillig hart und nicht durch die Verhältnisse des Betriebes bedingt ist."

209 SPV/*Preis*, Rn. 852.

210 „Auch" bezog sich dabei auf die einzelnen Landesgesetze, die durch das KSchG 1951 abgelöst werden sollten, vgl. BT-Drs. 1/2090, S. 16.

211 BT-Drs. 1/2090, S. 16.

212 BT-Drs. 1/2090, S. 12; vgl. hierzu *Bütefisch*, S. 43.

auf die *„dringenden betrieblichen Erfordernisse"* des Abs. 2 S. 1 zum Ausdruck gebracht, der voraussetzt, dass eine Weiterbeschäftigung im Betrieb ausgeschlossen ist.[213] Aufgrund der historischen Bezüge sowie der Ausführungen des Gesetzgebers von 1951 geht das BAG bis heute von einer größtenteils einheitlichen Anwendbarkeit des betriebsverfassungsrechtlichen Betriebsbegriffs auf das gesamte KSchG aus.[214] Einzig im Rahmen der Massenentlassungsanzeige nach § 17 KSchG hat der 6. Senat im Februar 2020 seine diesbezügliche Rechtsprechung aufgegeben und sich zugunsten einer autonom unionsrechtlichen Auslegung vom allgemeinen Betriebsbegriff verabschiedet.[215]

2. Friktionen

Legislative Änderungen sowie die Rechtsprechung von BAG und BVerfG haben seit Inkrafttreten des KSchG 1951 Zweifel an der engen Verzahnung des KSchG mit dem Betriebsverfassungsrecht aufkommen lassen. Teile der Literatur fordern eine Entkoppelung vom betriebsverfassungsrechtlichen Begriffsverständnis und interpretieren sowohl den Anwendungsbereich des KSchG als auch seine Kündigungsgründe mittlerweile arbeitgeberbezogen.[216] Im Folgenden soll herausgearbeitet werden, aufgrund welcher Anknüpfungspunkte die These von der einheitlichen Geltung des betriebsverfassungsrechtlichen Betriebsbegriffs nicht haltbar ist.

a) Kleinbetriebsklausel, § 23 Abs. 1 S. 2, 3 KSchG

Gemäß der sogenannten Kleinbetriebsklausel des § 23 Abs. 1 S. 2 KSchG gelten die Vorschriften des Ersten Abschnitts *„mit Ausnahme der §§ 4 bis 7*

---

213 *Bütefisch*, S. 42 f.

214 BAG v. 24.10.2019 – 2 AZR 85/19, BeckRS 2019, 32070 Rn. 19 (*„Es gilt daher der allgemeine Betriebsbegriff, der im Wesentlichen demjenigen des § 1 I 1 BetrVG entspricht"*); vergleichbar BAG v. 27.6.2019 – 2 AZR 38/19, NZA 2019, 1427 Rn. 21; BAG v. 2.3.2017 – 2 AZR 427/16, NZA 2017, 859 Rn. 15; BAG v. 19.7.2016 – 2 AZR 468/15, NZA 2016, 1196 Rn. 12; BAG v. 17.1.2008 – 2 AZR 902/06, NZA 2008, 872, 873 Rn. 16; BAG v. 15.3.2001 – 2 AZR 151/00, NZA 2001, 831.

215 BAG v. 13.2.2020 – 6 AZR 146/19, NZA 2020, 1006 Rn. 32; hierzu sogleich unter 1. Kap. B. II. 2. c).

216 *Berkowsky*, NZA 1996, 290, 294 (Vertragsbezogenheit der Sozialauswahl); *Preis*, RdA 2000, 257, 275.

und des § 13 Abs. 1 Satz 1 und 2 nicht für Betriebe und Verwaltungen, in denen in der Regel fünf oder weniger Arbeitnehmer ausschließlich der zu ihrer Berufsbildung Beschäftigten beschäftigt werden". Der Schwellenwert wurde zuletzt[217] mit Wirkung zum 1.1.2004 auf zehn Arbeitnehmer angehoben.[218] Demnach können sich Arbeitnehmer in Betrieben und Verwaltungen mit regelmäßig zehn oder weniger Arbeitnehmern nicht auf den besonderen Kündigungsschutz des KSchG[219] berufen, wenn ihr Arbeitsverhältnis nach dem 31.12.2003 begonnen hat (§ 23 Abs. 1 S. 3 KSchG). Für Altverträge bleibt es aus Gründen des Vertrauensschutzes bei der Grenze von fünf Arbeitnehmern im Betrieb. Auch vor Geltung des KSchG waren Kleinbetriebe von materiellen Kündigungsschutzvorschriften ausgenommen worden. So war die Anwendbarkeit des BRG 1920 und damit dessen §§ 54 ff. von vornherein an die Betriebsratsfähigkeit des Beschäftigungsbetriebs geknüpft, wofür dort in der Regel mindestens 20 Arbeitnehmer beschäftigt werden mussten (vgl. § 1 BRG 1920). Gemäß § 56 Abs. 1 AOG konnte man gegen eine unbillig harte und nicht betriebsbedingte Kündigung nur klagen, „*wenn es sich um einen Betrieb mit in der Regel 10 Beschäftigten handelt[e]*". Die Kleinbetriebsklausel des § 56 AOG wurde mit der engen Zusammenarbeit zwischen Betriebsführer und Gefolgschaft sowie der erhöhten Belastung von kleinen Unternehmen durch die Zahlung von Entschädigungen begründet. Deshalb solle der Betriebsführer in der freien Bestimmung darüber, mit wem er zusammenarbeiten will, nicht beschränkt werden.[220] Aus vergleichbaren Erwägungen entschied sich der Gesetzgeber 1951 für die Aufnahme einer derartigen Regelung in § 21 KSchG a.F. (§ 23 Abs. 1 S. 2, 3 KSchG n.F.)[221] – vermochte es jedoch bereits damals nicht, terminologisch zwischen „Betrieb" und „Unternehmen" zu differenzieren.

aa) Verfassungskonforme Auslegung durch das BVerfG

Die ständige Rechtsprechung des BAG, wonach auch auf § 23 Abs. 1 S. 2 KSchG der betriebsverfassungsrechtliche Betriebsbegriff anzuwenden

---

217 Eine Erhöhung auf 10 Arbeitnehmer war bereits durch Art. 1 ArbBeschFG v. 25.9.1996, BGBl. I, S. 1476 beschlossen und nach dem Regierungswechsel 1998 zurückggenommen worden durch Art. 6 KorrekturG v. 19.12.1998, BGBl. I, S. 3843.

218 Art. 1 Gesetz zur Reform am Arbeitsmarkt, BGBl. I 2003, S. 3002, 3003.

219 Wiederum mit Ausnahme der §§ 4-7 und des § 13 Abs. 1 S. 1, 2 KSchG.

220 *Dietz*, in: Hueck/Nipperdey, AOG, 2. Aufl. 1937, Vorbem. zu § 56 Rn. 3.

221 BT-Drs. 1/2090, S. 12.

sei[222], hat das BVerfG im Jahr 1998 vorsichtig in Zweifel gezogen, letztlich jedoch eine verfassungskonforme Auslegung des Betriebsbegriffs für möglich gehalten.[223] Der Ausschluss von in Kleinbetrieben beschäftigten Arbeitnehmern aus weiten Teilen des KSchG stelle eine rechtfertigungsbedürftige Benachteiligung im Sinne des Art. 3 Abs. 1 GG gegenüber solchen Arbeitnehmern dar, die in oberhalb des Schwellenwerts liegenden Betrieben beschäftigt würden. Die hierfür vom Gesetzgeber vorgebrachten Erwägungen seien zwar grundsätzlich geeignet, eine derartige Ungleichbehandlung zu rechtfertigen. Auch sei im Ergebnis nicht zu beanstanden, dass der Gesetzgeber am Begriff „Betrieb" als Unterscheidungsmerkmal festgehalten habe.[224] Unter das betriebsverfassungsrechtliche Betriebsverständnis könnten jedoch im Einzelfall auch kleine Betriebe größerer Unternehmen fallen, auf die weder der Aspekt der vermindernden Leistungsfähigkeit noch der der engen persönlichen Zusammenarbeit zuträfe. Das sei mit Art. 3 Abs. 1 GG nicht zu vereinbaren.[225] Gleichwohl hat das BVerfG § 23 Abs. 1 S. 2 KSchG nicht für verfassungswidrig erklärt. Vielmehr sei der Betriebsbegriff des § 23 Abs. 1 S. 2 KSchG im Wege verfassungskonformer Auslegung auf die Einheiten zu beschränken, für deren Schutz die Kleinbetriebsklausel allein bestimmt ist. Hierdurch werde der Anwendungsbereich der Norm auf Fälle reduziert, für die die Benachteiligung der betroffenen Arbeitnehmer sachlich begründet sei. Eine Verletzung des Gleichheitsgrundsatzes werde so vermieden. Seine Rechtsprechung hat das BVerfG zuletzt 2009 bestätigt.[226]

bb) Rezeption

Die durch das BVerfG eröffnete Möglichkeit einer einzelfallbezogenen Gesamtbetrachtung hat das BAG bereitwillig genutzt. Bereits mehrfach hat das Gericht eine Anwendung des § 23 Abs. 1 S. 2, 3 KSchG bejaht, obwohl die Zahl der bei einem Arbeitgeber beschäftigten Arbeitnehmer den Schwellenwert der Kleinbetriebsklausel überschritt – diese jedoch auf

---

222 BAG v. 2.3.2017 – 2 AZR 427/16, NZA 2017, 859 Rn. 15; BAG v. 19.7.2016 – 2 AZR 468/15, NZA 2016, 1196 Rn. 12; BAG v. 17.1.2008 – 2 AZR 902/06, NZA 2008, 872, 873 Rn. 16; BAG v. 27.1.1998 – 1 BvL 15/87, NZA 1998, 470, 471.

223 BVerfG v. 27.1.1998 – 1 BvL 15/87, NZA 1998, 470; bestätigt durch den Nichtannahmebeschluss BVerfG v. 12.3.2009 – 1 BvR 1250/08, BeckRS 2009, 45869.

224 BVerfG v. 27.1.1998 – 1 BvL 15/87, NZA 1998, 470 unter II. 4. b) bb).

225 BVerfG v. 27.1.1998 – 1 BvL 15/87, NZA 1998, 470 unter II. 4. b) bb).

226 BVerfG v. 12.3.2009 – 1 BvR 1250/08, BeckRS 2009, 45869.

mehrere Kleinbetriebe verteilt waren.[227] Dies wird stets damit begründet, dass der Gesetzgeber bewusst auf die Betriebsgröße abgestellt und eine Gleichsetzung mit dem Unternehmen nicht gewollt habe. Eine verfassungskonforme Auslegung von § 23 Abs. 1 KSchG verlange daher nicht bereits dann eine Durchbrechung des Betriebsbezugs, wenn sich das Unternehmen zwar in mehrere kleine, organisatorisch verselbstständigte Einheiten gliedere, insgesamt aber mehr als zehn Arbeitnehmer beschäftige. Maßgeblich sei vielmehr eine alle Umstände des Einzelfalls einbeziehende, wertende Gesamtbetrachtung dahingehend, ob die Anwendung der Kleinbetriebsklausel nach Maßgabe des allgemeinen Betriebsbegriffs unter Berücksichtigung der tatsächlichen Verhältnisse dem mit ihr verbundenen Sinn und Zweck (noch) gerecht werde.[228]

Seiner verfassungskonformen Auslegung des § 23 Abs. 1 S. 2, 3 KSchG legt das BAG mithin eine zweistufige Prüfung zugrunde. In einem ersten Schritt stellt es fest, ob die beim Arbeitgeber vorhandenen Arbeitsplätze den Schwellenwert des § 23 Abs. 1 KSchG übersteigen. Ist das der Fall, prüft das BAG weiter, ob sich die enge Zusammenarbeit der am jeweiligen Standort beschäftigten Arbeitnehmer wesentlich von der in einem typischen Kleinbetrieb unterscheidet, insbesondere ob sich die Persönlichkeit und der Leistungsbeitrag eines jeden einzelnen Beschäftigten in einer solchen Weise unmittelbar auf das Betriebsklima und die Funktionsfähigkeit des Betriebs auswirkt, wie dies für einen Kleinbetrieb typischerweise anzunehmen ist. Ein Teil der Literatur folgt diesem betriebsbezogenen Ansatz.[229]

Nach anderer Ansicht ist im Rahmen des § 23 Abs. 1 S. 2, 3 KSchG auf das Unternehmen abzustellen (sogenannter arbeitgeberbezogener Ansatz).[230] Demnach sind aus dem Anwendungsbereich des KSchG nur

---

227 BAG v. 2.3.2017 – 2 AZR 427/16, NZA 2017, 859; BAG v. 19.7.2016 – 2 AZR 468/15, NZA 2016, 1196, Rn. 20; BAG v. 28.10.2010 – 2 AZR 392/08, AP KSchG 1969 § 23 Nr. 48; vgl. auch BAG v. 17.1.2008 - 2 AZR 902/06, NZA 2008, 872 zu einem grenzüberschreitenden Sachverhalt.

228 BAG v. 2.3.2017 – 2 AZR 427/16, NZA 2017, 859 Rn. 27; BAG v. 19.7.2016 – 2 AZR 468/15, NZA 2016, 1196 Rn. 20.

229 *Bepler*, ArbuR 1997, 54, 58; *Gimmy/Hügel*, NZA 2013, 764, 767; *Greiner*, in: MHdB ArbR, Bd. 2, § 112 Rn. 47; ErfK/*Kiel*, § 23 KSchG Rn. 3; *Reichold*, EWiR 2011, 127, 128; *Thüsing*, in: Thüsing/Rachor/Lembke, § 23 Rn. 12; HWK/*Quecke*, § 23 KSchG Rn. 3; vgl. umfassend zum Streitstand KR-Komm/*Bader*, § 23 KSchG Rn. 16 ff.

230 ArbG Hamburg v. 10.3.1997 – 27 Ca 192/96, DB 1997, 2439; DDZ/*Deinert/Callsen*, § 23 KSchG Rn. 13; *Gragert/Kreutzfeldt* NZA 1998, 567, 569; *Hergenröder*, in: MüKo-BGB, § 23 KSchG Rn. 7; *Joost*, Betrieb und Unternehmen, S. 348; *ders.*,

Kleinunternehmen bis zu zehn Arbeitnehmern ausgenommen. Unternehmen oberhalb dieser Schwelle, deren Beschäftigte sich auf mehrere Kleinbetriebe verteilen, seien hingegen an die Vorgaben des KSchG gebunden. Dies wird damit begründet, dass die wirtschaftliche Entlastung kleinerer Arbeitgeber sowie das besondere Vertrauensverhältnis aufgrund der persönlichen Mitarbeit des Arbeitgebers als Zwecke der Kleinbetriebsklausel an dessen Person anknüpften, nicht jedoch an die Zusammenfassung von Arbeitnehmern in Teileinheiten seines Unternehmens. Zudem seien die einzelfallbezogenen Kriterien des betriebsbezogenen Ansatzes wenig trennscharf.[231]

cc) Stellungnahme

Die verfassungskonforme Auslegung einer Norm des einfachen Rechts setzt das Bestehen mehrerer Auslegungsmöglichkeiten voraus, von denen mindestens eine zu deren Verfassungsmäßigkeit, mindestens eine andere zu deren Verfassungswidrigkeit führen würde.[232] Folglich bilden die anerkannten Auslegungsmethoden die Grenze der verfassungskonformen Auslegung.[233] Mit ihr kann kein Ergebnis gerechtfertigt werden, das dem durch Wortlaut, Genese und Systematik zu ermittelnden gesetzgeberischen Willen zuwiderläuft. Hierauf zu untersuchen sind folgende Interpretationsmöglichkeiten des Betriebs im Sinne des § 23 Abs. 1 S. 2, 3 KSchG: Die strikte Geltung des Betriebsbegriffs des § 1 Abs. 1 BetrVG, die Anwendung des Betriebsbegriffs des § 1 Abs. 1 BetrVG mit der Möglichkeit der teleologischen Reduktion im Einzelfall sowie das Verständnis des Betriebs als gesamter Geschäftsbereich des Arbeitgebers (Unternehmen).

Wie ein Blick in die Gesetzgebungsmaterialien zeigt, vermochte es bereits der Gesetzgeber des KSchG 1951 nicht, eindeutig zwischen den Begrifflichkeiten „Betrieb" und „Unternehmen" zu unterscheiden. Zwar sollte für den Wegfall der Beschäftigungsmöglichkeit im Sinne des § 1 Abs. 2

Anm. zu BAG AP KSchG 1969 § 23 Nr. 48; *Kittner* NZA 1998, 731; *Lakies*, DB 1997, 1078, 1080; *Löwisch*, BB 2004, 154, 161; SPV/*Preis* Rn. 858 f.; *Ulrici*, SAE 2011, 192.

231 SPV/*Preis* Rn. 858a.

232 BVerfG v. 22.3.2018 – 2 BvR 780/16, NJW 2018, 1935 Rn. 150; *Höpfner*, Systemkonforme Auslegung, S. 175 m.w.N.

233 BVerfG v. 22.3.2018 – 2 BvR 780/16, NJW 2018, 1935 Rn. 150; BVerfG v. 4.5.2011 – 2 BvR 2365/09 u.a., NJW 2011, 1931 Rn. 160; vgl. hierzu *Höpfner*, RdA 2018, 321, 329 f.

KSchG 1951 explizit nur auf den Bereich abgestellt werden, für den ein Betriebsrat gewählt werden konnte (Betrieb). Prima facie eindeutig erscheint folglich die Bezeichnung des sachlichen Anwendungsbereichs in § 21 Abs. 1 KSchG 1951 als „Betrieb“, zumal der Gestetzgeber auch für die Massenentlassungsanzeige in § 15 KSchG 1951 geäußert hatte, an das alte betriebsrätegeprägte Recht anknüpfen zu wollen.[234] Bereits die Gesetzesbegründung zu § 21 KSchG 1951 lässt jedoch daran zweifeln, dass auch der Kleinbetriebsklausel jenes Verständnis zugrunde liegen sollte. Dort heißt es: *„In § 21 Absatz 2 ist klargestellt, daß neben Betrieben und Verwaltungen des privaten Rechts auch öffentliche Betriebe, also wirtschaftliche Unternehmen, die in der Form privatwirtschaftlicher Betätigung der Befriedigung wirtschaftlicher Bedürfnisse dienen, unter diese Vorschriften fallen.“*[235] Gleichwohl wurde die Anknüpfung an den Terminus „Betrieb“ in den anschließend erschienenen Kommentierungen nicht hinterfragt,[236] weshalb auch die Rechtsprechung von einem einheitlichen, betriebsverfassungsrechtlich geprägten Betriebsbegriff des KSchG 1951 ausging.[237]

Die Grundkonzeption der Kleinbetriebsklausel ist seitdem unverändert geblieben, was von Teilen der Literatur[238] irrtümlich als Bestätigung eines betriebsverfassungsrechtlichen Verständnisses der Kleinbetriebsklausel verstanden wurde. In der Tat wurde etwa 1972 der unternehmensbezogene Tatbestand des § 1 Abs. 2 Nr. 1 lit. b KSchG (unternehmensbezogene Weiterbeschäftigungspflicht) als versetzungsspezifische Ausnahmeregelung eingefügt, ohne den Betriebsbezug an anderen Stellen des KSchG zu verändern.[239] Hierbei blieb es sogar nach der 1996 zum ArbBeschFG[240] vorgenommenen Sachverständigenanhörung des federführenden Ausschusses für Arbeit und Sozialordnung, in der der damalige BAG-Präsident *Thomas Dieterich* explizit danach gefragt wurde, ob der betriebsbezogene Schwellenwert des § 23 Abs. 1 S. 2 KSchG durch einen unternehmensbezogenen

---

234 BT-Drs. 1/2090, S. 16.

235 BT-Drs. 1/2090, S. 17.

236 Vgl. nur *Herschel/Steinmann*, § 21 KSchG Rn. 1; *Hueck*, KSchG 1951, § 21 KSchG Rn. 1.

237 Vgl. nur BAG v. 5.8.1965 - 2 AZR 439/64 –, juris Rn. 9: *„Ein Betrieb, auch im Sinne des Kündigungsschutzgesetzes ist eine organisatorische Einheit von Arbeitsmitteln zur fortgesetzten Verfolgung eines arbeitstechnischen Zwecks“*.

238 *Bepler*, ArbuR 1997, 54, 57.

239 Vgl. hierzu *Erdmann*, S. 217.

240 Arbeitsrechtliches Gesetz zur Förderung von Wachstum und Beschäftigung (Arbeitsrechtliches Beschäftigungsförderungsgesetz) v. 25.9.1996, BGBl. I, S. 1476.

abgelöst werden sollte.[241] Trotz seiner bejahenden Antwort blieb es bei der bis dahin geltenden Anknüpfung an den Betrieb[242], während beispielsweise die Kleinbetriebsklausel des § 99 Abs. 1 S. 1 BetrVG durch das BetrVG 2001 zu einer Kleinunternehmensklausel umgestaltet wurde.[243]

Allerdings lassen sich den nach 1951 erfolgten Gesetzesvorhaben ebenso Hinweise zugunsten eines arbeitgeberbezogenen Verständnisses der Kleinbetriebsklausel entnehmen. So liest sich bereits die Gesetzesbegründung zur Anhebung des Schwellenwerts durch das ArbBeschFG vom 25.9.1996 terminologisch unsicher. Trotz des Hinweises des BAG-Präsidenten scheint der Gesetzgeber die Begriffe Betrieb und Unternehmen darin synonym zu verwenden:

> *„Ein wesentlicher Grund für die Heraufsetzung des Schwellenwertes ist aber auch, daß – wie die Entwicklung der letzten Jahre zeigt – neue Arbeitsplätze vor allem in kleinen und mittleren Unternehmen, insbesondere im Handwerks- und Dienstleistungsbereich, zu erwarten sind. Daher erscheint es hier besonders dringend, einstellungshemmende Vorschriften zu überprüfen und sozial ausgewogene Änderungen vorzunehmen, die sowohl die Interessen der Arbeitsplatzbesitzer als auch die der Arbeitsuchenden berücksichtigen. (...) Bei den kleineren Unternehmen handelt es sich zudem vielfach um Unternehmen in der Existenzgründungsphase, die zu zusätzlichen Einstellungen ermutigt werden und von tatsächlich und psychologisch einstellungshemmenden Vorschriften nicht zu sehr eingeschränkt sein sollen. Da die durchschnittliche Arbeitnehmerzahl in neu gegründeten Betrieben bei 5,3 Arbeitnehmern liegt und in den ersten sieben Jahren nach der Gründung auf 11,8 Arbeitnehmern ansteigt, erscheint auch aus diesem Grund eine Heraufsetzung des Schwellenwertes auf zehn Arbeitnehmer gerechtfertigt.“*[244]

Auf die mangelnde Fähigkeit des Gesetzgebers zur Unterscheidung von Betrieb und Unternehmen deutet zudem die mit Wirkung zum 1.1.2004 eingefügte[245] „Betriebszugehörigkeit“ als Kriterium der Sozialauswahl hin, vgl. § 1 Abs. 3 KSchG. Entgegen ihrem Wortlaut ist diese nach allgemeiner

---

241 60. Sitzung des Ausschusses für Arbeit und Sozialordnung des Deutschen Bundestages v. 10.6.1996, Stenographischer Bericht, S. 36.

242 Vgl. *Bepler*, ArbuR 1997, 54, 57.

243 Art. 1 Nr. 64 lit. a BetrVerf-Reformgesetz v. 23.7.2001, BGBl. I, S. 1852, 1861.

244 BT-Drs. 13/4612, S. 9.

245 Durch Art. 1 des Gesetzes zu Reformen am Arbeitsmarkt v. 24.12.2003, BGBl. I, S. 3002.

Ansicht als Unternehmenszugehörigkeit zu verstehen.[246] Bezüglich der Kleinbetriebsklausel wird in der Begründung desselben Gesetzes die *„wirtschaftliche Belastbarkeit von Kleinbetrieben, insbesondere auch in Bezug auf die Durchführung und die Kosten eines Kündigungsschutzprozesses“* angesprochen[247], obwohl Betriebe im Sinne des § 1 BetrVG weder partei-, noch prozessfähig sind und die Prozessbelastung folglich den Arbeitgeber trifft. Ein arbeitgeberbezogenes Verständnis birgt letztlich den Vorteil, die mit der Kleinbetriebsklausel verfolgten Ziele besser zu verwirklichen, da diese an die enge persönliche Beziehung zwischen Arbeitgeber und Arbeitnehmern (nicht der Betriebsbelegschaft untereinander) sowie an die begrenzte verwaltungsmäßige und wirtschaftlichen Belastbarkeit des Kleinunternehmers anknüpfen.[248]

§ 23 Abs. 1 S. 2, 3 KSchG lässt sich mithin nicht nur einheitlich „betriebsbezogen“, sondern durchaus auch unternehmensbezogen auslegen. Eine einzelfallabhängige teleologische Reduktion, wie sie das BAG vornimmt, ist hingegen nicht mit dem gesetzgeberischen Willen zu vereinbaren. Denn durch die Einfügung eines Schwellenwerts hat der Gesetzgeber gerade selbst eine pauschalierende Wertung vorgenommen, welche Einheiten nicht dem Anwendungsbereich des KSchG unterfallen sollen – nämlich solche unterhalb des festgelegten Schwellenwerts von zehn Arbeitnehmern. Mittels einer rechtssicheren Grenze sollte dem Arbeitgeber das Risiko genommen werden, rechtlich zutreffend beurteilen zu müssen, ob er den strengen Voraussetzungen des KSchG unterliegt oder nicht.[249] Das Vorgehen des BAG lässt hingegen völlig ungeklärt, ab wie vielen Arbeitnehmern pro Betrieb nicht mehr von einem Kleinbetrieb im Sinne des § 23 Abs. 1 S. 2, 3 KSchG ausgegangen werden kann.[250] Vielmehr ersetzt das BAG die eindeutige legislative Grenze durch eigene Erwägungen.

Folglich überschreitet der Ansatz des BAG die Grenzen der Auslegung. Als mögliche Auslegungsvarianten kommen mithin lediglich der strikt be-

---

246 BAG v. 2.6.2005 – 2 AZR 158/04, NZA 2005, 1175, 1176; BAG v. 6.2.2003 – 2 AZR 623/01, NZA 2003, 1295; *Fischermeier*, NZA 1997, 1089, 1094; *Hergenröder*, in: MüKo-BGB, § 1 KSchG Rn. 427; APS/*Kiel*, § 1 KSchG Rn. 633; ErfK/*Oetker*, § 1 KSchG Rn. 331; BeckOK-ArbR/*Rolfs*, § 1 KSchG Rn. 482; NK-GA/*Weber*, § 1 KSchG Rn. 1289; HaKo-KSchR/*Zimmermann*, § 1 KSchG Rn. 863.

247 BT-Drs. 15/1204, S. 8.

248 Vgl. BT-Drs. 15/1204, S. 8; wie hier *Joost*, Anm. zu BAG v.28.10.2010 – 2 AZR 392/08, AP KSchG 1969 § 23 Nr. 48; *Preis*, RdA 2000, 257, 260.

249 Vgl. zuletzt BT-Drs. 15/1204, S. 8.

250 *Joost*, Anm. zu BAG v. 28.10.2010 – 2 AZR 392/08, AP KSchG 1969 § 23 Nr. 48; SPV/*Preis*, Rn. 858a.

triebsbezogene sowie der argbeitgeberbezogene Ansatz in Betracht. Da erstgenannter nach zutreffender Ansicht des BVerfG nicht mit Art. 3 Abs. 1 GG zu vereinbaren ist, führt eine verfassungskonforme Auslegung zur unternehmensbezogenen Interpretation des § 23 Abs. 1 S. 2, 3 KSchG.

dd) Arbeitnehmerzurechnung im Gemeinschaftsbetrieb

Indem die herrschende Meinung trotz ihrer verfassungsrechtlichen Bedenken nach wie vor auf den betriebsverfassungsrechtlichen Betriebsbegriff abstellt, berücksichtigt sie bei Vorliegen eines gemeinsamen Betriebs mehrerer Unternehmen sämtliche in diesen eingegliederte Arbeitnehmer, so dass für den Schwellenwert des § 23 Abs. 1 S. 2, 3 KSchG die im Gemeinschaftsbetrieb beschäftigten Arbeitnehmer der beteiligten Arbeitgeber zusammengerechnet werden.[251] *Joost* ist dem mit dem Argument entgegengetreten, die Beteiligung eines Kleinunternehmens an einem Gemeinschaftsbetrieb führe nicht zu dessen stärkerer wirtschaftlichen Belastbarkeit, weshalb sie nicht der Grund für die Anwendbarkeit des KSchG auf dieses Unternehmen sein könne.[252] Hierbei bleibt unberücksichtigt, dass ein gemeinsamer Betrieb mehrerer Unternehmen auf einer rechtsgeschäftlich vereinbarten Führungsvereinbarung und damit einer freien Unternehmerentscheidung beruht. Sie bildet die Grundlage einer wechselseitigen Arbeitnehmerzurechnung und stellt als solche eine vertragliche Erweiterung des Kündigungsschutzes dar.[253] So wie auch von der Wartezeit des § 1 Abs. 1 KSchG zugunsten des Arbeitnehmers abgewichen werden kann[254], kann ein Kleinunternehmer auch auf die Privilegierung des § 23 Abs. 1 S. 2, 3 KSchG verzichten. Dieses Ergebnis steht auch nicht im Widerspruch

---

251 BAG v. 10.4.2014 – 2 AZR 647/13, NZA 2015, 162 Rn. 19; BAG v. 24.10.2013 – 2 AZR 1057/12, NZA 2014, 725 Rn. 51 f.; BAG v. 13.6.2001 – 2 AZR 327/01, NZA 2002, 1147, 1149 unter II 1 b); BAG v. 13.6.1985 – 2 AZR 452/84, NZA 1986, 600, 602 unter A II 2 b) bb); BAG v. 23.3.1984 - 7 AZR 515/82, NZA 1984, 88 unter I 2 a) aa); BAG v. 4.7.1957 – 2 AZR 89/55, AP KSchG § 21 Nr. 1; LAG Mecklenburg-Vorpommern v. 21.1.2020 – 2 Sa 147/19, BeckRS 2020, 4855; *Hergenröder*, in: MüKo-BGB, § 23 KSchG Rn. 13; *Greiner*, in: MHdB ArbR, Bd. 2, § 112 Rn. 35; ErfK/*Kiel*, § 23 KSchG Rn. 5; APS/*Moll*, § 23 KSchG Rn. 14.

252 *Joost*, Betrieb und Unternehmen, S. 351; so auch *Richardi*, in: FS Wiedemann, S. 493, 511 f.

253 *Preis*, RdA 2000, 257, 262.

254 BAG v. 20.2.2014 2 AZR 859/11, NZA 2014, 1083, 1089 Rn. 50; BAG v. 24.11.2005 – 2 AZR 614/04, NZA 2006, 366, 369 Rn. 30; *Greiner*, in: MHdB ArbR, Bd. 2, § 112 Rn. 53; ErfK/*Oetker*, § 1 KSchG Rn. 34.

zu der hier vertretenen arbeitgeberbezogenen Auslegung des § 23 Abs. 1 S. 2, 3 KSchG als „Kleinunternehmerklausel", da die Zurechnung im Gemeinschaftsbetrieb nach dem hier vertretenen Ansatz nicht auf dem Betrieb als Organisationseinheit beruht, sondern einzig auf einer rechtsgeschäftlich begründeten Zurechnung.[255] Sämtliche im Gemeinschaftsbetrieb vorhandenen Arbeitsplätze werden jedem beteiligten Unternehmen zugerechnet. Ist ein Unternehmen an einem Gemeinschaftsbetrieb beteiligt, setzt sich die Anzahl der bei ihm regelmäßig beschäftigten Arbeitnehmer im Sinne des § 23 Abs. 1 S. 2, 3 KSchG aus den in seinem Unternehmen vorhandenen Arbeitsplätzen sowie denjenigen Arbeitsplätzen der anderen beteiligten Unternehmen zusammen, die in den Gemeinschaftsbetrieb eingebracht sind. Eine Addition sämtlicher Arbeitnehmer aller beteiligter Gesellschaften findet hingegen nicht statt, da sich die Führungsvereinbarung als Zurechnungstatbestand einzig auf den Gemeinschaftsbetrieb, nicht hingegen auf den Bereich der gesamten Unternehmen bezieht. Da die Arbeitnehmer durch den hier vertretenen Ansatz ausschließlich begünstigt werden, begegnet die Berücksichtigung des Gemeinschaftsbetriebs auch keinen verfassungsrechtlichen Bedenken.

b) Betriebsbedingte Kündigung

Gemäß § 1 Abs. 1, 2 S. 1 Var. 3 KSchG ist eine Kündigung sozial ungerechtfertigt, wenn sie nicht durch dringende betriebliche Erfordernisse, die einer Weiterbeschäftigung des Arbeitnehmers in diesem Betrieb entgegenstehen, bedingt ist. Während auch die verhaltens- und die personenbedingte Kündigung eine Beeinträchtigung der Betriebsinteressen voraussetzen,[256] unterscheidet sich die betriebsbedingte Kündigung insofern, als dass auch die Ursache der Vertragsbeendigung aus der Sphäre des Arbeitgebers stammen muss. Wenig ergiebig ist die durch das BAG vorgenommene Differenzierung zwischen innerbetrieblichen (Rationalisierungsmaßnahmen, Umstellung oder Einschränkung der Produktion) und außerbetrieblichen Ursachen (z.B. Auftragsmangel, Umsatzrückgang),[257] da sich

---

255 Überzeugend insoweit *Preis*, RdA 2000, 257, 262, der davon spricht, dass man hierdurch „Begriffsakrobatik" vermeide.

256 *Herschel*, in: FS Schnorr von Carolsfeld, S. 157 ff.

257 BAG v. 7.7.2005 – 2 AZR 399/04, NZA 2006, 266, 268 Rn. 31; BAG v. 29.3.1990 - 2 AZR 369/89, NZA 1991, 181 unter B II 1; BAG v. 7.12.1978 – 2 AZR 155/77, NJW 1979, 1902 unter II 1 a); hierzu *Schiefer*, NZA-RR 2005, 1.

als Anlass der betriebsbedingten Kündigung stets eine Unternehmerentscheidung des Arbeitgebers ausmachen lässt.[258]

aa) Betriebsbezug von Kündigungsgrund und Sozialauswahl

Da am Anfang der Kausalkette der betriebsbedingten Kündigung eben diese Unternehmerentscheidung steht, wird der Kündigung aus dringenden betrieblichen Erfordernissen vereinzelt der Betriebsbezug abgesprochen und stattdessen von einer „unternehmensbedingten Kündigung" ausgegangen.[259] Wie sich zeigen wird, ist es jedoch der Wegfall des Arbeitsplatzes *im Betrieb*, der die Kündigung sozial rechtfertigt. Insoweit zutreffend führt das BAG aus:

> *„Dringende betriebliche Erfordernisse iSv § 1 II KSchG liegen vor, wenn die Umsetzung einer unternehmerischen (Organisations-)Entscheidung auf der betrieblichen Ebene spätestens mit Ablauf der Kündigungsfrist zu einem voraussichtlich dauerhaften Wegfall des Bedarfs an einer Beschäftigung des betroffenen Arbeitnehmers führt."*[260]

Die Frage, aus welchem organisatorischen Bereich der Kündigungsgrund stammen muss, setzt sich außerdem im Rahmen der erforderlichen Sozialauswahl gemäß § 1 Abs. 3 KSchG fort. Denn auch hier ist streitig, ob diese betriebs- oder unternehmensbezogen durchzuführen ist. Die Sozialauswahl bezweckt, innerhalb der Gruppe vergleichbarer Arbeitnehmer, den sozial stärksten Mitarbeiter ausfindig zu machen, das heißt denjenigen, der aufgrund seiner Sozialdaten am wenigsten auf den Arbeitsplatz angewiesen ist.[261] Die zuvor bestehende, kaum handhabbare[262] Generalklausel („soziale Gesichtspunkte") wurde vom Gesetzgeber mit Wirkung zum 1.1.2004[263] durch einen abschließenden Kriterienkatalog ersetzt, zu dem neben dem Lebensalter, bestehenden Unterhaltspflichten und einer eventuellen Schwerbehinderung des Arbeitnehmers die Dauer seiner „Betriebszugehörigkeit" zählt. Zwar macht der Gesetzgeber in § 1 Abs. 3 KSchG –

---

258 Vgl. *Berkowski*, Betriebsbedingte Kündigung, S. 117 Rn. 89; *Joost*, Betrieb und Unternehmen, S. 359.

259 *Joost*, Betrieb und Unternehmen, S. 357 ff; *Plander*, NZA 2002, 483, 491; *Preis*, RdA 2000, 257, 275.

260 BAG v. 31.7.2014 – 2 AZR 422/13, NZA 2015, 101, 103 Rn. 31.

261 KR-Komm/*Rachor* § 1 KSchG Rn. 650.

262 Vgl. nur *Preis*, Prinzipien des Kündigungsrechts, S. 414 ff. m.w.N.

263 Art. 1 Gesetz zu Reformen am Arbeitsmarkt v. 24.12.2003, BGBl. I, S. 3002.

anders als für die in § 1 Abs. 2 S. 2 Nr. 1 lit. b KSchG explizit unternehmensbezogene Weiterbeschäftigungspflicht – keine expliziten Vorgaben zu den in die Sozialauswahl einzubeziehenden Arbeitnehmern. Die Konnexität ergibt sich jedoch daraus, dass die Sozialauswahl ausschließlich bei einer aus dringenden betrieblichen Gründen ausgesprochenen Kündigung vorzunehmen ist und eine solche gemäß § 1 Abs. 2 S. 1 Var. 3 KSchG den Wegfall der Beschäftigungsmöglichkeit im Betrieb erfordert.[264]

Nach ganz herrschender Meinung beschränkt sich die Sozialauswahl auf den Betrieb im Sinne des BetrVG, so dass alle von einem betrieblichen Personalabbau betroffenen vergleichbaren Arbeitnehmer des Beschäftigungsbetriebs zu berücksichtigen sind.[265] *Preis* jedoch lehnt die Betriebsbezogenheit der Sozialauswahl ab, da es sich hierbei um eine Konkretisierung des Gleichheitsgrundsatzes handle, an den *der Arbeitgeber* als Rechtsträger gebunden sei. Vielmehr sei die Sozialauswahl in den „Tätigkeitsbereichen“ des Unternehmens durchzuführen, die von der kündigungsbegründenden unternehmerischen Zielsetzung in personeller, technischer oder organisatorischer Hinsicht betroffen sind.[266] *Müller* will eine unternehmensbezogene Sozialauswahl nur ausnahmsweise durchführen, und zwar dann, wenn der Betriebsrat der Kündigung nach § 102 Abs. 3 BetrVG widerspricht und der Arbeitgeber die Unmöglichkeit der Weiterbeschäftigung zu vertreten hat.[267] *Joost* spricht sich aus Praktikabilitätsgründen gegen eine arbeitgeberbezogene Sozialauswahl aus. Da er den Betrieb jedoch – wie auch den des § 1 BetrVG – räumlich versteht, will er nur die an einer Arbeitsstätte zusammenwirkenden Arbeitnehmer in die Sozialauswahl einbeziehen.[268] Auf eine solche Zusammenarbeit „in Nachbarschaft“ hatte 1957 auch das LAG Frankfurt abgestellt.[269]

Nach hier vertretener Ansicht bestehen die Gründe, die die Gesetzgeber des BRG 1920 und des AOG 1934 zu einer betriebsbezogenen Ausgestal-

264 KR-Komm/*Rachor,* § 1 KSchG Rn. 575.

265 BAG v. 14.3.2013 – 8 AZR 154/12, AP KSchG 1969 § 1 Betriebsbedingte Kündigung Nr. 199 Rn. 36; BAG v. 28.10.2004 – 8 AZR 391/03, AP KSchG 1969 § 1 Soziale Auswahl Nr. 69; *Erdmann*, S. 218; APS/*Kiel*, § 1 KSchG Rn. 596; *Plander*, NZA 2002, 483, 491; KR-Komm/*Rachor,* § 1 KSchG Rn. 652; *Raiser*, Das Unternehmen als Organisation, S. 127; *Thüsing*, in: Thüsing/Rachor/Lembke, § 1 KSchG Rn. 816; *Wank*, RdA 187, 129, 139; Weller, AuR 1986, 225, 230; HaKo-KSchR/*Zimmermann*, § 1 KSchG Rn. 863.

266 *Preis*, RdA 2000, 257, 276.

267 *W. Müller*, DB 1975, 2130, 2133.

268 *Joost*, Betrieb und Unternehmen, S. 363.

269 LAG Frankfurt v. 13.11.1957 – II LA 351/57, AP KSchG § 1 Nr. 46; LAG Frankfurt v. 15.10.1957 – IV LA 82/57, AP KSchG § 1 Nr. 45.

tung des Kündigungsschutzes bewogen, nach wie vor. Stets ging es darum, den individualvertraglichen Bestandsschutz durch eine Beteiligung des Betriebsrats zu flankieren: In §§ 84, 87 BRG 1920 durch das betriebsverfassungsrechtliche Schlichtungsverfahren, in § 56 AOG 1934 durch Beratungsrechte des Betriebsrats. Unter dem KSchG wurde der Einfluss der betrieblichen Interessenvertretung erheblich erweitert, weshalb eine Koppelung von betriebsverfassungsrechtlichem und kündigungsschutzrechtlichem Betriebsbegriff erst recht der Intention des KSchG entspricht. Anders als bei § 23 Abs. 1 KSchG gibt es hier auch keine gesetzgeberischen Äußerungen, die an einer betrieblichen Anknüpfung der Sozialauswahl zweifeln ließen – auch nicht die 1972 in § 1 Abs. 2 KSchG eingeführte unternehmensbezogene Weiterbeschäftigungspflicht, die sich nunmehr in § 1 Abs. 2 S. 2 Nr. 1 lit. b KSchG wiederfindet. Hierbei handelt es sich lediglich um eine Reaktion auf § 102 Abs. 3 Nr. 3 BetrVG, wonach der Betriebsrat der Kündigung widersprechen kann, wenn der zu kündigende Arbeitnehmer an einem anderen Arbeitsplatz im selben Betrieb oder in einem anderen Betrieb des Unternehmens weiterbeschäftigt werden kann. Der Unternehmensbezug im Rahmen des § 1 Abs. 2 S. 2 KSchG bestätigt mithin gerade die Verknüpfung der kündigungsrechtlichen Sozialauswahl mit dem Betriebsverfassungsrecht und stellt eine Ausnahme zu deren grundsätzlichem Betriebsbezug dar.[270]

Vergleichbare Anpassungen der individualarbeitsrechtlichen Beurteilung durch das KSchG an das kollektivarbeitsrechtsrechtliche BetrVG finden sich an weiteren Stellen.[271] So kann der Betriebsrat einer Kündigung gemäß § 102 Abs. 3 Nr. 2 BetrVG widersprechen, wenn hierdurch gegen Auswahlrichtlinien im Sinne des § 95 BetrVG verstoßen wurde. Kündigungsschutzrechtlich führt ein solcher Widerspruch zur Sozialwidrigkeit der Kündigung gemäß § 1 Abs. 2 S. 2 Nr. 1 lit. a KSchG. Auch im Fall einer fehlerhaften Sozialauswahl nach § 1 Abs. 3 KSchG besteht ein Widerspruchsrecht des Betriebsrats, § 102 Abs. 3 Nr. 1 BetrVG. Die enge Verzahnung von KSchG und BetrVG lässt sich nur vor dem Hintergrund einer betriebsbezogenen Sozialauswahl rechtfertigen. Denn der Sozialauswahl überwachende Betriebsrat ist nur für Betriebsangehörige zuständig und zu deren Interessenvertretung demokratisch legitimiert.[272]

---

270 *Linck*, Soziale Auswahl, S. 20; *Schaub*, NZA 1987, 217, 222; *Wank*, RdA 1987, 129, 139; *Weller*, AuR 1986, 225, 230.

271 *Bütefisch*, S. 44; *Erdmann*, S. 217.

272 *Bütefisch*, S. 45; *B. Preis*, DB 1984, 2244, 2255; vgl. auch APS/*Preis*, 1. Teil C. Rn. 84, der eine volle Synchronität gleichwohl ablehnt.

Der Hinweis, bei der Sozialauswahl handle es sich um eine Konkretisierung des arbeitgeberbezogenen arbeitsrechtlichen Gleichbehandlungsgrundsatzes und sei mithin gleichsam unter allen betroffenen Arbeitnehmern des Arbeitgebers zu erfolgen, führt zu keiner anderen Beurteilung[273], da der Gesetzgeber frei ist, bei einer speziellen Ausprägung einen speziellen Anknüpfungspunkt für die Gleichheit zu wählen.[274] Nicht zuletzt aus Praktikabilitätsgründen wird man sich im Rahmen der Sozialauswahl für die regelmäßig kleinere Einheit des Betriebs entschieden haben, die aufgrund ihres einheitlichen Leitungsapparats sowie der Flankierung durch den Betriebsrat einen Vergleich der Arbeitnehmer hinsichtlich ihrer Sozialdaten erleichtert.[275]

bb) Gemeinschaftsbetrieb

Führt die unternehmerische Entscheidung zu einem Wegfall von Arbeitsplätzen innerhalb eines gemeinsamen Betriebs mehrerer Unternehmen, sind alle im gemeinsamen Betrieb beschäftigten, vergleichbaren Arbeitnehmer in die Sozialauswahl miteinzubeziehen.[276] Hierdurch kommt zum Ausdruck, dass auch die unternehmerische Entscheidung, die zum Wegfall der Beschäftigungsmöglichkeit führt, von einem für den gemeinsamen Betrieb unternehmensübergreifend zuständigen Leitungsapparat getroffen wurde.[277] Die kündigungsschutzrechtliche Bedeutung des gemeinsamen Betriebs lässt sich auch § 322 UmwG entnehmen, wonach ein infolge einer Umwandlung entstandener gemeinsamer Betrieb mehrerer Rechtsträger als ein Betrieb im Sinne des Kündigungsschutzrechts gilt.[278] Eine gemeinsame Sozialauswahl entfällt nur dann, wenn der gemeinsame Betrieb bereits aufgelöst ist oder zumindest bereits festgesteht, dass er bei Ablauf der

---

273 So aber *Preis*, RdA 2000, 257, 276.

274 *Bütefisch*, S. 46.

275 Vgl. BAG v. 2.6.2005 – 2 AZR 158/04, NZA 2005, 1175 Os. 3; *Linck*, Soziale Auswahl, S. 20 f.; *Plander*, NZA 2002, 483, 491.

276 BAG v. 27.6.2019 – 2 AZR 38/19, NZA 2019, 1427 Rn. 26; BAG v. 29.11.2007 – 2 AZR 763/06, AP KSchG 1969 § 1 Soziale Auswahl Nr. 95; BAG v. 24.2.2005 – 2 AZR 214/04, NZA 2005, 867; BAG v. 5.5.1994 – 2 AZR 917/93, BB 1994, 1644; ErfK/*Oetker*, § 1 KSchG Rn. 322; HWK/*Quecke*, § 1 KSchG Rn. 336; KR-Komm/*Rachor*, § 1 KSchG Rn. 653; krit. BeckOK-ArbR/*Rolfs*, § 1 KSchG Rn. 472.

277 ErfK/*Oetker*, § 1 KSchG Rn. 322.

278 *Bepler*, ArbuR 1997, 54, 57.

Kündigungsfrist aufgelöst sein wird. Denn mangels eines einheitlichen Leitungsapparats als „gemeinsame Klammer“[279] ist die Zuweisung eines verbleibenden Arbeitsplatzes im durch das andere Unternehmen fortgeführten Betrieb durch den Vertragsarbeitgeber dann rechtlich nicht mehr durchsetzbar.[280]

cc) Keine Beschränkung auf Betriebsteile

Im Betriebsverfassungsrecht gelten gemäß § 4 Abs. 1 S. 1 BetrVG auch bloße Organisationsteile als Betriebe, um eine arbeitnehmernahe Interessenvertreteung (Nr. 1) und Homogenität der repräsentierten Belegschaft (Nr. 2) zu gewährleisten. Obgleich der Betriebsbegriff des § 1 Abs. 1 KSchG auf den dene Betriebsverfassungsrechts verweist, findet die Fiktion des § 4 BetrVG nach herrschender Meinung im Rahmen der betriebsbedingten Kündigung keine Anwendung. Demnach erstreckt sich die Sozialauswahl auch bei räumlich weit entferten (§ 4 Abs. 1 S. 1 Nr. 1 BetrVG) und organisatorisch verselbstständigten (§ 4 Abs. 1 S. 1 Nr. 2 BetrVG) Betriebsteilen auf den gesamten Betrieb[281] – was etwa in zentral organisierten Unternehmen und heterogenen Leitungsstrukturen zu einer unternehmensweiten Sozialauswahl führen kann.[282] Dies wird damit begründet, dass § 23 KSchG nicht auf die räumliche, sondern auf die organisatorische Einheit abstelle, mit der der Unternehmer allein oder in Gemeinschaft mit seinen Mitarbeitern mit Hilfe von sachlichen oder immateriellen Mitteln bestimmte arbeitstechnische Zwecke fortgesetzt verfolgte. Zwischen Betrieb und Betriebsteil werde nicht differenziert.[283]

---

279 BAG v. 14.8.2007 – 8 AZR 1043/06, NZA 2007, 1431 Rn. 31.

280 BAG v. 14.8.2007 – 8 AZR 1043/06, NZA 2007, 1431 Rn. 31 f.; BAG v. 22.9.2005 – 6 AZR 526/04, NZA 2006, 658 Rn. 29 f.; BAG v. 18.9.2003 – 2 AZR 79/02, NZA 2004, 375; HWK/*Quecke*, § 1 KSchG Rn. 336.

281 BAG v. 31.5.2007 – 2 AZR 276/06, NZA 2008, 33; BAG v. 3.6.2004 – 2 AZR 577/03, NZA 2005, 175 unter C 1 der Gründe; BAG v. 21.6.1995 – 2 AZR 693/94, AP BetrVG 1972 § 1 Nr. 16 unter II 3 b) aa); BAG v. 11.10.1989 – 2 AZR 61/89, NZA 1990, 607 unter II 2 a) dd); *Maschmann*, in: Maschmann/Fritz, Kap. 3 Rn. 339; SPV/*Preis* Rn. 1047; *ders.*, RdA 2000, 257, 264; HWK/*Quecke*, § 1 KSchG Rn. 336; KR-Komm/*Rachor*, § 1 KSchG Rn. 147; BeckOK-ArbR/*Rolfs*, § 1 KSchG Rn. 469; *Schiefer* NZA-RR 2002, 169, 170; *Thüsing*, in: Thüsing/Rachor/Lembke, § 1 KSchG Rn. 819; HaKo-KSchR/*Zimmermann*, § 1 KSchG Rn. 821.

282 *Maschmann*, in: Maschmann/Fritz, Kap. 3 Rn. 342.

283 BAG v. 3.6.2004 – 2 AZR 577/03, NZA 2005, 175, 177 unter C 1 der Gründe; BAG v. 20.8.1998 – 2 AZR 84/98, NZA 1999, 255, 257; BAG v. 21.6.1995 – 2

Nach anderer Ansicht sind die Wertungen des § 4 BetrVG auch auf das KSchG zu übertragen.[284] Für Betriebsteile im Sinne des § 4 Abs. 1 S. 1 Nr. 2 BetrVG ergebe sich das Bedürfnis für den Gleichklang von Betriebsverfassungs- und Kündigungsrecht bereits aus der Prämisse der Rechtsprechung des BAG, wonach der kündigungsrechtliche Betriebsbegriff als organisatorische Einheit zu verstehen sei.[285] Die kündigungsschutzrechtliche Relevanz von räumlich weit entfernten Betriebsteilen im Sinne des § 4 Abs. 1 S. 1 Nr. 1 BetrVG sei auf die Solidarität zurückzuführen, die unter räumlich zusammenarbeitenden Arbeitnehmern größer sei als unter rein organisatorisch verbundenen.[286]

Die Beantwortung der Frage wird dadurch erschwert, dass bei Inkrafttreten des KSchG 1951 das BetrVG noch nicht existierte, sondern erst ein knappes Jahr später verabschiedet wurde. Die Betriebsratsfähigkeit selbstständiger Betriebsteile (§ 3 BetrVG 1952 bzw. § 4 Abs. 1 BetrVG n.F.) konnte vom Gesetzgeber des KSchG 1951 mithin nicht berücksichtigt werden. Gleichwohl hat der Gesetzgeber bezüglich des Betriebsbegriffs explizit auf das Betriebsräterecht verwiesen und deutliche Anleihen am BRG 1920 genommen, das jedoch aufgrund des räumlichen Betriebsverständnisses keine mit § 4 Abs. 1 BetrVG vergleichbare Regelung enthielt.[287] Hieraus lässt sich allerdings nicht zwingend schließend, dass die Betriebsfiktion des § 4 Abs. 1 BetrVG nicht auf das KSchG übertragbar wäre. Die in der Gesetzesbegründung enthaltene Definition, wonach es sich beim Betrieb des KSchG um diejenige Einheit handelt, für die ein Betriebsrat zu bestellen ist,[288] liest sich vor dem historischen Kontext vielmehr wie eine dynamische Bezugnahmeklausel auf das jeweils geltende Betriebsverfassungsrecht. Denn das BRG 1920 war bereits 1934 durch das AOG abgelöst worden. Nach Ende des Zweiten Weltkriegs überließ das KRG Nr. 22 vom 2.4.1946[289] die Regelung des Betriebsverfassungsrechts der Ländergesetzgebung. Folglich war bei Erlass des KSchG weder das BRG 1920 noch ein an-

---

AZR 693/94, AP BetrVG 1972 § 1 Nr. 16 unter II 3 b) aa); *Gimmy/Hügel*, NZA 2013, 764, 767; *Maschmann*, in: Maschmann/Fritz, Kap. 3 Rn. 339.

284 *Kania/Gilberg*, NZA 2000, 678, 680; *Stelljes*, S. 261.

285 *Kania/Gilberg*, NZA 2000, 678, 680.

286 *Kania/Gilberg*, NZA 2000, 678, 681.

287 Während § 4 Abs. 1 S. 1 Nr. 1 BetrVG das Prinzip der Entscheidungsnähe bei räumlich weiter Entfernung korrigierte, fasste § 9 S. 2 BRG 1920 solche Einheiten zu einem Betrieb zusammen, die sich innerhalb einer Gemeinde oder nahe beieinander liegender Gemeinden befanden.

288 BT-Drs. 1/2090, S. 12.

289 Vgl. Amtsblatt des Kontrollrats 1946, Nr. 6, S. 133.

deres bundeseinheitliches Betriebsverfassungsgesetz inkraft, auf das der Gesetzgeber des KSchG konkret hätte verweisen können.

Gegen eine Beschränkung der Sozialauswahl auf selbstständige Betriebsteile im Sinne des § 4 Abs. 1 S. 1 BetrVG sprechen Sinn und Zweck der betriebsverfassungsrechtlichen Betriebsfiktion. § 4 Abs. 1 S. 1 Nr. 1 BetrVG korrigiert die grundsätzlich betriebskonstituierende Entscheidungsnähe zugunsten einer räumlichen Zusammenfassung, wenn ansonsten die Belegschaftsinteressen nicht mehr effektiv vom Betriebsrat wahrgenommen werden können. Die hinter der Betriebsfiktion stehenden kommunikativen Erwägungen beanspruchen im Rahmen der Sozialauswahl keine Geltung.[290] Vielmehr stellt gerade die Betriebsbezogenheit der Sozialauswahl aus Arbeitgeberperspektive sicher, dass die kündigungsrelevanten Entscheidungen von einem einheitlichen Leitungsapparat getroffen werden. Betroffen ist die Verteilung von Arbeitgeberressourcen (vorhandene Arbeitsplätze), die sich in der organisatorischen Zusammenfassung unter eine Verteileinheit spiegelt, weder aber im § 4 Abs. 1 S. 1 Nr. 1 BetrVG zugrundeliegenden Prinzip der Arbeitnehmernähe, noch in der Spezialisierung auf eine Aufgabe im Sinne des § 4 Abs. 1 S. 1 Nr. 2 BetrVG. Denn auch für selbstständige Betriebsteile wird die Mehrheit der mitbestimmungsrelevanten Entscheidungen stets von der Leitung des Gesamtbetriebs getroffen. Es wäre sachwidrig, die in den Betriebsteilen Beschäftigten durch eine Beschränkung der Sozialauswahl auf den Betriebsteilen zu benachteiligen bzw. durch ihre Beschränkung auf den Hauptbetrieb bzw. andere Betriebsteile zu privilegieren, obgleich sämtliche Arbeitnehmer des Gesamtbetriebs hinsichtlich der Personalsteuerung derselben Leitung unterstehen.

Eine Übertragung der Betriebsfiktion des § 4 Abs. 1 BetrVG auf das Kündigungsschutzrecht widerspräche zudem der vom Gesetzgeber für das KSchG intendierten Rechtssicherheit, die unter anderem in den Erwägungen zum Schwellenwert des § 23 Abs. 1 S. 2, 3 KSchG zum Ausdruck kommt. Bei Inkrafttreten des KSchG und des BetrVG 1952 ging der Gesetzgeber davon aus, dass der Betriebsbegriff allgemein geklärt sei, weshalb er auf eine Legaldefinition verzichtete. Die Betriebsratsfähigkeit von Betriebsteilen ist hingegen von einer Reihe unsicherer Wertungskriterien (räumlich weite Entfernung, eigenständige Organisation, eigener Aufgabenbereich) abhängig, die der bezweckten Rechtssicherheit zuwider liefen – zumal das KSchG, anders als das BetrVG in § 19 – keinerlei Regelungen

290 *Berkowsky*, Betriebsbedingte Kündigung, § 3 Rn. 65; *Bütefisch*, S. 48.

für den Fall fehlerhafter Betriebszuschnitte enthält.[291] Ebenfalls nicht im Sinne des Kündigungsschutzes ist das dispositive Element des § 4 Abs. 1 S. 2 BetrVG, wonach Arbeitnehmer eines Betriebsteils, in dem kein eigener Betriebsrat besteht, an der Wahl des Betriebsrats im Hauptbetrieb teilnehmen können.[292] Die Belegschaft eines Betriebsteils hätten es hierdurch in der Hand, den Bereich der Sozialauswahl einseitig festzulegen. Die Vorgaben des § 1 KSchG sind hingegen nicht dispositiv ausgestaltet, weshalb nach allgemeiner Ansicht auch tarifvertraglich vereinbarte Betriebszuschnitte nach § 3 BetrVG im Rahmen des Kündigungsschutzes keine Berücksichtigung finden.[293]

Mithin hat die betriebsverfassungsrechtliche Betriebsfiktion für die Bestimmung des Bereichs, innerhalb dessen die Sozialauswahl durchzuführen ist, außer Betracht zu bleiben. Führen selbstständige Betriebsteile im Sinne des § 4 Abs. 1 BetrVG dazu, dass sich die Sozialauswahl auf mehrere Einheiten erstreckt, für die ein Betriebsrat gewählt wurde, ist der Gesamtbetriebsrat nach § 102 BetrVG zu beteiligen.[294] Die im Rahmen des KSchG bestehenden betriebsverfassungsrechtlichen Schutzmechanismen bleiben hierdurch in jeder möglichen Organisationsgestaltung intakt.

dd) Dauer der Betriebszugehörigkeit

Mit der Dauer der Betriebszugehörigkeit hat der Gesetzgeber zum 1.1.2004 ein Kritierium in § 1 Abs. 3 S. 1 KSchG eingefügt, das zuvor bereits von der Rechtsprechung herangezogen worden war.[295] Trotz ihres Wortlauts ist die Betriebszugehörigkeit nach allgemeiner Ansicht als Unternehmenszugehörigkeit zu verstehen.[296] Denn wie auch bei der Berechnung der Kündi-

291 *Bütefisch*, S. 48; *Preis*, RdA 2000, 257, 264.

292 *Preis*, RdA 2000, 257, 264.

293 BAG v. 31.5.2007 – 2 AZR 276/06, NZA 2008, 33 Rn. 18; GK-BetrVG/*Franzen*, § 3 Rn. 68; HWK/*Gaul*, § 3 BetrVG Rn. 32; ErfK/*Koch*, § 3 BetrVG Rn. 12; ErfK/*Oetker*, § 1 KSchG Rn. 319; KR-Komm/*Rachor*, § 1 KSchG Rn. 147; Richardi/*Richardi*, § 3 BetrVG Rn. 68; zur Unmaßgeblichkeit von Strukturtarifverträgen für § 15 Abs. 4 KSchG jüngst BAG v. 27.6.2019 – 2 AZR 38/19, NZA 2019, 1427 Rn. 28.

294 *Preis*, in: RWS Forum 21, S. 83, 103; *Rieble/Klebeck*, in: FS Richardi, S. 693, 707.

295 Vgl. BT-Drs. 15/1204, S. 11; BAG v. 18.1.1990 – 2 AZR 357/89, NZA 1990, 729, 733; BAG v. 18.10.1984 – 2 AZR 543/83, AP KSchG 1969 § 1 Soziale Auswahl Nr. 6.

296 BAG v. 2.6.2005 – 2 AZR 158/04, NZA 2005, 1175, 1176; BAG v. 6.2.2003 – 2 AZR 623/01, NZA 2003, 1295; *Fischermeier*, NZA 1997, 1089, 1094; *Hergenröder*,

gungsfrist (§ 622 Abs. 2 BGB) und der Höhe der Abfindung nach § 10 KSchG soll dadurch im Rahmen der Sozialauswahl der rechtlich ununterbrochene Bestand des Arbeitsverhältnisses *zum Arbeitgeber*, also die „Treue“ des Arbeitnehmers belohnt und der Bewährung des Arbeitnehmers im Rahmen seiner Tätigkeit besonderes Gewicht verliehen werden.[297] Die Zugehörigkeit zu einem bestimmten Betrieb desselben Arbeitgebers ist dabei unerheblich.

c) Massenentlassungsanzeige, § 17 KSchG

Zu Brüchen mit der tradierten Vorstellung eines auf das KSchG einheitlich anwendbaren, betriebsverfassungsrechtlich geprägten Betriebsbegriffs kommt es auch im Rahmen der nach § 17 Abs. 1 KSchG vorzunehmenden Massenentlassungsanzeige.[298] Wie die folgende Untersuchung aufzeigen wird, handelt es sich bei dem Betrieb im Sinne des § 17 Abs. 1 KSchG nicht einmal um eine Organisationseinheit. Hierdurch unterscheidet sich dieser Betriebsbegriff nicht nur von dem des § 1 Abs. 2, 3 KSchG, sondern auch von dem für § 23 Abs. 1 S. 2, 3 KSchG maßgeblichen Unternehmen.

§ 17 Abs. 1 KSchG verpflichtet den Arbeitgeber, Massenentlassungen der Agentur für Arbeit vorab anzuzeigen. § 17 Abs. 2 KSchG sieht zudem ein spezielles Beteiligungsverfahren des Betriebsrats vor. Dieser ist gemäß § 17 Abs. 2 S. 1 KSchG über die Gründe für die geplanten Entlassungen, die Zahl und die Berufsgruppen der zu entlassenden Arbeitnehmer, die Zahl und die Berufsgruppen der in der Regel beschäftigten Arbeitnehmer, den Zeitraum, in dem die Entlassungen vorgenommen werden sollen, die vorgesehenen Kriterien für die Auswahl der zu entlassenden Arbeitnehmer und über die für die Berechnung etwaiger Abfindungen vorgesehenen Kriterien schriftlich zu unterrichten. Gemäß § 17 Abs. 3 KSchG ist die Beteiligung des Betriebsrats zugleich Wirksamkeitsvoraussetzung für die Anzeige bei der Agentur für Arbeit. Ohne eine solche sind die vorgenommenen

---

in: MüKo-BGB, § 1 KSchG Rn. 427; APS/*Kiel*, § 1 KSchG Rn. 633; ErfK/*Oetker*, § 1 KSchG Rn. 331; BecKOK-ArbR/*Rolfs*, § 1 KSchG Rn. 482; NK-GA/*Weber*, § 1 KSchG Rn. 1289; HaKo-KSchR/*Zimmermann*, § 1 KSchG Rn. 863.

297 BAG v. 2.6.2005 – 2 AZR 158/04, NZA 2005, 1175, 1176; ErfK/*Oetker*, § 1 KSchG Rn. 331; BecKOK-ArbR/*Rolfs*, § 1 KSchG Rn. 482.

298 Hingewiesen sei darauf, dass eine Massenentlassung i.S.d. § 17 KSchG regelmäßig auch eine Betriebsänderung i.S.d. § 111 BetrVG darstellt, vgl. nur *Lembke/Oberwinter*, in: Thüsing/Rachor/Lembke, § 17 KSchG Rn. 6.

Entlassungen unwirksam.[299] Um vor Ablauf eines Monats nach Eingang der Anzeige wirksam zu werden, bedürfen die Entlassungen gemäß § 18 Abs. 1 KSchG der Zustimmung der Agentur für Arbeit. Die Voraussetzungen einer Massenentlassung sind gemäß § 17 Abs. 1 S. 1 KSchG von der Anzahl der in einem Betrieb regelmäßig beschäftigten Arbeitnehmern abhängig. So besteht die Anzeigepflicht in „Betrieben" mit 21 bis 59 Arbeitnehmern bei einer Entlassung von mehr als fünf Arbeitnehmern (Nr. 1), in „Betrieben" mit 60 bis 499 Arbeitnehmern bei einer Entlassung von 10 Prozent bzw. mindestens 26 Arbeitnehmern (Nr. 2) und in „Betrieben" mit mindestens 500 Arbeitnehmern bei der Entlassung von mindestens 30 Arbeitnehmern (Nr. 3).

Bereits § 20 AOG sowie §§ 15 f. KSchG 1951 verpflichteten den Arbeitgeber zur Anzeige geplanter Massenentlassungen.[300] Hierdurch sollte Arbeitslosigkeit im Allgemeininteresse möglichst verhindert werden.[301] Ein mit § 17 Abs. 2 KSchG vergleichbares Unterrichtungs- und Beratungsrecht des Betriebsrats war nicht vorgesehen. Ein entsprechender Anpassungsbedarf ergab sich erst durch die Europäische Massenentlassungsrichtlinie 75/129/EWG vom 17.2.1975[302], die durch die RL 92/56/EWG vom 24.6.1992[303] zunächst geändert wurde. Beide Richtlinien wurden in die heute geltende RL 98/59/EG vom 20.7.1998 (ME-RL) überführt. Die Auslegung des Betriebsbegriffs des § 17 Abs. 1 KSchG hat deren Vorgaben zu beachten.

aa) Schutzzwecke

Die ME-RL hat insbesondere zwei Schutzrichtungen, die aufgrund der nachweisbaren Umsetzungswillens des deutschen Gesetzgebers bei der Auslegung des Betriebsbegriffs in § 17 Abs. 1 KSchG zu beachten sind: Zum einen hat sie den individuellen Schutz des Arbeitnehmers vor Ar-

---

299 BAG v. 26.1.2017 – 6 AZR 442/16, NZA 2017, 577 Rn. 18; BAG v. 21.3.2013 – 2 AZR 60/12, NZA 2013, 966 Rn. 42; BAG v. 13.12.2012 – 6 AZR 752/11, AP KSchG 1969 § 17 Nr. 44 Rn. 72; BAG v. 22.11.2012 – 2 AZR 371/11, NZA 2013, 845 Rn. 31; *Lembke/Oberwinter*, NJW 2007, 721, 727; *Niklas/Koehler*, NZA 2010, 913, 918; *Reinhard*, RdA 2007, 207, 211.

300 Zu historischen Vorläufern *Naber/Sittard*, in: Preis/Sagan, Rn. 14.7.

301 *Hueck*, KSchG 1951, Vor § 15 KSchG Rn. 2; *Herschel/Steinmann*, Vor § 15 KSchG unter 1.

302 Umgesetzt durch Art. 1 des Gesetzes v. 27.4.1978, BGBl. I, S. 500.

303 Umgesetzt durch Art. 5 des Gesetzes v. 20.7.1995, BGBl. I, S. 946, 948.

beitslosigkeit im Blick,[304] der durch die gemäß Art. 2 ME-RL verpflichtende Konsultation der Arbeitnehmervertretung zum Ausdruck kommt.[305] Zwischen Arbeitgeber und Arbeitnehmervertretung soll gemäß Art. 2 Abs. 2 ME-RL beraten werden, ob Massenentlassungen zu vermeiden oder zu beschränken sind oder wie deren Folgen durch soziale Begleitmaßnahmen abgemildert werden können. Auch der zweite Erwägungsgrund der ME-RL betont die Wichtigkeit, den Schutz der Arbeitnehmer bei Massenentlassungen zu stärken. Zum anderen sollen die regionalen Arbeitsmärkte durch die Anzeigepflicht gegenüber der zuständigen Behörde (Art. 3 ME-RL) vor den sozioökonomischen Auswirkungen geschützt werden, die Massenentlassungen in einem bestimmten örtlichen Kontext und einer bestimmten sozialen Umgebung hervorrufen können.[306]

bb) Der Betriebsbegriff des EuGH

Das Unionsrecht und die darin enthaltenen Begriffe sind grundsätzlich autonom und einheitlich auszulegen, das heißt unabhängig vom in den Mitgliedstaaten geltenden Verständnis.[307] Dies ergibt sich bereits daraus, dass es sich bei dem Unionsrecht – trotz des Grundsatzes der begrenzten Einzelermächtigung – um eine eigenständige Rechtsordnung handelt, deren Rechtssätze sich gleichermaßen an alle Mitgliedstaaten richtet und prinzipiell eine unionsweit einheitliche Auslegung gebietet. Anders ließe sich die Vorlagepflicht der letztinstanzlichen Gerichte nach § 267 Abs. 3 AEUV nicht erklären.[308]

Das mitgliedstaatliche Begriffsverständnis ist ausschließlich von Bedeutung, wenn das Unionsrecht hierauf verweist. Dies kann explizit erfolgen – wie etwa in Art. 2 Abs. 1 lit. d RL 2001/23/EG[309] hinsichtlich des Arbeit-

304 EuGH v. 15.2.2007 – C-270/05 – Athinaiki, NZA 2007, 319 Rn. 25; EuGH v. 7.9.2006 – C-187/05 und C-190/05 – Agorastoudis, NZA 2006, 1087 Rn. 34.

305 BAG v. 21.3.2013 – 2 AZR 60/12, NZA 2013, 966 Rn. 22; *Lembke/Oberwinter*, in: Thüsing/Rachor/Lembke, § 17 KSchG Rn. 6 – 8 differenzieren insofern zwischen einem betriebsverfassungsrechtlichen und einem individualrechtlichen Schutzzweck.

306 EuGH v. 13.5.2015 – C-182/13 – Lyttle u.a., NZA 2015, 731 Rn. 32; EuGH v. 15.2.2007 – C-270/05 – Athinaiki, NZA 2007, 319 Rn. 28.

307 Erstmals EuGH v. 1.2.1972 – C-49/71, Slg. 18, 23; vgl. hierzu *Riesenhuber*, Europäische Methodenlehre, § 11 Rn. 4 – 8; *Sagan*, in: Preis/Sagan, Rn. 1.76 f.

308 *Sagan*, in: Preis/Sagan, Europäisches Arbeitsrecht, Rn. 1.76.

309 Bereits vor der Klarstellung durch Art. 2 Abs. 1 lit d RL 98/50/EG hatte es der EuGH abgelehnt, den Arbeitnehmerbegriff i.S.d. RL 77/187/EWG autonom zu

nehmerbegriffs – oder aber konkludent.[310] Fehlt eine explizite Verweisung, muss durch Auslegung des Unionsrechts ermittelt werden, inwiefern der Rechtsakt eine Harmonisierung der einzelnen Rechtsordnungen anstrebt.[311] Je umfassender die Rechtsordnungen einander angeglichen werden sollen, desto weniger spricht für ein nationales Begriffsverständnis. Dem Erfordernis der einheitlichen Anwendung des Unionsrechts und den Anforderungen des Gleichheitsgrundsatzes entnimmt der EuGH eine Vermutung für ein autonom europäisches Begriffsverständnis:

> *„Hierzu ergibt sich sowohl aus dem Erfordernis der einheitlichen Anwendung des Unionsrechts als auch aus den Anforderungen des Gleichheitsgrundsatzes, dass die Begriffe einer Vorschrift des Unionsrechts, die für die Ermittlung ihres Sinnes und ihrerer Tragweite nicht ausdrücklich auf das Rechts der Mitgliedstaaten verweist, in der Regel in der gesamten Union autonon und einheitlich auszulegen sind.*"[312]

Auch für den Betriebsbegriff der ME-RL geht der EuGH[313] von einem autonom europäischen Verständnis aus, das sich gerade nicht nach den Rechtsvorschriften der Mitgliedstaaten bestimmen kann.[314] Dies wird damit begründet, dass die ME-RL einen vergleichbaren Schutz der Rechte der Arbeitnehmer in den verschiedenen Mitgliedstaaten im Fall von Massenentlassungen zu gewährleisten bezwecke und die für die Unternehmen in der Union mit diesen Schutzvorschriften verbundenen Belastungen einander angleichen wolle.[315] Folglich könne selbst dann nicht auf ein natio-

---

definieren, EuGH v. 11.7. 1985 – C-105/84 – Foreningen, Slg. 1985, 2639, 2652 Rn. 22.

310 Zur Möglichkeit der konkludenten Verweisung EuGH v. 18.1.1984 – C-327/82, Slg. 1984, 107, 119 f. Rn. 14.

311 *Franzen*, Privatrechtsangleichung, S. 475; *Gsell/Schelhase*, JZ 2009, 20, 24; *Röthel*, in: Riesenhuber, Europäische Methodenlehre, § 11 Rn. 12; *Sagan*, in: Preis/Sagan, Europäisches Arbeitsrecht, Rn. 1.77; *Scheibeler*, S. 221.

312 EuGH v. 7.8.2018 – C-61/17, C-62/17, C-72/17 – Bichat, Chlubna, Walkner, NZA 2018, 1051 Rn. 29; EuGH v. 17.3.2005 – C-170/03 – Feron, Slg. 2005 I-2299; zustimmend *Röthel*, in: Riesenhuber, Europäische Methodenlehre, § 11 Rn. 13; a.A. für unbestimmte Rechtsbegriffe *Herresthal*, in: Gsell/Herresthal, Vollharmonisierung, S. 132 ff.

313 EuGH v. 13.5.2015 – C-182/13 – Lyttle u.a., NZA 2015, 731, 732 Rn. 26; EuGH v. 15.2.2007 – C-270/05 – Athinaiki, NZA 2007, 319 Rn. 23; EuGH v. 7.12.1995 – C-449/93 – Rockfon, NZA 1996, 471 Rn. 25.

314 *Krebber*, RdA 2018, 271, 275.

315 EuGH v. 30.4.2015 – C-80/14 – USDAW und Wilson, NZA 2015, 601 Rn. 62.

nales Betriebsverständnis abgestellt werden, wenn dieses für die Arbeitnehmer günstiger im Sinne des Art. 5 ME-RL sei.[316]

Den autonom zu bestimmenden Betriebsbegriff hat der EuGH erstmals in der Rs. *Rockfon* zu bestimmen versucht. Es handle sich um die Einheit, der die von der Entlassung betroffenen Arbeitnehmer zur Erfüllung ihrer Aufgabe angehören. Nicht entscheidend sei, ob die fragliche Einheit eine Leitung hat, die selbstständig Massenentlassungen vornehmen könne.[317] Diesbezüglich hat der EuGH wohl Art. 3 Abs. 4 ME-RL im Blick, wonach die Anzeigepflicht auch dann besteht, wenn die Entscheidung über die Massenentlassungen von einem den Arbeitgeber beherrschenden Unternehmen getroffen wurde.

Die ansonsten sehr allgemein gehaltene Definition wurde 2007 in der Rs. *Athinaiki* insbesondere durch das Kriterium der Unterscheidbarkeit erheblich konkretisiert. Bei dem Betrieb handle es sich um

> *„eine unterscheidbare Einheit von einer gewissen Dauerhaftigkeit und Stabilität, die zur Erledigung einer oder mehrerer bestimmter Aufgaben bestimmt ist und über eine Gesamtheit von Arbeitnehmern sowie über technische Mittel und eine organisatorische Struktur zur Erfüllung dieser Aufgaben verfügt“.*[318]

Als Kriterien für eine Unterscheidbarkeit erkannte der Gerichtshof eine eigene Ausstattung, eigenes Fachpersonal, die Unabhängigkeit von anderen Einheiten bei der Aufgabenerfüllung sowie das Vorhandensein eines eigenen Produktionsleiters, der die richtige Durchführung der Arbeit und die Kontrolle des Gesamtbetriebs der Einrichtungen der Einheit sowie die Lösung technischer Probleme sicherstelle.[319] Eine räumliche Trennung von anderen Einheiten und Einrichtungen des Unternehmens sei hingegen nicht erforderlich.[320]

Mit Verweis auf die Entstehungsgeschichte der ME-RL stellt der EuGH zudem klar, dass der Betrieb im Sinne der ME-RL nicht mit dem Unternehmen gleichgestellt werden könne.[321] So sei das im ursprünglichen

---

316 EuGH v. 13.5.2015 – C-182/13 – Lyttle u.a., NZA 2015, 731 Rn. 44.

317 EuGH v. 7.12.1995 – C-449/93 – Rockfon, NZA 1996, 471 Rn. 32; u.a. bestätigt durch EuGH v. 13.5.2015 – C-182/13 – Lyttle u.a., NZA 2015, 731 Rn. 28.

318 EuGH v. 15.2.2007 – C-270/05 – Athinaiki, NZA 2007, 319 Rn. 27.

319 EuGH v. 15.2.2007 – C-270/05 – Athinaiki, NZA 2007, 319 Rn. 31.

320 EuGH v. 15.2.2007 – C-270/05 – Athinaiki, NZA 2007, 319 Rn. 29.

321 EuGH v. 13.5.2015 – C-182/13 – Lyttle u.a., NZA 2015, 731 Rn. 31; EuGH v. 13.5.2015 – C-392/13 – Rabal Cañas, NZA 2015, 669 Rn. 46; EuGH v. 7.12.1995 – C-449/93 – Rockfon, NZA 1996, 471 Rn. 33.

Richtlinienvorschlag verwendete Wort "entreprise" (wörtlich: Unternehmen) bewusst durch die Formulierung "etablissement" (wörtlich: Niederlassung) ersetzt worden.[322] Folglich bezeichne der Betrieb nicht das Unternehmen, sondern regelmäßig dessen Teil. Das schließe jedoch nicht aus, dass – sofern ein Unternehmen nicht über mehrere unterscheidbare Einheiten verfügt – der Betrieb und das Unternehmen eins sein könnten.[323]

cc) Der Betriebsbegriff des BAG

Das BAG legt seiner Rechtsprechung seit dem Urteil des 6. Senats vom 13.2.2020 ebenfalls das unionsrechtliche Verständnis zugrunde.[324] Der Begriff „Betrieb" im Sinne des § 17 Abs. 1 KSchG sei in der Unionsrechtsordnung autonom und einheitlich allein vom EuGH und damit losgelöst von den nationalen Begrifflichkeiten auszulegen. Für die Definition des Betriebs im Bereich des Massenentlassungsschutzes könne darum nicht auf den Gehalt des Betriebsbegriffs des KSchG oder des BetrVG abgestellt werden.[325]

Seine von großen Teilen der Literatur gebilligte[326], ständige Rechtsprechung, wonach der Betriebsbegriff des § 1 BetrVG einschließlich der Betriebsfiktion des § 4 Abs. 1 BetrVG auf § 17 Abs. 1 KSchG anzuwenden sei,[327] hat der 6. Senat damit explizit aufgegeben.[328] Obgleich die Rechtprechungsänderung in ihrer dogmatischen Begründung uneingeschränkte Zustimmung verdient, sind die Auswirkungen auf das Ergebnis gering. Indem das BAG bereits zuvor die Fiktion des § 4 Abs. 1 S. 1 BetrVG auf § 17

322 EuGH v. 7.12.1995 – C-449/93 – Rockfon, NZA 1996, 471 Rn. 33.

323 EuGH v. 13.5.2015 – C-182/13 – Lyttle u.a., NZA 2015, 731 Rn. 31.

324 BAG v. 13.2.2020 – 6 AZR 146/19, NZA 2020, 1006; bestätigt in BAG v. 14.5.2020 – 6 AZR 235/19, NZA 2020, 1091 Rn. 115.

325 BAG v. 13.2.2020 – 6 AZR 146/19, NZA 2020, 1006 Rn. 32.

326 *Lembke/Oberwinter*, in: Thüsing/Rachor/Lembke, § 17 KSchG Rn. 50; *Mückl/Vielmeier*, NJW 2017, 2956, 2957; HaKo-KSchR/*Pfeiffer*, § 17 KSchG Rn. 15; BeckOK-ArbR/*Volkening*, § 17 KSchG Rn. 3; *v. Hoyningen-Huene/Kneip*, in: FS Wank, S. 161, 171; SPV/*Vossen*, § 6 Rn. 1637; KR-Komm/*Weigand*, § 17 KSchG Rn. 36; a.A. *Spelge*, RdA 2018, 297, 299.

327 BAG v. 26.1.2017 – 6 AZR 442/16, NZA 2017, 577 Rn. 21; BAG v. 25.4.2013 – 6 AZR 49/12, AP InsO § 343 Nr. 1 Rn. 150; BAG v. 15.12.2011 – 8 AZR 692/10, AP BGB § 613a Nr. 424 Rn. 73 f.; BAG v. 13.4.2000 – 2 AZR 215/99, AP KSchG 1969 § 17 Nr. 13 unter B III 1 d); BAG v. 13.3.1969 – 2 AZR 157/68 -, juris Rn. 12.

328 BAG v. 13.2.2020 – 6 AZR 146/19, NZA 2020, 1006 Rn. 32.

Abs. 1 KSchG übertrug, setzte der Massenentlassungsbetrieb auch nach der nunmehr überholten Rechtsprechung nicht zwingend eine für § 1 Abs. 1 BetrVG betriebskonstituierende Leitung voraus. Vielmehr stellte der 7. Senat an die konstituierenden Leitungsbefugnisse innerhalb eines selbstständigen Betriebsteils im Sinne des § 4 Abs. 1 S. 1 Nr. 1 BetrVG ähnlich geringe Anforderung wie der EuGH an den Betrieb der ME-RL. Ausreichend war demnach bereits *„eine den Einsatz der Arbeitnehmer bestimmende Leitung,* (...) *die Weisungsrechte des Arbeitgebers ausübt"*.[329] Dies erfüllte bereits die Vorgaben des EuGH,[330] wonach es für den Begriff des Betriebs nicht entscheidend ist, ob die fragliche Einheit eine Leitung hat, die selbstständig Massenentlassungen vornehmen kann.[331].[332] Zu einem im Vergleich zur Anwendung der §§ 1, 4 Abs. 1 BetrVG divergierenden Ergebnis führt der neue unionsrechtsautonome Ansatz des BAG vor allem in solchen Konstellationen, in denen sich mehrere selbstständige Betriebsteile im Sinne des § 4 Abs. 1 S. 1 Nr. 1 BetrVG in räumlicher Nähe zueinander befinden. Da sich auch der selbstständige Betriebsteil vom Hauptbetrieb im Sinne des § 1 BetrVG her bestimmt, kann es hierzu etwa kommen, indem mehrere Arbeitnehmergruppen am selben Ort tätig werden, in den mitbestimmungsrelevanten Angelegenheiten jedoch anderen Instanzen unterstehen – so etwa in dem vom BAG am 14.5.2020 entschiedenen Fall, in dem sowohl das Cockpit- und Kabinenpersonal als auch die am Boden beschäftigten Arbeitnehmer einer Fluggesellschaft zwar räumlich deren Station in Düsseldorf zugeordnet war, in personellen und sozialen Angelegenheiten jedoch jeweils von unterschiedlichen Führungskräften angeleitet wurden.[333] Hier hätte die Übertragung des § 4 Abs. 1 S. 1 Nr. 1 BetrVG auf § 17 Abs. 1 KSchG zur Annahme mehrerer Betriebe geführt, während das BAG unter Anwendung des unionsrechtsautonomen Betriebsbegriffs der ME-RL Boden-, Cockpit- und Kabinenpersonal zu einem Massenentlassungsbetrieb zusammenfasste.

---

329 BAG v. 7.5.2008 – 7 ABR 15/07, NZA 2009, 328 Rn. 19; BAG v. 17.1.2007 – 7 ABR 63/05, NZA 2007, 703 Rn. 15; BAG v. 28.6.1995 – 7 ABR 59/94, AP BetrVG 1972 § 4 Nr. 8 unter B I 2.

330 EuGH v. 13.5.2015 – C-182/13 – Lyttle u.a., NZA 2015, 731 Rn. 28; EuGH 15.2.2007 – C-270/05 – Athinaïki, NZA 2007, 319; EuGH v. 7.12.1995 – C-449/93 – Rockfon, NZA 1996, 471 Rn. 32.

331 Explizit BAG v. 15.12.2011 – 8 AZR 692/10, AP BGB § 613a Nr. 424 Rn. 77.

332 BAG 14.8.2007 – 8 AZR 1043/06, NZA 2007, 1431 Rn. 35; *v. Hoyningen-Huene/Kneip*, in: FS Wank, S. 161, 171; *Kleinebrink/Commandeur*, NZA 2015, 853, 855; a.A *Spelge*, RdA 2018, 297, 299.

333 BAG v. 14.5.2020 – 6 AZR 235/19, NZA 2020, 1091 Rn. 119.

dd) Das Unternehmen als verlorenes Tatbestandsmerkmal

Soweit ersichtlich gehen EuGH, BAG und die deutsche Literatur einhellig davon aus, dass Art. 1 Abs. 1 ME-RL bzw. § 17 Abs. 1 KSchG den sachlichen Anwendungsbereich des Massenentlassungsrechts durch ein einziges Tatbestandsmerkmal – den Betrieb – beschreiben.[334] Der bloße Wortlaut der zitierten Vorschriften erlaubt hieran auch keinen Zweifel, indem es in § 17 Abs. 1 S. 1 Nr. 1 KSchG etwa heißt: *„Der Arbeitgeber ist verpflichtet, der Agentur für Arbeit Anzeige zu erstatten, bevor er in Betrieben mit in der Regel mehr als 20 und weniger als 60 Arbeitnehmern mehr als 5 Arbeitnehmer innerhalb von 30 Kalendertagen entlässt.“* Unter anderem die durch Aufgabe der Zwei-Komponenten-Lehre entstandene Diskussion um die Berücksichtigung von Leiharbeitnehmern[335] hat zu Tage gebracht, dass die drei Nummern des § 17 Abs. 1 S. 1 KSchG de facto zwei Schwellenwerte enthalten – an die teilweise unterschiedliche Maßstäbe angelegt werden: Einen, der die „Betriebsgröße“ beschreibt (in Nr. 1 *„mehr als 20 und weniger als 60 Arbeitnehmer“*) und einen, der auf die Anzahl der entlassenen Arbeitnehmer (*„mehr als 5 Arbeitnehmer“*) abstellt. Bezüglich erstgenanntem erscheint eine Berücksichtigung von Leiharbeitnehmern zumindest denkbar, hinsichtlich letztgenanntem unstreitig ausgeschlossen. Gleichwohl wird – entsprechend dem Wortlaut der Vorschrift – nicht angezweifelt, dass es sich in beiden Fällen um Arbeitnehmer desselben Bezugsobjekts – des Betriebs – handelt.

---

334 Vgl. nur EuGH v. 30.4.2015 – C-80/14 – USDAW und Wilson, NZA 2015, 601 Rn. 54; BAG v. 16.11.2017 – 2 AZR 90/17 (A), NZA 2018, 245 Rn. 22; *Brams*, S. 41; *Maschmann*, EuZA 2015, 488, 493; *Mückl/Wittek*, BB 2020, 1332, 1333; *Schmidt/Wilkening*, NZA-RR 2017, 169, 172; *Spelge*, RdA 2018, 297, 299.

335 Die durch BAG v. 16.11.2017 – 2 AZR 90/17 (A), NZA 2018, 245 an den EuGH gerichtete Vorlagefrage blieb aufgrund der Rücknahme der Revision unbeantwortet; für eine Berücksichtigung von Leiharbeitnehmern i.R.d. die „Betriebsgröße“ beschreibenden Schwellenwerts *Brams*, S. 258; *Fuhlrott/Fabritius*, NZA 2014, 122,126; *Holler*, ZESAR 2018, 74, 76; APS/*Moll*, § 17 KSchG Rn. 18a; dagegen LAG Düsseldorf v. 8.9.2016 – 11 Sa 705/15 –, juris; ArbG Hagen v. 9.12.2009 – 3 Ca 1523/09, BeckRS 2012, 65555 unter II A c); *Lembke/Oberwinter*, in: Thüsing/Rachor/Lembke, § 17 KSchG Rn. 64; EuArbR/*Spelge*, Art. 1 RL 98/59/EG Rn. 2f; *Teubert*, S. 60.

(1) Der historische Wille des Richtliniengebers

Die rein grammatikalische Auslegung verdeckt jedoch, dass beiden Schwellenwerten vom europäischen Richtliniengeber ursprünglich divergierende Anknüpfungspunkte zugrunde gelegt werden sollten. Bezugspunkt der „Betriebsgröße" sollte nicht der Betrieb, sondern die Gesamtbelegschaft des Arbeitgebers im Sinne des Unternehmens sein. Auch wenn dieser Befund angesichts des eindeutig konträren Meinungsstands zunächst befremdlich klingen mag, ist er das überraschend eindeutige Ergebnis einer auf den gesetzgeberischen Willen zielenden, genetischen Auslegung. So definierte der Kommissionsentwurf der ersten Massenentlassungsrichtline eine Massenentlassung als Entlassung von 10 Arbeitnehmern eines Arbeitgebers – unabhängig von der Unternehmens- oder Betriebsgröße.[336] Die bis heute in Art. 1 Abs. 1 lit. a ii ME-RL enthaltene Relation zwischen „Betriebsgröße" und Entlassungszahl geht hingegen auf den Vorschlag des Wirtschafts- und Sozialausschusses der EG vom 22.11.1973 zurück.[337] Da eine Entlassung von 10 Arbeitnehmern *„in Anbetracht der unterschiedlichen Unternehmensgröße je nach der Gesamtbeschäftigungszahl von unterschiedlichem Gewicht sein [könne]"*, schlug der Ausschuss vor, *„einen Mindestprozentsatz von Entlassungen, bezogen auf die Gesamtbelegschaft des Unternehmens, in Kombination mit Mindestzahlen festzusetzen"*.[338] Viel deutlicher kann nicht zum Ausdruck gebracht werden, dass die für eine Massenentlassung erforderliche Anzahl an Entlassungen in Relation zum Unternehmen und nicht zum Betrieb bestimmt werden sollte. Angesichts des mit der Eingangsschwelle von 21 Arbeitnehmern und der darauffolgenden Staffelung bezweckten Ziels, kleine Wirtschaftseinheiten vor finanzieller und organisatorischer Überforderung zu schützen, ist das Unternehmen der einzig sinnvolle Anknüpfungspunkt. Der Betrieb ist hingegen bereits kein Rechtssubjekt und mithin weder selbst vermögensfähig noch ein Indiz für die Leistungsfähigkeit des Unternehmens.[339] Bestes Bei-

336 Vorschlag für eine Richtlinie des Rates zur Angleichung der Rechtsvorschriften der Mitgliedstaaten über Massenentlassungen v. 8.11.1972, KOM (72) 1400; eine entsprechende Regelung wurde als Umsetzungalternative in Art. 1 Abs. 1 UAbs. 1 RL 75/129/EWG beibehalten und ist nunmehr in Art. 1 Abs. 1 lit. a ii enthalten.

337 ABl. EG v. 22.11.1973, Nr. C 100, S. 13.

338 ABl. EG v. 22.11.1973, Nr. C 100, S. 13.

339 Zu den für § 23 Abs. 1 S. 2, 3 KSchG vergleichbaren Erwägungen vgl. unter 1. Kap. B. II. 2. a) cc).

spiel hierfür sind große und finanzkräftige Einzelhandeslunternehmen mit einer kleinteiligen Filialstruktur.[340]

Erst an späterer Stelle derselben Stellungnahme behandelt der Ausschuss die Frage, aus welchem Gebilde die zu entlassenen Arbeitnehmer stammen müssen – sprich den von der Betriebsgröße zu unterscheidenden, zweiten Schwellenwert. Dass er diesbezüglich gerade nicht auf das dasselbe Bezugspunkt abstellt, wird in seinen im Folgenden zitierten Ausführungen deutlich:

> „*Die Bestimmungen der Richtlinie sind nur anwendbar, sofern der Arbeitgeber die genannte Zahl von Entlassungen vornimmt. Offen bleibt dagegen, ob es sich bei den zu Entlassenden um die Arbeitnehmer nur eines Betriebs handeln muß, oder ob es auch ausreichend ist, wenn sie in mehreren Betrieben desselben Arbeitgebers beschäftigt sind. Nach Auffassung des Ausschusses sollte im Text des Richtlinienvorschlags klargestellt werden, daß es sich um Entlassungen handeln muß, die in nur einem Betrieb (örtliche Beschäftigungseinheit) erfolgen.*“[341]

Dass die Größe des Betriebs im Sinne einer örtlichen Beschäftigungseinheit – anders als die des Unternehmens – unmaßgeblich sein soll, begründet der Wirtschafts- und Sozialausschuss vollkommen zutreffend mit dem Schutz regionaler Arbeitsmärkte:

> „*Für den Arbeitsmarkt macht es aber keinen Unterschied, ob 10 Arbeitnehmer aus einem kleineren oder größeren Betrieb entlassen werden. Dasselbe gilt für die mit der Massenentlassung verbundenen sozialen Auswirkungen auf die Arbeitnehmer. In Anbetracht dieser Überlegungen befürwortet der Ausschuß eine Regelung, die auf einer Verbindung zwischen einer Mindestzahl von Entlassungen und dem prozentualen Verhältnis der zu Entlassenen zur Gesamtbeschäftigtenzahl beruht.*“[342]

(2) Die Übernahme der Formulierung aus § 15 KSchG 1951

Angesichts der bis dahin stringenten Ausführungen des Wirtschafts- und Sozialausschusses ist es geradezu erstaunlich, dass der Ausschuss gleichwohl eine dem heutigen Art. 1 Abs. 1 lit. a ii ME-RL im Wesentlichen ent-

340 Vgl. etwa EuGH v. 30.4.2015 – C-80/14 – USDAW und Wilson, NZA 2015, 601, in dem das Vorlageverfahren das Einzelhandelsunternehmen Woolworth betraf.

341 ABl. EG v. 22.11.1973, Nr. C 100, S. 14.

342 ABl. EG v. 22.11.1973, Nr. C 100, S. 13 f.

sprechende Formulierung vorschlug, die mit Ausnahme veränderter Beschäftigtenzahlen in Art. 1 Abs. 1 lit. a RL 75/129/EWG einging.[343] Der Kardinalfehler war, die bereits bestehende deutsche Regelung zur Anzeige von Massenentlassungen (§ 15 Abs. 1 KSchG 1951) nahezu wortlautidentisch in den Richtlinienvorschlag und später in die RL 75/129/EWG zu übernehmen,[344] ohne deren betriebsverfassungsrechtliche Wurzel und die damit verbundenen Probleme bei der Übertragung in das individualarbeitsrechtlich ausgestaltete KSchG zu erkennen. § 15 Abs. 1 KSchG 1951 war – unter bloßer Abänderung der Schwellenwerte – selbst wiederum § 20 AOG 1934 entnommen und damit angesichts des technologischen Fortschritts bereits in den 1970er Jahren bereits völlig aus der Zeit gefallen. Während die RL 75/129/EWG gerade eine Antwort auf die zunehmende Zahl an Großunternehmen mit auf mehrere Mitgliedstaaten der EWG verteilten Betriebsstätten sein sollte,[345] war dieses Phänomen im Deutschland des Jahres 1934 nicht in gleichem Maße bekannt. Wie bereits der deutsche Gesetzgeber des KSchG 1951 und das BAG[346] beging somit auch der Wirtschafts- und Sozialausschuss der EWG den Fehler, terminologisch nicht zwischen den Bezugsobjekten „Betrieb" und „Unternehmen" zu unterscheiden. Viel spricht dafür, dass die folgende Formulierung den Willen des historischen Richtliniengebers besser getroffen hätte:

> *„Massenentlassungen sind Entlassungen, die ein Arbeitgeber mit in der Regel mehr als 20 und weniger als 100 Arbeitnehmern aus einem oder mehreren Gründen, die nicht in der Person der Arbeitnehmer liegen, vornimmt und bei denen die Zahl der Entlassungen innerhalb eines Zeitraums von 30 Tagen in einem Betrieb mindestens 10 beträgt."*

---

343 RL 75/129/EWG v. 17.2.1975, ABl. Nr. L 48, S. 29.

344 ABl. EG v. 22.11.1973, Nr. C 100, S. 14: *„Er [der Ausschuss] denkt etwa an eine dem deutschen Kündigungsrecht vergleichbare Kombination"*.

345 Anlass war – wie auch für die Betriebsübergangs-RL 77/187/EWG -die grenzüberschreitende Restrukturierung des AKZO-Konzerns, der Massenentlassungen vorwiegend in Belgien vornahm, da das dortige Kündigungsschutzrecht weniger streng als das in Deutschland ausgestaltet war; vgl. zu den historischen Grundlagen *Brams*, S. 28 ff.

346 Vgl. nur BAG v. 13.3.1969 – 2 AZR 157/68, AP KSchG § 15 Nr. 10 Ls. 1: *„der Betriebsbegriff deckt sich hier mit dem des BetrVG"*.

(3) Konsequenzen für die Rechtsanwendung

De lege lata ist dem Rechtsanwender des § 17 Abs. 1 KSchG der Rückgriff auf eine arbeitgeberzogene Berechnung der „Betriebsgröße" versperrt – trotz der Eindeutigkeit der Stellungnahme des Wirtschafts- und Sozialausschusses[347] und des hohen Stellenwerts von Ausschussberichten zur Ermittlung des gesetzgeberischen Willens.[348] Zu eindeutig bringt der Wortlaut des § 17 Abs. 1 KSchG zum Ausdruck, dass sowohl die „Betriebsgröße" als auch die Anzahl der entlassenen Arbeitnehmer anhand desselben Bezugsobjekts zu bestimmen sind. Dies zu ignorieren, verstieße gegen die rechtsstaatlichen[349] Gebote von Normenklarheit und Rechtssicherheit, wonach der Normbefehl für den Unterworfenen erkennbar und vorhersehbar sein muss.[350] Gewährte man den Gesetzgebungsmaterialien gleichwohl Vorrang, verkäme der Gesetzestext zur *„leeren Hülle"*[351] und würde auf verfassungswidrige Weise entwertet.[352] Klarstellend hingewiesen sei auf den maßgeblichen Unterschied zur „Kleinbetriebsklausel" des § 23 Abs. 1 S. 2, 3 KSchG, die nach zutreffender Ansicht verfassungskonform arbeitgeberbezogen auszulegen ist:[353] Während dort lediglich die Auslegung des Tatbestandsmerkmals „Betrieb" Schwierigkeiten aufwirft, das jedoch sowohl arbeitgeberbezogen als auch betriebsverfassungsrechtlich ausgelegt werden kann, ist das Hauptproblem im Rahmen des Massenentlassungsrechts nicht der Terminus „Betrieb", sondern das einheitliche Anknüpfen an diesen als einziges Tatbestandsmerkmal trotz zwei unterschiedlicher Bezugsgrößen.

Wie wenig handhabbar die geltende Konzeption ist, beweist die Rechtsprechung des EuGH, die innerhalb ein und desselben Tatbestandsmerkmals (Betrieb) einerseits auf die räumliche Nähe abstellt, andererseits ein organisatorisches Element herleitet, um den Bezugspunkt für die Betriebsgröße nicht aus dem Blick zu verlieren. Hierdurch drohen insbesondere Arbeitnehmer filialgeprägter Unternehmen aus dem Anwendungsbereich

347 Siehe hierzu 1. Kap. B. II. 2. c) cc) (2).

348 Vgl. nur BGH v. 28.11.1962 – 3 StR 39/62, NJW 1963, 914, 915 (*„authentische Interpretation des Willens des Gesetzgebers"*); *Frieling*, S. 206 m.w.N. (*„neben der Gesetzesbegründung praktisch die ergiebigsten Dokumente"*).

349 Speziell für das Strafrecht ergibt sich dies aus Art. 103 Abs. 2 GG.

350 Vgl. zur Rechtssicherheit als Abwägungskriterium jeder Rechtsfortbildung *Rüthers/Fischer/Birk*, Rn. 961.

351 *Frieling*, S. 178.

352 *Frieling*, S. 178.

353 Hierzu 1. Kap. B. II. 2. a) cc).

des Massenentlassungsschutzes herauszufallen, sofern in den einzelnen Filialen regelmäßig weniger als 20 Arbeitnehmer beschäftigt werden. Dieser Schutzlücke ist sich der EuGH durchaus bewusst, führte seine Entscheidung in der Rs. *USDAW und Wilson*[354] doch dazu, dass insgesamt 4.500 Woolworth-Mitarbeiter wegen der geringen Betriebsgröße ihrer Ladengeschäfte nicht dem Massenentlassungsschutz unterfielen.[355] Probleme bereitet das Abstellen auf bloß ein Bezugsobjekt zudem bezüglich der Berücksichtigung von Leiharbeitnehmern bei der Berechnung der Betriebsgröße.[356]

De lege ferenda hat der deutsche Gesetzgeber zwei Möglichkeiten: Zum einen kann er in einem nationalen Alleingang eine arbeitgebergebezogene Berechnung der „Betriebsgröße" anordnen und hierfür auf die Günstigkeitsklausel des Art. 5 ME-RL verweisen. Demnach lässt die ME-RL die Möglichkeit der Mitgliedstaaten unberührt, für die Arbeitnehmer günstigere Rechts- oder Verwaltungsvorschriften anzuwenden oder zu erlassen. Die bisherige Rechtsprechung des EuGH lässt jedoch daran zweifeln, dass der Gerichtshof eine solche Umsetzung tatsächlich als günstiger ansehen würde.[357] Denn eine arbeitgeberbezogene Berechnung führte zu *„ambivalente[n] Auswirkungen auf die Stammbelegschaft"*:[358] Sie trüge zwar einerseits zu einem schnelleren Erreichen der Eingangsschwelle von 21 Arbeitnehmern bei; andererseits bedarf es gemäß Art. 1 Abs. 1 lit. a ii ME-RL in größeren Einheiten auch mehr Entlassungen, um die Anzeige- und Konsultationspflichten auszulösen.[359] Zum anderen steht des dem deutschen Gesetzgeber frei, die Umsetzungsalternative des Art. 1 Abs. 1 lit. a ii ME-

354 EuGH v. 30.4.2015 – Rs. C-80/14 – USDAW und Wilson, NZA 2015, 601 Rn. 30.

355 *Greiner/Hennecken*, GPR 2015, 288, 289; *Maschmann*, EuZA 2015, 488, 493; *Spelge*, RdA 2018, 297, 299.

356 Hierzu bereits unter 1. Kap. B. II. 2. c) cc).

357 Vgl. *Krebber*, RdA 2018, 271, 282 zur Günstigkeit der Anknüpfung an die Unternehmensebene.

358 BAG v. 16.11.2017 – 2 AZR 90/17 (A), NZA 2018, 245 Rn. 31.

359 EUArbR/*Spelge*, Art. 5 RL 98/59/EG Rn. 1 mit Verweis auf EuGH v. 13.5.2015 – C-392/13 – Rabal Cañas, NZA 2015, 669 Rn. 54: *„Folglich verstößt eine nationale Regelung, die als einzige Referenzeinheit das Unternehmen und nicht den Betrieb vorsieht, gegen Art. 1 I der RL 98/59/EG, wenn die Anwendung dieses Kriteriums zur Folge hat, dass das in den Art. 2–4 dieser Richtlinie vorgesehene Informations- und Konsultationsverfahren vereitelt wird, während die betreffenden Entlassungen, wenn der Betrieb als Referenzeinheit verwendet würde, als 'Massenentlassungen' im Sinne der Definition in Art. 1 I UAbs. 1 Buchst. a der Richtlinie qualifiziert werden müssten."*

RL zu wählen und eine Anzeige- und Konsultationspflicht für jede Entlassung von mindestens 20 Arbeitnehmern vorzusehen.

Für eine Gesetzesänderung sprechen jedenfalls die nicht unerheblichen verfassungsrechtlichen Bedenken, die gegen die jetzige Fassung des § 17 Abs. 1 KSchG bestehen. Es erscheint nicht ausgeschlossen, dass der je nach Betriebsgröße divergierende Anwendungsbereich des Massenentlassungsschutzes eine nicht gerechtfertigte Ungleichbehandlung im Sinne des Art. 3 Abs. 1 GG darstellt.[360] Die Parallelen zur Kleinbetriebsklausel des § 23 Abs. 1 S. 2, 3 KSchG, deren betriebsverfassungsrechtliche Auslegung das BVerfG für gleichheitswidrig erachtete, liegen auf der Hand. Anders als bei § 23 Abs. 1 S. 2, 3 KSchG käme eine verfassungskonforme Auslegung des § 17 Abs. 1 S. 1 KSchG aufgrund der dargestellten Erwägungen jedoch nicht in Betracht. Aufgrund des Normenverwerfungsmonopols des BVerfG[361] ist die Vorschrift bis zu einer Vorlage nach Art. 100 Abs. 1 GG oder einer Verfassungsbeschwerde weiterhin in ihrer jetzigen Fassung anzuwenden. Dass hierbei das eigentlich mit der Staffelung nach Betriebsgröße verbundene Prinzip der Leistungsfähigkeit nicht zum Tragen kommt, ist nicht zuletzt aufgrund des Gewaltenteilungsprinzips als gesetzgeberischer Fehler hinzunehmen.

ee) Der Betriebsbegriff des § 17 Abs. 1 KSchG

Obgleich auch die entsprechende Anwendung der §§ 1, 4 Abs. 1 S. 1 BetrVG in den meisten Konstellationen zu sachgerechten Ergebnissen führte, kann es aus dogmatischer Sicht nur begrüßt werden, dass das BAG seit dem 13.2.2020 die Kompetenz des Unionsrechts zur Konkretisierung des Massenentlassungsbetriebs anerkennt. Der 6. Senat befreit sich hierdurch vom Zwang, sein Begriffsverständnis von der Konkretisierung des betriebsverfassungsrechtlichen Betriebsteils durch den hierfür zuständigen 7. Senat abhängig zu machen. Für die Zukunft lässt dies auf ein vorrangig räumliches Verständnis des Massenentlassungsbetriebs hoffen. Denn obgleich der EuGH bislang keine räumliche Trennung von anderen Einhei-

---

360 Da dem deutschen Gesetzgeber aufgrund des Art. 1 Abs. 1 lit. a ii ME-RL ein Umsetzungsspielraum verbleibt, kann § 17 Abs. 1 KSchG am Maßstab des GG durch das BVerfG geprüft werden, vgl. zur Abgrenzung zwischen deutschen und europäischen Grundrechen nur EuGH v.. 6.3.2014 – C-206/13 – Cruciano Siragusa, NVwZ 2014, 575 Rn. 26 f.; BVerfG v. 2.3.2010 – 1 BvR 256/08, EuR 2011, 87 Rn. 185 – 187.

361 Grdl. BVerfG v. 20.3.1952 – 1 BvL 12/51, NJW 1952, 497.

ten des Unternehmens verlangt[362], lässt sich ein räumliches Verständnis des Betriebs im Sinne der ME-RL den bereits erläuterten Gesetzesmaterialien, den verschiedenen Sprachfassungen sowie dem Zweck des Anzeigeerfordernisses entnehmen. So sollte der Betrieb nach dem federführenden Wirtschafts- und Sozialausschuss eine *„örtliche Beschäftigungseinheit“* bezeichnen, in der die Entlassungen vorgenommen würden.[363] Der EuGH selbst hat zudem auf zahlreiche Sprachfassungen der ME-RL verwiesen, denen eine räumlich zu verstehende Einheit zugrundeliegen, etwa "centrao de trabajo" (Arbeitsmittelpunkt) in der spanischen Fassung, "stabilimento" (Fabrik) in der italienischen Fassung, "plaatselijke eendheid" (räumliche Einheit) in der niederländischen Fassung, "estabelecimento" (Niederlassung) in der portugiesischen Fassung oder "arbetsplats" (Arbeitsort) in der schwedischen Fassung.[364] Nicht zuletzt entspricht ein räumliches Verständnis des Betriebs dem Zweck der Anzeigepflicht, die örtlichen Agenturen für Arbeit in die „Massenentlassung“ einzuschalten.[365] Auch nach der neue Rechtsprechung des BAG kommt es auf die räumliche Verbundenheit der Arbeitnehmer an, nicht hingegen auf deren Eingliederung in einer Weisungshierarchie. Demnach bilden an einem Flughafen eingesetzte Arbeitnehmer einer Fluggesellschaft auch dann einen einzigen Betrieb im Sinne des § 17 Abs. 1 KSchG, wenn sie nicht von einer Person, sondern getrennt nach Beschäftigtengruppen (Cockpit- und das Kabinenpersonal) angeleitet werden. Auch der Umstand, dass eine Führungskraft Arbeitnehmer mehrerer Standorte anleitet, soll einem standortbezogenen Betriebszuschnitt nicht entgegenstehen.[366]

Durch ein räumliches Verständnis lassen sich zudem auch solche Konstellationen sachgerecht lösen, in denen mehrere Filialgeschäfte mangels räumlich weiter Entfernung keine eigenständigen Betriebsteile im Sinne des § 4 Abs. 1 S. 1 Nr. 1 BetrVG darstellen und für sich genommen unterhalb des Schwellenwerts von 20 Arbeitnehmern bleiben. Die Anerkennung unselbstständiger Betriebsteile als Betriebe im Sinne der ME-RL würde dazu führen, dass lokale Arbeitsagenturen durch eine einzige unternehmerische Entscheidung mit einer Vielzahl an Arbeitslosen konfrontiert werden könnten, ohne dass ihnen das zuvor hätte angezeigt werden müs-

---

362 EuGH v. 15.2.2007 – C-270/05 – Athinaiki, NZA 2007, 319 Rn. 29.

363 ABl. EG v. 22.11.1973, Nr. C 100, S. 14.

364 Hierauf hinweisend EuGH v. 7.12.1995 – C-449/93 – Rockfon, NZA 1996, 471 Rn. 26.

365 APS/*Moll*, § 17 KSchG Rn. 7.

366 BAG v. 14.5.2020 – 6 AZR 235/19, NZA 2020, 1091.

sen. Unzutreffend ist insofern die Rechtsprechung des EuGH, wonach auch mehrere Betriebe im Sinne der ME-RL auf demselben Betriebsgelände bestehen können.[367] Ein solches Ergebnis widerspräche dem durch die ME-RL und § 17 KSchG bezweckten sozioökonomischen Schutz regionaler Arbeitsmärkte.[368] Sachgerecht ist es daher, die Beschäftigten mehrer Einheiten innerhalb des örtlichen Zuständigkeitsbereich derselben Agentur für Arbeit zusammenzuzählen.[369]

Der hier vertretene, ausschließlich räumliche Ansatz hat zur Folge, dass der Betrieb im Sinne des § 17 Abs. 1 KSchG mangels Erfordernisses einer Hierarchie keine Organisation, sondern einen Teil der Organisation „Unternehmen" handelt. Ein solches Gebilde wird in der Literatur auch als materieller Betrieb bezeichnet,[370] soll jedoch mangels Organisationsbezugs in dieser Arbeit nicht Gegenstand weiterer Ausführungen sein.

3. Zwischenergebnis

Das Problem der betrieblichen Anknüpfung des KSchG ist nicht der Betriebsbegriff an sich, sondern die Unfähigkeit des deutschen und europäischen Gesetzgebers, inhaltlich und terminologisch zwischen Betrieb und Unternehmen zu differenzieren. Das zeigt sich vielleicht in keinem anderen Gesetz so deutlich wie im KSchG. Der historische Gesetzgeber ging für das gesamte KSchG 1951 zunächst von einer Parallelität von betriebsverfassungsrechtlichem und kündigungsschutzrechtlichem Betriebsbegriff aus, die teleologisch teilweise verfehlt war. Negativbeispiele sind die Kleinbetriebsklausel des § 23 Abs. 1 S. 2, 3 KSchG, die nach hier vertretenem Verständnis in verfassungskonformer Auslegung nunmehr als Kleinunternehmensklausel auszulegen ist, sowie das Sozialauswahl-Kriterium der „Betriebszugehörigkeit" (§ 1 Abs. 3 S. 1 KSchG), das nach allgemeiner Ansicht vielmehr die Unternehmenszugehörigkeit bezeichnet. Unglücklicherweise knüpfte auch der europäische Gesetzgeber der Massenentlassungs-Richtlinien an die bereits bestehende deutsche Regelung in § 15 KSchG 1951 an

---

367 EuGH v. 30.4.2015 – C-80/14 – USDAW und Wilson, NZA 2015, 601 Rn. 44 ff; EuGH v. 15.2.2007 – C-270/05 – Athinaiki, NZA 2007, 319 Rn. 28.

368 *Greiner/Hennecken*, GPR 2015, 288, 289; *Krebber*, RdA 2018, 271, 275; *Maschmann*, EuZA 2015, 488, 495; *Spelge*, RdA 2018, 297, 299; *Weber*, NZA 2016, 727, 728.

369 a.A. *Maschmann*, EuZA 2015, 488, 495 f., der eine Zurechnung von Kleinstbetrieben zu einer größeren Einheit präferiert.

370 Vgl. *Preis*, RdA 2000, 257, 272; *Rein*, S. 179.

und transferierte die terminologischen Fehler hierdurch auf die Unionsebene. Dort führen sie bis heute zu einem kaum praktikablen Massenentlassungsrecht.[371]

Selbst im Bereich der Sozialauswahl, für die die betriebliche Anknüpfung nach wie vor Bestand hat, führt die die Verweisung auf das Betriebsverfassungsrecht zu Unsicherheiten bei der Rechtsanwendung. Sind Einheiten, die nach geltendem Recht, nicht aber zum Erlasszeitpunkt des KSchG 1951, betriebsratsfähig sind, im Rahmen des KSchG zu berücksichtigen? Während dies für den Gemeinschaftsbetrieb aufgrund seiner gesetzgeberischen Anerkennung durch § 322 UmwG zu bejahen ist, lässt sich die Betriebsfiktion des § 4 Abs. 1 S. 1 BetrVG grundsätzlich nicht auf das KSchG übertragen.[372]

III. Der Betrieb als Transferobjekt des § 613a BGB

Geht ein Betrieb oder Betriebsteil durch Rechtsgeschäft auf einen anderen Inhaber über, so tritt dieser gemäß § 613a Abs. 1 S. 1 BGB in die Rechte und Pflichten aus den im Zeitpunkt des Übergangs bestehenden Arbeitsverhältnissen ein. Der „Betrieb oder Betriebsteil" dient § 613a Abs. 1 S. 1 BGB als zweifaches Bezugsobjekt: Er ist einerseits tatbestandliches Transaktionsobjekt („*Geht ein Betrieb oder Betriebsteil durch Rechtsgeschäft auf einen anderen Inhaber über [...]*") und andererseits Ankümpfungspunkt der Rechtsfolge („*[...] so tritt dieser in die Rechte und Pflichten aus den im Zeitpunkt des Übergangs bestehenden Arbeitsverhältnissen ein.*"). Die Vorschrift setzt nämlich voraus, dass die Arbeitsverhältnisse dem übergehenden Betrieb- oder Betriebsteil auch angehören.

§ 613a Abs. 1 S. 1, Abs. 2, 3 BGB wurde durch § 122 BetrVG 1972 zum 19.1.1972 in das BGB eingefügt[373] und ist rund fünf Jahre älter als die erste

---

371 Vgl. nur *Freckmann/Hendricks*, BB 2018, 1205, 1206; *Lembke/Oberwinter*, in: Thüsing/Rachor/Lembke, § 17 KSchG Rn. 52; *Spelge*, RdA 2018, 297, 305 zur fehlenden Handhabbarkeit der Massenentlassungsanzeige.

372 Einzig auf den Massenentlassungsschutz des § 17 KSchG überträgt das BAG in richtlinienkonformer (RL 98/59/EG) Auslegung auch die Betriebsteilfiktion des § 4 Abs. 1 S. 1 BetrVG, vgl. BAG v. 25.4.2013 – 6 AZR 49/12, AP InsO § 343 Nr. 1 Rn. 150; BAG v. 15.12.2011 – 8 AZR 692/10, AP BGB § 613a Nr. 424 Rn. 73 f.; BAG v. 13.4.2000 – 2 AZR 215/99, AP KSchG 1969 § 17 Nr. 13 unter B III 1 d); BAG v. 13.3.1969 – 2 AZR 157/68 -, juris Rn. 12.

373 Eingefügt durch Betriebsverfassungsgesetz vom 15.1.1972, BGBl. I, S. 13.

europäische Betriebsübergangs-Richtlinie 77/187/EWG[374], die die Mitgliedstaaten bis 1979, umzusetzen hatten. Obgleich bereits die RL 77/187/EWG ihren Anwendungsbereich neben dem Übergang von Betrieben und Betriebsteilen auch auf Unternehmen erstreckte und seit der RL 98/50/EG[375] auch Unternehmensteile explizit miteinbezogen sind[376], hat der deutsche Gesetzgeber die Begriffe des Betriebs bzw. Betriebsteils in § 613a BGB bis heute beibehalten. Auch auf die Einführung der Legaldefinition des Betriebsübergangs in Art. 1 Abs. 1 lit. b RL 2001/23/EG[377] reagierte der deutsche Gesetzgeber nicht. Demnach *„gilt als Übergang im Sinne dieser Richtlinie der Übergang einer ihre Identität bewahrenden wirtschaftlichen Einheit im Sinne einer organisierten Zusammenfassung von Ressourcen zur Verfolgung einer wirtschaftlichen Haupt- oder Nebentätigkeit.“* Hiermit ist zugleich das Bezugsobjekt eines Betriebsübergangs beschrieben. Der Umsetzungswille des deutschen Gesetzgebers ist hinreichend belegt[378], weshalb die die übergangsfähige Einheit betreffenden Vorgaben des europäischen Gesetzgebers im Rahmen der richtlinienkonformen Auslegung des § 613a BGB zu berücksichtigen sind.[379]

1. Meinungsstand

Bereits im Rahmen der Darstellung des Meinungsstands werden sich rasch Gemeinsamkeiten zu den bereits behandelten Betriebsbegriffen offenbaren. Mit Ausnahme vereinzelt gebliebener Literaturstimmen versteht die

---

374 Richtlinie des Rates vom 14. Februar 1977 zur Angleichung der Rechtsvorschriften der Mitgliedstaaten über die Wahrung von Ansprüchen der Arbeitnehmer beim Ubergang von Unternehmen, Betrieben oder Betriebsteilen, ABl. Nr. L 61, S. 26.

375 Richtlinie 98/50/EG des Rates vom 29. Juni 1998 zur Änderung der Richtlinie 77/187/EWG zur Angleichung der Rechtsvorschriften der Mitgliedstaaten über die Wahrung von Ansprüchen der Arbeitnehmer beim Übergang von Unternehmen, Betrieben oder Betriebsteilen, ABl. L 201, S. 88.

376 Art. 1 Abs. 1 lit. a RL 98/50/EG sowie Art. 1 Abs. 1 lit. a RL 2001/23/EG.

377 Richtline 2001/23/EG des Rates vom 12. März 2001 zur Angleichung der Rechtsvorschriften der Mitgliedstaaten über die Wahrung von Ansprüchen der Arbeitnehmer beim Übergang von Unternehmen, Betrieben oder Unternehmens- oder Betriebsteilen, ABl. L 82, S. 16.

378 Vgl. etwa BT-Drs. 14/7760, S. 19; umfassend hierzu siehe 1. Kap. B. III 2 b) bb).

379 BeckOK-ArbR/*Gussen*, § 613a BGB Rn. 9; *Husemann*, Jura 2016, 472, 474, *Moll*, RdA 1999, 233, 235; ErfK/*Preis*, § 613a BGB Rn. 1; *ders.*, RdA 2000, 257, 259; *Richardi*, in: FS Wiedemann, S. 493, 508; HWK/*Willemsen*, § 613a BGB Rn. 2.

ganz herrschende Meinung das Transferobjekt als eine Organisationseinheit, die – parallel zu den Organisationsmerkmalen der Betriebswirtschaftslehre[380] – durch die strukturelle Zusammenfassung von Ressourcen zur Verfolgung eines gemeinsamen Ziels gekennzeichnet ist. Uneinheitlich wird innerhalb der herrschenden Meinung jedoch beurteilt, nach welchem Merkmal sich die Struktur der Organisationen „Betrieb“ und „Betriebsteil“ im Sinne des § 613a BGB ausrichtet. Hierbei wird überwiegend auf näher zu bezeichnende wirtschaftliche Kriterien abgestellt (b), teilweise jedoch auch auf das Betriebsverfassungs- (a) und das Kündigungsschutzrecht (c) rekurriert. Nur vereinzelt wird eine organisatorische Betrachtung gänzlich abgelehnt und der Betrieb stattdessen als unternehmerischer Tätigkeitsbereich verstanden (d). Das Meinungsspektrum gilt es im Folgenden geordnet darzustellen, um anschließend eine eigene Bewertung vornehmen zu können.

a) Betriebsverfassungsrechtlicher Betriebsbegriff

Bei Inkrafttreten im Jahr 1972 legte der Gesetzgeber § 613a BGB den Betriebsbegriff des § 1 BetrVG zugrunde, wozu die damals herrschende Literaturansicht eines allgemein arbeitsrechtlichen Betriebsbegriffs maßgeblich beigetragen haben dürfte. Von einem allgemeinen Betriebsbegriff ausgehend wurde in der einschlägigen Literatur der Betriebsinhaberwechsel im Rahmen des (betriebsverfassungsrechtlichen) Betriebsbegriffs behandelt, ohne auf notwendige Differenzierungen einzugehen.[381] Folglich wurde § 613a BGB im Novellierungsgesetz des BetrVG 1972 eingeführt und die systematische Verknüpfung mit dem Betriebsverfassungsgesetz damit begründet, dass durch einen Übergang des Betriebs im Sinne des § 613a BGB auch der Betriebsrat bestehen bleibe.[382] So heißt es in der Gesetzesbegründung zur ursprünglichen Fassung des § 613a BGB aus dem Jahr 1972: *„Die Regelung des Betriebsübergangs hat betriebsverfassungsrechtliche Bedeutung, da sich das Mitbestimmungsrecht des Betriebsrats auch gegen den neuen Arbeitgeber richtet, wenn dieser Maßnahmen beabsichtigt, die nachteilige Auswirkungen für die Arbeitnehmer haben können.“*[383] Die Passage erklärt

380 Siehe hierzu unter 1. Kap. A.

381 Vgl. etwa *Bobrowski/Gaul*, ArbR im Betrieb, S. 56; *Molitor*, Arbeitnehmer und Betrieb, S. 38 ff.; *Nikisch*, ArbR I, 3. Aufl. 1961, S. 153.

382 Vgl. BT-Drs. 6/1786, S. 59.

383 BT-Drs. 6/1786, S. 59.

sich als Antwort auf die gewerkschaftliche Forderung nach einem Mitbestimmungsrecht beim Betriebsübergang.[384] Zwar kam der Gesetzgeber dieser Forderung nicht nach, verlor die betriebliche Mitbestimmung bei der Entscheidung für eine gesetzlich angeordnete Vertragsübernahme aber nicht aus den Augen: Wenn der Betriebsrat auch nicht über den Betriebsübergang selbst mitbestimmen durfte, sollte zumindest nach dem Übergang der Arbeitsverhältnisse die Vertretung der Arbeitnehmer gesichert sein.

Unter Berufung auf seine Entstehungsgeschichte[385] wendeten zunächst auch die Rechtsprechung[386] und Teile des Schrifttums[387] den aus dem Betriebsverfassungsrecht entwickelten „allgemeinen Betriebsbegriff" auf § 613a Abs. 1 S. 1 BGB an. Dieser wurde vom BAG jedoch im Rahmen des § 613a BGB insofern modifziert, als dass er – anders als im Betriebsverfassungsrecht – die Arbeitnehmer nicht umfasse, sondern ausschließlich die *„zum Betrieb gehörenden Vermögensgegenstände"*.[388] Der betriebsübergangsrechtliche Betrieb sei auf die sächlichen und immateriellen Betriebsmittel beschränkt,[389] da der Übergang der Arbeitnehmer die Rechtsfolge des § 613a Abs. 1 S. 1 BGB darstelle und folglich nicht bereits auf Tatbestandsebene berücksichtigt werden dürfe[390] (sogenanntes Konfusionsargu-

---

384 BT-Drs. 6/1786, S. 59: *„Da gelegentlich Betriebe erworben werden, um sie alsbald stillzulegen, war gefordert worden, den Betriebsübergang als solchen der Mitbestimmung des Betriebsrats ausdrücklich zu unterwerfen. Der Entwurf ist diesem Vorschlag nicht gefolgt."*; hierzu Staudinger-BGB/*Annuß*, § 613a Rn. 1; WHSS/*Willemsen*, Kap. G Rn. 3; *Seiter*, Betriebsinhaberwechsel, S. 29.

385 BAG v. 2.10.1974 – 5 AZR 504/73, NJW 1975, 1378, 1379 unter III 3 a) der Gründe: *„Insoweit beseitigt die Regelung über den Übergang der Arbeitsverhältnisse im Fall der Betriebsübertragung etwaige Zweifel darüber, ob auch das Betriebsratsamt unverändert weiterbesteht."*; vgl. auch *Fischer*, Betriebsinhaberwechsel, S. 7 f.

386 Explizit BAG v. 30.10.1986 – 2 AZR 696/85, NZA 1987, 382, 384 unter II 3 b) aa) der Gründe.

387 *Falkenberg*, DB 1980, 783, 784; *D. Gaul*, GRUR 1981, 379, 382, *Pietzko*, Tatbestand, S. 4 ff.; *Wollenschläger*, in FS Gitter, S. 1067, 1068; i.Erg. auch *Schwanda*, Betriebsübergang, S. 147.

388 BAG v. 29.10.1975 – 5 AZR 444/74, AP BGB § 613a Nr. 2.

389 BAG v. 9. 2. 1994 – 2 AZR 81/93, NZA 1994, 612; BAG v. 12.2.1987 – 2 AZR 247/86, AP BGB § 613a Nr. 67 unter II 2 b) der Gründe; BAG v. 22.5.1985 – 5 AZR 30/84, AP BGB § 613a Nr. 42 unter II 3 c) bb) der Gründe; BAG v. 22.5.1979 – 1 ABR 17/77, AP BetrVG 1972 § 111 Nr. 4.

390 BAG v. 9. 2. 1994 – 2 AZR 81/93, NZA 1994, 612; BAG v. 25.2. 1981 – 5 AZR 991/78, NJW 1981, 2212; krit. nur *Willemsen*, RdA 1991, 204, 212.

ment[391]). Erst 1997 gab das BAG sowohl die Anwendung des allgemeinen Betriebsbegriffs auf § 613a BGB als auch das Konfusionsargument explizit auf.[392]

Aufgrund seiner europarechtlichen Prägung wird im Betriebsübergangsrecht heute nur noch vereinzelt auf den betriebsverfassungsrechtlichen Betriebsbegriff Bezug genommen.[393] So überträgt beispielsweise *Rose*[394] nach wie vor den Betriebsbegriff des § 1 BetrVG auf den des § 613a BGB, da diese denselben Schutzzweck verfolgten, nämlich den Schutz der zu der jeweiligen organisatorischen Einheit gehörenden Arbeitnehmer. Das Betriebsverfassungsrecht erreiche dies durch die Begrenzung der Handlungsfreiheit des Arbeitgebers und durch die Repräsentation der Arbeitnehmer durch gewählte Vertretungsorgane. Das Recht des Betriebsübergangs bezwecke den sozialen und an den Status geknüpften Schutz des Arbeitnehmers. Die organisatorische Einheit des Betriebs aus dem BetrVG und die wirtschaftliche Einheit aus § 613a BGB setzten beide einen Kreis von Arbeitnehmern voraus, der zur Erreichung eines einheitlichen Zwecks eingesetzt werde. Eine inhaltliche Trennung dieser beiden gleichgerichteten Schutznormen sei daher nicht möglich.[395]

Auch das BAG stellt noch immer Bezüge zwischen dem Betriebsübergangs- und dem Betriebsverfassungsrecht her, indem es den Betriebsteil im Sinne des § 613a Abs. 1 S. 1 BGB *„in Anlehnung an § 4 Abs. 1 Nr. 2 BetrVG“*[396] bestimmt und hieraus das Erfordernis einer selbstständig abtrennbaren organisatorischen Einheit hergeleitet, mit der innerhalb des betrieblichen Gesamtzweckes ein Teilzweck verfolgt werden müsse.[397] Noch unter der Anwendung des allgemeinen Betriebsbegriffes hatte es

---

391 *Annuß*, NZA 1998, 70, 71; BeckOGK/*Kokott*, § 613a BGB Rn. 39; WHSS/*Willemsen*, Kap. G Rn. 70.

392 Vgl. BAG v. 24.4.1997 – 8 AZR 848/94, NZA 1998, 253, 254.

393 *Rose*, in: Hess et al., § 1 BetrVG Rn. 11; *Schrader*, NZA 2019, 951, 959; vgl. zur Anwendung des § 4 Abs. 1 BetrVG auf den Betriebsteil i.S.d. § 613a BGB: BAG v. 12.12.2013 – 8 AZR 1023/12, NZA 2014, 436 Rn. 14; BAG v. 15.12.2011 – 8 AZR 692/10, NZA-RR 2012, 570 Rn. 44.

394 *Rose*, in: Hess et al., § 1 BetrVG Rn. 11.

395 *Rose*, in: Hess et al., § 1 BetrVG Rn. 11; a.A. u.a. *Fitting*, § 1 BetrVG Rn. 165; *B. Gaul*, Betriebs- und Unternehmensspaltung, § 6 Rn. 84; *Preis*, RdA 2000, 257, 278.

396 BAG v. 12.12.2013 – 8 AZR 1023/12, NZA 2014, 436 Rn. 14; BAG v. 15.12.2011 – 8 AZR 692/10, NZA-RR 2012, 570 Rn. 44; krit. Staudinger-BGB/*Annuß*, § 613a Rn. 56; *B. Gaul*, Betriebs- und Unternehmensspaltung, § 6 Rn. 85; ErfK/*Preis*, § 613a BGB Rn. 8.

397 So auch *Hasford*, BB 1973, 28; *Herschel*, AuR 1975, 382, 384.

eine Übertragbarkeit auf § 613a Abs. 1 BGB hingegen abgelehnt und den Begriff des Betriebsteil im Sinne des § 613a Abs. 1 BGB weiter ausgelegt als den des § 4 BetrVG, um den bezweckten Bestandsschutz bestmöglich zu verwirklichen.[398]

b) Der Betrieb als wirtschaftliche Einheit

Der in Art. 1 Abs. 1 lit. b RL 2001/23/EG enthaltenen Legaldefinition des Übergangs lässt sich entnehmen, dass der europäische Richtliniengeber das Transferobjekt des Betriebsübergangs als eine *„wirtschaftliche Einheit im Sinne einer organisierten Zusammenfassung von Ressourcen zur Verfolgung einer wirtschaftlichen Haupt- oder Nebentätigkeit“* versteht. Die Formulierung entstammt der Rechtsprechung des EuGH, die durch die novellierte RL 2001/23/EG kodifiziert werden sollte, vgl. 8. Erwägungsgrund RL 2001/23/EG. Die Entwicklung der Rechtsprechung hin zu einem organisatorischen Verständnis des Transferobjekts soll im Folgenden skizziert werden. Dabei wird sich zeigen, dass entsprechende Kriterein in der deutschen Literatur weit früher herausgearbeitet wurden.

aa) EuGH

Anstatt die Begriffe der RL 77/187/EWG (Betrieb, Betriebsteil, Unternehmen) zu definieren, stellte der EuGH bereits 1986 in der Rs. *Spijkers* auf den Oberbegriff der wirtschaftlichen Einheit ab. Es sei zu prüfen, ob eine noch bestehende wirtschaftliche Einheit veräußert worden sei, was sich unter anderem daraus ergebe, dass ihr Betrieb von dem neuen Inhaber mit derselben oder einer gleichartigen Geschäftstätigkeit tatsächlich weitergeführt oder wiederaufgenommen werde – sprich: ob sie ihre Identität wahre.[399] Methodisch nimmt der EuGH seit jeher keine Subsumtion unter den

---

398 BAG v. 16.10.1987 – 7 AZR 519/86, AP Nr. 69 zu § 613a BGB unter II 2 b) der Gründe; BAG v. 7.11.1975 – 1 ABR 78/74, DB 1976, 152, 153 unter III 1 a) der Gründe; zustimmend u.a. *B. Gaul*, Betriebs- und Unternehmensspaltung, § 6 Rn. 86; *v. Hoyningen-Huene/Windbichler*, RdA 1977, 329, 332; *Preis*, RdA 2000, 257, 278; HWK/*Willemsen*, § 613a BGB Rn. 28.

399 EuGH v. 18.3.1986 – C-25/87 – Spijkers, Slg. 1986, 1119 Rn. 12; seitdem st. Rspr. EuGH v. 7.8.2018 – C-472/16 – Sigüenza, NZA 2018, 1123 Rn. 29; EuGH v. 6.9.2011 – C-108/10 – Scattolon, EuZW 2011, 798 Rn. 60; EuGH v. 7.3.1996 – C-171/94 – Merckx, NZA 1996, 413 Rn. 16; EuGH v. 12.11.1992 – C-209/91 –

Begriff der wirtschaftlichen Einheit vor, sondern beantwortet die Frage, wodurch eine wirtschaftliche Einheit im Einzelnen bestimmt wird, im Zusammenhang mit der Frage, ob eine solche identitätswahrend übergegangen ist.[400] Das sei der Fall, wenn eine bislang beim Veräußerer geleistete Tätigkeit nach der Übertragung vom Erwerber im Wesentlichen unverändert fortgeführt werde.[401] Damit sei zugleich das Vorliegen einer wirtschaftlichen Einheit festgestellt, denn was keine Identität habe, könne auch keine bewahren.[402] Das Vorgehen des EuGH mittels insgesamt sieben selbst entwickelter, nicht abschließender Auslegungskriterien[403] lässt sich wohl am treffendsten als teleologische Gesamtbewertung bezeichnen.[404] Der EuGH nennt es eine „globale Bewertung".[405] Von Bedeutung seien namentlich die Art des betreffenden Unternehmens oder Betriebs, der Übergang oder Nichtübergang der materiellen Aktiva wie Gebäude und bewegliche Güter, der Wert der immateriellen Aktiva zum Zeitpunkt des Übergangs, die Übernahme oder Nichtübernahme der Hauptbelegschaft durch den neuen Inhaber, der Übergang oder Nichtübergang der Kundschaft, der Grad der Ähnlichkeit zwischen der vor und der nach dem Übergang verrichteten Tätigkeit und die Dauer einer eventuellen Unterbrechung dieser Tätigkeit. Den Kriterien wird je nach ausgeübter Tätigkeit sowie den

---

Watson Rask, EWiR 1993, 147; EuGH v. 19.5.1992 – C-29/9 – Redmond Stichting, AP BGB § 613a Nr. 107 Rn. 23; EuGH v. 25.7.1991 – C-362/89 – d'Urso, NZA 1993, 137.

400 Staudinger-BGB/*Annuß*, § 613a BGB Rn. 48 m.w.N; instruktiv *Windt*, Neukonstruktion, S. 126.

401 EuGH v. 9.9.2015 – C-160/14 – Ferreira da Silva, EuZW 2016, 111 Rn. 25; EuGH v. 7.3.1996 – C-171/94 und C-172/94, NZA 1996, 413 Rn. 16; EuGH v. 18.3.1986, C-24/85 – Spijkers, Celex-Nr. 61985CJ0024; hierzu Staudinger-BGB/*Annuß*, § 613a BGB Rn. 43; ErfK/*Preis*, § 613a BGB Rn. 6.

402 So prägnant *Husemann*, Jura 2016, 472, 474 f.; kritisch zum methodischen Vorgehen *Wank*, in: Hanau/Steinmeyer/Wank § 18 Rn. 77; *Franzen*, RdA 1999, 361, 363.

403 Von *P. Hanau*, in: FS Küttner, S. 357, 363 kritisch als „Kriterien-Sammelsurium" bezeichnet; aus methodischer Sicht *Wank*, in: FS 50 Jahre BAG, S. 245 ff.

404 HWK/*Willemsen*, § 613a BGB Rn. 87; zustimmend *Husemann*, Jura 2016, 472, 475; von der wirtschaftlichen Einheit als Typusbegriff sprechen *Annuß*, NZA 1998, 70, 71 ff; *Franzen*, NZA-Beil. 4/2008, 139, 145; bewusst offen lassend *Wank*, in: FS 50 Jahre BAG, S. 245, 255.

405 EuGH v. 18.3.1986 – C-25/87 – Spijkers, Slg. 1986, 1119 Rn. 12.

Produktions- und Betriebsmethoden unterschiedliches Gewicht beigemessen.[406]

Erhebliche Kritik erfuhr das Urteil in der Rs. *Christel Schmidt*[407], in dem der EuGH auch die bloße Funktionsnachfolge als Betriebsübergang wertete. In dem zugrunde liegenden Sachverhalt hatte eine Spar- und Leihkasse die bislang von einer eigenen Arbeitnehmerin (Christel Schmidt) getätigten Reinigungsarbeiten an eine externe Firma vergeben und Frau Schmidt betriebsbedingt gekündigt. Der EuGH entschied, dass solche Fälle des Outsourcings selbst dann der Betriebsübergangs-Richtlinie unterfallen könnten, wenn der Erwerber keinerlei Betriebsmittel übernehme und die Tätigkeit bislang durch einen einzigen Arbeitnehmer erledigt worden sei. Dass eine wirtschaftliche Einheit bereits aus der bloßen Aufgabenerfüllung durch einen einzelnen Arbeitnehmer bestehen könne, stieß in weiten Teilen der Literatur auf großes Unverständnis.[408] Nachdem der Gerichtshof bereits im darauffolgenden Jahr in der Rs. *Rygaard* auf die Übertragung einer *„organisierten Gesamtheit von Faktoren"* abgestellt hatte,[409] trugen seine Ausführungen in der Rs. *Ayse Süzen*[410] endgültig zur Beruhigung bei.[411] Hierin führte er aus, dass unter einer wirtschaftlichen Einheit nur eine *„organisierte Gesamtheit von Personen und Sachen zur Ausübung einer wirtschaftlichen Tätigkeit mit eigener Zielsetzung"*[412] zu verstehen sei und gerade nicht auch eine bloße Tätigkeit. Die Formulierung fand im Jahr 1998 leicht modifiziert[413] Eingang in die RL 98/50/EG und ist nunmehr in Art. 1 Abs. 1 b) der RL 2001/23/EG enthalten. Es wird hierdurch klarge-

406 St. Rspr. EuGH v. 7.8.2018 – C-472/16 – Sigüenza, NZA 2018, 1123 Rn. 31; EuGH v. 9.9.2015 – C-160/14 – Ferreira da Silva, EuZW 2016, 111 Rn. 27; EuGH v. 11.3.1997 – C-13/95 – Ayse Süzen, NZA 1997, 433 Rn. 18.

407 EuGH v. 14.4.1994 – C-392/92 – Christel Schmidt, NZA 1994, 545.

408 Überblick über den Meinungsstand bei *Joost*, in: FS Wlotzke, S. 683.

409 EuGH v. 19.9.1995 – C-48/94 – Rygaard, NZA 1995, 1031 Rn. 21.

410 EuGH v. 11.3.1997 – C-13/95 – Ayse Süzen, NZA 1997, 433.

411 *Waas*, ZfA 2001, 377, 380; WHSS/*Willemsen*, Kap. G Rn. 10 (*„Wendepunkt für die weitere Rechtsentwicklung"*); vgl. die zustimmenden Anmerkungen auf das Urteil in der Rs. Ayse Süzen: *Baeck/Lingemann*, NJW 1997, 2492; *Buchner*, NZA 1997, 408; *Heinze*, DB 1997, 677; *Trittin*, AiB 1997, 479; skeptisch *Annuß*, NZA 1998, 70, 72; *Lorenz*, ZIP 1997, 531, 535.

412 EuGH v. 11.3.1997 – C-13/95 – Ayse Süzen, NZA 1997, 433 Rn. 13.

413 Vgl. Art. 1 Abs. 1 lit. b RL 98/50/EG, ABl. L 201 v. 17.7.1998, S. 88: *„[organisierte] Zusammenfassung von Ressourcen zur Verfolgung einer wirtschaftlichen Haupt- oder Nebentätigkeit"*.

stellt, dass eine Tätigkeit allein gerade keine übergangsfähige Einheit im Sinne der Betriebsübergangsrichtlinie darstellt.[414]

Seitdem das organisatorische Verständnis des EuGH durch den europäischen Gesetzgeber bestätigt wurde, macht sich der Gerichtshof daran, Merkmale herauszuarbeiten, mittels derer die wirtschaftliche Einheit als organisierte Zusammenfassung von Ressourcen von der bloßen Übertragung einzelner Betriebsmittel im Sinne einer *„jederzeit aufhebbaren Ressourcenallokation"*[415] abgegrenzt werden kann, die nicht in den Anwendungsbereich des § 613a Abs. 1 S. 1 BGB fällt. Hierzu hat der EuGH in jüngerer Vergangenheit kumulativ die Kritierien der funktionellen Autonomie (1) und der funktionellen Verknüpfung (2) herangezogen, die zunächst knapp dargestellt und an späterer Stelle[416] konkretisiert werden sollen.

(1) Funktionelle Autonomie

Um die wirtschaftliche Einheit – und damit auch den Betriebsteil – quasi nach unten von einzelnen Betriebsmitteln oder bloßen Tätigkeiten abzugrenzen, verlangt der EuGH die funktionelle Autonomie der entsprechenden Einheit beim Veräußerer zum Zeitpunkt der Veräußerung. Bereits in den verbundenen Rechtssachen *Hidalgo* und *Ziemann* hatte der Gerichtshof ausgeführt, dass eine wirtschaftliche Einheit *„hinreichend strukturiert und selbstständig"* sein müsse.[417] In den Rechtssachen *Scattolon* und *Amatori* definierte der EuGH diese im Sinne einer selbstständigen Personalsteuerung. So beziehe sich der Begriff der Autonomie auf die Befugnisse,

> *„die der Leitung der betreffenden Gruppe von Arbeitnehmern eingeräumt sind, um die Arbeit dieser Gruppe relativ frei und unabhängig zu organisieren und insbesondere Weisungen zu erteilen und Aufgaben auf die zu dieser Gruppe gehörenden untergeordneten Arbeitnehmer zu verteilen, ohne dass andere Organisationsstrukturen des Arbeitgebers dabei dazwischengeschaltet sind"*.[418]

---

414 *Hirsch*, RdA 1999, 48, 51; *Thüsing*, SAE 1997, 276, 277; WHSS/*Willemsen*, Kap. G Rn. 12.

415 HWK/*Willemsen*, § 613a BGB Rn. 30.

416 Siehe unter 1. Kap B. III. 2 d).

417 EuGH v. 10.12.1998 – C-173/96, C-247-96 – *Hidalgo, Ziemann*, NZA 1999, 189 Rn. 26.

418 EuGH v. 6.3.2014 – C-458/12 – Amatori, NZA 2014, 423 Rn. 32; EuGH v. 6.9.2011 – C-108/ 10 – Scattolon, NZA 2011, 1077 Rn. 51.

In der im Juni 2019 ergangenen Entscheidung in der Rs. *Ellinika Nafpigeia*[419] fasste der EuGH den Begriff der funktionellen Autonomie hingegen weiter. Das Vorabentscheidungsverfahren bezog sich auf die griechische Werft Ellinika Nafpigeia AE, die sich unter anderem aus den vier Geschäftsbereichen („Direktionen") Überwasserschiffe, Reparaturen, U-Boote und Fahrzeuge zusammensetzte. Sämtliche vier Geschäftsbereiche waren auf die Nutzung der ebenfalls bei der Ellinika Nafpigeia AE bestehenden Produktionsabteilungen (ein Walzwerk, ein Röhrenwerk, eine Schreinerei und eine Maschinenwerkstatt) angewiesen. Im Jahr 2006 schloss die Ellinika Nafpigeia AE mit der neu gegründeten Tochtegesellschaft ETYE diverse Verträge, um die „Direktion Fahrzeuge" auf diese zu übertragen. So leitete Ellinika Nafpigeia AE unter anderem Aufträge der „Direktion Fahrzeuge" auf die ETYE über, erbrachte für sie administrative Dienstleistungen, vermietete ihr ein Grundstück zur gewerblichen Nutzung und verkaufte ihr bewegliche Güter. Konkrete Abreden zur Nutzung der bei der Ellinika Nafpigeia AE bestehenden Produktionsabteilungen wurden nicht getroffen – wohl auch deshalb, weil die Übertragung von vornherein die Abwicklung der „Direktion Fahrzeuge" bezweckte.[420] Die klagenden Arbeitnehmer des Ausgangsverfahrens führten gegen einen Übergang ihrer Arbeitsverhältnisse auf die ETYE unter anderem an, bei der „Direktion Fahrzeuge" habe es sich um keine wirtschaftliche Einheit im Sinne der RL 2001/23/EG gehandelt, da diese nicht administrativ eigenständig gewesen sei und zudem auf die Bereitstellung von materiellen Betriebsmitteln (Rohstoffe, Arbeitskräfte, Maschinen, etc.) durch die Ellinika Nafpigeia AE angewiesen gewesen sei. Der EuGH überlies die abschließende Beurteilung des Sachverhalts dem vorlegenden Gericht, gab diesem jedoch folgende Hinweise zur Auslegung des Art. 1 Abs. 1 lit. b RL 2001/23/EG mit auf den Weg:

> *„Die Beibehaltung der Selbständigkeit*[421] *einer einzelnen Einheit wie der im Ausgangsverfahren in Rede stehenden setzt daher voraus, dass sie nach dem*

---

419 EuGH v. 13.6.2019 – C-664/17 - Ellinika Nafpigeia, NZA 2019, 889.

420 Der EuGH hatte folglich zu der Frage Stellung zu nehmen, ob eine bereits zum Zeitpunkt bestehende Abwicklungsabsicht einem Betriebsübergang entgegenstünde, was er – vorbehaltlich einer Missbrauchskontrolle – verneinte, vgl. EuGH v. 13.6.2019 – C-664/17 – Ellinika Nafpigeia, NZA 2019, 889 Rn. 48 ff.; *Greiner/Pionteck*, RdA 2020, 84, 91 f.; *von Medem*, ZESAR 2020, 226, 229; *Sagan/Brockfeld*, AP RL 2001/23/EG Nr. 23.

421 Die deutsche Übersetzung des Urteils verwendet anstatt der „funktionellen Autonomie" den Terminus der „funktionellen Selbstständigkeit". Dass hiermit kein neues Kriterium entwickelt wurde, ergibt sich u.a. aus der englischen

Übergang über hinreichende Garantien verfügt, die ihr den Zugang zu den in Rede stehenden Produktionsfaktoren eines Dritten sichern, damit sie nicht von wirtschaftlichen Entscheidungen abhängig ist, die von diesem einseitig getroffen werden. Diese Garantien können insbesondere in Form von Übereinkünften oder Verträgen zwischen der übertragenen Einheit und dem betreffenden Dritten erfolgen, die die konkreten und zwingenden Bedingungen festsetzen, unter denen der Zugang zu den Produktionsfaktoren dieses Dritten sichergestellt wird."[422]

Anders als in den Rs. *Scattolon*[423] und *Amatori*[424] stellte der EuGH zur Konkretisierung der funktionellen Autonomie mithin nicht nur auf die Personalhoheit, sondern auch auf die eigenständige Befugnis zum Einsatz von Betriebsmitteln ab, etwa durch die Möglichkeit zum Abschluss entsprechender Verträge mit Dritten. Wie ein Blick auf die 2010 entschiedene Rs. *UGT-FSP*[425] belegt, handelt es sich hierbei jedoch um keine Rechtsprechungsänderung.[426] Bereits darin – und damit vor den Rs. *Scattolon*, *Amatori* und *Ellinika Nafpigeia AE* – hatte der EuGH die Selbstständigkeit neben der Personalhoheit auf die Befugnis zurückgeführt, *„über die Verwendung der materiellen Ressourcen, die ihr zur Verfügung stehen, zu entscheiden, und zwar ohne unmittelbares Eingreifen anderer Organisationsstrukturen des Inhabers*".[427]

(2) Funktionelle Verknüpfung

Der Abgrenzung einer übergangsfähigen Organisationseinheit von einer bloßen Ansammlung von Ressourcen dient ebenfalls das von Generalanwalt *Mengozzi*[428] in der Rs. *Klarenberg* entwickelte Kriterium der funktionellen Verknüpfung. In dem zugrunde liegenden Sachverhalt hatte die Erwerbergesellschaft Ferrotron durch einen Asset Deal die identitätsprägen-

---

Sprachfassung, die – wie auch in den Rs. *Amatori* und *Scattolon* – von „functional autonomy" spricht.

422 EuGH v. 13.6.2019 – C-664/17 – Ellinika Nafpigeia, NZA 2019, 889 Rn. 69 f.

423 EuGH v. 6.9.2011 – C-108/ 10 – Scattolon, NZA 2011, 1077.

424 EuGH v. 6.3.2014 – C-458/12 – Amatori, NZA 2014, 423 Rn. 32.

425 EuGH v. 29.7. 2010 - C-151/09 – UGT-FSP, NZA 2010, 1014.

426 a.A. *von Medem*, ZESAR 2020, 226, 228; *Sagan/Brockfeld*, AP RL 2001/23/EG Nr. 23 (*„Paradigmenwechsel"*).

427 EuGH v. 29.7. 2010 – C-151/09 – UGT-FSP, NZA 2010, 1014 Rn. 43.

428 Schlussanträge des GA Mengozzi v. 6.11.2008 – C-466/07 – Klarenberg, Celex-Nr. 62007CC0466.

den Betriebsmittel der ET Electrotechnology GmbH gekauft sowie einige Angestellte übernommen, sowohl Betriebsmittel als auch Personal jedoch weitestgehend in die bestehende Organisationsstruktur integriert. Der nicht übernommene und später von ET betriebsbedingt gekündigte Kläger, Herr Klarenberg, machte einen Betriebsübergang geltend, woraufhin das LAG Düsseldorf dem EuGH die Frage vorlegte, ob ein Betriebsübergang im Sinne des Art. 1 Nr. 1a und b RL 2001/23/EG nur dann in Betracht komme, wenn der Unternehmens- bzw. Betriebsteil bei dem neuen Inhaber als organisatorisch selbständiger Unternehmens- bzw. Betriebsteil fortgeführt werde.[429] Der EuGH verneinte dies. Für einen Betriebsübergang maßgeblich sei, dass die funktionelle Verknüpfung zwischen den übertragenen Produktionsfaktoren beibehalten werde und dies dem Erwerber erlaube, diese Faktoren zu nutzen, um derselben oder einer gleichartigen wirtschaftlichen Tätigkeit nachzugehen.[430] Hierfür sei es nicht erforderlich, dass die wirtschaftliche Einheit beim Erwerber ihre organisatorische Selbstständigkeit beibehalte. Folglich könne auch dann ein Betriebsübergang vorliegen, wenn der Betrieb bzw. Betriebsteil in eine beim Erwerber bereits vorhandene Organisationseinheit eingegliedert werde[431], sofern sie ihre funktionelle Verknüpfung bewahre.

In der 2015 entschiedenen Rs. *Ferreira da Silva e Brito* konkretisierte der Gerichtshof sein Verständnis der funktionellen Verknüpfung. Nicht die Beibehaltung der konkreten Organisation der verschiedenen übertragenen Produktionsfaktoren durch den Unternehmer, sondern die Beibehaltung der funktionellen Verknüpfung der Wechselbeziehung und gegenseitigen Ergänzung zwischen diesen Faktoren, stelle das maßgebliche Kriterium für die Bewahrung der Identität des übertragenen Unternehmens dar. So erlaube es die Beibehaltung einer solchen funktionellen Verknüpfung zwischen den übertragenen Faktoren dem Erwerber, diese Faktoren, selbst wenn sie nach der Übertragung in eine neue, andere Organisationsstruktur

429 LAG Düsseldorf v. 10.8.2007 – 9 Sa 303/07, NZA-RR 2008, 17.

430 EuGH v. 12.2.2009 – C-466/07 – Klarenberg, NZA 2009, 251; krit. *Bieder*, EuZA 2009, 513, 515 ff.; *Schiefer*, in: FS Bauer, S. 901, 903 ff.; *Willemsen*, NZA 2009, 289, 292.; *Wißmann/Schneider*, BB 2009, 1126 ff.; zurückhaltend hingegen *Hartmann*, EuZA 2012, 35, 51; *Junker*, SAE 2010, 113, 116 ff.

431 EuGH v. 12.2.2009 – C-466/07 – Klarenberg, NZA 2009, 251; zust. *Willemsen*, NZA 2014, 1010, 1011; vgl. auch das Folgeurteil des BAG v. 26.5.2011 – 8 AZR 37/10, NZA 2011, 1143, 1146; a.A. noch BAG v. 24.4.2008 – 8 AZR 268/07, NZA 2008, 1314; BAG v. 14.8.2007 – 8 AZR 1043/06, NZA 2007, 1431; BAG v. 6.4.2006 – 8 AZR 249/04, AP BGB § 613a Nr. 303.

eingegliedert würden, zu nutzen, um derselben oder einer gleichartigen wirtschaftlichen Tätigkeit nachzugehen.[432]

Von dieser Rechtsprechung ist der EuGH in der 2019 entschiedenen Rs. *Ellinika Nafpigeia* wieder abgerückt.[433] Die funktionelle Selbständigkeit einer wirtschaftlichen Einheit müsse, da sie Teil ihrer Identität sei, nach dem Übergang grundsätzlich beibehalten werden. Nicht notwendig sei lediglich, dass es sich um eine völlige Selbständigkeit handele, da die RL 2001/23/EG nicht nur den Übergang von Unternehmen, sondern auch den von Unternehmensteilen, erfasse.[434] Bemerkenswert ist insofern, dass der Gerichtshof nicht mehr den Terminus der „funktionellen Verknüpfung" verwendet, sondern zur Beschreibung des Transferobjekts sowohl vor als auch nach dem Übergang einheitlich von funktioneller Selbstständigkeit (in der englischen Sprachfassung „functional autonomy") spricht. Der EuGH scheint mithin zu Recht davon auszugehen, dass sich die organisatorische Selbstständigkeit des Transferobjekts sowohl vor als auch nach dem Übergang auf dieselben Merkmale bezieht, nämlich – je nach Art des Unternehmens – auf die Befugnis, materielle, immaterielle und/oder personelle Ressourcen einzusetzen, ohne dass andere Instanzen des Inhabers dazwischengeschaltet sind.

bb) BAG

Nachdem das BAG seit Inkrafttreten des § 613a BGB im Jahr 1972 den „allgemeinen Betriebsbegriff" auch auf § 613a BGB angewendet hatte, schloss es sich 1997 der Rechtsprechung des EuGH an[435] – wohlgemerkt 20 Jahre nach Inkrafttreten der ersten Betriebsübergangsrichtlinie 77/787/EWG. In ständiger Rechtsprechung definiert es den Betrieb seitdem als *„organisierte Gesamtheit von Personen und Sachen zur Ausübung einer wirtschaftlichen Tätigkeit mit eigener Zwecksetzung"*[436] und zieht zur weiteren Konkretisierung die sieben Kriterien des EuGH heran. Neu war hieran nicht, das Transfer-

---

432 EuGH v. 9.9.2015 – C-160/14 – Ferreira da Silva e Brito, EuZW 2016, 111 Rn. 33 f.

433 *V. Medem*, ZESAR 2020, 226, 228; HWK/*Willemsen*, § 613a BGB Rn. 84; wohl auch EUArbR/*Winter*, Art. 1 RL 2001/23/EG Rn. 61.

434 EuGH v. 13.6.2019 – C-664/17 – Ellinika Nafpigeia, NZA 2019, 889 Rn. 63 f.

435 Vgl. BAG v. 24.4.1997 – 8 AZR 848/94, NZA 1998, 253, 254; krit. zur früheren BAG-Rspr. vgl. nur *Willemsen*, RdA 1991, 204, 212.

436 BAG v. 22.8.2013 – 8 AZR 521/12, AP BGB § 613a Nr. 444; BAG v. 17.12.2009 – 8 AZR 1019/08, NZA 2010, 499; BAG v. 30.10.2008 – 8 AZR 397/07, AP BGB

objekt als eine organisatorische Einheit zu verstehen. Eine solche beschrieb auch der vom BAG zuvor verwendete Betriebsbegriff, weshalb Betrieb und Betriebsteil des § 613a BGB bereits vor dem Jahr 1997 gelegentlich als organisatorische Einheiten bezeichnet worden waren.[437] Der Rechtsprechungswandel drückte sich vielmehr darin aus, dass das BAG die vom EuGH entwickelten Kriterien übernahm und die organisatorische Einheit als eine wirtschaftliche begriff.

In der Folge gab das BAG auch sein Verständnis hinsichtlich der Bedeutung des Personals auf. So entspricht es der mittlerweilen ständigen Rechtsprechung des Gerichts, dass die Übernahme von Personal – insbesondere in betriebsmittelarmen Betrieben – tatbestandlich einen Betriebsübergang begründen kann, wenn die Zusammenfassung der Arbeitnehmer die maßgebliche arbeitstechnische Organisationseinheit bildet.[438] Anders als nach dem ursprünglichen Verständnis des BAG, wonach zum Betrieb im Sinne des § 613a BGB nur sächliche und immaterielle Betriebsmittel gehörten,[439] werden die Arbeitnehmer nicht erst auf der Rechtsfolgenseite berücksichtigt. Eine übergangsfähige Einheit kann demnach bei betriebsmittelarmen Tätigkeiten auch ausschließlich aus den ihr zugeordneten Arbeitnehmern bestehen. Ob die Übernahme von Personal einen Betriebsübergang begründet, beurteilt die Rechtsprechung insbesondere anhand der Übernahme von Führungskräften,[440] weshalb es auch hier die Ausübung von Lei-

---

§ 613a Nr. 358; BAG v. 13.11.1997 – 8 AZR 375/96, NZA 1998, 249; BAG v. 26.6.1997 – 8 AZR 426/95, NZA 1997, 1228.

437 Etwa BAG v. 27.4.1995 – 8 AZR 197/94, NJW 1995, 3404: *„Ein Betrieb geht über, indem die Leitungsmacht über eine organisatorische Einheit von sächl. und immateriellen Betriebsmitteln übergeht, mit der der Inhaber arbeitstechnische Zwecke eigensubstratnutzend verfolgen kann“*; vgl. auch BAG v. 9.2.1994 – 2 AZR 666/93, NZA 1994, 686.

438 BAG v. 22.1.2015 – 8 AZR 139/14, NZA 2015, 1325 Rn. 16; BAG v. 13.10.2011 – 8 AZR 455/10, NZA 2012, 504 Rn. 34; BAG v. 17.12.2009 – 8 AZR 1019/08, NZA 2010, 499 Rn. 20; BAG v. 24.8.2006 – 8 AZR 317/05, NZA 2007, 1287 Rn. 25; BAG v. 18.3.1999 – 8 AZR 159/98, NZA 1990, 704 unter II 1 der Gründe; BAG v. 22.1.1998 – 8 AZR 243/95, NZA 1998, 536.

439 BAG v. 12.9.1985 – 2 AZR 193/84, ZIP 1986, 388; BAG v. 22.5.1985 – 5 AZR 30/84, NZA 1985, 775; dieses Konfusionsargument widersprach bereits damals der h.L., vgl. *Dieterich*, NZA 1996, 673, 680; *Schwanda*, Betriebsübergang, S. 109; *Wank*, SAE 1998, 209, 212; zum Doppelcharakter von Tatbestandsmerkmalen instruktiv *Windt*, Neukonstruktion, S. 40 ff.

440 BAG v. 21.6.2012 – 8 AZR 181/11, NZA-RR 2013, 6; BAG v. 25.9.2008 – 8 AZR 607/07, NZA-RR 2009, 469; BAG v. 10.12.1999 – 8 AZR 676/97, NJW 1997, 1884; BAG v. 14.5.1999 – 8 AZR 418/96, NZA 1999, 483; BAG v. 11.12.1997 – 8 AZR 729/96, NZA 1998, 534.

tungsbefugnissen und mithin hierarchische Strukturen sind, die das Transferobjekt kennzeichnen.[441]

Von dem Rechtsprechungswandel betroffen war auch die Definition des Betriebsteils. In Abgrenzung zur bloßen Sachgesamtheit hatte das BAG diesen zunächst als eine Vielzahl von Gegenständen bezeichnet, welche in ihrer Gesamtheit innerhalb eines Betriebs eine bestimmte Teilaufgabe übernähmen.[442] Seit seiner Abkehr vom betriebsverfassungsrechtlichen Betriebsbegriff im Jahr 1997 hat es die Definition an die Rechtsprechung des EuGH angepasst: Demnach *„muss bereits beim bisherigen Betriebs(teil)inhaber eine selbständig abtrennbare organisatorische Einheit vorgelegen haben, mit welcher innerhalb des betrieblichen Gesamtzwecks ein Teilzweck verfolgt worden ist“*.[443]

(1) Funktionelle Autonomie

Bemerkenswert ist, dass sich diese Erwägungen in der Rechtsprechung des BAG bereits weit vor der Einführung der Begrifflichkeiten der funktionellen Verknüpfung und funktionellen Autonomie durch den EuGH nachweisen lassen. Schon 1997 begründete das BAG die Einordnung eines Seeschiffes als Teilbetrieb mit der „Anordnungsbefugnis“ des mit arbeitgeberähnlichen Kompetenzen ausgestatteten Kapitäns.[444] Bei dieser auf §§ 2, 106 SeemG gestützten Anordnungsbefugnis handelt es sich im Kern um die Kompetenz zur Ausübung des fachlichen Weisungsrechts.

Einen einzelnen LKW einer Spedition qualifizierte das BAG hingegen zwei Jahre später als Betriebsmittel und nicht als Betriebsteil im Sinne des § 613a BGB. Zwar verfolgten Fahrzeug und Fahrer, wenn sie stets für die Belieferung eines bestimmten Großkunden eingesetzt würden, einen Teilzweck. Die Einteilung und der Einsatz des Lkw des Klägers im Rahmen der betrieblichen Organisation unterschieden sich nach Art und Durchführung jedoch nicht von der Organisation der übrigen Speditionsfahrzeuge, weshalb das BAG den LKW des Klägers mangels selbstständiger Arbeitsorganisation nicht als übergangsfähigen Betriebsteil, sondern blo-

441 *B. Gaul*, Betriebs- und Unternehmensspaltung, § 6 Rn. 129.

442 BAG v. 22.5.1985 – 5 AZR 30/84, AP BGB § 613a Nr. 42.

443 BAG v. 13.10.2011 – 8 AZR 455/10, NZA 2012, 504 Rn. 37; BAG v. 16.5.2002 – 8 AZR 319/01, NZA 2003, 93, 98.

444 BAG v. 18.3.1997 – 3 AZR 729/95, DB 1997, 2282, 2292.

ßes Betriebsmittel einordnete.[445] Vereinfacht formuliert mangelte es dem LKW-Fahrer, anders als dem Schiffskapitän, an einer ihm fachlich unterstehenden Belegschaft, mit deren Hilfe er einen abgrenzbaren Wertschöpfungszusammenhang darstellte. Das heute als „funktionelle Autonomie“ bezeichnete Kriterium war nicht erfüllt.

Obgleich die vorgezeichneten Erwägungen bereits bestanden, hat die jüngere EuGH-Rechtsprechung zur funktionellen Autonomie und Verknüpfung zu einer Konkretisierung der Anforderungen an eine selbstständige Arbeitsorganisation geführt. In einem Fall aus dem Jahr 2006 hatte das BAG darüber zu entscheiden, ob eine Baufirma in zwei selbstständig übergangsfähige Betriebsteile – namentlich gewerbliche Aufträge und Privatkundengeschäft – untergliedert gewesen sei. Hierfür hatte der Kläger, ein gekündigter Arbeitnehmer, angeführt, für die gewerblichen Großbaustellen seien eine eigene technische Zeichnerin und ein eigener Bauleiter verantwortlich gewesen. Das BAG ließ dies damals noch nicht ausreichen und führte aus:

> *„Die Einbeziehung einer weiteren Leitungsebene neben den Geschäftsführern besagt nämlich noch nichts über das Vorhandensein sowie die Art und den Zuschnitt einer organisatorischen Untergliederung. Dies gilt selbst dann, wenn die technische Zeichnerin und der Bauleiter nur für den Baustellenbereich gearbeitet haben, da dies lediglich eine fachliche Vorgesetztenstellung beinhaltet haben kann. Die Existenz von Vorgesetztenpositionen führt nicht jeweils zur Annahme jeweils gegebenenfalls atomisierter Betriebsteile, wenn nicht weitere Anhaltspunkte für eine gewisse Selbständigkeit hinzukommen.“*[446]

Die Begründung weicht von dem fünf Jahre später entwickelten Verständnis des EuGH von der funktionellen Autonomie ab, wonach der Betriebsteil durch eine eigenständige Leitung und Koordination des Personaleinsatzes geprägt wird. Diesem hat sich das BAG mittlerweile angeschlossen. Durch eine eigenständige Leitung und Koordination des Personaleinsatzes sei die Teileinheit vom Restbetrieb organisatorisch abgrenzbar.[447] Die Maßgeblichkeit der Organisationsstruktur des veräußernden Unternehmens zeigt sich zudem darin, dass das BAG die Qualität eines Betriebsteils

445 BAG v. 26.8.1999 – 8 AZR 718/98, NJW 2000, 1589 unter II 3 a) der Gründe.

446 BAG v. 16.2.2006 – 8 AZR 204/05, AP BGB § 613a Nr. 300 unter II 2 b) der Gründe.

447 BAG v. 13.10.2011 – 8 AZR 455/10, NZA 2012, 504 Rn. 43; HWK/*Willemsen*, § 613a BGB Rn. 30.

regelmäßig aus dem Organigramm eines Unternehmens, das heißt dem Schaubild seiner Leitungsstrukturen, zu entnehmen versucht.[448]

(2) Funktionelle Verknüpfung

Vor der Entscheidung des EuGH in der Rs. *Klarenberg* hatte das BAG zudem vertreten, dass die Identität einer übernommenen Einheit durch ihre Eingliederung in die Organisation des Erwerbers entfalle und somit ein Betriebsübergang ausscheide.[449] Ob das Kriterium „funktionellen Verknüpfung" eine Rechtsprechungsänderung erforderlich macht, wird im Schrifttum unterschiedlich beurteilt. Während manche Autoren eine weitere Ausdehnung des Anwendungsbereichs der Betriebsübergangsrichtlinie sowie eine zunehmende Rechtsunsicherheit beklagen[450], verstehen andere die funktionelle Verknüpfung als Äquivalent zu der bereits zuvor erforderlichen „organisatorische[n] Zusammenfassung" von Ressourcen im Sinne des Art. 1 Abs. 1 lit. b RL 2001/23/EG und verneinen folglich einen Anpassungsbedarf.[451] Das BAG hat seine ursprüngliche These im Anschluss an die EuGH-Entscheidung in der Rs. *Klarenberg* leicht modifiziert: Aufgrund der eindeutigen EuGH-Rechtsprechung müsse die organisatorische Selbstständigkeit der übergehenden Einheit *„beim Betriebserwerber nicht mehr vollständig erhalten bleiben"*.[452] Vielmehr genüge es, dass der Betriebserwerber die funktionelle Verknüpfung zwischen den übertragenen Produktionsfaktoren beibehalte und es ihm derart ermöglicht werde, unter Nutzung dieser Faktoren derselben oder einer gleichartigen wirtschaft-

---

448 BAG v. 21.5.2015 – 8 AZR 409/13, NZG 2016, 35 Rn. 49; BAG v. 13.10.2011 – 8 AZR 455/10, NZA 2012, 504 Rn. 39; BAG v. 7.4.2011 – 8 AZR 730/09, AP BGB § 613a Nr. 406 Rn. 19; die Leitung wird ebenfalls für maßgeblich gehalten in BAG v. 18.12.2003 – 8 AZR 621/02, AP BGB § 613a Nr. 263 unter II 2 a) aa) der Gründe.

449 BAG v. 6.4.2006 – 8 AZR 249/04, NZA 2006, 1042 Rn. 25; BAG v. 25.9.2003 – 8 AZR 421/02, NZA 2004, 316, 319; zur „identitätszerstörenden Eingliederung" *Willemsen*, NZA 2014, 1010.

450 *Bieder*, EuZA 2009, 513, 521; *Müntefering*, BB 2009, 1135; *Wißmann/Schneider*, BB 2009, 1126, 1128; *Wortmann*, ArbRB 2010, 123.

451 *Schlachter*, RdA-Beil. 2009, 31, 38.

452 BAG v. 13.10.2011 – 8 AZR 455/10, NZA 2012, 504 Rn. 37; ebenso BAG v. 10.11.2011 – 8 AZR 546/10, NZA 2012, 509 Rn. 21; BAG v. 7.4.2011 – 8 AZR 730/09, NZA 2011, 1231 Rn. 26.

lichen Tätigkeit nachzugehen.[453] Die Formulierung reicht kürzer als die des EuGH in der Rs. *Klarenberg*,[454] wonach ein Betriebsübergang auch angenommen werden kann, „*wenn der übertragene Unternehmens- oder Betriebsteil seine organisatorische Selbständigkeit nicht bewahrt*".[455]

Das BAG dürfte sich angesichts des EuGH-Urteils in der Rs. *Ellinika Nafpigeia* bestätigt fühlen, in dem der Gerichtshof konträr zu seiner Klarenberg-Rechtsprechung ausführte, dass die funktionelle Selbstständigkeit einer wirtschaftlichen Einheit grundsätzlich – wenn auch nicht vollständig – erhalten bleiben müsse.[456] Andererseits hat sich der 8. BAG-Senat in seinem Air Berlin-Urteil vom 27.2.2020 ein Stück weit von der eigenen Rechtsprechung gelöst und sich der Klarenberg-Linie des EuGH angenähert[457] – kurioserweise knapp acht Monate nachdem sich der EuGH in *Ellinika Nafpigeia* selbst davon befreit und wiederum auf das BAG zugegangen war. Im Air Berlin-Urteil des BAG führt der 8. Senat hingegen aus:

> „*Denn nicht die Beibehaltung der konkreten Organisation der verschiedenen übertragenen Produktionsfaktoren durch den Unternehmer, sondern die Beibehaltung der funktionellen Verknüpfung der Wechselbeziehung und gegenseitigen Ergänzung zwischen diesen Faktoren stellt das maßgebliche Kriterium für die Bewahrung der Identität der übertragenen Einheit dar. So ermöglicht die Beibehaltung einer solchen funktionellen Verknüpfung zwischen den übertragenen Faktoren dem Erwerber, diese Faktoren, selbst wenn sie nach der Übertragung in eine neue, andere Organisationsstruktur eingegliedert werden, zu nutzen, um derselben oder einer gleichartigen wirtschaftlichen Tätigkeit nachzugehen.*"[458]

Über die Gründe dieser „Über-Kreuz-Entwicklung" kann nur spekuliert werden. Wahrscheinlich erscheint jedoch, dass die Ähnlichkeit des Air Berlin-Verfahrens mit dem Ausgangssachverhalt der EuGH Rs. *Ferreira da Silva e Brito*[459] aus dem Jahr 2015 – beide betrafen Leasingkonstruktionen

---

453 BAG v. 21.8.2014 – 8 AZR 648/13, NZA 2015, 167 Rn. 20; BAG v. 10.11.2011 – 8 AZR 546/10, NZA 2012, 509, 511 Rn. 21; BAG v. 7.4.2011 – 8 AZR 730/09, NZA 2011, 1231 Rn. 26.

454 Vgl. hierzu nur *Willemsen*, NZA 2014, 1010, 1011 m.w.N.

455 EuGH v. 12.2.2009 – C-466/07 – Klarenberg, NZA 2009, 251 Rn. 53.

456 EuGH v. 13.6.2019 – C-664/17 – Ellinika Nafpigeia, NZA 2019, 889 Rn. 63 f.; zust. HWK/*Willemsen*, § 613a BGB Rn. 84.

457 BAG v. 27.2.2020 – 8 AZR 215/19, AP BGB § 613a Nr. 480.

458 BAG v. 27.2.2020 – 8 AZR 215/19, AP BGB § 613a Nr. 480 Rn. 151.

459 EuGH v. 9.9.2015 – C-160/14 – Ferreira da Silva e Brito, EuZW 2016, 111.

von Fluggesellschaften – den 8. Senat dazu verleitete, sich an der mittlerweile überholten Rechtsprechung des EuGH zu orientieren.

cc) Literatur

Da bereits *Jacobi* den Betrieb als eine organisatorische Verbindung beschrieben und ihn *Nipperdey* als solche bezeichnet hatte[460], wurde auch der Betrieb bzw. der Betriebsteil im Sinne des § 613a BGB von der Literatur als Organisation erkannt.[461] Entsprechend früh nachweisen lassen sich mit den Kriterien der funktionellen Verknüpfung bzw. funktionellen Autonomie vergleichbare Ansätze, die jene Struktur beschreiben, welche einzelne Betriebsmittel zu einer Organisation verbindet. So hatten *Arthur Nikisch*[462] und *Dieter Gaul* bereits vor einer gesetzlichen Kodifikation des Betriebsübergangs in Deutschland und Europa die Betriebsidentität auf zwei Faktoren zurückgeführt: Zum einen die *„ordnende Zusammenfassung der Betriebsmittel zur Erfüllung des Betriebszweckes“*.[463] Zum anderen sei der Betrieb geprägt durch die *„Stellung und Funktion“ eines einheitlichen Betriebsinhabers“*.[464] Die Kriterien erinnern zudem stark an die auf *Birk* zurückgehende Lehre vom Funktionszusammenhang. Derzufolge handelt es sich bei einem Betriebsteil um ein Einzelelement des Gesamtkomplexes, das einem abgrenzbaren Leistungszweck dient, dem ein wirtschaftlicher Eigenwert zukommt und an dem eine Zahl von Arbeitsplätzen hängt.[465] Vergleichbare, für den „Betriebsteil“ im Sinne des § 613a Abs. 1 BGB diskutierte Ansätze zur „Herauslösbarkeit“[466] des Betriebsteils finden sich zudem bei *Seiter*[467] und *Hasford*[468].

Nicht zuletzt dem auf eine *wirtschaftliche* Einheit abstellenden Unionsrecht und der stark teleologisch ausgerichteten Arbeit von *Joost* dürfte es zu verdanken sein, dass das Schrifttum seit Anfang der 1990er-Jahre den für

---

460 Hierzu bereits unter Einleitung B.
461 Exemplarisch angeführt sei eine Passage aus *Borngräber*, S. 47: *„Wie der arbeitstechnische Zweck selbst ist auch das Vorliegen einer organisatorischen Einheit existentielle Voraussetzung für einen Betrieb.“*
462 *Nikisch*, ArbR I, 3. Aufl. 1961, S. 153.
463 *D. Gaul*, Betriebsinhaberwechsel, S. 23.
464 *D. Gaul*, Betriebsinhaberwechsel, S. 39.
465 *Birk*, EzA § 613a BGB Nr. 1, Bl. 11.
466 *Borngräber*, S. 37.
467 *Seiter*, Betriebsinhaberwechsel, S. 49.
468 *Hasford*, BB 1973, 526.

sich abstrakten Organisationsbegriff durch teleologisch begründete unternehmerische Aspekte konturiert hat.[469] Seitdem wird verstärkt auf das sachliche und immaterielle Substrat einer organisatorischen Einheit abgestellt, über das der Erwerber die Dispositionsbefugnis erlange und mit dem er unternehmerische Ziele verfolge.[470]

c) Kündigungsschutzrechtlicher Betriebsbegriff

Hartmann plädiert für eine Akzessorietät des Betriebsbegriffs im Sinne des 613a Abs. 1 S. 1 BGB zu dem des Kündigungsschutzrechts. § 613a Abs. 1 S. 1 BGB und die ihm zugrunde liegende Betriebsübergangsrichtlinie bezweckten ebenso wie das Kündigungsschutzrecht, den *arbeitsvertraglichen Bestandsschutz* der Arbeitnehmer bei einem Transfer einer Gesamtheit von Betriebsmitteln aufrecht zu erhalten. Folglich müsse auch begrifflich an das Kündigungsschutzrecht angeknüpft werden.[471] Da das Unionsrecht selbst keinen unionsweit einheitlichen Kündigungsschutzstandard vorsehe, verweise es bezüglich des bezweckten Bestandsschutzes auf den von den nationalen Arbeitsrechtsordnungen gewährten Bestandsschutz – sprich: das nationale Kündigungsschutzrecht. Die Verweisung finde sich nicht zuletzt in Art. 4 Abs. 1 Unterabs. 2 RL 2001/23/EG[472], der es den Mitgliedstaaten ermögliche, den personellen Anwendungsbereich des Betriebsübergangsrechts auf das nationale Kündigungsschutzrecht abzustimmen.[473] Indem *Hartmann* danach fragt, ob infolge der Transaktion das Substrat des Arbeitsverhältnisses erhalten bleibe (Betriebsübergang) oder wegfalle (kein Betriebsübergang) und zugleich auf das nationale Kündi-

469 Diese beiden Faktoren nennt auch *Preis*, RdA 2000, 257, 277.

470 *B. Gaul*, Betriebs- und Unternehmensspaltung, § 6 Rn. 122 ff.; *Preis*, RdA 2000, 257, 277 (*„organisierte[r] Tätigkeitsbereich, in dem die personelle oder technische oder organisatorische Umsetzung einer unternehmerischen Zielsetzung erfolgt"); Richardi*, NZA 1991, 289, 292 (*„Dispositionsbefugnis über dasachliche und immaterielle Substrat"* einer „arbeitstechnischen Organisation"); *Schwanda*, S. 125; *Willemsen*, in; FS Richardi, S, 475, 477.

471 *Hartmann*, EuZA 2012, 35, 51.

472 *„Die Mitgliedstaaten können vorsehen, dass Unterabsatz 1 auf einige abgegrenzte Gruppen von Arbeitnehmern, auf die sich die Rechtsvorschriften oder die Praxis der Mitgliedstaaten auf dem Gebiet des Kündigungsschutzes nicht erstrecken, keine Anwendung findet."*

473 *Grau/Hartmann*, in: Preis/Sagan, Rn. 15.12; *Hartmann*, EuZA 2012, 35, 51; den Zusammenhang zu § 1 Abs. 2 S. 1 KSchG bejaht auch *Joost*, Betrieb und Unternehmen, S. 380.

gungsschutzrecht Bezug nimmt, setzt er den Betriebsbegriff des § 613a Abs. 1 BGB mit dem der betriebsbedingten Kündigung (§ 1 Abs. 1, 3 KSchG) gleich.

Auch *Preis* zieht Parallelen zum KSchG. Zwar sei der als unternehmerischer Tätigkeitsbereich zu verstehende Betrieb im Sinne des § 613a BGB enger als der des KSchG. Im Überschneidungsbereich gäbe es jedoch eine schlüssige Konnexität: Der Betriebsübergang wird von *Preis* in Relation zur Betriebsstilllegung gesetzt, die unter den Voraussetzungen des KSchG zur betriebsbedingten Kündigung berechtige. Wenn der Betrieb nicht stillgelegt, sondern von einem anderen Betriebsinhaber fortgeführt werde, sei es gerechtfertigt, eine etwagie Beendigung des Arbeitsverhältnisses ebenfalls den Anforderungen des KSchG zu unterstellen. [474]

d) Betrieb als unternehmerischer Tätigkeitsbereich

Inwiefern sich der Betrieb zum Unternehmen verhält, ist nicht nur allgemein, sondern auch konkret im Rahmen des § 613a BGB umstritten. Während ein Teil der Literatur die Unterscheidung auch im Bereich des Betriebsübergangs aufrecht erhalten will[475], vertreten insbesondere *Seiter*[476] und *Joost*[477] die Auffassung, die Formulierung des § 613a Abs. 1 S. 1 BGB beruhe auf einer juristisch ungenauen Terminologie – tatsächlich seien die Transferobjekte nicht der Betrieb bzw. Betriebsteil, sondern das Unternehmen bzw. ein Teil dessen. Auch *Preis* bezeichnet das Transferobjekt als einen „unternehmerischen Tätigkeitsbereich“.[478]

Während *Seiter* und *Preis* ihrem Verständnis des unternehmerischen Tätigkeitsbereichs gleichwohl eine organisatorische Zusammenfassung von Betriebsmitteln zugrunde legen, versteht *Joost* den Betriebsbegriff des § 613a Abs. 1 S. 1 BGB rein tätigkeitsbezogen als das Betreiben eines Unternehmens.[479] Auf das Vorliegen einer Arbeitsorganisation könne es hingegen nicht ankommen, da eine solche reproduzierbar sei und dadurch beim

474 *Preis*, RdA 2000, 257, 278.

475 *Annuß*, NZA 1998, 70, 72; *B. Gaul*, Betriebs- und Unternehmensspaltung, § 6 Rn. 182 ff.; *Jochums*, S. 48; *Schwanda*, Betriebsübergang, S. 76 ff.

476 *Seiter*, Betriebsinhaberwechsel, S. 49.

477 *Joost*, Betrieb und Unternehmen, S. 371.

478 *Preis*, RdA 2000, 257, 278.

479 *Joost*, Betrieb und Unternehmen, S. 384; so wohl auch *Steffan*, in: FS Moll, S. 633, 635.

bisherigen Betriebsinhaber nicht notwendig wegfalle.[480] Auch die Relevanz der Betriebsmittel ordnet *Joost* divergierend von der Rechtsprechung ein. Der Tatbestand des § 613a BGB betreffe nicht die Übertragung der Betriebsmittel, so dass ein solcher Vorgang nicht die Anwendung des § 613a BGB auslösen könne. Vielmehr sei die Übernahme der Betriebsmittel ein bloßes, wenn auch starkes, Indiz, dass die Parteien des Veräußerungsgeschäfts auch den Übergang des unternehmerischen Tätigkeitsbereichs hätten vereinbaren wollen.[481]

2. Eigene Bewertung

Die vorangestellte Darstellung des Meinungsspektrums hat gezeigt, dass die ganz herrschende Meinung das Transferobjekt als organisatorische Einheit versteht. Divergenzen ergeben sich lediglich bei der Konkretisierung der die Organisation kennzeichnenden Merkmale, bezüglich derer mitunter auf das nationale Betriebsverfassungsrecht und das Kündigungsschutzrecht rekurriert wird.

Auf die durchgeführte Systematisierung aufbauend sollen im Folgenden Grundprinzipien herausgearbeitet werden, die eine Konkretisierung des Transferobjekts im Sinne des § 613a BGB ermöglichen. Hierbei ist zunächst zu untersuchen, inweiweit die Begriffsbildung durch das Unionsrecht determiniert ist, ehe diejenigen Merkmale herausgearbeitet werden, durch die sich Betrieb und Betriebsteil im Sinne des § 613a BGB von anderen Organisationseinheiten unterscheiden.

a) Autonom europäische Begriffsbildung

Indem er auf den Oberbegriff der „wirtschaftlichen Einheit“ abstellt, definiert der EuGH die Begriffe „Betrieb, Unternehmen oder Betriebs- bzw. Unternehmensteil“ autonom gemeinschaftsrechtlich.[482] Gleichwohl verknüpfen einige Autoren den Betriebsbegriff des § 613a BGB mit dem Betriebsbegriff anderer Gebiete des nationalen Rechts und unterstellen somit zumindest implizit einen Verweis auf das nationale Recht. Ausgangspunkt

480 *Joost*, in: FS Kraft, S. 281, 286.

481 *Joost*, Betrieb und Unternehmen, S. 384 f.

482 Vgl. BAG v. 23.3.2017 – 8 AZR 91/15, BB 2017, 2172, 2173 Rn. 21; *Scheibeler*, S. 219 jeweils m.w.N.

dieser Thesen ist jeweils der von der RL 2001/23/EG bezweckte Bestandsschutz: Wenn die Richtlinie die Koninuität nationalen Arbeitsrechts gewährleisten solle, müsse auch ihr sachlicher Anwendungsbereich – die wirtschaftliche Einheit – am nationalen Recht ausgerichtet werden.

aa) Keine Verweisung auf das nationale Mitbestimmungsrecht

So interpretiert *Rose* „Unternehmen, Betrieben oder Unternehmens- bzw. Betriebsteilen“ im Sinne des Art. 1 Abs. 1 lit. a RL 2001/23/EG als die dem jeweiligen mitgliedstaatlichen Mitbestimmungsrecht zugrunde gelegte Repräsentationseinheit, indem er die Kontinuität des Betriebsrats zum Schutzzweck der RL 2001/23/EG erhebt.[483] Ob es sich hierbei um einen expliziten Schutzzweck der Richtlinie bzw. des § 613a BGB handelt[484] oder lediglich um einen Reflex des individualarbeitsrechtlichen Bestandsschutzes[485], wird jedenfalls in Deutschland bis heute uneinheitlich beantwortet. Tatsächlich beabsichtigte der europäische Richtliniengeber – anders als der deutsche Gesetzgeber von 1972 – zu keiner Zeit, den Bestand des Betriebsrats in seiner konkreten Zusammensetzung zu schützen. Bereits die RL 77/187/EWG ging davon aus, dass der übergehende Betrieb seine Selbstständigkeit und dessen Betriebsrat infolgedessen sein Mandat verlieren kann (vgl. Art. 5 Abs. 1 UAbs. 4 RL 77/187/WEG). Wie in diesem Fall zu verfahren ist, regelt nunmehr Art. 6 Abs. 1 UAbs. 4 RL 2001/23/EG.[486] Demnach haben die Mitgliedstaaten die erforderlichen Maßnahmen zu treffen, damit die vom Übergang betroffenen Arbeitnehmer, die vor dem Übergang vertreten wurden, während des Zeitraums, der für die Neubildung oder Neubenennung der Arbeitnehmervertretung erforderlich ist, weiterhin angemessen vertreten werden, wenn die übergangsfähige Einheit ihre Selbstständigkeit verliert. Mithin schützt die RL 2001/23/EG

---

483 *Rose*, in: Hess et al., § 1 BetrVG Rn. 11.

484 BAG v. 17.1.1989 – 3 AZR 160/78, AP BGB § 613a Nr. 23; *Bayreuther*, in: Dornbusch/Fischermeier/Löwisch, § 613a BGB Rn. 1; Erman-BGB/*Edenfeld*, § 613a Rn. 4; *Fischer*, Betriebsinhaberwechsel, S. 7; *Fuhlrott/Oltmanns*, BB 2015, 1013; *Hromadka/Maschmann*, ArbR II, S. 523; *Müller-Glöge*, in: MüKo-BGB, § 613a Rn. 7; ErfK/*Preis*, § 613a BGB Rn. 2; *Preis/Temming*, IndivArbR, Rn. 3450; APS/*Steffan*, § 613a BGB Rn. 1.

485 Staudinger-BGB/*Annuß*, § 613a BGB Rn. 8; *Pottmeyer*, S. 108 ff.; WHSS/*Willemsen*, Kap. G. Rn. 19; wohl auch NK-GA/*Breinlinger*, § 613a BGB Rn. 5.

486 Zuvor Art. 5 Abs. 1 UAbs. 4 RL 98/50/EG.

nicht die Kontinuität des bestehenden Betriebsrats, sondern die Kontinuität einer lückenlosen betrieblichen Interessenvertretung.

Hierfür ist es aber nicht erforderlich, den sachlichen Anwendungsbereich des Betriebsübergangsrechts auf die jeweilige betriebsverfassungsrechtliche Repräsentationseinheit der Mitgliedstaaten zu beschränken. Denn in monistischen Repräsentationsmodellen – beispielsweise in England, wo eine Arbeitnehmervertretung für das Gesamtunternehmen gewählt wird – würde dies dazu führen, dass die Arbeitsverhältnisse nur beim Übergang ganzer Unternehmen, nicht jedoch bei der Veräußerung bloßer Unternehmensteile auf den Erwerber übergingen. Gemäß Art. 1 Abs. 1 lit. a RL 2001/23/EG findet die Betriebsübergangs-Richtlinie jedoch auch auf den Übergang von Unternehmensteilen Anwendung. Die Vertretung der Arbeitnehmerinteressen läst sich ferner nicht ausschließlich auf Tatbestandsebene des Art. 1 Abs. 1 RL 2001/23/EG sicherstellen, sondern ebenfalls durch spezialgesetzliche Regelungen – in Deutschland etwa durch § 21a BetrVG.[487]

Von vornherein liegen dem Betriebsübergangs- und dem Betriebsverfassungsrecht unterschiedliche Schutzzwecke zugrunde. Nicht zielführend ist es, wie *Rose,* auf den Arbeitnehmerschutz im Allgemeinen abzustellen. Vielmehr muss miteinander verglichen werden, wie dieser erreicht werden soll: So bezweckt das Betriebsverfassungsrecht das aufgrund der persönlichen Abhängigkeit der Arbeitnehmer weitreichende Arbeitgeber-Weisungsrecht durch eine kollektive Mitbestimmung zu begrenzen. Bei 613a BGB und der zugrundeliegenden Richtlinie handelt es sich hingegen um Individualarbeitsrecht, nämlich den Bestandsschutz bestimmter Rechtspositionen des einzelnen Arbeitnehmers. Folgerichtig divergieren der Betriebsbegriff des § 1 BetrVG und der der RL 2001/23/EG insofern, als dass für die betriebsverfassungsrechtliche Repräsentationseinheit nach dem hier vertretenen Verständnis ausschließlich die Arbeitnehmer maßgeblich sind, während der Betrieb als Transaktionsobjekt aus sächlichen, immateriellen und personellen Betriebsmitteln bestehen kann.[488] Das betriebsverfassungsrechtliche Betriebsverständnis wird den Anforderungen der wirtschaftlichen Einheit im Sinne der RL 2001/23/EG mithin nicht gerecht.[489]

---

487 Staudinger-BGB/*Annuß*, § 613a BGB Rn. 54; *Jochums*, S. 47; *Wang*, S. 47.

488 Vgl. *Joost*, Betrieb und Unternehmen, S. 232; *Stöckel*, S. 61 f.

489 *B. Gaul*, Betriebs- und Unternehmensspaltung, § 6 Rn. 85; *v. Hoyningen-Huene/Windbichler*, RdA 1977, 329, 332; *Neumann-Duesberg*, NJW 1973, 268, 269; *Preis/*

Vor diesem Hintergrund ist es bedenklich, wenn das BAG den Betriebsteil im Sinne des § 613a Abs. 1 S. 1 BGB *„in Anlehnung an § 4 Abs. 1 Nr. 2 BetrVG“*[490] bestimmt.[491] Gleichwohl ist nicht ausgeschlossen, dass für den betriebsverfassungsrechtlichen und betriebsübergangsrechtlichen Betriebsbegriff teilweise dieselben Oberbegriffe (insb. Betriebszweck, Betriebsmittel, Betriebsorganisation) herangezogen werden.[492] Dies beruht dann jedoch nicht auf einer gezielten Verweisung auf das nationale Recht, sondern liegt daran, dass diese Merkmale jeder Organisation zugrunde liegen. Ihre Untermerkmale und deren Gewichtung sind jedenfalls am Zweck der jeweiligen Norm zu bestimmen und werden allenfalls vereinzelt kongruent sein.

bb) Keine Verweisung auf das nationale Kündigungsschutzrecht

Auch *Hartmann* begründet seine These von der Akzessorietät von Betriebsübergangs- und Kündigungsschutzrecht[493] mit dem von der RL 2001/23/EG bezweckten Bestandsschutz – bezieht sich hierbei jedoch auf die Kontinuität der Inidividualarbeitsverhältnisse. Da das Unionsrecht selbst keinen unionsweit einheitlichen Kündigungsschutzstandard vorsehe, verweise es auf den von den nationalen Arbeitsrechtsordnungen gewährten Bestandsschutz. Die Verweisung finde sich nicht zuletzt in Art. 4 Abs. 1 Unterabs. 2 RL 2001/23/EG[494], der es den Mitgliedstaaten ermögliche, den personellen Anwendungsbereich des Betriebsübergangsrechts auf das nationale Kündigungsschutzrecht abzustimmen.[495] Das Argument lässt sich offensichtlich leicht ins Gegenteil verkehren: Art. 4 Abs. 1 UAbs. 2 RL 2001/23/EG kann genau so gut als abschließende Ausnahmevorschrift

---

Poverdano Peramato, in: FS 100 Jahre Betriebsverfassung, S. 571, 576; *Seiter*, Betriebsinhaberwechsel, S. 51; *Wang*, S. 47; a.A. *Hasford*, BB 1973, 526, 528.

490 BAG v. 12.12.2013 – 8 AZR 1023/12, NZA 2014, 436 Rn. 14; BAG v. 15.12.2011 – 8 AZR 692/10, NZA-RR 2012, 570 Rn. 44.

491 Staudinger-BGB/*Annuß*, § 613a Rn. 54; ErfK/*Preis*, § 613a BGB Rn. 8.

492 *B. Gaul*, Betriebs- und Unternehmensspaltung, § 6 Rn. 87.

493 *Hartmann*, EuZA 2012, 35, 51.

494 *„Die Mitgliedstaaten können vorsehen, dass Unterabsatz 1 auf einige abgegrenzte Gruppen von Arbeitnehmern, auf die sich die Rechtsvorschriften oder die Praxis der Mitgliedstaaten auf dem Gebiet des Kündigungsschutzes nicht erstrecken, keine Anwendung findet.“*

495 *Grau/Hartmann*, in: Preis/Sagan, Rn. 15.12; *Hartmann.*, EuZA 2012, 35, 51; den Zusammenhang zu § 1 Abs. 2 S. 1 KSchG bejaht auch *Joost*, Betrieb und Unternehmen, S. 380.

bezüglich des persönlichen Anwendungsbereichs interpretiert werden, die – e contrario – einer Abstimmung des sachlichen Anwendungsbereichs mit dem nationalen Kündigungsschutzrecht gerade entgegensteht. Ferner bezieht sich Art. 4 Abs. 1 RL 2001/23/EG allein auf den persönlichen Anwendungsbereich des Betriesübergangsrechts, der sich – anders als etwa im Betriebsverfassungsrecht – gerade nicht kongruent zum sachlichen Anwendungsbereich verhält. Während sich der Betrieb im Sinne des § 1 BetrVG ausschließlich aus Arbeitnehmern zusammensetzt, können personelle Ressourcen für das Transferobjekt der RL 2001/23/EG gänzlich irrelevant sein – insbesondere im durch sachliche Betriebsmittel geprägten produzierenden Gewerbe. Dass es Art. 4 Abs. 1 UnterAbs. 2 den Mitgliedstaaten ermöglicht, den persönlichen Anwendungsbereich von Betriebsübergangs- und Kündigungsschutzrecht miteinander zu koppeln, hat für die Konkretisierung des sachlichen Anwendungsbereichs („Betrieb") daher nur wenig Aussagekraft. Diesbezüglich hält weder die Richtlinie selbst noch ihre Entstehungsgeschichte eindeutige Auslegungshilfen bereit.

Die Forderung nach einer Akzessorietät mit dem Kündigungsschutzrecht erklärt sich vor dem Hintergrund, dass die Betriebsübergangsrichtlinie Erwerber in Staaten mit einem ohnehin hohen Kündigungsschutzstandard besonders belastet. Denn während der Erwerber die beim Veräußerer bestandenen Arbeitsverhältnisse in manchen Staaten durch Abfindungszahlungen beenden kann,[496] verwehrt ihm das deutsche KSchG diese Möglichkeit. Mithin hat die RL 2001/23/EG in Deutschland eine größere Relevanz als etwa in Österreich oder Dänemark. Die punktuelle Ausdehnung des jeweils nationalen Kündigungsschutz-Standards auf die spezielle Konstellation des Betriebsübergangs perpetuiert die Spaltung der nationalen Rechtsordnungen eher, als zu der von der Richtlinie eigentlich bezweckten Harmonisierung beizutragen.[497] Dies mag rechtspolitisch beklagenswert sein, wurde jedoch bereits früh als *„Webfehler des Gemeinschaftsrechts"*[498] erkannt und durch die Legaldefiniton der wirtschaftlichen Einheit vom Richtliniengeber manifestiert – anders als beispielsweise in der Rahmen-Richtlinie 2002/14/EG, die bezüglich des Betriebsbegriffs in Art. 2 lit. b explizit auf das nationale Verständnis verweist. Mithin ist davon aus-

496 Vgl. *Krebber*, RdA 2018, 271, 277 mit einem Überblick über die Abfindungs- und Bestandsschutzsysteme in den Mitgliedstaten der EU.

497 *Junker*, NJW 1999, 2, 11; *Krause*, in: FS Wank, S. 275, 288; *Rebhahn*, RdA 2006, Sonderbeil. zu Heft 6, 4, 15; *Riesenhuber*, Europäisches Arbeitsrecht, § 24 Rn. 4; vgl. auch BeckOGK/*Kokott*, § 613a BGB Rn. 22.

498 *Rebhahn*, RdA 2006, Sonderbeil. zu Heft 6, 4, 15; vgl. auch *Wank*, in: FS 50 Jahre BAG, S. 245, 256 f.

zugehen, dass sich der europäische Richtliniengeber mit der Kodifikation der wirtschaftlichen Einheit in Art. 1 Abs. 1 lit. b) RL 2001/23/EG der dieser zugrundeliegenden autonomen Begriffsbildung angeschlossen hat.[499] Der EuGH hat in der Vergangenheit zurecht von einer Legaldefinition des Richtliniengebers auf dessen Willen zu einer unionsautonomen Auslegung geschlossen.[500] Auch die nationalen Gesetzgeber in den Niederlanden, Spanien und Italien scheinen von einem autonomen Begriffsverständnis der übergangsfähigen Einheit auszugehen, haben sie doch ihre Umschreibungen der übergangsfähigen Einheit unter Einfluss der kodifizierten EuGH-Rechtsprechung geändert[501]: So stellt der Abschnitt 7.10.8 des niederländischen Zivilgesetzbuchs seit 2002 in Art. 7:662 auf eine „economische eenheid" ab.[502] In Spanien wird neben dem Unternehmen und dem Arbeitsplatz der Begriff „unidad productiva" verwendet[503], in Italien seit 2002 von einer „attivita economica organizzata"[504] gesprochen.

Eine autonome Bestimmung der übergangsfähigen Einheit erscheint nicht zuletzt aufgrund der Entstehungsgeschichte der Betriebsübergangsrichtlinie nachvollziehbar: Deren ursprünglicher Kommissionsentwurf[505] stellte noch zentral auf den Oberbegriff einer „arbeitsorganisatorischen Einheit" ab.[506] Der Wortlaut der finalen Fassung („Unternehmen, Betrieben oder Betriebsteilen") sollte mittels einer beispielhaften Aufzählung lediglich zu einer sprachlichen Glättung, nicht jedoch zu einer inhaltlichen Modifikation der Richtlinie führen.[507] Eine begriffliche Subsumtion wäre aufgrund der diversen sprachlichen Fassungen der Richtlinie zur Errei-

499 Vgl. Fuchs/*Marhold*, Europäisches Arbeitsrecht, S. 184.

500 EuGH v. 14.5.1985 – C-139/84 – van Dijk's Boekhuis, Slg. 1985, 1405 Rn. 16; zustimmend *Riesenhuber*, in: Riesenhuber, Europäische Methodenlehre, § 10 Rn. 4.

501 Vgl. *Rebhahn*, RdA 2006, Sonderbeil. zu Heft 6, 4, 6.

502 Zur Umsetzung der RL 2001/23/EG in den Niederlanden *Beltzer*, International Journal of Comparative Labour Law and Industrial Relations, vol. 23 (2007), S. 139; *van Peijpe*, NZA-Beil. 4/2008, 151.

503 Art. 44 des Real Decreto Legislativo 2/2015, de 23 de octubre, por el que se aprueba el texto refundido de la Ley del Estatuto de Trabajadores.

504 Art. 2112 des Codice Civile.

505 Art. 1 Alt. 2 des Vorschlags einer Richtlinie des Rates zur Harmonisierung der Rechtsvorschriften der Mitgliedstaaten über die Wahrung von Ansprüchen und Vergünstigungen der Arbeitnehmer bei Gesellschaftsfusionen, Betriebsübertragungen sowie Unternehmenszusammenschlüssen, Abl. Nr. C 104 v. 13.9.1974, S. 1 ff.

506 Hierauf hinweisend *Meyer*, Tatbestand, S. 79; *Witte*, Leiharbeit, S. 39.

507 *Meyer*, Tatbestand, S. 79.

chung einer einheitlichen Auslegung ohnehin wenig zielführend.[508] Denn gemäß Art. 4 der Verordnung zur Regelung der Sprachenfrage für die Europäische Wirtschaftsgemeinschaft[509] ist das europäische Sekundärrecht in allen 24 Amtssprachen abzufassen, die alle gleichermaßen verbindlich sind.[510] Der europäische Gesetzgeber billigte die Methode des EuGH durch die Einfügung der vom Gerichtshof entwickelten Definition der wirtschaftlichen Einheit in Art. 1 Abs. 1 lit. b der RL 98/50/EG (entspricht wortgleich Art. 1Abs. 1 lit. b RL 2001/23/EG).[511] Nach Erwägungsgrund Nr. 4 der RL 98/50/EG bzw. Nr. 8 der RL 2001/23/EG sollte durch diese der Begriff des Übergangs unter Berücksichtigung der Rechtsprechung des Gerichtshofs konkretisiert werden, der Anwendungsbereich der Richtlinie 77/187/EWG jedoch unangetastet bleiben.

b) Spielraum des nationalen Gesetzgebers

Gelangt man zu dem Schluss, dass die Begriffe Unternehmen und Unternehmensteil bzw. Betrieb und Betriebsteil im Sinne des Art. 1 Abs. 1 lit. a) RL 2001/23/EG autonom europäisch zu bestimmen sind, ist hiermit noch nicht beantwortet, ob die Günstigkeitsklausel des Art. 8 RL 2001/23/EG[512] eine nationalrechtliche Modifikation der übergangsfähigen Einheit zulässt und ob die Begriffe des Betriebs und Betriebsteils im Sinne des § 613a BGB in diesem Rahmen von dem unionsrechtlichen Begriff der wirtschaftlichen Einheit abweichen.

---

508 *Joost*, in: FS Wlotzke, S. 683, 686; *Meyer*, Tatbestand, S. 79; *Wank*, in: FS 50 Jahre BAG, S. 245, 256; *Zwanziger*, DB 1994, 2621; zur geringen Bedeutung der grammatikalischen Auslegung von Unionsrecht: EuGH v. 15.4.2010 – C-511/08 – Heinrich Heine, NJW 2010, 1941 Rn. 51; *EuGH* v. 7.2.1985, Rs. C-135/83 – Abels, Slg. 1985, 469 Rn. 11 – 13; *Höpfner/Rüthers*, AcP 2009, 1, 9 ff.; *Riesenhuber*, in: Riesenhuber, Europäische Methodenlehre, § 10 Rn. 14 ff.; *Schlachter*, ZfA 2007, 249, 251.

509 ABl. L 17 v. 6.10.1958, S. 385.

510 EuGH v. 15.4.2010 – C-511/08 – Heinrich Heine, NJW 2010, 1941 Rn. 51.

511 *Witte*, Leiharbeit, S. 40.

512 *„Diese Richtlinie schränkt die Möglichkeit der Mitgliedstaaten nicht ein, für die Arbeitnehmer günstigere Rechts- oder Verwaltungsvorschriften anzuwenden oder zu erlassen oder für die Arbeitnehmer günstigere Kollektivverträge und andere zwischen den Sozialpartnern abgeschlossene Vereinbarungen, die für die Arbeitnehmer günstiger sind, zu fördern oder zuzulassen.“*

aa) Möglichkeit der überschießenden Umsetzung

Die erste Frage hat der EuGH im Jahr 2014 in der Rs. *Amatori* bejaht. Der Gerichtshof hatte darüber zu entscheiden, ob die RL 2001/23/EG einer nationalen Regelung[513] entgegensteht, die den Eintritt des Erwerbers in die Arbeitsverhältnisse des Veräußerers auch in dem Fall vorsieht, in dem der übernommene Unternehmensteil keine funktionell selbstständige wirtschaftliche Einheit beim Veräußerer dargestellt hat. Die 9. Kammer des EuGH verneinte dies. Zwar setze die RL 2001/23/EG voraus, dass die wirtschaftliche Einheit vor dem Übergang über eine ausreichende funktionelle Autonomie verfügt haben müsse.[514] Der dritte Erwägungsgrund sowie Art. 8 RL 2001/23/EG machten aber deutlich, dass es den Mitgliedstaaten unbenommen sei, einen stärkeren Arbeitnehmerschutz vorzusehen.[515] Das bloße Fehlen der funktionellen Autonomie der übertragenen Einheit könne einen Mitgliedstaat folglich nicht per se daran hindern, in seinem innerstaatlichen Recht die Wahrung der Rechte der Arbeitnehmer nach einem Inhaberwechsel zu garantieren.[516] Es ist mithin nicht unionsrechtlich ausgeschlossen, dass der Anwendungsbereich des § 613a BGB über den der RL 2001/23/EG hinausgeht.

bb) § 613a BGB als reine Umsetzungsnorm

Anders als Verordnungen gelten Richtlinien nicht unmittelbar in den Mitgliedstaaten, sondern erst nach ihrer Umsetzung durch den jeweiligen nationalen Gesetzgeber, Art. 288 Abs. 3 AEUV. Die grundsätzlich auf das „Vertikal-Verhältnis“ Bürger-Staat beschränkten Ausnahmefälle der unmittelbaren Anwendung einmal ausgenommen[517], führt eine Nichtumset-

---

513 Im Vorlageverfahren Art. 2112 Abs. 1 des italienischen Codice civile.

514 EuGH v. 6.3.2014 – C-458/12 – Amatori, NZA 2014, 423 Rn. 32 ff.

515 EuGH v. 6.3.2014 – C-458/12 – Amatori, NZA 2014, 423 Rn. 38 f.; obgleich dem EuGH i.Erg. zuzustimmen ist, dürfte es sich bei der italienischen Regelung eher um einen nicht an den Vorgaben des Art. 8 RL 2001/23/EG zu messenden Fall der überschießenden Umsetzung gehandelt haben. Zur Abgrenzung zwischen überschießender Umsetzung und inhaltlicher Übererfüllung *Drexl*, in: FS Heldrich S. 73; *Habersack/Mayer*, in: Europäische Methodenlehre, S. 283.

516 EuGH v. 6.3.2014 – C-458/12 – Amatori, NZA 2014, 423 Rn. 38 f.; zust. *Forst*, EWiR 2014, 259, 260; a.A. mangels Günstigkeit für die Arbeitnehmer *Bieder*, EuZA 2014, 494, 502; *Willemsen*, NZA 2014, 1010, 1012.

517 Hierzu eingehend EUArbR/*Höpfner*, Art. 288 AEUV Rn. 26 ff.

zung durch die Mitgliedstaaten nicht zur Geltung der Richtlinie als nationales Recht, sondern einzig zu Staatshaftungsansprüchen des aufgrund der Nichtumsetzung benachteiligten Bürgers sowie zu einer Vertragsverletzung des Mitgliedstaats, die ein Verfahren nach Art. 258 AEUV nach sich ziehen kann. Um den Regelungsgehalt einer nationalen Norm wie § 613a BGB zu bestimmen, ist einzig die Auslegung dieser Vorschrift maßgeblich – selbst dann, wenn der nationale Gesetzgeber im betreffenden Bereich zur Umsetzung einer Richtlinie verpflichtet ist. So ist im Rahmen der teleologischen Auslegung einer nationalen Vorschrift nach der Zielsetzung der nationalen Norm (§ 613a Abs. 1 S. 1 BGB) zu fragen. Lässt sich der Wille des nationalen Gesetzgebers nachweisen, die Vorgaben der Richtlinie – womöglich eins zu eins – umzusetzen, hat er sich deren Zwecken einverleibt. Die Vorstellungen der Richtlinie sind zu denen des nationalen Gesetzgebers geworden und mithin – quasi inzident – im Rahmen der teleologischen Auslegung zu berücksichtigen.[518]

(1) Umsetzungswille

Ein solcher Umsetzungswille des deutschen Gesetzgebers lässt sich der genetischen Auslegung des § 613a BGB unzweifelhaft entnehmen. So wurde § 613a BGB im Jahr 1980 um Abs. 1 S. 2-4 (Aufrechterhaltung von Kollektivregelungen) sowie das explizite Kündigungsverbot in Abs. 4 erweitert[519], womit Art. 3 Abs. 2 und Art. 4 Abs. 1 der RL 77/187/EWG[520] umgesetzt wurden.[521] Im Jahr 2002 fügte der deutsche Gesetzgeber die Abs. 5 und 6 in § 613a BGB ein.[522] Auch wenn die Pflicht von Veräußerer und Erwerber, die Arbeitnehmervertretung bzw. die Arbeitnehmer selbst über einen bevorstehenden Betriebsübergang zu informieren (§ 613a Abs. 5 BGB), be-

518 Vgl. *Höpfner*, Systemkonforme Auslegung, S. 256.

519 Art. 1 des Gesetzes über die Gleichbehandlung von Männern und Frauen am Arbeitsplatz und über die Erhaltung von Ansprüchen bei Betriebsübergang v. 13.8.1980, BGBl. I, S. 1308.

520 Die Vorschriften entsprechen Art. 3 Abs. 3 bzw. Art. 4 Abs. 1 der RL 2001/23/EG.

521 Explizit BT-Drs. 14/7760, S. 19.

522 Art. 4 des Gesetzes zur Änderung des Seemannsgesetzes und anderer Gesetze vom 23.3.2002, BGBl. I, S. 1163, 1167.

reits in Art. 6 Abs. 1, 6 der RL 98/50/EG[523] enthalten[524] und aufgrund der Rechtsprechung des BAG auch in Deutschland anerkannt war[525], begründete die Bundesregierung die Gesetzesänderung 2002 insbesondere mit der Umsetzung von Art. 7 der RL 2001/23/EG.[526] Der Änderungshistorie des § 613a BGB ist mithin zu entnehmen, dass die Vorschrift vom deutschen Gesetzgeber seit 1980 primär als Umsetzungsnorm der europäischen Betriebsübergangsrichtlinie verstanden wird. Die von der RL 2001/23/EG verfolgten Ziele sind mithin solche des deutschen Gesetzgebers geworden und folglich im Rahmen der Auslegung von „Betrieb" und „Betriebsteil" im Sinne des § 613a BGB zu berücksichtigen.[527]

(2) Keine überschießende Umsetzung

Das Telos einer nationalen Vorschrift kann über die bloße Umsetzung der europäischen Vorgaben hinausgehen und auch Konstellationen erfassen, die außerhalb des Anwendungsbereichs der umzusetzenden Richtlinie liegen (sogenannte überschießende Umsetzung). Für eine solche gibt es jedoch keine Hinweise Vielmehr ist der deutsche Gesetzgeber seit Bestehen einer europäischen Betriebsübergangsrichtlinie nie eigeninitiativ tätig geworden, sondern hat lediglich stets auf Änderungen der europäischen Grundlage reagiert – meist im Rahmen von sogenannten Huckepackgesetzen. So erfolgte die Anpassung des § 613a BGB an die erste Betriebsübergangsrichtlinie 77/187/EWG durch das „Gesetz über die Gleichbehandlung von Frauen am Arbeitsplatz und über die Erhaltung von Ansprüchen bei Betriebsübergang".[528] Dass der Gesetzgeber bezüglich des Betriebsübergangs nicht mehr bezweckte, als seine Umsetzungspflicht zu erfüllen, belegt die fehlende parlamentarische Auseinandersetzung mit den Änderungen des § 613a BGB. In der ersten Lesung wurden die Gleichstellungsvorschriften (insb § 611a BGB a.F.) auf 13 Seiten besprochen, die Änderungen des § 613a BGB einzig vom Bundesminister für Arbeit und Sozialordnung

523 Art. 6 Abs. 5 RL 77/187/EWG war hingegen als reine Soll-Vorschrift ausgestaltet.

524 Vgl. *Oetker*, NZA 1998, 1193, 1193 f.; *Willemsen/Annuß*, NJW 1999, 2073, 2079 f.

525 BAG v. 22.4.1993 – 2 AZR 313/92, AP BGB § 613a Nr. 102 unter IV 2 a) der Gründe; BAG v. 17.11.1977 – 5 AZR 618/76, AP BGB § 613a Nr. 10 unter I 2 a) der Gründe.

526 BT-Drs. 14/7760, S. 19.

527 *Franzen*, Privatrechtsangleichung, S. 352.

528 BGBl 1980 I, S. 1308.

Herbert Ehrenberg in drei deskriptiven Sätzen erwähnt.[529] In der zweiten und dritten Lesung wurden die selben drei den Inhalt wiedergebenden Sätze von der SPD-Abgeordneten *Steinhauer*[530] und dem Parlamentarischen Staatssekretär *Buschfort*[531] wiederholt. Weitere Ausführungen zum Betriebsübergang finden sich auf den insgesamt 19 Seiten Beratungsprotokoll[532] nicht. In der Sitzung des Bundesrates wurden die Änderungen des § 613a BGB gar nicht thematisiert.[533] Dementsprechend enthalten auch die Regierungsbegründung[534] sowie das Protokoll des federführenden Ausschusses[535] lediglich Verweisungen auf die Pflicht zur Umsetzung der RL 77/187/EWG. Auch die Einführung der Unterrichtungspflicht (Abs. 5) und des Widerspruchrechts (Abs. 6) im Jahr 2002 wurden einzig mit den Vorgaben der RL 2001/23/EG begründet.[536]

Folglich kann § 613a BGB kein über die RL 2001/23/EG hinausgehender Anwendungsbereich entnommen werden, so dass sowohl „Betrieb" als auch „Betriebsteil" im Sinne des § 613a Abs. 1 S. 1 BGB dem europäischen Verständnis entsprechend als wirtschaftliche Einheit im Sinne des Art. 1 Abs. 1 lit. b) auszulegen sind.[537]

c) Verhältnis von wirtschaftlicher Einheit und Übergang

Die Rechtsprechung des EuGH war zunächst davon geprägt, keine Subsumtion unter den Begriff der wirtschaftlichen Einheit vorzunehmen, sondern die Frage, wodurch eine wirtschaftliche Einheit im Einzelnen bestimmt wird, im Zusammenhang mit der Frage, ob eine solche identitätswahrend übergegangen ist, zu beantworten.[538] Dies ist auf Art. 1 Abs. 1 lit. b RL 2001/23/EG zurückzuführen, der nicht die wirtschaftliche Ein-

---

529 Vgl. BT-PlPr. 8. WP/189. Sitzung v. 29.11.1979, S. 14928, 14930.

530 Vgl. BT-PlPr. 8. WP/225. Sitzung v. 25.6.1980, S. 18244.

531 Vgl. BT-PlPr. 8. WP/225. Sitzung v. 25.6.1980, S. 18255.

532 Vgl. BT-PlPr. 8. WP/225. Sitzung v. 25.6.1980, S. 13238-18257.

533 Vgl. BR-PlPr. 477. Sitzung v. 28.9.1979, S. 300 – 304.

534 *„Es soll den Vorgaben der Richtlinie „entsprochen werden"*, BT-Drs. 8/3317, S. 1.

535 *„Das deutsche Arbeitsrecht muss an zwei Richtlinien der Europäischen Gemeinschaft angepaßt werden."*, BT-Drs. 8/4259, S. 1.

536 *„Der Inhalt der Unterrichtungspflicht wird übereinstimmend mit Artikel 7 Abs. 6 der Richtlinie 2001/23/EG geregelt."*, BT-Drs. 14/7760, S. 19.

537 HWK/*Willemsen*, § 613a BGB Rn. 9; vgl. auch *Junker*, SAE 2010, 239, der den 8. BAG-Senat als *„ausführendes Organ des EuGH"* bezeichnet.

538 EuGH v. 15.12.2005 – C-233/04 – Güney-Görres, NZA 2006, 29; EuGH v. 20.11.2002 – C-340/01 – Abler, NZA 2003, 1385; EuGH v. 24.1.2002 – C-41/00 –

heit, sondern den Übergang definiert. Durch diesen lassen sich die Anforderungen an die übergangsfähige Einheit erst erschließen (*„organisierte Zusammenfassung von Ressourcen zur Verfolgung einer wirtschaftlichen Haupt- oder Nebentätigkeit“*).

Auch das BAG prüfte in älteren Entscheidungen die Betriebsveräußerung als einheitliches Tatbestandsmerkmal,[539] während die Rechtsprechung nunmehr überwiegend trennscharf zwischen den Tatbestandsmerkmalen „Betrieb oder Betriebsteil“ und „Übergang“ differenziert.[540] Ebenso gespalten ist das Meinungsbild in der Literatur. Mitunter wird behauptet, eine isolierte Prüfung von Betrieb und Übergang sei nicht möglich, da der Subjektwechsel unmittelbar mit dem zusammenhänge, was den Betrieb im Sinne des § 613a Abs. 1 BGB ausmache.[541] Andere Autoren präferieren hingegen eine zweistufige Prüfung.[542] *Wank* ordnet die von EuGH und BAG stets herangezogenen sieben Kriterien in jene ein, die den Betrieb

---

Temco, NZA 2002, 265; EuGH v. 11.3.1997 – C-13/95 – Ayse Süzen, NZA 1997, 433. zustimmend *B. Gaul*, Betriebs- und Unternehmensspaltung, § 6 Rn. 77; *Windt*, Neukonstruktion 132 ff. jeweils m.w.N.; krit. Staudinger-BGB/*Annuß*, § 613a Rn. 49; anders auch EuGH, 10.12.1998 – C-173/96, C-247,96 – Hidalgo, Ziemann, NZA 1999, 189 Rn. 29.

539 BAG v. 9.2.1994 – 2 AZR 781/93, AP BGB § 613a Nr. 104; BAG v. 15.5.1985 – 5 AZR 276/84, AP BGB § 613a Nr. 70; BAG v. 22.5.1985 – 5 AZR 30/84, AP BGB § 613a Nr. 42; BAG v. 15.5.1985 – 5 AZR 276/84, AP BGB § 613a Nr. 41; BAG v. 25.2.1981 – 5 AZR 991/78, AP BGB § 613a Nr. 39; BAG v. 25.2.1981 – 5 AZR 991/78, AP BGB § 613a Nr. 24; BAG v. 15.11.1978 – 5 AZR 199/77, AP BGB § 613a Nr. 14; BAG v. 22.2.1978 – 5 AZR 800/76, AP BGB § 613a Nr. 11; BAG v. 29.10.1975 – 5 AZR 444/74, AP BGB § 613a Nr. 4; BAG v. 29.10.1975 – 5 AZR 444/74, AP BGB § 613a Nr. 2.

540 BAG v. 19.10.2017 – 8 AZR 63/16, AP BGB § 613a Nr. 470; BAG v. 22.1.2015 – 8 AZR 139/14, NZA 2015, 1325; BAG v. 12.12.2013 - 8 AZR 1023/12, AP BGB § 613a Nr. 447; BAG v. 13.10.2011 – 8 AZR 455/10, NZA 2012, 508; BAG v. 17.12.2009 - 8 AZR 1019/08, AP BGB § 613a Nr. 383; BAG v. 16.2.2006 – 8 AZR 211/05, AP BGB § 613a Nr. 301; BAG v. 16.2.2006 – 8 AZR 204/04, AP BGB § 613a Nr. 300; BAG v. 27.4.1995 – 8 AZR 197/94, AP BGB § 613a Nr. 128; BAG v. 27.7.1994 – 7 ABR 37/93, AP BGB § 613a Nr. 118; BAG v. 28.4.1988 – 2 AZR 623/87, AP BGB § 613a Nr. 74; BAG v. 3.7.1986 – 2 AZR 68/85, AP BGB § 613a Nr. 53; besonders deutlich LAG Berlin-Brandenburg v. 16.1.2019 – 15 Sa 1307/18, BeckRS 2019, 4070 Rn. 54.

541 *Windt*, Neukonstruktion, S. 69 ff.; wohl auch BeckOGK/*Kokott*, § 613a BGB Rn. 82, die jedenfalls von der Notwendigkeit spricht, die Tatbestandsmerkmale in einen *„inneren Zusammenhang“* zu bringen.

542 *Alsbaek*, S. 27: *B. Gaul*, Betriebs- und Unternehmensspaltung, § 6 Rn. 184; *Loritz*, Anm. zu EuGH, AP BGB § 613a Nr. 106 unter II; *Pietzko*, Tatbestand, S. 2; ErfK/*Preis*, § 613a BGB Rn. 8; *Schwanda*, Betriebsübergang, S. 88; *Steffan*, NZA 2000, 687; *Wank*, in: FS 50 Jahre BAG, S. 245, 251.

kennzeichnen und solche, die den Übergang beschreiben. So bezögen sich Aktiva (materielle und immaterielle inklusive der Belegschaft), Passiva und Kundschaft auf das Transferobjekt, während der Übergang durch die Unterbegriffe *„ähnliche Tätigkeit"* und *„ohne lange Unterbrechung"* gekennzeichnet sei. All dies stehe unter der Prämisse, dass die Gewichtung von der „Art des betreffenden Unternehmens oder Betriebs" (z.B. Produktion oder Dienstleistung) abhängt.[543] Aufgrund dieser Einzelfallbetrachtung wird dem Betrieb bzw. Betriebsteil im Sinne des § 613a Abs. 1 S. 1 BGB häufig die Subsumtionsfähigkeit abgesprochen und sich stattdessen der typologischen Methode bedient.[544] Demnach soll auch der Rechtsprechung des BAG, wonach bei spezialisierten Tätigkeiten weniger Arbeitnehmer übernommen werden müssen, um tatbestandlich einen Betriebsübergang zu begründen[545], eine typologische Betrachtung zugrundeliegen.[546] Ob es der Figur des Typusbegriffs überhaupt bedarf oder nicht auch die moderne Definitonslehre Ähnliches zu leisten vermag[547], muss an dieser Stelle nicht beantwortet werden.[548]

Richtigerweise macht es insbesondere die jüngere EuGH-Rechtsprechung erforderlich, sich mit der übergangsfähigen Einheit isoliert von deren Übergang auseinanderzusetzen.[549] Denn wenn es einem Betriebsübergang nicht entgegensteht, dass der Erwerber eine wirtschaftliche Einheit im Sinne des Art. 1 Abs. 1 lit. b RL 2001/23/EG in seine Organisationsstrukturen teilintegriert,[550] lässt sich nicht ex post beurteilen, ob über-

---

543 *Wank*, in: FS 50 Jahre BAG, S. 245, 251; vgl. EuGH v. 15.12.2005 – C-233/04 – Güney-Görres, NZA 2006, 29 Rn. 35; EuGH v. 11.3.1997 – C-13/95 – Ayse Süzen, NZA 1997, 433Rn. 18; BAG v. 22.5.2014 – 8 AZR 1096/12, AP BGB § 613a Nr. 452 Rn. 21; BAG v. 15.12.2011 – 8 AZR 197/11, AP BGB § 613a Nr. 423 Rn. 39; BAG v. 25.6.2009 – 8 AZR 258/08, AP BGB § 613a Nr. 373 Rn. 26; BAG v. 27.9.2007 – 8 AZR 941/06, AP BGB § 613a Nr. 332 Rn. 19; BAG v. 22.7.2004 – 8 AZR 350/03, AP BGB § 613a Nr. 274 unter II 1 der Gründe.

544 *Annuß*, NZA 1998, 70, 73; *Moll*, RdA 1999, 233, 236; *Preis*, RdA 2000, 257, 278; *Windt*, Neukonstruktion, S. 144 f; offen lassend BeckOGK/*Kokott*, § 613a BGB Rn. 58.

545 BAG v. 21 6.2012 – 8 AZR 181/11, NZA-RR 2013, 6 Rn. 42 m.w.N.

546 *Wank*, Anm zu EuGH AP BGB § 613a Nr. 133; *Windt*, Neukonstruktion, S. 132.

547 Erman-BGB/*Hanau*, § 613a BGB Rn. 16 spicht von der Notwendigkeit einer „offen bewegliche[n] Definition".

548 Zur typologischen Betrachtung des § 613a BGB *Windt*, Neunkonstruktion, S. 128 ff.

549 BAG v. 13.10.2011 – 8 AZR 455/10, NZA 2012, 504, 507 Rn. 36 nimmt explizit Bezug auf die EuGH-Entscheidung in der Rs. Klarenberg.

550 EuGH v. 13.6.2019 – C-664/17 – Ellinika Nafpigeia, NZA 2019, 889 Rn. 64; EuGH v. 12.2.2009 – C-445/07 – Klarenberg, NZA 2009, 251 Rn. 42, 48.

haupt jemals ein taugliches Transferobjekt vorgelegen hat. Nach dem Übergang lässt sich nämlich kaum noch feststellen, ob einzelne Betriebsmittel oder Arbeitnehmer übernommen wurden, oder aber eine „organisierte Zusammenfassung". Das Kriterium der funktionellen Autonomie verlangt vielmehr zu eruieren, welche Einheiten bereits vor dem Übergang beim Veräußerer selbstständig bestanden. Aufgrund dessen prüfen auch EuGH und BAG das Vorliegen einer wirtschaftlichen Einheit ex ante. So führte der EuGH in der Rs. *Amatori* zur funktionellen Autonomie aus: *„Die Verwendung des Wortes „behält" in diesem Art. 6 I UAbs. 1 und 4 impliziert nämlich, dass die Autonomie der übertragenen Einheit in jedem Fall vor dem Übergang bestanden haben muss."*[551] Mittels einer „Vorher-Betrachtung"[552] hat das BAG einen Betriebsübergang im Fall *Klarenberg* verneint.[553] In einem Urteil aus dem Jahr 2015 heißt es zudem deutlich: *„Nur wenn vor einem behaupteten Übergang eine wirtschaftliche Einheit iSv § 613 a BGB besteht, stellt sich die Frage der Wahrung ihrer Identität und damit die Frage eines Betriebs(teil)übergangs."*[554]

Dem ist zuzustimmen. Denn der Erwerber erlangt nur dann eine die Rechtsfolgen des § 613a BGB auslösende Koordinationsleistung, wenn ein in sich geschlossener Wertschöpfungszusammenhang bereits vor dem Übergang bestand. Werden einzelne Betriebsmittel hingegen erst ex post zu seinem solchen zusammengefügt, verschafft die Transaktion dem neuen Betriebsinhaber keinen Vorteil gegenüber der Konkurrenz. In dieser Konstellation ist es vielmehr erst der Erwerber, der einen Wertschöpfungszusammenhang herstellt und somit eine übergangsfähige Einheit begründet. Ohne die Fortführung eines bestehenden Wertschöpfungszusammenhangs übernimmt der Erwerber auch keine Arbeitsplätze, die es rechtfertigen würden, ihn mit dem gesetzlichen Übergang der beim Veräußerer bestehenden Arbeitsverhältnisse zu belasten. Um diesen Grundgedanken des Betriebsübergangs zu berücksichtigen, sind der Betrieb bzw. der Betriebsteil und dessen Übergang gesondert zu prüfende Tatbestandsmerkmale des § 613a Abs. 1 S. 1 BGB.

---

551 EuGH v. 6.3.2014 – C-458/12 – Amatori, NZA 2014, 423 Rn. 34.

552 WHSS/*Willemsen*, Kap. G Rn. 17h; *ders.*, RdA 2012, 291, 298; *ders.*, NZA 2009, 289, 294.

553 BAG v. 13.10.2011 – 8 AZR 455/10, NZA 2012, 508; die gegen das Urteil erhobene Verfassungsbeschwerde wurde vom BVerfG nicht zur Entscheidung angenommen, BVerfG v. 15.1.2015 – 1 BvR 499/12, ZIP 2015, 542.

554 BAG v. 22.1.2015 – 8 AZR 139/14, NZA 2015, 1325 Rn. 23.

d) Übergangsfähige Einheit als Wertschöpfungszusammenhang

Bei der Konkretisierung der übergangsfähigen Einheit steht man vor der Herausforderung, die bekannten Stellschrauben des Arbeitsrechts so zu justieren, dass der Wille des nationalen Gesetzgebers – aufgrund des nachgewiesenen Umsetzungswillens inzident auch der des europäischen Richtliniengebers – verwirklicht wird. Wenig zieführend ist es, hierbei abstrakt auf den Arbeitnehmerschutz abzustellen[555] – obgleich EuGH und BAG genau zu diesem Vorgehen tendieren. So heißt es in einem frühen Urteil des BAG: „*Was als ‚Betrieb' oder ‚Betriebsteil' im Sinne des § 613a BGB zu gelten hat, muß nach dem Zweck der Vorschrift bestimmt werden, die u. a. das Ziel verfolgt, bestehende Arbeitsverhältnisse zu erhalten.*"[556] Zwar trifft es zu, dass § 613a Abs. 1 S. 1 BGB den Bestandsschutz der Arbeitsverhältnisse bezweckt. Dies allein hilft bei der Bestimmung seines Anwendungsbereichs jedoch nur wenig weiter: Denn es liegt auf der Hand, dass sich die Wirkung einer arbeitnehmerschützenden Vorschrift vergrößert, je weiter man sie auslegt.[557] *Willemsen* führt hierzu zutreffend aus: „*Würde bereits das allgemeine Schutzzweckargument genügen, um die Anwendung der Richtlinie zu begründen, würde diese in der Tat uferlos*".[558]

Stattdessen soll sich der Schutz einer Norm nach dem Willen ihres Schaffers nur auf diejenigen Konstellationen erstrecken, die in ihren Anwendungsbereich fallen. Der Schutzzweck einer Norm wird mithin durch deren Anwendungsbereich begrenzt. Umgekehrt wird der Anwendungsbereich jedoch (auch) durch den Schutzzweck geprägt, umfasst er regelmäßig doch solche Sachverhalte, in denen der Schutz vom Normgeber für notwendig gehalten wurde. Am deutlichsten zum Ausdruck kommt die reziproke Beziehung von Schutzzweck und Anwendungsbereich in der gängigen Formulierung, das Betriebsübergangsrecht wolle den Gleichlauf von Arbeitsplatz und Arbeitsverhältnis sicherstellen.[559] Für die Konkretisierung der übergangsfähigen Einheit noch offensichtlicher wird der Gedanke durch folgende Modifikation: § 613a Abs. 1 S. 1 BGB bezweckt den

---

555 *Bieder*, EuZA 2009, 513, 518; *Raab*, EuZA 2019, 283, 288 f.; *Willemsen*, NJW 2011, 1546, 1548.

556 BAG v. 25.6.1985 – 3 AZR 254/83, NZA 1986, 93 unter I 1 a) der Gründe.

557 Vgl. zur Nähe von teleologischer Auslegung und Zirkelschluss *Larenz/Canaris*, Methodenlehre, S. 149 – 153; *Rüthers/Fischer/Birk*, Rn. 717, 730a.

558 *Willemsen*, NJW 2011, 1546, 1548.

559 *Elking/Aszmons*, BB 2014, 373; *Pietzko*, Tatbestand, S. 36; *Schmidt*, Zuordnung von Arbeitnehmern, S. 198; APS/*Steffan*, § 613a BGB Rn. 24; *Wang*, S. 53; WHSS/*Willemsen*, Kap. G Rn. 19 f.; *ders.*, RdA 1993, S. 133, 134.

Gleichlauf eines Wertschöpfungszusammenhangs mit den damit verbundenen Arbeitsverhältnissen.[560] Denn der einzelne Arbeitsplatz ist ein Teil der Wertschöpfung einer Organisation bzw. eines Organisationsteils und mithin von dieser abhängig. An diesen Zusammenhang knüpft das Recht des Betriebsübergangs an: Wer einen fremden Wertschöpfungszusammenhang erwirbt, übernimmt damit auch die daran anhaftenden Arbeitsplätze. Erst hieran anschließend entfaltet sich die Wirkung des § 613a Abs. 1 S. 1 BGB, indem der Erwerber verpflichtet wird, die übernommenen Arbeitsplätze mit bestimmten Arbeitnehmern zu besetzen – nämlich denjenigen, die bereits beim Veräußerer Teil des übertragenen Wertschöpfungszusammenhangs waren.

Der sachliche Anwendungsbereich des § 613a Abs. 1 S. 1 BGB ist mithin die Übernahme eines bestehenden Wertschöpfungszusammenhangs durch den Erwerber. Dass ein solcher Wertschöpfungszusammenhang – und damit auch der Arbeitsplatz als dessen Teil – organisiert wird durch die Differenzierung in Teilaufaben und die Synthese dieser Teilaufgaben durch die Unterstellung unter Instanzen (sogenannteAbteilungsbildung), ist kein speziell betriebsübergangsrechtliches Phänomen, sondern Konsequenz der betriebswirtschaftlichen Organisationslehre.[561] Jede Organisation ist nach Leitung und Zweckverfolgung aufgebaut. Auf die übergangsfähige Einheit bezogen wird das Kriterium der Leitung und gemeinsamen Zweckverfolgung vom EuGH als funktionelle Selbstständigkeit bzw. funktionelle Autonomie bezeichnet.

aa) Funktionelle Autonomie

Das Kriterium der funktionellen Autonomie beschreibt die organisatorischen Mindestanforderungen an eine übergangsfähige Einheit. Demnach muss der Leitung der jeweiligen Gruppe von Arbeitnehmern die Befugnis zustehen, Personal und/oder sächliche Betriebsmittel frei und unabhängig zu organisieren,Weisungen zu erteilen sowie Entscheidungen zu treffen, ohne dass andere Organisationsstrukturen des Arbeitgebers dazwischenge-

560 Staudinger-BGB/*Annuß*, § 613a BGB Rn. 47; *Willemsen*, in: FS Richardi, S. 475, 478; vgl. auch die Formulierung des BAG, wonach sächliche Betriebsmittel im Rahmen einer Auftragsneuvergabe wesentlich sind, wenn ihr Einsatz den eigentlichen *„Kern des zur Wertschöpfung erforderlichen Funktionszusammenhangs“* ausmacht, vgl. nur BAG v. 13.6.2006 – 8 AZR 271/05, NZA 2006, 1101 Rn. 20.

561 Siehe hierzu 1. Kapitel A.

schaltet sind.[562] Das Erfordernis der eigenständigen Leitung und Koordination des Personaleinsatzes dient dazu, die Teileinheit („Betriebsteil") vom Restbetrieb organisatorisch abzugrenzen.[563] Zugleich stellt es sicher, dass der Erwerber einen in sich abgeschlossenen Wertschöpfungszusammenhang erhält.

(1) Funktionelle Autonomie als abgeleitete Betriebsführung

Da § 613a Abs. 1 S. 1 BGB für den Betriebs- und den Betriebsteilübergang dieselbe Rechtsfolge anordnet, müssen an beide Begriffe dieselben strukturellen Anforderungen gestellt werden.[564] Aus diesem Grund hat zunächst der EuGH und später auch der Richtliniengeber in Art. 1 Abs. 1 lit. b RL 2001/23/EG die Differenzierung zwischen Unternehmen, Unternehmensteil, Betrieb und Betriebsteil nivelliert und auf den Begriff der wirtschaftlichen Einheit abgestellt. Dies ist nur folgerichtig, vergegenwärtigt man sich, dass alle genannten Organisationen im Betriebsübergangsrecht als Wertschöpfungszusammenhang betroffen sind und der Gleichlauf dieses Wertschöpfungszusammenhangs mit den beim Veräußerer bestehenden Arbeitsverhältnissen hergestellt werden soll. Folglich hat auch das BAG inzwischen mehrfach darauf hingewiesen, dass dem Übergang eines gesamten Betriebs der Übergang eines Betriebsteils gleichsteht.[565] Mithin verhält sich der Betriebsteil zum Betrieb nicht als strukturelles aliud. Vielmehr liegt beiden Transferobjekten des § 613a Abs. 1 S. 1 BGB inhaltlich dieselbe Leitungsmacht zugrunde, nämlich diejenige, die auf den Kern des zur Wertschöpfung erforderlichen Funktionszusammenhangs zugreift und die es dem Betriebsinhaber ermöglicht, diesen nach außen hin erkennbar für eigene Zwecke auszunutzen.[566]

---

562 EuGH v. 29.7.2010 – C-151/09 – UGT-FSP, NZA 2010, 1014 Rn. 43; vgl. Zur Bedeutung materieller und immaterieller Betriebsmittel für die funktionelle Autonomie auch EuGH v. 13.6.2019 – C-664/17 – Ellinika Nafpigeia, NZA 2019, 889 Rn. 69; BAG v. 18.9.2014 – 8 AZR 733/13, NZA 2015, 97 Rn. 21.

563 BAG v. 13.10.2011 – 8 AZR 455/10, NZA 2012, 504 Rn. 43; HWK/*Willemsen*, § 613a BGB Rn. 29.

564 *Jochums*, S. 52; *Müller-Glöge*, in: MüKo-BGB, § 613a BGB Rn. 17; ErfK/*Preis*, § 613a BGB Rn. 8; *Steffan*, NZA 2000, 687, 689.

565 BAG v. 22.1.2015 - 8 AZR 139/14, AP BGB § 613a Nr. 460 Rn. 20; BAG v. 22.5.2014 – 8 AZR 1069/12, AP BGB § 613a Nr. 452 Rn. 26.

566 *Jochums*, S. 55.

Ihren Ursprung hat diese Leitungsmacht in der Person des Betriebsinhabers, also derjenigen Person, die für den Betrieb verantwortlich ist, indem sie ihn im eigenen Namen führt[567] und sich dadurch den Wertschöpfungszusammenhang zu eigen macht. Das Weisungsrecht des Betriebs*teil*leiters im Sinne der funktionellen Autonomie unterscheidet sich hiervon allein dadurch, dass es nicht im eigenen Namen, sondern im Namen des Betriebsinhabers ausgeübt wird. Denn würde der Betriebsteilleiter die Leitungsmacht im eigenen Namen ausüben, würde der Betriebsteil zum Betrieb und der Betriebsteilleiter zu dessen Betriebsinhaber. Aufgrund dieser Erkenntnisse wäre es konsequenter, vom Unternehmens- bzw. Unternehmensteilübergang zu sprechen.

(2) Inhalt der abgeleiteten Betriebsführung

Die Leitung im Sinne der funktionellen Autonomie stimmt mit der für die Betriebsinhaberschaft maßgeblichen unternehmerischen Leitungsmacht inhaltlich überein. Diese gilt es im Folgenden zu konkretisieren. Hierdurch wird erneut deutlich werden, dass der Betrieb im Sinne des § 613a BGB als Unternehmen und der Betriebsteil als Unternehmensteil zu verstehen sind.

α) Ausübung des fachlich-inhaltlichen Weisungsrechts

Aufgrund des Zusammenspiels von Betriebsinhaberschaft und funktioneller Autonomie erklärt sich, weshalb der EuGH für die im Rahmen der funktionellen Autonomie erforderlichen Leitung maßgeblich auf die Befugnis zur Ausübung des fachlichen Weisungsrechts abstellt. Denn auch den Betriebsinhaber versteht der EuGH vorwiegend als Arbeitgeber. So kommt es nach Ansicht des Gerichtshofs für die Annahme eines Betriebsübergangs auf den Wechsel derjenigen Person an, *„die für den Betrieb des*

567 EuGH v. 19.10.2017 – C-200/16 – Securitas, NZA 2017, 1379 Rn. 23; EuGH v. 26.11.2015 – C-509/14 – Ferroviarias, NZA 2016, 31 Rn. 28; BAG v. 25.1.2018 – 8 AZR 309/16, NZA 2018, 933 Rn. 50; BAG v. 22.6.2011 – 8 AZR 107/10, AP BGB § 613a Nr. 408 Rn. 36; BAG v. 20.3.2003 – 8 AZR 312/02, NZA 2003, 1338.

Unternehmens verantwortlich ist und insoweit gegenüber den in dem Unternehmen beschäftigten Arbeitnehmern die Arbeitgeberverpflichtung eingeht".[568]

Die begriffliche Divergenz liegt in den verschiedenen Sprachfassungen der RL 2001/23/EG begründet. Während die deutsche Fassung im dritten Erwägungsgrund und Art. 1 Abs. 1 lit. a auf den Inhaberwechsel abstellt, spricht die englische vom „change of employer" (dritter Erwägungsgrund) bzw. „another employer" (Art. 1 Abs. 1 lit. a). Die französische Übersetzung verwendet sowohl den Inhaberwechsel („changement de chef d'enterprise", vgl. dritter Erwägungsgrund) als auch die Bezeichnung des anderen Arbeitgebers („autre employeur", vgl. Art. 1 Abs. 1 lit. a).[569] Auch in der Rs. *Albron Catering* knüpfte der EuGH für den Begriff des Veräußerers an den Arbeitgeber an: Unter expliziter Bezugnahme auf Art. 2 Abs. 1 lit. a RL 2001/23/EG definiert der EuGH als Veräußerer „*wer aufgrund eines Übergangs im Sinne von Art. 1 Abs. 1 der Richtlinie die Arbeitgebereigenschaft verliert*"[570] – obgleich besagte Vorschrift in der deutschen Sprachfassung den Veräußerer als diejenige Person bezeichnet, „*die aufgrund eines Übergangs im Sinne von Artikel 1 Absatz 1 als Inhaber aus dem Unternehmen, dem Betrieb oder dem Unternehmens- bzw. Betriebsteil ausscheidet*". Umso bemerkenswerter ist es, dass auch das BAG in einem jüngeren Urteil davon spricht, dass ein Übergang im Sinne der RL 2001/23/EG eine „*Übernahme durch einen neuen Arbeitgeber*" erfordere.[571]

β) Gesamtbetrachtung

Wer jedoch allein auf das fachliche Direktionsrecht des Arbeitgebers abstellt, verkennt, dass die Wertschöpfung des Betriebs bzw. Betriebsteils auch, aber nicht ausschließlich durch die Steuerung der Arbeitnehmer erfolgt. Bereits der von EuGH und BAG stets herangezogene Sieben-Punkte-Katalog stellt neben der Belegschaft auf Aktiva (materielle und immaterielle), Passiva und die Kundschaft ab. Welche dieser Kriterien im jeweiligen Fall den Kern der Wertschöpfung ausmachen, ist von der Art der jeweili-

---

568 EuGH v. 17.12.1987 – C-287/86 – Ny Moelle Kro, Slg. 1987, S. 5465 Rn. 12; vgl. auch EuGH v. 5.5.1988 – C-145/87, NZA 1990, 885 Rn. 17; EuGH v. 10.2.1988 – C-324/86 – Daddy's Dance Hall, Slg. 1988, S. 739 Rn. 9.

569 Zu den divergierenden Sprachfassungen *Grau/Hartmann*, in: Preis/Sagan, Rn. 15.59; *Jöst*, S. 19; *Willemsen*, NJW 2011, 1546; EUArbR/*Winter*, Art. 1 RL 2001/23/EG Rn. 35.

570 EuGH v. 21.10.2010 – C-242/09 – Albron Catering, NZA 2010, 1225 Rn. 21.

571 BAG v. 23.3.2017 – 8 AZR 91/15, BB 2017, 2172 Rn. 22.

gen Organisationseinheit abhängig. Für die Stellung als Betriebsinhaber kann dabei nicht ausschließlich die Ausübung des fachlichen Weisungsrechts maßgeblich sein. Denn dieses ist auf Tatbestandsebene bloß in solchen Unternehmen beachtlich, die im Wesentlichen durch die menschliche Arbeitskraft geprägt sind. Vom Grundatz her muss die betriebliche Leitungsmacht weiter verstanden werden, nämlich als die Möglichkeit, auf den Kern des zur Wertschöpfung erforderlichen Funktionszusammenhangs zuzugreifen und diesen nach außen hin erkennbar für eigene Zwecke auszunutzen.[572] Das Verständnis von der übergangsfähigen Einheit als unternehmerischem Bereich lässt sich auch historisch belegen: Bereits § 25 des „Entwurf eines Allgemeinen Arbeitsvertragsgesetzes" von 1923, der erstmals allgemein den gesetzlichen Übergang der Arbeitsverhältnisse vorsah, hatte an die Veräußerung eines Unternehmens angeknüpft.[573] Dass dieses Verständnis auch der heutigen Betriebsübergangsrichtlinie nicht fern liegt, zeigt sich anhand des zentralen Art. 1 Abs. 1 lit. b RL 2001/23/EG, der die übergehende Einheit als eine wirtschaftliche beschreibt.[574]

Um die für den Betriebsinhaber (besser: Unternehmensinhaber) maßgebliche eigenverantwortliche Leitungskompetenz zu veranschaulichen, kann zudem ein Vergleich mit dem dinglichen Besitz fruchtbar gemacht werden:[575] Der Betriebsinhaber übt sozusagen die tatsächliche (Sach-)Herrschaft über die Faktoren aus, die die Identität der Einheit prägen. Welche Faktoren dies sind, richtet sich nach der Art der übergehenden Einheit. So sind für die Wertschöpfung im produzierenden Gewerbe vor allem das Auftreten in den vertraglichen Verbindungen zu Zulieferern und Kunden maßgeblich, im Dienstleistungssektor hingegen die Steuerung des eigenen Personals. Erforderlich ist letztlich, dass die Einheit nach den Vorstellungen ihres Inhabers aus sich heraus in der Lage ist, den ihr zugewiesenen Zweck zu verwirklichen.[576] Hierzu ist die Ausübung des fachlichen Weisungsrechts ein wesentlicher Aspekt – jedoch nicht der einzig beachtliche.[577] Dies verdeutlicht auch das Urteil in der Rs. *Ellinika Nafpigeia*, in dem der EuGH die funktionelle Autonomie eines Produktionsbetriebs da-

572 *Jochums*, S. 55.

573 Abgedruckt bei *Ramm*, S. 137.

574 Vgl. *Jochums*, S. 50, der ein unternehmensbezogenes Verständnis von Betrieb und Betriebsteil gleichwohl ablehnt.

575 Vgl. *Altmeppen*, in: MüKo-AktG, § 292 Rn. 99; *Seiter*, Betriebsinhaberwechsel, S. 41.

576 *B. Gaul*, Betriebs- und Unternehmensspaltung, § 6 Rn. 131.

577 a.A. wohl *Sagan/Brockenfeld*, AP RL 2001/23/EG Nr. 23.

durch charakterisierte, dass dieser selbstständig auf für seine Geschäftstätigkeit erforderliche Betriebsmittel zugreifen bzw. sich diese beschaffen könne.[578]

Der Inhalt der betrieblichen Leitungsmacht ist zudem kongruent zum „Betrieb[579] [eines] Unternehmens" entsprechend der Betriebspacht, Betriebsüberlassung und Betriebsführung nach § 292 Abs. 1 Nr. 3 AktG.[580] Betriebspacht und Betriebsüberlassung sind dadurch gekennzeichnet, dass der Pächter bzw. der Übernehmende durch die Einräumung der eigenverantwortlichen Leitungskompetenz in die Lage versetzt wird, das Unternehmen im eigenen Namen und für eigene Rechnung zu betreiben. Obgleich das sachliche Substrat beim Verpächter bzw. Überlassenden verbleibt, kommt es zu einem Wechsel des Betriebsinhabers. Ein Betriebsübergang liegt vor.[581] Noch offensichtlicher tritt der Zusammenhang zwischen den genannten Unternehmensverträgen und dem Betriebsübergang beim Betriebsführungsvertrag zu Tage.[582] Betriebsführungsverträge werden häufig auch als Managementverträge bezeichnet, da durch sie eine unternehmerische Leitung „eingekauft" wird.[583] Hierzu unterstellt die abhängige Gesellschaft ihre Betriebsmittel und Arbeitnehmer dem Weisungsrecht und der Disposition eines externen Betriebsführers. Ob hierdurch der Anwendungsbereich des § 613a Abs. 1 S. 1 BGB eröffnet wird, richtet sich danach, ob diese Leitung stellvertretend im Namen der Eigentümergesellschaft (echter Betriebsführungsvertrag) oder aber im Namen des Betriebsführers (unechter Betriebsführungsvertrag) ausgeübt wird.[584] Ausschließlich in

---

578 EuGH v. 13.6.2019 – C-667/17 – Ellinika Nafpigeia, NZA 2019 889 Rn. 69 f.; vgl. hierzu bereits die Ausführungen unter 1. Kap. B. III. 1. b) aa) (1).

579 I.S.v.Betreiben.

580 *Birk*, ZGR 1984, 23, 31.

581 LAG BaWü v. 16.3.2016 – 21 Sa 19/15 -, juris Rn. 133; LAG Köln v. 17.8.2012 – 10 Sa 1347/11 –, juris Rn. 31; *Emmerich*, in; Emmerich/Habersack KonzenR-Komm, § 292 AktG Rn. 40; *Richter*, in: MHdb ArbR, Bd. 1, § 23 Rn. 13; *Seiter*, Betriebsinhaberwechsel, S. 44 f.; HWK/*Willemsen*, § 613a BGB Rn. 60.

582 Vgl. nur HWK/*Willemsen*, § 613a BGB Rn. 43; siehe zu Betriebsführungsverträgen als Gestaltungsmittel von Matrixorganisationen auch 3. Kap. B. II. 2. c).

583 *Emmerich/Habersack*, KonzernR StudB, § 15 Rn. 19.

584 BGH v. 5.10.1981 – II ZR 203/80, NJW 1982, 1817; *Fenzl*, Der Konzern 2006, 18, 23; *Köhn*, Der Konzern 2011, 530, 531; *Koppensteiner*, in: KK-AktG § 292 Rn. 81; *Krieger*, in: MHdB GesR IV, § 73 Rn. 35; *Priester*, in: FS Hommelhoff, S. 875, 876; *Veelken*, S. 17.

letztgenannter Konstellation löst die Betriebsführungsgesellschaft die Eigentümergesellschaft als Betriebsinhaberin ab.[585]

Aufgrund des Gesagten lassen sich die folgenden Schlüsse ziehen. Erstens: Die dem Betriebsinhaber zustehende eigenverantwortliche Leitungskompetenz ist eine unternehmerische, die sich auf die Koordination und Verwertung eines Wertschöpfungszusammenhangs bezieht. Zweitens: Eine Person kann diese, dem Betriebsinhaber originär zustehende Leitungskompetenz ausüben, ohne selbst zum Betriebsinhaber zu werden und damit die Rechtsfolgen des § 613a BGB auszulösen. Maßgeblich ist, in wessen Namen die Betriebsleitungsmacht ausgeübt wird. Übertragen auf die funktionelle Autonomie bedeutet dies, dass nur solche Faktoren einen Betriebsteil im Sinne des § 613a Abs. 1 S. 1 BGB bilden, die von einer Instanz im Namen des Betriebsinhabers zu einem Wertschöpfungszusammenhang koordiniert und verwertet werden.

bb) Funktionelle Verknüpfung

Während die funktionelle Autonomie die beim Veräußerer zum Zeitpunkt des Übergangs bestehende organisatorische Selbstständigkeit der wirtschaftlichen Einheit verlangt, erfordert das Kriterium der funktionellen Verknüpfung die Beibehaltung eines Funktionszusammenhangs beim Erwerber, der es rechtfertigt, ihn mit der gesetzlichen Vertragsübernahme zu belasten. Anders gewendet: Die funktionelle Autonomie beschreibt die hinreichende Organisation des Transferobjekts vor dem Übergang, die funktionelle Verknüpfung diejenige danach. Der Übergang im Sinne des Art. 1 Nr. 1 lit. b RL 2001/23/EG soll von der Konstellation abgegrenzt werden, dass der Erwerber einzelne Betriebsmittel, nicht jedoch deren organisatorischen Zusammenhang – sprich: deren funktionelle Verknüpfung – übernimmt. Dem liegt der Gedanken zugrunde, dass der durch gesetzlich angeordnete Vertragsübernahme bewirkte Eingriff in die unternehmerische Freiheit des Erwerbers nur dann gerechtfertigt ist, wenn er das wirtschaftliche Substrat aus der übergegangenen Einheit zieht, das heißt durch die Übernahme einen Vorteil gegenüber solchen Wettbewerbern erlangt, die eine entsprechende Organisation vollständig selbst aufbauen müssen. Maßgeblich ist also die Nutzung der vom Veräußerer geschaffenen Koordinationsleistung durch den Erwerber, die es rechtfertigt, den neuen Inhaber

585 Zwischen einer unmittelbaren und mittelbaren Verantwortlichkeit für den Betrieb hat *Molitor*, Arbeitnehmer und Betrieb, S. 11 f. bereits 1929 differenziert.

mit dem gesetzlichen Übergang der Arbeitsverhältnisse zu belasten. Der Erwerb der wirtschaftlichen Einheit ermöglicht es dem neuen Inhaber, einen Wertschöpfungszusammenhang einfach zu übernehmen, anstatt ihn selbst aufbauen zu müssen.[586] Dies ist gemeint, wenn davon gesprochen wird, der Erwerber müsse sich nur noch ins gemachte Bett legen.[587]

Das Kriterium der funktionellen Verknüpfung verfolgt bezüglich des Tatbestandsmerkmals „Übergang" denselben Zweck wie das der funktionellen Autonomie bezüglich der wirtschaftlichen Einheit.[588] Gleichwohl ist zwischen beiden zu differenzieren, da es einem Betriebsübergang nicht entgegensteht, wenn die beim Veräußerer bestehende funktionelle Autonomie vom Erwerber nicht vollständig beibehalten wird.[589] In diesen Konstellationen ist mittels des Kriteriums der funktionellen Verknüpfung zu untersuchen, ob die beim Erwerber fortbestehende Koordinationsleistung des Veräußerers genügt, um die Rechtsfolgenanordnung des § 613a BGB auszulösen. Übernimmt der Erwerber die Betriebsmittel hingegen unter vollständiger Beibehaltung der beim Veräußerer vorhandenen Organisation, wird die funktionelle Verknüpfung bereits durch Übernahme der einheitlichen Leitung bewirkt, so dass der funktionellen Verknüpfung keine eigenständige Bedeutung zukommt.

Im einführenden Abschnitt dieses Kapitels wurde erläutert, dass sich die Wertschöpfung einer Organisation durch die Integration verschiedener Teilzwecke ergibt und zu deren Verfolgung Abteilungen gebildet werden.[590] Entsprechend der im deutschen Arbeitsrecht gängigen Terminologie liegt ein Wertschöpfungszusammenhang im Sinne einer funktionellen Verknüpfung folglich vor, wenn die übertragenen Faktoren zur Verfolgung desselben Betriebszwecks eingesetzt werden.[591] Um das Kriterium in

586 Staudinger-BGB/*Annuß*, § 613a BGB Rn. 49.*Willemsen*, NZA 2017, 953, 958.

587 Vgl. BAG v. 24.8.2006 – 8 AZR 317/05, NZA 2007, 1287 Rn. 55; BAG v. 6.4.2006 – 8 AZR 249/04, NZA 2006, 1039 Rn. 26.

588 Vgl. LAG Düsseldorf v. 10.8.2007 – 9 Sa 303/07, BeckRS 2007, 48392, das seine Vorlagefrage in der Rs. Klarenberg weniger auf das Tatbestandsmerkmal „Betriebsteil", sondern vielmehr auf dessen Übergang bezogen hatte.

589 EuGH v. 13.6.2019 – C-667/17 - Ellinika Nafpigeia, NZA 2019 889 Rn. 64; BAG v. 13.10.2011 – 8 AZR 455/10, NZA 2012, 504 Rn. 37; ebenso BAG v. 10.11.2011 – 8 AZR 546/10, NZA 2012, 509 Rn. 21; vgl. auch EuGH v. 12.2.2009 – C-466/07 – Klarenberg, NZA 2009, 251 Rn. 53, wonach selbst die vollständige Eingliederung in die Organisation des Erwerbers einem Betriebsübergang nicht entgegenstehen sollte.

590 Hierzu unter 1. Kap. A.

591 HWK/*Willemsen*, § 613a BGB Rn. 15; vgl. auch BAG v. 22.1.2009 – 8 AZR 158/07, NZA 2009, 905 Rn. 19.

der Praxis handhabbar zu machen, hilft die Feststellung irgendeines gemeinsamen Zwecks jedoch nicht weiter.[592] Denn in der Wertschöpfungskette verfolgt jedes Betriebsmittel für sich einen eigenen Zweck wie auch sämtliche Betriebsmittel der Organisation einen gemeinsamen Zweck verfolgen.

Um zu beantworten, ob Betriebsmittel hinreichend miteinander verknüpft sind, ist vielmehr bezüglich des Betriebszwecks der kleinste gemeinsame Nenner zwischen den übertragenen Faktoren zu ermitteln. Anschließend muss beantwortet werden, ob der die Faktoren verbindende Zusammenhang auch beim Erwerber beibehalten wurde und dieser gewichtig genug ist, um die Belastung des Erwerbers mit den Rechtsfolgen eines Betriebsübergangs zu rechtfertigen.[593] Denn angesichts der durch Art. 16 GRC bzw. Art. 12 Abs. 1 GG geschützten Unternehmerfreiheit bedarf die mit dem Übergang des Arbeitsverhältnisses verbundene Belastung des Erwerbers einer sachlichen Rechtfertigung. Der EuGH erhebt den „*gerechten Ausgleich zwischen den Interessen der Arbeitnehmer einserseits und denen des Erwerbers andererseits*“ gar zum Schutzzweck der RL 2001/23/EG.[594] Eine funktionelle Verknüpfung und damit ein Betriebsübergang ist folglich abzulehnen, wenn der Erwerber die übernommenen Faktoren zu einem anderen Zweck einsetzt oder aber die wirtschaftliche Tätigkeit des Veräußerers fortführt, ohne hierfür die Wechselbeziehung der übernommenen Produktionsfaktoren zu nutzen.[595]

3. Gemeinsame wirtschaftliche Einheit mehrerer Unternehmen

Ein Teil der Literatur erkennt die Übergangsfähigkeit einer unternehmensübergreifenden Organisationseinheit an, wenn die beteiligten Unterneh-

592 Vgl. *Salamon/Hoppe*, NZA 2010, 989, 991.

593 Vgl. *Jochums*, S. 51 f.

594 Vgl. nur EuGH v. 27.4.2017 – C-680/15 und C-681/15 – Asklepios, BB 2017, 1150 Rn. 22; EuGH v. 18.7.2013 – C-426/11 – Alemo-Herron, NZA 2013, 835; hierbei missachtet der Gerichtshof jedoch den Unterschied zwischen der Erforschung des Inhalts einer Vorschrift und der Frage, ob dieser Inhalt mit höherrangigem Recht (vorliegend Art. 16 GRC) vereinbar ist. Die Pflicht der Berücksichtigung von Art. 16 GRC macht den gerechten Ausgleich zwischen den Interessen von Erwerbern und Arbeitnehmern nicht zu einem Ziel der RL 2001/23/EG. Denn ansonsten beinhaltete jede Vorschrift die Fiktion des gesetzgeberischen Willens zur Einhaltung höherrangigen Rechts; wie hier *Krause*, in: FS Wank, S. 275, 286; EUArbR/*Winter*, Vorbem. RL 2001/23/EG Rn. 11.

595 *Willemsen/Sagan*, ZIP 2010, 1205, 1212.

men durch einheitliche Führung gemeinsam einen Funktionszusammenhang ausnutzen.[596] Auch das LAG Niedersachsen[597] und das LAG Düsseldorf[598] haben in der Vergangenheit betont, dass ein Betrieb im Sinne des § 613a BGB auch mehrere Erwerber und damit mehrere Inhaber haben könne. In Anlehnung zu dem für das BetrVG und KSchG relevanten gemeinsamen Betrieb mehrerer Unternehmen wird eine solche Einheit im Betriebsübergangsrecht teilweise als „gemeinsame wirtschaftliche Einheit“[599] bezeichnet. Ob eine gemeinsame wirtschaftliche Einheit selbst ein übergangsfähiges Transferobjekt darstellt, oder nur ihre einzelnen Teile, hat insbesondere Relevanz für die Ermittlung des *„Kerns des zur Wertschöpfung erforderlichen Funktionszusammenhangs“*[600]. *Jochums*[601] veranschaulicht dies am Beispiel der Bewachungsunternehmen A und B, die ihren jeweiligen Bewachungsauftrag in einem Forschungszentrum zunächst unter dem Dach einer gemeinsam geleiteten Rahmenorganisation wahrnehmen. Nachdem ein drittes Unternehmen C beide Überwachungsverträge übernommen hat, stellt es hierfür sämtliche im Forschungszentrum beschäftigten Arbeitnehmer des A, aber nur einen Bruchteil der Arbeitnehmer des B ein. Steht fest, dass die von A und B übernommenen Arbeitnehmer zusammengerechnet so viele sind, dass sie nach den Anforderungen der Rechtsprechung *„einen nach Zahl und Sachkunde wesentlichen Teil des Personals“*[602] bilden, findet eine cessio legis der Arbeitsverhältnisse der bislang bei B beschäftigten Arbeitnehmer gemäß § 613a Abs. 1 S. 1 BGB nur statt, wenn die Organisation von A und B als gemeinsame wirtschaftliche Einheit anerkannt würde.

Dies lässt sich mit dem hier vertretenen Betriebs- bzw. Betriebsteilbegriffs nicht vereinbaren. Denn Betrieb und Betriebsteil definieren sich vom Begriff des Betriebsinhabers her, also derjenigen Person, die den Wertschöpfungszusammenhang im eigenen Namen herstellt. Da hierbei aus-

---

596 *B. Gaul*, Betriebs- und Unternehmensspaltung, § 9 Rn. 6; *Jochums*, S. 87.
597 LAG Niedersachsen v. 22.2.2005 – 13 Sa 1316/04 –, juris Rn. 50.
598 LAG Düsseldorf v. 30.8.2016 – 14 Sa 274/16 –, juris Rn. 116.
599 *Jochums*, S. 87.
600 Vgl. nur BAG v. 13.12.2007 – 8 AZR 937/06, NZA 2008, 1021 Rn. 13 m.w.N.
601 *Jochums*, S. 85 f.
602 Vgl. EuGH v. 6.9.2011 – C-108/10 – Scattolon, NZA 2011, 1077 Rn. 62; EuGH v. 29.7.2010 – C-151/09 – UGT-FSP, NZA 2010, 1014 Rn. 29; EuGH v. 10.12.1998 – C-127/96 u.a. – Hernández Vidal, NZA 1999, 253 Rn. 32; BAG v. 25.8.2016 – 8 AZR 53/15, NZA-RR 2017, 123 Rn. 28; BAG v. 21.5.2015 – 8 AZR 409/13, NZG 2016, 35 Rn. 38; BAG v. 22.8.2013 – 8 AZR 521/12, AP BGB § 613a Nr. 444 Rn. 41; BAG v. 23.9.2010 – 8 AZR 567/09, AP BGB § 613a Nr. 389 Rn. 30.

schließlich das Auftreten nach Außen maßgeblich ist, führt etwa die Bildung eines gemeinsamen Betriebs im Sinne des § 1 Abs. 1, 2 BetrVG nach allgemeiner Ansicht nicht zu einem Betriebsübergang auf die entstehende Innengesellschaft.[603] Der Zweck derartiger Innengesellschaften beschränkt sich auf die Koordination der Tätigkeit und des Direktionsrechts der verschiedenen Gesellschaften, betrifft jedoch nicht die Schaffung und Nutzung eines Wertschöpfungszusammenhangs im Außenverhältnis gegenüber Dritten. Das BAG hat mehrfach prägnant formuliert: *„Auf diese Betriebsführungsgesellschaft wird nichts, was die Identität einer wirtschaftlichen Einheit ausmacht, übertragen. Das schließt einen Betriebsübergang auf einen gemeinsamen Betrieb aus.“*[604]

Von der gemeinsamen wirtschaftlichen Einheit mehrerer Unternehmen zu unterscheiden ist das Gemeinschaftsunternehmen[605], in dem sich mehrere Gesellschaften zusammenschließen, um nach Außen gegenüber Arbeitnehmern und Dritten im einheitlichen Namen der geschaffenen Organisationseinheit aufzutreten. In dieser Situation entsteht keine Innen-, sondern eine rechtsfähige Außengesellschaft, in deren Namen der Wertschöpfungszusammenhang hergestellt wird. Hierbei handelt es sich jedoch keineswegs um eine wirtschaftliche Einheit mehrerer Betriebsinhaber. Vielmehr ist die entstandene Außengesellschaft selbst die einzige Betriebsinhaberin.[606] Auf sie gehen zuvor mit den beteiligten Unternehmen geschlossene Arbeitsverhältnisse gemäß § 613a Abs. 1 S. 1 BGB über, sofern in ihr deren wirtschaftliche Einheiten zusammenführt werden. Bestanden bei den beteiligten Unternehmen zuvor keine vergleichbaren wirtschaftlichen Einheiten, liegt eine Überlassung der Arbeitnehmer nahe.[607] Anders als eine Innengesellschaft stellt das gemeinsame Unternehmen als Außengesellschaft eine übertragungsfähige Einheit im Sinne des § 613a BGB dar.

---

603 BAG v. 16.2.2006 – 8 AZR 211/05, NZA 2006, 592 Rn. 20; BAG v. 24.2.2000 – 8 AZR 162/99, BeckRS 2009, 67932; BAG v. 26.8.1999 – 8 AZR 588/98, BeckRS 1999, 30780253; Staudinger-BGB/*Annuß*, § 613a Rn. 102; *Bonanni*, Gemeinsamer Betrieb, S. 253; BeckOK-ArbR/*Gussen*, § 613a BGB Rn. 46a; MüKo-HGB/*von Hoyningen-Huene*, § 59 HGB Rn. 18a; HWK/*Willemsen*, § 613a BGB Rn. 45; WHSS/*Willemsen*, Kap. G Rn. 82.

604 BAG v. 16.2.2006 – 8 AZR 211/05, NZA 2006, 592 Rn. 20; vgl. auch BAG v. 24.2.2000 – 8 AZR 162/99, BeckRS 2009, 67932 unter II 2 a); BAG v. 26.8.1999 – 8 AZR 588/98, BeckRS 1999, 30780253 unter B 1 b aa).

605 Vgl. *Tucci*, Arbeitnehmermobilität, S. 177.

606 Vgl. *Windbichler*, Arbeitsrecht im Konzern, S. 289.

607 *Hamann*, in, Schüren/Hamann, § 1 AÜG Rn. 76.

4. Zwischenergebnis

Sowohl der Betriebs- als auch der Betriebsteilübergang beziehen sich gleichermaßen auf die Übertragung eines in sich geschlossenen Wertschöpfungszusammenhangs, der durch den Erwerber ohne eigene Koordinationsleistung übernommen werden kann. Dies hat der EuGH weit vor dem BAG erkannt und als Gegenstand der Transaktion die „wirtschaftliche Einheit" bezeichnet, die nunmehr in Art. 1 lit. b RL 2001/23/EG kodifiziert ist. Er charakterisiert die wirtschaftliche Einheit dabei als eine funktionelle Verknüpfung von Betriebsmitteln, die funktionell autonom geleitet wird. Da damit nicht nur die personellen Betriebsmittel gemeint sind, sondern auch alle sonstigen Aktiva und Passiva, kann nicht – wie im BetrVG – allein auf die Ausübung der unmittelbaren Leitungsmacht *gegenüber den Arbeitnehmern* abgestellt werden. Im Betriebsübergangsrecht muss die Leitungsmacht daher *unternehmensbezogen* verstanden werden als die Möglichkeit, auf den Kern des zur Wertschöpfung erforderlichen gesamten Funktionszusammenhangs zugreifen und diesen nach außen hin erkennbar für eigene Zwecke ausnutzen zu können.[608]

Innerhalb dieses monistischen Verständnisses des EuGH ist eine Differenzierung zwischen dem Betrieb und dem Betriebsteil entsprechend dem Wortlaut der deutschen Umsetzungsnorm des § 613a Abs. 1 S. 1 BGB weiterhin möglich. Als Betrieb im Sinne des § 613a Abs. 1 S. 1 BGB ist der *gesamte* unternehmerische Bereich eines Rechtsträgers, mithin des Betriebs- oder eigentlich besser Unternehmensinhabers, zu verstehen, in dessen Namen die betriebliche Leitungs- und Organisationsbefugnis ausgeübt wird. Die funktionelle Autonomie und Verknüpfung dieser Einheit als Gesamtgefüge ist stets gegeben. Geht jedoch nur ein Teil dieser Gesamtheit auf den Erwerber über, muss für diesen Teil gesondert gefragt werden, ob er in sich funktionell verknüpft ist und beim Veräußerer der Disposition einer einheitlichen Instanz (Betriebsführer) unterstand, die ihre Leitungsmacht zwar im Namen des Betriebsinhabers ausübte, dabei aber trotzdem funktionell autonom handeln konnte. Die Stellung von Betriebsinhaber und Betriebsführer unterscheidet sich demnach nur insofern, als dass dem Betriebsinhaber die Leitungsmacht originär zusteht, der Betriebsführer sie dagegen in fremdem Namen und für eine kleinere Einheit ausübt. Der Inhalt dieser Leitungsmacht im Sinne der funktionellen Autonomie ist dagegen in beiden Fällen deckungsgleich.

---

608 *Jochums*, S. 55.

Behält die übergehende Einheit auch beim Erwerber ihre funktionelle Autonomie bei, ist das Kriterium der funktionellen Verknüpfung zwangsläufig erfüllt – denn die Betriebsmittel werden gerade durch die der Selbstständigkeit zugrundeliegende einheitliche Leitung miteinander verknüpft. Gliedert der Erwerber das Transferobjekt hingegen strukturell in die bei ihm bereits bestehende Organisation ein, gilt es zu fragen, ob er die funktionelle Verknüpfung der übernommenen Betriebsmittel beibehalten hat. In diesem Fall bezieht sich das Kriterium der funktionellen Verknüpfung auf das Tatbestandsmerkmal des identitätswahrenden Übergangs, nicht auf das des Betriebs bzw. Betriebsteils als Transferobjekt.

C. *Systematisierung*

Mit Ausnahme des Betriebs des Massenentlassungsrechts (§ 17 Abs. 1 KSchG) lassen sich die hier untersuchten, vom Gesetzgeber als Betrieb bezeichneten Einheiten anhand betriebswirtschaftlicher Organisationsentscheidungen bestimmen. Es handelt sich jeweils um die Zusammenfassung von Betriebsmitteln durch Unterstellung unter eine nach außen entscheidungsbefugte Instanz. Unterschiede ergeben sich jedoch bereits daraus, dass es sich bei den maßgeblichen „Betriebsmitteln“ im Sinne des § 1 BetrVG und des § 1 Abs. 3 KSchG nur um Arbeitnehmer handelt, während für die wirtschaftliche Einheit des Betriebsübergangsrecht auch sachliche und immaterielle Betriebsmittel maßgeblich sind. Diese Divergenz drückt sich auch im Inhalt derjenigen Kompetenzen aus, die von der jeweils maßgeblichen Instanz ausgeübt werden. So sind im Betriebsverfassungsrecht und im Rahmen der kündigungsschutzrechtlichen Sozialauswahl die mitbestimmungsrelevanten Angelegenheiten entscheidend, die einerseits die Durchführung der Arbeitsleistung betreffen können (ausgeübt durch das sogenannte fachliche Weisungsrecht), vor allem aber die personellen und sozialen Angelegenheiten der Arbeitnehmer (sogenannte Disziplinarrechte). Den „Betrieb“ und „Betriebsteil“ im Sinne des § 613a BGB konstituiert hingegen die Verantwortlichkeit für die Schaffung eines Wertschöpfungszusammenhangs, weshalb es für sie auf eine unternehmerische Entscheidungskompetenz ankommt. Gegenüber den Arbeitnehmern drückt sich diese durch die Konkretisierung des Inhalts der Arbeitsleistung (sogenanntes inhaltliches Weisungsrecht) aus, die aufgrund der von Art. 12 Abs. 1 GG geschützten Unternehmerfreiheit grundsätzlich der betrieblichen Mitbestimmung entzogen ist.

Ein weiterer Unterschied zwischen dem betriebsverfassungsrechtlichen und kündigungsschutzrechtlichen (§ 1 Abs. 3 KSchG) Betriebsbegriff auf der einen und dem des Betriebsübergangsrechts auf der anderen Seite ergibt sich daraus, dass die Person des Betriebsinhabers nur im Rahmen des § 613a BGB maßgeblich ist. So besteht für das den betriebsverfassungsrechtlichen Betrieb (vgl § 1 Abs. 2 BetrVG) und den kündigungsschutzrechtlichen Betrieb der Sozialauswahl (vgl. § 322 UmwG) die Möglichkeit einer von mehreren Unternehmen gemeinsam geführten Organisationseinheit, nicht aber für die wirtschaftliche Einheit im Sinne des § 613a BGB, die durch die rechtliche Selbstständigkeit ihres Inhabers begrenzt wird.

Keine eigenständigen Organisationseinheiten, sondern bloße Organisations*teile* sind hingegen der selbstständige Betriebsteil im Sinne des § 4 Abs. 1 S. 1 Nr. 1 BetrVG sowie der Betrieb im Sinne des § 17 Abs. 1 KSchG. Innerhalb diesen müssen keinerlei Leitungsbefugnisse ausgeübt werden. Vielmehr konstituieren sie sich allein anhand räumlicher Aspekte, nämlich der Entfernung zum Betriebssitz des Hauptbetriebs (§ 4 Abs. 1 S. 1 Nr. 1 BetrVG) bzw. der Beschäftigung innerhalb desselben Zuständigkeitsbereichs einer Agentur für Arbeit.

2. Kapitel: Betriebsgrenzen als Organisationsgrenzen

Jedenfalls für das BetrVG und das KSchG mag es auf den ersten Blick verwundern, dass die Betriebszugehörigkeit in der vorliegenden Arbeit in einem separaten Kapitel und nicht im Rahmen der Auseinandersetzung mit den Betriebsbegriffen behandelt wird. Denn sowohl der Betrieb im Sinne des § 1 BetrVG als auch der des § 1 Abs. 3 KSchG setzen sich ausschließlich aus Arbeitnehmern zusammen[609] – nicht hingegen aus Betriebsmitteln – weshalb deren Zuordnung einen erheblichen Einfluss auf den Betrieb selbst hat. Gleichwohl soll der Betriebszugehörigkeit ein eigener Abschnitt gewidmet werden, um die Notwendigkeit einer teleologischen Konkretisierung ihrer Kriterien herauszustellen.

Nach mittlerweile tradierter Vorstellung konstituierte sich eine erwerbswirtschaftliche Organisation[610] ausschließlich anhand arbeits- bzw. gesellschaftsrechtlicher Vertragsbeziehungen zwischen den einzelnen Organisationsmitgliedern.[611] Die so entstandene Hierarchie ließ sich vergleichsweise einfach gegenüber der Außenwelt – dem Markt – abgrenzen: Sollten Aufgaben mittels arbeits- oder gesellschaftsrechtlicher Verträge erfüllt werden, integrierte man die Vertragspartner in die eigene Organisationshierarchie, weshalb die Geschäftsleitung und die Arbeitnehmer zu Mitgliedern der Organisation wurden. Die Mitgliedschaft ist aus Sicht der Organisation insbesondere dadurch geprägt, dass der Organisation bzw. ihren Vertretern das Recht zur weiteren Präzisierung von Anforderungen und Vorgaben eingeräumt wurde.[612] Bediente man sich zur Aufgabenerfüllung hingegen freier Dienst-, Werk- oder Kaufverträge, handelte man auf dem

---

609 Historisch überholt ist die Auffassung von *Hueck*, in: Hueck/Nipperdey, ArbR I, 7. Aufl. 1963, S. 93, wonach der betriebsverfassungsrechtliche Betrieb auch ohne Arbeitnehmer bestehen könne, da Arbeitskräfte nicht mit sonstigen Bestandteilen gleichgestellt werden dürften; hiergegen bereits *Sinzheimer*, Grundzüge, S. 216; vgl. auch *Preis*, RdA 2000, 257, 258 m.w.N.

610 Nicht verschwiegen werden sollen abweichende soziologische Organisationsbegriffe, die – besonders weitgehend - auch externe Berater und Kunden der Organisation zuordnen oder aber – eng – Mitarbeiter nicht der als Mitglieder der Organisation, sondern Teil deren Umwelt verstehen, hierzu *Kieser/Walgenbach*, S. 11.

611 *Kieser/Walgenbach*, S. 12; *Picot/Reichwald*, ZfB 64 (1994), 547, 548.

612 *Kieser/Walgenbach*, S. 15; *Tacke*, in: Managementforschung 7, S. 1, 6.

Markt, der sich jenseits der Organisationsgrenzen befand. Im Arbeitsrecht fand die beschriebene Dichtomie von Hierarchie und Markt ihren Ausdruck in der sogenannten Zwei-Komponenten-Lehre (auch: Kumulationstheorie), die die Zugehörigkeit eines Beschäftigten zu einem bestimmten Betrieb von seiner Eingliederung und einem mit dem Betriebsinhaber geschlossenen Arbeitsvertrag abhängig machte (hierzu unter A.).

Insbesondere seit Anfang der 1990er-Jahre wird die strikte Grenzziehung zwischen Organisation und Markt in der Betriebswirtschaft vermehrt infrage gestellt (hierzu unter B. I.). Denn die Organisations- und Betriebsgrenzen verschwimmen, sobald Beschäftigte in mehrere Organisationen hineinwirken. Die Konstellation betrifft häufig Leiharbeitnehmer, tritt aber auch unternehmensintern auf – etwa bei in Zentralabteilungen eingesetzten Beschäftigten, deren Tätigkeit mehreren anderen Abteilungen oder gar mehreren Gesellschaften eines Konzerns zugute kommt.[613] Die Erkenntnisse der Betriebswirtschaftslehre haben dazu geführt, dass die Arbeitsrechtswissenschaft in vielen Bereichen mittlerweile von der strikten Zwei-Komponenten-Lehre abgerückt ist und einem Betrieb mitunter auch solches Personal zuordnet, das in keiner arbeitsvertraglichen Beziehung zu dessen Inhaber steht (hierzu unter B. II.).

A. Die klassische Zwei-Komponenten-Lehre

In allen drei hier untersuchten Teilrechtsgebieten wird die Betriebszugehörigkeit anhand derselben Begrifflichkeiten beschrieben. Stets setzt sie die *Eingliederung* des Arbeitnehmers in den Betrieb voraus; grundsätzlich zudem einen mit dem Betriebsinhaber bestehenden *Arbeitsvertrag*.[614] Wie auch für den Betriebsbegriff ist die Parallelität der Zuordnungskriterien in ihrem Ausgangspunkt folgerichtig: Denn stets geht es um die Zuordnung zu einer Organisationseinheit (abgebildet durch die Komponente „Eingliederung"), die zur Anwendung arbeitsrechtlicher Rechtsfolgen führt (abgebildet durch das Erfordernis eines Arbeitsvertrags).[615] Der terminologische Gleichklang darf jedoch nicht mit einer inhaltlichen Synchronität der Be-

---

613 Vgl. insb. unter 2. Kap. A. III. zur Zuordnung von in Zentralabteilungen eingesetzten Arbeitnehmern i.R.d. Betriebsübergangangs.

614 Für das BetrVG vgl. nur BAG v. 13.3.2013 – 7 ABR 69/11, NZA 2013, 789; für das KSchG BAG v. 28. 10. 2004 – 8 AZR 391/03, NZA 2005, 285; für § 613a BGB BAG v. 21.6.2012 – 8 AZR 181/11, NZA-RR 2013, 6.

615 Vgl. *Bittmann/Weise*, DB 2018, 2114, 2118, die diese Differenzierung i.R.d. Einstellung nach § 99 Abs. 1 BetrVG vornehmen.

grifflichkeiten verwechselt werden. Dass die Voraussetzungen der Eingliederung und des Arbeitsvertrags in den genannten Gebieten dieselbe Funktion verfolgen, bedeutet nicht, dass sie nach denselben Kriterien zu konkretisieren sind. Vielmehr spiegeln sie den Betriebs- bzw. Arbeitnehmerbegriff des jeweiligen Teilrechtsgebiets wieder und sind folglich parallel zu diesen zu bestimmen.

I. Betriebsverfassungsrecht

Die mit der betrieblichen Repräsentation verbundenen Rechte und Pflichten setzen eine Zugehörigkeit des Arbeitnehmers zum betreffenden Betrieb voraus. Dies zeigt sich unter anderem an der 2001 vorgenommenen Neuformulierung des § 7 S. 1 BetrVG, wonach nur Arbeitnehmer *des Betriebs* wahlberechtigt sind. Gemäß § 8 Abs. 1 S. 1 BetrVG setzt das passive Wahlrecht voraus, dass die Wahlberechtigten dem Betrieb seit mindestens sechs Monaten *angehören*. Unabhängig vom Gesetzestext ergibt sich das Tatbestandsmerkmal der Betriebszugehörigkeit bereits aus demokratischen Grundprinzipien: Die Legitimation eines Vertretungsorgans wie des Betriebsrats liegt allein in der Wahl durch die von ihm Vertretenen – also die Betriebszugehörigen – begründet.[616] Umgekehrt ist der betriebszugehörige Arbeitnehmer an die für diesen geltenden Normen und Entscheidungen des Betriebsrats gebunden.[617]

Welcher betriebsratsfähigen Einheiten der Arbeitnehmer zuzuordnen ist, hat unter anderem Relevanz für sein aktives (§ 7 S. 1 BetrVG) und passives (§ 8 Abs. 1 BetrVG) Wahlrecht sowie die Berechnung von Schwellenwerten (vgl. §§ 1, 9, 38, 60, 106, 111 BetrVG). Auch die Berechtigung zur Teilnahme an Betriebsversammlungen (§§ 42, 44 Abs. 1 BetrVG) sowie die Anwendbarkeit von Betriebvereinbarungen (§ 77 Abs. 4 S. 1 BetrVG) setzen die Zugehörigkeit zum Betrieb voraus. Die Zuordnung zu einer bestimmten betriebsratsfähigen Einheit erfordert als Einstellung im Sinne des § 99 Abs. 1 S. 1 Var. 1 BetrVG zudem die Zustimmung des jeweiligen Betriebsrates.

Unzweifelhaft ist ein Arbeitnehmer einem bestimmten Betrieb zuzuordnen, wenn er sowohl mit dessen Inhaber einen Arbeitsvertrag geschlossen

616 Vgl. *Kreutz*, in: GS D. Schultz, S. 209; *Schuster*, Betriebszugehörigkeit, S. 62.
617 *Gamillscheg*, Kollektives ArbR I, S. 64.

hat als auch in den betreffenden Betrieb eingegliedert ist.[618] Streitig ist hingegen bereits, ob eine solche Eingliederung von der Befolgung des Betriebszwecks durch den Arbeitnehmer, der Weisungszuständigkeit der Betriebsleitung für den Arbeitnehmer oder einer Kombination aus beidem abhängig ist.[619] Ebenfalls umstritten ist, inwieweit es eines rechtlichen Bandes zwischen Betriebsinhaber und dem zuzuordnenden Arbeitnehmer bedarf.[620]

1. Erfordernis eines Arbeitsvertrags

Jedenfalls bis zur Entscheidung vom 5.12.2012[621] lag der Rechtsprechung des BAG die sogenannte Zwei-Komponenten-Lehre zugrunde. Demnach musste kumulativ zum tatsächlichen Element der Eingliederung zwingend ein Arbeitsvertrag mit dem Betriebsinhaber bestehen.[622] Aufgrunddessen hatte das BAG beispielsweise zunächst die Berücksichtigung von Leiharbeitnehmern im Rahmen der gewerbsmäßigen Arbeitnehmerüberlassung[623] und der nicht gewerbsmäßigen Konzernleihe[624] bei der Berechnung der Betriebsratsgröße (§ 9 BetrVG) abgelehnt.

Nur vereinzelt wurde das Erfordernis eines der beiden Elemente infrage gestellt. So ließ das BAG in einer Entscheidung aus dem Jahr 1977 offen, ob zumindest für das aktive Wahlrecht nach § 7 BetrVG bereits die arbeitsvertragliche Beziehung zwischen Arbeitnehmer und Betriebsinhaber ausreichen könne.[625] Auch manch ältere Kommentierung stellte – unter Verzicht auf das Merkmal der Eingliederung – allein auf den Arbeitsvertrag

618 Vgl. BAG v. 13.5.2014 – 1 ABR 50/12, NZA 2014, 1149; LAG Hamm v. 30.6.2015 – 7 Ta BV 71/14; Düwell/*Brors*, § 7 BetrVG Rn. 5; *Kreutz*, in: GS D. Schultz, S. 209, 210.

619 Hierzu unter 2. Kap. A. I. 2.

620 Hierzu unter 2. Kap. A. I. 1.

621 BAG v. 5.12.2012 – 7 ABR 48/11, NZA 2013, 793; zur Änderung der Rechtsprechung siehe unter 2. Kap. B II 1 a).

622 BAG v. 20.4.2005 – 7 ABR 20/04, NZA 2005, 1006 unter II 1 der Gründe; BAG v. 10.3.2004 - 7 ABR 49/03, NZA 2004, 1340; BAG v. 16.4.2003 – 7 ABR 53/02, AP BetrVG 2002 § 9 Nr. 1 unter II 2 a) aa) der Gründe; BAG v. 18.1.1989 – 7 ABR 21/88, AP BetrVG 1972 § 9 Nr. 1 unter B II 1 b).

623 BAG v. 16.4.2003 – 7 ABR 53/02, NZA 2003, 1345.

624 BAG v. 10.3.2004 – 7 ABR 49/03, NZA 2004, 1340.

625 BAG v. 28.11.1977 – 1 ABR 40/76, AP BetrVG 1972 § 8 Nr. 2 unter II 2 a).

zum Betriebsinhaber ab.[626] Unberücksichtigt blieb hierbei, dass ein Unternehmen aus mehreren Betrieben bestehen kann, so dass die arbeitsvertragliche Beziehung keinerlei Aussagekraft bezüglich der konkreten Zuordnung zu einem dieser Betriebe aufweist.[627] Durch die Reform des BetrVG im Jahr 2001[628] wurde der Wortlaut des § 7 S. 1 BetrVG zudem dahingehend ergänzt, dass es sich bei den aktiv wahlberechtigten Arbeitnehmern um solche *„des Betriebs“* handeln muss. Hierdurch sollte klargestellt werden, dass grundsätzlich nur Arbeitnehmer, die zur Belegschaft des Betriebs gehören, zum Betriebsrat wahlberechtigt sind.[629] Auch § 323 Abs. 2 UmwG, wonach die durch einen Interessensausgleich erfolgte Zuordnung infolge von Unternehmensverschmelzungen, -spaltungen oder Vermögensübertragung durch die Arbeitsgerichte nur auf grobe Fehlerhaftigkeit überprüfbar ist, zeigt, dass die Zuordnung zu einem bestimmten Betrieb erforderlich sein kann und nicht bereits durch den Arbeitsvertrag erfolgt.[630] Folglich wird die ausschließlich auf den Arbeitsvertrag gestützte Begründung der Betriebszugehörigkeit nicht mehr vertreten.

Konträr zur reinen Vertragslehre wurde in der Literatur bereits früh darauf hingewiesen, dass die Betriebszugehörigkeit – insbesondere in Fällen der Arbeitnehmerüberlassung – nicht zwingend auf einem mit dem Betriebsinhaber geschlossenen Arbeitsvertrag zurückgeführt werden könne.[631] Dies wurde insbesondere damit begründet, dass der Betrieb als solcher nicht rechtsfähig sei und eine eventuelle Rechtsbeziehung zwischen Arbeitnehmer und Unternehmen (Betriebsinhaber) nichts darüber aussage, welchem von eventuell mehreren im Unternehmen bestehenden Betrieben der Arbeitnehmer zuzuordnen sei.[632] *Trümner* stellt zudem auf den Wortlaut des § 7 S. 1 BetrVG ab, der von *„Arbeitnehmer des Betriebs“* und

626 GK-BetrVG/*Thiele*, 2. Aufl. 1978, § 7 Rn. 7; *Schlochauer*, in: Kamann/Hess/Schlochauer (1979), § 7 BetrVG Rn. 3.

627 *Kreutz*, in: GS D. Schultz, S. 209, 210; *Schuster*, Betriebszugehörigkeit, S. 382 f.

628 Gesetz zur Reform des Betriebsverfassungsgesetzes (BetrVerf-Reformgesetz) v. 23.7.2001, BGBl. I, S. 1852.

629 BT-Drs. 14/5741, S. 36.

630 BAG v. 5.12.2012 – 7 ABR 48/11, NZA 2013, 793 Rn. 18; *Linsenmaier/Kiel*, RdA 2014, 135, 136.

631 *Boemke*, Schuldvertrag, S. 303 f.; DKKW/*Homburg*, § 7 Rn. 5; *Reichold*, NZA 2001, 857, 861; *Richardi*, in: FS Wank, S. 465, 467; *Rüthers/Bakker*, ZfA 1990, 245, 306 ff.; *Säcker/Joost*, Betriebszugehörigkeit, S. 21; *Säcker*, in: FS Quack, S. 421, 428; DKKW/*Trümner*, § 5 Rn. 25 f.; *Zeuner*, in: FS Hilger/Stumpf, S. 771, 774.

632 *Boemke*, Schuldvertrag, S. 303; *Säcker/Joost*, Betriebszugehörigkeit, S. 21; DKKW/*Trümner*, § 5 Rn. 25 f.

nicht des Betriebsinhabers spreche.[633] Auch das BAG hatte in einer Entscheidung aus dem Jahr 1958 einen Arbeitsvertrag zum Betriebsinhaber für nicht erforderlich gehalten. Zu entscheiden hatte es über die Betriebszugehörigkeit von technischem Personal, das von einer Kommune angestellt, später aber an die städtische Theatergesellschaft überlassen worden war. Das BAG bejahte die Zugehörigkeit der Arbeitnehmer zum Theaterbetrieb, da das Personal den Weisungen der Theaterverwaltung unterstehe und somit seine Arbeitskraft ausschließlich in den Betrieb der Theatergesellschaft, nicht aber in den der Stadtgemeinde, einbrächte.[634] Darauf, dass zwischen der Theatergesellschaft und dem technischen Personal kein Arbeitsvertrag bestand, ging das Gericht nicht ein.

Gleichwohl erfuhr die Zwei-Komponenten-Lehre in der Literatur ein beachtliches Maß an Zustimmung.[635] Sie stützt sich maßgeblich auf die legislative Wertung des 1981 eingefügten[636] § 14 Abs. 1 AÜG, wonach Leiharbeitnehmer auch während der Zeit ihrer Arbeitsleistung bei einem Entleiher Angehörige des Betriebs des Verleihers bleiben. Dies sei auf das durch den Arbeitsvertrag bestehende rechtliche Band zwischen Verleiher und Leiharbeitnehmer zurückzuführen, während an die bloße Eingliederung in den Betrieb des Entleihers lediglich partiell betriebsverfassungsrechtliche Rechte geknüpft seien.[637] Das Argument trägt freilich nur dann, wenn man nicht von einer echten Betriebszugehörigkeit der Leiharbeitnehmer zum Entleiherbetrieb ausgeht, sondern von einer partiellen Gleichstellung. Auch die ausführliche Legaldefinition des Arbeitnehmers in § 5 BetrVG ziehen die Unterstützer der Zwei-Komponenten-Lehre heran.[638] Seit dessen Einfügung[639] im Jahr 2001 wird ferner mit einem Umkehrschluss zu § 7 S. 2 BetrVG, wonach überlassene Arbeitnehmer eines anderen Arbeitgebers nach dreimonatigem Einsatz im Betrieb das aktive Wahlrecht erlangen, argumentiert: Dieser wäre überflüssig, stünde den

---

633 DKKW/*Trümner*, § 5 Rn. 25.

634 BAG v. 11.4.1958 – 1 ABR 2/57 –, juris Rn. 16.

635 *Benecke*, in: FS Wank, S. 27, 35 ff.; *Birk*, in: FS Molitor, S. 19, 23 f.; *Hueck/Nipperdey*, ArbR II, Hb. 2, 7. Aufl. 1970, S. 1131; *Kraft*, in: FS Pleyer, S. 383, 386; *Kreutz*, in; FS Wißmann, S. 364, 368 ff.; *Müller*, ZfA 1990, 607, 616; *Nikisch*, ArbR III, 2. Aufl. 1966, S. 78; *Oetker*, AuR 1991, 359, 363; GK-BetrVG/*Raab*, § 7 Rn. 30.

636 BGBl. I, S. 1390.

637 BAG v. 16.4.2003 – 7 ABR 53/02, AP BetrVG 2002 § 9 Nr. 1 unter II 2 a) aa) der Gründe; BAG v. 18.1.1989 – 7 ABR 21/88, AP BetrVG 1972 § 9 Nr. 1 unter II 1 b) der Gründe; *Kreutz*, in: FS Wißmann, S. 364, 369.

638 Vgl. *Benecke*, in: FS Wank, S. 27, 35.

639 BGBl. I S. 1852.

Leiharbeitnehmern bereits aufgrund ihrer Betriebszugehörigkeit das aktive Wahlrecht im Betrieb des Entleihers zu.[640]

2. Eingliederung

Nach mittlerweile allgemeiner Ansicht setzt die Betriebszugehörigkeit die Eingliederung des betreffenden Arbeitnehmers in den Betrieb voraus.[641] Der Begriff der Eingliederung wird im deutschen Recht an den unterschiedlichsten Stellen, quasi universell, verwendet. So können Gesellschaften (vgl. § 319 AktG) und Betriebe (vgl. § 21a BetrVG) ineinander eingegliedert sein. Die Eingliederung eines Arbeitnehmers in eine Arbeitsorganisation, die zeitweise gar als konstituierendes Element des Arbeitsverhältnisses angesehen wurde,[642] wird bis heute als starkes Indiz für die Qualifizierung eines Rechtsverhältnisses als Arbeits-[643] bzw. Beschäftigungsverhältnis (vgl. § 7 Abs. 1 S. 2 SGB IV[644]) herangezogen. Mit Wirkung zum 1.4.2017[645] wurde der Begriff der Eingliederung zudem in die Legaldefinition der Arbeitnehmerüberlassung aufgenommen, die vorliegt, wenn Ar-

640 *Kreutz*, in: FS Wißmann, S. 364, 369; GK-BetrVG/*Raab*, § 7 Rn. 89; *ders.*, ZfA 2003, 389, 433 f.

641 BAG v. 10.11.2004 – 7 ABR 12/04, NZA 2005, 707 unter B II 1; BAG v. 10.3.2004 – 7 ABR 49/03, NZA 2004, 1340 unter I 1 a aa; BAG v. 22.3.2000 – 7 ABR 34/98, NZA 2000, 1119 unter II 2 a) aa); *Linsenmaier/Kiel*, RdA 2014, 135, 136; GK-BetrVG/*Raab*, § 7 Rn. 22; Richardi/*Thüsing*, § 7 BetrVG Rn. 6 jeweils m.w.N.; a.A. war einzig die heute nicht mehr vertretene sog. reine Vertragslehre, hierzu bereits unter 2. Kap. A. I. 1.

642 Vgl. *Nikisch*, Arbeitsrecht und Arbeitsverhältnis, passim; *Siebert*, Arbeitsverhältnis, passim; zu der nationalsozialistischen Prägung dieser sog. Eingliederungstheorie instruktiv *Rüthers*, Auslegung, S. 387 ff.

643 Vgl. etwa BAG v. 30.10.1991 – 7 ABR 19/91, AP BGB § 611 Abhängigkeit Nr. 59 unter II 2 der Gründe: *„Die persönliche Abhängigkeit ergibt sich aus der Eingliederung in eine fremdbestimmte Arbeitsorganisation und dem Umfang der Weisungsgebundenheit.“*; vgl. auch etwa BAG v. 7.2.2007 – 5 AZR 270/06, AP BGB § 611 Abhängigkeit Nr. 118; BAG v. 15.2.2012 – 10 AZR 301/10, NZA 2012, 731.

644 Vgl. etwa BSG v. 28.09.2011 – B 12 R 17/09 R, BeckRS 2012, 6710: *„Nach der ständigen Rechtsprechung des BSG setzt eine Beschäftigung voraus, dass der Arbeitnehmer vom Arbeitgeber persönlich abhängig ist. Bei einer Beschäftigung in einem fremden Betrieb ist dies der Fall, wenn der Beschäftigte in den Betrieb eingegliedert ist und dabei einem Zeit, Dauer, Ort und Art der Ausführung umfassenden Weisungsrecht des Arbeitgebers unterliegt.“*

645 Gesetz zur Änderung des Arbeitnehmerüberlassungsgesetzes und anderer Gesetze v. 21. 2. 2017, BGBl. I S. 258.

beitnehmer in die Arbeitsorganisation des Entleihers eingegliedert sind und seinen Weisungen unterliegen, § 1 Abs. 1 S. 2 AÜG. Im betriebsverfassungsrechtlichen Kontext bezweckt der Begriff der Eingliederung die tatsächliche Beziehung zwischen Arbeitnehmer und Betrieb zu beschreiben – unabhängig von der Existenz eines sie verbindenden rechtlichen Bandes. Beschrieben wird diese Nähebeziehung – entsprechend dem allgemeinen Betriebsbegriff – mittels des Betriebszwecks und der Leitungsunterstellung,[646] wobei unterschiedlich beurteilt wird, wie sich die beiden Merkmale zueinander verhalten.

a) Kumulative Berücksichtigung von Zweck und Leitung

Ein Teil der Literatur stellt die Verfolgung eines arbeitstechnischen Zwecks und die organisatorische Einbindung der Arbeitnehmer durch Leitungsunterstellung gleichberechtigt nebeneinander.[647] So ist nach der Ansicht *Oetkers* die Betriebszugehörigkeit gegeben, sofern der *„Arbeitnehmer mit dem Betrieb organisatorisch verbunden ist und Teil- oder Hilfsfunktionen des im Betrieb verfolgten arbeitstechnischen Zwecks wahrnimmt.“*[648] *Mainzer* definiert die Betriebszugehörigkeit als *„organisatorische Verbindung des Arbeitnehmers mit dem Betrieb“* und nennt dies *„funktionelle Organisationszugehörigkeit“*.[649] Sie stellt – neben der organisatorischen Einbindung – mithin darauf ab, ob der betreffende Arbeitnehmer zur „Funktion“ (also zum Zweck) der Organisation (des Betriebs) beiträgt. *Birk* verlangt neben der rechtlichen Beziehung zum Betrieb einen Beitrag des Arbeitnehmers zu dessen Organisationszweck und zieht als Indiz hierfür die Weisungszuständigkeit für den betreffenden Arbeitnehmer heran. Den Betriebszweck verfolge der Arbeitnehmer nur, wenn er verpflichtet sei, bei der Abwicklung oder Betreuung der von dem Betieb zu realisierenden Arbeitsaufträge an wesentlicher Stelle mitzuwirken und infolgedessen den Anordnungen der

---

646 Unberücksichtigt bleibt im Folgenden die bereits im 1. Kap. unter B. I. 2. abgelehnte Auffassung, die den Betrieb und mithin auch die Betriebszugehörigkeit rein räumlich begreift, vgl. hierzu *Joost*, Betrieb und Unternehmen, S. 307 ff.

647 *Birk*, in: FS Molitor, S. 19, 35 f.; ErfK/*Koch*, § 7 BetrVG Rn. 4; *Kreutz*, in: GS D. Schultz, S. 209, 213; *Mainzer*, S. 86; *Oetker*, AuR 1991, 359, 366; *Richardi*, in: FS Wank, S. 465, 473; Richardi/*Thüsing*, § 7 BetrVG Rn. 8.

648 *Oetker*, AuR 1991, 359, 366.

649 *Mainzer*, S. 86.

in diesem Betrieb arbeitsrechtliche Leitungsmacht ausübenden Personen unterliege.[650]

b) Maßgeblichkeit der Weisungszuständigkeit

Andere Autoren verstehen die Eingliederung vorrangig als Unterstellung unter den betriebskonstituierenden Leitungsapparat.[651] *Von Hoyningen-Huene* sieht die Betriebszugehörigkeit durch die Einstellung im Sinne des § 99 BetrVG begründet, die er als *„Zuweisung des Arbeitsbereichs durch den Arbeitgeber im Einverständnis mit dem Arbeitnehmer“* definiert.[652] Welchem Arbeitsbereich ein Arbeitnehmer zugeordnet ist, bestimmt sich nach *von Hoyningen-Huene* danach, *„wer das Weisungsrecht für den Einsatz des Mitarbeiters ausübt“*, sprich: nach der Weisungszuständigkeit.[653] Auch nach Auffassung *Säckers*, der den Betrieb selbst ausschließlich räumlich versteht, wird die Betriebszugehörigkeit einzig durch *„Weisungsabhängigkeit gegenüber dem örtlichen Betriebsleiter“* vermittelt.[654] Nach *Christiansen „kommt es für die Zuordnung ausschließlich darauf an, wo tatsächlich die Entscheidungen in personellen und sozialen Angelegenheiten für den betreffenden Arbeitnehmer gefällt werden.“*[655] Das Abstellen auf die Weisungszuständigkeit bietet nach ihrer Ansicht den Vorteil, dass sich hierdurch auch Fälle der aufgespaltenen Arbeitgeberstellung einfach und sachgerecht lösen lassen: Eine Aufspaltung des Weisungsrechts führt demnach zu einer Betriebszugehörigkeit des unterstellten Arbeitnehmers zu beiden Weisungsgebern.[656] Dass *Christiansen* die Weisungszuständigkeit nicht als Merkmal der Eingliederung versteht, sondern als alternative Methode, die Betriebszugehörigkeit zu bestimmen[657], dürfte eine rein begriffliche Divergenz darstellen.

---

650 *Birk*, in: FS Molitor, S. 19, 35 f.

651 *Boemke*, Schuldvertrag, S. 304; *Christiansen*, S. 76 f.; *v. Hoyningen-Huene*, in: FS Stahlhacke, S. 173, 181 f.; *Lindemann/Simon*, NZA 2002, 365, 366; *Fitting*, § 7 BetrVG Rn. 8; *Reichold*, NZA 2001, 857, 861; HWK/*Reichold*, § 7 BetrVG Rn. 11; *Rüthers/Bakker*, ZFA 1990, 310; *Säcker*, in: FS Quack, S. 421, 427; *Wedemeyer*, Betriebszugehörigkeit, S. 75.

652 *v. Hoyningen-Huene*, in: FS Stahlhacke, S. 173, 181.

653 *v. Hoyningen-Huene*, in: FS Stahlhacke, S. 173, 182.

654 *Säcker*, in: FS Quack, S. 421, 427.

655 *Christiansen*, S. 76.

656 *Christiansen*, S. 77.

657 *Christiansen*, S. 77.

c) Vorrang des Betriebszwecks

Eine dritte Gruppe hält die Gruppe der Betriebsangehörigen vorrangig durch die Verfolgung desselben arbeitstechnischen Zwecks verbunden.[658] Ob derselbe Zweck verfolgt werde, soll nur in Zweifelsfällen – quasi auf zweiter Stufe – dadurch ermittelt werden, ob die Arbeitnehmer in den mitbestimmungsrelevanten Angelegenheiten derselben Instanz unterstellt sind. So hat das BAG im Fall von Außendienstmitarbeitern ausgeführt, dass auch solche Arbeitnehmer einem Betrieb zugeordnet seien, die ihre Tätigkeit außerhalb der Betriebsräume verrichteten. *„Entscheidend [sei], ob der Arbeitgeber mit Hilfe der Arbeitnehmer den arbeitstechnischen Zweck seines Betriebs verfolgt.“* Würde der arbeitstechnische Zweck in mehreren Betrieben verfolgt, komme es für die betriebsverfassungsrechtliche Zuordnung entscheidend darauf an, in welchem Betrieb der Arbeitnehmer tatsächlich eingegliedert, das heißt *„organisatorisch eingebunden“*, sei.

> *„Die Außendienstmitarbeiter gehören daher zu dem Betrieb, von dem die Entscheidungen über ihren Einsatz ausgehen und in dem somit Leitungsmacht des Arbeitgebers ausgeübt wird. Hierbei kommt es insbesondere darauf an, von welchem Betrieb das Direktionsrecht ausgeübt wird und die auf das Arbeitsverhältnis bezogenen Anweisungen erteilt werden (Zuweisung von Kunden, Erstellen von Tourenplänen, Besuchsintensität, Arbeitszeit).“*[659]

In anderen Entscheidungen erwähnt das BAG nur einen der beiden Aspekte. Mehrfach führte es im Falle von Außendienstmitarbeitern aus, dass nicht das Tätigwerden auf dem Betriebsgelände entscheidend sei, sondern *„ob der Arbeitgeber mit Hilfe des Arbeitnehmers den arbeitstechnischen Zweck seines Betriebs verfolgt.“*[660] In seinem Beschluss vom 16.4.2003 hat der 7. Senat hingegen allein auf die anhand der Leitungsmacht zu bestimmende *„organisatorische*[661] *Eingliederung“* abgestellt.[662]

---

658 BAG v. 5.12.2912 – 7 ABR 48/11, NZA 2013, 793 Rn. 18; BAG v. 10.3.2004 – 7 ABR 36/03 –, juris; BeckOK-ArbR/*Besgen*, § 7 BetrVG Rn. 11; *Fitting*, § 5 Rn. 45a sowie § 7 Rn. 70; ErfK/*Koch*, § 7 BetrVG Rn. 4; *Kreutz*, in: GS D. Schultz, S. 209, 213, 221; *Richardi*, in: FS Wank, S. 465, 473.

659 BAG v. 10.3.2004 – 7 ABR 36/03 –, juris Rn. 12.

660 BAG v. 5.12.2012 – 7 ABR 48/11, NZA 2013, 793 Rn. 18; BAG v. 22.3.2000 – 7 ABR 34/98, NZA 2000, 1119 unter II 2 a) aa) der Gründe.

661 Hervorhebung durch den Autor.

662 Vgl. BAG v. 16.4.2003 – 7 ABR 53/02, AP BetrVG 1972 § 9 Nr. 7.

d) Stellungnahme

Die beiden Kriterien, die die herrschende Meinung der Betriebszugehörigkeit zugrunde legt, haben unterschiedliche Anknüpfungspunkte. Die Eingliederung bezieht sich auf einen *bestimmten Betrieb*, das Erfordernis des Arbeitsvertrags auf dessen *Inhaber als Rechtsträger*.[663] Ist der Betrieb als Anknüpfungspunkt der Eingliederung ausgemacht, muss die Betriebszugehörigkeit auch synchron zum Betriebsbegriff bestimmt werden.[664] Denn anders als bei dem Betrieb im Sinne des § 613a BGB, der unter anderem auch durch sächliche Betriebsmittel und Kundenbeziehungen geprägt ist, handelt es sich bei dem Betrieb im Sinne des § 1 Abs. 1 BetrVG um nichts anderes als ein Kollektiv von Arbeitnehmern, dessen Interessen der Arbeitgeber aufgrund der §§ 87 ff. BetrVG bei der Ausübung seines Direktionsrechts zu berücksichtigen hat.[665] Folglich hat die Betriebszugehörigkeit mittels der Eingliederung den betriebskonstituierenden Grundsatz der Entscheidungsnähe abzubilden. Dem Prinzip der Entscheidungsnähe liegt die Unterstellung unter die die mitbestimmungsrelevanten Entscheidungen treffende Instanz zugrunde, nicht jedoch die Verfolgung eines bestimmten arbeitstechnischen Zwecks.[666] Hinzu kommt, dass dem arbeitstechnischen Zweck des Betriebs letztlich alle dienen, die – auf welcher Grundlage auch immer – Leistungen erbringen, beispielsweise auch das stromliefernde Energieversorgungsunternehmen.[667] Zugleich ist mittlerweile anerkannt, dass auch innerhalb eines Betriebs mehrere unterscheidbare Zwecke verfolgt werden können.[668] Eine sinnvolle Abgrenzung der Betriebsbelegschaft lässt sich mittels des Zweckkriteriums folglich nicht erreichen.[669] Als bloßes Indiz taugt es allenfalls für solche Fälle, in denen

663 Vgl. *Bittmann/Weise*, DB 2018, 2114, 2118, die diese Differenzierung i.R.d. Einstellung nach § 99 Abs. 1 BetrVG vornehmen.

664 *Kreutz*, in: GS D. Schultz, S. 209, 212; *Umnuß*, Betriebsverfassung, S. 153.

665 Vgl. hierzu auch *Joost*, Betrieb und Unternehmen, S. 232.

666 Siehe 1. Kap. B. I. 2 d).

667 LAG München v. 6.9.1988 – 3 TaBV 30/87, BeckRS 1988 30464417 unter II 2 der Gründe; *Hunold*, NZA-RR 2012, 113, 115 jeweils zur Eingliederung iRd § 99 Abs. 1 BetrVG.

668 BAG v. 14.9.1988 – 7 ABR 10/87, NZA 1989, 190 unter B 2 der Gründe m.w.N.; *Fitting*, § 1 BetrVG Rn. 99; GK-BetrVG/*Franzen*, § 1 Rn. 38; *Jacobi*, in: FS Ehrenberg, S. 10; *Joost*, Betrieb und Unternehmen, S. 306; Düwell/*Kloppenburg*, § 1 BetrVG Rn. 25; Richardi/*Richardi/Maschmann*, § 1 BetrVG Rn. 24; *Rieble/Gistel*, NZA 2005, 242 Fn. 14.

669 Vgl. nur *Joost*, Betrieb und Unternehmen, S. 306; *Preis/Poverdano Peramato*, in: FS 100 Jahre Betriebsverfassung, S. 571, 576.

nicht eindeutig ist, ob ein leitender Angestellter die beriebsverfassungsrechtlichen Leitungsbefugnisse für sämtliche ihm unterstellten Arbeitnehmer auch einheitlich i.S.e. betriebskonstituierenden, einheitlichen Leitungsapparats ausübt oder aber den personidentisch besetzten Leitungsapparat für mehrere Betriebe bildet.[670] Lässt sich für alle dem leitenden Angestellten unterstellten Arbeitnehmer ein einheitlicher arbeitstechnischer Zweck ausmachen, spricht dies – widerlegbar – für die Zugehörigkeit zum selben Betrieb.[671]

Auf das hier vertretene, an der Leitungsmacht orientierte Verständnis des Eingliederungsbegriffs deutet auch die Gesetzesbegründung zu § 7 S. 2 BetrVG hin, in der es heißt: *„Arbeitnehmer werden zur Arbeitsleistung überlassen, wenn sie in den Einsatzbetrieb derart eingegliedert sind, dass sie dem Weisungsrecht des Betriebsinhabers unterliegen.“*[672] Dies belegt, dass auch der Gesetzgeber im betriebsverfassungsrechtlichen Kontext die Weisungsabhängigkeit als wesentliches Merkmal der Eingliederung versteht, das durch den betriebskonstituierenden Leitungsapparat in Vertretung des Betriebsinhabers ausgeübt wird.

II. Kündigungsschutzrecht

Da das BAG den Betriebsbegriffen des KSchG das Verständnis des § 1 Abs. 1 BetrVG zugrundelegt, kann größtenteils auf die Darstellung des vorherigen, betriebsverfassungsrechtlichen Abschnitts verwiesen werden. Auch bezüglich der Kleinbetriebsklausel des § 23 Abs. 1 S. 3 KSchG sowie hinsichtlich der nach § 1 Abs. 2, 3 KSchG vorzunehmenden Sozialauswahl verlangten Rechtsprechung und herrschende Lehre für lange Zeit zwei Komponenten: einen mit dem Betriebsinhaber geschlossenen Arbeitsvertrag sowie die nach den Grundsätzen des Betriebsverfassungsrechts zu bestimmende Eingliederung in den Betrieb.

Bezüglich der Kleinbetriebsklausel des § 23 Abs. 1 S. 3 KSchG herrschte bis zur Entscheidung des BAG vom 24.1.2013[673] in der Instanzrechtspre-

---

670 Vgl. zur Einheitlichkeit der Leitung im Gemeinsamen Betrieb auch 4. Kap. B. I. 2. b).

671 Düwell/*Kloppenburg*, § 1 BetrVG Rn. 25 f.; GK-BetrVG/*Raab*, § 7 BetrVG Rn. 23.

672 BT-Drs. 14/5741, S. 36.

673 BAG v. 24.1.2013 – 2 AZR 140/12, NZA 2013, 726.

chung[674] und der Literatur[675] die weit überwiegende Auffassung, dass für die Ermittlung der regelmäßigen Beschäftigtenzahl in einem Betrieb nur auf solche Arbeitnehmer abzustellen sei, die in einem vertraglich begründeten Arbeitsverhältnis zum Betriebsinhaber stehen. Bezogen auf den mit § 23 Abs. 1 S. 3 KSchG vergleichbaren § 2 S. 1 des Angestelltenkündigungsgesetzes[676] hatte das BAG im Jahr 1983 entschieden, dass als regelmäßige Angestellte nur diejenigen Angestellten mitzuzählen seien, die aufgrund eines mit dem Arbeitgeber abgeschlossenen Arbeitsvertrags beschäftigt würden.[677] Dies entprach auch der damaligen Rechtsprechung zum Schwellenwert des § 9 BetrVG, für den das BAG ausschließlich Vertragsarbeitnehmer und gerade keine Leiharbeitnehmer des Betriebsinhabers berücksichtigte.[678]

Gänzlich unbestritten war, dass der materielle Bestandsschutz des KSchG allein den Vertragsarbeitnehmern des Betriebsinhabers zugutekommen sollte, weshalb auch die Sozialauswahl nur unter diesen die durchzuführen sei.[679] In die Sozialauswahl einzubeziehen sind demnach alle Arbeitnehmer, die in demselben Betrieb wie der unmittelbar kündigungsbedrohte Arbeitnehmer beschäftigt sind.[680] Da der Sozialauswahl sowohl

---

674 LAG Hamm v. 15.7.2011 – 10 TaBV 1/11, BeckRS 2011, 76548; LAG Berlin v. 30.1.2001 – 3 Sa 2125/00 –, juris Rn. 32; LAG Hamm v. 3.4.1997 – 4 Sa 696/96, AP KSchG 1969 § 23 Nr. 15; LAG Hessen v. 18.9.1987 – 13 Sa 153/87, BB 1988, 1122.

675 KR-Komm/*Bader*, 10. Aufl. 2013, § 23 KSchG Rn. 41; *Hergenröder*, in: MüKo-BGB, 6. Aufl. 2012, § 23 KSchG Rn. 23; ErfK/*Kiel*, 12. Aufl. 2012, § 23 KSchG Rn. 19; APS/*Moll*, 4. Aufl. 2012, § 23 KSchG Rn. 27.

676 Gesetz über die Fristen für die Kündigung von Angestellten v. 9.7.1926, RGBl. I, S. 399 („*Ein Arbeitgeber, der in der Regel mehr als zwei Angestellte, ausschließlich der Lehrlinge, beschäftigt, darf einen Angestellten, den er oder, im Falle einer Rechtsnachfolge, er und seine Rechtsvorgänger mindestens fünf Jahre beschäftigt haben, nur mit mindestens drei Monaten Frist für den Schluß eines Kalendervierteljahrs kündigen*“) aufgehoben durch Art. 7 des Gesetzes zur Vereinheitlichung der Kündigungsfristen von Arbeitern und Angestellten v. 7.10.1993, BGBl. I, S. 1668, 1671.

677 BAG v. 16.2.1983 – 7 AZR 118/81, AP AngestelltenkündigungsG § 2 Nr. 8 unter II der Gründe.

678 BAG v. 18.1.1989 – 7 ABR 21/8, NZA 1989, 724; hingewiesen sei auf die Rechtsprechungsänderung durch BAG v. 13.3.2013 – 7 ABR 69/11, NZA 2013, 789.

679 Vgl. nur LAG Düsseldorf v. 9.11.1994 – 2 Sa 525/94, DB 1995, 275 unter II 1 b) der Gründe; *Teubert*, S. 61; siehe 2. Kap. B. II. 2. b) zu der Frage, inwiefern hieran auch nach den für das Betriebsverfassungs- und Betriebsübergangsrecht festzustellenden Lockerungen der Zwei-Komponenten-Lehre festgehalten werden kann.

680 BAG v. 31.5.2007 – 2 AZR 276/06, NZA 2008, 33 Rn. 16.

nach herrschender als auch nach hier vertretener Ansicht der Betriebsbegriff des § 1 BetrVG zugrunde liegt, erfolgt auch die Betriebszugehörigkeit nach den im betriebsverfassungsrechtlichen Teil dieses Abschnitts erläuterten Kriterien.[681] In den Betrieb eingegliedert sind mithin all diejenigen Arbeitnehmer, die dem betriebskonstituierenden Leitungsapparat hinsichtlich der mitbestimmungsrelevanten Angelegenheiten unterstellt sind.[682]

III. Betriebsübergangsrecht

Bis zur Entscheidung des EuGH in der Rs. *Albron Catering*[683] war im Betriebsübergangsrecht unbestritten, dass sich die Betriebszugehörigkeit anhand eines rechtlichen (Arbeitsvertrag) und eines tatsächlichen Elements ergibt. Während die Notwendigkeit eines Arbeitsvertrags nicht infrage gestellt wurde,[684] drehte sich die wissenschaftliche Diskussion um das tatsächliche Element, genauer: welches Maß an Bindung eines Arbeitsplatzes zum übergehenden Betrieb bzw. Betriebsteil für die betriebsübergangsrechtliche Zuordnung erforderlich ist. Während ein bloßes Tätigwerden für die wirtschaftliche Einheit nach dem funktionsorientierten Ansatz als ausreichend erachtet wird (a), verlangen die Vertreter des sogenannten strukturorientierten Ansatzes darüber hinaus eine hierarchische Eingliederung des Arbeitnehmers in den übergehenden Betrieb bzw. Betriebsteil (b).[685]

Der Kern des Meinungsstreits liegt in der Frage, inwiefern die Betriebs(teil)zugehörigkeit im Sinne des § 613a BGB organisatorisch begründet ist. Die vertretenen Ansätze divergieren insbesondere bei der Zuordnung sogenannter mittelbar übergangsbetroffener Arbeitnehmer.[686] Hierunter fallen solche Arbeitnehmer, die für den übergehenden Betrieb bzw. Betriebsteil tätig werden, ohne in dessen Hierarchie eingebunden zu sein. „Mittelbar übergangsbetroffen" sind vor allem Arbeitnehmer in Zentralab-

---

681 Siehe 2. Kap. A. I und B. II 1.

682 Vgl. nur BAG v. 20.6.2013 – 2 AZR 271/12, NZA 2013, 837, 839 Rn. 19.

683 EuGH v. 21.10.2010 – C-242/09 Albron Catering, NZA 2010, 1225.

684 Vgl. nur *Bauer/v. Steinau-Steinrück*, in: Hölters, Unternehmens- und Beteiligungskauf, IV Rn. 99; *Borngräber*, S. 58.

685 Darüber hinaus werden in der Literatur insbesondere von *Lieb*, ZfA 1004, 229 und *B. Gaul*, Betriebs- und Unternehmensspaltung, § 12 Rn. 59 ff. entwickelte, vermittelnde Ansätze diskutiert, die für die vorliegende Untersuchung jedoch ohne Relevanz sind, vgl. hierzu *Haupt*, S. 39 ff.; *Wang*, S. 116 ff.

686 Begriff geprägt durch *Müller/Thüsing*, ZIP 1997, 1869, 1874 ff.

teilungen eines Unternehmens (z.B. Buchhaltung, Personalverwaltung, etc.), die für mehrere Betriebe eines Unternehmens tätig werden und deren Aufgabenbereich durch den Übergang eines Betriebs bzw. Betriebsteils schrumpft oder sogar vollends wegzufallen droht. Während nach einer rein funktionsorientierten Betrachtung auch solche mittelbar übergangsbetroffenen Arbeitsverhältnisse von einem Betriebsübergang umfasst sein können, schließt der strukturorientierte Ansatz diese Arbeitsverhältnisse mangels organisatorischer Eingliederung in die übergehende Einheit vom Anwendungsbereich des § 613a Abs. 1 S. 1 BGB aus.

1. Funktionsorientierter Ansatz

Nach dem funktionsorientierten Ansatz ist die Zuordnung der Arbeitnehmer „von der Funktion des Arbeitsplatzes her“[687] zu bestimmen, das heißt nach ihrem funktionellen Wert für die übergehende Einheit. Demnach gehen die in zentralen Unternehmensbereichen tätigen Arbeitnehmer auf den Betriebsteilerwerber über, wenn ihre Tätigkeit vor dem Betriebsübergang ausschließlich oder überwiegend dem übergehenden Betriebsteil zugutekam.[688] Das soll jedenfalls dann der Fall sein, wenn für den zentral tätigen Arbeitnehmer die Beschäftigungsmöglichkeit im verbleibenden zentralen Unternehmensbereich des Veräußerers infolge des Betriebsteilübergangs entfällt.[689]

---

687 Vgl. nur BAG v. 20.7.1982 – 3 AZR 261/80, AP BGB § 613a Nr. 31 unter 1 c) der Gründe.

688 BAG v. 5.5. 1988 – 2 AZR 795/87, AP AÜG § 1 Nr. 8 unter IV 2 der Gründe; BAG v. 13.11.1986 – 2 AZR 771/85, AP BGB § 613a Nr. 57 unter II 3 a) der Gründe; BAG v. 25.6.1985 – 3 AZR 254/83, NJW 1986, 450 unter II der Gründe; BAG v. 22.5.1985 – AZR 55/84, BeckRS 1985, 30713793 unter II 3 c) aa) der Gründe; BAG v. 20.7.1982 – 3 AZR 261/80, AP BGB § 613a Nr. 31 unter 1 c) der Gründe; LAG Bremen v. 22.06.2005 - 2 Sa 218/04, BeckRS 2005, 30804502 unter II 2 c) der Gründe; LAG Köln v. 2.3.2001 – 11 Sa 1386/00, NZA-RR 2002, 513, 514.

689 BAG v. 20.7.1982 – 3 AZR 261/80, AP BGB § 613a Nr. 31 unter 1 c) der Gründe; LAG Bremen v. 22.06.2005 – 2 Sa 218/04, BeckRS 2005, 30804502 unter II 2 c) der Gründe; LAG Köln v. 2.3.2001 – 11 Sa 1386/00, NZA-RR 2002, 513, 514.

a) Rechtsprechung

Erste den funktionsorientierten Ansatz präferierende Tendenzen lassen sich einem Urteil des BAG aus dem Jahr 1982 entnehmen.[690] Dem lag die Konstellation eines aus einer Verwaltungsgesellschaft und mehreren Verkaufsgesellschaften bestehenden Möbelhandels zugrunde, in dem der Kläger als kaufmännischer Angestellter der Verwaltungsgesellschaft damit betraut war, Möbel einzukaufen und an die Verkaufsgesellschaften zum Verkauf weiterzuleiten. Im Jahr 1976 übernahm die Beklagte die Verkaufsgesellschaften. Auch der Kläger schloss mit der Beklagten einen Arbeitsvertrag, der jedoch – anders als der vorherige Kontrakt mit der Verwaltungsgesellschaft – keine Versorgungszusage enthielt. Mit seiner Klage machte er geltend, sein Arbeitsverhältnis sei gemäß § 613a Abs. 1 BGB auf die Beklagte übergegangen, weshalb die beklagte Erwerberin verpflichtet sei, die Versorgungzusage der Verwaltungsgesellschaft zu erfüllen. Das BAG gab der Klage statt. Zwar stellte es fest, dass nur das Verkaufsgeschäft von der Beklagten erworben worden sei. Dem seien jedoch auch die Arbeitnehmer aus der Verwaltungsgesellschaft zuzuordnen, die mit dem übertragenen Möbelgeschäft zusammengehangen hätten. Wörtlich führte der 3. Senat aus:

> *„Deshalb muß gesondert festgestellt werden, welche Arbeitnehmer bei der M. S. Verwaltungs-KG verblieben bzw. zur Bekl. übergewechselt sind. Das Ges. beantwortet diese Frage nicht unmittelbar. § 613a BGB setzt voraus, daß jedes Arbeitsverhältnis nur einem Betrieb oder Betriebsteil zugeordnet werden kann. In der Praxis sind jedoch organisatorische Verknüpfungen zwischen mehreren Betrieben oder Betriebsteilen möglich, die eine Zuordnung schwierig machen. So kann der Fall eintreten, daß sowohl der Betriebsveräußerer als auch der Erwerber einen Arbeitnehmer zurückweisen oder für sich beanspruchen. In einem solchen Streitfall wird regelmäßig nach der Funktion des Arbeitsplatzes, insbesondere danach zu entscheiden sein, für welchen Betrieb oder Betriebsteil der Arbeitnehmer vor der Betriebsveräußerung überwiegend tätig war.“*[691]

690 BAG v. 20.7.1982 – 3 AZR 261/80, AP BGB § 613a Nr. 31.
691 BAG v. 20.7.1982 – 3 AZR 261/80, AP BGB § 613a Nr. 31 unter 1 c) der Gründe.

Der 2., 5. sowie der 3. Senat selbst bestätigten in der Folge den funktionsorientierten Ansatz.[692] Erst 1997[693], zeitgleich mit der Berücksichtigung von Arbeitnehmern auf Tatbestandsebene des § 613a Abs. 1 BGB, änderte das BAG seine Rechtsprechung und wendet seitdem eine strukturorientierte Betrachtung an.[694]

Dennoch verfolgen auch nach der Rechtsprechungsänderung des BAG einige Landesarbeitsgerichte eine funktionsorientierte Zuordnung. So hatte sich das LAG Köln 2001 mit dem Arbeitsverhältnis des als Buchhalter in der Verwaltung eines Unternehmens für Computer-Großhandel beschäftigten Klägers auseinanderzusetzen. Der beklagte Erwerber führte das operative Geschäft des Großhandels fort ohne jedoch dessen Verwaltung zu übernehmen. Er vertrat den Standpunkt, die Verwaltung als eigenständigen Betriebsteil nicht übernommen zu haben, weshalb auch das Arbeitsverhältnis des Klägers nicht auf ihn übergegangen sei. Das LAG Köln entschied, dass das Arbeitsverhältnis des Klägers in jedem Fall dem unstreitig übergegangenen Betriebsteil zuzuordnen sei, weshalb es auf den Übergang der Verwaltung nicht ankäme. Arbeitnehmer, die – wie der Kläger – in zentralen Unternehmensbereichen tätig seien, gingen auf den Betriebsteilerwerber über, wenn ihre Tätigkeit ausschließlich oder überwiegend den übergehenden Betriebsteilen zugutekäme. Das sei der Fall, wenn für den zentral tätigen Arbeitnehmer die Beschäftigungsmöglichkeit im verbleibenden zentralen Unternehmensbereich des Veräußerers infolge des Betriebsteilübergangs entfiele.[695] Dem schloss sich in einem den kaufmännischen Leiter eines Bauunternehmens betreffenden Urteil auch das LAG

---

692 BAG v. 5.5. 1988 – 2 AZR 795/87, AP AÜG § 1 Nr. 8 unter IV 2 der Gründe; BAG v. 13.11.1986 – 2 AZR 771/85, AP Nr. 57 zu § 613a BGB unter II 3 a) der Gründe; BAG v. 25.6.1985 – 3 AZR 254/83 unter II der Gründe, NJW 1986, 450, 451; BAG v. 22.5.1985 – 5 AZR 55/84, BeckRS 1985, 30713793 unter II 3 c) aa) der Gründe.

693 BAG v. 11.9.1997 – 8 AZR 555/95, NZA 1998, 31, 33.

694 BAG v. 24.1.2013 – 8 AZR 706/11, BeckRS 2013, 69658, Rn. 62; BAG v. 21.6.2012 – 8 AZR 181/11, NZA-RR 2013, 6 Rn. 75; BAG v. 29.3.2007 – 8 AZR 538/06, NZA 2008, 48 Rn. 24; BAG v. 24.8.2006 – 8 AZR 556/05, AP BGB § 613a Nr. 315 Rn. 28; BAG v. 17.6.2003 – 2 AZR 134/02, AP BGB § 613a Nr. 260 unter B I 1 b) bb) der Gründe; BAG v. 8.8.2002 – 8 AZR 583/01, NZA 2003, 315 unter II 4 der Gründe; BAG v. 23.9.1999 – 8 AZR 650/98, BeckRS 1999, 30780902 unter III 2 der Gründe; BAG v. 21.1.1999 – 8 AZR 298/98, BeckRS 1999, 30810121 unter II 1 b) aa) der Gründe; BAG v. 11.9.1997 – 8 AZR 555/95, NZA 1998, 31, 33; BAG v. 13.11.1997 – 8 AZR 375/96, NZA 1998, 249, 251.

695 LAG Köln v. 2.3.2001 – 11 Sa 1386/00, NZA-RR 2002, 513, 514.

Bremen an.[696] Es verwies explizit auf die Entscheidung des LAG Köln und setzte sich bewusst über die ständige Rechtsprechung des BAG hinweg.

b) Rezeption in der Literatur

Die Stimmen in der Literatur, die ebenfalls einen funktionsorientierten Ansatz vertreten[697], begründen dies insbesondere mit teleologischen Erwägungen. Da § 613a BGB bezwecke, eine Lücke im Kündigungsschutzsystem zu schließen und die Parallelität von Arbeitsplatz und Arbeitsverhältnis aufrechtzuerhalten, sei es gerechtfertigt, übergehenden Betrieben auch solche Arbeitsverhältnisse übergeordneter Betriebe zuzuordnen, die ihnen unternehmenstechnisch – und damit kündigungstechnisch – angehören.[698] So wie auch der gesetzliche Kündigungsschutz – insbesondere die Weiterbeschäftigungsmöglichkeit im Rahmen der betriebsbedingten Kündigung – unternehmensbezogen ausgestaltet sei, müsse auch die Zuordnung im Sinne des § 613a BGB danach vorgenommen werden, ob durch den Betriebsübergang der Arbeitsplatz für das veräußernde Unternehmen weggefallen sei. Da dem Arbeitnehmer bei einem Verbleib beim Veräußerer die betriebsbedingte Kündigung drohe, sei es gerechtfertigt, sein Arbeitsverhältnis mit auf den Erwerber übergehen zu lassen. Bei Anwendung des strukturorientierten Ansatzes hätte es der Veräußerer ansonsten in der Hand, durch eine entsprechende Organisation seines Unternehmens Einfluss auf den Fortbestand des Arbeitsverhältnisses zu nehmen. Denn in einer dezentralen Betriebsorganisation liefen die Arbeitnehmer sehr viel eher Gefahr, „Opfer von Betriebs(teil)übergängen“[699] zu werden als in zentral organisierten Einheiten.[700]

---

696 LAG Bremen v. 22.6.2005 – 2 Sa 218/04, BeckRS 2005, 30804502 unter II 2 c) der Gründe; aufgehoben durch BAG v. 24.8.2006 – 8 AZR 556/05, AP BGB § 613a Nr. 315.

697 *v. Alvensleben*, S. 234 f, 266; *Frahm*, S. 118; *Mengel*, Umwandlungen, S. 138 f.; APS/*Steffan*, § 613a BGB Rn. 88; *Trittin*, in: Backmeister/Trittin/Mayer, § 613a BGB Rn. 124.

698 *Mengel*, Umwandlungen, S. 138.

699 *Frahm*, S. 118.

700 *v. Alvensleben*, S. 234 f.; *Frahm*, S. 118.

2. Strukturorientierter Ansatz

Der EuGH[701], (inzwischen auch) das BAG[702] sowie ein Großteil der Literatur[703] legen der Zuordnung hingegen eine strukturorientierte Betrachtungsweise zugrunde. Demnach sind einer Einheit nur solche Arbeitnehmer zuzuordnen, die in diese strukturell-organisatorisch eingebunden sind.[704] Dies sei der Fall, wenn der Arbeitnehmer in den Arbeitsablauf und die betriebliche Hierarchie der jeweiligen Betriebseinheit integriert sei, den jeweiligen Betriebsteilzweck verfolge und der dort zuständigen Leitungsebene unterworfen sei.[705] Das bloße Tätigwerden für die übergehende Einheit genügt hiernach gerade nicht, die gesetzliche Vertragsübernahme zu begründen.

a) EuGH

Als Grundsatzentscheidung zugunsten des strukturorientierten Ansatzes gilt das Urteil des EuGH in der Rs. *Arie Botzen*[706]. Hierbei ging es um die in Konkurs geratene Schiffswerft RDM, von der die Marineabteilung sowie die Abteilungen für allgemeinen Werkzeugbau, schwere Geräte und Turbinen auf die beklagte Erwerber-Gesellschaft übergingen. Herr Botzen und sieben weitere Kläger waren in überbetrieblich organisierten Abteilungen (Personalwesen, Pförtnerdienst, allgemeine Instandhaltung und Versanddienst) eingesetzt worden, die unstreitig nicht vom Erwerber über-

701 EuGH v. 7.2.1985 – C-186/83 – Botzen, Slg 1985, 519.

702 BAG v. 17.10.2013 – 8 AZR 763/12, NZA-RR 2014, 175 Rn. 34; BAG v. 7.4.2011 – 8 AZR 730/09, NZA 2011, 1231 Rn. 21; BAG v. 29.3.2007 – 8 AZR 538/06, NZA 2008, 48 Rn. 24; BAG v. 24.8.2006 – 8 AZR 556/05, AP BGB § 613a Nr. 315 Rn. 28; BAG v. 13.11.1997 – 8 AZR 375/96, AP BGB § 613a Nr. 170; vgl. aus der jüngeren Instanzrechtsprechung zudem LAG Köln v. 4.12.2018 – 4 Sa 962/17, BeckRS 2018, 38284.

703 Staudinger-BGB/*Annuß*, § 613a BGB Rn. 147; *Elking/Aszmons*, BB 2014, 373; *Fuhlrott*, FA 2013, 196, 197; *Gentges*, RdA 1996, 265, 272; *Haupt*, S. 104; *Müller/Thüsing*, ZIP 1997, 1869, 1876; MüKo-BGB/*Müller-Glöge*, § 613a Rn. 87; *Moll*, RdA 1999, 233, 240; ErfK/*Preis*, § 613a BGB Rn. 72; KR-Komm/*Treber*, § 613a BGB Rn. 53; WHSS/*Willemsen*, Teil G Rn. 134.

704 BAG v. 17.10.2013 – 8 AZR 763/12, NZA-RR 2014, 175 Rn. 34; BAG v. 7.4.2011 – 8 AZR 730/09, NZA 2011, 1231 Rn. 21; BAG v. 29.3.2007 – 8 AZR 538/06, NZA 2008, 48 Rn. 24.

705 BAG v. 17.10.2013 – 8 AZR 763/12, NZA-RR 2014, 175 Rn. 36.

706 EuGH v. 7.2.1985 – Rs. 186/83 – Botzen, Slg. 1985, 519.

nommen worden waren, jedoch Tätigkeiten für die übergegangenen Einheiten verrichtet hatten. Aufgrund der Tätigkeit für die vom Erwerber übernommenen Einheiten machten sie geltend, dass aufgrund ihrer Tätigkeit für diese auch ihre Arbeitsverhältnisse mit übergegangen seien. Folglich legte der Kantonrechter Rotterdam dem EuGH unter anderem folgende Frage vor: „*Erstreckt sich der Anwendungsbereich der genannten Richtlinie auch auf die Rechte und Pflichten, die sich für den Veräußerer aus den zum Zeitpunkt des Übergangs bestehenden Arbeitsverträgen mit Arbeitnehmern ergeben, die in einer Verwaltungsabteilung des Unternehmens (z.B. allgemeiner Betriebsdienst, Personalangelegenheiten usw.) beschäftigt sind, die zwar Tätigkeiten für den übertragenen Teil des Unternehmens verrichtete, jedoch selbst nicht übertragen wurde?*“[707]

Der EuGH verneinte dies. Die Richtlinie sei so auszulegen, dass nur die Arbeitsverhältnisse solcher Arbeitnehmer vom Betriebsübergang erfasst seien, die auch dem übergehenden Betrieb selbst angehörten.[708] Das Arbeitsverhältnis sei inhaltlich nämlich durch die Verbindung zwischen dem Arbeitnehmer und dem Unternehmens- oder Betriebsteil gekennzeichnet, dem er zur Erfüllung seiner Aufgabe angehöre.[709] Damit schloss sich das Gericht den Schlussanträgen des Generalanwalts *Sir Slynn* an. Dieser hatte argumentiert, dass bei einem Betriebsteilübergang ein Arbeitnehmer, der im ganzen Betrieb oder in verschiedenen Teilen davon tätig sei, nicht als Arbeitnehmer „des“ übertragenen Betriebsteils im Sinne der Richtlinie angesehen werden könne.[710] Hierfür sprächen auch praktische Erwägungen, da es ansonsten bei mehreren Betriebs(teil)übergängen auf unterschiedliche Erwerber zu divergierenden Zuordnungen kommen könne.[711]

b) BAG

Auch nach dem Urteil des EuGH in der Rs. *Botzen* hat das BAG zunächst – ohne weitere Kommentierung – an seinem funktionsorientierten Ansatz

---

707 EuGH v. 7.2.1985 – Rs. 186/83 – Botzen, Slg. 1985, 519.

708 EuGH v. 7.2.1985 – C-186/83 – Botzen, Slg. 1985, 519 Ls. 2 und Rn. 15 f.; bestätigt durch EuGH v. 12.11.1992 – C 209/91 – Watson Rask und Christensen, AP EWG-RL Nr. 77/187 Nr. 5 Rn. 16.

709 EuGH v. 7.2.1985 – C-186/83 – Botzen, Slg. 1985, 519 Rn. 15.

710 EuGH, Schlussanträge des GA – C-86/13 – Botzen, Slg. 1985, 520, 521 f.

711 EuGH, Schlussanträge des GA – C-186/13 – Botzen, Slg. 1985, 520, 522.

festgehalten.[712] Erst 1997, also zwölf Jahre nach dem *Botzen*-Urteil des EuGH, wurde die strukturorientierte Betrachtung ständige Rechtsprechung des BAG.[713] Eine Begründung für diese Rechtsprechungsänderung blieb das Gericht bis heute schuldig – stets erfolgt lediglich der pauschale Hinweis auf die EuGH-Rechtsprechung. Auffällig ist jedoch die begriffliche Modifikation des BAG im Laufe der Zeit. Übernahm dieses zunächst die Formulierung des EuGH, dass der betroffene Arbeitnehmer dem übergehenden Betriebsteil *angehören* müsse[714], stellt es inzwischen darauf ab, ob er in den übergegangenen Betrieb oder Betriebsteil tatsächlich *eingegliedert* war[715].

Die Voraussetzung der Eingliederung des Arbeitnehmers in die übergehende Einheit findet sich explizit weder in § 613a BGB noch in der Betriebsübergangsrichtlinie. Auch die diesbezüglichen Gesetzgebungsmaterialien enthalten den Begriff nicht. Es handelt sich jedoch um einen Kernbegriff des deutschen Arbeitsrechts, der sich in diversen Gesetzen explizit oder zumindest als Tatbestandsmerkmal findet. Beispielsweise liegt nach der Legaldefinition des § 1 Abs. 1 S. 2 AÜG eine Arbeitnehmerüberlassung dann vor, wenn Arbeitnehmer *"in die Arbeitsorganisation des Entleihers ein-*

712 BAG v. 5.5.1988 – 2 AZR 795/87, AP AÜG § 1 Nr. 8 unter IV 2 der Gründe; BAG v. 13.11.1986 – 2 AZR 771/85, AP BGB § 613a Nr. 57 unter II 3 a) der Gründe; BAG v. 25.6.1985 – 3 AZR 254/83, NJW 1986, 450, 451 unter II der Gründe; BAG v. 22.5.1985 – AZR 55/84, BeckRS 1985, 30713793 unter II 3 c) aa) der Gründe.

713 BAG v. 24.1.2013 – 8 AZR 706/11, BeckRS 2013, 69658, Rn. 62; BAG v. 21.6.2012 – 8 AZR 181/11, NZA-RR 2013, 6 Rn. 75; BAG v. 29.3.2007 – 8 AZR 538/06, NZA 2008, 48 Rn. 24; BAG v. 24.8.2006 – 8 AZR 556/05, AP BGB § 613a Nr. 315 Rn. 28; BAG v. 17.6.2003 – 2 AZR 134/02, AP BGB § 613a Nr. 260 unter B I 1 b) bb) der Gründe; BAG v. 8.8.2002 – 8 AZR 583/01, NZA 2003, 315 unter II 4 der Gründe; BAG v. 23.9.1999 – 8 AZR 650/98, BeckRS 1999, 30780902 unter III 2 der Gründe; BAG v. 21.1.1999 – 8 AZR 298/98, BeckRS 1999, 30810121 unter II 1 b) aa) der Gründe; BAG v. 11.9.1997 – 8 AZR 555/95, NZA 1998, 31, 33; BAG v. 13.11.1997 – 8 AZR 375/96, NZA 1998, 249, 251.

714 BAG v. 17.6.2003 – 2 AZR 134/02, AP BGB § 613a Nr. 260 unter B I 1 b) bb) der Gründe; BAG v. 8.8.2002 – 8 AZR 583/01, NZA 2003, 315, 318 unter II 4 der Gründe; BAG v. 23.9.1999, BeckRS 1999, 30780902 unter III 2 der Gründe; BAG v. 21.1.1999 – 8 AZR 298/98, BeckRS 1999, 30810121 unter II 1 b) aa) der Gründe; BAG v. 11.9.1997 – 8 AZR 555/95, NZA 1998, 31, 33; BAG v. 13.11.1997 – 8 AZR 375/96, NZA 1998, 249, 251.

715 BAG v. 24.1.2013 – 8 AZR 706/11, BeckRS 2013, 69658 Rn. 62; BAG v. 21.6.2012 – 8 AZR 181/11, NZA-RR 2013, 6, 14 Rn. 75; BAG v. 29.3.2007 – 8 AZR 538/06, NZA 2008, 48 Rn. 24; BAG v. 24.8.2006 – 8 AZR 556/05, AP BGB § 613a Nr. 315 Rn. 28.

gegliedert sind und seinen Weisungen unterliegen". Die Wahl- und Mitbestimmungsrechte des Betriebsrats sind ebenfalls an die Eingliederung in den Betrieb geknüpft. Nach der heute nicht mehr vertretenen Eingliederungstheorie war sogar die Entstehung des Arbeitsverhältnisses von der Eingliederung in den Betrieb des Arbeitgebers abhängig.[716]

Als Voraussetzung der Vertragsübernahme nach § 613a Abs. 1 S. 1 BGB hat das BAG das Kriterium der betrieblichen Eingliederung bislang nicht dogmatisch hergleitet. Im Sinne des strukturorientierten Ansatzes des EuGH hat es jedoch konkretisierend ausgeführt, dass der betreffende Arbeitnehmer in die Struktur der übergehenden Einheit eingebunden gewesen sein müsse.[717] Dies sei der Fall, wenn der Arbeitnehmer in den Arbeitsablauf und die betriebliche Hierarchie der jeweiligen Betriebseinheit integriert sei, den jeweiligen Betriebsteilzweck verfolge und der dort zuständigen Leitungsebene unterworfen sei.[718]

c) Rezeption in der Literatur

Es entspricht der heute herrschenden Literaturmeinung, dass nur solche Arbeitnehmer in den Anwendungsbereich des § 613a BGB fallen, die strukturell in die übergehende Einheit eingebunden sind.[719] Dass die Beschäftigungsmöglichkeit beim Betriebsveräußerer entfalle, könne für sich genommen nicht die Rechtsfolgen des § 613a BGB begründen, da dessen Schutzbereich nicht das allgemeine Beschäftigungsrisiko umfasse.[720] Dies mache insbesondere § 613a Abs. 4 S. 2 BGB deutlich, der das Recht zur Kündigung aus anderen Gründen als des Betriebsübergangs unberührt lasse und folglich zwischen der durch § 613a BGB geschützten übergangsspezifischen Gefahr für den Bestand des Arbeitsverhältnisses und dem allgemeinen Beschäftigungsrisiko differenziere.[721]

---

716 *Nikisch*, Arbeitsrecht und Arbeitsverhältnis, passim; *Siebert*, Arbeitsverhältnis, passim.

717 BAG v. 24.1.2013 – 8 AZR 706/11, BeckRS 2013, 69658 Rn. 62; BAG v. 24.8.2006 – 8 AZR 556/05, AP BGB § 613a Nr. 315 Rn. 28.

718 BAG v. 17.10.2013 – 8 AZR 763/12, NZA-RR 2014, 175 Rn. 36.

719 Staudinger-BGB/*Annuß*, § 613a BGB Rn. 147; *Elking/Aszmons*, BB 2014, 373; *Fuhlrott*, FA 2013, 196, 197; *Gentges*, RdA 1996, 265, 272; *Haupt*, S. 104; *Müller/Thüsing*, ZIP 1997, 1869, 1876; *Moll*, RdA 1999, 233, 240; ErfK/*Preis*, § 613a BGB Rn. 72; *Wang*, S. 122; WHSS/*Willemsen*, Teil G Rn. 134.

720 *Haupt*, S. 88; *Müller/Thüsing*, ZIP 1997, 1869, 1876 f.

721 *Müller/Thüsing*, ZIP 1997, 1869, 1877.

Annuß argumentiert ferner, eine bloße funktionsakzessorische Sichtweise mache § 613a BGB systemwidrig zu einer „Norm mit Solidarbezug“.[722] Wenn aufgrund einer funktionsorientierten Betrachtungsweise auch solche Arbeitnehmer auf den Betriebserwerber übergingen, für die dieser – mangels entsprechenden Arbeitsplatzes –keine Beschäftigungsmöglichkeit habe, müssten jene auch in eine sich anschließende Sozialauswahl beim Erwerber miteinbezogen werden. Dies führe für die bereits zuvor beschäftigten Arbeitnehmer des Erwerbers zu einem erhöhten Risiko des Beschäftigungsverlustes. Zugunsten des Erfordernisses der organisatorischen Eingliederung der von § 613a BGB betroffenen Arbeitnehmer wird ferner angeführt, dass hierdurch ein Gleichlauf zum Betriebsbegriff (auf Tatbestandsebene) erreicht werde. Durch das tatbestandliche Abstellen auf eine wirtschaftliche Einheit im Sinne einer arbeitstechnischen Organisation werde deutlich, dass sich auch die Rechtsfolgen auf diese Einheit beschränken sollten.[723]

Der funktionsorientierte Ansatz stößt bei *Müller* und *Thüsing* sogar auf verfassungsrechtliche Bedenken. Der mit der gesetzlichen Vertragsübernahme verbundene Eingriff in die Vertrags- und Unternehmerfreiheit des Betriebserwerbers (Art. 2 Abs. 1, Art. 12 Abs. 1 GG) sei nur insoweit zu rechtfertigen, wie dieser durch den Betriebsübergang spiegelbildlich den Vorteil erlange, selbst keine arbeitstechnische Organisation aufbauen zu müssen. Müsse der Erwerber nun ein Arbeitsverhältnis übernehmen, das organisatorisch nicht in die übergehende Einheit eingebunden sei, fehle dieser durch § 613a BGB bezweckte und verfassungsrechtlich gebotene Ausgleich.[724]

3. Stellungnahme

Indem das BAG das Personal zunächst aus dem Betriebsbegriff des § 613a BGB ausklammerte und eine Zuordnung der Arbeitnehmer unter Hinweis auf das sogenannte Konfusionsargument nur auf Rechtsfolgenseite vornahm,[725] war der funktionsorientierte Ansatz der Rechtsprechung vorgegeben. Für die Zuordnung eine organisatorische Eingliederung der Arbeitnehmer zu verlangen, sie aber gleichwohl nicht auf Tatbestandsebene zu

---

722 Staudinger-BGB/*Annuß*, § 613a BGB Rn. 147; *ders.*, NZA 1998, 70, 76.
723 *Haupt*, S. 77 f.; *Wang*, S. 120 f.
724 *Müller/Thüsing*, ZIP 1997, 1869, 1876.
725 Hierzu bereits unter 1. Kap. B. III. 1. a).

berücksichtigen, hätte einen offensichtlichen und kaum begründbaren Widerspruch bedeutet. Mittlerweile erkennt jedoch auch das BAG, dass der Erwerber im Anwendungsbereich des § 613a BGB einen beim Veräußerer bestehenden Wertschöpfungszusammenhang übernimmt,[726] der auch von personellen Ressourcen geprägt sein kann und der es ihm erleichtert, eine entsprechende Wertschöpfung selbst aufbauen zu müssen.[727] Hierdurch rechtfertigt sich der Eingriff in seine Unternehmerfreiheit (Art. 12 Abs. 1, Art. 2 Abs. 1 GG), der sich aus der gesetzlich angeordneten Arbeitsvertragsübernahme ergibt.[728] Im Rahmen der Konkretisierung des Transferobjekts wird dieser Gedanke durch das Kriterium der funktionellen Autonomie abgebildet, wonach einzelne Betriebsmittel bereits beim Veräußerer durch die zu einem Wertschöpfungszusammenhang verbunden gewesen sein müssen. Die Verknüpfung zu einem Wertschöpfungszusammenhang erfolgt dabei – den Prinzipien betriebswirtschaftlicher Organisationsgestaltung folgend – durch die Unterstellung von Betriebsmitteln und Stellen unter eine diese verknüpfende Instanz (Abteilungsbildung), die sich auf Rechtsfolgenebene in Form des Kriteriums der strukturellen Eingliederung wiederspiegelt.[729]

Die Befürworter einer funktionalen Betrachtung verwechseln den durch § 613a BGB und die RL 2001/23/EG gewährten formellen Bestandsschutz mit einem materiellen Bestandsschutz, wie ihn etwa das KSchG beinhaltet.[730] Denn sie bestimmen den persönlichen Anwendungsbereich des Betriebsübergangsrechts einzig mit dem Ziel, betriebsbedingte Kündigungen mittelbar übergangsbetroffener Arbeitnehmer zu vermeiden – ohne an die Übernahme deren Arbeitsplätze durch den Erwerber anzuknüpfen. Eine europäische Richtlinie zum materiellen Bestandsschutz oder gar ein europäisches System des Kündigungsschutzes existieren jedoch nicht.[731] Vielmehr beschränken sich das Kündigungsschutzrecht modifizierende europäische Vorgaben entweder auf das Aufstellen von Verfahrensregeln[732]

---

726 Vgl. nur BAG v. 13.6.2006 – 8 AZR 271/05, NZA 2006, 1101 Rn. 20: *„Kern des zur Wertschöpfung erforderlichen Funktionszusammenhangs“*.

727 Staudinger-BGB/*Annuß*, § 613a BGB Rn. 49; *Willemsen*, in: FS Richardi, S. 475, 478.

728 Staudinger-BGB/*Annuß*, § 613a BGB Rn. 11, 36.

729 Hierzu bereits unter 1. Kap. B. III. 2. d).

730 Staudinger-BGB/*Annuß*, § 613a BGB Rn. 36; *Haupt*, S. 67; *Müller/Thüsing*, ZIP 1997, 1869, 1877.

731 *Weber*, in: Systembildung im Europäischen Arbeitsrecht, S. 131, 133.

732 So die Massenentlassungsrichtlinie 98/59/EG oder Art. 2 Abs. 2 lit. g der Nachweis-RL 1991/533/EWG.

oder aber die Sicherung des nationalrechtlich garantierten Kündigungsschutzniveaus auf bestimmte, diskriminierungsgefährdete Situationen (insbesondere auf Schwangerschaft, Mutterschaft[733] und Elternurlaub[734]) oder Personengruppen (insbesondere Arbeitnehmervertreter[735]). Auch aus Art. 30 der GRC, wonach jeder Arbeitnehmer nach dem Unionsrecht und den einzelstaatlichen Rechtsvorschriften und Gepflogenheiten Anspruch auf Schutz vor ungerechtfertigter Entlassung hat, ergibt sich kein genuin europäischer Kündigungsschutz. Denn gemäß Art. 51 Abs. 1 GRC sind die europäischen Grundrechte[736] für die Mitgliedstaaten ausschließlich bei der Durchführung von Unionsrecht anwendbar und begründen gemäß Art. 51 Abs. 2 GRC keine neuen Unionszuständigkeiten. Mangels sekundärrechtlicher Vorgaben für einen allgemeinen materiellen Kündigungsschutz, hat Art. 30 GRC mithin keine Auswirkungen auf den materiellen Bestandsschutz in den Mitgliedstaaten.[737] Art. 30 GRC bestimmt lediglich, dass es einen willkürfreien Kündigungsschutz geben muss, macht jedoch keinerlei Vorgaben hinsichtlich dessen Ausgestaltung.[738]

Der bloß formelle Bestandsschutz der RL 2001/23/EG und des sie in deutsches Recht umsetzenden § 613a BGB wird auch anhand deren Entstehungsgeschichte deutlich.[739] So orientierte sich der Richtliniengeber der

---

733 Vgl. Art. 10 Abs. 1 RL 92/85/EWG: *„Die Mitgliedstaaten treffen die erforderlichen Maßnahmen, um die Kündigung der Arbeitnehmerinnen im Sinne des Artikels 2 während der Zeit vom Beginn der Schwangerschaft bis zum Ende des Mutterschaftsurlaubs nach Artikel 8 Absatz 1 zu verbieten; davon ausgenommen sind die nicht mit ihrem Zustand in Zusammenhang stehenden Ausnahmefälle, die entsprechend den einzelstaatlichen Rechtsvorschriften und/oder Gepflogenheiten zulässig sind, wobei gegebenenfalls die zuständige Behörde ihre Zustimmung erteilen muß.“*

734 § 5 Abs. 4 Anhang RL 2010/18/EU.

735 Vgl. Art. 10 RL 2001/86/EG; Art. 7 RL 2002/14/EG; Art. 10 Abs. 3 RL 2009/38/EG.

736 Zum Teil wird Art. 30 GRC als bloßer Grundsatz des Unionsrechts angesehen, so: *Krebber*, in: Callies/Ruffert, Art. 30 GRC Rn. 2; *Knecht*, in: Schwarze, Art. 30 GRC Rn. 6; für die Einordnung als subjektives Grundrecht hingegen EUArbR/*Schubert*, Art. 30 GRC Rn. 2 m.w.N.

737 BAG v. 8.12.2011 – 6 AZN 1371/11, NZA 2012, 286 Rn. 12; *Franzen*, NZA-Beil. 3/2015, S. 77, 81; *Meyer*, NZA 2014, 993, 994; *Weber*, in: Systembildung im Europäischen Arbeitsrecht, S. 131, 134 f.

738 *Hanau*, NZA 2010, 1, 12; APS/*Moll*, § 23 KSchG Rn. 38; *Rebhahn*, ZfA 2003, 163, 177; EUArbR/*Schubert*, Art. 30 GRC Rn. 15; a.A. *Krebber*, in: Calliess/Ruffert, Art. 30 GRC Rn. 2.

739 *v. Alsbaek*, S. 90.

RL 77/187/EWG explizit am bestehenden französischen Recht,[740] das bereits seit 1928 bei einer *„modification dans la situation juridique de l'employeur"* den Eintritt des Betriebserwerbers in die laufenden Arbeitsverhältnisse anordnete.[741] Die französische Rechtsprechung entwickelte hierfür zwei Voraussetzungen: Zum einen müsse der Erwerber eine identische oder ähnliche Tätigkeit verfolgen. Zum anderen müsse – daraus resultierend – dieselbe Beschäftigungsmöglichkeit bestehen.[742] Wie der EuGH heute hielten bereits die französischen Gerichte vor Inkrafttreten der RL 77/187/EWG die Übertragung der wesentlichen Betriebsmittel – sächliche Mittel oder Kundenbeziehung – für maßgeblich, um einen *„transfert de l'enterprise"* nach französischem Recht anzunehmen.[743] Diese Verknüpfung zwischen der Übernahme sächlicher Betriebsmittel und dem Schicksal der arbeitsvertraglichen Beziehungen ist nichts anderes als die Anerkennung eines gewissen Grades der Verdinglichung des Arbeitsverhältnisses.[744]

Auch das Reichsarbeitsgericht hatte zur gleichen Zeit einen gewissen Objektbezug des Arbeitsverhältnisses anerkannt, indem es für den Kündigungsschutz und Urlaubsansprüche relevante Vorbeschäftigungszeiten bei einem früheren Arbeitgeber auf das mit dem Betriebserwerber neu abgeschlossene Arbeitsverhältnis anrechnete.[745] Einen gesetzlichen Übergang der Arbeitsverhältnisse lehnte es gleichwohl ab.[746] Ebenfalls in jene Zeit fällt die grundlegenden Abhandlung „Arbeitnehmer und Betrieb", in der *Molitor* die Vorstellung der Betriebsbezogenheit des Arbeitsverhältnisses entwickelte.[747] Der Gedanke fand sich erneut in der Diskussion um eine analoge Anwendung des § 571 a.F. BGB (§ 566 BGB: „Kauf bricht nicht

740 Vgl. die Begründung des Entwurfs einer Richtlinie des Rates zur Harmonisierung der Rechtsvorschriften der Mitgliedstaaten über die Wahrung von Ansprüchen und Vergünstigungen der Arbeitnehmer bei Gesellschaftsfusionen, Betriebsübertragungen sowie Unternehmenszusammenschlüssen, RdA 1975, 124, 125; hierzu *D. Gaul*, Betriebsübergangs, S. 47.

741 Art. 23 Abs. 7 code du travail a.F., erlassen durch Gesetz v. 19.7.1928, abgedruckt in JO v. 21.7. 1928. Die Vorschrift entspricht dem heute geltenden Art. L 1224-1 des code du travail.

742 *v. Alsbaek*, S. 90; *Waquet*, RdA 1996, 91, 92 jeweils m.w.N.

743 *Franzen*, Betriebsinhaberwechsel, S. 12 m.w.N.

744 Ablehnend BAG v. 2.10.1974 – 5 AZR 504/73, AP BGB § 613a Nr. 1 unter III 4 a) der Gründe: *„Man mag bei dem Sozialschutz des § 571 BGB von einer "Verdinglichung" der Miete sprechen (...). Eine "Verdinglichung" des ArbVerh. kann es wegen dessen starker personenrechtl. Prägung nicht geben."*

745 RAG v. 30.11.1929 – 266/29, ARS 7, 397, 399; RAG v. 8.2.1928 – 46/27, ARS 2, 71, 75; RAG v. 26.10.1927 – 1/27, ARS 1, 14, 17 f.

746 RAG v. 1.10.1930 – 194/30, ARS 11, 208, 213 ff.

747 Vgl. *Molitor*, Arbeitnehmer und Betrieb, S. 40.

Miete") auf das Arbeitsverhältnis beim Betriebsübergang.[748] Die Vorschriften des Kündigungsschutzes sollten immer dann Anwendung finden, wenn die Gesamtheit der Betriebsmittel als Substrat des Arbeitsverhältnisses erhalten blieb.[749] Heute findet sich dieser in der zutreffenden These vom *„Gleichlauf von Arbeitsplatz und Arbeitsverhältnis"* wieder.[750]

Die RL 2001/23/EG hat sich dieses Verständnis zu eigen gemacht, indem sie die übergangsfähige wirtschaftliche Einheit in Art. 1 Abs. 1 lit. a als eine *„organisierte Zusammenfassung von Ressourcen"* definiert. Durch diese Bezeichnung wird der Arbeitsplatz bestimmt: Geht er identitätswahrend auf einen anderen Inhaber über, folgt das mit dem Arbeitsplatz verbundene Arbeitsverhältnis quasi akzessorisch. Diese Charakterisierung des § 613a BGB als Arbeitsplatz-Besetzungsvorschrift kommt nur dann zum Tragen, wenn man im Rahmen der Arbeitnehmerzuordnung nicht jede Tätigkeit zugunsten der übergehenden Einheit genügen lässt, sondern eine Unterstellung unter deren konstituierende Instanz verlangt.

B. Die Verflüssigung des Unternehmens als Herausforderung

Sämtlichen hier untersuchten Betrieben ist ein Arbeitnehmer zugehörig, sofern er in sie eingegliedert ist und mit ihrem Inhaber einen Arbeitsvertrag geschlossen hat. Während im Rahmen des Eingliederungskriteriums bereits seit Jahrzehnten darüber gestritten wird, ob und inwieweit der Beitrag des Arbeitnehmers zum Betriebszweck organisatorisch begründet sein muss,[751] ist in den vergangenen Jahren das Erfordernis eines mit dem Betriebsinhaber bestehenden Arbeitsvertrags in den Mittelpunkt gerückt: Zunächst durch das Urteil in der Rs. *Albron Catering*, indem der EuGH entschied, dass auch nichtvertragliche Arbeitsverhältnisse von einem Betriebs-

---

748 LAG Frankfurt v. 1.12.1964 – 5 Sa 325/64, BB 1965, 1270; *Bötticher* in FS Nikisch, S. 3 f.; *Canaris*, in: FS Flume, S. 371, 381 Fn. 41; *Falkenberg*, RdA 1967, 121, 121 ff.; *Nikisch*, ArbR I, 3. Aufl. 1961 S. 659; *Schmidt*, BB 1971, 1199, 1201 f.; *Weitnauer*, in: FS Larenz, S. 705, 714.

749 Gleichwohl lehnten die Rspr. und die h.L. vor Inkrafttreten des § 613a BGB einen gesetzlichen Übergang der Arbeitsverhältnisse ab, *BAG* v. 18.2.1960 – 5 AZR 472/57, NJW 1960, 1490; *BAG* v. 29.11.1962 – 2 AZR 176/62, AP Nr. 6 zu § 419 BGB Betriebsnachfolge, Ls. 2; *Hueck*, in: Hueck/Nipperdey, ArbR I, 7. Aufl. 1963, S. 514; *Denecke*, BB 1950, 679, 680; *Schwanda*, Betriebsübergang, S. 61.

750 Vgl. Staudinger-BGB/*Annuß*, § 613a BGB Rn. 53; *Krause*, in: FS Wank, S. 275, 283; *Pietzko*, S. 109; HWK/*Willemsen*, § 613a BGB Rn. 5.

751 Siehe hierzu bereits unter 2. Kap. A. III.

übergang erfasst sein könnten.[752] Im Betriebsverfassungs- und Kündigungsschutzrecht gab das BAG rund zwei Jahre seine später Zwei-Komponenten-Lehre auf.[753] Je nach Zweck der maßgeblichen Vorschrift[754] ordnet es seitdem insbesondere Leiharbeitnehmer ihren Einsatzbetrieben zu, obwohl zwischen ihnen und dem Entleiher offenkundig kein Vertragsverhältnis besteht.

I. Betriebswirtschaftlicher Hintergrund

Dass den hier untersuchten Organisationen des Arbeitsrechts nunmehr auch Drittpersonal zugeordnet werden kann, lässt sich nur vor dem Hintergrund eines Wandels betriebswirtschaftlicher Organisationsstrukturen nachvollziehen. Seit Anfang der 1990er-Jahre wird die Dichtomie von Hierarchie und Markt vermehrt infrage gestellt.[755] Begründend wird auf den Wandel der Wettbewerbsbedingungen vewiesen, der seinerseits auf die Verbreitung moderner Informations- und Kommunikationstechnik und ein zunehmendes Maß an Globalisierung zurückgeführt wird. Die Internationalisierung führe zu heterogenen und sich schnell wandelnden Markt- und Kundenanforderungen sowie zu einer steigenden Komplexität der Produkte und Dienstleistungen. Unter einem wachsenden Qualitäts- und Kostendruck müssen Unternehmen schneller denn je auf Nachfrageveränderungen eingehen und innovative Produkte auf den Markt bringen können.[756] Um dem gerecht zu werden, haben sich unter anderem zwei Strategien etabliert: Zum einen wurde die klassische Einlinienorganisation durch ein Mehrliniensystem abgelöst, mittels dessen divergierende Anforderungen auf derselben Hierarchiestufe koordiniert werden können. Musterbeispiel hierfür ist die Matrixorganisationen, die etwa regionen- oder

752 EuGH v. 21.10.2010 – C-242/09 – Albron Catering, NZA 2010, 1225.

753 Vgl. BAG v. 13.3.2013 – 7 ABR 69/11, NZA 2013, 789 (bzgl. § 9 BetrVG); BAG v. 24.1.2013 – 2 AZR 140/12, NZA 2013, 726 (bzgl. § 23 Abs. 1 S. 3 KSchG); BAG v. 5.12.2012 – 7 ABR 48/11, NZA 2013, 793 (bzgl. § 42 Abs. 1 BetrVG); BAG v. 18.10.2011 – 1 AZR 335/10, NZA 2012, 221 (bzgl. § 111 S. 1 BetrVG); später auch BAG v. 18.1.2017 – 7 ABR 60/15, NZA 2017, 865 (bzgl. § 38 Abs. 1 BetrVG); vgl. zudem bzgl. des für diese Arbeit nicht relevanten § 9 Abs. 1, 2 MitbestG BAG v. 4.11.2015 – 7 ABR 42/13, NZA 2016, 559.

754 Vgl. BAG v. 24.8.2016 – 7 ABR 2/15, NZA 2017, 269 Rn. 20 zur Begründung der am jeweiligen Normzweck orientierten Vorgehensweise.

755 *Tacke*, in: Managementforschung 7, S. 1, 2.

756 *Picot/Reichwald*, ZfB 64 (1994), 547, 549.

branchenspezifische Kundenwünsche und einzelne Verrichtungen (Entwicklung, Produktion, Vertrieb) aufeinander abstimmt.[757]

Ein zweiter – und für die folgenden Ausführungen zur Betriebszugehörigkeit besonders relevanter – Weg, den Herausforderungen eines schnellebigen und heterogenen Wirtschaftssystems zu begegnen, liegt in der Vergabe bestimmter Aufgaben an andere, rechtlich selbstständige, wirtschaftlich jedoch regelmäßig abhängige, Organisationen. Das Ziel einer solchen Externalisierung ist es, die Vorteile des Marktes zu nutzen, um erforderliche Leistungen schnell und flexibel „einzukaufen", ohne hierbei dauerhafte Verpflichtungen einzugehen, sollten sich die Kunden- oder Marktbedürfnisse ändern. Indem sich das jeweilige Unternehmen selbst auf seinen Kernbereich konzentriert, minimieren derartige Modelle die wirtschaftlichen Risiken der einzelnen Unternehmen.[758] Reine Marktbeziehungen sind zwar außerordentlich flexibel und innovativ, bieten andererseits jedoch wenig Langfristorientierung, Durchschlagskraft und Kohärenz.[759] Daher entstehen durch Externalisierung vielfach nicht bloß rechtlich lose Netzwerke, sondern stabile Vertragsbeziehungen von einer gewissen Dauer, die unter anderem als hybride Organisationen bezeichnet werden.[760] In ihnen werden durch Externalisierung zwar Marktumwelten geschaffen, die jedoch durch stark formalisierte Vertragsbeziehungen mittels Kauf-, Dienst-, Werk-[761] und auf den Personalbedarf bezogenen Arbeitnehmerüberlassungsverträgen zugleich zu formalen Organisationen verbunden werden.[762] Solche hybriden Organisationen bedienen sich gleichermaßen der Vorteile von Zentralisierung (Kontrolle, zentrale Imageeinheit und Werbung) und Dezentralisierung (ökonomische Anreize, lokale Vertriebsorganisation).[763]

---

757 *Tacke*, in: Managementforschung 7, S. 1, 2.

758 *Picot et al.*, Grenzenlose Unternehmung, S. 108; *Picot/Reichwald*, ZfB 64 (1994), 547, 548; *Teubner*, in: Krohn/Küppers, S. 189, 209.

759 *Reinhardt*, Digitale Transformation, S. 116; *Teubner*, in: Krohn/Küppers, S. 189, 197.

760 *Picot et al.*, Grenzenlose Unternehmung, S. 104; *Teubner*, ZHR 2001, 550.

761 Typengemischt finden sich diese zum Beispiel in sogenannten Franchise-Verträgen, zu deren arbeitsrechtlichen Implikationen *Kreuder*, in: FS Simitis, S. 171.

762 *Picot/Reichwald*, ZfB 64 (1994), 547, 548; *Tacke*, in: Managementforschung 7, S. 1, 19; *Teubner*, ZHR 2001, 550, 550 f.

763 *Sydow/Wirth*, Organisation und Strukturation, S. 25; *Tacke*, in: Managementforschung 7, S. 1, 19; *Teubner*, in: Krohn/Küppers, S. 189, 198.

Die Kombination von Markt und Hierarchie wird in der wirtschaftswissenschaftlichen Literatur mitunter als Auflösung[764], Verflüssigung[765] und Virtualisierung[766] von Organisationsgrenzen beschrieben.[767] Richtigerweise führen hybride Modelle nicht zur einer Auflösung der Organisationsgrenzen, sondern zu deren Verdoppelung.[768] Unternehmen und externer Dienstleister sind zwei getrennte Organisationseinheiten, deren Grenzverläufe sich teilweise überschneiden. Da die Handlungen der Grenzstellen betriebswirtschaftlich nicht mehr offensichtlich der einen oder der anderen Organisation zuzurechnen sind,[769] erscheint diese Doppelung prima facie als Verflüssigung.[770] Tatsächlich entstehen Zwischensysteme, aufgrund derer die Grenzstellen in zwei Organisationen hineinwirken.[771]

Dem Grunde nach finden sich derartige Netzwerkorganisationen in sämtlichen Gebilden, in denen eine einheitliche Wertschöpfung nicht von einem einzigen Rechtsträger, sondern durch mehrere rechtlich selbstständige Organisationen gemeinschaftlich erfolgt. Jede Organisation erfüllt hierbei eine eigene sowie eine auf die Gesamtwertschöpfung bezogene Aufgabe. Je intensiver die Einflussmöglichkeiten der einen auf die andere Organisation ausgestaltet sind, desto schwieriger werden die Grenzziehung sowie die Zuordnung der Grenzstellen.

II. Auswirkungen auf die Betriebszugehörigkeit

Während es die Betriebswirtschaftslehre mitunter bei der Feststellung einer komplexer werdenden Abgrenzung von Organisationseinheiten belässt,[772] hat der Jurist für sie Lösungen zu finden – nicht zuletzt aufgrund

---

764 *Ashkenas et al*, Boundlaryless Organization, pasim. *Picot et al.*, Grenzenlose Unternehmung, S. 111 ff.

765 *Mill/Weißbach*, in: Malsch/Mill, S. 315, 317.

766 *Davidow/Malone*, Virtuelles Unternehmen, S. 11; *Picot et al.*, Grenzenlose Unternehmung, S. 128.

767 Vgl. den Überblick bei *Tacke*, in: Managementforschung 7, S. 1, 18.

768 *Tacke*, in: Managementforschung 7, S. 1, 20; *Teubner*, in: Krohn/Küppers, S. 189, 209 ff.

769 Vgl. *Teubner*, Netzwerk als Vertragsverbund, S. 236 ff. zur Haftung der Schnittstellen.

770 *Tacke*, in: Managementforschung 7, S. 1, 20.

771 Vgl. *Tacke*, in: Managementforschung 7, S. 1, 21; *Teubner*, in: Krohn/Küppers, S. 189, 209 spricht in diesem Zusammenhang von einer „vielköpfigen Hydra“.

772 *Ashkenas et al.*, Boundlaryless Organization, S. 43.

des Justizgewährungsanspruchs des Grundgesetzes, der dem Rechtssuchenden eine verbindliche Antwort auf seine Rechtsfrage garantiert.[773]

Dem Arbeitsrechtler ist das Problem bestens aus der Arbeitnehmerüberlassung bekannt, in der die betriebliche Zuordnung der Leiharbeitnehmer aufgrund deren Vertragsbeziehung mit dem Verleiher und der extensiven Verfügungsbefugnis des Entleihers seit Jahrzehnten hoch umstritten ist.[774] Dem Entleiher ermöglicht Leiharbeit eine große Flexibilität, indem er Auftragsspitzen bewältigen kann, ohne eigenes Personal vorhalten zu müssen.[775] Gleichwohl wird die Arbeitnehmerüberlassung teilweise auch zur Deckung eines regelmäßigen Beschäftigungsbedarfs eingesetzt, was aus organisationstheoretischer Perspektive zu den soeben beschriebenen hybriden Organisationen führt. Die Rechtsprechung[776] und später vereinzelt auch der Gesetzgeber (vgl. u.a. § 14 Abs. 2 S. 4 AÜG) haben darauf reagiert, indem sie die mit Leiharbeitnehmern besetzten Arbeitsplätze dem Betrieb des Entleihers zuordnen. Dass Voraussetzungen und Grenzen einer solchen Zurechnung bislang jedoch ungeklärt sind, offenbaren unter anderem die Diskussion um die die Berücksichtigung von Leiharbeitnehmern im Rahmen der Massenentlassung[777] sowie die Unsicherheiten, die bei der Rezeption der EuGH-Entscheidung *Albron Catering* im Betriebsübergangsrecht bestehen.[778] Ein systematisierender Blick auf die in den einzelnen Bereichen parallel verlaufenden Entwicklungen nützt dabei auch der nachfolgenden Untersuchung von Matrixorganisationen, in denen Matrixmanager und Schnittstellen-Arbeitnehmer als Grenzstellen ebenfalls Aufgaben für mehrere Organisationseinheiten wahrnehmen.

---

773 Vgl. *Maurer*, in FS Bethge, S. 535, 540 ff. zum Umfang des allgemein rechtsstaatlichen Justizgewährleistungsanspruchs.

774 Vgl. hierzu *Christiansen*, S. 112 ff.; *Hamann*, in: Schüren/Hamann, § 14 AÜG Rn. 20 ff.; *Linsenmaier/Kiel*, RdA 2014, 135.

775 *Schüren*, BB 2007, 2346, 2348 f.; *Teubert*, S. 20 f.

776 Vgl. BAG v. 18.1.2017 – 7 ABR 60/15, NZA 2017, 865 (bzgl. § 38 Abs. 1 BetrVG); BAG v. 13.3.2013 – 7 ABR 69/11, NZA 2013, 789 (bzgl. § 9 BetrVG); BAG v. 24.1.2013 – 2 AZR 140/12, NZA 2013, 726 (bzgl. § 23 Abs. 1 S. 2, 3 KSchG).

777 Vgl. unter 1. Kap. B. II. 2. c) cc)) zum missglückten Wortlaut des Art. 1 Abs. 1 lit. a i ME-RL bzw. § 17 Abs. 1 KSchG, der auch bei der Berücksichtigung von Leiharbeitnehmern zu Systembrüchen führt. Die vom BAG an den EuGH gerichteten Vorlagefragen (BAG v. 16.11.2017 – 2 AZR 90/17 [A], NZA 2018, 245) wurden wegen der Rücknahme der Revision nicht beantwortet; zum Streitstand vgl. *Brams*, S. 253; *Holler*, ZESAR 2018, 74, 75; *Lembke/Oberwinter*, in: Thüsing/Rachor/Lembke, § 17 KSchG Rn. 64.

778 Hierzu unter 2. Kap. B. II. 3.

1. Betriebsverfassungsrecht

Von dem im Rahmen der klassischen Zwei-Komponenten-Lehre zwingenden Erfordernis eines mit dem Betriebsinhaber bestehenden Arbeitsvertrags ist die Rechtsprechung und ein Großteil der Literatur zumindest in bestimmten Fällen des Drittpersonaleinsatzes mittlerweile abgerückt. Dass der Gesetzgeber für die gewerbsmäßige Arbeitnehmerüberlassung (unechte Leiharbeit) in den vergangenen Jahrzehnten für etwas Klarheit gesorgt hat, dürfte maßgeblich zu dieser Entwicklung beigetragen haben: So bleiben Leiharbeitnehmer gemäß § 14 Abs. 1 AÜG auch während der Zeit ihrer Arbeitleistung bei einem Entleiher Angehörige des entsendenden Betriebs des Verleihers. Sie sind jedoch seit Inkrafttreten des BetrVG-Reformgesetzes 2001[779] bei einem mindestens dreimonatigen Einsatz gemäß § 7 S. 2 BetrVG[780] im Betrieb des Entleihers aktiv wahlberechtigt, wenn auch nicht wählbar (vgl. § 14 Abs. 2 S. 1 AÜG[781]). Vor ihrem Tätigwerden für den Entleiher ist gemäß § 14 Abs. 3 S. 1 AÜG i.V.m. § 99 BetrVG der Betriebsrat des Entleiherbetriebs zu beteiligen.[782] Durch den zum 1.4.2017 eingefügten § 14 Abs. 2 S. 4 AÜG[783] wurde zudem klargestellt, dass im Rahmen betriebsverfassungsrechtlicher Schwellenwerte Leiharbeitnehmer auch im Entleiherbetrieb zu berücksichtigen sind.[784]

---

779 BetrVG-Reformgesetz v. 23.7.2001, BGBl. I, S. 1852.

780 § 7 S. 2 BetrVG ist nach allg. Ansicht auch auf die nicht gewerbsmäßige Arbeitnehmerüberlassung anwendbar, vgl. nur BAG v. 10.3.2004 – 7 ABR 49/03, NZA 2004, 1340 m.w.N.

781 Die Vereinbarkeit von Art. 14 Abs. 2 S. 1 AÜG mit Art. 3 Abs. 1 GG wird bezweifelt von *Hamann*, in: Schüren/Hamann, § 14 Rn. 63 mwN; *Ratayczak*, AiB 1997, 600; DKKW/*Trümmner*, § 5 Rn. 91; ob § 14 Abs. 2 S. 1 AÜG analog auf die dauerhafte nicht-gewerbsmäßige Arbeitnehmerüberlassung anwendbar ist, wird uneinheitlich beantwortet, vgl. BAG v. 17.2.2010 – 7 ABR 51/08, NZA 2010, 832 (bejahend); LAG Hamburg v. 3.9.2007 – 8 TaBV 17/06 –, juris (verneinend).

782 Nach Ansicht des BAG v. 9.3.2011 – 7 ABR 137/09, AP BetrVG 1972 § 99 Einstellung Nr. 63 Rn. 24, 28 handelt es sich bei § 14 III 1 AÜG um eine Rechtsgrundverweisung; zum Streitstand *Benecke*, in: FS Wank, S. 27, 30 m.w.N.

783 Zur AÜG-Reform 2017 *Lembke*, NZA 2017, 1.

784 So bereits vor Inkrafttreten des § 14 Abs. 2 S. 4 AÜG: BAG v. 13.3.2013 – 7 ABR 69/11, NZA 2013, 789 (zu § 9 BetrVG); a.A. noch BAG v. 10.3.2004 - 7 ABR 49/03, NZA 2004, 1340.

a) Rechtsprechungsänderung des BAG

Auch das BAG hat die klassische Zwei-Komponenten-Lehre in seinen Entscheidungen vom 5.12.2012[785] und 13.3.2013[786] explizit aufgegeben. Zwar führe diese in unproblematischen Fällen, in denen der Arbeitnehmer ausschließlich im einzigen Betrieb seines Arbeitgebers tätig sei, zu sachgerechten Ergebnissen. Gleichwohl könne an dem Erfordernis eines Arbeitsverhältnisses zum Betriebsinhaber nicht festgehalten werden, wenn dies dazu führe,

> *„dass der Arbeitnehmer einerseits dem Betrieb seines Vertragsarbeitgebers mangels Eingliederung nicht zugeordnet werden könnte, während es andererseits zum Betriebsarbeitgeber am arbeitsvertraglichen Band fehlt. In derartigen Fällen der aufgespaltenen Arbeitgeberstellung bedarf es daher einer differenzierten Beurteilung der betriebsverfassungsrechtlichen Zuordnung von Arbeitnehmern.“*[787]

Diese differenzierende Betrachtung müsse beim drittbezogenen Personaleinsatz und einer aufgespalteten Arbeitgeberstellungen die ausdrücklich normierten (spezial-)gesetzlichen Konzepte sowie die Funktion des Arbeitnehmerbegriffs im jeweiligen betriebsverfassungsrechtlichen Zusammenhang angemessen berücksichtigen. Es sei eine normzweckorientierte Auslegung der jeweiligen auf den oder die Arbeitnehmer abstellenden Vorschrift geboten.[788] In der Folge berücksichtigte das BAG Leiharbeitnehmer bereits vor der zum 1.4.2017 in Kraft getretenen Kodifikation des § 14 Abs. 2 S. 4 AÜG[789] im Rahmen der Schwellenwerte des § 9 BetrVG und des § 38 BetrVG.[790]

---

785 BAG v. 5.12.2012 – 7 ABR 48/11, NZA 2013, 793; krit. *Tschöpe*, NJW 2012, 2161.

786 BAG v. 13.3.2013 – 7 ABR 69/11, NZA 2013, 789.

787 BAG v. 5.12.2012 – 7 ABR 48/11, NZA 2013, 793 Rn. 20.

788 BAG v. 18.1.2017 – 7 ABR 60/15, NZA 2017, 865 Rn. 24; BAG v. 24.8.2016 – 7 ABR 2/15, NZA 2017, 269 Rn. 20; BAG v. 4.11.2015 – 7 ABR 42/13, NZA 2016, 559 Rn. 29; BAG v. 18.3.2015 – 7 ABR 42/12, NZA 2015, 1144 Rn. 27; BAG v. 6.11.2013 – 7 ABR 76/11, NZA 2014, 678 Rn. 19; BAG v. 13.3.2013 – 7 ABR 69/11, NZA 2013, 789 Rn. 21; BAG v. 5.12.2012 – 7 ABR 48/11, NZA 2013, 793 Rn. 30.

789 BGBl. I, S. 258.

790 Vgl. zu § 38 BetrVG zuletzt BAG v. 18.1.2017 – 7 ABR 60/15, NZA 2017, 865; zu § 9 BetrV BAG v. 13.3.2013 – 7 ABR 69/11, NZA 2013, 789.

In der Literatur hat der differenzierende Ansatz des BAG größtenteils Zustimmung erfahren[791] – obgleich manche Autoren[792] hierin keine Ausnahme von der Zwei-Komponenten-Lehre sehen. Vielmehr verlange die Zwei-Komponenten-Lehre als rechtliches Element keinen Arbeits*vertrag*, sondern ein Arbeits*verhältnis* zum Betriebsinhaber. Ein solches Arbeitsverhältnis mit dem Betriebsinhaber erfordere keinen mit eben diesem geschlossenen Arbeitsvertrag, sondern überhaupt einen solchen – egal mit wem – aufgrund dessen der Betriebsinhaber Weisungen erteilen könne (sogenanntes partielles Arbeitsverhältnis).[793] Dies wird mitunter mit § 7 S. 2 BetrVG begründet, der belege, dass die Betriebszugehörigkeit keinen mit dem Betriebsinhaber geschlossenen Arbeitsvertrag verlange.[794] Die Argumentation weist Parallelen zu der Argumentation des EuGH in der Rs. *Albron Catering*[795] auf, wonach von der Betriebsübergangsrichtlinie 2001/23/EG auch solche Arbeitnehmer erfasst werden könnten, die keinen Arbeitsvertrag mit dem Veräußerer geschlossen hätten. Hierzu verwies der Gerichtshof auf den Wortlaut des Art. 3 Abs. 1 RL 2001/23/EG, der von „Arbeitsverhältnis“ und nicht vom „Arbeitsvertrag“ spreche und somit auch einen nichtvertraglichen Arbeitgeber anerkenne.[796] Der Unterschied zur Rechtsprechung des BAG liegt darin, dass die zitierten Autoren eine einheitliche Handhabung der Betriebszugehörigkeit für das gesamte BetrVG präferieren und eine Ausweitung über die Konstellationen einer aufgespaltenen Arbeitgeberstellung von vornherein ablehnen[797], während sich das BAG mit seiner normzweckorientierten Auslegung vorbehält, die Betriebszugehörigkeit für jede Vorschrift des BetrVG und jede Konstellation des Drittpersonaleinsatzes gesondert zu bestimmen.[798]

---

791 Düwell/*Brors*, § 7 BetrVG Rn. 6; *Fitting*, § 5 Rn. 16 f.; Düwell/*Kloppenburg*, § 5 BetrVG Rn. 40; ErfK/*Koch*, § 5 BetrVG Rn. 2; HWK/*Reichold*, § 7 BetrVG Rn. 8, 21; *Reichold*, in: FS v. Hoyningen-Huene, S. 413, 418; *Traeger*, S. 102; krit. *Hamann*, Anm. zu BAG v. 13. 3. 2013 – 7 ABR 69/11, EzA BetrVG 2001 § 9 Nr. 6 (*„provisorische Lösung“*).

792 *Benecke*, in: FS Wank, S. 27, 34 ff.; *Christiansen*, S. 43; *Kreutz*, in: GS D. Schultz, S. 209, 222; *ders.*, in: FS Wißmann, S. 364, 370; GK-BetrVG/*Raab*, § 7 Rn. 26; *Reichold*, NZA 2001, 857, 861.

793 *Benecke*, in: FS Wank, S. 27, 34 ff.; *Christiansen*, S. 43; *Kreutz*, in: GS D. Schultz, S. 209, 222; *ders.*, in: FS Wißmann, S. 364, 370; GK-BetrVG/*Raab*, § 7 Rn. 26.

794 Vgl. BeckOK-ArbR/*Besgen*, § 7 BetrVG Rn. 6.

795 EuGH v. 21.10.2010 – C-242/09 – Albron Catering, NZA 2010, 1225.

796 Hierzu ausführlich unter 2. Kap. B. II. 3.

797 Explizit *Hamann*, Anm. zu BAG v. 13.3.2013, EzA Nr. 6 zu § 9 BetrVG 2001.

798 Vgl. *Benecke*, in: FS Wank, S, 27, 35; die normzweckorientierte Betrachtung des BAG präferiert auch *Witschen*, RdA 2016, 38, 45.

b) Systematisierung

Die für die Eingliederung maßgebliche Weisungsabhängigkeit allein kann für eine betriebsverfassungsrechtliche Zuordnung nicht genügen. Denn nicht nur der Arbeitsvertrag, sondern auch andere Vertragsarten kennen einseitige Leistungsbestimmungsrechte,[799] wie bereits die allgemein schuldrechtliche Vorschrift des § 315 BGB zeigt. § 645 Abs. 1 S. 1 Var. 2 BGB belegt die Existenz von werkvertraglichen Weisungen;[800] die Weisungsrechte in freien Dienstverträgen stimmen sogar umfassend mit denen aus Arbeitsverträgen überein.[801] Das BetrVG beschränkt seinen persönlichen Anwendungsbereich in § 5 hingegen auf Arbeitnehmer und legt hierbei den allgemeinen Arbeitnehmerbegriff zugrunde,[802] den es punktuell erweitert (z.B. in § 5 Abs. 1 S. 3 BetrVG auf Beamte) und beschränkt (vgl. § 5 Abs. 2 – 4 BetrVG).[803] Das grundsätzliche Erfordernis eines mit dem Betriebsinhaber bestehenden Arbeitsvertrags kommt unter anderem auch durch das Mitbestimmungsrecht des Betriebsrats bei Kündigungen (§ 102 BetrVG) sowie durch die unmittelbare und zwingende Wirkung von Betriebsvereinbarungen (§ 77 Abs. 4 BetrVG) zum Ausdruck.[804] Hierfür bedarf es eines Arbeitsverhältnisses, auf das eingewirkt werden kann.[805]

Das Erfordernis eines mit dem Betriebsinhaber bestehenden Arbeitsvertrags entspricht dem bereits erläuterten Zweck der betrieblichen Mitbestimmung, die dem Arbeitsverhältnis immante persönliche Abhängigkeit des Arbeitnehmers auszugleichen und hierdurch sein Selbstbestimmungsrecht zu wahren.[806] Dieser Grundgedanke wurde im Rahmen der ursprünglichen Zwei-Komponenten-Lehre durch das Erfordernis eines mit dem Betriebsinhaber bestehenden Arbeitsvertrags abgebildet. Mittlerweile hat sich jedoch die Erkenntnis durchgesetzt, dass die durch Weisungsunterstellung gekennzeichnete persönliche Abhängigkeitslage nicht nur gegenüber dem eigenen Vertragspartner bestehen kann. Bereits aufgrund der

---

799 Instruktiv *Fischels*, S. 257 ff.

800 Vgl. BAG v. 20.9.2016 – 9 AZR 735/15, NZA 2017, 49, 52; BAG v. 25.9.2013 – 10 AZR 282/12, AP BGB § 611 Abhängigkeit Nr. 126; *v. Hoyningen-Huene*, BB 1985, 1669, 1672; HWK/*Thüsing*, § 611a BGB Rn. 49; a.A. *Maschmann*, Arbeitsverträge, S. 188; *Tillmanns*, Strukturfragen, S. 26 f., 34 f.

801 *Fischels*, S. 278; *Tillmanns*, Strukturfragen, S. 32 f.

802 BT-Drs. 14/5741, S. 35.

803 *Böhm*, RdA 2013, 193, 198.

804 *Umnuß*, Betriebsverfassung, S. 153.

805 *Kreutz*, in: GS D. Schultz, S. 209, 212.

806 Hierzu bereits unter 1. Kap. B. I.

kontinuierlich erweiterten betriebsverfassungsrechtlichen Regelungen zur Arbeitnehmerüberlassung (vgl. § 14 AÜG, § 7 S. 2 BetrVG) war der Rechtsprechung ein Festhalten an der Voraussetzung des mit dem Betriebsinhaber bestehenden Arbeitsvertrags nicht mehr möglich. Für die Arbeitnehmerüberlassung im Sinne des AÜG hatte der Gesetzgeber vielmehr von vornherein eine Beurteilung durch die Rechtsprechung vorgesehen. So ist in der Begründung zu § 14 AÜG a.F., durch den unter anderem das Mitbestimmungsrecht des § 99 Abs. 1 S. 1 Var. 1 BetrVG auf Leiharbeitnehmer ausgeweitet wurde, ausgeführt, dass die Regelung nicht abschließend sei, sondern die Feststellung etwaiger weiterer Beteiligungsrechte des Betriebsrates durch die Rechtsprechung hiervon unberührt bleibe.[807] Später wurde im Rahmen der Kodifizierung des § 7 S. 2 BetrVG zum Ausdruck gebracht, dass sich dessen Anwendungsbereich nicht auf dem AÜG unterfallende Überlassungen beschränkt. Neben der Gesetzesbegründung[808] spricht hierfür systemtatisch auch die Kodifizierung im BetrVG und nicht in § 14 AÜG.

Voraussetzung ist stets, dass Arbeitgeberbefugnisse im Namen des Betriebsinhabers ausgeübt werden, ohne dass mit dem Dienstleistenden ein Vertrag besteht. In bilateralen Beziehungen betrifft dies insbesondere das fehlerhafte Arbeitsverhältnis, in Drei-Personen-Verhältnissen vor allem Konstruktionen, in denen der Dritte dazu ermächtigt wird, arbeitsrechtliche Direktiven im eigenen Namen zu erteilen[809], was aufgrund des § 613 S. 2 BGB wiederum das Einverständnis des Arbeitnehmers voraussetzt.[810] Häufigster Anwendungsfall ist die Arbeitnehmerüberlassung, der neben dem Überlassungsvertrag ein zwischen Arbeitnehmer und Vertragsarbeitgeber bestehender Vertrag zugunsten Dritter zugrunde liegt.[811] Denn nur wenn die Arbeitgeberbefugnisse dem Betriebsinhaber zugerechnet werden können, besteht die vom BetrVG auszugleichende persönliche Abhängigkeit gerade ihm gegenüber.

---

807 BT-Drs. 9/847, S. 8 f.; hierauf hinweisend bereits *Henssler*, NZA 1994, 294, 303.

808 BT-Drs. 14/5741, S. 36: „*Diese Regelung soll insbesondere Leiharbeitnehmern im Sinne des Arbeitnehmer-überlassungsgesetzes zugute kommen.*“ (Hervorhebung durch den Autor); hierzu *Maywald*, S. 155 f.

809 Vgl. *Kreutz*, in: GS D. Schultz, S. 209, 213; *Windbichler*, Arbeitsrecht im Konzern, S. 228 f.

810 *Windbichler*, Arbeitsrecht im Konzern, S. 279.

811 Für die Maßgeblichkeit des zwischen Vertragsarbeitgeber und Drittem geschlossenen Vertrags auch *Kreutz*, in: GS D. Schultz, S. 209, 222; *Reichold*, in: FS Hoyningen-Huene, S. 413, 422.

2. Kündigungsschutzrecht

Für das Kündigungsschutzrecht ist sich in Erinnerung zu rufen, dass „Betrieb“ in § 1 Abs. 2, 3 KSchG und § 23 Abs. 1 S. 2, 3 KSchG unterschiedliche Bezugspunkte bezeichnet. Während der Sozialauswahl das betriebsverfassungsrechtliche Verständnis zugrunde liegt, meint „Betrieb“ im Sinne der „Kleinbetriebsklausel“ den gesamten Tätigkeitsbereich des Arbeitgebers – sprich: das Unternehmen.[812]

a) Kleinbetriebsklausel, § 23 Abs. 1 S. 3 KSchG

Seit seinem Urteil vom 24.1.2013 hält das BAG nicht an der zuvor herrschenden Auffassung fest, wonach bei der Berechnung des Schwellenwertes in § 23 Abs. 1 S. 3 KSchG nur solche Beschäftigte zu berücksichtigen seien, deren Einsatz auf einem mit dem Betriebsinhaber geschlossenen Arbeitsvertrag beruht. Das Urteil fügt sich ein in eine Reihe von Entscheidungen, in denen das Gericht für die Betriebsgröße kennzeichnende Schwellenwerte auf das Element eines mit dem Betriebsinhaber geschlossenen Arbeitsvertrags verzichtete.[813] Nach der zutreffenden neuen Rechtsprechung sind nunmehr sämtliche für den Betriebsinhaber weisungsgebunden tätigen und in den Betrieb[814] eingegliederten Arbeitnehmer mitzuzählen, soweit mit diesen ein regelmäßiger Beschäftigungsbedarf abgedeckt wird. Dabei könne es sich, so das BAG, auch um im Betrieb eingesetzte Leiharbeitnehmer handeln, soweit ihr Einsatz der den Betrieb im Allgemeinen kennzeichnenden Beschäftigungslage entspreche.[815] Interessanterweise stützte der 2. Senat seine Auslegung unter anderem auf den Wandel der Arbeitswelt, der sich auch in einer extensiveren Zulässigkeit der Arbeitnehmerüberlassung ausdrücke. Arbeitgeber mit zehn oder weniger eigenen Arbeitnehmern könnten mangels arbeitsplatzbezogener

---

812 Vgl. hierzu bereits unter 1. Kap. B. II. 2. a).

813 Vgl. BAG v. 18.1.2017 – 7 ABR 60/15, NZA 2017, 865 (bzgl. § 38 Abs. 1 BetrVG); BAG v. 13.3.2013 – 7 ABR 69/11, NZA 2013, 789 (bzgl. § 9 BetrVG); BAG v. 18.10.2011 – 1 AZR 335/10, NZA 2012, 221 (bzgl. § 111 S. 1 BetrVG); vgl. zudem bzgl. des für diese Arbeit nicht relevanten § 9 Abs. 1, 2 MitbestG BAG v. 4.11.2015 – 7 ABR 42/13, NZA 2016, 559.

814 Richtigerweise ist auf das Unternehmen abzustellen, siehe hierzu bereits 1. Kap. B. II. a) cc).

815 BAG v. 24.1.2013 – 2 AZR 140/12, NZA 2013, 726 Rn. 11.

Höchstüberlassungsdauer[816] einen gegebenenfalls weit höheren regelmäßigen Beschäftigungsbedarf durch den Einsatz von Leiharbeitnehmern abdecken.[817]

Begründend führte das BAG zudem an, dass die Herausnahme von in Kleinbetrieben beschäftigten Arbeitnehmern einen Gleichheitsverstoß im Sinne des Art. 3 Abs. 1 GG darstelle. Der Grad der persönlichen Zusammenarbeit, die Finanzausstattung des Betriebs und dessen Belastbarkeit durch erhöhten Verwaltungsaufwand seien zwar grundsätzlich zu dessen Rechtfertigung geeignet – sie hingen jedoch nicht davon ab, ob der Arbeitgeber seinen regelmäßigen Beschäftigungsbedarf durch eigene Arbeitnehmer oder durch Leiharbeitnehmer abdecke.[818] Für die Bestimmung der finanziellen Leistungsfähigkeit und die Belastbarkeit des Entleihers mache es keinen Unterschied, ob er die Arbeitsplätze mit eigenen Arbeitnehmern oder mit Leiharbeitnehmern besetze. Leiharbeitnehmer würden von ihm wie eigene Arbeitnehmer eingesetzt und unterlägen seinem Weisungsrecht. Auch die Erwägung, jenseits der Grenze von zehn Arbeitnehmern sei typischerweise nicht mehr von einer für Kleinbetriebe kennzeichnenden engeren persönlichen Zusammenarbeit auszugehen, gelte unabhängig davon, ob die Beschäftigten eigene Vertrags- oder aber Leiharbeitnehmer seien.[819]

Aus den vom BAG genannten Gründen hat der Gesetzgeber mit Wirkung zum 1.4.2017 § 14 Abs. 1 S. 4 in das AÜG eingefügt, wonach Leiharbeitnehmer für die Schwellenwerte des BetrVG im Entleiherbetrieb zu berücksichtigen sind.[820]

---

816 Zu dem für die Entscheidung maßgeblichen Zeitpunkt sah das AÜG keinerlei Überlassungshöchstdauer vor. Bezüglich der zum 1.12.2011 in § 1 Abs. 1 S. 2 AÜG a.F. (BGBl. I S. 642) aufgenommenen Formulierung, die Überlassung von Arbeitnehmern erfolge „vorübergehend“ äußerte sich das BAG jedoch dahingehend, dass sich hierdurch an seiner Einschätzung nichts ändere, da durch den ständigen Austausch auch ein regelmäßiger Beschäftigungsbedarf abgedeckt werden könne. Dies gilt auch nach Einführung der arbeitnehmerbezogenen Höchstüberlassungsdauer von 18 Monaten in § 1 Abs. 1b AÜG mWv 1.4.2017 (BGBl. I, S. 258), hierzu u.a. *Lembke*, NZA 2017, 1, 4.

817 BAG v. 24.1.2013 – 2 AZR 140/12, NZA 2013, 726 Rn. 17.

818 Zust. *Bayreuther*, NZA 2016, 1304, 1306; *Fuhlrott*, GWR 2013, 332; SPV/*Preis*, Rn. 863; KR-Komm/*Rachor*, § 1 KSchG Rn. 22; *Teubert*, S. 57; a.A. *Löwisch*, in: FS Wank, S. 315, 320; *Wolf*, AuA 2013, 160.

819 BAG v. 24.1.2013 – 2 AZR 140/12, NZA 2013, 726 Rn. 23.

820 Vgl. Art. 1 Nr. 10 des Gesetzes zur Änderung des Arbeitnehmerüberlassungsgesetzes und anderer Gesetze v. 21.2.2017, BGBl. I, S. 258; Gesetzesbegründung abgedruckt in BT-Drs. 18/9232, S. 29.

b) Sozialauswahl

Während im Betriebsverfassungsrecht aufgrund der gesetzgeberischen Wertungen des § 7 S. 2 BetrVG und § 14 AÜG zumindest auch eine partielle Betriebszugehörigkeit von solchen Beschäftigten denkbar ist, die in keiner arbeitsvertraglichen Beziehung zum Betriebsinhaber stehen, setzt die Einbeziehung in die Sozialauswahl nach wie vor einen mit dem Betriebsinhaber bestehenden Arbeitsvertrag voraus.[821] Dies liegt zum einen in der Natur des Kündigung als Beendigung eines Vertragsverhältnisses, ergibt sich positiv-rechtlich zudem aus dem in § 1 Abs. 1 KSchG geregelten persönlichen Anwendungsbereich des KSchG, der ein seit mindestens sechs Monate bestehendes Arbeitsverhältnis verlangt.[822] Handelt es sich um einen gemeinsamen Betrieb mehrerer Unternehmen, bedarf es neben der Eingliederung eines Arbeitsvertrags mit einem der beteiligten Unternehmen, um in die Sozialauswahl miteinbezogen zu werden.[823]

Weder aus der Berücksichtigung von Leiharbeitnehmern im Rahmen der Kleinbetriebsklausel des § 23 Abs. 1 S. 3 KSchG noch aus der partiellen betriebsverfassungsrechtlichen Zugehörigkeit zum Entleiherbetrieb ergibt sich, dass in die Sozialauswahl nunmehr solche Personen einbezogen werden könnten, die in keiner arbeitsvertraglichen Beziehung mit dem Betriebsinhaber stehen. Das BAG scheint sich der Gefahr, missverstanden zu werden, bewusst gewesen zu sein, weshalb es in seiner § 23 Abs. 1 S. 3 KSchG betreffenden Entscheidung klarstellte, dass zwischen dem betrieblichen Anwendungsbereich im Sinne des § 23 KSchG und dem persönlichen Anwendungsbereich im Sinne des § 1 KSchG zu differenzieren sei und nur letztgenannter zwingend ein vertragliches Arbeitsverhältnis mit dem Betriebsinhaber voraussetze.[824]

---

821 BAG v. 24.1.2013 – 2 AZR 140/12, NZA 2013, 726 Rn. 14; LAG Düsseldorf v. 9.11.1994 – 2 Sa 525/94, DB 1995, 275 unter II 1 b) der Gründe; *Lembke*, NZA 2013, 1312, 1316 f.; *Schiefer*, NZA-RR 2002, 169, 171; *Teubert*, S. 61.

822 Vgl. nur *Hergenröder*, in: MüKo-BGB, § 1 KSchG Rn. 2.

823 BAG v. 29.11.2007 – 2 AZR 763/06, AP KSchG 1969 § 1 Soziale Auswahl Nr. 95; BAG v. 24.2.2005 – 2 AZR 214/02, NZA 2005, 867; APS/*Kiel*, § 1 KSchG Rn. 597; ErfK/*Oetker*, § 1 KSchG Rn. 322; NK-GA/*Weber*, § 1 KSchG Rn. 1237; a.A. *Annuß/Hohenstatt*, NZA 2004, 420, 422.

824 BAG v. 24.1.2013 – 2 AZR 140/12, NZA 2013, 726 Rn. 14: Der 2. Senat spricht hierin zwar nur von einem Arbeitsverhältnis. Den unmittelbar folgenden Ausführungen zum betrieblichen Anwendungsbereich nach § 23 KSchG lässt sich jedoch entnehmen, dass hiermit e contrario ein vertragliches Arbeitsverhältnis gemeint ist; so auch *Teubert*, S. 87.

Auch das telos der Sozialauswahl lässt sich nicht mit dem auf nichtvertragliche Arbeitsverhältnisse erweiterten betriebsverfassungsrechtlichen Wahlrecht (vgl. § 7 S. 2 BetrVG) vergleichen. Denn während die persönlichen Abhängigkeit, die die Repräsentation durch den Betriebsrat auszugleichen bezweckt, bereits aus der Ausübung von Leitungsbefugnissen eines nichtvertraglichen Arbeitgbers resultieren kann, will das KSchG gerade den Bestand des Arbeitsvertrags schützen.[825] Das der materielle Bestandsschutz des KSchG einen Arbeitsvertrag voraussetzt, lässt sich unter anderem der zutreffenden Rechtsprechung zur Weiterbeschäftigungsmöglichkeit des Stammpersonals entnehmen. Demnach müssen Vertragsarbeitnehmern auch solche Arbeitsplätze angeboten werden, die mit Leiharbeitnehmern besetzt sind.[826] Da der Wegfall jedweder Weiterbeschäftigungsmöglichkeit primäre Voraussetzung für den Ausspruch betriebsbedingter Kündigungen und der Sozialauswahl mithin vorgeschaltet ist, werden Leiharbeitnehmer von vornherein nicht in die Sozialauswahl im Entleiher-Betrieb einbezogen.[827] Zugunsten des Leiharbeitnehmers anzuwenden ist vielmehr § 14 Abs. 1 AÜG analog, wonach eine etwaige Sozialauswahl des Verleihers auch die im Einsatz befindlichen Leiharbeitnehmer zu berücksichtigen hat.[828] In sämtlichen Fällen des Drittpersonaleinsatzes sind der zwischen Drittem und Arbeitnehmer geschlosene Arbeitsvertrag und der zwischen Drittem und Betriebsinhaber geschlossene „Einsatzvertrag“[829] strikt zu unterscheiden.[830]

825 *Teubert*, S. 88.

826 LAG Hamm v. 23.3.2009 – 8 Sa 313/08, BeckRS 2009, 74337 unter III 3 b) der Gründe; LAG Berlin-Brandenburg v. 3.3.2009 – 12 Sa 2468/08, BeckRS 2009, 67921; LAG RLP v. 6.11.2003 – 6 Sa 780/03, BeckRS 2010, 73039; *Hamann*, NZA 2010, 1211, 1215; APS/*Kiel*, § 1 KSchG Rm. 568; *Teubert*, S. 65; vgl. auch BAG v. 26.9 2002 – 2 AZR 636/01, NJW 2003, 2116 unter II 1 e) cc) der Gründe zur Rechtmissbräuchlichkeit einer Austauschkündigung mit Leiharbeitnehmern mit zust. Anm. *Annuß*, NZA 2003, 783; a.A. LAG Köln v. 7.8.2006 – 14 Sa 84/06, BeckRS 2006, 45084 unter II 1 i) der Gründe; *Moll/Ittmann*, RdA 2008, 321, 326.

827 *Teubert*, S. 65.

828 BAG v. 20.6.2013 – 2 AZR 271/12, NZA 2013, 837 Rn. 19.

829 Insb. der Arbeitnehmerüberlassungsvertrag, in anderen Fällen des Drittpersonaleinsatzes etwa der Werk-, Dienst oder Geschäftsbesorgungsvertrag.

830 *Teubert*, S. 76.

3. Betriebsübergangsrecht

Dass auch solche Arbeitnehmer von den Rechtsfolgen eines Betriebsübergangs erfasst sein könnten, die in keiner arbeitsvertraglichen Beziehung mit dem Veräußerer stehen, galt im Schrifttum lange Zeit als undenkbar.[831] Durch die Entscheidung des EuGH in der Rs. *Albron Catering*[832] hat sich dies geändert. Hierin entschied der Gerichtshof, dass bei einer dauerhaften, konzerninternen Arbeitnehmerüberlassung auch Leiharbeitnehmer von den Rechtsfolgen der Betriebsübergangsrichtlinie erfasst würden, wenn die wirtschaftliche Einheit des Entleihers übertragen werde. Indem der EuGH die Rechtsfigur des nichtvertraglichen Arbeitgebers schuf, scheint es nicht mehr ausgeschlossen, dass auch Arbeitsverträge solcher Arbeitnehmer auf einen Erwerber übergehen, deren Vertragsarbeitgeber an der Transaktion gänzlich unbeteiligt ist.

a) Die Rs. Albron Catering

Der vom EuGH zu beantwortenden Vorlagefrage lag der niederländische Brauereikonzern Heineken International zugrunde, dessen gesamtes Personal in der Personalverwaltungsgesellschaft „Heineken Nederlands Beheer BV“ (im Folgenden HNB) zusammengefasst war. HNB überließ den übrigen Tochtergesellschaften des Heineken-Konzerns die bei ihr angestellten Arbeitnehmer, unter anderem Herrn Roest, an den konzerneigenen Caterer „Heineken Nederlands BV“ (im Folgenden HBV), der an die Konzerngesellschaften Mahlzeiten lieferte. 2005 entschied sich Heineken International, das Catering in Zukunft durch die nicht konzernangehörige Albron Catering BV (im Folgenden Albron) durchführen zu lassen, die auch Herrn Roest weiterbeschäftigte – jedoch zu schlechteren Arbeitsbedingungen als zuvor. Aus diesem Grund beantragte Herr Roest vor dem niederländischen Kantonrechter festzustellen, dass ein Betriebsübergang von HBV auf Albron vorgelegen habe, infolgedessen die Arbeitsverhältnisse der zuvor bei HBV eingesetzten Arbeitnehmer auf Albron übergegangen seien und somit auch auf sein Arbeitsverhältnis diejenigen Arbeitsbedingungen angewendet werden müssten, die zwischen ihm und HNB gegolten hatten. Nachdem die erste Instanz zugunsten von Herrn Roest ent-

---

831 Vgl. Staudinger-BGB/*Annuß*, § 613a BGB Rn. 134; *Bauer/v. Steinau-Steinrück*, in: Hölters, Unternehmens- und Beteiligungskauf, IV Rn. 99; *Borngräber*, S. 58.

832 EuGH v. 21.10.2010 – C-242/09 – Albron Catering, NZA 2010, 1225.

schieden hatte, wollte das Berufungsgericht vom EuGH im Wege des Vorlageverfahrens nach Art. 267 AEUV wissen,

> *„ob beim Übergang eines zu einem Konzern gehörenden Unternehmens auf ein nicht zu diesem Konzern gehörendes Unternehmen im Sinne der Richtlinie 2001/23/EG das Unternehmen des Konzerns, zu dem die Arbeitnehmer ständig entsandt waren, ohne jedoch mit diesem durch einen Arbeitsvertrag verbunden zu sein (im Folgenden: nichtvertraglicher Arbeitgeber), auch als „Veräußerer" im Sinne von Art. 2 I lit. a der Richtlinie betrachtet werden kann, wenn es in diesem Konzern ein Unternehmen gibt, mit dem die betreffenden Arbeitgeber durch einen Arbeitsvertrag verbunden waren (im Folgenden: vertraglicher Arbeitgeber)".*[833]

b) Urteilsbegründung

Der EuGH nahm bereits im Rahmen der Resümierung der Fragen auf die Rechtsfigur des nichtvertraglichen Arbeitgebers Bezug. Er versteht hierunter das *„Unternehmen des Konzerns, zu dem die Arbeitnehmer ständig entsandt waren, ohne jedoch mit diesem durch einen Arbeitsvertrag verbunden zu sein"*. Dass es sich auch bei diesem um den Veräußerer im Sinne des Art. 2 Abs. 1 lit. a der RL 2001/23/EG handeln könne, stützte der EuGH im Wesentlichen auf drei Argumente.

Erstens zeige bereits die alternative Nennung von „Arbeitsvertrag" und „Arbeitsverhältnis" in Art. 3 Abs. 1 RL 2001/23/EG, dass ein Arbeitsvertrag nach dem Willen des Unionsgesetzgebers nicht zwingend erforderlich sei, damit dem Arbeitnehmer der Schutz der Betriebsübergangsrichtlinie zuteil werde. Vertraglicher und nichtvertraglicher Arbeitgeber könnten damit beide Veräußerer im Sinne der Betriebsübergangsrichtlinie sein.[834] Zweitens ergebe sich bereits aus der Definition der wirtschaftlichen Einheit in Art. 1 Abs. 1 lit. b RL 2001/23/EG, dass *„ein Übergang eines Unternehmens im Sinne der Richtlinie 2001/23/EG insbesondere einen Wechsel der juristischen oder persönlichen Person voraus[setze], die für die wirtschaftliche Tätigkeit der übertragenen Einheit verantwortlich ist und die in dieser Eigenschaft als Arbeitgeber der Arbeitnehmer dieser Einheit Arbeitsverhältnisse mit diesen – gegebenenfalls ungeachtet des Fehlens vertraglicher Beziehungen mit diesen Arbeit-*

833 EuGH v. 21.10.2010 – C-242/09 – Albron Catering, NZA 2010, 1225 Rn. 20, der die beiden Vorlagefragen des Gerechtshof te Amsterdam dementsprechend umformulierte.

834 EuGH v. 21.10.2010 – C-242/09 – Albron Catering, NZA 2010, 1225 Rn. 26.

nehmern – begründet". Dieses Verständnis vom Betriebsinhaber würde konterkariert, würde dem für die Einheit nicht verantwortlichen Vertragsarbeitgeber für die Zwecke der Bestimmung der Person des Veräußerers systematisch Vorrang gegenüber der Stellung eines für diese Tätigkeit verantwortlichen nichtvertraglichen Arbeitgebers eingeräumt werden.[835] Als drittes Argument berief sich der EuGH auf den Schutzzweck der RL 2001/23/EG. Der vom dritten Erwägungsgrund der Richtlinie hervorgehobene Schutz der Arbeitnehmer bei einem Inhaberwechsel mache es erforderlich, in einem Kontext wie dem des Ausgangsverfahrens als Inhaber den nichtvertraglichen Arbeitgeber zu verstehen, der für die Durchführung der übertragenen Tätigkeit verantwortlich gewesen sei.[836]

c) Die Rechtsmissbrauchskontrolle des EuGH

In den unmittelbar an die Veröffentlichung des Urteils erschienen Anmerkungen wurde insbesondere die fehlende Auseinandersetzung des EuGH mit Art. 2 Abs. 2 RL 2001/23/EG moniert. Demnach überlasse die Richtlinie die Begriffsbestimmung von Arbeitsvertrag und Arbeitsverhältnis den nationalen Rechtsordnungen und verbiete es den Mitgliedstaaten in der abschließenden Aufzählung des Art. 2 Abs. 2 UAbs. 2 RL 2001/23/EG lediglich, Arbeitnehmer in Teilzeit (lit. a), befristet Beschäftigte (lit. b) sowie Leiharbeitnehmer bei einem Übergang des Verleihunternehmens (lit. c) vom persönlichen Anwendungsbereich der Richtlinie auszunehmen. Hiermit konfligiere es, wenn der EuGH begründungslos die Rechtsfigur des nichtvertraglichen Arbeitgebers zur Begründung eines Arbeitsverhältnisses zwischen Entleiher (HBV) und Leiharbeitnehmer (Herrn Roest) einführe.[837]

Obgleich sich die fehlende Methodenehrlichkeit des EuGH aus guten Gründen bemängeln lässt, entspricht das Vorgehen des EuGH letztlich der von ihm selbst geprägten, inzwischen gefestigten Methodik des Unionsrechts:[838] Selbst, wenn eine Richtline den Mitgliedstaaten explizit Umset-

---

835 EuGH v. 21.10.2010 – C-242/09 – Albron Catering, NZA 2010, 1225 Rn. 29.

836 EuGH v. 21.10.2010 – C-242/09 – Albron Catering, NZA 2010, 1225 Rn. 30.

837 *Bauer/v. Medem*, NZA 2011, 20, 21; *Gaul/Ludwig*, DB 2011, 298; *Willemsen*, NJW 2011, 1546, 1548.

838 Vgl. EuGH, Schlussanträge des GA Bot v. 3.6.2010 – C-242/09 – Albron Catering, BeckRS 2010, 90678 Rn. 49; *Bauer/v. Medem*, NZA 2011, 20, 21, die die die Entscheidung in der Rs. Albron Caterin ebenfalls mit der nachfolgend dargestellten unionsrechtlichen Rechtmissbrauchskontrolle begründen.

zungsspielräume einräumt, behält es sich der Gerichtshof vor, Vorgaben aufzustellen, sofern er die Richtlinienziele als gefährdet erachtet. Als Prüfmaßstab etabliert haben sich dabei zum einen der sogenannte Äquivalenzgrundsatz, zum anderen das sogenannte Effektivitätsprinzip. Erstgenannter verbietet, dass nationale Vorschriften zur Richtlinienumsetzung ungünstiger sind als bei rein innerstaatlichen Sachverhalten; letztgenannter verhindert, dass die Ausübung der durch das Unionsrecht verliehenen Rechte durch die Mitgliedstaaten praktisch unmöglich gemacht oder übermäßig erschwert wird.[839] Der effet utile-Grundsatz war vom EuGH ursprünglich in der sogenannten *Leberpfennig*-Entscheidung von 1970[840] zur unmittelbaren Anwendung von europäischen Entscheidungen (heute Beschlüsse, Art. 288 Abs. 4 AEUV) entwickelt und vier Jahre später in der Rs. *van Duyn*[841] auch auf die unmitelbare Anwendbarkeit von Richtlinien angewendet worden.[842] Inzwischen wird er unter anderem auch zur Auslegung unbestimmter Richtlinienbegriffe herangezogen.[843]

Um dem Unionsrecht zur „praktischen Wirksamkeit“[844] zu verhelfen, korrigierte der EuGH in den vergangenen Jahren mehrfach den persönlichen Anwendungsbereich nationaler Umsetzungsvorschriften, obgleich die zugrundeliegenden Richtlinien – vergleichbar mit Art. 2 Abs. 1 lit. d RL 2001/23/EG – auf den Arbeitnehmerbegriff der nationalen Rechtsord-

839 Vgl. nur EuGH v. 7.3.2018 – C-494/16 – Santoro, NZA 2018, 503 Rn. 30; EuGH v. 26.11.2014 – C-22/13 u. a. - Mascolo, NZA 2015, 153 Rn. 78; EuGH v. 3.7.2014 – C-362/13 – Fiamingo, BeckRS 2014, 81092 Rn. 63; EuGH v. 23.4.2009 – C-378/07 u. a. – Angelidaki, AP Richtlinie 99/70/EG Nr. 6 Rn. 159.

840 EuGH v. 6.10.1970 – C-9/70 – Finanzamt Traunstein, Slg 16, 825.

841 EuGH v. 4.12.1974 – C-41/74 – van Duyn –, juris.

842 Instruktiv *Potacs*, EuR 2009, 465; *Seyr*, passim; *Streinz*, in: FS Everling, S. 1491, 1495.

843 Vgl. nur EuGH v. 14.5.2019 – C-55/18 – CCOO, NZA 2019, 683 zur Auslegung der von den Mitgliedstaaten zu treffenden „erforderlichen Maßnahmen“ i.S.d. Arbeitszeit-RL 2003/88/EG.

844 Für den effet utile-Grundatz finden sich in den deutschen Sprachfassungen der Urteile die Formulierungen der „praktischen Wirksamkeit“ (Vgl. EuGH 6.11.2018 – C-569/16, C-570/16 – Bauer und Willmeroth, NZA 2018, 1467 Rn. 50; EuGH 6.11.2018 – C-684/16 – Max-Planck-Gesellschaft zur Förderung der Wissenschaft, NZA 2018, 1474 Rn. 45; EuGH 19.12.2013 – C-209/12 – Endress, NJW 2014, 452), der „vollen Wirksamkeit“ (EuGH 9.9.2015 – C-160/14 – Ferreira da Silva e Brotio u.a., EuZW 2016, 111, 114 Rn. 47; EuGH 24. 1. 2012 – C-282/10 – Dominguez, NZA 2012, 139 Rn. 27) sowie der „nützlichen Wirkung“ (EuGH 3.12.1992 – C-86/90, Slg. 1992, I-6251 Rn. 15; EuGH 4.12.1974 – C-41/74 – van Duyn, Ls. 2).

nungen verwiesen hatten.[845] Auf erhebliche Kritik in Deutschland ist deshalb unter anderem die die Leiharbeitsrichtlinie 2008/104/EG betreffende *Ruhrlandklinik*-Entscheidung[846] gestoßen.[847] Hierin urteilte der EuGH, dass auch Rotkreuzschwestern Leiharbeitnehmer im Sinne der Richtlinie seien, obwohl Art. 3 Abs. 2 der RL 2008/104/EG – beinahe wortlautidentisch zu Art. 2 Abs. 1 lit. d der Betriebsübergangs-RL 2001/23/EG – auf den Arbeitnehmerbegriff der Mitgliedstaaten verweist und Rotkreuzschwestern diesem aufgrund des ihrem Einsatz zugrundeliegenden Gestellungsvertrags gerade nicht unterfallen.[848] Hierzu führte der Gerichtshof aus:

> *„Eine Beschränkung des Arbeitnehmerbegriffs im Sinne der RL 2008/104/EG auf Personen, die nach nationalem Recht unter diesen Begriff fallen, insbesondere auf diejenigen Personen, die mit dem Leiharbeitsunternehmen einen Arbeitsvertrag geschlossen haben, könnte die Verwirklichung dieser Ziele gefährden und folglich die praktische Wirksamkeit der Richtlinie durch eine übermäßige und ungerechtfertigte Einschränkung ihres Anwendungsbereichs beeinträchtigen.“*[849]

Mit demselben Argument hat der Gerichtshof Richter in den Anwendungsbereich der RL 97/81/EG über Teilzeitarbeit miteinbezogen, obwohl diese nach dem Recht des britischen Vorlagegerichts nicht als Arbeitnehmer zu qualifizieren waren.[850]

Im Befristungsrecht hat das BAG die Rechtsmissbrauchskontrolle des EuGH in seine Rechtsprechung integriert. Die in einer Richtlinie verwendeten Begriffe seien nur in dem Umfang entsprechend dem nationalen Recht zu definieren, soweit die praktische Wirksamkeit der Richtlinie und die allgemeinen Grundsätze des Unionsrechts gewahrt blieben. Die Mitgliedstaaten dürften daher keine Regelung anwenden, die die Verwirklichung der mit einer Richtlinie verfolgten Ziele gefährden und diese da-

---

845 Entsprechende Verweisungen finden sich etwa in Erwägungsgrund 65 RL 2017/1132/EU; § 1 Nr. 2 Anh. RL 2010/18/EU; Art. 3 Abs. 1 lit. a RL 2008/104/EG; Art. 2 Abs. 2 S. 1 RL 2008/94/EG; § 2 Nr. 1 Anh. RL 97/81/EG Art. 2 Abs. 2 RL 96/71/EG; Art. 1 Abs. 1 RL 91/553/EWG.

846 EuGH v. 17.11.2016 – C-216/15 – Ruhrlandklinik, NZA 2017, 41.

847 Vgl. *Bauer*, ArbRAktuell 2016, 601; *Benecke*, EuZA 2018, 3, 7; *Preis/Morgenbrodt*, EuZA 2017, 418, 424 f.; *Thüsing/Stiebert*, ZAT 2016, 178, 180; *Wank*, EuZW 2018, 21, 30; i.Erg. zustimmend hingegen *Heuschmid/Hlava*, ArbuR 2017, 121, 123; *Schmitt*, ZESAR 2017, 167, 173 f.

848 Zum Verhältnis von Vereinsmitgliedschaft und Arbeitnehmerstatus nach deutschem Recht u.a. *Wank/Maties*, NZA 2007, 353.

849 EuGH v. 17.11.2016 – C-216/15 – Ruhrlandklinik, NZA 2017, 41 Rn. 36.

850 EuGH v. 1.3.2012 – C-393/10 – O'Brien, NZA 2012, 313 Rn. 36.

mit ihrer praktischen Wirksamkeit berauben könnte. Insbesondere dürfe ein Mitgliedstaat nicht unter Verletzung der praktischen Wirksamkeit der jeweiligen Richtlinie willkürlich bestimmte Kategorien von Personen von dem durch diese bezweckten Schutz ausnehmen.[851] Im Kern handelt es sich um eine Rechtsmissbrauchskontrolle als Ausprägung des effet-utile-Grundsatzes.[852]

Im Betriebsübergangsrecht verfährt der EuGH ähnlich. In der Rs. *Piscarreta Ricardo*[853] legte ein portugiesisches Gericht unter anderem die Frage vor, ob auch ein Arbeitnehmer im ruhenden Arbeitsverhältnis als Arbeitnehmer im Sinne des Art. 2 Abs. 1 lit. d RL 2001/23/EG behandelt werden müsse. In seiner Antwort betonte der EuGH mehrfach, dass für den Arbeitnehmerbegriff der Richtlinie maßgeblich sei, ob die betreffende Partei vom nationalen Arbeitsrecht geschützt werde. Dies zu prüfen obliege zwar grundsätzlich dem vorlegenden Gericht.[854] Die Verweisung auf das nationale Recht stehe jedoch unter dem Vorbehalt, *„dass die zwingenden Vorschriften [der Betriebsübergangsrichtlinie] über den Schutz der Arbeitnehmer gegen eine Kündigung wegen des Übergangs beachtet [würden].“*[855]

Aus den Vorgaben des EuGH ergibt sich eine zweistufige Prüfung: In einem ersten Schritt muss untersucht werden, ob ein Arbeitsverhältnis im nationalrechtlichen Sinn vorliegt. Der deutsche § 613a BGB setzt hierfür grundsätzlich einen zwischen Arbeitnehmer und Veräußerer bestehenden Arbeitsvertrag voraus. Liegt ein solcher nicht vor, gilt es zu untersuchen, ob es das Telos der RL 2001/23/EG dennoch gebietet, die betreffende Person in den persönlichen Anwendungsbereich der Richtlinie miteinzubeziehen. Nach den Entscheidungsgründen in der Rs. *Albron Catering* ist das jedenfalls dann der Fall, wenn die Stellung als Vertragsarbeitgeber und die Verantwortlichkeit für die Leistung des Arbeitnehmers dauerhaft auseinanderfallen.

---

851 Vgl. BAG v. 21.11.2017 – 9 AZR 117/17, AP BGB § 611 Lehrer, Dozenten Nr. 194 Rn. 47; BAG v. 24.8.2016 – 7 AZR 625/15, AP TzBfG § 14 Nr. 145 Rn. 41; BAG v. 24.2.2016 – 7 AZR 712/13, AP TzBFG § 14 Nr. 140 Rn. 32.

852 *Elking*, S. 123; *Fuchs/Marhold*, Europäisches Arbeitsrecht, S. 336; *Wank*, EuZW 2018, 21, 23.

853 EuGH v. 20.7.2017 – C-416/16 – Piscarreta Ricardo, AP RL 2001/23/EG Nr. 15.

854 EuGH v. 20.7.2017 – C-416/16 – Piscarreta Ricardo, AP RL 2001/23/EG Nr. 15 Rn. 50 u. 54.

855 EuGH v. 20.7.2017 – C-416/16 – Piscarreta Ricardo, AP RL 2001/23/EG Nr. 15 Rn. 50; so bereits EuGH v. 15.9.2010 – C-386/09 – Briot, AP RL 2001/23/EG Nr. 6 Rn. 28; EuGH v. 15.6.1988 – C-101/87 – Bork International, Rn. 17.

aa) Eintritt des Leiharbeitnehmers in die Stammbelegschaft

Zu den Auswirkungen der Veräußererstellung des nichtvertraglichen Arbeitgebers auf die Rechtsfolgenseite hat der EuGH nicht explizit Stellung bezogen. In der deutschen Literatur herrscht insofern Uneinigkeit, ob der Leiharbeitnehmer infolge der Rechtsprechung in die Stammbelegschaft des Erwerbers eintrete oder ob der Erwerber lediglich in die Rechtsstellung als nichtvertraglicher Arbeitgebers einrücke und mithin neue Partei des Arbeitnehmerüberlassungsvertrags werde. Die fehlenden expliziten Ausführungen erklären sich vor dem Hintergrund, dass der EuGH im Vorlageverfahren nach Art. 267 AEUV ausschließlich zur Beantwortung der vorgelegten Fragen berufen ist, nicht jedoch zur Entscheidung über das zugrundeliegende Verfahren. Gleichwohl streiten die überwiegenden Anhaltspunkte dafür, dass der EuGH von einem Eintritt des Leiharbeitnehmers in die Stammbelegschaft des Erwerbers ausgeht, im vorliegenden Fall mithin das Vertragsverhältnis von Herrn Roest mit der Personalverwaltungsgesellschaft HNB infolge des Übergangs endete.[856] Hierfür sprechen bereits die Schlussanträge des Generanwalts *Bot*, der seinen Ausführungen eine „Als ob"-Betrachtung zugrundelegte: Konstellationen wie die des Ausgangssachverhalts seien so zu behandeln, *„als ob die Anstellungsgesellschaft [HNB] die Arbeitsverträge mit den Arbeitnehmern des Konzerns für Rechnung jeder einzelnen Betriebsgesellschaft [HBV] schlösse, bei denen sie eingesetzt werden"*.[857] Aus dem bisherigen Umgang des EuGH mit den Schlussanträgen der Generanwälte lässt sich jedenfalls die Vermutung aufstellen, dass die Richter den Ausführungen bei Bedarf widersprochen hätte, hätten sie sich ihnen nicht anschließen wollen.[858] Für die Vorstellung des EuGH vom Eintritt in die Stammbelegschaft von Albron streitet ferner, dass sich der EuGH für unzuständig hätte erklären müssen, wäre er von einem bloßen Einrücken des Erwerbers (Albron) in die Rechtsstellung des nichtvertraglichen Arbeitgebers (HBV) ausgegeangen.[859] Denn Herr *Roest* begehrte im Ausgangsverfahren von Albron die Fortgeltung der dem Arbeitsvertrag mit HNB entstammenden Arbeitsbedingungen. Die Beantwortung der Vorlagefrage wäre offensichtlich unerheblich gewesen, wäre lediglich die

856 *Bauer/Medem*, NZA 2011, 20, 22; *Elking*, S. 199 ff.; *Gaul/Ludwig*, DB 2011, 298. 300; *Willemsen*, NJW 2011, 1546, 1548; *Witte*, Leiharbeit, S. 162 f.; a.A. *Forst*, RdA 2011, 228, 232 f.; *Hamann*, jurisPR-ArbR 29 (2011), Anm. 1.

857 EuGH, Schlussantrag des GA v. 3.6.2010 – C-242/09, BeckRS 2010, 90678 Rn. 46.

858 *Elking*, S. 201.

859 *Elking*, S. 200.

Rechtsstellung des Entleihers von HBV auf Albron übergegangen. Denn in diesem Fall hätte Herr Roest seine Rechte aus dem weiterhin mit HNB bestehenden Arbeitsvertrag gegenüber HNB geltend machen können, so dass sich der EuGH mangels Entscheidungserheblichkeit für unzuständig hätte erklären müssen.[860] Dass der EuGH die Vorlagefragen hingegen überhaupt beantworte, spricht dafür, dass er von einem Übergang des Arbeitsvertrags (und nicht nur des nichtvertraglichen Arbeitsverhältnisses) auf Albron ausging.[861]

bb) Konstruktionsmöglichkeiten de lege lata

Trotz der erheblichen Kritik am Urteil des EuGH wird in der Literatur anerkannt, dass das Betriebsübergangsrecht in Konstellationen wie der des Ausgangsverfahrens, in denen Vertragsarbeitgeber- und Betriebsinhaberstellung dauerhaft auseinanderfallen, erhebliche Schutzlücken aufweist.[862] Denn nach originärer Betrachtung ließen sich durch die Bündelung der Arbeitnehmer in Personalverwaltungsgesellschaften wirtschaftliche Einheiten ohne die in ihnen eingesetzen Arbeitnehmer übertragen.

Zur Schließung dieser Schutzlücke[863] de lege lata plädieren einige Autoren dafür, dem Vertragsarbeitgeber die vom Beschäftigungsunternehmen initiierte Betriebsübertragung zuzurechnen und ihn mithin als Veräußerer im Sinne der RL 2001/23/EG zu betrachten.[864] Wer mit ihm arbeitsvertraglich verbundene Arbeitnehmer dauerhaft zu einem anderen (Konzern-)Unternehmen entsende, ohne für diese entweder eigene Arbeitsplätze im eigenen Unternehmen/Betrieb vorzuhalten oder im Falle der Beendigung der

860 Zum Ausspruch der Unzuständigkeit mangels Entscheidungserheblichkeit vgl. EuGH v. 24.3.2011 – Rs. C-194/10, n. v., Rn. 32 – *Abt u. a.*; EuGH v. 16.7.1992 – C-343/90 - *Lourenço Dias/ Director da Alfândega do Porto,* Slg. 1992, I-04673, Rn. 18.

861 a.A. *Bauer/v. Medem*, NZA 2011, 20, 21 f.; *Elking*, S. 199 ff.; *Greiner*, NZA 2014, 284, 289; *Willemsen*, NJW 2011, 1546, 1548 jeweils unter Berufung auf den Grundsatz *„nemo plus iuris transferre potest quam ipse habet“* sowie *Forst*, RdA 2011, 228, 233, der den Vertrag zwischen Veräußerer und Erwerber für diesen Fall als unwirksamen Vertrag zulasten Dritter einordnet, da er zu dem für den Verleiher nicht abzuwendenden Verlust seines Arbeitnehmers führe.

862 *Bauer/v. Medem,* NZA 2011, 20, 21; *Forst*, RdA 2011, 228, 230; *Willemsen*, NJW 2011, 1546, 1548 f.

863 Zum Folgenden umfassend *Elking*, passim; *Witte*, Leiharbeit, § 8.

864 *Greiner*, NZA 2014, 284, 288 f.; *Schrammel/Windisch-Graetz*, S. 173; *Willemsen*, NJW 2011, 1546, 1549.

Entsendung über gesicherte Einsatzmöglichkeiten in anderen (Konzern-)Unternehmen zu verfügen, müsse sich bei Übertragung des Einsatzbetriebs auf einen außenstehenden Dritten für Zwecke der Richtlinie so behandeln lassen, als hätte er selbst die dortige Beschäftigungsmöglichkeit im Wege der rechtsgeschäftlichen Betriebs(teil)veräußerung vereitelt.[865]

Ebenfalls an die Stellung als Veräußerer knüpft die von *Witte*[866] und *Forst*[867] präferierte Konstruktion an. Sie plädieren dafür, sowohl den Vertragsarbeitgeber (Verleiher) als auch die Betriebsgesellschaft (Entleiher) als Veräußerer im Sinne der Betriebsübergangs-Richtlinie anzusehen. Dies erkläre, weshalb auch der Arbeitnehmerüberlassungsvertrag zwischen Verleiher und Entleiher auf den Erwerber übergeleitet werde, der dann – wohl entgegen dem Verständnis des EuGH[868] – bloß in die Stellung als nichtvertraglicher Arbeitgeber eintrete.[869]

Andere Autoren fingieren hingegen die Vertragsarbeitgeberstellung des Entleihers, die auf Rechtsfolgenseite zu einer Festanstellung beim Erwerber führt.[870] Dies entspricht letztlich auch der mit der Rechtsmissbrauchskontrolle am ehesten zu vereinbarenden Auffassung des Generalanwalts *Bot*, wonach der Vertragsschluss zwischen Verleiher (HNB) und Herrn Roest so zu behandeln sei, als ob die Anstellungsgesellschaft die Arbeitsverträge mit den Arbeitnehmern des Konzerns für Rechnung jeder einzelnen Betriebsgesellschaft geschlossen habe. Divergenzen innerhalb dieser Lösung ergeben sich im Wesentlichen aus ihrer Herleitung. So stützt *Raab* seine Ausführungen darauf, dass der Bestand des Arbeitsverhältnisses nach der Konzeption der Betriebsübergangsrichtlinie von der Person des Vertragspartners entkoppelt sei und allein an den Fortbestand der wirtschaftlichen Einheit geknüpft werde, innerhalb der der Arbeitnehmer seine Arbeitsleistung erbringt. Die Zuordnung des Leiharbeitnehmers zur übertragenen wirtschaftlichen Einheit ergebe sich in einer Konzernkonstellation wie der des Ausgangsverfahrens daraus, dass er dauerhaft der Leitungsmacht des Beschäftigungsunternehmens unterstellt sei.[871]

---

865 *Willemsen*, NJW 2011, 1546, 1548 f.

866 *Witte*, Leiharbeit, S. 309 f.

867 *Forst*, EwiR 2010, 737.

868 Siehe hierzu bereits 2. Kap. B. II. 3. c) aa).

869 *Forst*, EwiR 2010, 737.

870 *Bauer/v. Medem*, NZA 2011, 20, 22; *Grau/Hartmann*, in: Preis/Sagan, Rn. 15.63; *Raab*, EuZA 2011, 537, 550 f.; *Witte*, Leiharbeit, S. 124 nennt dies *„Zuordnungslösung"*.

871 *Raab*, EuZA 2011, 537, 550 f.

cc) Anwendungsbereich des nichtvertraglichen Arbeitgebers

Das vorlegende niederländische Gericht hatte in seiner zweiten Vorlagefrage[872] danach gefragt, ob ein Übergang des Arbeitsverhältnisses eines Leiharbeitnehmers auch außerhalb von Personalführungsgesellschaften infrage käme. Wohl mangels Entscheidungserheblichkeit ging der EuGH hierauf nicht ein. In der deutschsprachigen Literatur wird die Übertragbarkeit der Rechtsprechung auf die nicht-konzernprivilegierte Arbeitnehmerüberlassung[873] sowie auf Gemeinschaftsbetriebe[874] diskutiert. Begreift man den vom EuGH gewählten Ansatz als Rechtsmissbrauchskontrolle, scheidet eine Einbeziehung vorübergehend eingesetzter Leiharbeitnehmer in den persönlichen Anwendungsbereich der RL 2001/23/EG bei einer Veräußerung des Einsatzbetriebs von vornherein aus. Denn da das Unionsrecht selbst die vorübergehende Leiharbeit in der RL 2008/104/EG explizit anerkennt, kann sie im Rahmen der Betriebsübergangs-RL 2001/23/EG nicht zugleich als rechtsmissbräuchlich bewertet werden.[875] Vielmehr ist davon auszugehen, dass die vom EuGH in der Rs. *Albron Catering* für maßgeblich gehaltene Spaltung von Verantwortlichkeit und Vertragsstellung nur dann zugunsten der Effektivität der RL 2001/23/EG zu korrigieren ist, wenn sie als dauerhafte Gestaltung gewählt wird, um die Anwendung zwingenden Arbeitsrechts zu umgehen. Organisationstheoretisch lässt sich hierfür an das beschriebene[876] Konzept hybrider Organisationen anknüpfen. Diese sollen gerade dadurch die Nachteile einer Aufgabenverlagerung auf den Markt (keine Langfristorientierung, Durchschlagskraft und Kohärenz) mi-

---

872 *„Wie lautet die Antwort auf den zweiten Teil der ersten Frage, wenn die dort genannten Arbeitnehmer, die für ein zu einem Konzern gehörendes Unternehmen arbeiten, bei einer anderen, ebenfalls zu diesem Konzern gehörenden Gesellschaft beschäftigt sind, die keine Personalgesellschaft wie in der ersten Frage beschrieben ist?"*, vgl. EuGH v. 21.10.2010 – C-242/09 – Albron Catering, NZA 2010, 1225.

873 Für eine Übertragbarkeit auf den vorübergehenden Verleih *Heuchemer/Schielke*, BB 2011, 758, 763; *Mückl*, GWR 2011, 45; *Witte*, Leiharbeit, S. 234 ff.; a.A. *Bauer/v. Medem*, NZA 2011, 20, 22; *Elking*, S. 315; *B. Gaul/Ludwig*, DB 2011, 298, 300; *Grau/Hartmann*, in: Preis/Sagan, Rn. 15.64; *Henssler*, RdA 2017, 83, 95; BeckOGK/*Kokott*, § 613a BGB Rn. 80; *Wank*, BB 2018, 1909, 1910; *Willemsen*, NJW 2011, 1546, 1549; EUArbR/*Winter*, Art. 2 RL 2001/23/EG Rn. 12; offen gelassen von *Sagan*, ZESAR 2011, 412, 421.

874 *Willemsen*, NJW 2011, 1546, 1550.

875 Vgl. zu der im Ergebnis zu verneindenen Frage, ob die RL 2008/104/EG die dauerhafte Arbeitnehmerüberlassung ausschließe, nur *Steinmeyer*, DB 2013, 2740, 2741.

876 Hierzu unter 2. Kap. B. I.

nimieren, indem Personal- und Beschaffungsrisiken auf Grundlage stabiler und langfristiger Vertragsbeziehungen externalisiert werden. Während dem Einsatzunternehmen hierdurch der Vorteil einer dauerhaften Personalsteuerung verbleibt, verlagert es die unter anderem aus der Anwendbarkeit des zwingenden Arbeitsrechts herrührenden Risiken auf den Vertragsarbeitgeber und letztlich auf den Arbeitnehmer, für den jedenfalls beim Konzernverleih regelmäßig keine anderweitige Beschäftigungsmöglichkeit vorhanden ist und dessen Arbeitsvertrag mithin vergleichsweise einfach betriebsbedingt gekündigt werden kann. Einer solchen Risikoverlagerung auf den Arbeitnehmer will die Effektivitätskontrolle des EuGH Einhalt gebieten. Inwiefern sie auch für die Arbeitnehmer in den hier untersuchten Matrixorganisationen besteht, wird an späterer Stelle zu erörtern sein.[877]

4. Das nichtvertragliche Arbeitsverhältnis

Die Betriebszugehörigkeit in den hier untersuchten Gebieten des Arbeitsrechts setzt grundsätzlich ein zum Betriebsinhaber bestehendes Arbeitsverhältnis voraus.[878] Nach der seit Gründung der Bundesrepublik vorherrschenden und mittlerweile allgemein anerkannten Vertragstheorie handelt es sich bei einem Arbeitsverhältnis grundsätzlich um dasjenige Rechtsverhältnis, das auf Grundlage eines Arbeitsvertrags zwischen Arbeitnehmer und Arbeitgeber besteht.[879] Zuvor war versucht worden, die persönliche Abhängigkeit des Arbeitnehmers allein mit seiner Eingliederung in „den Betrieb“ des Arbeitgebers zu erklären (Eingliederungstheorie), weshalb man das Arbeitsverhältnis nicht als besonderes Schuldverhältnis einordnete, sondern als sogenanntes personenrechtliches Gemeinschaftsverhältnis verklärte.[880]

Nicht erst die seit 1.4.2017 bestehende Kodifikation des Arbeitsvertrags in § 611a BGB belegt, dass nach deutschem Verständnis Arbeitsvertrag und

---

877 Siehe hierzu 4. Kap. D. III. 1. b).

878 Hierzu unter 2. Kap. A I (BetrVG), II. (KSchG) und III. (§ 613a BGB).

879 BAG v. 8.8.1958 – 4 AZR 173/55, AP BGB § 611 Mittelbares Arbeitsverhältnis Nr. 3 Ls. 1: *„Zur Begründung eines Arbeitsverhältnisses bedarf es eines Arbeitsvertrags.“*; *Bötticher*, RdA 1955, 321, 322; *D. Gaul*, Betriebsinhaberwechsel, S. 62 ff; *Preis/Morgenbrodt*, EuZA 2017, 418, 424.

880 Vgl. *Nikisch*, Arbeitsvertrag und Arbeitsverhältnis, passim; *ders.*, ArbR I, 2. Aufl. 1955, S. 140 ff.; *Siebert*, Arbeitsverhältnis, S. 85 ff; zu der nationalsozialistischen Prägung dieser sog. Eingliederungstheorie instruktiv *Rüthers*, Auslegung, S. 387 ff.

Arbeitsverhältnis grundsätzlich parallel verlaufen.[881] Nur ausnahmsweise wird ein Arbeitsverhältnis auch ohne vertragliche Grundlage angenommen, etwa in Fällen des sogenannten faktischen Arbeitsverhältnisses. Ob bei einer gespaltenenen Arbeitgeberstellung zwischen dem Zuwendungsempfänger und dem Arbeitnehmer ein Arbeitsverhältnis besteht, wird insbesondere für die Arbeitnehmerüberlassung diskutiert.[882] So verneint das BAG zwar das Vorliegen eines Arbeitsverhältnisses zwischen Leiharbeitnehmer und Entleiher, spricht jedoch von einer *„rechtlichen Beziehung mit arbeitsrechtlichem Charakter"*.[883] Aufgrunddessen hält das Gericht auch den Weg zu den Arbeitsgerichten nach § 2 Abs. 1 Nr. 3 lit. a ArbGG für eröffnet, obwohl die zitierte Vorschrift nach ihrem Wortlaut ein Arbeitsverhältnis voraussetzt.

Überzeugend begründen lässt sich die Anwendung arbeitsrechtlicher Vorschriften auf solche nichtvertraglichen Beziehungen, indem man das Arbeitsverhältnis entsprechend der allgemeinen schuldrechtlichen Systematik in ein Grund- und ein Erfüllungsverhältnis aufspaltet.[884] Während für das Grundverhältnis ausschließlich der Vertragsschluss maßgeblich ist, besteht die Erfüllungshandlung des Arbeitnehmers in der Eingliederung in die Organisation des Arbeitgebers. Beide Rechtsverhältnisse fallen in Konstellationen gespaltener Arbeitgeberstellung – insbesondere der Arbeitnehmerüberlassung – auseinander, in denen der Arbeitnehmer nicht in die Organisation seines Vertragspartners, sondern eines Dritten (vor allem des Entleihers) eingegliedert ist. Auch wenn zu dem Dritten keine vertragliche Beziehung besteht, können sich bestimmte arbeitsrechtliche Rechte und Pflichten aus dem Erfüllungsverhältnis ergeben. Im Einzelfall muss mithin ermittelt werden, ob eine rechtliche Regelung an das bloße Erfüllungsverhältnis anknüpft oder darüber hinaus auch einen das Grundverhältnis begründenden Arbeitsvertrag erfordert.

Das Bestehen eines schuldrechtlichen Erfüllungsverhältnisses setzt die Zuweisung eines Arbeitsplatzes durch den Arbeitgeber voraus. Hierin bildet sich die weitgehend anerkannte Pflicht des Arbeitgebers zur Beschäfti-

---

881 Nur *Preis/Morgenbrodt*, EuZA 2017, 418, 424.

882 Ein Arbeitsverhältnis bejaht etwa *Elking*, S. 135 a.A. BeckOGK/*Kokott*, § 613a BGB Rn. 77.1; zum Streitstand instrunktiv *Reinsch*, passim.

883 BAG v. 15.3.2011 – 10 AZB 49/10, NZA 2011, 653 Rn. 8.

884 *Boemke*, Schuldvertrag, S. 220 et passim; *Lembke*, NZA 2013, 815, 820 f.; *Lembke/Oberwinter*, in: Thüsing/Rachor/Lembke, § 17 KSchG Rn. 64.

gung des Arbeitnehmers[885] ab, die neben der Vergütungspflicht im Synallagma zu dessen Arbeitsleistung steht.[886] Die Zuweisung des Arbeitsplatzes erfolgt durch die Ausübung des arbeitsrechtlichen Direktionsrechts, wobei das Erfüllungsverhältnis zu demjenigen Arbeitgeber entsteht, in dessen Namen die Weisungen erteilt werden. In der Arbeitnehmerüberlassung ist das der Fall, da der mit dem Verleiher bestehende Arbeitsvertrag nach zutreffender Ansicht[887] als echter Vertrag zugunsten Dritter einzuordnen ist, aufgrunddessen der Entleiher den Leiharbeitnehmer im eigenen Namen anzuweisen berechtigt ist.[888] Zum selben Ergebnis gelangt, wer von einer Abtretung des Anspruchs auf die Arbeitsleistung an den Entleiher ausgeht,[889] dessen Ermächtigung im Sinne des § 185 BGB annimmt[890] oder – aufgrund der Konzeption des AÜG heute nicht mehr vertretbar[891] – eine Vertragsbeziehung zwischen Entleiher und Leiharbeitnehmer konstruiert.[892]

885 Grdl. BAG v. 10.11.1955 – 2 AZR 591/54, AP BGB § 611 Beschäftigungspflicht Nr. 2; vgl. auch BAG v. 9.4.2014 – 10 AZR 637/13, NZA 2014, 719, BAG v. 27.2.1985 – GS 1/84, NZA 1985, 702 unter C I der Gründe; *Dütz*, in: FS 25 Jahre BAG, S. 71; *Hanau/Rolfs*, AuR 1993, 389; BeckOGK/*Maties*, § 611a BGB Rn. 1321; ErfK/*Preis*, § 611a BGB Rn. 564; *Reichold*, in: MHdb ArbR, Bd. 1, § 92 Rn. 1; a.A. *Weber/Weber*, RdA 2007, 344, 352.

886 *Boemke*, Schuldvertrag und Arbeitsverhältnis, S. 289 f.; vgl. zur Aufspaltung der Arbeitnehmerüberlassung in ein Grund- und ein Erfüllungsverhältnis HWK/*Höpfner*, § 1 AÜG Rn. 8; *Lembke*, NZA 2013, 815, 821.

887 Wie hier ErfK/*Wank*, vor § 1 AÜG Rn. 36 f.; *Hamann, WiVerw 1996, 212, 214; Reichold*, in: FS Hoyningen-Huene, S. 413, 422; *Reinsch S. 199 ff., 244; Schüren*, in: Schüren/Hamann, Einl. Rn. 179, 312; Thüsing/*Thüsing*, AÜG, Einl. Rn. 38; *Walker*, AcP 194 (1994) 295, 309 ff.; zu den vertretenen Begründungsansätzen *Reinsch*, S. 94 ff.

888 Das Vollzugsverhältnis i.R.e. Vertrags zugunsten Dritter wird auch im allg. Schuldrecht von der h.M. als „vertragsähnliches Verhältnis" eingeordnet, vgl. BGH v. 28.5.1957 – VI ZR 136/56, NJW 1957, 1187; Staudinger-BGB/*Klumpp*, § 328 Rn. 170; HK-BGB/*Schulze*, § 328 Rn. 2; Jauerning/*Stadler*, § 328 Rn. 11.

889 *Worpenberg, S. 168 ff.*

890 *Gick*, S. 96 f.; *Konzen*, ZfA 1982, 259, 282; *Windbichler*, Arbeitsrecht im Konzern, S. 84 f.

891 Dies belegt bereits § 10 Abs. 1 AÜG, hierzu *Schüren*, in: Schüren/Hamann, Einl. Rn. 125.

892 *Birk*, Leitungsmacht, S. 143; Hueck, in: Hueck/Nipperdey, ArbR I, 7. Aufl. 1963, S. 523; *Kindereit*, RdA 1971, 207, 209; *Mayer-Maly*, ZfA 1972, 1, 23 f.

C. Systematisierung

Da der vorliegenden Untersuchung Betriebe im Sinne arbeitsrechtlich relevanter Organisationseinheiten zugrunde liegen, hat auch die Zugehörigkeit der Arbeitnehmer zu diesen Einheiten stets nach denselben Grundvoraussetzungen zu erfolgen: Eines mit dem Betriebsinhaber bestehenden Arbeitsverhältnisses sowie einer Eingliederung in den Betrieb.

Die Eingliederung ist in allen hier untersuchten Bereichen organisatorisch-strukturell zu bestimmen, kann grundsätzlich also bereits dem Organigramm einer Organisation entnommen werden. Ein organisatorisches Verständnis der Eingliederung ermöglicht es, Betriebe (im Betriebsübergangsrecht Betriebsteile) voneinander abzugrenzen. Ihr kommt mithin die Funktion zu, die *Jacobi* und *Nipperdey* dem „technischen Zweck" zuschrieben. Eine zweckbezogene Abgrenzung ist praktisch jedoch kaum zu handhaben, da in einem Unternehmen mehrere Zwecke miteinander zusammenhängen können und jeweils einem oder mehreren übergeordneten Zwecken dienen. Im Betriebsübergangsrecht folgt die Zuordnung anhand bestehender Organisationsstrukturen, da die wirtschaftliche Einheit einen vom Veräußerer geschaffenen Wertschöpfungszusammenhang bezeichnet und einzelne Betriebsmittel gerade durch die Bildung von Stellen und Abteilungen – also organisatorisch – zu einem Wertschöpfungszusammenhang verbunden werden. Eine solche organisatorische Betrachtung stellt zudem sicher, dass sich die auf den Erwerber übergehenden Arbeitsverhältnisse tatsächlich auf den übernommenen Wertschöpfungszusammenhang beziehen. Nur anhand dieses übernommenen Nutzens rechtfertigt sich der Eingriff in die von Art. 12 Abs. 1 GG geschützte Unternehmerfreiheit des Erwerbers.

Gleichwohl ist zwischen der Eingliederung in den Betrieb im Sinne des § 1 BetrVG und der des § 613a Abs. 1 S. 1 BGB zu differenzieren: Zum einen unterscheidet sich – entsprechend der divergierenden Betriebsbegriffe – der Inhalt der maßgeblichen Leitungsmacht: Für § 1 BetrVG ist die Befugnis zur Entscheidung mitbestimmungsrelevanter Angelegenheiten entscheidend, für § 613a Abs. 1 S. 1 BGB jegliche unternehmerische Entscheidungsbefugnis. Zum anderen wird das folgende Kapitel anhand unternehmensübergreifender Matrixstrukturen belegen, dass für die Eingliederung in den Betrieb des § 1 BetrVG ausschließlich die Leitungs*unterstellung* maßgeblich ist, während im Rahmen des § 613a BGB auch die *Ausübung* von Leitungsbefugnissen zur Eingliederung in die übergangsfähige Einheit führt.

Das Bestehen eines Arbeitsverhältnisses bestimmt sich in allen vorliegend untersuchten Gebieten ausgehend von § 611a BGB, so dass es grundsätzliches eines mit dem Betriebsinhaber geschlossenen Arbeits*vertrags* bedarf. Zutreffend wird mittlerweile in zahlreichen hier untersuchten Bereichen jedoch bereits ein sogenanntes nichtvertragliches Arbeitsverhältnis (auch: Erfüllungsverhältnis) für ausreichend erachtet. Das Arbeitsrecht reagiert hiermit auf den fortschreitenden Wandel der Arbeitswelt. Unternehmen agieren heute vielfach als hybride Organisationen, indem sie zuvor selbst wahrgenommene Aufgaben externalisieren, die Personalsteuerung des Fremdpersonals jedoch beibehalten. Rechtsprechung und Gesetzgeber begegnen dem, indem sie verstärkt den Arbeitsplatz – und nicht den Arbeitsvertrag – als Bezugspunkt arbeitsrechtlicher Vorschriften ausmachen. Der Arbeitsplatz ist demjenigen Unternehmen zuordnen, das sich für diesen verantwortlich zeigt, indem in seinem Namen das arbeitsrechtliche Direktionsrecht gegenüber dem darauf sitzenden Arbeitnehmer ausgeübt wird. Fallen die Rechtsstellung als Vertragsarbeitgeber und die Verantwortlichkeit für den jeweiligen Arbeitsplatz auseinander, handelt es sich um Arbeitnehmerüberlassung im Sinne des § 1 Abs. 1 AÜG.

So genügt bereits ein solches arbeitsrechtliches Erfüllungsverhältnis gemäß § 7 S. 2 BetrVG für die (partielle) betriebsverfassungsrechtliche Betriebszugehörigkeit. Obgleich das KSchG grundsätzlich vom betriebsverfassungsrechtlichen Betriebsbegriff ausgeht, ist die Wertung des § 7 S. 2 BetrVG nicht auf den Bereich der Sozialauswahl (vgl. § 1 Abs. 3 KSchG) übertragbar, so dass nur mit dem Betriebsinhaber arbeitsvertraglich verbundene Betriebsangehörige miteinzubeziehen sind. Bedient sich ein Unternehmen dauerhaft Leiharbeitnehmern, um seinen regelmäßigen Arbeitsbedarf zu decken, sind die so besetzten Arbeitsplätze im Rahmen der Kleinbetriebsklausel (besser: Kleinunternehmensklausel) des § 23 Abs. 1 S. 2, 3 KSchG zu berücksichtigen. Besteht das bloße Erfüllungsverhältnis dauerhaft zu einem bestimmten Arbeitnehmer, ist dieser nach den vom EuGH in der Rs. *Albron Catering* aufgestellten Grundsätzen auch der Einheit des Einsatzunternehmens zuzuordnen, in die er eingegliedert ist. Geht diese im Wege eines Betriebsübergangs auf einen Dritten über, folgt sein Arbeitsverhältnis gemäß § 613a Abs. 1 BGB und wird beim Erwerber zudem auf eine vertragliche Grundlage gestellt.

3. Kapitel: Die Matrixorganisation

Bei Matrixstrukturen handelt es sich in aller erster Linie um eine Klasse betriebswirtschaftlicher Organisationsformen, in der bestimmte Stellen (Schnittstellen) mehreren Instanzen (Matrixmanagern) untergeordnet sind und an diese berichten.[893] Derartige Strukturen finden sich insbesondere in großen, global agierenden Konzernen. Aus Sicht der Betriebswirtschaftslehre liegt es nahe, unternehmensübergreifende Berichts- und Weisungslinien zu implementieren, um die Wertschöpfung des Gesamtkonzerns möglichst effizient zu gestalten. Hierdurch wird ein Konzern wie ein einziges Unternehmen geführt. Gleichwohl geht das geltende Recht auch im Konzern von der Selbstständigkeit des einzelnen Unternehmens aus: Die Organe einer Gesellschaft sind allein deren Interesse verpflichtet; Arbeitgeber kann nur ein oder mehrere Rechtsträger sein – nicht jedoch ein gesamter Konzern.[894]

Ihren Ursprung hat die moderne Matrixorganisation als Form der Projektorganisation in der US-amerikanischen Luft- und Raumfahrtindustrie der späten 1950er Jahre.[895] Der Vietnam-Krieg (1955 – 1975), die Gründung der NASA (1958) sowie das immense Wachstum in der zivilen Luftfahrt sorgten für eine große Nachfrage nach Flugzeugen und Weltraumtechnik, wobei sich zwei unvereinbar erscheinende Interessen gegenüberstanden: Zum einen sollten die Produkte möglichst modern und sicher gebaut werden, zum anderen mussten strenge Zeit- und Kostenpläne eingehalten werden. Da die verantwortlichen Stellen in einer rein funktional (Entwicklung, Produktion, Vertrieb) gegliederten Organisation das Optimum nur für ihren Bereich im Auge hatten, wurden auf gleicher Hierarchieebene Produktmanager eingesetzt, um die Einhaltung von Zeit- und

893 *Adzic*, S. 3; *Scholz*, in: HWO, Sp. 1302; *Thommen/Richter*, in: HWUO, Sp. 828, 829; zu den in der Matrix vorkommenden Stellen und ihren Funktionen siehe 3. Kap. A I.

894 Die u.a. in RG v. 18.1.1924 – II 263/23, RGZ 108, 41, 43 vertretene Auffassung, wonach der Konzern gleich einem Unternehmen als Einheit behandelt werden müsse, wurde durch RG v. 19.11.1926 – II 403/25, RGZ 115, 246, 253 rasch wieder aufgegeben.

895 Ausführlich zur Geschichte der Matrixorganisation *Davis/Lawrence*, S. 3; *Galbraith*, S. 7 ff.; *Kingdon*, S. 19; *Leumann*, S. 25 f.; *Thommen/Richter*, in: HWUO, Sp. 828, 830.

Kostenplänen zu überwachen. Als Ausprägung der Mehrlinienorganisation[896] führen Matrixstrukturen dazu, dass Arbeitnehmer an der Schnittstelle mehreren Instanzen unterstellt sind. So hat etwa der Produktionsleiter eines bestimmten Flugzeugtyps sowohl an den Leiter der Produktion als auch an den für diesen Flugzeugtyp zuständigen Produktmanager zu berichten. Aufgrund ihrer Erfolge verbreitete sich die Matrix ab Ende der 1960er-Jahre als Aufbauorganisation.[897]

Im folgenden Kapitel sollen zunächst die betriebswirtschaftlichen Grundprinzipien von Matrixorganisationen dargestellt werden, um solche von anderen Formen der Organisationsgestaltung abzugrenzen. Aufgrund des Sammelbeckencharakters des Begriffs der Matrixorganisation sollen sodann verschiedene Matrixvarianten vorgestellt werden, um diejenigen herauszufiltern, die für eine arbeitsrechtliche Untersuchung von besonderer Relevanz sind. Anschließend werden die gesellschafts- und arbeitsrechtlichen Voraussetzungen und Grenzen derartiger Strukturen erarbeitet.

896 Hierzu bereits unter 1. Kap. A.

897 *Galbraith*, S. 8 f.; *Leumann*, S. 25 f.

A. Ökonomische Grundprinzipien der Matrixorganisation

Abbildung 1: Grundkonzept einer Matrix

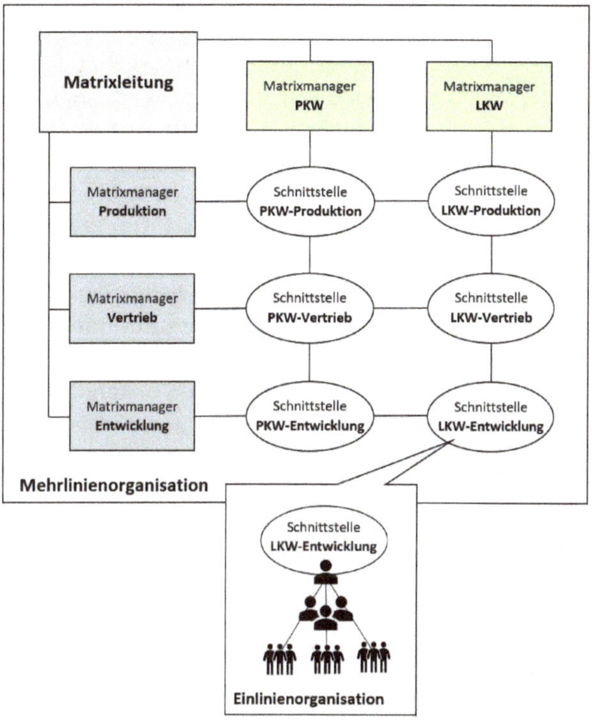

Abbildung 2: Einlinienorganisation (Hierarchiepyramide)

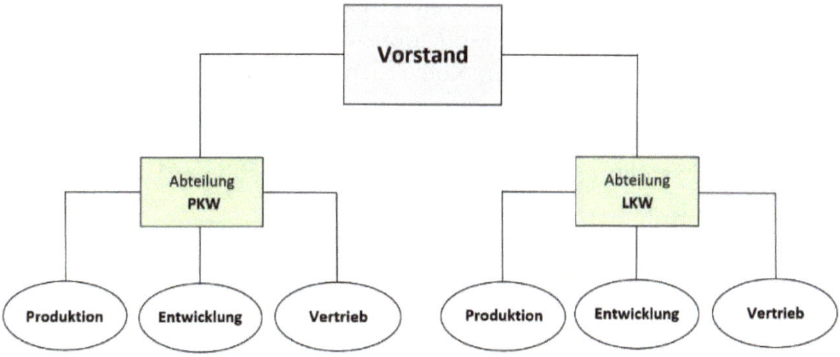

Ausgangspunkt der Matrixorganisation ist die Ausdifferenzierung[898] einer Organisation in mindestens zwei unterschiedliche Dimensionen. Im klassischen Fall wird eine rein funktionale Dimension nach Verrichtungen (bspw. Einkauf, Produktion, Vertrieb) um eine divisionale Dimension (bspw. Produkte, Regionen, Kundengruppen) erweitert.[899] Hierdurch entstehen zwei Autoritätslinien – eine von jeder Dimension ausgehend. Die Schnittstelle, also die Stelle, an der sich beide Autoritätslinien kreuzen, untersteht dabei insgesamt zwei Instanzen (sogenannten Matrixmanagern) – einer Instanz pro Autoritätslinie. Zur Veranschaulichung möge das Beispiel aus Abbildung 1 dienen: Ist ein Automobilhersteller sowohl funktional (Produktion, Vertrieb, Entwicklung) als auch nach Produktsparten (PKW, LKW) gegliedert, ist der Leiter der Schnittstelle „PKW-Entwicklung“ sowohl dem Leiter der Entwicklung als auch dem Leiter der PKW-Dimension unterstellt. In der in Abbildung 2 dargestellten Einlinienorganisation – einer klassischen Hierarchiepyramide – berichtet er hingegen nur dem Leiter der PKW-Abteilung, der wiederum dem Vorstand untersteht. Abstimmungserfordernisse verschiedener Teilaufgaben treten erst auf der höchsten Hierarchieebene zu Tage. Erst dort können Synergieeffekte zwischen PKW- und LKW-Entwicklung erkannt und Konzepte zu deren Nutzung erarbeitet werden. Bezogen auf die Gesamtorganisation führt die fehlende Koordination auf einer niedrigen Hierarchieebene mitunter zu einer ineffizienten Aufgabenerfüllung.[900]

Die oberste Hierarchieebene, auf der in der Einlinienorganisation die Koordination verschiedener Organisationszweige erfolgt, wird in der Matrix durch den Einsatz der spezialisierten Matrixmanager entlastet. Hierdurch können zwischen den regionalen Märkten divergierende Kundeninteressen schnell berücksichtigt und die Vorteile bestimmter Standorte (Qualifikationen, Lohnniveau, unterschiedliche rechtliche Rahmenbedingungen, Arbeitnehmerkapazitäten) effektiv genutzt werden. Aufgrund verkürzter Handlungs- und Kommunikationswege sind Matrixorganisationen insbesondere in internationalen Konzernen weit verbreitet.[901] Indem die Matrixmanager gezwungen sind, die Interessen der ihnen jeweils zugewiesenen Dimension miteinander abzugleichen und zu diskutieren, lässt sich mittels Matrixstrukturen besonders flexibel auf geänderte Umweltbedin-

898 Zur Differenzierung i.R.d. Organisationsgestaltung bereits unter 1. Kap. A.

899 *Schreyögg/Geiger*, S. 88.

900 *Laux/Liermann*, S. 186; *Schreyögg/Geiger*, S. 86.

901 *Tucci/Lambrich*, in: Lambrich/Happ/Tucci, Rn. 11-13; eine Übersicht matrixorganisierter Organisationen (Stand: 2006) findet sich bei *Adzic*, S. 74.

gungen (z.B. Kundenbedürfnisse, Marktstrukturen, Wettbewerber) reagieren.[902]

Die Institutionalisierung von Konflikten birgt jedoch auch erhebliche Risiken. Eine unzureichende Abstimmung zwischen den Instanzen kann zu widersprüchlichen Anweisungen an die Arbeitnehmer führen, die dann zunächst einen Klärungsprozess in Gang setzen müssen. Sind die verantwortlichen Instanzen nicht in der Lage, Kompromisse zu schließen[903], führt die Matrix zur Verzögerung von Entscheidungen bis hin zum Stillstand. Hinzu kommen erhöhte Koordinationskosten aufgrund der zusätzlichen Linienorganisation und einer aufwändigeren Dokumentation.[904] Letztlich kann die beabsichtigte Entlastung oberer Hierarchieebenen ins Gegenteil umschlagen, wenn die Matrixleitung zur ständigen Mediation gezwungen ist.

Zu beachten ist, dass die Matrixorganisation regelmäßig nur bestimmte und nicht etwa alle Hierarchieebenen eines Unternehmens betrifft.[905] Direkt in die Matrix eingebunden sind neben den Matrixmanagern nur die Schnittstellen, die zwar je zwei Matrixmanagern gleichermaßen unterstellt sind, jedoch selbst zur Spitze eigener Abteilungen werden.[906] Der weitaus größere Teil der Stellen ist auf niedrigeren Hierarchieebenen innerhalb einer klassischen einlinigen Hierarchiepyramide angesiedelt.[907]

I. Matrix-Stellen und ihre Funktionen

Um die Reibungsverluste in der Matrix möglichst gering zu halten, müssen die beteiligten Akteure im Hinblick auf Führungsstil, Kommunikations- und Konfliktlösungsfähigkeit erhöhte Anforderungen erfüllen.[908] Zudem bedarf es einer klaren Beschreibung der Stellen und der ihnen jeweils zugewiesenen Kompetenzen, damit sich die institutionalisierten Konflikte

---

902 *Thommen/Richter*, in: HWUO, Sp. 828, 833.

903 Zu den Bedingungen für ein Funktionieren der Matrix *Thommen/Richter*, in: HWUO, Sp. 828, 835; *Schreyögg/Geiger*, S. 96 - 99.

904 Zu den Nachteilen der Matrixorganisation u.a. *Bach et al.*, Wertschöpfungsorientierte Organisation, S. 280 f.; *Scholz*, in: HWO, Sp. 1301, 1307 f.; *Schreyögg/Geiger*, S. 95; *Steger*, in: Maschmann/Fritz, Kap. 1 Rn. 34; *Thommen/Richter*, in: HWUO, Sp. 828, 833 f.

905 *Schreyögg/Geiger*, S. 94.

906 *Steger*, in: Maschmann/Fritz, Kap. 1 Rn. 13; *Witschen*, RdA 2016, 38, 40.

907 Siehe Abb. 1.

908 *Steger*, in: Maschmann/Fritz, Kap. 1 Rn. 34.

auf die Sache beschränken und nicht auf Zuständigkeitsfragen beziehen. Obgleich die jeweilige Stellenbeschreibung stark einzelfallabhängig ist, sollen die drei Schlüsselpositionen einer jeden Matrix (Matrixleitung, Matrixmanager und Schnittstelle) im Folgenden charakterisiert werden.

1. Matrixleitung

Betriebswirtschaftlich betrachtet steht die Matrixleitung, die sowohl als Singular- als auch als Pluralinstanz[909] organisiert sein kann[910], außerhalb der eigentlichen Matrixstruktur. Bei ihr handelt es sich regelmäßig um die beiden Dimensionen überstellte Hierarchieebene. In unternehmensinternen Matrixorganisationen ist sie auf Ebene der Unternehmensleitung, in unternehmensübergreifenden Matrixorganisationen auf Ebene der Konzernleitung – das heißt im Vorstand der Konzernmutter – angesiedelt. Sie hat die ordnungsgemäße Durchführung der Aufgaben sicherzustellen, indem sie etwa die Kompetenzen der anderen Matrix-Instanzen festlegt.[911] Die Lösung der zwischen den Dimensionen entstehenden Konflikte obliegt hingegen nicht der Matrixleitung, sondern den Matrixmanagern untereinander.[912] Die Matrixleitung kann jedoch zur Konfliktlösung beitragen, indem sie die Stellen der Matrixmanager und Matrix-Schnittstellen mit geeignetem Personal besetzt, das zu einem sachlichen Austausch von Argumenten fähig ist.[913] Eine mittelbare Steuerungsfunktion kann der Matrixleitung auch durch klare Rollen- und Aufgabenbeschreibungen, das Aufstellen abstrakter Regeln zur Konfliktlösung oder in Ausnahmefällen durch Schlichtung zukommen.[914]

---

909 Bei einer Pluralinstanz handelt es sich um eine Arbeitnehmergruppe, die mit Hilfe einer Abstimmungsregel die Entscheidungen trifft und Weisungen erteilt, vgl. *Laux/Liermann*, S. 9; *Nicolai*, S. 65.

910 *Scholz*, in: HWO, Sp. 1302, 1303.

911 *Leumann*, S. 64.

912 *Schreyögg/Geiger*, S. 92.

913 Zur erforderlichen Kooperationsbereitschaft der Stelleninhaber *Frese/Graumann/Theuvsen*, Organisation, S. 356; *Thommen/Richter*, in: HWUO, Sp. 828.

914 *Scholz*, in: HWO, Sp. 1302, 1303; *Schreyögg/Geiger*, S. 92; *Steger*, in: Maschmann/Fritz, Rn. 11; *Thommen/Richter*, in: HWUO, Sp. 828, 835.

2. Matrixmanager

An jedem Ende der Berichtslinien steht der Matrixmanager[915] als Leiter der ihm zugewiesenen Dimension.[916] Die Stelle des Matrixmanagers kann ebenfalls als Singular- oder Pluralinstanz organisiert sein.[917] Sie hat sicherzustellen, dass ein spezieller Aspekt in sämtlichen Teilbereichen der Gesamtorganisation Berücksichtigung findet.[918] So gewährleistet der *Matrixmanager Entwicklung* in Abbildung 1, dass die Entwicklung bezogen auf die gesamte Organisation durch die Koordination von PKW- und LKW-Entwicklung möglichst effizient erfolgt. Der *Matrixmanager PKW* hingegen ist für eine bezüglich der PKW-Sparte bestmögliche Verzahnung der Funktionen (Produktion, Vertrieb, Entwicklung) verantwortlich.

Die Aufgabe der Matrixmanager liegt folglich darin, ihre – bezogen auf ihre Dimension – vorhandenen Spezialkenntnisse einzubringen, wodurch auf gleicher Hierarchieebene regelmäßig gegensätzliche Meinungen aufeinandertreffen. Diesen bewusst institutionalisierten Konflikt haben die Matrixmanager im Sinne der Gesamtaufgabe des Unternehmens zu lösen und den ihnen unterstellten Schnittstellen widerspruchsfreie Weisungen zu erteilen.[919]

3. Matrix-Schnittstellen

Matrix-Schnittstellen (auch Matrixzellen[920]) sind den Matrixmanagern direkt unterstellt, so dass sie Weisungen von Matrixmanagern zweier Dimensionen erhalten.[921] Sie sind daher in erster Linie Weisungsempfänger[922] und dienen der konkreten Aufgabenerfüllung.[923] *Leumann* beschreibt die Schnittstelle als *„Instrument zur organisatorischen Institutionalisierung des*

---

915 Synonym verwendet werden die Bezeichnungen Matrixstellen (vgl. *Leumann*, S. 62) und Matrixvorgesetzte (vgl. *Schanz*, S 191).
916 *Adzic*, S. 33; *Leumann*, S. 62; *Steger*, in: Maschmann/Fritz, Kap. 1 Rn. 12.
917 *Scholz*, in: HWO, Sp. 1302, 1303.
918 *Leumann*, S. 63; *Scholz*, in: HWO, Sp. 1302, 1303.
919 *Leumann*, S. 65.
920 Synonym verwendet wird die Bezeichung „Matrixzelle“ etwa von: *Scholz*, in: HWO, Sp. 1302, 1303; *Steger*, in: Maschmann/Fritz, Kap. 1 Rn. 13.
921 *Adzic*, S. 34; *Leumann*, S. 65; *Scholz*, in: HWO, Sp. 1302, 1303.
922 *Steger*, in: Maschmann/Fritz, Kap. 1 Rn. 13.
923 *Scholz*, in: HWO, Sp. 1302, 1303.

Ziels Koordination der Dimensionen".[924] Die Matrix-Schnittstelle selbst bildet häufig die Spitze einer einlinigen Hierarchiepyramide. In zweistufig organisierten Matrixkonzernen kann die Schnittstelle hingegen zugleich als Matrixmanager der nachfolgenden Hierarchieebene fungieren (vgl. Abb. 4).[925]

II. Matrixvarianten

Der Begriff der „Matrixorganisation" beschreibt genau genommen eine Klasse an Organisationsformen, bei der sich zwei Führungs-, Berichts- oder Kommunikationslinien überlagern, die sich auf dasselbe Element (dieselbe Organisationseinheit/Stelle) beziehen.[926] Er hat Sammelbeckencharakter und wird oft unspezifisch für verschiedene Varianten von Matrixorganisationen verwendet.[927] Die konkrete Ausgestaltung der Matrixorganisation kann von Organisation zu Organisation stark variieren. Das macht eine abschließende Aufarbeitung aller Matrixvarianten nahezu unmöglich. Die vorliegende Arbeit muss sich daher darauf beschränken, die gängigsten Konstruktion zu erläutern und Leitlinien für ihre rechtliche Erfassung aufzustellen.[928] Im Folgenden soll exemplarisch dargestellt werden, hinsichtlich welcher Kriterien sich Ausprägungen von Matrixorganisationen unterscheiden können.[929] Sich dessen bewusst zu werden, hilft einerseits dabei, Matrixstrukturen in einem Unternehmen oder Konzern überhaupt zu erkennen und andererseits, die Interessen der Unternehmens- bzw. Konzernführung bei der Implementierung derartiger Strukturen nachzuvollziehen.

1. Unterscheidung anhand der Ausrichtung der einbezogenen Dimensionen

Im Rahmen einer zweidimensionalen Matrix werden meist eine funktionale (verrichtungsbezogene) und eine divisionale (objektbezogene) Ebene

---

924 *Leumann*, S. 63.

925 Siehe 3. Kap. A. II. 3.

926 *Adzic*, S. 3; *Thommen/Richter*, in: HWUO, Sp. 829.

927 *Frese/Graumann/Theuvsen*, Organisation, S. 201; vgl. auch *Schubert*, Matrixorganisationen, S. 18.

928 *Adzic*, S. 14.

929 Weitere Differenzierungskriterien finden sich bei *Steger*, in: Maschmann/Fritz, Kap. 1 Rn. 14-24.

miteinander verbunden (sogenannten Funktions-Produkt-Matrix).[930] Dabei koordiniert die Verrichtungslinie etwa Beschaffung, Entwicklung und Vertrieb, während die divisionale Linie beispielsweise produktspezifische oder regionale Aspekte berücksichtigt und hierzu unter anderem Zeit- und Kostenpläne koordiniert und mit den jeweiligen Funktionen abstimmt.[931] Es können jedoch auch zwei divisionale Dimensionen miteinander kombiniert werden, unter anderem in der Produkt-Regionen-Matrix, die insbesondere unter international operierenden Unternehmen mit Matrixorganisation weit verbreitet ist und daher auch „globale Matrixvariante" genannt wird.[932] Denn bei Konzernen und Unternehmen mit einem hohen Maß an grenzüberschreitenden Aktivitäten und einer großen Heterogenität hinsichtlich der produzierten Güter (wie etwa bei dem Chemiekonzern BASF) müssen produktbereichsspezifische Organisationserfordernisse und spezifische Erwartungen einzelner geographischer Märkte koordiniert werden.[933] Da grundsätzlich alle Dimensionsarten miteinander kombiniert werden können[934], sich hieraus jedoch allenfalls betriebswirtschaftliche, aber keine rechtlichen Besonderheiten ergeben, erübrigt sich für die vorliegende Arbeit eine weitere Auseinandersetzung mit diesem Differenzierungskriterium.

2. Unterscheidung anhand der Anzahl einbezogener Dimensionen

Auch wenn die klassische Matrixorganisation zwei Dimensionen miteinander verknüpft, sind Matrizen grundsätzlich um beliebig viele Dimensionen erweiterbar. Bei Organisationen mit drei oder mehr Ebenen spricht man von Tensorstrukturen.[935] Dreidimensional besteht eine solche Tensorstrukur in internationalen Unternehmen oft aus einer produktorientierten, einer regional-orientierten und einer funktional geprägten Dimension.[936] Als vierte Linie kann beispielsweise eine auf Kunden oder Kundengruppen

930 *Adzic*, S. 79; *Schreyögg/Geiger*, S. 88; *Thommen/Richter*, in: HWUO, Sp. 828, 829 f.

931 *Schreyögg/Geiger*, S. 94.

932 *Adzic*, S. 79.

933 *Schreyögg/Geiger*, S. 97.

934 *Schreyögg/Geiger*, S. 89.

935 *Bach et al.*, Wertschöpfungsorientierte Organisation, S. 280; *Schreyögg/Geiger*, S. 98.

936 *Galbraith*, S. 101.

ausgerichtete Ebene hinzukommen, deren Untergliederungen international oft als „Global Account Teams" bezeichnet werden.[937]

Derartige Strukturen führen zu einer erhöhten Komplexität und einem im Vergleich zu zweidimensionalen Matrizen exponentiell gesteigerten Koordinationsaufwand, so dass sie in der Praxis nur selten, allenfalls in international tätigen Unternehmen eingesetzt werden, die auf heterogenen Märkten eine diversifizierte Produktpalette anbieten.[938] So sind beispielsweise der Lebensmittelkonzern Nestlé und der Verbrauchsgüterkonzern Unilever in je eine funktionale (u.a. Finance, Human Resources) und zwei divisionale (Produktgruppen und Regionen) Dimensionen gegliedert.[939] Das IT- und Beratungsunternehmen IBM wies zwischenzeitlich sogar bis zu sechs Dimensionen auf.[940]

3. Unterscheidung zwischen Unternehmens- und Konzernorganisation

Differenziert werden kann auch danach, ob die Matrixorganisation nur ein Unternehmen betrifft oder – innerhalb eines Konzerns – mehrere Unternehmen organisatorisch miteinander verbindet.[941] Bei der Bildung von Matrixkonzernen handelt es sich um eine Strategie des Synergiemanagements. Um teileinheitsübergreifende Synergien in Form sogenannter Kooperationseffekte zu erzeugen, werden die einzelnen Teileinheiten miteinander verzahnt, so dass sie gemeinsam an der Zielerreichung des Konzerns arbeiten.[942] Die Organisation eines Konzerns in Matrixform erfolgt dabei durch die Untergliederung in Teilkonzerne. Teilkonzerne werden gebildet, indem verwandte Basisteileinheiten aus verschiedenen Konzerngesellschaften zu Gruppen zusammengefasst und dann Zwischeneinheiten, also Einheiten die zwischen Konzernspitze und Basisteileinheit zwischengeschaltet sind, unterstellt werden.[943] Während in einem einlinig organisier-

937 *Galbraith*, S. 115.

938 *Adzic*, S. 79 f.

939 Bzgl. Nestlé *Galbraith*, S. 100; *Kapaischinski/Brächer*, Handelsblatt v. 8.8.2018, S. 16; https://www.nestle.com/aboutus/management (zuletzt abgerufen 30.9.2020); bgl. Unilever *Hutzenschreuter*, S. 448 f.; https://www.unilever.com/about/who-we-are/our-leadership/ (zuletzt abgerufen 30.9.2020).

940 *Galbraith*, S. 129.

941 Diesbezüglich geht *Fritz*, in: Maschmann/Fritz, Kap. 2 Rn. 3 unzutreffend davon aus, dass Matrixorganisationen stets unnternehmensübergreifend seien.

942 *Frost/Morner*, Konzernmanagement, S. 104.

943 *Steidl*, Synergiemanagement im Konzern, S. 189.

ten Konzern jede Gruppe von Basisteileinheiten dabei nur einer Zwischeneinheit zugeordnet wird, ist sie in einem Matrixkonzern gleichzeitig zwei Zwischeneinheiten unterstellt und wird dadurch zur Matrix-Schnittstelle. Organisatorisch betrachtet ist jede Basisteileinheit hierdurch zwei Teilkonzernen zugeordnet – beispielsweise einem Regional- und einem Produktgruppenkonzern.[944]

Eine gemeinsame Organisation mehrerer Unternehmen stellt den Juristen sowohl vor gesellschafts- als auch arbeitsrechtliche Herausforderungen. Es gilt die grundsätzlich bestehende rechtliche Selbstständigkeit der einzelnen Gesellschaften (vgl. § 15 AktG) zu durchbrechen, um eine unternehmensübergreifende Leitung zu ermöglichen. Zugleich müssen die Haftungsrisiken der beteiligten Akteure gering gehalten und ungewollte arbeitsrechtliche Konsequenzen vermieden werden. Aufgrunddessen wird das Konzernarbeitsrecht spätestens seit Anfang der 1980er Jahre intensiv erforscht.[945] Im Betriebsverfassungs- und Kündigungsschutzrecht ist zudem anerkannt, dass durch die gemeinsame Aufgabenerfüllung mehrerer Unternehmen sogenannte Gemeinschaftsbetriebe entstehen können, die etwa die Wahl eines gemeinsamen Betriebsrats oder eine rechtsträgerübergreifende Sozialauswahl nach sich ziehen.[946]

944 *Steidl*, Synergiemanagement im Konzern, S. 195 f.

945 Exemplarisch. *Bayreuther*, Abhängige Unternehmen; *Fabricius*, Gespaltene Arbeitsverhältnisse; *Henssler*, Arbeitsvertrag im Konzern; *Krebber*, Unternehmensübergreifende Arbeitsabläufe; *Wendeling-Schröder*, Divisionalisierung; *Wiedemann*, Unternehmensgruppe; *Windbichler*, Arbeitsrecht im Konzern.

946 Hierzu siehe 1. Kap. B. I. 4. (§ 1 BetrVG) bzw. 1. Kap. B II. 2. b) bb) (§ 1 Abs. 3 KSchG); zur i.Erg. abzulehnenden Figur einer gemeinsamen wirtschaftlichen Einheit i.S.d. § 613a BGB unter 4. Kap. D II 2. a) aa).

Abbildung 3: Einstufiger Matrixkonzern

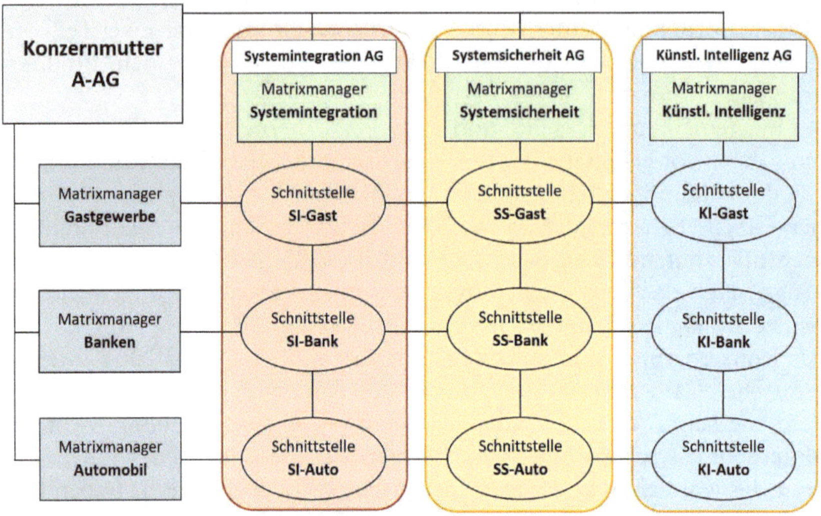

Innerhalb unternehmensübergreifender Matrixorganisationen kann nach der Anzahl der einbezogenen Hierarchieebenen unterschieden werden.[947] Der einstufige Matrixkonzern „A“ (siehe Abb. 3) ist nach Kundengruppen („Automobilindustrie“, „Banken“, „Gastgewerbe“) und Serviceleistungen („Systemintegration“, „Systemsicherheit“, „Künstliche Intelligenz“) ausgerichtet. Dabei werden die Service-Dimensionen rechtsformkongruent[948] jeweils durch nur eine Konzerngesellschaft repräsentiert, deren Vorstand dadurch zum Matrixmanager dieser Dimension wird – Matrixmanager der Dimension „Systemintegration“ ist beispielsweise der Vorstand der „Systemintegration AG“. Da die jeweilige Konzerngesellschaft gleichzeitig Vertragsarbeitgeber aller dieser Dimension zugeordneten Schnittstellen-Arbeitnehmer ist, erfolgt hier vorrangig eine unternehmensinterne Koordination. Auch die Handlungen des jeweiligen Schnittstellen-Leiters verbleiben dadurch innerhalb seiner eigenen Konzerngesellschaft. Unternehmensübergreifend tätig werden allein die bei der Konzernmutter („A-AG“) beschäftigten Matrixmanager der Dimensionen „Gastgewerbe“, „Banken“,

947 Hierzu *Berger*, S. 112 ff.

948 Vgl. *Berger*, S. 114, *dies*., in: Maschmann/Fritz, Kap. 3 Rn. 361, die diese Gestaltung als *„rechtsformkongruente Matrixorganisation“* bezeichnet; dem folgend *Maschmann*, in: FS 100 Jahre Betriebsverfassungsrecht, S. 463, 467.

und „Automobil“, die den Schnittstellen-Arbeitnehmern der Konzerngesellschaften („Systemintegration AG“, „Systemsicherheit AG“, „Künstliche Intelligenz AG“) Weisungen erteilen. Aufgrund der spartenbezogenen Unternehmensausrichtigung (je ein Unternehmen pro Konzernsparte) ließe sich ein derartig organisierter Konzern auch als matrixmodifizierter Spartenkonzern bezeichnen.

Abbildung 4: Zweistufiger Matrixkonzern

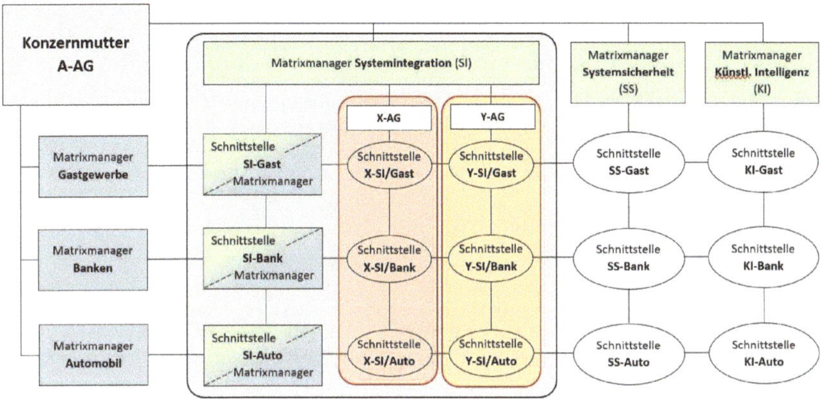

Im praktisch relevanteren zweistufigen Matrixkonzern (siehe Abb. 4) werden in den Dimensionen „Systemintegration“, „Systemsicherheit“ und „Künstliche Intelligenz“ jeweils zwei oder ggf. mehrere Konzerngesellschaften tätig (z.B. X-AG und Y-AG in der Dimension „Systemintegration“). Dadurch entstehen zwei Matrix-Ebenen: Die erste Ebene ist auf den Gesamtkonzern bezogen; hier agieren sowohl der Matrixmanager „Automobil“ als auch der Matrixmanager „Systemintegration“ unternehmensübergreifend. Die zweite Matrix-Ebene setzt beim Teilkonzern „Systemintegration“ an, der wiederum aus zwei Dimensionen besteht – ausgerichtet nach den beteiligten Rechtsträgern X-AG und Y-AG sowie nach den Kundengruppen Gastgewerbe, Banken, Automobil. Der Schnittstellen-Leiter „Automobil-Systemintegration“ des Gesamtkonzerns ist nunmehr gleichzeitig Matrixmanager der Dimension „Systemintegration-Automobil“ dieses Teilkonzerns. Da er sowohl die Schnittstellenarbeitnehmer der X-AG als auch der Y-AG anweist, wird auch er unternehmensübergreifend tätig. Rein unternehmensintern agieren dagegen die Vorstände der X- und Y-AG, die als Matrixmanager auf der zweiten Achse des Teilkonzerns tätig werden, dabei jedoch nur ihre eigenen Arbeitnehmer anweisen.

Zweistufige Matrixkonzerne mit unternehmenübergreifenden Schnittstellen werden insbesondere zur Vorbereitung von Fusionen gebildet. Das Beispiel aus Abbildung 4 ist an die Organisationsstruktur eines IT-Konzerns angelehnt, mit der mehrerere deutsche Arbeitsgerichte aus betriebsverfassungsrechtlichen Gründen befasst waren[949]: Nach dem Kauf des Y-AG wurde die Systemintegration im A-Konzern durch zwei Konzerngesellschaften (X-AG und Y-AG) angeboten. Es war beabsichtigt, diese miteinander zu verschmelzen, was aus steuerlichen Gründen aber zunächst unterblieben war. Gleichwohl traten beide Gesellschaften bereits mittels einer unternehmensübergreifenden, virtuellen Service Line unter einer gemeinsamen Marke auf, die einer einheitlichen Leitung durch die Matrixmanager „Systemintegration-Gastgewerbe“ bzw., „Systemintegration-Banken“ oder „-Automobil“ unterstand. Eine solche zweistufige Matrix lässt sich daher auch als Transaktionsmatrix bezeichnen.

4. Unterscheidung anhand der Kompetenzverteilung

Letztlich können Matrixorganisationen auch danach unterschieden werden, wie die Entscheidungskompetenz zwischen den beiden Matrixmanagern verteilt ist. Während in der sogenannten Gleichgewichtsmatrix beide Autoritätslinien gleichberechtigt sind, finden sich in der Praxis auch vielfach Modelle, in denen – ausgehend von einem Einliniensystem – Matrixmanager als lediglich beratende Stabstellen installiert werden (Funktionsmatrix).[950] Da die Stabstellen selbst keinen unmittelbaren Einfluss auf Planungen und Entscheidungen haben und zudem gegenüber den Schnittstellen nicht weisungsbefugt sind, wirft die Funktionsmatrix keine für diese Arbeit relevanten Fragestellungen auf. Vielmehr entspricht eine solche Gestaltung der in dieser Arbeit nicht behandelten Stab-Linien-Organisation.[951]

Die Kompetenzverteilung zwischen den Matrixstellen bezieht sich einerseits auf deren Inhalt, andererseits auf ihre Quantität. In der Betriebswirtschaft wird zwischen fachlichen und disziplinarischen Leitungsbefugnis-

949 LAG Düsseldorf v. 10.2.2016 – 7 TaBV 63/15, DB 2016, 1508; LAG Berlin-Brandenburg v. 17.6.2015 – 17 TaBV 277/15, NZA-RR 2015, 529; LAG BaWü v. 28.5.2014 – 4 TaBV 7/13, BB 2014, 2298.

950 *Schreyögg/Geiger*, S. 90 f.

951 Zu Stabstellen und ihrem Einsatz in Stab-Linien-Organisationen vgl. *Kieser/Walgenbach*, S. 135 ff.; *Schreyögg/Geiger*, S. 60 ff.; *Steinle*, in: HWO, Sp. 2310 ff.

sen differenziert: Auf Grundlage der fachlichen Leitungsmacht werden die zur Entscheidungsdurchsetzung notwendigen Handlungsanweisungen erteilt.[952] Fachliche Leitungsbefugnisse beziehen sich insbesondere auf die Auswahl der zu erledigenden Aufgaben, die Zuweisung von Aufgaben an bestimmte Mitarbeiter, den Sachmitteleinsatz sowie auf die Festlegung von Zeit und Ort der Aufgabenverrichtung.[953] Disziplinarische Leitungsbefugnisse ermächtigen die Instanz unter anderem zur Einstellung, Aus- und Weiterbildung, Beförderung, Entlassung und Beurteilung von Mitarbeitern sowie zur Durchführung von Anwesenheitskontrollen und Regelungen von Abwesenheits- und Urlaubszeiten.[954] Die sogenannte Linieninstanz als Inhaberin der disziplinarischen Leitung (Personalsteuerung) soll in der Regel demselben Unternehmen wie die Schnittstellen-Arbeitnehmer entstammen, die fachlich leitende Matrixinstanz (Modalitäten der Aufgabenerfüllung) bei einem anderen Konzernunternehmen – häufig der Konzernmutter – angesiedelt sein. Aufgrund der Aufteilung der Leitungsrechte in der Matrix wird in der betriebswirtschaftlichen Literatur auch von einem Weisungskompetenzdualismus[955], einer Duplexorganisation[956] oder einem System dualer Führung[957] gesprochen. Die Trennung von fachlichen und disziplinarischen Leitungsbefugnissen hat vorwiegend juristische – weniger ökonomische – Gründe. So wird in der betriebswirtschaftlichen Literatur zwar empfohlen, beide Matrixmanager gemeinsam auch über Beurteilungen, Beförderungen und Leistungszulagen der unterstellten Schnittstelle entscheiden zu lassen, obgleich es sich um typische Bezugspunkte der disziplinarischen Leitung handelt. Hierdurch soll die Dualorientierung der Anweisungserteilung zum Ausdruck gebracht werden.[958] Da disziplinarische Leitungsbefugnisse den Kernbereich des mit dem Schnittstelleninhaber bestehenden Arbeitsverhältnisses betreffen, hat ihre gemeinsame Ausübung jedoch arbeitsrechtliche Kosequenzen, auf die an entsprechender Stelle einzugehen sein wird.[959]

Neben der inhaltlichen Differenzierung lässt sich auch eine quantitative Unterscheidung zwischen den den Matrixstellen zugewiesenen Befugnissen vornehmen. Zwar ist der Idealzustand einer Matrix erreicht, wenn in

952 *Nicolai*, S. 61 f.; *Schulte-Zurhausen*, Organisation, S. 173.
953 *Nicolai*, S. 61 f.; *Schulte-Zurhausen*, Organisation, S. 174.
954 *Nicolai*, S. 61 f.; *Schulte-Zurhausen*, Organisation, S. 174.
955 *Grochla*, Organisatorische Gestaltung, S. 140.
956 *Thommen/Richter*, in: HWUO, Sp. 828, 829.
957 *Brings*, S. 44.
958 *Schreyögg/Geiger*, S. 94.
959 Hierzu insb. unter 4. Kap. B. I. 2.

der Gesamtheit ein Gleichgewicht zwischen den Dimensionen herrscht.[960] Auch eine solche Gleichgewichtsmatrix erfordert jedoch keine Gleichberechtigung hinsichtlich jeder Einzelfrage. Eine derart umfassende Kompetenzaufspaltung würde ein Unternehmen lahmlegen und wäre für die Erreichung der Ziele auch nicht erforderlich.[961] Vielmehr hat der jeweilige Matrixmanager je nach Frage einen unterschiedlich großen Einfluss. *Leumann* unterscheidet dabei zwischen vollem, teilweisem, geringem und keinem Einfluss.[962] Da bei der Ermittlung des betriebskonstituierenden Leitungsapparats in Zweifelsfällen eine Schwerpunktbetrachtung vorzunehmen ist, wird sich hiermit an späterer Stelle auseinanderzusetzen sein.[963]

B. Juristische Umsetzung

Die Herausforderung für den Juristen besteht darin, dass die Organisation eines Konzerns in Matrixform aus wirtschaftswissenschaftlicher Perspektive keine Rücksicht auf Unternehmensgrenzen und damit auf die grundsätzlich auch im Konzern bestehende juristische Selbstständigkeit der Konzerngesellschaften nimmt.[964] Vielmehr werden Abteilungen mehrerer Gesellschaften zu Geschäftseinheiten zusammengefügt und wie ein einziges Unternehmen geführt. Dabei entsteht eine juristische Dreiecksbeziehung zwischen dem Arbeitnehmer an der Matrix-Schnittstelle und den beiden Matrixmanagern, wobei in der Regel einer der Matrixmanager demselben Unternehmen wie der Schnittstellen-Arbeitnehmer entstammt. Die Zulässigkeit derartiger Konstruktionen ist unbestritten.[965] In der nachfolgenden Untersuchung sollen die einzelnen Grundlagen zur Begründung von Drittbeziehungen auf ihre Eignung zur Implementierung von unternehmensübergreifenden Matrixstrukturen hin analysiert werden. Dogmatische Anknüpfungspunkte für eine unternehmensübergreifende Einflussnahme der Matrixmanager sind insbesondere gesellschaftsrechtliche Füh-

---

960 *Adzic*, S. 220; *Galbraith*, S. 22; *Leumann*, S. 99; *Schreyögg/Geiger*, S. 91.

961 *Leumann*, S. 99; *Schreyögg/Geiger*, S. 91.

962 *Leumann*, S. 98 ff.

963 Siehe hierzu insb. 4. Kap. B. I. 2 a).

964 *Neufeld/Michels*, KSzW 2012, 49, 50; für den divisional aufgebauten Konzern *Emmerich/Habersack*, KonzernR StudB, § 4 Rn. 5; *Schönbrod*, Organstellung, S. 127; *Schwark*, ZHR 142 (1978), S. 203.

965 *Birk*, Leitungsmacht, S. 145; *Henssler*, NZA-Beil. 2014, 95, 101; *Krebber*, Unternehmensübergreifende Arbeitsabläufe, S. 120; *Neufeld/Milchels*, KSzW 2012, 49, 53.

rungsbefugnisse (insbesondere §§ 76 f. AktG, § 37 GmbHG) sowie das arbeitsrechtliche Direktionsrecht (vgl. § 611a Abs. 1 BGB bzw. § 106 GewO[966]). Gesellschafts- und arbeitsrechtliche Weisungsrechte sind jedenfalls nach der deutschen Dogmatik[967] streng voneinander zu trennen.[968]

I. Gesellschaftsrechtliche Fremdsteuerung

Die Implementierung unternehmensübergreifender Matrixstrukturen ist in erster Linie keine arbeitsrechtliche, sondern eine gesellschaftsrechtliche Herausforderung. Der Matrixmanager wird üblicherweise Organ oder Arbeitnehmer eines anderen konzerninternen Unternehmens, häufig auch der Konzernmutter, sein. Durch die unmittelbar zwischen ihm und den Schnittstellen-Arbeitnehmern bestehenden Berichtslinien wird der Vorstand der Konzerngesellschaft, die mit den Schnittstellen-Arbeitnehmern arbeitsvertraglich verbunden ist, bewusst umgangen. Obwohl der Matrixmanager also im Ausgangspunkt nicht zu deren geschäftführungsbefugten Gesellschaftsorganen gehört,[969] nimmt er durch seine Weisungen erheblichen Einfluss auf die unternehmerischen Entscheidungen einer fremden Gesellschaft. Dies ist insbesondere dann problematisch, wenn eine Weisung des Matrixmanagers zwar durch das Konzerninteresse indiziert ist, für die einzelne unterstellte Einheit aber negative Auswirkungen hat. Denn dem Vorstand des gesteuerten Unternehmens, der nur dessen Wohl

---

966 Ob § 106 GewO nach der Kodifizierung des § 611a BGB noch eine arbeitsrechtliche Bedeutung zukommt, ist bislang ungeklärt, vgl. BeckOGK/*Maties*, § 611a BGB Rn. 1 („*alte[r] Wein aus neuen Schläuchen*"); *Preis*, NZA 2018, 817, 819 („*unnötige und unpräzise Doppelung des arbeitgeberseitigen Weisungsrechts*"); HWK/*Thüsing*, § 611a BGB Rn. 27.

967 Weniger trennscharf verfährt hingegen der EuGH, der für den europäischen Arbeitnehmerbegriff auch die gesellschaftsrechtliche Unterstellung des GmbH-Fremdgeschäftsführerers unter die Gesellschafterversammlung als maßgeblich ansieht, um diesen als Arbeitnehmer einzuordnen, vgl. EuGH v. 9.7.2015 – C-229/14 – Balkaya, NZA 2015, 861 Rn. 48 (bzgl. RL 98/59/EG); EuGH v. 11.11.2010 – C-232/09 – Danosa, NZA 2011, 143 Rn. 56 (bzgl. RL 92/85/EWG); vgl. hierzu EUArbR/*Steinmeyer*, Art. 45 AEUV Rn. 13.

968 *Fabricius*, Gespaltene Arbeitsverhältnisse, S. 51; *Martens*, in: FS 25 Jahre BAG, S. 367, 373; Staudinger-BGB/*Rieble*, § 611 Rn. 282; *Tucci*, Arbeitnehmermobilität, S. 103; *Windbichler*, Vertragsgestaltung, S. 33; *dies.*, Konzernarbeitsrecht, S. 69.

969 Eine mögliche Gestaltungsvariante ist daher eine personenidentische Besetzung der Organe (Doppelmandat) mit dem Matrixmanager, vgl. hierzu 3. Kap. B. II. 2. a).

verpflichtet ist, droht gegenüber seiner Gesellschaft die Haftung wenn er den Matrixmanager gewähren lässt, ohne durch eine entsprechende Konzern- und Vertragsgestaltung abgesichert zu sein.[970]

Der folgende Abschnitt untersucht daher, durch welche gesellschaftsrechtlichen Gestaltungsmöglichkeiten eine Fremdsteuerung durch den Matrixmanager erreicht werden kann, ohne dass dem Vorstand des gesteuerten Unternehmens eine Haftung wegen Missachtung des Unternehmensinteresses droht. Wegen ihrer überragenden praktischen Bedeutung beschränkt sich die folgende Untersuchung auf die AG und die GmbH als Rechtsformen des gesteuerten Unternehmens.

1. Die Aktiengesellschaft

In unverbundenen Aktiengesellschaften stehen der Fremdsteuerung durch unternehmensfremde Matrixmanager zwei Regelungen des Aktiensgesetzes entgegen: Das Verbot der Fremdorganschaft gemäß § 76 Abs. 1 AktG sowie die Verpflichtung des Vorstands, ausschließlich zum Wohl seiner AG zu handeln (vgl. § 93 Abs. 1 S. 1, 2 AktG).

a) Verbot der Fremdorganschaft

Bezüglich der dem Vorstand zustehenden Aufgaben differenziert das Aktiengesetz zwischen Leitung (§ 76 AktG) und Geschäftsführung (§ 77 AktG), ohne die jeweils umfassten Kompetenzen explizit zu konkretisieren. Die Abgrenzung hat Relevanz für die Frage, ob bzw. wieweit der Vorstand Entscheidungen auf einzelne Vorstandsmitglieder oder andere Personen delegieren darf und ist daher auch für unternehmensübergreifende Matrixorganisationen von Bedeutung. Denn während Geschäftsführungsmaßnahmen auch durch einzelne Vorstandsmitglieder und sogar unternehmensfremde Dritte wahrgenommen werden dürfen, obliegt die Unternehmensleitung zwingend allein dem Vorstand als Kollegialorgan.[971]

---

970 Zur Haftung im Matrixkonzern umfassend *Schockenhoff*, ZHR 180 (2016), 197; *Seibt/Wollenschläger*, AG 2013, 229, 236 ff.; *Winter/Karwatzi*, in: Maschmann/Fritz, Kap. 4; vgl. auch *Altmeppen*, Haftung; *Emmerich*, in: GS Sonnenschein, S. 651 ff.; *Steiner*, Haftung im Vertragskonzern.

971 *Dauner-Lieb*, in: Henssler/Strohn, § 76 AktG Rn. 5; *Fleischer*, ZIP 2003, 1, 3 f.; *Fritz*, in: Maschmann/Fritz, Kap. 2 Rn. 35; *Froesch*, DB 2009, 722, 724; *Mertens/Cahn*, in: KK-AtkG, § 76 AktG Rn. 42; *Spindler*, in: MüKo-AktG, § 76 AktG

Das Verhältnis von Geschäftsführung und Leitung ist umstritten.[972] Insbesondere in älteren Kommentierungen zu § 70 AktG 1937[973] finden sich Stimmen, die die Geschäftsführung als Unterbegriff der Leitung betrachten.[974] Sie verweisen dabei auf die historische Gesetzesbegründung, wonach *„die Leitung der Gesellschaft und damit die Geschäftsführung"* nunmehr beim Vorstand – und nicht wie zuvor bei der Generalversammlung[975] – liege.[976] Mit derselben Begründung wird teilweise auch eine Identität von Leitung und Geschäftsführung angenommen.[977] Im Gegensatz dazu geht die heute herrschende Meinung davon aus, dass vielmehr die Leitung ein qualitativ herausgehobener Teil der Geschäftsführung ist.[978]

Inhaltlich umfasst die Leitung denjenigen Kernbereich der Vorstandstätigkeit, der von ihm nicht aus der Hand gegeben werden darf.[979] Dies ist im AktG explizit unter anderem für die Einberufung der Hauptversammlung (§§ 121 Abs. 2, 175 Abs. 1 S. 1 AktG), die Vorbereitung und Ausführung ihrer Beschlüsse (§ 83 AktG), die Berichterstattung an den Aufsichtsrat (§ 90 AktG) und die Pflicht zur Buchführung (§ 91 Abs. 1 AktG) vorgesehen.[980] Eine weitere, ungeschriebene Konkretisierung erfolgt in der Literatur vielfach unter Heranziehung der Betriebswirtschaftslehre.[981] Dort werden vom Vorstand nicht delegierbare Anordnungen mitunter als *„echte*

Rn. 14; *Wentrup*, in: MHdB GesR IV, § 19 Rn. 16; a.A. *Seibt*, in: Schmidt/Lutter, § 76 AktG Rn. 8, 14 f.

972 Zum Streitstand *Fleischer*, ZIP 2003, 1, 3 f.; *Henze*, BB 2000, 209; *Richter*, in: Kubis/Semler/Peltzer, § 4 Rn. 3; *Seibt*, in: FS K. Schmidt (2009), S. 1463.

973 RGBl. I 1937, S. 107, 120; Abs. 1 lautete: *„Der Vorstand hat unter eigener Verantwortung die Gesellschaft so zu leiten, wie das Wohl des Betriebs und seiner Gefolgschaft und der gemeine Nutzen von Volk und Reich es erfordern."*

974 Schlegelberger/*Quassowski*, AktG, § 70 Rn. 2; *Schmidt*, in: Großkomm-AktG (1961), § 70 Anm. 3; Teichmann/*Koehler*, AktG 1937, § 70 Rn. 2.

975 Generalversammlung wird seit dem AktG 1937 als Hauptversammlung bezeichnet.

976 Amtliche Begründung zu §§ 70 – 124 AktG 1937, abgedr. bei *Klausing*, S. 56.

977 *Mielke*, S. 33 ff; *Semler*, Leitung und Überwachung, Rn. 3-6.

978 *Fleischer*, ZIP 2003, 1, 2; *Goette*, in: FS 50 Jahre BGH, S. 123, 125; *Henze*, BB 2000, 209; *Mertens/Cahn*, in: KK-AktG, § 76 Rn. 4; *Schwark*, ZHR 142 (1978), 203, 215.

979 *Fleischer*, ZIP 2003, 1, 2; *Fritz*, in: Maschmann/Fritz, Kap. 2 Rn. 34; *Wentrup*, in: MHdB GesR IV, § 19 Rn. 16.

980 Eine vollständige Auflistung kodifizierter Leitungsaufgaben findet sich bei *Richter*, in: Kubis/Semler/Peltzer, § 4 Rn. 15 f.

981 *Fleischer*, ZIP 2003, 1, 4 f.; *Henze*, BB 2000, 209, 210; *Mertens/Cahn*, in: KK-AktG, § 76 Rn. 5; *Seibt*, in: FS K. Schmidt, S. 1463, 1471.

Führungsentscheidungen im betriebswirtschaftlichen Sinne“[982] oder „*Fachfunktionen der Unternehmensspitze*“[983] bezeichnet und als solche insbesondere die Zielsetzung, Planung, Steuerung und Kontrolle unternehmerischer Entscheidungen angeführt.[984] Dies stimmt mit dem dem AktG zugrundeliegenden Leitbild des Vorstands als gesetzlicher Vertreter der AG überein, der die Funktion des Arbeitgebers und Unternehmers ausübt.[985] Folglich berechtigt und verpflichtet § 76 Abs. 1 AktG den Vorstand unter anderem dazu, die mittel- und langfristige Unternehmensstrategie vorzugeben sowie die Grundzüge der Markt-, Produkt-, Finanz-, Investitions und Personalpolitik festzulegen – einschließlich der Besetzung oberer Führungspositionen. Hierzu zählen auch sonstige Maßnahmen und Geschäfte von außergewöhnlicher Bedeutung für die Gesellschaft, die Überwachung von Durchführung und Erfolg delegierter Geschäftsführungsaufgaben sowie die Analyse der Geschäfts- und Ergebnisentwicklung.[986]

Der Wortlaut des § 76 Abs. 1 AktG („*unter eigener Verantwortung*“) macht deutlich, dass der Gesamtvorstand hierbei keinen Weisungen unterworfen ist – weder von anderen Organen derselben Gesellschaft (Aufsichtsrat bzw. Hauptversammlung), noch von anderen (juristischen) Personen bzw. deren Organen. Eine unternehmensübergreifende Matrixorganisation erfordert jedoch gerade eine Fremdsteuerung bezüglich der Unternehmensleitung. Der unternehmensfremde Matrixmanager wird eingesetzt, um die konzerninternen Interessen seiner Dimension einzubringen, indem er etwa Investitionsentscheidungen trifft oder über das Produktions- und Lieferprogramm (mit)entscheidet.

b) Verpflichtung auf das Unternehmensinteresse

Selbst wenn die Anordnungen des Matrixmanagers nicht die Unternehmensleitung im Sinne des § 76 AktG betreffen, ist die für eine Matrixorganisation erforderliche Fremdsteuerung in unverbundenen Aktiengesell-

---

982 *Gutenberg*, S. 59.
983 *Schierenbeck/Wöhle*, S. 92.
984 *Frese/Graumann/Theuvsen*, Organisation, S. 516; *Mielke*, S. 9; *Schierenbeck/Wöhle*, S. 97; *Schreyögg/Geiger*, S. 9 f.
985 *Mertens/Cahn*, in: KK-AktG, § 76 Rn. 4; *Seibt*, in: FS K. Schmidt, S. 1463, 1467.
986 *Fleischer*, ZIP 2003, 1, 3: *Henze*, BB 2000, 209, 210; *Mertens/Cahn*, in: KK-AktG, § 76 Rn. 4; *Mielke*, S. 41; *Richter*, in: Kubis/Semler/Peltzer, § 4 Rn. 17; *Schönbrod*, Organstellung, S. 158.

schaften nicht ohne Weiteres möglich.[987] Die Führung einer Matrixzelle durch den Matrixmanager kann sich nämlich – zugunsten des Konzerninteresses – negativ auf einzelne Konzernuntergesellschaften auswirken. § 93 Abs. 1 S. 1, 2 AktG lässt sich allerdings entnehmen, dass der Vorstand der AG ausschließlich dem Interesse dieser Gesellschaft verpflichtet ist. Er darf eigene Interessen genau so wenig über die Interessen der AG stellen wie die Interessen Dritter. Dass selbst Konzerninteressen nicht zu berücksichtigen sind, ergibt sich aus § 311 Abs. 1 AktG, wonach im faktischen Konzern, d.h. ohne das Bestehen eines Beherrschungsvertrags, ein herrschendes Unternehmen seinen Enfluss nicht dazu benutzen darf, eine abhängige Aktiengesellschaft oder Kommanditgesellschaft auf Aktien zu veranlassen, ein für sie nachteiliges Rechtsgeschäft vorzunehmen oder Maßnahmen zu ihrem Nachteil zu treffen oder zu unterlassen, es sei denn, dass die Nachteile ausgeglichen werden. Folglich müsste der Vorstand unternehmensschädigende Maßnahmen des Matrixmanagers unverzüglich unterbinden, um eine eigene Pflichtverletzung gegenüber seiner Gesellschaft zu vermeiden.[988]

c) Gestaltungsmöglichkeiten der Fremdleitung

Unternehmensübergreifende Matrixstrukturen setzen eine gewisse Fremdsteuerung der unterstellten Gesellschaft durch unternehmensfremde Instanzen (Matrixmanager) zugunsten des Konzerninteresses voraus. Die hierfür in Betracht kommenden gesellschaftsrechtlichen Gestaltungen sollen im Folgenden vorgestellt werden.

aa) Vertragskonzern

Die aufgezeigten Beschränkungen der Fremdsteuerung, die der Implementierung unternehmensübergreifender Matrixstrukturen entgegenstehen, lassen sich dadurch überwinden, dass die AG als Matrixgesellschaft einem

---

987 *Seibt*, in: Schmidt/Lutter, § 76 AktG Rn. 38; *Seibt/Wollenschläger*, AG 2013, 229, 232.

988 *Altmeppen*, in: MüKo-AktG, § 311 AktG Rn. 465; *Fleischer*, in: Spindler/Stilz, AktG, § 76 Rn. 98a; *Fritz*, in: Maschmann/Fritz, Kap. 2 Rn. 35 ff.; *Schockenhoff*, ZHR 180 (2016), 197, 213; *Seibt/Wollenschläger*, AG 2013, 229, 232.

Beherrschungsvertrag unterstellt wird.[989] Der Beherrschungsvertrag wird in § 291 Abs. 1 AktG legaldefiniert als Vertrag, durch den eine AG oder KGaA die Leitung ihrer Gesellschaft einem anderen Unternehmen unterstellt.

Gemäß § 308 Abs. 1 S. 1 AktG ist das herrschende Unternehmen bei Bestehen eines Beherrschungsvertrags dazu berechtigt, dem Vorstand der abhängigen Gesellschaft hinsichtlich deren Leitung Weisungen zu erteilen. Der Begriff der „Leitung“ ist dabei bewusst aus § 76 Abs. 1 AktG übernommen und umfasst alle geschäftlichen und betrieblichen Maßnahmen des Unternehmens mit Innen- und Außenwirkung.[990] Hierunter fallen die gesamte unternehmerische Tätigkeit der Gesellschaft, ihre Unternehmensplanung, die Durchführung ihrer Geschäfte sowie die Besetzung von Führungspositionen bei der abhängigen Gesellschaft.[991] Während die Übernahme der zentralen Leitungsfunktionen, wie die Zielplanung, die Unternehmenskoordination sowie die Besetzung der Führungsstellen der Gesellschaft den Mindestinhalt eines Beherrschungsvertrags im Sinne des § 291 Abs. 1 S. 1 AktG darstellt, kann sich die Vereinbarung darüber hinaus auch auf Einzelfragen des laufenden Tagesgeschäfts erstrecken.[992] Der Umfang des Weisungsrechts des herrschenden Unternehmens richtet sich dann nach den Regelungen des Beherrschungsvertrags.[993] Sogar für das abhängige Unternehmen nachteilige Weisungen sind gemäß § 308 Abs. 1 S. 2 AktG zulässig, es sei denn, dass sie nicht den Belangen des herrschenden Unternehmens oder der mit ihm oder der Gesellschaft im Sinne des § 18 Abs. 1 AktG konzernverbundenen Unternehmen dienen (sogenanntes Konzerninteresse).[994]

---

989 *Fleischer*, in: Spindler/Stilz, AktG, § 76 Rn. 98a; *Fritz*, in: Fritz/Maschmann, 2. Kap Rn. 43; *Seibt/Wollenschläger*, AG 2013, 229, 232; *Seibt*, in: Schmidt/Lutter, § 76 AktG Rn. 38; *Wieneke*, in: GesR in der Diskusion, S. 91, 109.

990 Regierungsbegründung, abgedr. bei *Kropff*, S. 403; *Koch*, in: Hüffer/Koch, § 308 AktG Rn. 12.

991 *Altmeppen*, in: MüKo-AktG, § 308 Rn. 87; *Koch*, in: Hüffer/Koch AktG, § 308 Rn. 12; *Kantzas*, Weisungsrecht im Vertragskonzern, S. 68; *Leuering/Goertz*, in: Hölters AktG, § 308 Rn. 22; Regierungsbegründung, abgedr. bei *Kropff*, S. 403.

992 *Emmerich/Habersack*, KonzernR StudB, § 11 Rn. 11-13; *Kantzas*, Weisungsrecht im Vertragskonzern, S. 67; *Leuering/Goertz*, in: Hölters AktG, § 308 Rn. 22.

993 *Emmerich/Habersack*, KonzernR StudB, § 23 Rn. 21; *Plückelmann*, in: MAH-Personengesellschaftsrecht, § 26 Rn. 42.

994 *Emmerich/Habersack*, KonzernR StudB, § 23 Rn. 25 ff.; zu den Einzelheiten *Hoffmann-Becking*, in: FS Hommelhoff, S. 433.

Folglich kann das herrschende Unternehmen die Leitung und Geschäftsführung der abhängigen Gesellschaft an sich ziehen und – jedenfalls im Innenverhältnis – mittels der sogenannten Konzernleitungsmacht an die Stelle des Vorstands der abhängigen Gesellschaft treten. Zweck dessen ist die Ermöglichung einer unternehmensübergreifenden Koordination von Entscheidungen.[995] Eine der Grundvoraussetzungen für die Konzernorganisation in Matrixform ist dadurch erfüllt.

bb) Eingliederungskonzern

Wie der Beherrschungsvertrag ermöglicht auch die Eingliederung das für die AG gemäß § 76 AktG bestehende Verbot der Fremdorganschaft einzuschränken und somit unternehmensübergreifende Matrixstrukturen gesellschaftsrechtlich zu implementieren. Ein Eingliederungskonzern entsteht durch die Eingliederung einer AG in eine andere AG[996], die sogenannte Hauptgesellschaft.[997] Die Eingliederung vollzieht sich bei hundertprozentigen Töchtern durch einen Hauptversammlungsbeschluss der einzugliedernden AG (§ 319 AktG) bzw. durch Mehrheitsbeschluss, sofern die Hauptgesellschaft mit mindestens 95 % am Grundkapital der einzugliedernden Gesellschaft beteiligt ist (§ 320 AktG).

Mangels außenstehender Aktionäre sowie aufgrund der Haftung der Hauptgesellschaft für Verluste und Verbindlichkeiten der eingegliederten Gesellschaft (§§ 320a, 321 f., 324 Abs. 3 AktG) handelt es sich um die denkbar engste Verbindung zweier rechtlich selbstständiger Unternehmen.[998] Hierdurch rechtfertigt sich das nahezu unbeschränkte Weisungsrecht, das der Hauptgesellschaft gemäß § 323 Abs. 1 AktG gegenüber der eingegliederten AG zusteht. Dieses geht noch über das aufgrund eines Beherrschungsvertrags bestehende Weisungsrecht des § 308 Abs. 1 AktG hinaus, indem mangels Verweises auf § 308 Abs. 1 S. 2 AktG selbst dem Konzerninteresse widersprechende sowie existenzgefährdende Weisungen als zuläs-

---

995 *Altmeppen*, in: MüKo-AktG, § 308 Rn. 87; vgl auch *Seibt*, in: Schmidt/Lutter, § 76 Rn. 21a AktG, wonach ein solches Rückholrecht essentiele Voraussetzung der Delegation ist.

996 Die SE ist dem gleichgestellt, vgl. Art. 10 SE-VO.

997 *Bayer*, in: MüKo-AktG, § 18 AktG Rn. 7; *Emmerich/Habersack*, KonzernR StudB, § 10 Rn. 1.

998 *Emmerich/Habersack*, KonzernR StudB, § 10 Rn. 51.

sig erachtet werden.[999] Vom Weisungsrecht nach § 323 Abs. 1 AktG nicht erfasst sind allein Weisungen, die die eingegliederte Gesellschaft zu gesetzes- oder satzungswidrigem Verhalten veranlassen sollen.[1000]

cc) Faktischer Konzern

Wird die einheitliche Leitung des Konzerns nicht durch einen Beherrschungsvertrag oder Eingliederung, sondern durch eine bloße wirtschaftliche Abhängigkeit sichergestellt, spricht man vom faktischen Konzern. Ein solcher setzt voraus, dass die AG von einem anderen Unternehmen abhängig im Sinne des § 17 AktG ist und weder ein Beherrschungsvertrag noch eine Eingliederung besteht.[1001] Spätestens seit der Kodifizierung der §§ 311 ff. AktG ist die Zulässigkeit des faktischen Unterordnungskonzerns allgemein anerkannt.[1002] Diese Vorschriften begrenzen den tatsächlichen Einfluss des herrschenden Unternehmens und ordnen für den Fall einer für die untergeordnete AG nachteiligen Einflussnahme einen Nachteilsausgleich an.

Zur Implementierung unternehmensübergreifender Matrixstrukturen ist der faktische Konzern nicht geeignet: Mangels einer mit § 308 Abs. 1 AktG vergleichbaren Konzernleitungsmacht bleibt es bei der eigenverantwortlichen Leitung der Tochtergesellschaft durch deren Vorstand, vgl. § 76 Abs. 1 AktG.[1003] Die Mutter kann ihren Einfluss mithin nicht rechtlich durchsetzen, sondern ist stets auf die Mitwirkung des Vorstands der Toch-

---

999 Für die Zulässigkeit existenzgefährdender Weisungen: *Grunewald*, in: MüKo-AktG, § 323 Rn. 3; *Habersack*, in: Emmerich/Habersack, KonzernR-Komm, § 323 AktG Rn. 2; *Krieger*, in: MHdB GesR IV, § 74 Rn. 48; *Wilsing/Paul*, in: Henssler/Strohn, § 323 AktG Rn. 2; a.A.; *Ziemons*, in: Schmidt/Lutter AktG, § 323 Rn. 6.

1000 Emmerich/*Habersack*, KonzernR StudB, § 10 Rn. 52; *Koppensteiner*, in: KK-AktG, § 323 Rn. 4.

1001 Emmerich/*Habersack*, KonzernR StudB, § 24 Rn. 19 ff.

1002 BGH v. 25.6.2008 - II ZR 133/07, NZG 2008, 831; *Bayer*, in: MüKo-AktG, § 18 AktG Rn. 10; Emmerich/*Habersack*, KonzernR StudB, Konzernrecht, § 24 Rn. 14; *Koch*, in: Hüffer/Koch, § 311 AktG Rn. 4; *Koppensteiner*, in: KK-AktG, Vor § 311 AktG Rn. 6 ff.; a.A. noch *Bälz*, AG 1992, 277, 303 f.

1003 BGH v. 25. 6. 2008 – II ZR 133/07, NZG 2008, 831, 833; *Bödeker*, in: Henssler/Strohn, § 311 AktG Rn. 1; Emmerich/*Habersack*, KonzernR StudB, Konzernrecht, § 24 Rn. 17; *Koch*, in: Hüffer/Koch, AktG, § 311 Rn. 5; *Koppensteiner*, in: KK-AktG, § 311 Rn. 6.

ter angewiesen.[1004] Da dieser die Geschäftsführung allein an den Interessen seiner Gesellschaft auszurichten hat, wird er bei der Umsetzung nachteiliger Direktiven zurückhaltend sein, um keine persönliche Haftung zu riskieren. Selbst ein bestehendes Konzerninteresse kann Maßnahmen, die für die Tochtergesellschaft selbst mit Nachteilen verbunden sind, nicht rechtfertigen.[1005] Eine verbindliche Fremdsteuerung der untergeordneten Gesellschaft zur Umsetzung unternehmensübergreifender Matrixstrukturen lässt sich im faktischen Konzern mithin nicht erreichen.[1006]

d) Ausübung des Konzernleitungsrechts durch Dritte

Die dem herrschenden Unternehmen aufgrund eines Beherrschungsvertrags oder einer Eingliederung zustehende Konzernleitungsmacht muss nicht zwingend durch dessen Vorstand ausgeübt werden. Zwar wird eine verdrängende Übertragung des Weisungsrechts auf Dritte, aufgrund derer der Dritte als Zessionar zur Ausübung des Weisungsrechts anstelle des an sich Weisungsberechtigten befugt wäre, allgemein als unzulässig erachtet.[1007] Denn wie auch das arbeitsrechtliche Direktionsrecht[1008] ist die Konzernleitungsmacht kein selbstständig übertragbares Recht im Sinne der §§ 398, 413 BGB.[1009] Zudem käme die Abtretung der Konzernleitungsmacht einer Auswechslung des herrschenden Unternehmens im Beherr-

---

1004 *Bayer*, in: MüKo-AktG, § 18 Rn. 20; *Schockenhoff*, ZHR 180 (2016), 197, 201.

1005 Regierungsbegründung, abgedr. bei *Kropff*, S. 407; *Leuering/Goertz*, in: Hölters, AktG, § 311 Rn. 1.

1006 *Fritz*, in: Maschmann/Fritz, 2. Kap. Rn. 42; *Schockenhoff*, ZHR 180 (2016), 197, 213; *Seibt/Wollenschläger*, AG 2013, 229, 22; *Seibt*, in Schmidt/Lutter, § 76 AktG Rn. 21a.

1007 *Altmeppen*, in: FS Lutter, S. 975, 978; *Emmerich*/Habersack, KonzernR StudB, § 23 Rn. 10; *Exner*, Beherrschungsvertrag, S. 154; *Kantzas*, Weisungsrecht im Vertragskonzern, S. 82; Hüffer/Koch/*Koch*, § 308 AktG Rn. 6; *Langenbucher*, in: Schmidt/Lutter, § 308 Rn. 12; *Servatius*, in: Grigoleit AktG, § 308 Rn. 7; *Sina*, AG 1991, 1, 4; *Stephan*, Der Konzern 2014, 1, 23; *Veil*, in: Spindler/Stilz, § 308 AktG Rn. 13.

1008 Das arbeitsrechtliche Direktionsrechts ist ein forderungsbezogenes unselbstständiges Gestaltungsrecht und mithin nicht isoliert übertragbar, vgl. *Fabricius*, Gespaltene Arbeitsverhältnisse, S. 32; *Roth/Kieninger*, in: MüKo-BGB, § 398 BGB Rn. 97; a.A. *Krebber*, Unternehmensübergreifende Arbeitsabläufe, S. 160; zum Ganzen instruktiv *Birk*, Leitungsmacht, S. 81 ff.

1009 *Emmerich*/Habersack, KonzernR StudB, § 23 Rn. 10; *Fritz*, in: Fritz/Maschmann, 2. Kap. Rn. 141; *Koch*, in: Hüffer/Koch AktG, § 308 Rn. 6.

schungsvertrag gleich. Hierfür bedürfte es nach § 295 AktG einer Vertragsänderung, die die Zustimmung der Hauptversammlung voraussetzt.[1010]

Von der Übertragung der Konzernleitungsmacht zu unterscheiden ist deren Delegation, also der Fall, dass die Weisungsbefugnis bei dem herrschenden Unternehmen verbleibt und andere nach den Grundsätzen des Stellvertretungsrechts (§§ 164 ff. BGB) zur Ausübung der Befugnis herangezogen werden.[1011] Die Ausübung der Weisungsbefugnis durch einzelne Vorstandsmitglieder (horizontale inner-organschaftliche Delegation[1012]) oder Angestellte (interne vertikale Delegation[1013]) des herrschenden Unternehmens ist ohne Weiteres zulässig.[1014] Ebenso verhält es sich nach herrschender Meinung mit der externen vertikalen Delegation[1015] auf unternehmensfremde Dritte, wobei hier teilweise zusätzliche Anforderungen an eine zulässige Ausübungsermächtigung gestellt werden: Insbesondere, um deutlich zur unzulässigen Übertragung der Konzernleitungsmacht abzugrenzen, muss der Delegatar dem Interesse und den Weisungen des herrschenden Unternehmens unterworfen sein. Bei einer inner-organschaftlichen Delegation wird dies bereits durch die organschaftlich bestehenden Berichts- und Rechenschaftspflichten sichergestellt; auch bei der internen vertikalen Delegation vom Vorstand des herrschenden Unternehmens auf eine niedrigere Hierarchieebene ist dies durch § 611a Abs. 1 BGB i.V.m. dem Arbeitsvertrag des Matrixmanagers gewährleistet.[1016] Bei einer Delegation auf unternehmensfremde Matrixmanager ergibt sich dessen Bindung an den Willen des herrschenden Unternehmens aus dem der Vertretung kausal zugrundeliegenden Geschäftsbesorgungsvertrag, vgl. § 665 BGB.[1017] Es wird empfohlen, hierin Grenzen für die Weisungsausübung in sachlicher und zeitlicher Hinsicht festzulegen und Vereinbarun-

---

1010 *Emmerich*/Habersack, KonzernR StudB, § 23 Rn. 10; *Koch*, in: Hüffer/Koch AktG, § 308 Rn. 6; *Langenbucher*, in: Schmidt/Lutter, § 308 Rn. 17.

1011 *Koch*, in: Hüffer/Koch, AktG, § 308 Rn. 5; *Maschmann*, in: Maschmann/Fritz, Kap. 3 Rn. 11 f.

1012 *Seibt*, in: FS K. Schmidt, S. 1463, 1472.

1013 *Seibt*, in: FS K. Schmidt, S. 1463, 1472.

1014 *Altmeppen*, in: MüKo-AktG, § 308 Rn. 41; *Henze/Lübke*, Der Konzern 2009, 159, 160; *Koch*, in: Hüffer/Koch, AktG, § 308 Rn. 5; *Langenbucher*, in: Schmidt/Lutter, § 308 Rn. 13; *Seibt*, in: Schmidt/Lutter, § 308 Rn. 21a; *Servatius*, in: Grigoleit AktG, § 308 Rn. 7; a.A.: *Kantzas*, Weisungsrecht im Vertragskonzern, S. 82; *Sina*, AG 1991, 1, 4; *Veelken*, S. 202 ff.

1015 *Seibt*, in: FS K. Schmidt, S. 1463, 1472.

1016 Vgl. *Fritz*, in: Maschmann/Fritz, Kap. 2 Rn, 145; *Seibt*, in: FS K. Schmidt, S. 1463, 1480.

1017 Vgl. *Altmeppen*, in: MüKo-AktG, § 308 Rn. 57.

gen über Berichterstattung, Kontrollrechte, die Herausgabe von Unterlagen und Informationen, Vertraulichkeit, Kündigung sowie Sanktionen bei mangelhafter Leistung aufzunehmen.[1018]

Für die Konstruktion einer Matrixorganisation mittels eines Beherrschungsvertrags oder einer Eingliederung bedeutet das, dass es sich bei dem Matrixmanager nicht nur um das Vertretungsorgan des herrschenden Unternehmens handeln kann, sondern auch um einen externen Dritten, etwa einen Arbeitnehmer oder ein Organ einer anderen Konzerngesellschaft.

2. Die Gesellschaft mit beschränkter Haftung

Handelt es sich bei dem Vertragsarbeitgeber um eine GmbH, ist die Umsetzung unternehmensübergreifender Matrixstrukturen erleichtert. Neben der Fremdsteuerung durch den Abschluss eines Beherrschungsvertrags kann in die GmbH mittels Gesellschafterbeschlüssen hineinregiert werden. Das sich mittelbar aus §§ 37 Abs. 1, 38 Abs. 1, 46 Nr. 5 und § 46 Nr. 6 GmbHG ergebende Weisungsrecht der Gesellschafter ist ein prägendes Strukturmerkmal der GmbH.[1019] Die Gesellschafter können grundsätzlich jegliche Entscheidung an sich ziehen und dem Geschäftsführer hierdurch die Rolle eines bloßen Exekutivorgans zuweisen.[1020] Weisungen der Gesellschafterversammlung sind für den GmbH-Geschäftsführer grundsätzlich verbindlich (vgl. § 37 Abs. 1 GmbHG) und befreien diesen bei ihrer Umsetzung von der Haftung nach § 43 Abs. 2 GmbHG.[1021] Die Grenzen des Weisungsrechts – und damit aus Sicht des Geschäftsführers der Haftungsbefreiung – ergeben sich aus zwingendem Gesetzesrecht[1022], dem Gläubigerschutz sowie dem Schutz etwaiger Minderheitsgesellschafter. Zur Beur-

---

1018 *Altmeppen*, Haftung, S. 14 ff.; *Fritz*, in: Maschmann/Fritz, Kap. 2 Rn. 159; *Henze/Lübke*, Der Konzern 2009, 159, 160; *Koch*, in: Hüffer/Koch, AktG, § 308 Rn. 6; *Seibt*, in: FS K. Schmidt, S. 1463, 1480.

1019 *Liebscher*, in: MüKo-GmbHG, § 45 Rn. 81; Wicke/*Wicke*, GmbHG, § 37 Rn. 4.

1020 OLG Düsseldorf v. 15.11.1984 – 8 U 22/84, ZIP 1984, 1476; *Altmeppen*, in: Roth/Altmeppen, § 37 GmbHG Rn. 4; *Ebert*, GmbHR 2003, 444, 445; Scholz/*Schneider*, GmbHG, § 37 Rn. 38; Wicke/*Wicke*, GmbHG, § 37 Rn. 4; BeckOK-GmbHG/*Wisskirchen/Kuhn*, § 37 Rn. 17.

1021 BGH v. 26.10.2009 – II ZR 222/08, NJW 2010, 64; BGH v. 7.4.2003 – II ZR 193/02, BB 2003, 1141; *Konzen*, NJW 1989, 2977, 2979; *Pelz*, RNotZ 2003, 415, 420; *Beurskens*, in: Baumbach/Hueck, § 43 Rn. 16 m.w.N.

1022 Insbesondere §§ 43 Abs. 2, 30 f. GmbHG sowie § 15a InsO.

teilung der Matrix-Geeignetheit ist demnach zwischen der eingliedrigen GmbH mit einem einzigen Gesellschafter und der von mehreren Gesellschaftern getragenen mehrgliedrigen GmbH zu differenzieren.

a) Eingliedrige GmbH

In der eingliedrigen GmbH wird es sich bei dem Alleingesellschafter häufig um die Konzernmutter handeln. In dieser Konstellation kann der Matrixmanager als deren Vertreter den GmbH-Geschäftsführer zu den für die Matrix erforderlichen Geschäften anweisen. Schutzwürdige Minderheiten bestehen nicht. Zudem führt die GmbH „in ihrer Willensbildung kein vom Willen ihres [einzigen] Gesellschafters unabhängiges Eigenleben"[1023], so dass es diesem obliegt, das Interesse der GmbH zu bestimmen.[1024] Selbst offensichtlich wirtschaftlich nachteilige Weisungen sind daher gesellschaftsrechtlich unbedenklich.[1025] Aus Gründen des Gläubigerschutzes ist die Grenze der Zulässigkeit erst bei für die GmbH existenzbedrohenden Direktiven zu ziehen.[1026] Abweichend vom Grundsatz des § 47 Abs. 1 GmbH bedarf es für die Weisungsausübung durch den Matrixmanager auch keines förmlichen Gesellschafterbeschlusses. Wird die Gesellschaft von einem einzigen Gesellschafter getragen, wäre ein solcher gekünstelt.[1027] Die für den Matrixkonzern erforderlichen Stukturen lassen sich hier schaffen, indem der Matrixmanager vom Alleingesellschafter durch Prokura (vgl. § 49 HGB) umfassend bevollmächtigt wird und in Ausübung des Gesellschafter-Weisungsrechts die geschäftspolitischen Vorstellungen des Alleingesellschafters gegenüber der GmbH durchsetzt.[1028]

1023 OLG Frankfurt v. 7.2.1997 – 24 U 88/95, NJW-RR 1997, 736, 737.

1024 OLG Frankfurt v. 7.2.1997 – 24 U 88/95, NJW-RR 1997, 736, 737; *Altmeppen*, in Roth/Altmeppen, § 37 GmbHG Rn. 5.

1025 OLG Frankfurt v. 7.2.1997 – 24 U 88/95, NJW-RR 1997, 736, 737; *Altmeppen*, in Roth/Altmeppen, § 37 GmbHG Rn. 5; *Konzen*, NJW 1989, 2979, 2981.

1026 OLG Jena v. 12.1.2011 – 1 Ws 352/10, BeckRS 2011, 15232; *Altmeppen*, in: Roth/Altmeppen, § 37 GmbHG Rn. 7; Wicke/*Wicke*, GmbHG, § 37 Rn. 5.

1027 *Altmeppen*, in: Roth, GmbHG, § 37 Rn. 24; *Lenz*, in: Michalski et al., Bd. 2, § 37 Rn. 16; BeckOK-GmbHG/*Wisskirchen/Kuhn*, § 37 Rn. 17.

1028 So im Fall des OLG Frankfurt v. 7.2.1997 – 24 U 88/95, NJW-RR 1997, 736, 737.

b) Mehrgliedrige GmbH

Wird die GmbH von mehreren Gesellschaftern getragen, sind sowohl der Umfang des Gesellschafter-Weisungsrechts als auch dessen Delegationsfähigkeit aus Gründen des Minderheitenschutzes eingeschränkt. Aus der zwischen den Gesellschaftern bestehenden Treuepflicht folgt das Verbot von für die GmbH (und damit auch für die Minderheitsgesellschafter) nachteiligen Weisungen.[1029] Die Weisungserteilung erfolgt grundsätzlich durch einen Beschluss der Gesellschafterversammlung im Sinne des § 47 GmbHG, nicht hingegen durch einzelne Gesellschafter.[1030] Dies gilt selbst bei Bestehen eines Mehrheitsgesellschafters, der allein einen entsprechenden Gesellschafterbeschluss herbeiführen könnte.[1031] Der Grund hierfür ist wiederum der Schutz der Minderheitsgesellschafter, die ohne einen Beschluss der Gesellschafterversammlung um das Recht der Beschlussanfechtung gebracht würden.

Allein mittels des Gesellschafter-Weisungsrechts ist eine effiziente Gestaltung konzerndimensionaler Matrixstrukturen in der mehrgliedrigen GmbH daher erschwert. Denn diese können aus Gründen des Konzernintresses zum einen für die einzelne Gesellschaft nachteilige Weisungen erfordern. Zum anderen bedürfen die Weisungen eines formwirksamen Gesellschafterbeschlusses, was mit einem erhöhten Koordinations-, Zeit- und Ressourcenaufwand einhergeht. Umstritten sind die Voraussetzungen, unter denen die Gesellschafterversammlung einen Dritten mit der Wahrnehmung ihrer Weisungsbefugnisse bevollmächtigen kann.[1032] Während die Übertragung des Weisungsrechts auf andere Organe und Gremien (z.B. Aufsichtsrat, einzelne Gesellschafter, Beiräte) überwiegend für zulässig gehalten wird,[1033] ist das Meinungsbild hinsichtlich der Ausübung durch

---

1029 BGH v. 1.2.1988 – II ZR 75/87, NJW 1988, 1579; BGH v. 16.2.1981 – II ZR 168/79, NJW 1981, 1512; BGH v. 5.6.1975 – II ZR 23/74, NJW 1976, 191; OLG Stuttgart v. 12.5.1999 – 20 U 62/98, NZG 2000, 159; LG Köln v. 23.8.2018 – 88 O 23/18, BeckRS 2018, 20213; *Altmeppen*, in: Roth/Altmeppen, § 37 GmbHG Rn. 10; *Emmerich*/Habersack, KonzernR StudB, § 30 Rn. 10; *Konzen*, NJW 1989, 2979, 2981.

1030 *Altmeppen*, in: Roth/Altmeppen, § 37 GmbHG Rn. 15; *Oetker*, in: Henssler/Strohn, § 37 GmbHG Rn. 14; Scholz/*Schneider*, GmbHG, § 37 Rn. 31; *Stephan/Tieves*, in: MüKo-GmbHG, § 37 Rn. 109.

1031 Scholz/*Schneider*, GmbHG, § 37 Rn. 31.

1032 Zum Streitstand Scholz/*Schneider*, GmbHG, § 37 Rn. 30 ff.

1033 OLG Brandenburg v. 17.7.2013 – 7 U 58/11, BeckRS 2013, 14631; *Kleindiek*, in: Lutter/Hommelhoff, § 37 Rn. 21; *Lenz*, in: Michalski et al., Bd. 2, § 37 Rn. 17;

Dritte differenzierter.[1034] Teilweise wird behauptet, durch die Wahrnehmung des organschaftlichen Weisungsrechts würde ein zuvor externer Dritter selbst zum Organ der GmbH.[1035] Bezogen auf unternehmensübergreifende Matrixstrukturen wäre der Matrixmanager folglich vorrangig dem Interesse der GmbH verpflichtet, was mit seiner Aufgabe, eine unternehmensübergreifende Organisation im Konzerninteresse zu leiten, nicht vereinbar wäre. Zudem wären Matrixmanager bei einer derartigen Mehrfachbestellung immensen Haftungsrisiken ausgesetzt.[1036] Anhand dieser Überlegungen zeigt sich, dass das Gesellschafter-Weisungsrecht nach § 37 Abs. 1 GmbHG zumindest in der mehrgliedrigen GmbH nicht zur gesellschaftsrechtlichen Konstruktion unternehmensübergreifender Matrixstrukturen geeignet ist.

c) Steuerung mittels Berrschungsvertrags

Aus den genannten Erwägungen ist insbesondere in der mehrgliedrigen GmbH der Abschluss eines Beherrschungsvertrags anzuraten. Die Zulässigkeit der Vertragskonzernierung der GmbH ergibt sich mittelbar aus § 30 Abs. 1 S. 2 GmbHG, wonach das in § 30 Abs. 1 S. 1 GmbHG enthaltene Ausschüttungsverbot nicht bei Bestehen eines Beherrschungs- oder Gewinnabführungsvertrags gilt.[1037] Als beherrschungsvertraglich gebundenes, abhängiges Unternehmen ist die GmbH gar deutlich häufiger anzutreffen als die AG.[1038] Diese trotz des Gesellschafter-Weisungsrechts bestehende Relevanz des Beherrschungsvertrags für die GmbH erklärt sich vor allem dadurch, dass nur hierüber nachteilige Weisungen an die Geschäftsführer mehrgliedriger GmbHs zulässig sind, § 308 Abs. 1 S. 2 AktG analog. Auch Weisungen, durch die die GmbH in den Konzern eingegliedert wer-

---

Lücke/Simon, in: Saenger/Inhester, § 37 GmbHG Rn. 23; *Seibt/Wollenschläger*, AG 2013, 229, 234.

1034 Zweifel aufgrund des Selbstbestimmungsrechts der Gesellschafter hegen *Lenz*, in: Michalski et al., Bd. 2, § 37 GmbHG Rn. 17; Scholz/*Schneider*, GmbHG, § 37 Rn. 34; BeckOK-GmbHG/*Wisskirchen/Kuhn*, § 37 Rn. 25.

1035 *Stephan/Tieves*, in: MüKo-GmbHG, § 37 Rn. 72, 113; Wicke/*Wicke*, GmbHG, § 37 Rn. 6.

1036 Zu den Haftungsrisiken des GmbH-Geschäftsführers: *Weng*, FuS 2013, 138 ff.

1037 *Emmerich*, in: Scholz-GmbHG, Anh. § 13 Rn. 129; *Stephan*, Der Konzern 2014, 1, 27: hierzu umfassend *Schreiber*, Konzernrechtsfreie Kontrolle, passim *Wilde*, GmbH-Konzenrecht, passim.

1038 *Emmerich*/Habersack, KonzernR StudB, § 32 Rn. 7; *Stephan*, Der Konzern 2014, 1, 27.

den soll, sind allein mittels eines Beherrschungsvertrags möglich.[1039] Dieser stellt zudem die einzige Möglichkeit dar, ein Weisungsrecht eines einzelnen Gesellschafters zu begründen, das nicht organschaftlicher Natur ist und daher an Dritte delegiert werden kann.[1040] Wurde ein Beherrschungsvertrag geschlossen, geht das hieraus folgende Weisungsrecht (§ 308 Abs. 1 AktG analog) dem Weisungsrecht der Gesellschaft (§ 37 Abs. 1 GmbHG) vor.[1041] Aufgrund der analogen Anwendbarkeit der §§ 308 ff. AktG[1042] ergeben sich für die hier relevanten Punkte keine Besonderheiten zu den zur beherrschungsvertraglich gebundenen AG getätigten Ausführungen, weshalb auf diese verwiesen wird.[1043]

3. Zwischenergebnis

Handelt es sich bei dem Vertragsarbeitgeber um eine AG, bedarf es wegen des grundsätzlichen Verbots der Fremdsteuerung (§ 76 Abs. 1 AktG) eines Beherrschungsvertrags oder einer Eingliederung, um unternehmensübergreifende Matrixstrukturen zu implementieren. Ist der Vertragsarbeitgeber als GmbH organisiert und hat diese bloß einen Alleingesellschafter, lässt sich eine für Matrixstrukturen geeignete Fremdsteuerung bereits mittels des gesellschaftsrechtlichen Weisungsrechts (§ 37 Abs. 1 GmbHG) erreichen. Eine solche GmbH ist mithin besonders „matrix-geeignet".[1044] Handelt es sich hingegen um eine mehrgliedrige GmbH, bedarf es des Abschlusses eines Beherrschungsvertrags.

Durch die aufgezeigten Möglichkeiten gesellschaftsrechtlicher Fremdsteuerung wird der Matrixmanager in die Lage versetzt, dem Vorstand der abhängigen Gesellschaft Weisungen zu erteilen. Diese müssen durch den Vorstand zunächst umgesetzt werden, um im Außenverhältnis zu Dritten (z.B. gegenüber den Arbeitnehmern der abhängigen Gesellschaft) Wirk-

---

1039 *Emmerich*/Habersack, KonzernR StudB, § 32 Rn. 7.

1040 *Emmerich*, in: Scholz-GmbHG, Anh. § 13 Rn. 133.

1041 *Emmerich*, in: Scholz-GmbHG, Anh. § 13 Rn. 133; *Servatius*, in: Michalski et al., Bd. 1, Systematische Darstellung 4, Rn. 109.

1042 *Emmerich*/Habersack, KonzernR StudB, § 32 Rn. 7; *Koppensteiner*, in: KK-AktG, § 308 Rn. 4.

1043 Siehe 3. Kap. B. I. 1 c) aa); umfassender Überblick von *Henze/Lübke*, Der Konzern 2009, 159.

1044 *Rieble*, NZA-Beil. 1/2014, 28, 31; vgl. auch *Fritz*, in: Maschmann/Fritz, 2. Kap Rn. 131; *Seibt/Wollenschläger*, AG 2013, 229, 234.

samkeit zu entfalten.[1045] Eine solche, mittelbare Steuerung schließt die Konzernorganisation in Matrixform nicht aus. Denn, indem der Matrixmanager in Vertretung des herrschenden Unternehmens Einfluss auf die Leitung einzelnen Töchter nimmt, kann der Konzern unternehmensübergreifend nach funktionalen und/oder divisionalen Gesichtspunkten organisiert werden.[1046] Allerdings reduziert ein bloß mittelbarer Einfluss des Matrixmanagers auf die Schnittstellen-Arbeitnehmer die mit der Matrix bezweckte Effizienz. Es wird daher in der Regel das Interesse bestehen, dass der Matrixmanager in Form eines unmittelbaren Steuerungsmodells selbst auf Arbeitnehmer der abhängigen Gesellschaft zugreifen und diesen im Konzerninteresse liegende Weisungen erteilen kann. Hierzu muss er in die Lage versetzt werden, gegenüber den Schnittstellen-Arbeitnehmern Arbeitgeberrechte auszuüben.[1047]

II. Unmittelbare Fremdsteuerung

Nach beinahe allgemeiner Ansicht übt der Matrixmanger Arbeitgeberbefugnisse gegenüber den Schnittstellen-Arbeitnehmern im Namen deren Vertragsarbeitgebers – der abhängigen Gesellschaft – aus.[1048] Da strikt zwischen der konzerngesellschaftsrechtlichen Leitungsmacht und dem arbeitsrechtlichen Direktionsrecht zu trennen ist, agiert der Matrixmanager als Doppelvertreter: Mit ein und derselben Handlung vertritt er das herrschende Unternehmen bei der gesellschaftsrechtlichen Konzernleitung gegenüber dem Vorstand der abhängigen Gesellschaft sowie diese wiederum bei der arbeitsrechtlichen Umsetzung gegenüber ihren Arbeitnehmern. Aufgrund des gemäß § 181 Alt. 2 BGB bestehenden Verbots der Mehrvertretung muss ihm das von beiden Vertretenen gestattet werden.[1049] Bei der

---

1045 *Kantzas*, Weisungsrecht im Vertragskonzern, S. 67.

1046 *Henze/Lübke*, Der Konzern 2009, 159, 161; zu mittelbaren Steuerungsmodellen vgl. *Nießen*, Der Konzern 2010, 12 ff.

1047 Hierzu der nachfolgende Abschnitt unter 3. Kap. B. II.

1048 *Berger*, S. 124; *Kalbfus*, in: Arbeitswelt 4.0, S. 11, 14; *Kort*, NZA 2013, 1318, 1319 f.; *Mückl*, DB 2015, 2695, 2698; *Müller-Bonanni/Mehrens*, ZIP 2010, 2228, 2229; *Rieble*, NZA-Beil. 1/2014, 28, 31; *Seibt/Wollenschläger*, AG 2013, 229, 235; *Wisskirchen/Block*, NZA-Beil. 2017, 90; a.A.: *Maywald*, S. 50; *Neufeld/Michels*, KSzW 2012, 49 51.

1049 Vgl. *Brachvogel*, S. 32 f.; *Schubert*, in: MüKo-BGB, § 181 BGB Rn. 63; *Windbichler*, Arbeitsrecht im Konzern, S. 291.

Gestaltung über ein Doppelmandat des Matrixmanagers ist regelmäßig von einer Gestattung auszugehen.[1050]

Gegen eine direkte Anwendbarkeit der §§ 164 ff. BGB auf das arbeitgeberseitige Direktionsrecht wird teilweise vorgebracht, dass es sich bei den Weisungen nicht zwingend um Willenserklärungen handle.[1051] Hiergegen spricht jedoch bereits der Wortlaut des § 315 Abs. 2 BGB, wonach die Leistungsbestimmung durch Erklärung gegenüber dem anderen Teil erfolgt. § 315 BGB bleibt auch nach der Kodifizierung der § 611a Abs. 1 BGB, § 106 GewO weiterhin auf das arbeitsrechtiche Direktionsrecht anwendbar.[1052] Denn die Begründung eines Leistungsbestimmungsrechts – sei es durch Vertrag oder, wie hier, gesetzlich durch § 611a Abs. 1 BGB bzw. § 106 GewO – ist zunächst die Voraussetzung, um zu den Vorschriften über dessen Ausübung (§ 315 Abs. 2 und Abs. 3 S. 1 BGB) zu gelangen.[1053] Das Stellvertretungsrecht ist nach hier vertretener Ansicht folglich direkt, jedenfalls aber analog, anwendbar.[1054]

1. Zulässigkeit der Doppelvertretung

Umstritten ist, ob die grundsätzlich zulässige Ermächtigung zur Ausübung des arbeitsrechtlichen Direktionsrechts durch die Pflicht des Vorstands der abhängigen Gesellschaft zur eigenverantwortlichen Leitung der Gesellschaft (§ 76 Abs. 1 AktG) sowie zur Überprüfung der Weisungen des herrschenden Unternehmens (§ 308 Abs. 2, 310 Abs. 1 AktG) eingeschränkt wird.[1055] Denn der Vorstand der abhängigen Gesellschaft ist verpflichtet, die Weisungen der Konzernmutter vor der Umsetzung auf ihre Rechtmäßigkeit, insbesondere auf die Vereinbarkeit mit dem Konzerninteresse, hin

---

1050 Vgl. *Hoffmann-Becking*, ZHR 150 (1986), 570, 572; *Langenbucher*, in Schmidt/Lutter, § 308 AktG Rn. 7; *Timm*, AcP 193 (1993), 423, 428 ff.

1051 Speziell zur Matrix *Neufeld/Michels*, KSzW 2012, 49, 51; allgemein gegen die Konstruktion arbeitsrechtlicher Drittbeziehungen mittels des Stellvertretungsrechts auch *Konzen*, ZfA 1982, 259, 282; *Rüthers/Bakker*, ZfA 1990, 245, 274; *Windbichler*, Arbeitsrecht im Konzern, S. 84.

1052 Erman-BGB/*Hager*, § 315 Rn. 31; *Linck*, in: Schaub, ArbR-Hdb, § 45 Rn. 13; Staudinger-BGB/*Rieble*, § 315 Rn. 186; BeckOK-ArbR/*Tillmanns*, § 106 GewO Rn. 7; a.A. *Preis/Temming*, IndivArbR, Rn. 725.

1053 Staudinger-BGB/*Rieble*, § 315 Rn. 186.

1054 Eine analoge Anwendung bevorzugt *Windbichler*, Arbeitsrecht im Konzern, S. 84.

1055 Monographisch u.a. behandelt von *Decher*, Personelle Verflechtungen im Aktienkonzern; *Streyl*, passim.

zu überprüfen, vgl. §§ 308 Abs. 2 S. 2, 310 AktG. Auch der Geschäftsführer der GmbH ist zur Kontrolle der Gesellschafterbeschlüsse verpflichtet und haftet für die Umsetzung rechtswidriger Weisungen gemäß § 43 Abs. 1, 2 GmbHG.[1056] Sofern der Matrixmanager nicht zugleich Vorstandsmitglied bzw. Geschäftsführer der abhängigen Gesellschaft ist,[1057] droht diese Pflicht zur Präventivkontrolle durch unmittelbare Weisungen des herrschenden Unternehmens an die Schnittstellen-Arbeitnehmer der abhängigen Gesellschaft (und damit am Vorstand vorbei) umgangen zu werden. Aus diesem Grund erachtet ein Teil der Literatur direkt an die Arbeitnehmer der abhängigen Gesellschaft adressierte Weisungen für unzulässig.[1058] Dabei wird verkannt, dass auch die Kontrollpflichten des Vorstands grundsätzlich delegationsfähig sind.[1059] Hinsichtlich der Rechtmäßigkeit ist diesbezüglich zwischen der unternehmensinternen (insbesondere an Arbeitnehmer der abhängigen Gesellschaft) und unternehmensexternen (in der Regel aufgrund von Geschäfts- bzw. Betriebsführungsverträgen) Delegation zu differenzieren. Es bietet sich daher an, Voraussetzungen und Grenzen der Vertretung anhand des ihr jeweils zugrundeliegenden Kausalgeschäfts zu erörtern. Die zu § 308 Abs. 1 AktG getätigten Ausführungen sind entsprechend auf die Konzernleitungsmacht nach § 323 Abs. 1 AktG zu übertragen.[1060]

2. Kausalgeschäft

Die rechtsgeschäftliche Stellvertretung im Sinne des § 164 Abs. 1 BGB ist von dem ihr zugrundeliegenden Kausalgeschäft zu trennen und hiervon abstrakt.[1061] Eine Vollmacht setzt zwar nicht zwingend ein kausales Grundverhältnis voraus; in der Praxis – insbesondere im Geschäftsverkehr

---

1056 Vgl. *Schauf*, BB 2017, 2883, 2884; *Volkmann*, GmbHR 2016, 1068, 1073, die sich ausführlich mit der Stellung des GmbHG-Geschäftsführers im Matrixkonzern auseinandersetzen.

1057 Hierzu unter 3. Kap. B. II. 2. a).

1058 *Exner*, Beherrschungsvertrag, S. 128 ff.; *ders.*, AG 1981, 175, 177 f.; *Kantzas*, Weisungsrecht im Vertragskonzern, S. 85 f.; *Koppensteiner*, in: KK-AktG § 292 Rn. 71; *Servatius*, in: Grigoleit AktG, § 308 Rn. 7; *Veelken*, S. 206 f.

1059 *Altmeppen*, in: MüKo-AktG, § 308 AktG Rn. 80.

1060 Vgl. *Grunewald*, in: MüKo-AktG, § 323 Rn. 7 f.; *Koch*, in: Hüffer/Koch, AktG, § 323 Rn. 2; *Koppensteiner*, in: KK-AktG, § 323 Rn. 9 f.; *Krieger*, in: MHdB GesR IV, § 74 Rn. 49; *Leuering/Goertz*, in: Hölters, AktG, § 323 Rn. 3.

1061 Instruktiv *Pawlowski*, JZ 1996, 125, 126 m.w.N.

– wird ein Wille zum rechtlich verbindlichen Handeln und damit ein Schuldverhältnis jedoch in aller Regel gegeben sein.[1062] Dies gilt im Besonderen für die hier untersuchten Matrixstrukturen, da der Vorstand der abhängigen Gesellschaft den Matrixmanager zur Prüfung der konzernrechtlichen Weisungen rechtssicher verpflichten muss, um die eigenen Haftungsrisiken zu verringern.

a) Doppelmandat

Denkbar und rechtlich nicht zu beanstanden[1063] sind Konstruktionen, in denen der Matrixmanager Vorstandsmitglied (AG) bzw. Geschäftsführer (GmbH) sowohl der herrschenden als auch der abhängigen Gesellschaft ist.[1064] Seine Vertretungsmacht beruht in diesem Fall nicht auf einer rechtsgeschäftlichen Bevollmächtigung im Sinne des § 164 BGB, sondern ist gesetzlich begründet, vgl. § 78 Abs. 1 AktG bzw. § 35 Abs. 1 GmbHG. Der Vorteil dieser Gestaltung liegt darin, dass es keiner Delegation der organschaftlichen Kontrollpflichten bedarf, da der Matrixmanager bereits als Organmitglied der abhängigen Gesellschaft zur Kontrolle (der durch ihn selbst erteilten) konzernrechtlichen Weisungen verpflichtet ist und für Pflichtverletzungen gemäß § 310 Abs. 1 AktG haftet.

b) Arbeitsvertrag

Gelegentlich werden zwischen den an einer Matrixzelle beteiligten abhängigen Gesellschaften und dem diese führenden Matrixmanager Arbeitsverträge geschlossen, um einen reibungslosen Einsatz in jedem gesteuerten Unternehmen zu ermöglichen.[1065]

1062 Erman-BGB/*Reim*, Vor § 164 Rn. 6.

1063 Die aktienrechtliche Zulässigkeit des Doppelmandats ergibt sich u.a. aus § 88 Abs. 1 S. 2 AktG, wonach Vorstandsmitglieder mit Einwilligung Vorstandsmitglieder oder Geschäftsführer anderer Handelsgesellschaften sein dürfen, vgl. *Seibt*, in: Schmidt/Lutter, § 76 AktG Rn. 52.

1064 Zur Zulässigkeit im Aktienkonzern BGH v. 9.3.2009 – II ZR 170/07, NZG 2009, 744, 745; zur GmbH *Cramer*, NZG 2012, 765; vgl. auch *Winter/Karwatzki*, in: Maschmann/Fritz, Kap. 4 Rn. 180 m.w.N.

1065 Beispielsweise den zugrundeliegenden Sachverhalten von LAG Düsseldorf v. 10.2.2016 – 7 TaBV 63/15, DB 2016, 1508; LAG Berlin-Brandenburg v. 17.6.2015 – 17 TaBV 277/15, NZA-RR 2015, 529; LAG BaWü v. 28.5.2014 – 4

aa) Delegation der Kontrollpflicht

Eine derartige Gestaltung setzt voraus, dass der Vorstand der abhängigen Gesellschaft seine bezüglich der konzerngesellschaftsrechtlichen Weisungen bestehenden Kontrollpflichten an einen Arbeitnehmer seines Unternehmens (den Matrixmanager) delegieren kann. Hierfür spricht bereits die Gesetzesbegründung zu § 308 AktG, in der es insofern eindeutig heißt: „*Das vertragliche Weisungsrecht besteht nur gegenüber dem Vorstand, nicht auch unmittelbar gegenüber den Angestellten der Gesellschaft. Der Vorstand kann aber die Angestellten anweisen, unmittelbare Weisungen des herrschenden Unternehmens zu befolgen.*“[1066] Folglich lässt die herrschende Meinung unmittelbar an die Belegschaft der abhängigen Gesellschaft gerichtete Weisungen des herrschenden Unternehmens zu. Um dem Vorstand der abhängigen Gesellschaft gleichwohl eine Präventivkontrolle zu ermöglichen und um die zulässige Delegation von der unstatthaften Übertragung der Kontrollpflichten abzugrenzen wird zutreffend verlangt, dass sich der Vorstand der abhängigen Gesellschaft über jede Weisung des herrschenden Unternehmens informieren lässt.[1067] Dies organisatorisch sicherzustellen, obliegt ebenfalls dem Vorstand, wobei er bei Fehlern gegebenenfalls für eigenes (Überwachungs- und Auswahl-)-Verschulden nach § 310 Abs. 1 AktG haftet.[1068] Das der abhängigen Gesellschaft gegenüber dem Matrixmanager in dieser Konstellation zustehende arbeitsrechtliche Direktionsrecht (§ 611a Abs. 1 BGB) ermöglicht es dem Vorstand, die Kontrolle und Umsetzung konzerngesellschaftsrechtlicher Weisungen jederzeit wieder an sich zu ziehen. Bedenken gegen eine Delegation an den Matrixmanager bestehen daher nicht.

TaBV 7/13, BB 2014, 2298; dies wird auch in der Literatur als probate Gestaltung angesehen vgl. *Bauer/Herzberg*, NZA 2011, 713, 714; *Neufeld/Michels*, KSzW 2012, 49, 54; *Wisskirchen/Bissels*, DB 2007, 340, 341.

1066 Regierungsbegründung, abgedr. bei *Kropff*, S. 403.

1067 *Bödeker*, in: Henssler/Strohn, § 308 AktG Rn. 6; *Emmerich*/Habersack, KonzernR StudB, § 23 Rn. 12; *Fritz*, in: Maschmann/Fritz, Kap. 2 Rn. 147; *Henze/Lübke*, Der Konzern 2009, 159, 162; *Koch*, in: Hüffer/Koch AktG, § 308 Rn. 8; *Koppensteiner*, in: KK-AktG, § 308 Rn. 18; *Langenbucher*, in: Schmidt/Lutter, § 308 Rn. 18; *Seibt/Wollenschläger*, AG 2013, 229, 235; für nicht erforderlich halten dies: *Altmeppen*, in: MüKo-AktG, § 308 Rn. 80; *Leuering/Goertz*, in: Hölters AktG, § 308 Rn. 46; *Seibt/Wollenschläger*, Der Konzern 2013, 292, 233.

1068 *Emmerich*, in: Emmerich/Habersack, KonzernR-Komm, § 310 AktG Rn. 20; *Koch*, in; Hüffer/Koch, AktG, § 310 Rn. 2; *Leuering/Goertz*, in: Hölters, AktG, § 310 Rn. 22; *Seibt/Wollenschläger*, AG 2013, 229, 233; *Veil*, in: Spindler/Stilz, AktG, § 310 Rn. 6.

bb) Mehrfacharbeitsverhältnis

Eine arbeitsvertraglich begründete Vertretungsmacht des Matrixmanagers führt dazu, dass dieser in einer Vielzahl von arbeitsvertraglichen Beziehungen steht, namentlich zu jeder an der vom Matrixmanager geleiteten Geschäftseinheit beteiligten Konzerngesellschaft sowie regelmäßig zusätzlich zum herrschenden Unternehmen. Hierfür kommen grundsätzlich zwei Gestaltungen in Betracht: Die Arbeitsverhältnisse des Matrixmanagers können entweder selbstständig nebeneinander bestehen (sogenanntes Mehrfacharbeitsverhältnis) oder es ist von einem einheitlichen Arbeitsverhältnis zu den in gesamthänderischer Bindung (vgl. §§ 420 ff. BGB) verbundenen, beteiligten Gesellschaften auszugehen.[1069]

Teilweise wird das Vorliegen eines einheitlichen Arbeitsverhältnisses damit begründet, dass der Matrixmanager über die Weisungserteilung auf das Geschäft aller in die Matrix eingebundenen Unternehmen Einfluss nehme. Daher sollten seine Weisungen auch von den operativen Organen aller Unternehmen getragen werden, was sich durch ein einheitliches Arbeitsverhältnis erreichen ließe.[1070] Hierbei wird verkannt, dass selbst dann zwischen der konzerngesellschaftsrechtlichen und der arbeitsrechtlichen Weisung zu differenzieren ist, wenn diese aufgrund der Doppelvertretung in einer Handlung des Matrixmanagers zusammenfallen. Denn zur Kontrolle und Umsetzung konzernrechtlicher Direktiven ist der Matrixmanager in seiner Funktion als Arbeitnehmer gegenüber jeder einzelnen Anstellungsgesellschaft verpflichtet, nicht gegenüber einem Kollektiv. So können bestimmte konzerngesellschaftsrechtliche Weisungen des herrschenden Unternehmens für eine abhängige Gesellschaft bloß nachteilig und mithin zulässig sein, für eine andere hingegen existenzgefährdend und damit unzulässig.[1071] Selbst wenn die Konzernvorgabe auf eine einzige, an mehrere

---

1069 *Bauer/Herzberg*, NZA 2011, 713, 714; *Kort*, NZA 2013, 1318, 1320; *Maywald*, S. 47; *Neufeld/Michels*, KSzW 2012, 49, 54; GK-BetrVG/*Raab*, § 7 Rn. 54; *Wisskirchen/Bissels*, DB 2007, 340, 341.

1070 *Bauer/Herzberg*, NZA 2011, 713, 714; *Kort*, NZA 2013, 1318, 1320; *Neufeld/Michels*, KSzW 2012, 49, 54; *Wisskirchen/Bissels*, DB 2007, 340, 341.

1071 Existenzgefährdende oder -vernichtende Weisungen sind nach h.M. nicht von der Konzernleitungsmacht des § 308 Abs. 1 AktG umfasst, vgl. OLG Düsseldorf v. 7.6.1990 – 19 W 13/86, BeckRS 1990, 31003557; *Emmerich*, in: Emmerich/Habersack, KonzernR-Komm, § 308 Rn. 66; *Fritz*, in: Maschmann/Fritz, Kap. 2 Rn. 65; Koch, in: Hüffer/*Koch*, § 308 AktG Rn. 19; *Sina*, AG 1991, 1, 7 f.; a.A. KK-AktG/*Koppensteiner*, § 308 Rn. 50; zum Streitstand ausführlich *Altmeppen*, in: MüKo-AktG, § 308 Rn. 119-133.

Adressaten gerichtete Erklärung zurückzuführen ist, wird sie nicht im Verhältnis zu allen abhängigen Gesellschaften rechtswidrig, sondern nur im Verhältnis zu der existenzbedrohten Tochter. Die arbeitsvertraglichen Pflichten des Matrixmanagers gegenüber seinen Arbeitgebern bestehen somit nebeneinander. Überdies kann der Vorstand der abhängigen Gesellschaft die Umsetzung der konzernrechtlichen Weisungen nur dann delegieren, wenn dieser ausschließlich seinem Interesse und seinen Direktiven unterworfen ist und er die Leitung der Gesellschaft im Außenverhältnis jederzeit wieder an sich ziehen kann. Hiermit wäre die in einem einheitlichen Arbeitsverhältnis bestehende Pflicht zur Abstimmung mit anderen Konzerngesellschaften nicht vereinbar, weshalb nur von einem Mehrfacharbeitsverhältnis ausgegangen werden kann.

cc) Auswirkungen auf die Betriebszugehörigkeit

Wenig Beachtung wird den mit einem Arbeitsvertrag verbundenen, in der Regel nicht gewollten, Folgen geschenkt. So sind bereits mehrere Landesarbeitsgerichte von einer zustimmungspflichtigen Einstellung des Matrixmanagers im Sinne des § 99 Abs. 1 BetrVG ausgegangen, wenn dieser mit dem jeweiligen Betriebsinhaber arbeitsvertraglich verbunden war.[1072] Ferner liegt es nahe, den Matrixmanager bei einer solchen Gestaltung im Rahmen des Kündigungsschutzes bei der abhängigen Gesellschaft zu berücksichtigen[1073] und ihn dieser bei einem etwaigen Betriebsübergang im Sinne des § 613a Abs. 1 BGB zuzuordnen[1074].

c) Geschäftsbesorgungsvertrag

Alternativ zu den Gestaltung mittels eines Doppelmandats oder mehreren Arbeitsverträgen des Matrixmanagers kann die in Matrixkonzernen gewünschte unmittelbare Fremdsteuerung einer abhängigen Gesellschaft auch dadurch erreicht werden, dass zwischen ihr und dem herrschendem Unternehmen ein Geschäftsbesorgungsvertrag mit dienstvertraglichem

---

1072 LAG Düsseldorf v. 10.2.2016 – 7 TaBV 63/15, DB 2016, 1508; LAG Berlin-Brandenburg v. 17.6.2015 – 17 TaBV 277/15, NZA-RR 2015, 529; LAG BaWü v. 28.5.2014 – 4 TaBV 7/13, BB 2014, 2298.

1073 Hierzu unter 4. Kap. C.

1074 Hierzu unter 4. Kap D. III. 1. a).

Charakter im Sinne des § 675 BGB geschlossen wird. Durch diesen verpflichtet sich das herrschende Unternehmen zur Kontrolle und Umsetzung der konzerngesellschaftsrechtlichen Weisungen und bedient sich zur Erfüllung des Matrixmanagers als Gehilfen im Sinne des § 278 S. 1 BGB. Übt der Matrixmanager gegenüber den Arbeitnehmern der abhängigen Gesellschaft Arbeitgeberrechte aus, liegt dem eine Unterstellvertretung zugrunde: Der Matrixmanager vertritt das herrschende Unternehmen, das wiederum in Vertretung der abhängigen Gesellschaft handelt.

Die hier skizzierten Verträge werden auch als Betriebsführungs- oder Managementverträge bezeichnet.[1075] Denn in ihnen verpflichtet sich der Dienstverpflichtete (hier: das herrschende Unternehmen) zur Führung der Geschäfte des Dienstberechtigten (hier: der abhängigen Gesellschaft) auf dessen Rechnung und in dessen Namen (echter Betriebsführungsvertrag).[1076] Hierzu unterstellt die abhängige Gesellschaft ihre Betriebsmittel und Arbeitnehmer dem Weisungsrecht und der Disposition des durch den Matrixmanager vertretenen herrschenden Unternehemens. Betriebsführungsverträge sind ein häufig konzernintern eingesetztes Mittel zur Restrukturierung durch die rechtsträgerübergreifende Zusammenfassung bestimmter Geschäftsbereiche.[1077] Solche Business Units sind insbesondere in Sparten- und Matrixorganisationen anzutreffen[1078] – in Matrixorganisationen werden sie als Schnittstellen oder Matrixzellen bezeichnet.[1079] Betriebsführungsverträge werden ebenfalls als zeitlich begrenzte Übergangsmaßnahme zur Vorbereitung einer Verschmelzung[1080] oder als dauerhafte[1081] Alternative hierzu eingesetzt, etwa um steuerliche Verlustvorträge

---

1075 Vgl. nur *Köhn*, Der Konzern 2011, 530, 531; *Priester*, in: FS Hommelhoff, S. 875, 876; *Rieble*, NZA 2010, 1145, 1146 jeweils m.w.N.

1076 BGH v. 5.10.1981 – II ZR 203/80, NJW 1982, 1817; *Fenzl*, Der Konzern 2006, 18, 23; *Köhn*, Der Konzern 2011, 530, 531; *Koppensteiner*, in: KK-AktG § 292 Rn. 81; *Krieger*, in: MHdB GesR IV, § 73 Rn. 48; *Priester*, in: FS Hommelhoff, S. 875, 876; *Veelken*, S. 17.

1077 *Birk*, ZGR 1984, 23, 44; *Fenzl*, Der Konzern 2006, 18, 19; *Kamlah*, BB 2003, 109, 115; *Köhn*, Der Konzern 2011, 530, 531; *Veelken*, S. 36; *Winter/Theisen*, AG 2011, 662, 663.

1078 Zum Einsatz von Betriebsführungsverträgen in divisionalisierten Konzernen *Huber*, ZHR 152 (1988), 123, 127.

1079 Siehe 3. Kap. A. I. 3.

1080 *Fenzl*, Der Konzern 2006, 18, 20; *Priester*, in: FS Hommelhoff, S. 875, 879; *Winter/Theisen*, AG 2011, 662, 664.

1081 Sittenwidrig ist nach zutreffender Ansicht des BGH eine Bindung von 50 Jahren: BGH v. 5.10.1981 – II ZR 203/80,- juris Rn. 82.

(vgl. §§ 12 Abs. 3, 4 UmwStG) zu bewahren oder den Anfall von Grunderwerbsteuer (vgl. § 6a GrEStG) zu vermeiden.[1082]

aa) Delegation der Kontrollpflicht

Eine Gestaltung mittels Betriebsführungsverträgen ist insofern problematisch, als dass das herrschende Unternehmen mit der Kontrolle und Umsetzung seiner eigenen Weisungen betraut wird. Ob und inwiefern der Vorstand der abhängigen Gesellschaft seine Kontrollpflichten durch einen Geschäftsbesorgungsvertrag (häufig in Form eines Betriebsführungsvertrags) auf gesellschaftsfremde Dritte (hier: das herrschende Unternehmen) delegieren kann, ist umstritten.[1083]

Gegen eine Kombination aus Beherrschungs- und Betriebsführungsvertrag wird teilweise eine Stelle aus der Gesetzesbegründung zu § 308 AktG angeführt, wonach der Beherrschungsvertrag keine weitergehenden Rechte vorsehen könne.[1084] Dies wird mitunter so verstanden, als dass die Konzernleitung nur durch Weisung an den Vorstand der abhänggen Gesellschaft (also mittelbar), nicht aber durch Betriebsführung (also unmittelbar) möglich sei.[1085] Eine solche Interpretation vermengt jedoch zwei voneinander zu trennende Fragen. Von der Rechtmäßigkeit einer Delegation mittels Geschäftsbesorgungs- bzw. Betriebsführungsverträgen zu differenzieren ist die in der zitierten Passage der Gesetzesbegründung behandelte Frage, ob der Vorstand der abhängigen AG bereits durch den Beherrschungsvertrag oder durch eine Weisung des herrschenden Unternehmens zur Erteilung der Ausübungsermächtigung verpflichtet werden kann. Dies ist nach der Gesetzesbegründung zutreffend abzulehnen, da dem Vorstand die Wahrnehmung der ihm obliegenden Kontrollaufgaben dann tatsäch-

1082 *Rieble*, NZA 2010, 1145, 1149; *Winter/Theisen*, AG 2011, 662, 664 jeweils m.w.N.

1083 Eine Kombination Beherrschungs- und Betriebsführungertrag lehnen ab: *Koppensteiner*, in: KK-AktG, § 308 Rn. 24; *Veelken*, S. 219; a.A. *Altmeppen*, in: MüKo-AktG, § 292 Rn. 158; *Huber*, ZHR 152 (1988), 123, 130 f.; vgl. auch *Exner*, Beherrschungsvertrag, S. 134 der eine Kombination für grundsätzlich zulässig hält, jedoch das Erfordernis der Kontrolle durch den AG-Vorstand betont.

1084 Regierungsbegründung, abgedr. bei *Kropff*, S. 403.

1085 *Veelken*, S. 217 f.; a.A. *Huber*, ZHR 152 (1988), 123, 130 f.

lich unmöglich wäre.[1086] Aus diesem Grund kann die herrschende Gesellschaft das abhängige Unternehmen nicht *anweisen*, ihr eine umfassende Vollmacht zur Vertretung der AG zu erteilen.[1087] Würde die Erteilung der Ausübungsermächtigung unter die Konzernleitungsmacht fallen, hätte der Vorstand der AG keine Möglichkeit, die Ausübungsermächtigung einseitig zu widerrufen und somit das arbeitsrechtliche Direktionsrecht in fachlicher Hinsicht wieder an sich zu ziehen – was de facto auf dessen Übertragung hinausliefe.[1088] In der zitierten Stelle der Gesetzesbegründung nicht angesprochen wird hingegen die freiwillige Bevollmächtigung eines Dritten zur Prüfung und Umsetzung konzernrechtlicher Weisungen gegenüber den Arbeitnehmern, etwa durch den Abschluss eines die skizzierten Anforderungen erfüllenden Betriebsführungsvertags zusätzlich zum Beherrschungsvertrag.[1089]

Vielmehr erwähnen die Gesetzesmaterialien zu § 308 AktG ausschließlich die Delegation an Arbeitnehmer der abhängigen Gesellschaft.[1090] Doch auch eine Bevollmächtigung unternehmensfremder Dritter mit der Umsetzung konzernrechtlicher Weisungen einschließlich deren Rechtmäßigkeitsprüfung wird hierdurch nicht e contrario ausgeschlossen. Denn auch durch entsprechende Gestaltung eines Geschäftsbesorgungs- bzw. Betriebsführungsvertrags[1091] lässt sich eine Präventivkontrolle des Vorstands der abhängigen Gesellschaft sicherstellen. Bereits nach den gesetzlichen Regelungen ist der beauftragte Matrixmanager gemäß § 665 S. 1 BGB an das Interesse der auftraggebenden abhängigen Gesellschaft gebunden. Ein Abweichen von den Weisungen des Auftraggebers hat er gemäß § 665 S. 2 BGB unverzüglich anzuzeigen. Zudem lässt sich – parallel zur Delegation an Arbeitnehmer der abhängigen Gesellschaft – vertraglich vereinbaren, dass der Vorstand über jede Weisung der herrschenden Gesellschaft zu informieren ist und deren Umsetzung jederzeit wieder an sich ziehen kann.

1086 *Henze/Lübke*, Der Konzern 2009, 159, 162; *Koppensteiner*, in: KK-AktG, § 308 Rn. 19; a.A. *Altmeppen*, in: MüKo-AktG, § 308 Rn. 76; *Emmerich*, in: Emmerich/Habersack, KonzernR-Komm, § 308 Rn. 20; *Leuering/Goertz*, in: Hölters, AktG § 308 Rn. 46.

1087 *Kantzas*, Weisungsrechte im Vertragskonzern, S. 67 f.; *Koch*, in: Hüffer/Koch, AktG, § 308 Rn. 9; *Koppensteiner*, in KK-AktG, § 308 Rn. 24.

1088 *Ballerstedt*, ZHR 137 (1973), 388, 401; für ein Rückholrecht aus haftungsrechtlichen Gründen: *Seibt/Wollenschläger*, AG 2013, 229, 238.

1089 *Altmeppen*, in: MüKo-AktG, § 292 Rn. 159; *Huber*, ZHR 152 (1988), 123, 130 f.

1090 Siehe hierzu 3. Kap. B. II. 2. b) aa).

1091 Zu dessen kautelarjuristischen Gestaltung umfassend *Fritz*, in: Maschmann/Fritz, Kap. 2 Rn. 152 ff.

Letztlich stellt die Haftung des Doppelvertreters gemäß § 309 AktG (in Vertretung des herrschenden Unternehmens) und § 280 Abs. 1 BGB i.V.m. dem Betriebsführungsvertrag (in Vertretung der abhängigen Gesellschaft) das Interesse von herrschendem Unternehmen und Matrixmanager an der Rechtmäßigkeit der Weisungen sicher.[1092]

bb) Zustimmungspflicht der Hauptversammlung

Uneinheitlich beurteilt wird, ob Betriebsführungsverträge, die den gesamten Tätigkeitsbereich des geführten Unternehmens betreffen, als Unternehmensverträge einzuordnen sind und mithin § 292 Abs. 1 Nr. 3 AktG analog auf sie anzuwenden ist.[1093] Dies hätte insbesondere zur Konsequenz, dass solche Verträge gemäß § 293 Abs. 1 AktG nur mit Zustimmung der Hauptversammlung zustande kommen könnten und gemäß § 294 AktG ins Handelsregister einzutragen wären. Ein Teil der Literatur hält die Zustimmung der Hauptversammlung nicht für erforderlich und begründet dies unter Hinweis auf das umfassende und verbindliche Weisungsrecht, das dem Eigentümerunternehmen gemäß § 665 BGB gegenüber dem Betriebsführer verbleibe und mittels dessen es jederzeit inhaltlich in die Geschäftsführung und Leitung des Betriebes eingreifen könne.[1094] Die herrschende Meinung wendet § 291 Abs. Nr. 3 AktG hingegen zurecht analog auf Betriebsführungsverträge an.[1095] Denn trotz des der Eigentümergesellschaft verbleibenden Weisungsrechts wird durch den Abschluss des Betriebsführungsvertrags in die Leitungskompetenz ihres Vorstandes eingegriffen, da das Weisungsrecht regelmäßig nur repressiv wirkt und keine Pflicht besteht, es tatsächlich auch auszüben. Insofern genügt das Weisungs- und Kontrollrecht nicht dem von § 293 Abs. 1 AktG verfolgten Minderheitenschutz und reduziert den Vorstand des Eigentümerunternehmens auf eine aufsichtsratsähnliche Stellung.[1096] Die Zustimmung der

---

1092 Vgl. *Timm*, AcP 193 (1993), 423, 434.

1093 Zum Streitstand *Priester*, in: FS Hommelhoff, S. 875, 880 ff; *Winter/Theisen*, AG 2011, 662, 666; *Fenzl*, Der Konzern 2006, 18 spricht vom „*Grenzbereich zwischen gesellschaftsrechtlichen Organisationsverträgen und schuldrechtlichen Austauschverträgen*".

1094 *Fenzl*, Der Konzern 2006, 18, 28; *Winter/Theisen*, AG 2011, 662, 666 f.

1095 *Köhn*, Der Konzern 2011, 530, 533; *Koppensteiner*, in: KK-AktG, § 292 Rn. 81; *Priester*, in: FS Hommelhoff, S. 875, 884; *Veelken*, S. 262; a.A. *Winter/Theisen*, AG 2011, 662, 666.

1096 *Priester*, in: FS Hommelhoff, S. 875, 884.

Hauptversammlung zum Abschluss des Betriebsführungsvertrags sowie dessen Eintragung in das Handelsregister sind selbst dann erforderlich, wenn mit dem Betriebsführer bereits ein Beherrschungsvertrag im Sinne des § 291 Abs. 1 AktG besteht.[1097] Denn der Beherrschungsvertrag für sich berechtigt ausschließlich zur Weisungserteilung gegenüber dem Vorstand der abhängigen AG, nicht jedoch zum Handeln im Außenverhältnis zur Belegschaft und Dritten. Die Außenwirkung erschwert es dem Vorstand der Eigentümergesellschaft, die Entscheidungen des beherrschenden Unternehmens auf ihre Rechtmäßigkeit hin zu überprüfen (vgl. § 308 AktG),[1098] weshalb eine zusätzliche Legitimation durch die Hauptversammlung interessengerecht erscheint.[1099]

Die Frage der Anwendbarkeit der §§ 293 ff. AktG stellt sich nach allgemeiner Ansicht grundsätzlich nur für den Fall, dass der jeweilige Betriebsführungsvertrag die gesamte Tätigkeit des Eigentümerunternehmens umfasst.[1100] Ob dies der Fall ist, variiert je nach konkreter Organisation und kann nicht pauschal beantwortet werden. Vielmehr muss für jeden Einzelfall beurteilt werden, ob die Leitung der abhängigen Gesellschaft ausschließlich durch herrschende Unternehmen (vertreten durch den Matrixmanager) erfolgt oder ob der Vorstand der abhängigen Gesellschaft diese zumindest teilweise weiter führt. Nur im erstgenannten Fall liegt der Stellvertretung durch das herrschende Unternehmen ein Unternehmensvertrag im Sinne des § 292 Abs. 1 Nr. 3 AktG (analog) zugrunde.

Handelt es sich bei der Eigentümergesellschaft um eine GmbH, gilt das Ausgeführte entsprechend: Insbesondere ist eine Zustimmung der Gesell-

---

1097 Die Kombination von Beherrschungs- und Betriebsführungsvertrag ist zulässig und verbreitet, vgl. nur *Koch*, in: Hüffer/Koch, § 292 AktG Rn. 21 m.w.N. Hiervon zu unterscheiden ist die Frage, ob der isolierte Abschluss eines Betriebsführungsvertrags zulässig ist, dafür *Emmerich*, in: Emmerich/Habersack, KonzernR-Komm, § 292 Rn. 58; *Priester*, in: FS Hommelhoff, S. 875, 887; dagegen *Huber* ZHR 152 (1988), 123, 140.

1098 *Emmerich*, in: Emmerich/Habersack, KonzernR-Komm, § 292 Rn. 46.

1099 *Huber*, ZHR 152 (1988), 123, 133; *Koch*, in: Hüffer/Koch, § 292 AktG Rn. 21; *Koppensteiner*, in: KK-AktG, § 292 Rn. 88; *Priester*, in: FS Hommelhoff, S. 875, 887.

1100 Vgl. *Altmeppen*, in: Müko-AktG, § 292 Rn. 150; *Fenzl*, Der Konzern 2006, 18, 29; *Priester*, in: FS Hommelhoff, S. 875, 880; *Servatius*, in: Grigoleit AktG, § 292 Rn. 37; *Weißmüller*, BB 2000, 1949, 1950; eine Zustimmungspflichtigkeit bei Betriebsführungsverträgen über Unternehmensteile kommt unter Holzmüller-Gesichtspunkten nur in Betracht, wenn der wertvollste Teil betroffen ist, vgl. BGH v. 25.2.1982 – II ZR 174/80, NJW 1982, 1703; *Fenzl*, Der Konzern 2006, 18, 29; *Weißmüller*, BB 2000, 1949, 1950.

schafterversammlung sowie die Eintragung des Vertrags in das Handelsregister erforderlich.[1101] Denn so wie die Aktionäre der AG vor einer nicht legitimierten Delegation der Leitungskompetenz vom Vorstand an Dritte zu schützen sind, müssen auch die Gesellschafter der GmbH vor dem durch den Betriebsführungsvertrag bewirkten Eingriff in die Struktur des Betriebseigentümers geschützt werden.[1102] Die Vertretungsmacht der Geschäftsführer nach § 37 Abs. 2 GmbHG genügt dafür nicht. Hierzu werden entweder § 291 Abs. 1 Nr. 3 AktG[1103] oder §§ 53, 54 GmbHG analog[1104] herangezogen. Der Beschluss ist mit mindestens drei Vierteln der abgegebenen Stimmen zu fasssen.[1105]

cc) Zustimmungsbedürftigkeit nach § 613 S. 2 BGB

Viel diskutiert wird die Frage, ob die Weisungserteilung durch den Matrixmanager in unternehmensübergreifenden Matrixstrukturen wegen § 613 S. 2 BGB der Zustimmung des Arbeitnehmers bedarf. Bei § 613 S. 2 BGB handelt es sich um eine Auslegungsregel, nach der der Anspruch auf die Arbeitsleistung im Zweifel nicht übertragbar ist.[1106] Zur rechtssicheren Gestaltung unternehmensübergreifender Matrixstrukturen enthalten die Arbeitsverträge der Schnittstellen-Arbeitnehmer häufig sogenannte Matrixklauseln, wonach dem Arbeitgeber das Recht eingeräumt wird, das fachliche Weisungsrecht durch Dritte ausüben zu lassen.[1107] Bei der Ausgestal-

---

1101 *Liebscher*, in: MüKo-GmbHG, Anh. zu § 13 Rn. 703.

1102 *Winter/Theisen*, AG 2011, 662, 666.

1103 *Köhn*, Der Konzern 2011, 530, 543.

1104 *Casper*, in: Ulmer/Habersack/Löbbe, GmbHG, Anh. zu § 77 Rn. 222; *Emmerich*, in: Scholz, GmbHG, Anh. zu § 13 Rn. 218; *Liebscher*, in: MüKo-GmbhG, Anh. zu § 13 Rn. 784 f.; *Verse*, in: Henssler/Strohn, Anh. zu § 13 GmbHG Rn. 124; zum Pachtvertrag LG Berlin v. 14.8.1991 – 94 O 164/91, AG 1992, 91.

1105 *Casper*, in: Ulmer/Habersack/Löbbe, GmbHG, Anh. zu § 77 Rn. 222; *Liebscher*, in: MüKo-GmbHG, Anh. zu § 13 Rn. 785; *Hommelhoff*, in: Lutter/Hommelhoff, Anh. zu § 13 GmbHG Rn. 65; *Winter/Theisen*, AG 2011, 662, 666 f.; teilweise wird sich hierbei für einen Stimmrechtsausschluss des herrschenden Gesellschafters ausgesprochen, etwa von *Altmeppen*, in: Roth/Altmeppen, Anh. zu § 13 GmbHG Rn. 125; *Habersack*, in: FS Happ, S. 49, 54 f.; a.A. *Casper*, in: Ulmer/Habersack/Löbbe, GmbHG, Anh. zu § 77 Rn. 221 m.w.N.

1106 *Müller-Glöge*, in: MüKo-BGB, § 613 BGB Rn. 1; *Preis/Temming*, IndivArbR, Rn. 1072; Staudinger-BGB/*Richardi/Fischinger*, § 613 Rn. 22.

1107 HWK/*Lembke*, § 106 GewO Rn. 7a; *Mückl*, DB 2015, 2695, 2698; *Neufeld*, AuA 2012, 219; *Schubert*, Matrixorganisationen, S. 24; *Tucci/Lambrich*, in: Lambrich/

tung solcher Klauseln stellen sich AGB-rechtliche Fragen, auf die in dieser Arbeit nicht näher eingegangen werden soll.[1108] Vielmehr wird sich zeigen, dass die bloße Ausübung von Arbeitgeberrechten in Stellvertretung des Vertragsarbeitgebers überhaupt nicht vom Anwendungsbereich des § 613 S. 2 BGB erfasst ist. Für den Einsatz in unternehmensübergreifenden Matrixstrukturen, in denen der Matrixmanager grundsätzlich als (Unter-)vertreter der abhängigen Gesellschaft auftritt, bedarf es daher nicht der Zustimmung des betroffenen Schnittstellen-Arbeitnehmers.[1109]

Diejenigen Stimmen in der Literatur, die für eine Anwendbarkeit des § 613 S. 2 BGB auf den Fall der Stellvertretung plädieren[1110], begründen dies insbesondere mit der wirtschaftlichen und juristischen Selbstständigkeit des Vertragsarbeitgebers. Aus § 315 Abs. 1 BGB ergebe sich, dass Leistungsbestimmungsrechte grundsätzlich nur dem Vertragspartner zustünden. Allein auf dessen Urteilskraft vertraue der Arbeitnehmer, nicht jedoch auf die eines ihm unbekannten Dritten. Mithin bedürfe nicht bloß die Übertragung des Weisungsrechts, sondern bereits die Ausübung durch einen unternehmensfremden Dritten der Zustimmung des Arbeitnehmers.[1111]

Bereits die grammatikalische Auslegung des § 613 S. 2 BGB begründet Zweifel an einer derart extensiven Auslegung der Vorschrift. Im Zweifel *„nicht übertragbar“* ist gemäß § 613 S. 2 BGB *„der Anspruch auf die Dienste“*, wobei „Anspruch“ in § 194 BGB als *„das Recht, von einem anderen ein Tun oder Unterlassen zu verlangen“*, legaldefiniert wird. Das arbeitsrechtliche Direktionsrecht ist jedoch kein Anspruch, sondern ein Gestaltungsrecht, das den Anspruch des Arbeitgebers auf die Arbeitsleistung lediglich konkretisiert.[1112] Das Recht, die Dienste des Arbeitgebers zu verlangen, besteht bereits vor Ausübung des Weisungsrechts. Zudem handelt es sich bei der

---

Happ/Tucci, Rn. 28; ein Beispiel für Matrixklauseln findet sich u.a. bei *Neufeld/Michels*, KSzW 2012, 49, 55.

1108 Hierzu jeweils m.w.N. *Maywald*, S. 126 ff.; *Neufeld/Michels*, KszW 2012, 49, 55.

1109 *Kort*, NZA 2013, 1318, 1320; *Maschmann*, NZA 2017, 1557, 1558; *Mückl*, DB 2015, 2695, 2698; a.A. *Maywald*, S. 48; *Meyer*, NZA 2013, 1326, 1329; Staudinger-BGB/*Richardi/Fischinger*, § 613 Rn. 32.

1110 *Fedder/Braner*, in: Braun/Wisskirchen, Teil I Absch. 3 Rn. 7; *Maywald*, S. 48; *Meyer*, NZA 2013, 1326, 1329; *Reinsch*, S. 48; Staudinger-BGB/*Richardi/Fischinger*, § 613 Rn. 32; *Windbichler*, Arbeitsrecht im Konzern, S. 82; *dies.*, Vertragsgestaltung, S. 17.

1111 *Maywald*, S. 48, 127; *Reinsch*, S. 54.

1112 LAG Berlin v. 1.3.1999 – 9 Sa 133/98, BB 1999, 800 Rn. 39; *Böttner*, S. 57 ff.; *Hromadka*, DB 1996, 1609, 1610; *Joussen*, in: BeckOK ArbR, § 611a BGB Rn. 356; *Krebber*, Unternehmensübergreifende Arbeitsabläufe, S. 159;

Vertretung des Vertragsarbeitgebers durch das wiederum vom Matrixmanager vertretenene herrschende Unternehmen auch nicht um eine Übertragung. Hierin unterscheidet sich die Konstellation insbesondere von der Arbeitnehmerüberassung, die nach zutreffender Ansicht unter § 613 S. 2 BGB fällt[1113], da der Entleiher aufgrund des als Vertrag zugunsten Dritter ausgestalteten Arbeitsvertrags ein eigenes Forderungsrecht erhält.[1114] In unternehmensübergreifenden Matrixstrukturen bleibt der Vertragsarbeitgeber hingegen weisungsbefugt. Das Weisungsrecht wird durch die Bevollmächtigung des herrschenden Unternehmens nicht übertragen, sondern verdoppelt.[1115]

Auch das Argument, der Arbeitnehmer vertraue darauf, dass ausschließlich der gewählte Vertragspartner das Forderungsrecht im eigenen Interesse konkretisiere, vermag nicht zu überzeugen. Vielmehr sieht das Gesellschaftsrecht gerade Einflussmöglichkeiten von Gesellschaften auf die Geschäftsführung anderer Gesellschaften bis hin zu einer nahezu kompletten Fremdsteuerung vor, ohne dass der Arbeitnehmer hierauf Einfluss hätte. Folglich darf er auch nicht darauf vertrauen, dass seine Arbeitsleistung ausschließlich im Interesse des Vertragsarbeitgebers erfolgt und nicht darüber hinaus anderen Konzerngesellschaften oder dem Konzern zugutekommt. Die Arbeitsleistung des Arbeitnehmers als solche ändert sich hierdurch nicht, so dass er auch nicht durch § 613 S. 2 BGB zu schützen ist.[1116]

Dies bestätigt auch ein Vergleich zur unternehmensinternen Delegation des Weisungsrechts, die dem Anwendungsbereich des § 613 S. 2 BGB un-

---

Staudinger-BGB/*Rieble*, § 315 Rn. 81; a.A. wohl *Birk*, Leitungsmacht, S. 86; vgl. zum Streitstand *Enriquez*, ZfA 2011, 121, der selbst von einer „hybriden Rechtsnatur“ (Gestaltungs- und sog. Geltendmachungsrecht) ausgeht.

1113 Erman-BGB/*Edenfeld*, § 613 Rn. 5; ErfK/*Preis*, § 613 BGB Rn. 9; Staudinger-BGB/*Richardi/Fischinger*, § 613 BGB Rn. 29; *Schubert*, Matrixorganisationen, S. 29; vgl. auch BGH 11.12.2003, NJW-RR 2004, 696, 697.

1114 Als Vertrag zugunsten Dritter qualifizieren den Arbeitsvertrag des Leiharbeitnehmers u.a. *Hamann*, in: Schüren/Hamann, § 1 AÜG Rn. 87; *Reichold*, in: FS Hoyningen-Huene, S. 413, 422; *Reinsch*, S. 199 ff.; Thüsing/*Thüsing*, Einl. Rn. 38; *Walker*, AcP 194 (1994), 205, 310; ErfK/*Wank*, Einl. AÜG Rn. 37; zu einem eigenen Forderungsrecht des Entleihers gelangt man auch unter der Annahme der Abtretung des Anspruchs auf die Arbeitsleistung, so *Worpenberg*, S. 168 ff.; a.A. *Windbichler*, Konzernarbeitsrecht, S. 87 f., die einen unechten Vertrag zugunsten des Entleihers und damit nur eine bloße Ermächtigung zur Ausübung des Direktionsrechts annehmen.

1115 Vgl. *Rüthers*, BB 1977, 605, 608.

1116 Vgl. BAG v. 10.3.1998 – 1 AZR 658/97, NZA 1998, 1242 unter III 1 c) der Gründe.

zweifelhaft nicht unterfällt[1117]. Da es für die Anwendbarkeit des § 613 S. 2 BGB keine Rolle spielt, dass die Arbeitsleistung auch einem Dritten zugutekommt, kann sich der Grund für die teilweise unterschiedliche Behandlung einer Delegation an einen anderen Arbeitnehmer des Vertragsarbeitgebers und einer Delegation an einen externen Dritten allein aus der schuldrechtlichen Beziehung zwischen Arbeitgeber und herrschendem Unternehmen ergeben. Bei der unternehmensinternen Delegation kann der Arbeitgeber die Ausübungsermächtigung aufgrund seines Direktionsrechts nach §§ 611a Abs. 1, 106 GewO jederzeit widerrufen, an sich ziehen oder an eine andere Stelle delegieren. Diese freie Widerruflichkeit der Ausübungsermächtigung ist der Grund, weshalb eine unternehmensinterne Delegation unstreitig nicht der Zustimmung des Arbeitnehmers bedarf.[1118] Eine entsprechende Gestaltung lässt sich auch außerhalb des Arbeitsrechts erreichen, indem der Vertragsarbeitgeber und das herrschende Unternehmen das Recht auf einen grundlosen Widerruf der Ausübungsermächtigung vereinbaren. Für den Auftrag sowie den Geschäftsbesorgungsvertrag geht § 671 Abs. 1 Alt. 1 BGB (ggf. i.V.m. § 675 Abs. 1 BGB) bereits von einem jederzeitigen Widerrufsrecht des Auftraggebers aus. Mithin besteht kein Grund, eine an externe Dritte erteilte Ausübungsermächtigung anders zu behandeln als eine unternehmensinterne Delegation, weshalb der Einsatz von Arbeitnehmern in unternehmensübergreifenden Matrixstrukturen grundsätzlich nicht von § 613 S. 2 BGB erfasst wird und daher auch ohne Zustimmung des Schnittstellen-Arbeitnehmers möglich ist.[1119]

III. Rechtsstellung der Schnittstellen-Arbeitnehmer

Ausgangspunkt der rechtlichen Beurteilung des Schnittstellen-Arbeitnehmers ist sein unzweifelhaft mit der abhängigen Gesellschaft bestehender Arbeitsvertrag. Beantwortet werden muss, ob die Unterstellung unter den

---

1117 *Berger*, S. 125; *Kort*, NZA 2013, 1318, 1319; *Mückl*, DB 2015, 2697, 2698; *Neufeld/Michels*, KSzW 2012, 49, 51 f.

1118 *Müller-Bonanni/Mehrens*, ZIP 2010, 2228, 2229; *Neufeld/Michels*, KSzW 2012, 49, 52.

1119 *Bauer/Herzberg*, NZA 2011, 713, 715; *Dörfler/Heidemann*, AiB 2012, 196, 198; *Fritz*, NZA-Beil. 2018, 98, 100; *Kalbfus*, in: Arbeitswelt 4.0, S. 11, 14; *Harbarth*, in: FS Bergmann, S. 243, 251; *Kort*, NZA 2013, 1318, 1320; *Mückl*, DB 2015, 2695, 2698; *Müller-Bonanni/Mehrens*, ZIP 2010, 2228, 2229; *Neufeld/Michels*, KSzW 2012, 49, 52; *Seibt/Wollenschläger*, AG 2013, 229, 235; a.A. Erman-BGB/*Edenfeld*, § 613 Rn. 5; *Maywald*, S. 48.

Matrixmanager zur Entstehung eines zusätzlichen Arbeitsverhältnisses zu dem durch ihn vertretenen herrschenden Unternehmen führt. Die wirtschaftliche Dependenz der abhängigen Gesellschaft vom herrschenden Unternehmen allein bewirkt aufgrund der rechtlichen Selbstständigkeit verbundener Unternehmen (vgl. § 15 AktG) jedenfalls nicht deren Einbeziehung als Vertragspartei.[1120] Die Konzernierung kann allenfalls punktuell bezüglich einzelner Arbeitnehmer-Schutzvorschriften relevant werden.

Ein expliziter Vertragsschluss zwischen dem herrschendem Unternehmen und dem Arbeitnehmer an der Schnittstelle der Matrix wird kaum vorkommen.[1121] Neben dem in der Praxis zu beobachtenden Desinteresse, das tatsächlich Gewollte entsprechend rechtlich auszugestalten[1122], würden Arbeitgeberpflichten des herrschenden Unternehmens für dieses zu einem erhöhten Organisations- und Verwaltungsaufwand führen. Vertragsarbeitgeber und herrschendes Unternehmen wären zumindest Gesamtschuldner (§ 421 BGB), so dass das herrschende Unternehmen über die Vergütungspflicht (§ 611a Abs. 2 BGB) auch das Urlaubs- und Krankheitsrisiko des Arbeitnehmers trüge.[1123] Als Gläubiger wäre das herrschende Unternehmen zudem mit dem Betriebsrisiko nach § 615 S. 3 BGB belastet und könnte durch den Arbeitnehmer in Annahmeverzug gesetzt werden, obwohl seine Arbeitsleistung in Matrixstrukturen zeitlich und örtlich maßgeblich vom Vertragsarbeitgeber abhängen wird und das herrschende Unternehmen in der Regel keine gesonderten Beschäftigungsmöglichkeiten für Arbeitnehmer der abhängigen Gesellschaft vorhält.[1124] Auch der Schnittstellen-Arbeitnehmer wird aufgrund des bestehenden Arbeitsverhältnisses zur abhängigen Gesellschaft kein Interesse daran haben, sich doppelt zu verpflichten, da hiermit auch die Gefahr einer sekundären Haftung verbunden wäre.[1125]

1120 *Fedder/Braner*, in: Braun/Wisskirchen, Konzernarbeitsrecht, Teil I Absch. 3 Rn. 2; *Henssler*, Arbeitsvertrag, S. 46; Staudinger-BGB/*Richardi/Fischinger*, § 611 Rn. 279; *Windbichler*, Arbeitsrecht im Konzern, S. 69.

1121 *Maywald*, S. 128; *Wolf/Weller*, AuA 2015, 210, 211; für Konzernsachverhalte allgemein: *Krebber*, S. 122; *Wank*, Lean Management, S. 92.

1122 *Krebber*, Unternehmensübergreifende Arbeitsabläufe, S. 122 f.

1123 *Krebber*, Unternehmensübergreifende Arbeitsabläufe, S. 122; bzgl. der Arbeitnehmerüberlassung: *Reinsch*, S. 89.

1124 Bzgl. der Arbeitnehmerüberlassung *Elking*, S. 85.

1125 *Bauer/Herzberg*, NZA 2011, 713, 714; *Krebber*, Unternehmensübergreifende Arbeitsabläufe, S. 124; *Maywald*, S. 130; vgl. bzgl. der Arbeitnehmerüberlassung *Elking*, S. 80; *Müllner*, S. 56; *Reinsch*, S. 90.

1. Die Lehre vom funktionellen Arbeitgeber

Die Ausübung von Arbeitgeberbefugnissen durch mehrere Personen ist keine neue Beobachtung und erst recht keine matrixspezifische Besonderheit. Vielmehr differenzierte *Bail*[1126] bereits im Jahr 1904 zwischen der Vertragspartei und der konkreten natürlichen Person, die die arbeitsrechtliche Leitungsmacht ausübt.[1127] Die Abhandlung behandelte jedoch keineswegs Mehrpersonenverhältnisse. Vielmehr bediente man sich der Vorstellung von der Aufspaltung der Arbeitgeberbefugnisse zunächst immer dann, wenn es sich bei der Vertragspartei um eine juristische Person handelte, die nur mittels natürlicher Personen handeln konnte. So wurde die juristische Person als Vertragspartner des Arbeitnehmers von *Bail* als „mittelbarer Arbeitgeber", die mit oberster Befehlsgewalt ausgestattete natürliche Person als „unmittelbarer Arbeitgeber" bezeichnet. *Titze* verwendete 1918 das Begriffspaar „abstrakter Prinzipal" und „konkreter Prinzipal" und übertrug es auf sämtliche Fälle gesetzlicher Vertretungsmacht.[1128] *Molitor* unterschied – inhaltlich entsprechend – zwischen dem juristischen und dem konkreten Arbeitgeber.[1129]

Soweit ersichtlich war es *Nikisch*, der *Titzes* Erkenntnisse 1951 erstmals auf Mehrpersonenverhältnisse anwendete. Hierfür schuf er den sogenannten funktionellen Arbeitgeberbegriff, nach dem der Begriff des Arbeitgebers nicht notwendig eine bestimmte Person bezeichne, sondern sich auf eine Reihe von Funktionen beziehe, die meist in derselben Person vereinigt seien, aber auch auf verschiedene Personen verteilt sein könnten.[1130] Die Ausführungen *Huecks*[1131], der ebenfalls dem funktionellen Arbeitgeberbegriff anhing, offenbaren den engen Zusammenhang zum damals herrschenden Verständnis des Arbeitsverhältnisses als personenrechtliches Gemeinschaftsverhältnis.[1132] Denn die Verteilung der Arbeitgeberfunktionen auf verschiedene Personen wurde explizit damit begründet, dass die Befehlsgewalt im Arbeitsverhältnis als Ausdruck einer persönlichen Bindung allein von geschäftsfähigen natürlichen Personen ausgeübt werden könne, die vermögensrechtliche Bindung hingegen stets zwischen den Ver-

---

1126 *Bail*, S. 14 ff.

1127 Zum Folgenden instruktiv *v. Mehrhoff*, Arbeitgeberbegriff, §§ 7, 8, 11 – 13 et passim.

1128 *Titze*, S. 545 ff.

1129 *Molitor*, DB 1956, 21.

1130 *Nikisch*, ArbR I, 1. Aufl. 1951, S. 66.

1131 *Hueck*, in: Hueck/Nipperdey, ArbR I, 7. Aufl. 1963, S. 88 ff.

1132 *Fabricius*, Gespaltene Arbeitsverhältnisse, S. 29.

tragspartnern bestünde, selbst wenn es sich bei dem Vertragsarbeitgeber um eine juristische oder eine nicht geschäftsfähige natürliche Person handle.[1133]

Es ist der Verdienst der skizzierten Ansätze, herausgearbeitet zu haben, dass Arbeitgeberbefugnisse von verschiedenen Personen ausgeübt werden können. Die Vorstellung eines nichtvertraglichen Arbeitgebers bedarf es hierfür spätestens seit der Ablösung der sogenannten Eingliederungstheorie durch ein schuldrechtliches Verständnis des Arbeitsverhältnisses nicht mehr. Vielmehr lassen sich arbeitsrechtliche Mehrpersonenverhältnisse nunmehr mittels schuldrechtlicher Institute wie der Stellvertretung, der Abtretung oder des Vertrags zugunsten Dritter begründen. Anstelle der Unterscheidung zwischen vermögensrechtlichen Beziehungen und persönlichen Bindungen ist die Unterscheidung zwischen übertragbaren und höchstpersönlichen Rechten und Verpflichtungen, die dem Vertragsarbeitgeber vorbehalten sind, relevant.[1134] Da die Theorie des funktionellen Arbeitgbers über die bloße Begründung derartiger Konstruktionen nie hinausgeganen ist und insbesondere keine Rechtsfolgen damit verband, ist sie zur Beurteilung der heutigen Rechtslage nicht zielführend.[1135]

2. Konkludenter Vertragsschluss

Rechtsgeschäftlich könnte der gesteigerte Kontakt zwischen dem durch den Matrixmanager vertretenen herrschenden Unternehmen und dem Schnittstellen-Arbeitnehmer zum konkludenten Abschluss eines Arbeitsvertrags führen. Mangels entgegenstehender Formvorschriften ist ein solcher grundsätzlich möglich.[1136] Es kann dabei allein um die Begründung einer Arbeitgeberstellung des herrschenden Unternehmens *zusätzlich* zu der des Vertragsarbeitgebers gehen. Denn die Beendigung des Stammar-

---

1133 *Hueck*, in: Hueck/Nipperdey, ArbR I, 7. Aufl. 1963, S. 88 ff.; a.A. *Birk*, Leitungsmacht, S. 167: *„Es lässt sich kein Satz aufstellen, dass zu jedem Arbeitgeber auch ein besonderes Arbeitsverhältnis bestehe"*.

1134 *Fabricius*, Gespaltene Arbeitsverhältnisse, S. 32.

1135 *Heinze*, AuR 1976, 33; *Henssler*, Arbeitsvertrag, S. 37; *Konzen*, ZfA 1982, 259, 265; *Tucci*, Arbeitnehmermobilität, S. 38; *Windbichler*, Arbeitsrecht im Konzern, S. 79 f.; vgl auch *Fabricius*, Gespaltene Arbeitsverhältnisse, S. 30 ff.

1136 BAG v. 8.6.1967 – 5 AZR 461/66, AP BGB § 611 Abhängigkeit Nr. 6; *Krebber*, Unternehmensübergreifende Arbeitsabläufe, S. 123; *Richardi*, NZA 2001, 57; vgl. auch BAG v. 27.6.2017 – 9 AZR 851/16, AP BGB § 611 Lehrer, Dozenten Nr. 193 Rn. 17.

beitsverhältnisses bedarf gemäß § 623 BGB der Schriftform, sodass der Vertragsarbeitgeber nicht einfach auf konkludentem Wege ausgetauscht werden kann.

Für einen konkludenten Vertragsschluss zwischen dem herrschenden Unternehmen und dem Schnittstellen-Arbeitnehmer kommen grundsätzlich zwei Zeitpunkte in Betracht: Zum einen die (unstreitige) Begründung des Arbeitsverhältnisses zwischen Vertragsarbeitgeber und Arbeitnehmer, indem man nach Rechtsscheingrundsätzen von einer Vertretung des herrschenden Unternehmens durch den Vertragsarbeitgeber ausgeht. Zum anderen die spätere Ausübung von Arbeitgeberbefugnissen durch das herrschende Unternehmen, sofern dieses Verhalten als Angebot und die Arbeitsleistung des Arbeitnehmers als dessen Annahme anzusehen ist. Für die Auslegung des Verhaltens der Beteiligten kommt es darauf an, wie dieses nach Treu und Glauben unter Berücksichtigung der Verkehrssitte vom Adressaten der jeweiligen Erklärung aufgefasst werden musste.[1137] Das Desinteresse des herrschenden Unternehmens an den mit einem Vertragsschluss verbundenen Rechtsfolgen ist irrelevant, sofern die gelebte Rechtsbeziehung zum Schnittstellen-Arbeitnehmer objektiv als Arbeitsverhältnis verstanden werden muss.[1138] Mithin gilt es den objektiven Erklärungswert des typischen Parteiverhaltens zu bestimmen.

a) Vertrauensschutz

Während das sogenannte Vertrauensprinzip ursprünglich zur Herleitung von Sekundäransprüchen entwickelt wurde[1139], vertritt insbesondere *Henssler*, dass sich hierüber auch Vertragsverhältnisse mit Primäransprüchen begründen lassen.[1140] *Henssler* setzt sich dabei nicht in Widerspruch zur heute allgemein anerkannten Vertragstheorie, sondern benennt Kriterien, die auch bei fehlendem Erklärungsbewusstsein zu einer wirksamen

1137 BGH v. 7.6.1984 – IX ZR 66/83, NJW 1984, 2279; BAG v. 5.2.1971 – 3 AZR 28/70, NJW 1971, 1422; BGH v. 22.6.1956 – I ZR 198/54, BGHZ 21, 102, 106 f; *Medicus/Petersen*, BGB AT Rn. 319.

1138 Zur tatsächlichen Durchführung des Arbeitsverhältnisses als Auslegungsmaßstab vgl. BAG v. 25.5.2005 – 5 AZR 347/04, AP BGB § 611 Abhängigkeit Nr. 117; BAG v. 8.8.1958 – 4 AZR 173/55, AP BGB § 611 Direktionsrecht Nr. 11; *Windbichler*, Arbeitsrecht im Konzern, S. 102.

1139 Grdl. *Canaris*, Vertrauenshaftung, S. 422 f.; *Wellspacher*, S. 115; vgl. auch *Säcker*, Freiheit, S. 31 ff.

1140 *Henssler*, Arbeitsvertrag, S. 47 ff.

Willenserklärung des herrschenden Unternehmens führen.[1141] Der hinsichtlich des Erklärungsbewusstseins erforderliche Rechtsschein sei unter anderem dann gegeben, wenn das anstellende Konzernglied mit der Größe und Sicherheit des Konzerns werbe oder das herrschende Unternehmen intensiv in die Vertragsverhandlungen mit eingeschaltet sei und den Eindruck erwecke, sie sei ebenfalls Vertragspartei.[1142] Benannt werden Indizien, die nach Meinung *Hensslers* im Rahmen der Auslegung nach §§ 133, 157 BGB auf die Annahme eines konkludenten Vertragsschlusses zwischen herrschendem Unternehmen und Arbeitnehmer hindeuten. Im Kern entspricht *Hensslers* Ansicht der heute ganz herrschenden Meinung, wonach das Erklärungsbewusstsein nicht als Wirksamkeitsvoraussetzung einer Willenserklärung anzusehen ist, sofern der Erklärende hätte erkennen und vermeiden können, dass seine ihm zurechenbare Handlung nach der Verkehrssitte als Willenserklärung aufgefasst werden darf (potentielles Erklärungsbewusstsein).[1143]

Besteht kein direkter Kontakt zwischen herrschendem Unternehmen und Arbeitnehmer – zumeist im Stadium des Vertragsschlusses zwischen Vertragsarbeitgeber und Arbeitnehmer – kann ein Vertragsschluss allein durch eine Vertretung durch den Vertragsarbeitgeber zustande kommen.[1144] In diesem Fall muss die Willenserklärung des Vertragsarbeitgebers so auszulegen sein, dass dieser nicht nur eine Willenserklärung im eigenen, sondern auch im Namen des herrschenden Unternehmens abgibt. Für die Auslegung der Erklärung von Bedeutung sind etwa die Angaben auf einem Briefkopf[1145] oder der Hinweis auf weitere Konzernunternehmen bezüglich der Sicherheit des Arbeitsplatzes, Aufstiegschancen oder Sozialleistungen.[1146] Die von *Henssler* aufgestellten Kriterien sind bewusst weit gefasst und bedürfen – wie er selbst klarstellt[1147] – der Würdigung des Einzelfalls. Mit der Annahme eines weiteren Arbeitsverhältnisses ist Zurückhaltung geboten, da der Arbeitnehmer aufgrund des bestehenden Ar-

1141 *Henssler*, Arbeitsvertrag, S. 57.

1142 *Henssler*, Arbeitsvertrag, S. 47 f.

1143 Vgl. BGH v. 29.11.1994 – XI ZR 175/93, NJW 1995, 953; BGH v. 2.11.1989 – IX ZR 197/88, NJW 1990, 454; BGH v. 7.6.1984 – IX ZR 66/83, NJW 1984, 2279; *Armbrüster*, in: MüKo-BGB, Vor § 116 BGB Rn. 27; *Medicus/Petersen*, BGB AT Rn. 607 jeweils m.w.N.

1144 So auch *Windbichler*, Arbeitsrecht im Konzern, S. 101 ff.

1145 BGH v. 20.5.1970 – VIII ZR 54/69, DB 1970, 1435; *Windbichler*, Arbeitsrecht im Konzern, S. 103.

1146 *Henssler*, Arbeitsvertrag, S. 47 f.; *Windbichler*, Arbeitsrecht im Konzern, S. 103.

1147 *Henssler*, Arbeitsvertrag, S. 47 f.

beitsverhältnisses zum Vertragsarbeitgeber, bereits geschützt ist. Ein „soziales Netz mit doppeltem Boden"[1148] kann nicht gewollt sein.[1149] Vielmehr ist im Folgenden die direkte Kommunikation zwischen herrschendem Unternehmen und Schnittstellen-Arbeitnehmer durch die Ausübung von Arbeitgeberbefugnissen daraufhin zu untersuchen, ob sie auf einen konkludenten Vertragsschluss hindeutet.

b) Ausübung von Weisungsrechten

Die Ausübung von Weisungsrechten durch den Matrixmanager kann nicht zwingend als Angebot des herrschenden Unternehmens auf Abschluss eines Arbeitsvertrags verstanden werden. Nicht jede Person, die einzelne Arbeitgeberfunktionen ausübt, ist zugleich Arbeitgeber. Dass der Arbeitgeberbegriff andernfalls konturenlos und unbrauchbar würde[1150], zeigt sich am offensichtlichsten bei der unternehmensinternen Delegation des Weisungsrechts: Weder das vertretungsberechtigte Organ einer Gesellschaft noch Arbeitnehmer auf niedrigerer Hierarchieebene werden selbst zum Vertragsarbeitgeber, wenn sie in (Unter-)Vertretung der Gesellschaft das arbeitsrechtliche Direktionsrecht ausüben.[1151] Auch an den gesetzlich normierten Fällen aufgespaltener Arbeitgeberstellungen zeigt sich, dass die Ausübung des fachlichen Weisungsrechts nicht an die Stellung als Vertragsarbeitgeber geknüpft ist. So bedürfte es der Fiktion des § 10 Abs. 1 AÜG nicht, wenn der Entleiher als Inhaber des fachlichen Weisungsrechts bereits durch ein Arbeitsverhältnis mit dem Leiharbeitnehmer verbunden wäre. Entsprechendes ergibt sich auch aus § 1 Abs. 1 S. 1 AÜG.[1152] Ebenso überflüssig wären die betriebsverfassungsrechtlichen Regelungen zum Gemeinsamen Betrieb mehrerer Unternehmen (vgl. § 1 Abs. 1 S. 1 BetrVG sowie § 1 Abs. 2 BetrVG), wenn der Betriebsleiter durch die Ausübung des fachlichen Weisungsrechts Arbeitgeber aller in den gemeinsamen Betrieb eingegliederten Arbeitnehmer wäre.

Lediglich am Rande sei erwähnt, dass auch eine Arbeitnehmerüberlassung der Schnittstellen-Arbeitnehmer an das herrschende Unternehmen

---

1148 *Martens*, in: FS 25 Jahre BAG, 367, 379.

1149 *Konzen*, ZfA 1982, 259, 306; *Martens*, in: FS 25 Jahre BAG, 367, 379.

1150 *Henssler*, Arbeitsvertrag, S. 36.

1151 Hingewiesen sei auf die heute nicht mehr relevante Lehre vom funktionellen Arbeitgeberbegriff, siehe hierzu bereits unter 3. Kap. B III 1.

1152 *Schüren*, in: Schüren, AÜG, Einleitung Rn. 107.

regelmäßig nicht vorliegen wird. Denn die Arbeitnehmerüberlassung setzt die „volle" Eingliederung in den Betrieb und eine Arbeitsleistung des Leiharbeitnehmers „allein" nach Weisungen des Entleihers voraus.[1153] Das Kriterium der vollständigen Eingliederung trägt der besonderen Schutzbedürftigkeit der Leiharbeitnehmer Rechnung. Diese genießen einerseits beim Entleiher mangels Arbeitsvertrags keinen Kündigungsschutz und müssen andererseits die betriebsbedingte Kündigung durch ihren Vertragsarbeitgeber befürchten, da dieser über keine eigene Arbeitsorganisation verfügt und keine Arbeitsplätze vorhalten muss.[1154] Die Schutzbedürftigkeit des Schnittstellen-Arbeitnehmers, der weiterhin in der Organisation seines Vertragsarbeitgebers eingegliedert bleibt und zur Förderung dessen Zwecke eingesetzt wird, ist hiermit nicht vergleichbar. Dies gilt selbst dann, wenn er auf Anweisung des Matrixmanagers in virtuellen Projektteams mit Arbeitnehmern anderer Konzernunternehmen zusammenarbeitet. Denn hiermit erfüllt die abhängige Gesellschaft als Vertragsarbeitgeber lediglich konzerngesellschaftsrechtliche Verpflichtungen, weshalb die Einbindung ihrer Arbeitnehmer in unternehmensübergreifende Einheiten (auch) ihrem Interesse entspricht.[1155] Mithin ergibt sich vielfach bereits aus den Umständen, dass der Matrixmanager im Namen der abhängigen Gesellschaften handelt und folglich keine Überlassung der Schnittstellen-Arbeitnehmer an das herrschende Unternehmen vorliegt. Gleichwohl ist dem Matrixmanager anzuraten, deutlich zu machen, dass er die Weisungen im Namen des abhängigen Unternehmens erteilt, um den im Regelfall nicht gewollten Übergang der Arbeitsverhältnisse auf das herrschende Unternehmen auszuschließen.[1156] Neben einem Rundschreiben an die unterstellten Schnittstellen-Arbeitnehmer im Vorfeld können hierzu unter anderem E-Mail-Signaturen dienen, in denen sich der Matrixmanager im Kontakt mit Arbeitnehmern der unterstellten abhängigen Gesellschaften

---

1153 Dies gilt auch nach der m.W.v. 1.4.2017 eingefügten Legaldefinition des § 1 Abs. 1 S. 2 AÜG (BGBl. I, S. 258), deren Wortlaut dieses durch die Rspr. aufgestellte Exklusivitätskriterium nicht mehr enthält. Ausweislich der Gesetzesbegründung sollte die Rspr. des BAG ohne inhaltliche Änderungen kodifiziert werden (BT-Drs. 18/9232, S. 17), vgl. BAG v. 6.8.2003 – 7 AZR 180/03, NZA 2004, 1182; BAG v. 14.8.1995 – 5 AZR 225/84, NZA 1987, 128; BAG v. 30.1.1991 – 7 AZR 497/89, NZA 1992, 19.

1154 *Hamann*, in: Schüren/Hamann, § 1 AÜG Rn. 113.

1155 i.Erg. auch *Berger*, S. 307.

1156 Vgl. *Fuhlrott*, GWR 2018, 279; vgl. zum Erfordernis einer sorgfältigen Dokumentation BAG v. 12.11.1998 – 8 AZR 031/97, NZA 1999, 715 unter B I 2 der Gründe; *Paschos*, in: Henssler/Strohn, § 292 AktG Rn. 14; WHSS/*Willemsen*, Kap. G Rn. 79.

stets als deren Vertreter – und nicht als Vertreter des herrschenden Unternehmens – ausweisen sollte.[1157] Dies gilt insbesondere dann, wenn derartige Strukturen zur Vorbereitung einer Fusion eingesetzt werden und die Matrixzelle nach Außen bereits als einheitliche Marke auftritt.

c) Ausübung von Disziplinarrechten

Komplexer zu beurteilen ist jene Konstellation, in der der Matrixmanager auch Disziplinarrechte ausübt, etwa indem er im Außenverhältnis zu den Schnittstellen-Arbeitnehmern verbindlich über Einstellung, Kündigung und Urlaubgsgewährung entscheidet oder Beurteilungen erstellt. Derartige Kompetenzen können jedenfalls im eigenen Namen nur vom Arbeitgeber ausgeübt werden. Denn nach der anerkannten Definition des BAG ist Arbeitgeber, *„wer die wirtschaftliche und organisatorische Dispositionsbefugnis über die Arbeitsleistung des Arbeitnehmers hat und den Nutzen davon hat"*.[1158] Von einem nach Außen hin erkennbaren Rechtsbindungswillen des herrschenden Unternehmens zum Abschluss eines Arbeitsvertrags mit dem Arbeitnehmer wird folglich nur dann auszugehen sein, wenn es auch organisatorisch auf das Arbeitsverhältnis einwirkt, beispielsweise indem es Personalentscheidungen trifft, eine Vergütung gewährt oder das Krankheits- oder Urlaubsrisiko übernimmt.[1159] Auch Fortbildungsmaßnahmen, die über den eigentlichen Einsatz beim Vertragsarbeitgeber hinausgehen und von dem herrschenden Unternehmen getragen werden, sind ein Indiz für eine Arbeitgeberstellung des herrschenden Unternehmens.[1160]

Doch auch bezüglich dieser disziplinarischen Kompetenzen ist eine Stellvertretung zweifellos zulässig und alltägliche Praxis, wie etwa Management- und echte Betriebsführungsverträge zeigen.[1161] Aus Arbeitgebersicht ist hierbei jedoch zu beachten, dass entsprechend den allgemeinen Grundsätzen der Beweislast der Weisungsbefugte darzulegen und zu beweisen hat, dass er nicht im eigenen, sondern im fremden Namen tätig geworden

---

1157 Vgl. HWK/*Lembke*, § 106 GewO Rn. 7a zur Indizwirkung der E-Mail-Signatur.

1158 BAG v. 9.9.1982 – 2 AZR 253/80, BAGE 40, 145; vgl. hierzu *Konzen*, ZfA 1982, 259, 280.

1159 LAG Köln v. 8.3.2017 – 11 Sa 545/16 -, juris, Rn. 37; *Mückl*, DB 2015, 2695, 2698; *Neufeld*, AuA 2012, 219, 220; *Neufeld/Michels*, KSzW 2012, 49, 54; *Wolf/Weller*, AuA 2015, 210, 211.

1160 *Krebber*, Unternehmensübergreifende Arbeitsabläufe, S. 125; *Neufeld*, AuA 2012, 219, 220.

1161 Vgl. *Kreutz*, in: FS Richardi, S. 637, 646 f.

ist.[1162] Um den Abschluss eines Arbeitsvertrags zu vermeiden, sollte der Matrixmanager insbesondere bei der Ausübung von Disziplinarrechten explizit im Namen der abhängigen Gesellschaft auftreten.[1163] Da eine explizite Offenkundigkeit in der Praxis nur selten gegeben sein wird, ist der durch den Matrixmanager Vertretene anhand einer Auslegung nach dem objektiven Empfängerhorizont (§§ 133, 157 BGB) zu ermitteln.

Dabei wird der Schnittstellen-Arbeitnehmer die Erklärungen des Matrixmanagers jedenfalls dann der abhängigen Gesellschaft zurechnen, wenn er seine Arbeit weiterhin in dessen Betriebsstätte leistet und ihr seine Dienste allein oder vorrangig zugute kommen.[1164] Seine Befolgungspflicht ergibt sich nämlich bereits aus dem mit ihr explizit geschlossenen Arbeitsvertrag.[1165] Dieser ist aus seiner Sicht das „Wirkobjekt“[1166] der erteilten Weisungen. So interpretiert der Leiharbeitnehmer die Weisungserteilung durch den Entleiher deshalb nicht als Angebot auf Abschluss eines Arbeitsvertrags, weil er sie auf den zwischen Ver- und Entleiher geschlossenen Arbeitnehmerüberlassungsvertrag sowie die Rechtsnatur des eigenen Arbeitsverhältnisses als Vertrag zugunsten Dritter zurückführt. Fremdarbeitnehmern, die zur Erfüllung von Werkverträgen eingesetzt werden, interpretieren durch den Werkbesteller vorgenommene Anweisungen nicht als Vertragsangebot, sondern als Konkretisierung des werkvertraglich geschuldeten Leistungsgegenstands.[1167] Ebenso verhält es sich mit dem Arbeitnehmer an der Schnittstelle der Matrix, der in die Arbeitsabläufe seines Vertragsarbeitgebers eingebunden bleibt. Dessen Einbeziehung in eine eine unternehmensübergreifende Matrixstruktur wirkt sich für den Schnittstellen-Arbeitnehmer typischerweise nur dahingehend aus, dass der Anspruch seines Vertragsarbeitgebers auf die Arbeitsleistung nicht durch diesen, sondern durch einen unternehmensfremden Dritten (den Matrixmanager) konkretisiert wird. Die Bevollmächtigung des herrschenden Unterneh-

---

1162 LAG Mecklenburg-Vorpommern. v. 5.2.2007 – 1 Sa 87/07 –, juris; vgl. allgemein zur Beweislastverteilung bei Vertretergeschäften BGH v. 4.4.2000 – XI ZR 152/99, NJW 2000, 2984; *Schubert*, in: MüKo-BGB, § 164 Rn. 258.

1163 Hierzu unter 3. Kap. B III 2 c).

1164 *Maschmann*, in: Maschmann/Fritz, Kap 3 Rn. 16.

1165 Speziell bzgl. der Matrix *Kort*, NZA 2013, 1318, 1320; *Maschmann*, in: Maschmann/Fritz, Kap. 3 Rn. 113, 126; *Maywald*, Matrixstrukturen, S. 130; *Vogt*, Arbeitsrecht im Konzern, § 3 Rn. 11; allgemein in arbeitsrechtlichen Mehrpersonenverhältnissen *Birk*, ZGR 1984, 23, 30; *Henssler*, Arbeitsvertrag, S. 69; *Konzen*, ZfA 198, 259, 265; *Krebber*, Unternehmensübergreifende Arbeitsabläufe, S. 124; *Windbichler*, Arbeitsrecht im Konzern, S. 71.

1166 *Brauneisen/Ibes*, RdA 2014, 213, 220.

1167 *Brauneisen/Ibes*, RdA 2014, 213, 220.

mens dient auch aus seiner Sicht lediglich der Vereinfachung der Arbeitsabläufe, ändert jedoch nichts daran, dass es sich bei von ihm erteilten Erklärungen um solche handelt, die der Vertragsarbeitgeber aufgrund seiner gesellschaftsrechtlichen Pflichten ansonsten selbst hätte erteilen müssen und die er sich daher gemäß § 164 Abs. 1 BGB zurechnen lassen möchte. *Rieble* bringt dies auf den Punkt, wenn er formuliert: *„Nicht der eigene [Schnittstellen-]Arbeitnehmer wird fremder Direktion ausgeliefert, sondern die fremde Entscheidung [des herrschenden Unternehmens] durch Zurechnung zur eigenen [der abhängigen Gesellschaft] gemacht“.*[1168]

Die Ausübung von Arbeitgeberrechten durch den Matrixmanager ist aus Perspektive eines objektiven Empfängers mithin regelmäßig als Vertretung der abhängigen Gesellschaft anzusehen, weshalb auch der konkludente Abschluss eines Arbeitsvertrags kaum in Betracht kommen wird.[1169]

C. Systematisierung

Die Idee von Matrixorganisationen entstammt der betriebswirtschaftlichen Organisationslehre. In einem matrixorganisierten Konzern werden Abteilungen mehrerer Unternehmen zu sogenannten Matrixzellen verbunden, indem sie der einheitlichen Leitung eines meist unternehmensfremden Matrixmanagers unterstellt werden. Der Matrixmanager nimmt erheblichen Einfluss auf den Inhalt der von den einzelnen Unternehmensabteilungen zu erbringenden Leistungen und trifft mitunter sogar für diese nachteilige Entscheidungen, sofern er sich hiervon bezogen auf die gesamte Matrixzelle Effizienzgewinne verspricht. Handelt es sich bei dem gesteuerten Unternehmen um eine AG, ist der hierdurch bewirkte Eingriff in die Leitungsautonomie deren Vorstands nur bei einer Eingliederung im Sinne des § 319 AktG oder durch Abschluss eines Beherrschungsvertrags zulässig (vgl. § 309 Abs. 1 AktG). Obgleich bereits das weitreichende Gesellschafterweisungsrecht des § 37 Abs. 1 GmbHG in der GmbH eine Fremdsteuerung ermöglicht, kann auch bei ihr der Abschluss eines Beherrschungsvertrags anzuraten sein. Zur Ausübung der konzerngesellschaftsrechtlichen Lei-

---

1168 *Rieble*, NZA-Beil. 1/2014, 28, 29.

1169 *Bauer/Herzberg*, NZA 2011, 713, 714; *Berger*, S. 316; *Harbarth*, in: FS Bergmann, S. 243, 251; *Kort*, NZA 2013, 1318, 1320; *Maywald*, S. 130 f.; *Neufeld/Michels*, KSzW 2012, 49, 54; *Wolf/Weller*, AuA 2015, 210, 211; *Wisskirchen/Bissels*, DB 2007, 340, 341.

tungsmacht ermächtigt das herrschende Unternehmen den funktionell zuständigen Matrixmanager.

Der Adressat gesellschaftsrechtlicher Weisungsrechte ist einzig der Vorstand der abhängigen Gesellschaft. Um eine unmittelbare Steuerung der Matrix-Schnittstelle durch den Matrixmanager zu ermöglichen, muss dieser zusätzlich von der abhängigen Gesellschaft zur Ausübung ihres arbeitsrechtlichen Direktionsrechts (§§ 611a BGB, 106 GewO) ermächtigt werden. Dies wird häufig durch den Abschluss eines Geschäftsbesorgungsvertrags erreicht, der das durch den Matrixmanager vertretende herrschende Unternehmen dazu ermächtigt, Arbeitgeberbefugnisse gegenüber den Schnittstellen-Arbeitnehmern im Namen der abhängigen Gesellschaft auszuüben. Im Verhältnis zur abhängigen Gesellschaft fungiert der Matrixmanager dann als Untervertreter. Alternativ kann die Befugnis des Matrixmanagers zur Vertretung der abhängigen Gesellschaft auf Grundlage eines Arbeitsvertrags oder einer Organstellung begründet sein. Eine arbeitsvertragliche Beziehung der Schnittstellen-Arbeitnehmer besteht in sämtlichen erläuterten Gestaltungen einzig zur abhängigen Gesellschaft.

4. Kapitel: Der Betriebszuschnitt in der Matrix

Die vorangegangenen Ausführungen haben gezeigt, dass sich die jeweils betriebskonstituierende Instanz maßgeblich nach dem Inhalt der von ihr ausgeübten Leitungsbefugnis bestimmt. Während sich etwa der Betrieb des § 1 BetrVG unter demjenigen gruppiert, die über die mitbestimmungsrelevanten Angelegenheiten der §§ 87 ff. BetrVG entscheidet, werden Betrieb und Betriebsteil im Sinne des § 613a BGB maßgeblich durch eine umfassende unternehmerische Leitung geprägt. Komplex wird das beschriebene Verfahren in Matrixorganisationen, in denen Leitungsbefugnisse nicht von einer einzigen Instanz ausgeübt werden, sondern divisional und/oder funktional auf eine Vielzahl von Stellen verteilt sind. Für das Betriebsverfassungsrecht hält *Joost* eine Begriffsbildung mittels organisatorischer Kriterien für nicht handhabbar. Bei einer Matrixorganisation überlagerten sich die Kompetenzen derart, dass von einer einheitlichen Leitungsebene, bei der die Beteiligungsrechte des Betriebsrats auszuüben wären, von vornherein nicht die Rede sein könne.[1170] Das diese Arbeit abschließende Kapitel wird hingegen aufzeigen, dass der hier vertretene teleologisch-organisatorische Ansatz auch für derart ausdifferenzierte Organisationsgestaltungen praktikable Lösungen bereithält.

Da der matrixorganisierte Konzern letztlich wie ein einziges Unternehmen geführt wird, erfolgt die Wertschöpfung in ihm nicht innerhalb der Rechtsträgergrenzen, sondern durch mehrere rechtlich selbstständige Konzerngesellschaften gemeinschaftlich. Jede Gesellschaft erfüllt hierbei eigene sowie auf die Gesamtwertschöpfung bezogene Aufgaben. Die für hybride Organisationen erläuterten Zuordnungsprobleme ergeben sich daher auch für matrixorganisierte Konzerne, denen aufgrund der rechtlichen Selbstständigkeit der einzelnen Konzerngesellschaften einerseits ein Markt-Element innewohnt und die andererseits aufgrund der konzerngesellschaftsrechtlichen Verbindungen Verfügungsbefugnisse[1171] (Hierarchie) aufweisen. Im Rahmen der Arbeitnehmer-Zuordnung muss ein besonde-

---

1170 *Joost*, Betrieb und Unternehmen, S. 122.

1171 Vgl. *Kieser/Walgenbach*, S. 12; *Tacke*, in: Managementforschung 7, S. 1, 6 zur Verfügungsbefugnis über die Leistung anderer als Kriterium der formalen Organisationsstruktur.

res Augenmerk daher auf den Grenzstellen der Matrix liegen, namentlich den Schnittstellen-Arbeitnehmern sowie den Matrixmanagern.

A. Ausdifferenzierung der Leitungsmacht

Die Begrifflichkeiten der Betriebswirtschaftslehre übernehmend[1172] beschreiben Literatur und Rechtsprechung die Kompetenzverteilung in der Matrixorganisation beinahe einhellig als „fachliches Weisungsrecht", das auch durch den Matrixmanager ausgeübt werde, sowie als „disziplinarisches Weisungsrecht", welches ausschließlich beim Vertragsarbeitgeber verbleibe.[1173] Letzteres wird im arbeitsrechtlichen Schrifttum regelmäßig nicht abstrakt definiert, sondern allein durch beispielhafte Aufzählungen umschrieben, in denen insbesondere die Erteilung von Beurteilungen, Er- und Abmahnungen sowie die Änderung oder Beendigung des Arbeitsverhältnisses aufgeführt werden.[1174] Häufig wird auch die Gewährung von Erholungsurlaub dem disziplinarischen Weisungsrecht zugeschrieben.[1175] *Maschmann* versteht unter dem disziplinarischen Weisungsrecht *„alle Befugnisse, die letztlich im Arbeitsvertrag wurzeln und nicht direkt mit der Erteilung fachlicher Weisungen zu tun haben"*.[1176] Darunter zu fassen seien alle sonstigen Rechte, die sich aus der Gläubigerstellung des Arbeitgebers ergäben.[1177] Das fachliche Weisungsrecht wird demgegenüber definiert als *„die*

1172 Vgl. die Ausführungen in der Einleitung unter B sowie im 3. Kap. A. II. 4.

1173 *Bodenstedt/Schnabel*, BB 2014, 1525; *Fitting*, § 5 Rn. 226b; *Freckmann/Hendricks*, BB 2018, 1205, 1208; *Henssler*, NZA-Beil. 2014, 95, 101; *Kort*, NZA 2013, 1318, 1319; *Lingemann/Steinhauser*, NZA 2020, 87, 88; *Maschmann*, NZA 2017, 1557, 1558; *ders.*, in: FS 100 Jahre Betriebsverfassungsrecht, S. 463, 465; *Neufeld/Milchels*, KSzW 2012, 49, 53; *Reinhard/Kettering*, ArbRB 2014, 87; *Seebacher*, AiB 2016, 39, 41; *Schubert*, Matrixorganisationen, S. 29; *Seibt/Wollenschläger*, AG 2013, 229, 235; *Wurth*, in: FS Moll, S. 775, 781; krit. bzgl. der Terminologie auch GK-BetrVG/*Raab*, § 7 Rn. 52.

1174 *Berger*, S. 120 f.; *Fritz*, NZA-Beil. 2018, 98, 100; *Henssler*, NZA-Beil. 2014, 95, 101; *Kort*, NZA 2013, 1318, 1319; *Maschmann*, NZA 2017, 1557, 1558; *Neufeld/Milchels*, KSzW 2012, 49, 53.

1175 *Henssler*, NZA-Beil. 2014, 95, 101; *Maschmann*, NZA 2017, 1557, 1558; *Neufeld/Milchels*, KSzW 2012, 49, 53; a.A. *Schubert*, Matrixorganisationen, S. 29, wonach Arbeitszeit und Urlaubsgewährung auch durch fachliche Weisungen konkretisiert werden können.

1176 *Maschmann*, NZA 2017, 1557, 1558; *ders.*, in: FS 100 Jahre Betriebsverfassungsrecht, S. 463, 465.

1177 *Maschmann*, NZA 2017, 1557, 1558; dieselbe Formulierung wählt u.a. *Fritz*, NZA-Beil. 2018, 98, 100.

erfolgs- und tätigkeitsbezogenen Anweisungen, mittels deren ein Matrixmanager die übergreifende Organisation der Arbeitsabläufe steuert".[1178] Fachliche Weisungen erstreckten sich „*häufig auf den Gegenstand der Arbeitsleistung*", könnten aber auch Arbeitszeit und Urlaubsgewährung erfassen.[1179]

Dass bislang keine trennscharfen und sumtionsfähigen Definitionen des fachlichen und disziplinarischen Weisungsrechts geglückt sind, liegt daran, dass diese Differenzierung bereits in der Betriebswirtschaftslehre nicht unumstritten ist[1180] und zudem nicht ohne Weiteres im Rahmen arbeitsrechtlicher Ausführungen übernommen werden kann. Denn § 611a Abs. 1 S. 2 BGB und § 106 GewO unterteilen das arbeitsrechtliche Direktionsrecht nicht in fachliche und disziplinarische Weisungen, sondern in die Bestimmung von Inhalt, Ort und Zeit der Arbeitsleistung. In Literatur und Rechtsprechung wird das den Inhalt betreffende Weisungsrecht teilweise in einen *inhaltlichen* und einen *fachlichen* Aspekt unterteilt.[1181] Während das inhaltliche Weisungsrecht die Entscheidung beträfe, welche von mehreren geschuldeten Arbeitsleistungen vom Arbeitnehmer vorgenommen werden soll, werde mittels des fachlichen Weisungsrechts festgelegt, auf welche Art und Weise eine bestimmte Leistung durchzuführen ist.[1182] Da auch der Dienstberechtigte bzw. Werkbesteller beim Dienst- bzw. Werkvertrag dazu berechtigt ist, die vertraglich geschuldete Leistung ihrem Inhalt nach zu konkretisieren, wird das so verstandene fachliche Weisungsrecht zur Abgrenzung des Arbeitsvertrags von diesen freien Verträgen herangezogen.[1183]

Zudem gehören weite Teile dessen, was als disziplinarisches Weisungsrecht verstanden wird, nicht zum arbeitsrechtlichen Weisungsrecht im Sinne des § 611a Abs. 1 S. 2 BGB und § 106 GewO, sondern stellen nur typischerweise dem Arbeitgeber zustehende Kompetenzen dar. Weder dienstli-

1178 *Fritz*, NZA-Beil. 2018, 98, 100.

1179 *Schubert*, Matrixorganisationen, S. 29.

1180 *Frese/Graumann/Theuvsen*, Organisation, S. 189 (kein zwingender Zusammenhang zur Mehrdimensionalität).

1181 BAG v. 25.9.2013 – 10 AZR 282/12, AP BGB § 611 Abhängigkeit Nr. 126; *Worzalla*, Arbeitsverhältnis, Rn. 119; *Boemke*, ZFA 1998, 285, 310; a.A. *Wank*, AuR 2017, 140, 146, der die Differenzierung für wenig handhabbar hält.

1182 Zu den Ausprägungen des arbeitsrechtlichen Direktionsrechts umfassend *Fischels*, S. 258 ff.

1183 Vgl. nur BAG v. 23.4.1980 – 5 AZR 426/79, AP BGB § 611 Abhängigkeit Nr. 34: „*Fachliche Weisungsgebundenheit kann die Arbeitnehmer-Eigenschaft indizieren, nicht aber kann das Fehlen einer Weisungsbindung die Arbeitnehmer- Eigenschaft ausschließen*"; *Deinert*, RdA 2017, 65, 67; *Greiner*, NZA 2013, 697, 698; krit. Staudinger-BGB/*Richardi/Fischinger*, § 611, Rn. 34.

che Beurteilungen noch Abmahnungen und Kündigungen konkretisieren die Arbeitsleistung im Sinne des § 611a Abs. 1 BGB bzw. § 106 GewO. Anstatt die betriebswirtschaftliche Terminologie des disziplinarischen Weisungsrechts unreflektiert im Arbeitsrecht zu übernehmen, verwendet *Berger* daher den treffenderen Begriff „*Disziplinarrechte*".[1184]

Ungeachtet der unpräzisen Abgrenzung belegt eine Auseinandersetzung mit der betriebswirtschaftlichen und juristischen Literatur, dass die personelle Trennung zwischen fachlichem Weisungsrecht (durch den Matrixmanager) und den Disziplinarrechten (durch den Vertragsarbeitgeber) nur selten strikt eingehalten wird. Vielmehr entspricht es eher der Regel als der Ausnahme, dass der Matrixmanager beispielsweise auch bezüglich der Personalplanung in die abhängigen Gesellschaften hineinregiert.[1185] In der betriebswirtschaftlichen Literatur wird eine gemeinsame Personalplanung mitunter sogar angeraten, um die gewünschte Dualorientierung der Matrix zu fördern.[1186] Eine wissenschaftliche Untersuchung kann hierauf allein dadurch reagieren, indem sie Bedingungen aufstellt, unter denen unternehmensübergreifende Matrixstrukturen zu einem veränderten Betriebszuschnitt führen und Auswirkungen auf die Betriebszugehörigkeit der Arbeitnehmer haben.

B. *Betriebsverfassungsrecht*

Da sich die Betriebsverfassung an der bestehenden Organisationsstruktur eines oder mehrerer Unternehmen orientiert,[1187] ist zu untersuchen, ob bzw. unter welchen Voraussetzungen die Einführung einer unternehmensübergreifenden Matrixstruktur zu einem veränderten Zuschnitt des Betriebs im Sinne des § 1 BetrVG führt. Der Bestimmung betriebsratsfähiger Einheiten in als Matrix organisierten Konzernen hat man sich ausgehend vom Grundbegriff des Betriebs zu nähern. Denn auch der selbstständige Betriebsteil im Sinne des § 4 Abs. 1 S. 1 BetrVG definiert sich vom Haupt-

---

1184 *Berger*, S. 120 f.

1185 *Bauer/Herzberg*, NZA 2011, 713, 717; *Berger*, S. 122; *Müller-Bonanni/Mehrens*, ZIP 2010, 2228, 2231; *Schubert*, Matrixorganisationen, S. 29, 41; *Vogt*, Arbeitsrecht im Konzern, S. 64; vgl. zur einer geschäftsbereichbezogenen Ausübung von Disziplinarrechten auch den Sachverhalt des ArbG Frankfurt v. 21.7.2009 – 12 BV 184/09, BeckRS 2013, 72862.

1186 *Schreyögg/Geiger*, S. 94.

1187 *Konzen*, Unternehmensaufspaltungen, S. 107; *Schubert*, Matrixorganisationen, S. 43; *Windbichler*, Arbeitsrecht im Konzern, S. 288.

betrieb her – durch seine räumlich weite Entfernung bzw. seine eigenständigen Aufgabenbereiche und Organisation. Zudem muss der Hauptbetrieb ermittelt werden, um der Belegschaft des Betriebsteils nach § 4 Abs. 1 S. 2 BetrVG die Teilnahme an der dortigen Betriebsratswahl zu ermöglichen.

I. Betrieb i.S.d. § 1 BetrVG

Der Betrieb im Sinne des § 1 BetrVG bezeichnet eine Gruppe von Arbeitnehmern, die von einer bezüglich der beteiligungspflichtigen Angelegenheiten kompetenten Instanz einheitlich geführt werden.[1188] Die Bestimmung der Betriebe wird in Matrixorganisationen durch diverse Faktoren erschwert[1189]: Das arbeitsrechtliche Direktionsrecht und die Disziplinarrechte werden häufig von verschiedenen Instanzen unterschiedlicher Rechtsträger ausgeübt. Die unternehmensübergreifende Verteilung der Leitungsmacht lässt an dem betriebskonstituierenden einheitlichen Leitungsapparat zweifeln[1190] und bringt ferner eine räumliche Trennung der zu einer Matrixzelle zusammengefassten Arbeitnehmer mit sich.

Von vornherein unberücksichtigt bleiben müssen konzerngesellschaftsrechtliche Bindungen im Innenverhältnis zwischen dem herrschenden Unternehmen auf der einen und den abhängigen Gesellschaften auf der anderen Seite. Für die Bestimmung der Betriebsleitung ist einzig die im Außenverhältnis zur Arbeitnehmerseite bestehende Entscheidungsbefugnis relevant.[1191] Grundsätzlich unerheblich für die Qualifizierung als betriebsverfassungsrechtlicher Leitungsapparat sind daher gesellschaftliche Beschränkungen des Gestaltungs- und Entscheidungsspielraums.[1192] So wirkt es sich beispielsweise nicht auf die Abgrenzung der Betriebe aus, wenn die Betriebsleitung bei ihren Entscheidungen die Beratung einer zentralen Perso-

---

1188 Zum Betriebsbegriff des § 1 BetrVG eingehend 1. Kap. B.

1189 Hierzu eingehend *Schubert*, Matrixorganisationen, S. 31 ff.

1190 Vgl. nur *Joost*, Betrieb und Unternehmen, S. 121, der der Leitung aufgrunddessen die betriebskonstituierende Wirkung abspricht.

1191 Hierzu bereits unter 1. Kap. B. I. 3.

1192 BAG v. 13.8.2008 – 7 ABR 21/07, NZA-RR 2009, 255; BAG v. 11.12.2007 – 1 AZR 824/06, NZA-RR 2008, 298; BAG v. 18.10.2000 – 2 AZR 494/99, NZA 2001, 321; BAG v. 29.4.1999 – 2 AZR 352/98, NZA 1999, 932 Ls. 1; BAG v. 23.9.1982 – 6 ABR 42/81, AP BetrVG 1972 § 4 Nr. 3; LAG Hamm v. 21.2.2014 – 13 TaBV 84/13, BeckRS 2014, 68508; *Berger*, S. 133; GK-BetrVG/*Franzen*, § 1 Rn 50; HWK/*B. Gaul*, § 1 BetrVG Rn. 16; Düwell/*Kloppenburg*, § 1 BetrVG Rn. 38; *Maschmann*, in: Dornbusch/Fischermeier/Löwisch, § 1 BetrVG Rn. 12; *Schubert*, Matrixorganisationen, S. 55.

nalabteilung in Anspruch nehmen muss.[1193] Folglich hat die in unternehmensübergreifenden Matrixstrukturen bestehende konzernrechtliche Abhängigkeit der unterstellten Gesellschaft[1194] allein keine Auswirkungen auf den Zuschnitt der einzelnen Betriebe. Dies ergibt sich bereits daraus, dass sich die gesellschaftsrechtliche Weisungsbindung auf den Vorstand (AG) bzw. die Geschäftsführung (GmbH) der abhängigen Gesellschaft und damit auf die Unternehmensebene bezieht, die betriebsverfassungsrechtliche Mitbestimmung hingegen an die meist auf niedrigerer Hierarchieebene stattfindende, konkrete Ausübung des arbeitsrechtlichen Direktionsrecht anknüpft.[1195] Führen konzernrechtliche Weisungen dazu, dass bestimmte Arbeitnehmer gekündigt oder einem anderen Konzernunternehmen zur Verfügung gestellt werden, schlägt die Konzernleitungsmacht zwar bis zur Betriebsebene durch. Vereinzelte Weisungen können jedoch nicht mit einem betriebsbezogenen Leitungsapparat gleichgesetzt werden.[1196] Andernfalls liefe nahezu jegliche Konzernbindung auf einen gemeinsamen Betrieb mehrerer Unternehmen hinaus, der die Einrichtung eines Konzernbetriebsrats im Sinne des § 54 BetrVG überflüssig machen würde. Mithin begründen auch detaillierte und regelmäßige konzernrechtliche Weisungen in den mitbestimmungsrelevanten Angelegenheiten keinen betriebskonstituierenden Leitungsapparat, sofern sie an die Unternehmensführung der Tochtergesellschaft gerichtet sind.[1197] Sie können zwar die Zuständigkeit eines bestehenden Konzernbetriebsrats auslösen[1198], führen jedoch nicht zum Entstehen eines gemeinsamen Betriebs mehrerer Unternehmen.

Die Einflussnahme des durch den Matrixmanager vertretenen herrschenden Unternehmens geht über die für den Betriebszuschnitt irrelevante konzernrechtliche Leitungsmacht hinaus, sobald der Matrixmanager in mitbestimmungsrelevanten Angelegenheiten unmittelbar gegenüber den

---

1193 BAG v. 9.12.2009 – 7 ABR 38/08, AP BetrVG 1972 § 4 Nr. 19 Rn. 28.

1194 Siehe 3. Kap. B. I.

1195 Vgl. BAG v. 24.05.2012 – 2 AZR 62/12, NZA 2013, 277 Rn. 20; BAG v. 3.6.2004 – 2 AZR 286/03, NZA 2004, 1380; BAG v. 13.6.2002 – 2 AZR 327/01, NZA 2002, 1147; BAG v. 29.4.1999 – 2 AZR 352/98, NZA 1999, 932; LAG RLP v. 13.6.2019 – 2 TaBV 28/18 – juris Rn. 53; *Kreutz*, in: FS Richardi, S. 637, 645.

1196 BAG v. 29.4.1999 – 2 AZR 352/98, NZA 1999, 932 unter III 4 b) der Gründe; *Berger*, S. 134; *Kreutz*, in: FS Richardi, S. 637, 646; *Martens*, in: FS 25 Jahre BAG, S. 367, 373;; *Rieble*, in: FS Wiese, S. 453, 459 f.

1197 Richardi/*Maschmann*, § 1 BetrVG Rn. 105.

1198 Hierzu u.a. *Berger*, S. 245 ff.; *Konzen*, in: FS Wiese, S. 199, 210 ff.; *Volkmann*, Konzernverantwortung, S. 57 ff.

Arbeitnehmern des abhängigen Unternehmens – also im Außenverhältnis – als zuständige Stelle auftritt. Dies kann einen gemeinsamen Betrieb mehrerer Unternehmen nach sich ziehen, der sich aus allen dem Matrixmanager unterstellten Beschäftigten zusammensetzt und sich insofern mit der betriebswirtschaftlichen Matrixzelle deckt. Letztlich ergibt sich der Umfang der Befugnisse des Matrixmanagers und damit auch seine betriebsverfassungsrechtliche Bedeutung aus der vom Vertragsarbeitgeber erteilten Vollmacht. Derartige Vollmachten sind in der Praxis – egal ob ausdrücklich oder konkludent erteilt – unterschiedlich ausgestaltet. Denkbar ist gar, dass die Vertretungsmacht des Matrixmanagers auf mitbestimmungsfreie Angelegenheiten beschränkt ist oder aber seine Vollmacht für mitbestimmungsrelevante Angelegenheiten ein Letztentscheidungsvorbehalt der durch den Vertragsarbeitgeber eingesetzten Betriebsleitung vorsieht.[1199]

Um trotz der im Einzelfall stark divergierenden Gestaltungen eine wissenschaftlich fundierte und zugleich möglichst praxistaugliche Lösung zu erarbeiten, wird zwischen verschiedenen Konstellationen differenziert: Zunächst wird sich der „Lehrbuch-Konstellation“ gewidmet, in der der Matrixmanager allein den Inhalt der zu leistenden Arbeit konkretisiert, die Entscheidungsbefugnis in personellen und sozialen Angelegenheiten hingegen beim Vertragsarbeitgeber verbleibt (unter 1.). Anschließend erfolgt eine Auseinandersetzung mit solchen Matrixstrukturen, in denen eine der in die Matrix einbezogenen Dimensionen erkennbar dominant ist und aufgrunddessen auch über die Mehrheit der beteiligiungspflichtigen Angelegenheiten entscheidet (unter 2.). Zuletzt wird ein handhabbares Vorgehen für solche Fälle erörtert, in denen die Disziplinarrechte sowohl vom Vertragsarbeitgeber als auch durch einen oder mehrere Matrixmanager ausgeübt werden, ohne dass ein Schwerpunkt auszumachen ist (unter 3.).

1. Ausübung von Weisungsrechten durch den Matrixmanager

Übt der Matrixmanager lediglich das sogenannte *inhaltliche* Weisungsrecht aus, führt die Matrix zu keiner Veränderung des Zuschnitts betriebsratsfähiger Einheiten in einem Unternehmen bzw. Konzern.[1200] Bereits auf-

---

1199 *Berger*, S. 129.

1200 *Berger*, S. 136; *Maschmann*, in: FS 100 Jahre Betriebsverfassungsrecht, S. 463, 467; *Reinhard/Kettering*, ArbRB 2014, 87, 88; *Wurth*, in: FS Moll, S. 775, 779; vgl. zur Unmaßgeblichkeit des inhaltlichen Weisungsrechts bereits unter 1. Kap. B. I. 2. sowie *Rein*, S. 80; *Wedemeyer*, Betriebszugehörigkeit, S. 19.

grund der Unternehmerfreiheit nach Art. 12 Abs. 1 GG ist der Arbeitgeber in der Konkretisierung des individuellen Arbeitsinhalts mittels seines Weisungsrechts autonom. Einfachgesetzlich ergibt sich dies bereits aus § 611a BGB (i.V.m. § 315 BGB), wonach es dem Arbeitgeber obliegt, die Art der Arbeit zu bestimmen.[1201]

Betriebsverfassungsrechtliche Bedeutung erhält der Einsatz des Matrixmanagers jedoch, sobald dieser mittels des sogenannten *fachlichen* Weisungsrechts auch festlegt, auf welche Art und Weise eine bestimmte Leistung durchgeführt werden soll. Beispielsweise kann er es für erforderlich halten, dass in allen in die Matrixzelle eingebundenen Unternehmen bestimmte technische Anlagen eingesetzt werden (§ 87 Abs. 1 Nr. 6 BetrVG). Die Gestaltung konzernweit einheitlicher Arbeitsverfahren und Arbeitsabläufe kann in den Anwendungsbereich des Unterrichtungs- und Beratungsrechts nach § 90 Abs. 1 Nr. 3 BetrVG fallen.[1202] Vorstellbar sind zudem die Anordnung von Überstunden (§ 87 Abs. 1 Nr. 3 BetrVG) oder das Aufstellen allgemeiner Urlaubsgrundsätze (§ 87 Abs. 1 Nr. 5 BetrVG).[1203] Selbst wenn der Matrixmanager über derartige Aspekte entscheidet, wird hiermit regelmäßig keine Veränderung des Betriebszuschnitts einhergehen. Denn sie betreffen nur einen kleinen Ausschnitt der betriebsverfassungsrechtlichen Mitbestimmungstatbestände und erfolgen allenfalls vereinzelt. Es kann daher jedenfalls nicht die Rede davon sein, dass der Matrixmanager bei lediglicher Ausübung des fachlichen Weisungsrechts die *deutliche Mehrheit* der mitbestimmungsbedürftigen Entscheidungen[1204] trifft und damit zum maßgeblichen Leitungsapparat wird.[1205]

1201 *Reichold*, Betriebsverfassung als Sozialprivatrecht, S. 516.

1202 *Berger*, S. 122.

1203 *Berger*, S. 122; *Schubert*, Matrixorganisationen, S. 29; *Wurth*, in: FS Moll, S. 775, 779.

1204 Zu dem Kriterium der „deutlichen Mehrheit“ 4. Kap. B. I. 2. a) sowie BAG v. 17.2.1983 – 6 ABR 64/81, AP BetrVG 1972 § 4 Nr. 4; BAG v. 23.9.1982 – 6 ABR 42/81, AP BetrVG 1972 § 4 Nr. 3; LAG RLP v. 11.11.1999 – 6 Sa 335/99 –, juris; ArbG Potsdam v. 10.2.2010 – 7 BV 149/09 –, juris; *Konzen*, Unternehmensaufspaltungen, S. 85 f.; *Hanau*, ZfA 1990, 115, 120; *Christiansen*, S. 55 f.

1205 *Bachner*, NZA 2019, 134, 138 f.; *Neufeld*, AuA 2012, 219, 221; *Reinhard/Kettering*, ArbRB 2014, 87, 89; *Wisskirchen/Block*, NZA-Beil. 2017, 90, 92.

2. Matrixbetriebe

Für den Betriebszuschnitt relevant ist die Matrix erst dann, wenn der Matrixmanager nicht nur Einfluss auf den Inhalt der Arbeit nimmt, sondern darüber hinaus die Mehrheit der Entscheidungen über personelle oder soziale Angelegenheiten trifft. Eine zentralisierte Personalplanung ist für das Funktionieren einer konzernweiten Matrix zwar nicht erforderlich; die Matrix wird in der Praxis jedoch häufig von der Konzernspitze zweckentfremdet, um auch hinsichtlich dieser Bereiche dauerhaft in das Tochterunternehmen „hineinzuregieren“.[1206]

a) Qualitative Mehrheit der relevanten Entscheidungen

Ist die Leitungsmacht in den mitbestimmungsrelevanten Angelegenheiten auf mehrere Instanzen verteilt, nehmen die Rechtsprechung und die herrschende Ansicht in der Literatur eine Schwerpunktbetrachtung vor. Maßgeblich sei, wo *„erkennbar die deutliche Mehrheit der Entscheidungen, die der Mitbestimmung unterliegen, getroffen werden“*.[1207] Herleiten lässt sich das Kriterium der deutlichen Mehrheit aus einem Gegenschluss zu § 4 Abs. 1 Nr. 2 BetrVG. Die nach dieser Vorschrift für einen selbstständigen Betriebsteil erforderliche eigenständige Organisation setzt die Befugnis des Betriebsteilleiters voraus, über einen Teil mitbestimmungsrelevanten Aspekte zu entscheiden („relative Eigenständigkeit“).[1208] Missverständlich

---

1206 *Bauer/Herzberg*, NZA 2011, 713, 717; *Berger*, S. 122; *Müller-Bonanni/Mehrens*, ZIP 2010, 2228, 2231; *Schubert*, Matrixorganisationen, S. 29, 41; *Vogt*, Arbeitsrecht im Konzern, S. 64; vgl. zur einer geschäftsbereichbezogenen Ausübung von Disziplinarrechten auch den Sachverhalt des ArbG Frankfurt v. 21.7.2009 – 12 BV 184/09, BeckRS 2013, 72862.

1207 BAG v. 17.2.1983 – 6 ABR 64/81, AP BetrVG 1972 § 4 Nr. 4 unter II 1 der Gründe; BAG v. 23.9.1982 – 6 ABR 42/81, AP BetrVG 1972 § 4 Nr. 3 unter III 2 b) der Gründe; vgl. zur Schwerpunktbetrachtung auch BAG v. 3.6.2004 – 2 AZR 386/03, NZA 2004, 1380 unter II 1; LAG Hessen v. 21.1.2010 – 5 TaBV 201/08 –, juris Rn. 25; LAG RLP v. 11.11. 1999 – 6 Sa 335/99 –, juris; ArbG Potsdam v. 10.2.2010 – 7 BV 149/09 –, juris; zustimmend u.a. *Christiansen*, S. 55 f.; *Hanau*, ZfA 1990, 115, 120; *Konzen*, Unternehmensaufspaltungen, S. 85 f.

1208 BAG v. 23.11.2016 – 7 ABR 3/15, NZA 2017, 1003 Rn. 64; BAG v. 18. 1. 2012 – 7 ABR 72/10, NZA-RR 2013, 133 Rn. 27; BAG v. 29.1.1992 – 7 ABR 27/91, NZA 1992, 894, 898; BAG v. 1.2.1963 – 1 ABR 1/62, NJW 1963, 1325, 1327; LAG Düsseldorf v. 13.1.2016 – 12 TaBV 67/14 -, juris Rn. 48; BeckOK-ArbR/

sind insofern Formulierungen, wonach sich bei einem Betrieb im Sinne des § 1 BetrVG die in der organisatorischen Einheit ausgeübte Leitungsmacht auf alle wesentlichen Funktionen des Arbeitgebers in personellen und sozialen Angelegenheiten erstrecke, während es für den Betriebsteil im Sinne des § 4 Abs. 1 Nr. 2 BetrVG ausreiche, wenn überhaupt eine den Einsatz der Arbeitnehmer bestimmende Leitung institutionalisiert sei, die Weisungsrechte des Arbeitgebers ausübt.[1209] Richtigerweise sind Betrieb und Betriebsteil im Sinne des § 4 Abs. 1 Nr. 2 BetrVG danach abzugrenzen, dass die Betriebsleitung die Mehr- und die Betriebsteilleitung die Minderzahl der mitbestimmungsrelevanten Angelegenheiten entscheidet.[1210]

Die Mehrzahl ist dabei nicht rein quantitativ, sondern qualitativ zu bestimmen. Mittels einer wertenden Gesamtbetrachtung ist zu ermitteln, ob der als betriebskonstituierend infrage kommende Leitungsapparat die wesentlichen betriebsverfassungsrechtlich relevanten Befugnisse ausübt.[1211] Die Entscheidungskompetenzen sind nach ihrer betriebsverfassungsrechtlichen Relevanz zu gewichten.[1212] Diejenigen Kompetenzen, für die das BetrVG ein „echtes" Mitbestimmungsrecht gewährleistet, wiegen schwerer als solche, an die das BetrVG ein bloßes Beteiligungsrecht in Form eines Beratungs- oder Informationsrechts knüpft.[1213] Innerhalb der Mitbestimmungsrechte haben die Befugnisse in personellen Angelegenheiten (Einstellung, Entlassung, Versetzung, Umgruppierung) eine größere Bedeutung als im sozialen Bereich, da sie den Rechtsstatus der Arbeitnehmer berühren.[1214]

Eine Gewichtung unter qualitativen Gesichtspunkten nimmt auch das das BVerwG für das Personalvertretungsrecht vor, um die Dienststelleneigenschaft einer Organisationseinheit festzustellen.[1215] Die personalvertretungsrechtliche Bedeutung einer Angelegenheit sei dabei insbesondere aus dem Umfang der der Personalvertretung eingeräumten verfahrensmäßigen

---

Besgen BetrVG § 4 Rn. 15; *Dietz*, in: FS Nikisch, S. 23, 34; GK-BetrVG/*Franzen*, § 4 Rn. 15; ErfK/*Koch*, § 4 BetrVG Rn. 5; Richardi/*Richardi/Maschmann*, § 4 BetrVG Rn. 27.

1209 So aber BAG v. 17.1.2007 – 7 AB 63/05, NZA 2007, 703 Rn. 15.

1210 *Rein*, S. 87; *Umnuß*, Betriebsverfassung, S. 143 f.; hierzu bereits unter 1. Kap. B. I. 5.

1211 *Berger*, S. 218; *Christiansen*, S. 65, *Maschmann*, in: FS 100 Jahre Betriebsverfassungsrecht, S. 463, 465; *Rein*, S. 88.

1212 *Berger*, S. 218.

1213 Vgl. BVerwG v. 3.7.1991 – 6 P 18/89 -, juris Rn. 30.

1214 *Berger*, S. 218.

1215 Vgl. BVerwG v. 29.3.2001 – 6 P 7/00 –, juris Rn. 26; BVerwG v. 3.7.1991 – 6 P 18/89 -, juris Rn. 30.

Beteiligung abzuleiten. Es komme darauf an, ob die Maßnahmen der uneingeschränkten Mitbestimmung im Sinne der §§ 69 Abs. 4 S. 1, 71 Abs. 4 S. 2 BPersVG unterlägen, eine nur empfehlende Mitwirkung im Sinne des § 69 Abs. 4 S. 3 BPersVG gegeben sei oder ob es sich um Mitwirkungs- oder Anhörungsfälle (§§ 78, 79 BPersVG) bzw. um eine Beteiligungsangelegenheit gemäß § 81 BPersVG handele. Könne anhand dieser abgestuften Prüfung festgestellt werden, dass die Mehrzahl der Angelegenheiten, die gemäß § 75 oder § 76 BPersVG der vollen bzw. eingeschränkten Mitbestimmung unterliegen, von dem Dienststellenleiter wahrgenommen werden, so sei von einer selbstständigen Regelungskompetenz in personalvertretungsrechtlich relevanten Angelegenheiten auszugehen.[1216] Besondere Bedeutung misst das BVerwG dabei personellen Angelegenheiten wie Einstellung, Entlassung, Beförderung und Eingruppierung bei, da diese den Rechtsstatus der Beschäftigten berührten und innerdienstlich das Gesicht der Dienststelle prägten.[1217]

Für eine Übertragbarkeit dieser Grundsätze auf das Betriebsverfassungsrecht spricht, dass Betrieb und Dienststelle als vertretungsrechtliche Basiseinheiten prinzipienäquivalent konzipiert sind. So handelt es sich bei Dienststellen nach allgemeiner Ansicht um *„organisatorische Einheiten, welche einen selbstständigen Aufgabenbereich haben und innerhalb der Verwaltungsorganisation verselbstständigt sind.“*[1218] Wie auch im Betriebsverfassungsrecht richtet sich der Zuschnitt der Interessenvertretung (Personalrat) an der Entscheidungsinstanz des Arbeitgebers aus, weshalb der Leiter einer Dienststelle über einen eigenen Entscheidungs- und Handlungsspielraum in den mitbestimmungsrelevanten personellen, sozialen, organisatorischen und sonstigen innerdienstlichen Angelegenheiten verfügt.[1219] Der Personalrat soll dem Leiter der Dienststelle als kompetenter Verhandlungspartner gegenüberstehen.[1220] Das betriebskonstituierende Prinzip der Ent-

1216 BVerwG v. 3.7.1991 – 6 P 18/89 -, juris Rn. 30.

1217 BVerwG v. 29.3.2001 – 6 P 7/00 -, juris Rn. 23; BVerwG v. 13.8.1986 – 6 P 7/85, NVwZ 1987, 807, 808; SächsOVG v. 29.1.2015 – PL 9 A 147/12 –, juris Rn. 23 f.; SächsOVG v. 12.4.2011 – PL 9 A 969/10 –, juris Rn. 21.

1218 BVerwG v. 13.8.1986 – 6 P 7/85, NVwZ 1987, 807; vgl. auch VGH BaWü v. 3.9.1991 – 15 S 2225/90 Rn. 24 jeweils bzgl. LPVG BaWü; OVG Saarland v. 17.4.2008 – 5 B 190/08 –, juris Rn. 14 bzgl. § 6 SPersVG; *Benecke*, in: Richardi/Dörner/Weber, § 6 BPersVG Rn. 3; Groeger/*Sasse*, Teil 10 Rn. 10.

1219 BVerwG v. 25.6.2003 – 6 P 1/03 –, juris Rn. 20; OVG Saarland v. 17.4.2008 – 5 B 190/08 –, juris Rn. 16; Altvater/*Altvater*, BPersVG, § 88 Rn. 4.

1220 BVerwG v. 4.2.2010 – 6 PB 38/09, PersR 2010, 260; BVerwG v. 26.11.2008 – 6 P 7/08, BVerwGE 132, 276; BVerwG v. 29.3.2001 – 6 P 7/00, ZfPR 2001, 167; s. auch BVerwG v. 18. 1. 1990 – 6 P 8/88, ZfPR 1990, 113.

scheidungsnähe[1221] wird im Personalvertretungsrecht synonym als Partnerschaftsgrundsatz bezeichnet.[1222] Es ist kein Zufall, dass die Vertretung der Beschäftigten sowohl in der Privatwirtschaft als auch derjenigen im öffentlichen Dienst zunächst im BRG von 1920 geregelt war und die Novellierungen von BetrVG und BPersVG seit Bestehen der Bundesrepublik im zeitlichen Gleichklang erfolgen.[1223] Insbesondere durch das BPersVG vom 15.3.1974 sollten beide Gesetze möglichst weitgehend angeglichen werden.[1224]

Um diesem Prinzip zur Geltung zu verhelfen, ist auch im Anwendungsbereich des BetrVG der Betriebsrat bei derjenigen Instanz anzusiedeln, an deren Entscheidungen er nach der Konzeption des BetrVG in besonderem Maße zu beteiligen ist. Maßgeblich ist dabei nicht, dass der betreffenden Instanz die quantitative Mehrheit der Arbeitgeberfunktionen in personellen und sozialen Angelegenheiten zukommt. Zu berücksichtigen ist vielmehr deren qualitative Gewichtung, die der Gesetzgeber durch den differenzierten Umfang der Beteiligungsrechte zum Ausdruck gebracht hat.[1225]

b) Gemeinsamer Matrixbetrieb mehrerer Unternehmen

Beschränkt sich die Matrix auf ein Unternehmen, führt dies allenfalls zu einer Vergrößerung der Betriebe, die sich dann standortübergreifend über große Entfernungen erstrecken. Dieses Ergebnis, das bei weit verstreut angesiedelten Standorten die Betriebsratsarbeit nahezu unmöglich machen würde, wird durch § 4 Abs. 1 S. 1 Nr. 1 BetrVG korrigiert, aufgrund dessen auch die einzelnen Standorte eines derart zentralistisch geführten Unternehmens betriebsratsfähig sind. Erstreckt sich die Matrix hingegen über gesellschaftsrechtliche Unternehmensgrenzen hinweg, entsteht womöglich

---

1221 Hierzu bereits 1. Kap. B. I 2.

1222 Vgl. BVerwG v. 15.7.2004 – 6 P 1/04 –, juris Rn. 20.

1223 Vgl. BetrVG v. 11.10.1952, BGBl. I, S. 681; PersVG v. 5.8.1955, BGBl. I, S. 477; BetrVG v. 16.1.1972, BGBl. I, S. 13; BPersVG v. 15.3.1974, BGBl. I, S. 693.

1224 Vgl. BT-Drs. 7/1373, S. 2 („*Wo der Ausschuß [...] eine Möglichkeit zur Angleichung der Vorschriften des Personalvertretungsgesetzes an die des Betriebsverfassungsgesetzes sah, hat er sie aber vorgenommen.*").

1225 *Berger*, S. 219.

ein mit der Business Unit kongruenter gemeinsamer Betrieb der daran beteiligten abhängigen Gesellschaften.[1226]

aa) Einheitlichkeit der Leitung

Wie auch den Betrieb eines einzelnen Rechtsträgers der einheitliche Leitungsapparat konstituiert, setzt die Annahme eines mit der jeweiligen Bussiness Unit kongruenten gemeinsamen Betriebs der an ihr beteiligten Unternehmen im Sinne des § 1 Abs. 1, 2 BetrVG voraus, dass mitbestimmungsrelevante Entscheidungen vom Matrixmanager einheitlich für die Arbeitnehmer in allen ihm unterstellten abhängigen Gesellschaften getroffen werden. Organisationstheoretisch formuliert geht es stets um die Frage, ob der Leitungsapparat als Instanz *einer* Organisationseinheit oder als als personenidentisch besetzte Stelle *mehrerer* Organisationen fungiert. Ob von einem betriebskonstituierenden einheitlichen Leitungsapparat gesprochen werden kann, soll im Folgenden anhand der divergierenden Gestaltungsmöglichkeiten untersucht werden, die der Vertretung der abhängigen Gesellschaft durch den Matrixmanager zugrundeliegen.

(1) Personenidentiät auf Organebene

Häufig wird der Einfluss des herrschenden Unternehmens auf die abhängige Gesellschaft dadurch sichergestellt, dass die Organe der Mutter- und die der Tochtergesellschaft personenidentisch mit dem Matrixmanager besetzt werden. Das BAG betrachtet die Personenidentität in der Unternehmensleitung als „*wesentliches Indiz für das Bestehen eines einheitlichen Leitungsapparats auch auf betrieblicher Ebene*“[1227], schließt hiervon jedoch nicht zwingend auf eine einheitliche Leitung in personellen und sozialen Angelegenheiten. Der Umstand, dass eine Person Geschäftsführer mehrerer Unternehmen sei, bedeute nicht, dass sie diese Aufgaben für alle Unternehmen einheitlich wahrnehme. Vielmehr könne dieselbe Person die Unterneh-

---

1226 *Reinhard/Kettering*, ArbRB 2014, 87, 88; *Schubert*, Matrixorganisationen, S. 51; vgl. auch *Konzen*, RdA 2001, 76, 87; *Wendeling-Schröder*, Divisionalisierung, S. 129 zum gemeinsamen Spartenbetrieb mehrerer Unternehmen.

1227 BAG v. 25.5.2005 – 7 ABR 38/04, DB 2005, 1914 Rn. 29.

men auch in den betriebsverfassungsrechtlich relevanten Angelegenheiten voneinander getrennt leiten.[1228]

Dem ist zuzustimmen. Aufgrund der auch im Konzern geltenden Selbstständigkeit der einzelnen Unternehmen ist das Organmitglied bereits aus dem Organverhältnis zur jeweiligen Gesellschaft zur eigenständigen Interessenwahrnehmung verpflichtet. Selbst bei der engen konzernrechtlichen Verflechtung mittels Beherrschungsvertrags darf der Vorstand der Tochtergesellschaft keine existenzbedrohenden Weisungen befolgen. Der Vorstand der Tochter hat kraft seiner Organstellung die Weisungen auf ihre Rechtmäßigkeit hin zu überprüfen. Bei der schuldhaften Befolgung unzulässiger Weisungen haftet er gemäß § 310 Abs. 1 AktG. Dabei spielt es keine Rolle, ob er zugleich Organmitglied der Muttergesellschaft ist. Mithin kommt einer derartigen Personenidentität grundsätzlich nur Indizwirkung für das Vorliegen eines einheitlichen Leitungsapparats in personellen und sozialen Angelegenheiten zu.[1229] Andererseits kann die auch in Konzernen bestehende juristische Selbstständigkeit der einzelnen Gesellschaften nicht darüber hinwegtäuschen, dass mit der Doppelorganstellung eine gewisse Einheitlichkeit der Geschäftsführung bezweckt wird. Das Spannungsverhältnis zwischen den für die einzelnen Gesellschaften separat bestehenden Kontrollpflichten des Tochter-Vorstands und der beabsichtigten einheitlichen Geschäftsführung lässt sich systemgerecht lösen, indem man das Gewicht des Indizes „Personenidentität" in Relation zur konzernrechtlichen Abhängigkeit setzt. Dabei ist umso eher von einem einheitlichen Leitungsapparat auszugehen, desto abhängiger die Tochtergesellschaft ist. Denn in einem Eingliederungskonzern im Sinne der §§ 319 ff. AktG, bei dem selbst für die Tochter existenzbedrohende Weisungen zulässig sind, ist die Kontrolldichte für das Organ des Tochterunternehmens weitaus geringerer als etwa im faktischen Konzern (§§ 311 ff. AktG), bei dem der jeweilige Organinhaber sein Handeln allein an den Interessen seiner Gesellschaft auszurichten hat.[1230] Handelt es sich bei dem Tochterunternehmen

---

1228 BAG v. 25.5.2005 – 7 ABR 38/04, DB 2005, 1914 Rn. 29; vgl. auch BAG v. 16.4.2008 – 7 ABR 4/07, NZA-RR 2008, 583, 585; BAG v. 11.2.2004 – 7 ABR 27/03, AP BetrVG 1972 § 1 Gemeinsamer Betrieb Nr. 22 unter II 2 b) bb) der Gründe; LAG München v. 11.8.2017 – 9 TaBV 34/17 –, juris Rn. 64.

1229 BAG v. 16.4.2008 – 7 ABR 4/07, NZA-RR 2008, 583, 585; HWK/*B. Gaul*, § 1 BetrVG Rn. 16; von einer Indizwirkung ausgehend noch BAG v. 25.5.2005 – 7 ABR 38/04, DB 2005, 1914, 1916; BAG v. 29.1.1987 – 6 ABR 23/85, NZA 1987, 707, 708; *Rieble*, in: FS Wiese, S. 453, 460.

1230 Vgl. zur konzerngesellschaftsrechtlichen Konstruktion von Matrixstrukturen unter 3. Kap. B. I.

um eine GmbH, sind deren Geschäftsführer auch ohne Abschluss eines Beherrschungsvertrages an die durch Beschluss erteilten Weisungen der Gesellschafterversammlung gebunden, vgl. § 37 Abs. 1 GmbHG und können durch Beschluss der Gesellschafterversammlung als bloßes Exekutivorgan eingesetzt werden.[1231] Eine starke Indizwirkung zugunsten eines einheitlichen Leitungsapparats kommt der personenidentischen Besetzung der Geschäftsführung hier vor allem in der eingliedrigen GmbH zu, deren Alleingesellschafterin die Konzernmutter ist und deren Geschäftsführung folglich nicht auch die Interessen anderer Gesellschafter zu berücksichtigen hat.

In unternehmensübergreifenden Matrixorganisationen wird der Vortrag der zentralen Leitungseinheit, sie übe die personelle und soziale Leitungsmacht für die Konzernunternehmen getrennt aus, nur schwer überzeugen können. Denn deren stabile, rechtssichere Konstruktion setzt eine starke konzernrechtliche Bindung gerade voraus.[1232] Hinzu kommt, dass die Matrix jedenfalls in inhaltlicher Hinsicht auf eine Koordination der rechtsträgerverschiedenen Einheiten durch den Matrixmanager abzielt. Ist dieser nun zugleich mit der Leitung in personellen und sozialen Angelegenheiten betraut, wäre es lebensfremd anzunehmen, dass ein und dieselbe Person die fachlich-inhaltlichen Weisungen einheitlich für die ihr unterstellten Unternehmen trifft, hinsichtlich der personellen und sozialen Entscheidungen hingegen ausschließlich im Interesse der jeweiligen Tochtergesellschaft handelt. Vielmehr tritt die Indizwirkung hier bereits gemäß § 1 Abs. 2 Nr. 1 BetrVG ein. Trifft der Matrixmanager die qualitative Mehrheit außenwirksamer Entscheidungen bezüglich mitbestimmungsrelevanter Angelegenheiten, wird er sich daher kaum auf eine getrennte Aufgabenwahrnehmung berufen können. In diesem Fall ist von einem die jeweilige Matrixzelle umfassenden gemeinsamen Betrieb mehrerer Unternehmen auszugehen.[1233]

(2) Herrschendes Unternehmen als Betriebsführer

Unternehmensübergreifende Matrixstrukturen werden unter anderem implementiert, indem der Matrixmanager als Stellvertreter der abhängigen

---

1231 Siehe 3. Kap. B. I. 1.
1232 Hierzu bereits unter 3. Kap. B. I.
1233 *Wurth*, in: FS Moll, S. 775, 782.

Gesellschaft bei der Befolgung konzernrechtlicher Weisungen fungiert.[1234] Dass sich eine Gesellschaft bei der Erfüllung betriebsverfassungsrechtlicher Pflichten vertreten lassen kann, belegen unter anderem § 43 Abs. 2 S. 3 BetrVG[1235] und § 108 Abs. 2 S. 1 BetrVG[1236].[1237] Ist der Matrixmanager kein Organmitglied der herrschenden und/oder der abhängigen Gesellschaft, liegt der Stellvertretung häufig ein Geschäftsbesorgungsvertrag (genauer: ein Betriebsführungsvertrag) zwischen der abhängigen Gesellschaft als Dienstberechtigtem und dem herrschenden Unternehmen als Betriebsführer zugrunde, aufgrund dessen der Matrixmanager Entscheidungen als Untervertreter des abhängigen Unternehmens auch in personellen und sozialen Angelegenheiten trifft. Da mit jeder abhängigen Gesellschaft ein eigenständiger Betriebsführungsvertrag bestehen wird, ist fraglich, ob dennoch von einer einheitlichen betriebskonstituierenden Leitung sämtlicher Arbeitnehmer in der Matrixzelle ausgegangen werden kann.

Nicht nur in Matrixorganisationen entspricht es gängiger Konzernpraxis, die personelle Leitung mittels Geschäftsbesorgungsverträgen auf zentrale Stellen außerhalb des eigenen Unternehmens zu delegieren. Eine Vielzahl der originären Aufgaben einer Personalabteilung wird heutzutage auch von externen Personaldienstleistungsgesellschaften angeboten oder innerhalb von Konzernen zentral bei als Personalführungsgesellschaften dienenden Töchtern bzw. Schwestern gebündelt.[1238] Bezüglich der Frage, ob derartige Konstellationen einen gemeinsamen Betrieb mehrerer Unternehmen nach sich ziehen, besteht bereits eine gefestigte Rechtsprechung. Diese stellt insbesondere auf zwei Aspekte ab: Zum einen prüft das BAG das Vorliegen eines gemeinsamen Betriebs anhand der Frage, ob die von einer Konzernschwester oder -mutter übernommenen Dienstleistung als Serviceleistung Dritter denkbar ist. Sei das nicht der Fall, wofür beispielhaft die zentrale Führung von Personalakten sowie die Erstellung von Arbeitsverträgen und anderen personenbezogenen Schriftstücken genannt werden,[1239] indizierten dienstvertragliche Beziehungen das Bestehen eines

1234 Hierzu bereits unter 3. Kap. B. II. 1.

1235 *„Der Arbeitgeber oder sein Vertreter hat mindestens einmal in jedem Kalenderjahr in einer Betriebsversammlung über (…) zu berichten, (…).“*

1236 *„An den Sitzungen des Wirtschaftsausschusses hat der Unternehmer oder sein Vertreter teilzunehmen.“*

1237 *Berger*, S. 268.

1238 Vgl. *Rieble/Gistel*, NZA 2005, 242.

1239 BAG v. 11.2.2004 – 7 ABR 27/03, NZA 2004, 618 unter II 2 b) bb) der Gründe.

einheitlichen Leitungsapparats.[1240] Als Serviceleistung Dritter denkbar und mithin kein wesentliches Indiz für einen einheitlichen Leitungsapparat in betriebsverfassungrechtlichen Angelegenheiten sind nach Ansicht des BAG hingegen die Lohnbuchhaltung[1241] sowie die Personenidentität des Datenschutzbeauftragten oder der Fachkraft für Arbeitssicherheit.[1242] Zum anderen differenziert das BAG zwischen der Entscheidungsfindung und dem Entscheidungsvollzug, wobei nur durch die beim Dienstverpflichteten zentralisierte Entscheidungs*findung* ein einheitlicher Leitungsapparat geschaffen werde, der einen gemeinsamen Betrieb mehrerer Unternehmen nach sich ziehe.[1243]

Das beschriebene Vorgehen ist in der Literatur verschiedentlich auf Kritik gestoßen.[1244] Insbesondere der Aspekt, ob die übernommenen Dienstleistungen als Serviceleistungen Dritter denkbar seien, wird als gänzlich ungeeignet für die Feststellung eines einheitlichen Leitungsapparats erachtet. Denn auch im Personaldienstleistungssektor gelte, dass angeboten werde, was nachgefragt wird.[1245] *Rieble/Gistel* schlagen vielmehr vor, die Voraussetzung des *„einheitlichen Leitungsapparats"* durch die des *„gemeinsamen Leitungsapparats"* zu ersetzen, der eine gemeinsame Willensbildung der beteiligten Unternehmen voraussetze.[1246] *Kreutz* hält an der Formulierung der einheitlichen Leitung fest, erachtet jedoch die gemeinsame Nutzung der primären Betriebsmittel für ein kumulativ zu erfüllendes, den gemeinsamen Betrieb konstituierendes Erfordernis.[1247] An anderer Stelle wird auf die gemeinsame Verantwortlichkeit der beteiligten Unternehmen für ein

1240 BAG v. 24.10.2013 – 2 AZR 1057/12, NZA 2014, 725 Rn. 56; BAG v, 18.10.2006 – 2 AZR 434/05, NZA 2007, 552 Rn. 53; BAG v. 11.2.2004 – 7 ABR 27/03, NZA 2004, 618 unter II 2 b) bb) der Gründe; BAG v, 9.2.2000 – 7 ABR 21/98, BeckRS 2000, 30783023 unter unter III 2 der Gründe; zust. u.a. LAG Köln v. 13.4.2016 – 11 Sa 883/15 –, juris Rn. 19; LAG MV v. 9.10.2014 – 5 Sa 74/14 –, juris Rn. 54; LAG Niedersachen v. 21.7.2004 – 15 TaBV 55/03 –, juris.

1241 BAG v. 24.10.2013 – 2 AZR 1057/12, NZA 2014, 725 Rn. 56; BAG v, 18.10.2006 – 2 AZR 434/05, NZA 2007, 552 Rn. 53; BAG v. 11.2.2004 – 7 ABR 27/03, NZA 2004, 618 unter II 2 b) bb) der Gründe.

1242 BAG v. 11.2.2004 – 7 ABR 27/03, NZA 2004, 618 unter II 2 b) bb).

1243 BAG v. 9.6.2011 – 6 AZR 132/10, AP BetrVG 1972 § 102 Nr. 164; BAG v. 21.2.2001 – 7 ABR 9/00, EzA § 1 BetrVG 1972 Nr 11 Rn. 19; BAG v. 24.1.1996 – 7 ABR 10/95, NZA 1996, 1110 unter B. 3. b) cc); LAG RLP v. 8.11.2016 – 8 TaBV 22/15 –, juris Rn. 71.

1244 *Kreutz*, in: FS Richardi, S. 637, 646 ff.; *Rieble/Gistel*, NZA 2005, 242 ff.; *Zöllner*, in: FS Semler, S. 995, 1011 ff.

1245 Prägnant formuliert von *Rieble/Gistel*, NZA 2005, 242.

1246 *Rieble/Gistel*, NZA 2005, 242, 246.

1247 *Kreutz*, in: FS Richardi, S. 637, 651.

betriebliches Ergebnis abgestellt.[1248] Hinter sämtlichen Ansätzen steckt das Bestreben, Konstellationen auszuklammern, in denen ein Dienstleister zwar Bereiche der Personalführung für mehrere Unternehmen übernimmt, diese jedoch getrennt voneinander führt und gerade nicht miteinander verknüpft. Folglich sind die tatsächlichen Unterschiede zwischen den Ansätzen marginal; sie beschränken sich vielmehr auf Begrifflichkeiten (gemeinsame oder einheitliche Leitung) bzw. auf die Gewichtung von Indizien (Üblichkeit des Outsourcings oder gemeinsame Nutzung primärer Betriebsmittel).

Überträgt man das Gesagte auf unternehmensübergreifende Matrixstrukturen, sind die für die Personenidentität auf Organebene aufgestellten Maßstäbe auf die Gestaltung mittels Betriebsführungsverträge übertragbar.[1249] Demnach ist jedenfalls dann von einer abgestimmten und damit einheitlichen Leitung auszugehen, wenn die fachliche und personelle/soziale Leitungsmacht bei derselben Instanz gebündelt ist. Denn inhaltlich werden die einzelnen Matrixzellen unzweifelhaft wie ein einheitlicher Betrieb geführt. Es entspricht gerade dem Zweck einer Matrix, organisatorische Einheiten ungeachtet gesellschaftsrechtlicher Grenzen zu schaffen, um die Ressourcen innerhalb eines Konzerns möglichst effizient zu nutzen. Ist nun der für diese Koordination zuständige Matrixmanager über das fachliche Weisungsrecht hinaus ebenfalls dazu befugt, Entscheidungen in den betriebsverfassungsrechtlich relevanten Angelegenheiten zu treffen, muss davon ausgegangen werden, dass er auch diese Entscheidungen im Interesse der von ihm verantworteten Matrix-Schnittstelle trifft und nicht etwa isoliert für die einzelnen ihm unterstellten Einheiten der verschiedenen Unternehmen. Für einen gemeinsamen Betrieb typisch ist zudem die Vereinbarung eines Konfliktlösungsmechanismus[1250], der in einer unternehmensübergreifenden Matrixstruktur durch die Einschaltung der Matrixleitung regelmäßig gegeben sein wird. Der Matrixleitung obliegt es, die ordnungsgemäße Durchführung der Aufgaben sicherzustellen, indem sie die Kompetenzen der anderen Matrix-Instanzen festlegt, Regeln zur Konfliklösung aufstellt und gegebenenfalls als Schlichterin zwischen den einbezogenen Dimensionen fungiert.[1251] Mithin kann ein zwischen herr-

1248 *Rose*, in: Hess/Worzalla et al., § 1 BetrVG Rn. 43.

1249 Für eine Gleichbehandlung explizit auch *Kreutz*, in: FS Richardi, S. 637, 649.

1250 *Kreßel*, AuA 1998, 145, 146.

1251 Zu den Aufgaben der Matrixleitung siehe bereits unter 3. Kap. A. I. 1.; vgl. hierzu auch *Leumann*, S. 64; *Scholz*, in: HWO, Sp. 1302, 1303; *Schreyögg/Geiger*, S. 92; *Steger*, in: Maschmann/Fritz, Rn. 11; *Thommen/Richter*, in: HWUO, Sp. 828, 835.

schendem und abhängigen Unternehmen abgeschlossener Geschäftsbesorgungsvertrags das Bestehen eines einheitlichen Leitungsapparats nicht verdecken und somit auch das Entstehen eines gemeinsamen Betriebs nicht verhindern.[1252]

(3) Mehrfacharbeitsverhältnis des Matrixmanagers

Eine arbeitsvertragliche Beziehung des Matrixmanagers zu den ihm unterstellten Konzerngesellschaften kann das Entstehen eines gemeinsamen Betriebs nicht verhindern, sofern der Matrixmanager Disziplinarrechte gegenüber den Schnittstellen-Arbeitnehmern in Vertretung deren Vertragsarbeitgebers ausübt. Denn die Qualifizierung als (gemeinsamer) Betrieb ist nicht von dem der Vertretung zugrundeliegenden Kausalverhältnis abhängig, sondern bestimmt sich allein danach, ob für eine bestimmte Gruppe von Arbeitnehmern von einer einheitlichen Entscheidungsfindung auszugehen ist. Dies ist aufgrund der bereits erläuterten Erwägungen[1253] jedenfalls widerlegbar zu vermuten, wenn der Matrixmanager über die fachlich-inhaltliche Konkretisierung der Arbeitsleistung hinaus Disziplinarrechte gegenüber den Schnittstellen-Arbeitnehmern ausübt.

bb) Erfordernis einer Führungsvereinbarung

Das Bestehen eines einheitlichen Leitungsapparats wird nach der Rechtsprechung des BAG durch eine Vereinbarung der beteiligten Rechtsträger über die gemeinsame Ausübung der Leitungsmacht sichergestellt[1254], in der verbindlich festgelegt wird, welche Entscheidungen vom gemeinsamen Leitungsapparat der Unternehmen getroffen werden und welche die Unternehmen unabhängig voneinander treffen.[1255] Die Fragen, ob es einer solchen Führungsvereinbarung tatsächlich bedarf und welche Rechtsnatur

---

1252 Offen lassend *Berger*, S. 203.

1253 Siehe 4. Kap. B. I. 2. b) aa) (1) und (2).

1254 BAG v. 23.11.2016 – 7 ABR 3/15, NZA 2017, 1003, 1005; BAG v. 13.2.2013 – 7 ABR 36/11, NZA-RR 2013, 521 Rn. 29; BAG v. 13.8.2008 – 7 ABR 21/07, NZA-RR 2009, 255 Rn. 19; BAG v. 17.8. 2005 – 7 ABR 62/04 –, juris Rn. 21; BAG v. 21.2.2001 – 7 ABR 9/00 –, juris Rn. 17; BAG v. 25.11.1980 – 6 ABR 108/78, AP BetrVG 1972 § 1 Nr. 2.

1255 Vgl. *Rieble*, in: FS Wiese, S. 453, 456.

sie hat, ist hoch umstritten.[1256] Systematisch ergibt sich die Notwendigkeit einer Führungsvereinbarung bereits aus den Vermutungstatbeständen des § 1 Abs. 2 BetrVG, die ausweislich der Gesetzesbegründung in das BetrVG 2001 eingefügt wurden, um den Betriebsräten den Nachweis einer Führungsvereinbarung zu ersparen.[1257] Insbesondere § 1 Abs. 2 Nr. 1 BetrVG, wonach ein gemeinsamer Betrieb mehrerer Unternehmen vermutet wird, sofern eine Unternehmensspaltung zur Folge hat, dass von einem Betrieb ein oder mehrere Betriebsteile einem an der Spaltung beteiligten anderen Unternehmen zugeordnet werden, ohne dass sich dabei die Organisation des betroffenen Betriebs wesentlich ändert, wäre ohne das Erfordernis einer rechtlichen Vereinbarung letztlich überflüssig.[1258] Teleologisch lässt sich das Erfordernis einer Führungsvereinbarung damit erklären, dass dem Betriebsrat ein zur einheitlichen Willensbildung fähiger Arbeitgeber im betriebsverfassungsrechtlichen Sinn gegenüberstehen muss. Eine rechtssichere Willensbildung ist beispielsweise beim Abschluss von Betriebsvereinbarungen, der Anrufung der Einigungsstelle oder im arbeitsgerichtlichen Verfahren erforderlich.[1259] Zudem bedürfen die wechselseitige Zurechnung der Arbeitnehmer und die unternehmensübergreifende Weiterbeschäftigungspflicht eines Zurechnungstatbestandes, wie ihn eine rechtsgeschäftliche Vereinbarung darstellt.[1260] Dogmatisch handelt es sich bei der rechtlichen Verbindung um eine BGB-Innengesellschaft im Sinne des § 705 BGB.[1261]

1256 Dem BAG zustimmend *Fabricius*, SAE 1979, 15, 19; GK-BetrVG/*Franzen*, § 1 Rn. 49; *Jochums*, S. 18; *Körnig*, SAE 1982, 282, 284; *Kraft, in: FS Hilger/Stumpf, S. 295, 406; Löwisch*, RdA 1976, 35; *ders.*, in: Löwisch/Kaiser I, § 1 BetrVG Rn. 39; *Maschmann*, in: Dornbusch/Fischermeier/Löwisch, § 1 BetrVG Rn. 12; HWK/*B. Gaul*, § 1 BetrVG Rn. 15; *Preis*, in: Wlotzke/Preis/Kreft, § 1 BetrVG Rn. 35; *Rieble*, in: FS Wiese, S. 453, 455; a.A.: LAG Hamburg v. 22.10.1997 – 4 TaBV 9/95 –, juris Rn. 70; LAG Berlin v. 22.11.1985 – 10 Ta BV 8/85, BB 1986, 593; LAG Hamm v. 5.6.1985 – 3 Ta BV 113/84, NZA 1985, 673; *Joost*, Betrieb und Unternehmen, S. 260; *Kohte*, RdA 1992, 302, 307 ff.; *Wendeling-Schröder*, NZA 1984, 247, 249; *Zöllner*, in: FS Semler, S. 995, 1011.

1257 Vgl. BT-Drs. 14/5741, S. 33.

1258 ErfK/*Koch*, § 1 BetrVG Rn. 14.

1259 *Löwisch*, RdA 1976, 35, 38; *Rieble*, in: FS Wiese, S. 453, 455.

1260 *Preis*, in: Wlotzke/Preis/Kreft, § 1 BetrVG Rn. 35.

1261 *Jochums*, S. 23; Richardi/*Richardi/Maschmann*, § 1 BetrVG Rn. 71; *Rose*, in: Hess/Worzalla et al., § 4 BetrVG Rn. 17; *Windbichler*, Arbeitsrecht im Konzern, S. 289 ff.; wohl auch BAG v. 16.4.2008 – 7 ABR 4/07, NZA-RR 2008, 583, 585 Rn. 30; BAG v. 24.1.1996 – 7 ABR 10/95, NZA 1996, 1110, 1113; BAG v. 5.3.1987 – 2 AZR 623/85, NZA 1988, 32; a.A. *Konzen*, Unternehmensaufspaltungen, S. 64 f.

Vor der BetrVG-Reform 2001 wurde teilweise vertreten, dass in Konzernsachverhalten die konzernrechtliche Leitungsmacht anstelle der Führungsvereinbarung treten könne und letztere mithin entbehrlich sei. Das Erfordernis einer zusätzlichen Führungsvereinbarung sei unter anderem überflüssig, wenn die Unternehmensträger einem Anteilseigner gehörten und dieser der alleinige Vertreter sei.[1262] In derartigen Konstellationen sei die rechtliche Einheit bereits durch den Konzernverbund gewährleistet.[1263] Bezüglich der heutigen Rechtslage kann jedoch nicht unberücksichtigt bleiben, dass der Gesetzgeber mit dem BetrVG 2001 kein derartiges Konzernprivileg geschaffen hat, obwohl ihm das in § 1 Abs. 2 BetrVG ein Leichtes gewesen wäre. Anders als eine explizite Führungsvereinbarung garantiert die Konzernleitungsmacht zudem nicht die beständige Ausübung einheitlicher Leitung. Denn auch wenn die Konzernspitze dazu in der Lage ist, eine einheitliche Leitung zu sichern, folgt hieraus nicht, dass sie hiervon tatsächlich Gebrauch macht.[1264] Eine Pflicht zur Konzernleitung besteht nämlich gerade nicht.[1265] Folglich setzt der gemeinsame Betrieb mehrerer Unternehmen auch in Konzernsachverhalten voraus, dass die einheitliche Betriebsleitung durch den (konkludenten) Abschluss einer Führungsvereinbarung rechtlich gesichert ist. Da die Rechtsprechung bereits den konkludenten Abschluss genügen lässt[1266] und die Vereinbarung in den meisten Fällen ohnehin nach § 1 Abs. 2 BetrVG widerlegbar vermutet wird[1267], hat der Streit kaum praktische Relevanz.[1268]

Der Abschluss einer Führungsvereinbarung wird auch nicht durch eine steuerrechtliche Organschaft mehrerer Konzernunternehmen im Sinne des § 2 Abs. 2 Nr. 2 UStG ersetzt, die auch in matrixorganisierten Konzernen

---

1262 LAG Hamm v. 5.6.1985 – 3 TaBV 113/84, BB 1985, 1792 mit zust. Anm. *v. Hoyningen-Huene*, EWiR 1985, 727.

1263 *Kohte*, RdA 1992, 302, 305; *Konzen*, ArbuR 1985, 341, 342, 353; *ders.*, Unternehmensaufspaltungen, S. 65; *Wendeling-Schröder*, NZA 1984, 247; *Zöllner*, in: FS Semler, S. 995, 1011.

1264 *Rieble*, in: FS Wiese, S. 453, 459 f.; *Windbichler*, Arbeitsrecht im Konzern, S. 291.

1265 Hierzu umfassend *Hommelhoff*, Konzernleitungspflicht, S. 260 ff.

1266 BAG v. 31.5.2000 – 7 ABR 78/98, NZA 1350, 1352.

1267 Vgl. BT-Drs. 14/5741, S. 33; BAG v. 11.2.2004 – 7 ABR 27/03, AP BetrVG 1972 § 1 Gemeinsamer Betrieb Nr. 22; HWK/*B. Gaul*, § 1 BetrVG Rn. 23; *Konzen*, RdA 2001, 76, 80; GK-BetrVG/*Franzen*, § 1 Rn. 53.

1268 HWK/*B. Gaul*, § 1 BetrVG Rn. 15; *Konzen*, RdA 2001, 76, 80; *Kreßel*, AuA 1998, 145, 146; *Joost*, Betrieb und Unternehmen, S. 261 spricht von einem „Scheinproblem“.

weit verbreitet ist.[1269] Die Organschaft bewirkt, dass die einbezogenen Gesellschaften steuerrechtlich als ein Unternehmen behandelt werden, so dass beispielsweise Gewinne und Verluste der einzelnen Gesellschaften im Organkreis miteinander verrechnet werden. Eine Organschaft im Sinne des § 2 Abs. 2 Nr. 2 UStG liegt vor, wenn eine juristische Person nach dem Gesamtbild der tatsächlichen Verhältnisse finanziell, wirtschaftlich und organisatorisch in das Unternehmen des Organträgers eingegliedert ist. Wurde eine derartige Eingliederung von den Finanzbehörden festgestellt, belegt dies zwar, dass die Beherrschung der Organgesellschaft durch den Organträger in der laufenden Geschäftsführung tatsächlich wahrgenommen wurde und eine vom Willen des Organträgers abweichende Willensbildung nicht stattgefunden hat.[1270] Die erforderliche einheitliche Willensbildung betrifft allerdings ausschließlich die Unternehmensebene mit der Folge, dass die Gesellschaften als ein Unternehmen betrachtet werden. Genau wie ein einziges Unternehmen mehrere selbstständige Betriebe führen kann[1271], hat eine einheitlich ausgeübte Unternehmensführung mehrerer Gesellschaften nicht zwingend einen einzigen gemeinsamen Betrieb mehrerer Unternehmen zur Folge.[1272] Die Vereinbarung eines einheitlichen, die mitbestimmungsrelevanten Entscheidungen betreffenden Leitungsapparats ist hiermit nicht verbunden.[1273]

cc) Irrelevanz der räumlichen Verbundenheit

Das BAG scheint davon auszugehen, dass ein gemeinsamer Betrieb eine gemeinsame Betriebsstätte der beteiligten Unternehmen voraussetzt. Nicht anders kann die wiederholt gebrauchte Wendung verstanden werden, nach der in einem solchen *„die in einer Betriebsstätte vorhandenen materiellen und immateriellen Betriebsmittel für einen einheitlichen arbeitstechnischen*

1269 Hierzu umfassend *Haarmann*, BB 2019, 407.

1270 Zu den Voraussetzungen der Organschaft i.S.d. § 2 II Nr. 2 UstG vgl. BFH v. 28.1.1999 – V R 32/98, BB 1999, 670, unter II 1 der Gründe m.w.N.

1271 BAG v. 23.9.1982 – 6 ABR 42/81, AP BetrVG 1972 § 4 Nr. 3.

1272 BAG v. 25.5.2005 – 7 ABR 38/04, DB 2005, 1914 Rn. 36.

1273 Vgl. BAG v. 25.5.2005 – 7 ABR 38/04, DB 2005, 1914; LAG RLP v. 8.11.2016 – 8 TaBV 22/15 –, juris Rn. 64; Düwell/*Kloppenburg*, § 1 BetrVG Rn. 47; *Preis*, in: Wlotzke/Preis/Kreft, § 1 BetrVG Rn. 34; a.A. DKKW/*Trümner*, § 1 BetrVG Rn. 99, der ihr jedenfalls Indizwirkung beimisst.

Zweck zusammengefasst, geordnet und gezielt eingesetzt werden".[1274] In einer Entscheidung aus dem Jahr 2008 hat der der 7. Senat eine Qualifizierung als gemeinsamer Betrieb mehrerer Unternehmen schon deshalb verneint, da es aufgrund räumlicher Entfernung an einer gemeinsame Betriebsstätte fehle.[1275]

Bezüglich eines Gemeinschaftsbetrieb im Sinne des § 23 Abs. 1 KSchG – dem das BAG den Betriebsbegriff des § 1 BetrVG zugrundelegt[1276] – hatte der 2. Senat des BAG hingegen zutreffend festgestellt, dass die räumliche Trennung der Betriebsstätten allein das Vorliegen eines gemeinsamen Betriebs nicht ausschließe, sondern nur die Anforderungen an die Darlegung eines einheitlichen Leitungsapparats erhöhe.[1277] Ebensowenig wie die räumliche Zusammenfassung von Betriebsmitteln eine notwendige Bedingung für die Annahme eines Betriebs im Sinne des § 1 Abs. 1 S. 1 BetrVG ist, kommt ihr beim gemeinsamen Betrieb mehrerer Unternehmen mehr als eine Indizwirkung für das Bestehen eines einheitlichen Leitungsapparats zu.[1278] Denn der gemeinsame Betrieb mehrerer Unternehmen unterscheidet sich von dem eines einzigen Unternehmens allein dadurch, dass die Betriebsmittel mehreren Rechtsträgern zugeordnet sind und deren einheitliche Organisation mittels einer Führungsvereinbarung rechtlich abgesichert ist.[1279] Die gegenseitige Zurechnung der beteiligten Unternehmen, die auf der rechtsgeschäftlich vereinbarten Führungsvereinbarung beruht, ist nicht an eine räumliche Verbundenheit, sondern den gemeinsamen Personaleinsetz zur Verfolgung eines gemeinsamen Zwecks gebunden.

1274 BAG v. 13.2.2013 – 7 ABR 36/11, NZA-RR 2013, 521 Rn. 28; BAG v. 13.8.2008 – 7 ABR 21/07 – NZA-RR 2009, 255 Rn. 16.

1275 BAG v. 13.8.2008 - 7 ABR 21/07, NZA-RR 2009, 255 Rn. 27; ebenso LAG Düsseldorf v. 20.12.2010 – 14 TaBV 24/10 –, juris Rn. 33.

1276 Vgl. zum Betrieb i.S.d. § 1 BetrVG 1 Kap. B. I.

1277 BAG v. 18.1.1990 – 2 AZR 355/89, NZA 1990, 977 unter III 3 a) der Gründe; so auch LAG Schleswig-Holstein v. 13.7.2017 – 5 Sa 252/16, BeckRS 2017, 125952 Rn. 61; zum Betrieb eines Rechtsträgers vgl.: BAG v. 2.3.2017 – 2 AZR 427/16, NZA 2017, 859 Rn. 13; BAG v. 7.7.2012 – 2 AZR 12/10, NZA 2012, 148.

1278 *Berger*, S. 205; *Bonanni*, Gemeinsamer Betrieb, S. 36; HWK/*B. Gaul*, § 1 BetrVG Rn. 22; *Kreutz*, in: FS Richardi, S. 637, 641; *Rieble/Gistel*, NZA 2005, 242, 243.

1279 BAG v. 16.2.2006 – 8 AZR 211/05, NZA 2006, 592, 594 Rn. 18: „*Das Besondere des Gemeinschaftsbetriebs ist (nur), dass verschiedene Arbeitgeber gemeinsam einen Betrieb führen.*"; *Rieble/Gistel*, NZA 2005, 242, 243; *Walle*, in: FS Moll, S. 711, 718.

3. Heterogene Leitungsstrukturen

Es wurde festgestellt, dass für die Bestimmung des betriebskonstituierenden Leitungsapparats auf die Befugnis abzustellen ist, im Außenverhältnis zu den Arbeitnehmern Entscheidungen in mitbestimmungsrelevanten Angelegenheiten zu treffen. Steht diese Kompetenz ausschließlich dem Matrixmanager gegenüber den Schnittstellen-Arbeitnehmern verschiedener Arbeitgeber zu, bilden diese einen gemeinsamen Betrieb mehrerer Unternehmen.[1280] Bislang wurden jedoch nur solche Konstellationen beurteilt, in denen eine einzige Stelle die erkennbare Mehrheit mitbestimmungsrelevanter Entscheidungen trifft. Matrixstrukturen können jedoch dazu führen, dass Kompetenzen bezüglich der Schnittstellen-Arbeitnehmer auf derart viele Instanzen verteilt sind, dass sich bei keiner davon eine deutliche Mehrheit der Arbeitgeberfunktionen in personellen und sozialen Angelegenheiten konzentriert.[1281]

Eine solche heterogene Leitungsstruktur behandelt ein Urteil des ArbG Frankfurt aus dem Jahr 2009.[1282] Das Gericht hatte über die Betriebsratsfähigkeit des Frankfurter Standorts einer Konzern-GmbH mit Sitz in München zu entscheiden, deren Geschäftsführer ihre Tätigkeit als Angestellte der Konzernmutter von deren Hauptsitz in den USA ausübten. Die deutsche Konzerntochter verfügte über insgesamt vier Standorte in Deutschland, die in eine nach Geschäftsbereichen und Regionen gegliederte weltweite Konzernmatrix eingebunden waren. Die Matrix bestand aus den Business Units Consulting, Sales, Research, Strategy Technology Group, Gartner Executive Programs (EXP) und Client Relationship, für die an allen vier deutschen Standorten Mitarbeiter tätig waren. Von den 33 Mitarbeitern am Standort Frankfurt gehörten fünf der Business Unit Consulting, 18 der Business Unit Sales, vier der Business Unit Research, vier der Business Unit EXP, ein Mitarbeiter dem Bereich Strategic Technology Group und ein Mitarbeiter dem Bereich Client Relationship an. Die Business Units wurden in personellen Angelegenheiten jeweils eigenständig geführt, wobei die Leiter der einzelnen Geschäftsbereiche verschiedenen Konzerngesellschaften zugehörig waren, die an ganz unterschiedlichen Or-

1280 Siehe 4. Kap. B. I. 2. b).

1281 *Berger*, S. 219; *Joost*, Betrieb und Unternehmen, S. 121; allg. zu heterogenen Leitungsstrukturen auch *Umnuß*, Betriebsverfassung, S. 142.

1282 ArbG Frankfurt/Main v. 21.7.2009 – 12 BV 184/09 –, juris; soweit ersichtlich handelt es sich um die einzige veröffentlichte Entscheidung zu diesem Problemkreis.

ten der Welt ihren Sitz hatten. Die einzelnen Geschäftsbereichsleiter entschieden – teilweise in Absprache mit der Geschäftsführung der GmbH – bezüglich des von ihnen geführten Bereichs über Einstellungen, Abmahnungen, Urlaubsfragen und übten das fachliche Weisungsrecht aus. Keiner der Leiter der jeweiligen Business Units war an Entscheidungen anderer Business Units beteiligt. Entgeltfragen im Sinne des § 87 Abs. 1 Nr. 10 und 11 BetrVG oblagen der Konzerngeschäftsleitung in den USA. Die wesentlichen Entscheidungen in sozialen Angelegenheiten wurden hingen auch von der Geschäftsführung der deutschen GmbH getroffen. An den vier deutschen Standorten bestand jeweils ein Betriebsrat, in München zusätzlich ein Gesamtbetriebsrat. Dort war ebenfalls eine Stelle als zentraler Ansprechpartner für alle Betriebsräte eingerichtet. Die für den Frankfurter Standort durchgeführte Betriebsratswahl wurde von der Gesellschaft wegen Verkennung des Betriebsbegriffs gemäß § 19 BetrVG angefochten, da es sich nach ihrer Ansicht weder um einen Betrieb im Sinne des § 1 Abs. 1 BetrVG noch um einen selbstständigen Betriebsteil im Sinne des § 4 Abs. 1 BetrVG handelte.

Das ArbG Frankfurt wandte den auch hier vertretenen Betriebsbegriff an und verneinte die Qualifizierung des Frankfurter Standorts als Betrieb im Sinne des § 1 Abs. 1 S. 1 BetrVG mangels eines dort vorhandenen, einheitlichen Leitungsapparats.[1283] Der gesamte Frankfurter Standort der GmbH sei jedoch ein betriebsratsfähiger, selbstständiger Betriebsteil im Sinne des § 4 Abs. 1 S. 1 Nr. 1 BetrVG. Den Hauptbetrieb sah das Gericht in dem Unternehmenssitz der GmbH in München. Begründend führte es an, dass dort sowohl die Geschäftsführung der GmbH als auch die zentrale Ansprech- und Verhandlungspartnerin der Betriebsräte auf Unternehmensebene angesiedelt seien. Folglich sei in München deutschlandweit die größte Entscheidungsnähe hinsichtlich der mitbestimmungsrelevanten Entscheidungen gegeben.[1284]

a) Heterogenität als Folge der Organisationsgestaltung

Ist keiner der den Schnittstellen-Arbeitnehmern direkt vorgesetzten Matrixmanagern zur Entscheidung über die Mehrheit der mitbestimmungsrelevanten Angelegenheiten befugt, ist auf eine den Matrixmanagern überge-

---

1283 ArbG Frankfurt/Main v. 21.7.2009 – 12 BV 184/09 –, juris Rn. 51.

1284 ArbG Frankfurt/Main v. 21.7.2009 – 12 BV 184/09 –, juris Rn. 53; zust. *Berger*, S. 224; *Kort*, NZA 2013, 1318, 1321; *Witschen*, RdA 2016, 38, 43.

ordnete Instanz als betriebskonstituierenden Leitungapparat abzustellen – im Zweifel auf die Unternehmensleitung. Diese zutreffende Aussage lässt sich der skizzierten Entscheidung des ArbG Frankfurt entnehmen.[1285] Dieser Ansatz trägt den Erkenntnissen der betriebswirtschaftlichen Organisationsgestaltung Rechnung, wonach die Heterogenität der Leitungsstrukturen eine Konsquenz der weiten Ausdifferenzierung ist. Im ersten Kapitel der vorliegenden Abhandlung wurde bereits dargestellt, dass sich die Organisation[1286] eines Unternehmens aus der Definition eines zu erreichenden Gesamtziels ergibt, das sodann in einzelne zu erledigende Teilaufgaben ausdifferenziert wird. In einer Mehrlinienorganisation wie der Matrixorganisation führt die Differenzierung dazu, dass die Schnittstellen mehreren entscheidungsbefugten Instanzen (Matrixmanagern) unterstellt sind. In der Lehrbuch-Matrix erfolgt die Aufgabenverteilung zwischen den Instanzen dergestalt, dass nur einer der Matrixmanager Entscheidungen in personellen und sozialen Angelegenheiten trifft – grob: Disziplinarrechte ausübt.[1287] Zählen die mitbestimmungsrelevanten Angelegenheiten hingegen zum Aufgabenkreis mehrerer Matrixmanager, führt dies zu den hier behandelten heterogenen Leitungsstrukturen. Die Differenzierung ist jedoch nur einer von zwei Aspekten der Organisationsgestaltung. Eine Organisation ergibt sich nicht bereits durch die Zerlegung in einzelne Teilaufgaben, sondern erst durch deren anschließende Zusammenführung im Rahmen der sogenannten Integration. Diese koordiniert die aufgrund der Differenzierung entstandenen Stellen miteinander und fügt sie mittels Weisungs- und Berichtslinien zu einer Hierarchie zusammen. Die mit der Differenzierung bezweckte Arbeitsteilung kann nur gelingen, wenn sie auf ein gemeinsames Ziel ausgerichtet ist.[1288]

Hieraus ergibt sich, dass bezogen auf die Gesamtorganisation in jedem Fall eine Instanz existiert, die als betriebskonstituierender einheitlicher Leitungsapparat in den mitbestimmungsrelevanten Angelegenheiten fungiert. In den beschriebenen heterogenen Leitungsstrukturen ist diese auf einer den Matrixmanagern übergeordneten Hierarchieebene zu suchen. Es handelt sich um diejenige Stelle, von der sämtliche mitbestimmungsrelevante Leitungsmacht ausübende Stellen ihre Komeptenz ableiten[1289] –

1285 *Berger*, S. 224; *Kort*, NZA 2013, 1318, 1321; *Witschen*, RdA 2016, 38, 43.

1286 Gemeint ist die Organisation im funktionalen Sinne.

1287 Siehe 4. Kap. B. I. 1.

1288 Zur Relevanz der Koordination bei heterogenen Leitungsstrukturen grdl. *Umnuß*, S. 142.

1289 *Berger*, S. 226; *Umnuß*, Organisation der Betriebsverfassung, S. 142.

bildlich gesprochen: diejenige Stelle, bei der die einzelnen Fäden zusammenlaufen. Diese „Quelle der Leitungsmacht" wird häufig auf der Unternehmensebene liegen. Man mag gegen die Anknüpfung an den Unternehmenssitz einwenden, dass die Arbeitsrechtswissenschaft in den vergangenen Jahrzehnten ausführlich den Unterschied zwischen den Begriffen des Betriebs und des Unternehmens herausgearbeitet habe. Diese Feststellung wird mit der hier vertretenen These auch nicht angezweifelt. Denn sie schließt keinesfalls aus, dass sich der Bereich des Betriebs und des Unternehmens decken, wie die unbestrittene Möglichkeit des Ein-Betrieb-Unternehmens aufzeigt.[1290]

Mithin kann nicht nur eine Zentralisierung, sondern auch die hier beschriebene Dezentralisierung von Entscheidungsbefugnissen zu einer Kongruenz von Unternehmens- und Betriebsbereich führen. Denn genau so wenig wie das Betriebsverfassungsrecht dem Arbeitgeber eine bestimmte Organisation vorgibt,[1291] diktiert es, auf welcher Hierarchieebene der Verhandlungspartner des Betriebsrats angesiedelt sein muss. Bedient sich der Arbeitgeber zur Ausübung der betriebsverfassungsrechtlich relevanten Komptenzen gegenüber denselben Arbeitnehmern mehrerer Vertreter, ist die Unternehmensleitung (in der Regel das Organ der juristischen Person) selbst der einheitliche Leitungsapparat im Sinne des Betriebsverfassungsrechts.[1292]

Dies wird offenkundig, wenn man sich vergegenwärtigt, dass jegliche Leitung einer juristischen Person auf dem Stellvertretungsrecht beruht. Denn Verpflichteter des BetrVG ist stets der Arbeitgeber als originärer Inhaber des arbeitsrechtlichen Direktionsrechts[1293], der im Fall juristischer Personen durch deren Organe gesetzlich vertreten wird, vgl. § 78 Abs. 1 AktG bzw. § 35 Abs. 1 GmbHG. Die persönliche Abhängigkeit des Arbeitnehmers, die das BetrVG auszugleichen bezweckt, beruht auf der arbeitsvertraglichen Verpflichtung zur Leistung einer fremdgesteuerten und fremdnützigen Tätigkeit. Diese Verpflichtung besteht gegenüber dem Arbeitgeber als Rechtsträger. Dass das BetrVG als Repräsentationseinheit gleichwohl nicht das Gesamtunternehmen des Arbeitgebers wählt, sondern an den Betrieb anknüpft, ist dem Versuch geschuldet, innerhalb der

---

1290 Vgl. nur *Schubert*, Matrixorganisationen, S. 42.

1291 *Konzen*, Unternehmensaufspaltungen, S. 107; *Schubert*, Matrixorganisationen, S. 43; *Windbichler*, Arbeitsrecht im Konzern, S. 288.

1292 *Berger*, S. 226; *Konzen*, Unternehmensaufspaltungen, S. 106; *Kreßel*, AuA 1998, 145.

1293 *Berger*, S: 267; *Windbichler*, Arbeitsrecht im Konzern, S. 351.

Belegschaft homogene Interessengruppen zu bilden,[1294] was nach der hier vertretenen herrschenden Ansicht durch die gemeinsame Unterstellung unter einen einheitlichen Leitungsapparat erfolgt.[1295] Dieser Prozess vollzieht sich, parallel zur betriebswirtschaftlichen Organisationsgestaltung, hierarchisch von unten nach oben:[1296] Betriebsleiter und damit Ansprechpartner des Betriebsrats ist die mit der qualitativen Mehrheit der mitbestimmungsrelevanten Kompetenzen ausgestattete Instanz auf niedrigster Hierarchieebene. So wie im Personalvertretungsrecht außer Acht bleiben muss, dass auch der Dienststellenleiter selbst gegenüber einer im Verwaltungsaufbau übergeordneten Stelle weisungsgebunden ist, steht auch eine dienstvertragliche Weisungsgebundenheit des Betriebsleiters dessen betriebskonstituierender Stellung nicht entgegen. Gibt es auf niedrigerer Hierarchieebene hingegen keine Instanz, die die deutliche Mehrheit der mitbestimmungsrelevanten Entscheidungen trifft, gelangt man letztlich zur Unternehmensleitung als einheitlichem Leitungsapparat im Sinne des BetrVG.

b) Wertung des § 4 Abs. 2 BetrVG

Für die Unternehmensleitung als „Mindestanknüpfung“[1297] spricht auch die gesetzgeberische Wertung des § 4 Abs. 2 BetrVG, wonach Betriebe, die die Voraussetzungen des § 1 Abs. 1 S. 1 BetrVG nicht erfüllen, dem Hauptbetrieb zuzuordnen sind.[1298] Die Vorschrift verhindert, dass bestimmte Arbeitnehmer allein aufgrund einer Organisationsentscheidung des Arbeitgebers – nämlich der Errichtung von Kleinstbetrieben mit jeweils weniger als fünf Beschäftigten – gänzlich von der betrieblichen Mitbestimmung ausgeschlossen werden.[1299] Zutreffend wendet ein Großteil des Schrifttums die Vorschrift mittels eines argumentum e fortiori ebenfalls auf solche Konstellationen an, in denen ein Unternehmen ausschließlich aus Kleinstbetrieben und damit keiner einzigen nach § 1 Abs. 1 BetrVG betriebsratsfähi-

1294 Dies erkennen auch die Verterter eines ausschließlich räumlich verstandenen Betriebs an, vgl. nur *Joost*, Betrieb und Unternehmen, S. 202.

1295 Siehe 1. Kap. B. I. 2.

1296 Vgl. *Konzen*, Unternehmensaufspaltungen, S. 80.

1297 *Berger*, S. 227.

1298 *Berger*, S. 228 ff.

1299 BT-Drs. 14/5741, S. 35.

gen Einheit besteht.[1300] In diesem Fall sind alle Kleinstbetriebe zu einem (mit dem Unternehmensbereich deckungsgleichen) Betrieb zusammenzufassen.

Dieselben Erwägungen kommen zum Tragen, wenn die betriebliche Mitbestimmung vom Arbeitgeber nicht durch eine räumliche Zersplitterung der Belegschaft, sondern eine Zersplitterung der Leitung erschwert wird. Ohne eine analoge Anwendung des § 4 Abs. 2 BetrVG würde die betriebliche Mitbestimmung in beiden Konstellationen allein aufgrund einer Organisationsentscheidung des Arbeitgebers vereitelt. Dies stünde im eindeutigen Widerspruch zu den Bemühungen des BAG, möglichst überall betriebliche Mitbestimmung zu ermöglichen. Denn auch, wenn das BetrVG dem Betriebsinhaber keine bestimmte Organisation vorschreibt,[1301] darf sich dieser nicht durch die Aufspaltung von Kompetenzen seiner betriebsverfassungsrechtlichen Verantwortung entziehen.[1302] Dass dies nicht gewollt ist, hat der Gesetzgeber durch das BetrVG 2001[1303] zum Ausdruck gebracht, indem er durch eine Erweiterung des § 4 Abs. 2 BetrVG nicht wie bis dahin nur Nebenbetriebe, sondern jegliche Kleinstbetriebe dem Hauptbetrieb zuordnete.[1304] Hierdurch sollte eine lückenlose betriebliche Repräsentation gewährleistet werden.[1305] Einer etwaigen Flucht aus der Betriebsverfassung durch heterogene Leitungsstrukturen ist mithin durch eine Mindestanknüpfung an das Unternehmen zu begegnen.[1306]

1300 BeckOK-ArbR/*Besgen*, § 4 BetrVG Rn. 22; *Fitting*, § 4 Rn. 13; GK-BetrVG/*Franzen*, § 4 Rn. 8; *Franzen*, ZfA 2000, 285, 312; *Konzen*, RdA 2001, 76, 82; *Reichold*, NZA 2001, 857, 858; Richardi/*Richardi/Maschmann*, § 4 BetrVG Rn. 48; vgl. auch BAG v. 9.12.1992 - 7 ABR 15/92 –, juris Rn. 27.

1301 *Konzen*, Unternehmensaufspaltungen, S. 107; *Schubert*, Matrixorganisationen, S. 43; *Windbichler*, Arbeitsrecht im Konzern, S. 288.

1302 So bereits *Müllner*, S. 65.

1303 Vgl. Eine Einordnung über die BetrVG-Reform 2001 geben u.a. *Konzen*, RdA 2001, 76; *Reichold*, NZA 2001, 857.

1304 Durch Art. 1 Nr. 4 des Gesetzes zur Refordm Betriebsverfassungsgesetzes v. 23.7.2001, BGBl. I, S, 1852; kodifiziert wurde die bereits bestehende h.M. die § 4 S. 2 BetrVG 1972 analog auf die Zuordnung von Kleinstbetrieben anwendete, vgl. etwa BAG v. 3.12.1985 – 1 ABR 29/84, NZA 1986, 334; einen Überblick über den damaligen Streitstand gibt *Konzen*, RdA 2001, 76 Fn. 93.

1305 Vgl. BT-Drs. 14/5741, S. 35: *„Die Zuordnungsregelung stellt sicher, dass die in Kleinstbetrieben eines Unternehmens tätigen Arbeitnehmer nicht von einer kollektiven Interessenvertretung ausgeschlossen sind, sondern vom Betriebsrat des Hauptbetriebs mitvertreten werden."*

1306 *Berger*, S. 230.

II. Selbstständige Betriebsteile

Hat man den (Haupt-)Betrieb bestimmt, ergeben sich für mögliche selbstständige Betriebsteile aus der Matrixorganisation keine Besonderheiten. Durch § 4 Abs. 1 S. 1 Nr. 1 BetrVG wird sichergestellt, dass auch bei einer in der Unternehmens- oder Konzernspitze zentralisierten Leitungsbefugnis die Arbeitnehmer an ihren jeweiligen Standorten Betriebsräte errichten und durch diese repräsentiert werden können. Die Betriebsfiktion des § 4 Abs. 1 S. 1 BetrVG hat daher auch in Matrixorganisationen Relevanz, in denen durch rechtsträger- und länderübergreifende Organisationseineiten sowie heterogene Leitungsstrukturen sehr große Betriebe im Sinne des § 1 BetrVG entstehen können.[1307] Eine arbeitnehmernahe Repräsentation wäre hier ohne die Fiktion des § 4 Abs. 1 S. 1 BetrVG kaum möglich.[1308]

Dass sich zum Zuschnitt betriebsratsfähiger Einheiten in matrixorganisierten Unternehmen und Konzernen kaum veröffentlichte Rechtsprechung findet, ist auch ein Beleg für die Wirksamkeit des § 4 Abs. 1 S. 1 BetrVG.[1309] Zurückgegriffen werden muss daher erneut auf das bereits dargestellte[1310] Urteil des ArbG Frankfurt aus dem Jahr 2009,[1311] in dem das Gericht den Frankfurter Standort als Betriebsteil im Sinne des § 4 Abs. 1 S. 1 Nr. 1 BetrVG qualifizierte. Hierbei konkretisierte es die vom BAG aufgestellte, ungeschriebene Voraussetzung der organisatorischen Abgrenzbarkeit und Verselbstständigung eines betriebsratsfähigen Betriebsteils. Ausreichend sei, dass in der organisatorischen Einheit überhaupt eine den Einsatz der Arbeitnehmer bestimmende Leitung institutionalisiert sei, die Weisungsrechte des Arbeitgebers ausübe, selbst wenn sie nur einen Bruchteil der in der Einheit tätigen Arbeitnehmer erfasse.[1312] Anders ausgedrückt, genügt es demnach für die Annahme eines Betriebsteils im Sinne des § 4 Abs. 1 S. 1 Nr. 1 BetrVG, dass innerhalb einer räumlichen Einheit

---

1307 Vgl. *Konzen*, Unternehmensaufspaltungen, S. 106; *Schubert*, Matrixorganisationen, S. 38; *Umnuß*, Betriebsverfassung, S. 142 zu den Auswirkungen der dargestellten Organisationsgestaltungen auf die Betriebsgröße.

1308 *Berger*, S. 231; *Kort*, NZA 2013, 1318, 1321.

1309 *Witschen*, RdA 2016, 38, 41.

1310 Siehe 4. Kap. B. I. 3.

1311 ArbG Frankfurt/Main v. 21.7.2009 – 12 BV 184/09 –, juris.

1312 ArbG Frankfurt/Main v. 21.7.2009 – 12 BV 184/09 –, juris Rn. 55; zust. *Berger*, S. 231: *Kort*, NZA 2013, 1318, 1321; a.A. *Witschen*, RdA 2016, 38, 43, der die organisatorische Selbstständigkeit i.R.d. § 4 Abs. 1 S. 1 Nr. 1 BetrVG für verzichtbar hält.

zwei Hierarchieebenen bestehen, unabhängig davon, ob sich diese auf die gesamte Einheit oder nur auf bestimmte Teile erstrecken.

Setzt man die Anforderungen an die Verselbstständigung des Betriebsteils derart niedrig, ist das Merkmal funktionslos.[1313] Denn in der Praxis ist kaum eine Einheit denkbar, die ohne jegliche Weisungsbeziehungen auskommt. In diesem Fall ist es ehrlicher, im Rahmen des § 4 Abs. 1 S. 1 Nr. 1 BetrVG gänzlich auf das Kriterium der organisatorischen Verselbstständigung zu verzichten. Hierfür spricht bereits ein argumentum e contrario zu § 4 Abs. 1 S. 1 Nr. 2 BetrVG, der anders als Nr. 1 nicht auf die räumliche Entfernung zum Hauptbetrieb, sondern auf die organisatorische Eigenständigkeit des Betriebsteils abstellt.[1314] Während der Betriebsteil im Sinne des § 4 Abs. 1 S. 1 Nr. 2 BetrVG selbst eine organisatorische Einheit ist, in der über die Minderzahl der beteiligungspflichtigen Angelegenheiten entschieden wird, handelt es sich bei dem Betriebsteil des § 4 Abs. 1 S. 1 Nr. 1 BetrVG lediglich um den räumlich abgrenzbaren Teil einer einzigen Organisationseinheit: des Betriebs im Sinne des § 1 Abs. 1 BetrVG.[1315]

Matrixbetriebe, in denen ein Matrixmanager als betriebskonstituierender Leitungsapparat fungiert und sich Business Unit und Betrieb folglich decken,[1316] können dazu führen, dass an einem Standort mehrere Betriebsräte zu wählen sind. Liegt die Kompetenz bezüglich der beteiligungspflichtigen Angelegenheiten in dem Beispiel aus Abbildung 1[1317] etwa für alle Arbeitnehmer der Business Unit PKW beim „Matrixmanager PKW" und diejenige für alle Arbeitnehmer der Business Unit LKW beim „Matrixmanager LKW", entstehen mit der PKW- und der LKW-Sparte jeweils kongruente Betriebe im Sinne des § 1 BetrVG. Erstrecken sich diese Betriebe nun über eine große Fläche, etwa indem die Matrixmanager PKW und LKW von der Unternehmenszentrale in Hamburg aus arbeiten, während die Produktion, der Vertrieb und die Entwicklung in München erfolgt, bestehen in München zwei selbstständige Betriebsteile im Sinne des § 4 Abs. 1 S. 1 Nr. 1 BetrVG – selbst, wenn die Verrichtungen dort sowohl für die PKW- als auch die LKW-Sparte vorgenommen werden. Handelt es sich aufgrund der Beteiligung mehrerer Rechtsträger um zwei Gemeinschafts-

1313 Vgl. *Gamillscheg*, Kollektives ArbR II, S. 254; *Schubert*, Matrixorganisationen, S. 37; *Witschen*, RdA 2016, 38, 43.

1314 *Witschen*, RdA 2016, 38, 43.

1315 Hierzu bereits unter 1. Kap.B. I. 5.

1316 Hierzu bereits unter 4. Kap. B. I. 2.

1317 Siehe unter 3. Kap. A.

betriebe, führt auch § 1 Abs. 2 BetrVG nicht zu der Zusammenfassung der in München vorhandenen Betriebsteile zu einem „Gemeinschaftsbetriebsteil" im Sinne des § 4 Abs. 1 S. 1 BetrVG.[1318] Dies entspricht der zutreffenden Ansicht des BAG, wonach mehrere betriebsratsfähige Einheiten im Sinne des § 4 Abs. 1 BetrVG nicht zu einem einheitlichen Betrieb zusammengefasst werden können.[1319] Denn der Betriebsratsfähigkeit der einzelnen Betriebsteile liegt die Vermutung zugrunde, dass diese für sich genommen eine homogene Interessengemeinschaft bilden. Die Vergleichbarkeit der Interessen ergibt sich dabei aus der Unterstellung unter einen einheitlichen Leitungsapparat in beteiligungspflichtigen Angelegenheiten (§§ 1 und § 4 Abs. 1 S. 1 Nr. 1 BetrVG) oder einen eigenständigen Aufgabenbereich (§ 4 Abs. 1 S. 1 Nr. 2 BetrVG). Würde man gleichwohl mehrere betriebsratsfähige Einheiten allein aufgrund ihrer räumlichen Nähe miteinander verbinden, entstünde eine heterogene Gruppe von Arbeitnehmern verschiedener Leitungsstränge oder Aufgabenbereiche. Die Zusammenfassung mehrerer homogener Kollektive würde die dann entstandene Gruppe wieder heterogen werden lassen und den mit §§ 1, 4 BetrVG verfolgten Zielen widersprechen.

Es kann in der Matrix mithin durchaus vorkommen, dass an einem Standort mehrere selbstständige Betriebsteile im Sinne des § 4 Abs. 1 BetrVG bestehen und somit an einem Standort mehrere Betriebsräte gewählt werden. *Berger* spricht treffend davon, dass eine Betriebsstätte in matrixzellenbezogene betriebsratsfähige Einheiten parzelliert werde.[1320]

III. Betriebszugehörigkeit der Grenzstellen

Organisatorisch komplex zuzuordnende Grenzstellen sind in Matrixorganisationen zum einen die Matrixmanager, zum anderen die diesen unter-

---

1318 *Berger*, S. 207.

1319 Vgl. BAG v. 18.1.2012 – 7 ABR 72/10, NZA-RR 2013, 133 Rn. 39; BAG v. 29.5.1991 – 7 ABR 54/90, NZA 1992, 74; zust. ErfK/*Koch*, § 4 BetrVG Rn. 4; vgl. aber BAG v. 19.2.2002 – 1 ABR 26/01, NZA 2002, 1300 unter III der Gründe, wonach zwei organisatorisch abgrenzbare Betriebsteile i.S.d. § 4 Abs. 1 S. 1 Nr. 2 BetrVG bei räumlicher Nähe zu einer betriebsratsfähigen Einheit zusammengefasst werden können, wenn einer der Betriebsteile dem anderen organisatorisch untergeordnet ist und von ihm mit geführt wird. Aufgrund der übergeordneten, einheitlichen Leitung liegt in dieser Konstellation jedoch bereits nur ein Betriebsteil i.S.d. § 4 Abs. 1 S. 1 Nr. 2 BetrVG vor.

1320 *Berger*, S. 207.

stellten Schnittstellen. Im Rahmen der Betriebszugehörigkeit des Matrixmanagers stellen sich für jeden der hier behandelten Betriebsbegriffe dieselben Fragen, die jedoch getrennt voneinander zu beantworten sind. Da der Matrixmanager aufgrund seiner herausgehobenen hierarchischen Stellung nur selten demselben Leitungsapparat unterstellt sein wird wie die ihm unterstellten Arbeitnehmer, muss beantwortet werden, ob auch die Erteilung von Weisungen zu einer Eingliederung in den jeweiligen Betrieb führen kann. Diese Frage stellt sich unabhängig davon, ob der Einsatz des Matrixmanagers für die anhängigen Unternehmen auf mit diesen geschlossenen Arbeitsverträgen beruht oder aber auf einem zwischen dem abhängigen und dem herrschenden Unternehmen geschlossenen Betriebsführungsvertrag. Ferner ist der Frage nachzugehen, ob von einem nichtvertraglichen Arbeitsverhältnis zur abhängigen Gesellschaft als Betriebsinhaberin auszugehen ist, wenn dem Einsatz des Matrixmanagers kein Arbeitsvertrag, sondern ein Geschäftsbesorgungsvertrag oder eine Doppelorganstellung zugrunde liegt.

Die Betriebszugehörigkeit der Schnittstellen-Arbeitnehmer lässt sich hingegen regelmäßig bereits mittels der klassichen Zwei-Komponenten-Lehre bestimmen. Lediglich für die seltenen Fällen, in denen sie als Vertragsarbeitnehmer des herrschenden Unternehmens tätig oder an dieses verliehen werden, bedarf es weiterer Ausführungen.

1. Betriebszugehörigkeit des Matrixmanagers

In der Literatur hält sich die Annahme, dass der Matrixmanager, jedenfalls bei Bestehen eines Arbeitsvertrags mit dem abhängigen Unternehmen, jeder ihm unterstellten betriebsratsfähigen Einheit zugehörig sei.[1321] Die Vertreter dieser Auffassung stützen sich dabei auf einige jüngere Urteile, die Stellung zur betriebsverfassungsrechtlichen Zugehörigkeit des Matrixmanagers zu nehmen scheinen. Eigentlich befassen sich diese Urteile jedoch allesamt nur mit der „Einstellung“ im Sinne des § 99 Abs. 1 S. 1 Var. 1 BetrVG. Sie behandeln nicht ausdrücklich die Frage der *Betriebszugehörigkeit*, sondern lediglich, ob die Ausübung von Weisungsbefugnissen in mehreren Betrieben verschiedener Unternehmen eine zustimmungspflichtige *Einstellung* des weisungsgebenden Matrixmanagers in jedem die-

1321 *Berger*, in: Maschmann/Fritz, Kap. 3 Rn. 470 ff.; *Däubler*, in: FS 100 Jahre Betriebsverfassungsrecht, S. 115, 124; Düwell/*Brors*, § 7 BetrVG Rn. 8; Richardi/*Maschmann*, § 1 BetrVG Rn. 105.

ser Betriebe darstellt. Die zugrunde liegenden Sachverhalte divergieren insofern, als dass der Einsatz des Matrixmanagers teilweise auf einem mit dem Betriebsinhaber geschlossenen Arbeitsvertrag beruhte[1322], teilweise aber auch ein Geschäftsbesorgungsvertrag zwischen Betriebsinhaber und herrschendem Unternehmen vereinbart worden war[1323]. Nichtsdestotrotz entschieden die Gerichte einheitlich, dass der Einsatz des Matrixmanagers eine zustimmungspflichtige Einstellung im Sinne des § 99 Abs. 1 S. 1 Var. 1 BetrVG sei. Daraus schließen einige Literaturstimmen, dass auch die Betriebszugehörigkeit des Matrixmanagers für jeden der unterstellten Betriebe bejaht werden müsse.[1324]

a) Verhältnis von Einstellung und Betriebszugehörigkeit

Um überprüfen zu können, ob diese Schlussfolgerung zutrifft, ist zunächst auf das Verhältnis der Einstellung im Sinne des § 99 Abs. 1 BetrVG zu der für das Wahlrecht sowie die Schwellenwerte maßgeblichen Betriebszugehörigkeit einzugehen.

aa) Betriebszugehörigkeit als Folge der Einstellung

Nach früherer Ansicht der Rechtsprechung[1325] sowie einem Teil der Literatur[1326] wird die Betriebszugehörigkeit des Arbeitnehmers durch die Einstellung im Sinne des § 99 Abs. 1 S. 1 Alt. 1 BetrVG begründet. Demnach läge eine Synchronität zwischen Einstellung und Betriebszugehörigkeit

---

1322 So in BAG v. 12.6.2019 – 1 ABR 5/18, NZA 2019, 1288; LAG BaWü v. 28.5.2014 – 4 TaBV 7/13, BB 2014, 2298; LAG Berlin-Brandenburg v. 17.6.2015 – 17 TaBV 277/15, NZA-RR 2015, 529; LAG Düsseldorf v. 10.12.2016 – 7 TaBV 63/15, DB 2016, 1508.

1323 So in BAG v. 13.12.2005 – 1 ABR 51/04, NZA 2006, 1369.

1324 Vgl. *Berger*, S. 321 ff.; Düwell/*Brors*, § 7 BetrVG Rn. 8; Richardi/*Maschmann*, § 1 BetrVG Rn. 105.

1325 BAG v. 3.10.1978 – 6 ABR 46/76, AP BetrVG 1972 § 5 Nr. 18: „*Das hier umstrittene Beteiligungsrecht nach § 99 Abs. 1 BetrVG bei Einstellungen bezieht sich nur auf Personen, die als Arbeitnehmer in dem Betrieb beschäftigt werden sollen, für den der Betriebsrat gewählt ist.*“

1326 Explizit BeckOK-ArbR/*Besgen*, § 7 BetrVG Rn. 11; *Hamann*, in: Schüren/Hamann, § 14 Rn. 31; *Natzel*, Betriebszugehörigkeit, S. 16; *Richardi*, in: FS Wank, S. 465, 468; *Stoffels/Lembke*, § 3 Rn. 94; Richardi/*Thüsing*, § 7 BetrVG Rn. 19.

vor.[1327] Das BAG hat nämlich auf die Einstellung – ebenso wie auf die Betriebszugehörigkeit – zunächst die Zwei-Komponenten-Lehre angewendet, wonach die Einstellung sowohl das Bestehen eines Arbeitsvertrags zum Betriebsinhaber als auch die Eingliederung des einzustellenden Arbeitnehmers in den Betrieb voraussetze.[1328] Demnach wäre es richtig, aus den Urteilen, die den Einsatz des Matrixmanagers in den ihm unterstellten Betrieben als zustimmungspflichtige Einstellung ansehen, den Schluss zu ziehen, dass der Matrixmanager diesen Betrieben auch zugehörig ist.

bb) Die Entkopplung der Einstellung durch das BAG

Noch weit vor der Aufgabe der Zwei-Komponenten-Lehre für die Betriebszugehörigkeit im Sinne der §§ 9, 38 BetrVG[1329] ist das BAG jedoch dazu übergegangen, den Begriff der Einstellung weit extensiver auszulegen als die Betriebszugehörigkeit,[1330] sodass es den Einstellungsbegriff von der Betriebszugehörigkeit mittlerweile weitgehend abgekoppelt hat.[1331] Angesichts dessen verwundert es, dass die Urteile zur Einstellung von Matrixmanagern auf die Betriebszugehörigkeit und den Betriebsbegriff rekurrieren, ohne auf das Verhältnis von Einstellung im Sinne des § 99 Abs. 1 S. 1 Var. 1 BetrVG und die Betriebszugehörigkeit einzugehen.[1332]

1327 Vgl. DKKW/*Trümner*, § 5 Rn. 26; *Boemke*, Schuldvertrag, S. 302 f.; *Richardi*, NZA 1987, 145, 146; *Ziemann*, AuR 1990, 58, 64; *Hamann*, in: Schüren/Hamann, § 14 Rn. 31.; *v. Hoyningen-Huene*, in: FS Stahlhacke, S. 173, 181; *Richter*, in: MHdB ArbR, Bd. 1, § 24 Rn. 56; *Hunold*, NZA 1990, 461, 465; *Schuster*, Betriebszugehörigkeit, S. 73; *Hromadka*, SAE 1994, S. 134; BeckOK-ArbR/*Besgen*, § 7 BetrVG Rn. 11; Richardi/*Thüsing*, § 7 BetrVG Rn. 19.

1328 BAG v. 13.12.2005 – 1 ABR 51/04, AP BetrVG 1972 § 99 Einstellung Nr. 50; BAG v. 5.3.1991 – 1 ABR 39/90, AP BetrVG 1972 § 99 Nr. 90; BAG v. 15.4.1986 – 1 ABR 44/84, AP BetrVG 1972 § 99 Nr. 35.

1329 Vgl. BAG v. 18.1.2017 – 7 ABR 60/15, NZA 2017, 865 (§ 38 BetrVG); BAG v. 13.3.2013 – 7 ABR 69/11, NZA 2013, 789 (§ 9 BetrV).

1330 Vgl. BAG v. 2.10.2007 – 1 ABR 60/06, AP BetrVG 1972 § 99 Einstellung Nr. 54; BAG v. 30.8.1994 – 1 ABR 3/94, AP BetrVG 1972 § 99 Einstellung Nr. 6; BAG v. 18.4.1989 – 1 ABR 97/87, AP BetrVG 1972 § 99 Nr. 65 unter III 3 der Gründe; BAG v. 15.4.1986 – 1 ABR 44/84, AP BetrVG 1972 § 99 Nr. 35.

1331 *Hamann*, Anm. zu BAG v. 23.6.2010 – 7 ABR 1/09, AP BetrVG 1972 § 99 Einstellung Nr. 60.

1332 LAG Düsseldorf v. 20.12.2017 – 12 TaBV 66/17, NZA-RR 2018, 298, 300 Rn. 45; LAG Düsseldorf v. 10.12.2016 – 7 TaBV 63/15 -, juris Rn. 24; LAG Berlin-Brandenburg v. 17.6.2015 – 17 TaBV 277/15, NZA-RR 2015, 529 Rn. 16: LAG BaWü v. 28.5.2014 – 4 TaBV 7/13, BB 2014, 2298 unter B II 2 a) der

Denn nach heutiger Auffassung des BAG sind nicht alle Personen, deren Einstellung im Betrieb der Beteiligung des Betriebsrates bedarf, Arbeitnehmer des Betriebs im Sinne der §§ 5, 7 BetrVG.[1333] Vielmehr hat die Rechtsprechung unter anderem auch die Tätigkeit selbstständiger Taxifahrer[1334], Honorarlehrkräfte[1335] und Ein-Euro-Jobber[1336] als mitbestimmungspflichtige Einstellung im Sinne des § 99 BetrVG gewertet, obgleich diese von vornherein nicht unter den betriebsverfassungsrechtlichen Arbeitnehmerbegriff des § 5 BetrVG fallen.[1337] Eine Betriebszugehörigkeit kam hier weder zum Zeitpunkt der Entscheidung noch nach den mittlerweile geltenden Grundsätzen der aufgeweichten Zwei-Komponenten-Lehre in Betracht, da auch diese grundsätzlich einen Arbeitsvertrag (jedenfalls) mit einem Dritten verlangt. Anders als etwa bei dem Personaleinsatz mittels Gestellungsverträgen (Rot-Kreuz-Schwestern), aufgrund derer ehrenamtlich tätige Vereinsmitglieder an Betriebe eines Dritten entsandt werden, lag in den aufgezählten Fällen auch keine überlassungsähnliche Situation[1338] vor, die zumindest eine partielle Betriebszugehörigkeit i.S.d. § 7 S. 2 BetrVG hätte rechtfertigen können.[1339]

Im Rahmen der Einstellung sieht sich das BAG – anders als für die Betriebszugehörigkeit – nicht durch den Arbeitnehmerbegriff des § 5 BetrVG beschränkt, sondern hält es für *„gleichgültig, aufgrund welchen Rechtsverhältnisses die Person verpflichtet ist, eingegliedert in den Betrieb weisungsgebunden*

Gründe; undifferenziert ebenfalls *Berger*, S. 321 ff.; Richardi/*Maschmann*, § 1 BetrVG Rn. 105; differenzierend hingegen *Schubert*, Matrixorganisationen, S. 109; *Traeger*, S. 175; *Witschen*, RdA 2016, 38, 47.

1333 BAG v. 18.4.1989 – 1 ABR 97/87, AP BetrVG 1972 § 99 Nr. 65 unter III 3 der Gründe.

1334 BAG v. 15.4.1986 – 1 ABR 44/84, AP BetrVG 1972 § 99 Nr. 35.

1335 BAG v. 27.7.1993 – 1 ABR 7/93, NZA 1994, 92; BAG v. 3.7.1990 – 1 ABR 36/89, NZA 1990, 903.

1336 BAG v. 2.10.2007 – 1 ABR 60/06, AP BetrVG 1972 § 99 Einstellung Nr. 54.

1337 Kritisch *Hamann*, Anm. AP BetrVG 1972 § 99 Einstellung Nr. 60; GK-BetrVG/*Raab*, § 99 Rn. 49.

1338 Vgl. EuGH v. 17.11.2016 – C-216/15 – Ruhrlandklinik, NZA 2017, 41 und BAG v. 21.2.2017 – 1 ABR 62/12, AP BetrVG 1972 § 99 Einstellung Nr. 67, wonach es sich hierbei um Arbeitnehmerüberlassung i.S.v. Art. 1 RL 2008/104/EG bzw. § 1 Abs. 1 S. 1 AÜG handelt.

1339 Hier liegt nach der Rspr. des BAG eine Einstellung i.S.d. § 99 BetrVG vor: BAG v. 23.6.2010 – 7 ABR 1/09, AP BetrVG 1972 § 99 Einstellung Nr. 60; BAG v. 2.10.2007 – 1 ABR 60/06, AP BetrVG 1972 § 99 Einstellung Nr. 54; BAG v. 12.11.2002 – 1 ABR 60/01, AP BetrVG 1972 § 99 Einstellung Nr. 43.

zu arbeiten".[1340] Da das Mitbestimmungsrecht bei Einstellungen dem Schutz der Interessen der schon vorhandenen Beschäftigten diene, könne es auf die Rechtsnatur des der Beschäftigung zugrunde liegenden Rechtsverhältnisses nicht ankommen. Die Interessen der im Betrieb beschäftigten Arbeitnehmer würden allein dadurch berührt, dass diese Personen ebenso wie Arbeitnehmer in die betriebliche Organisation eingegliedert seien und dort arbeiteten.[1341] In Trippelschritten bemüht sich das BAG seitdem, den Tatbestand des § 99 Abs. 1 S. 1 Var. 1 BetrVG zu präzisieren. So führte es zunächst aus, dass maßgeblich sei, ob es sich bei der von der betreffenden Person zu verrichtenden Tätigkeit um eine weisungsgebundene Tätigkeit handle, die der Verwirklichung des arbeitstechnischen Zwecks des Betriebes diene und daher vom Arbeitgeber organisiert werden müsse.[1342] Später präzisierte der 1. Senat, es seien ausschließlich solche Weisungsrechte relevant, kraft derer die für ein Arbeitsverhältnis typischen Entscheidungen über den Arbeitseinsatz getroffen werden könnten.[1343] Seit 2001 führt der 1. Senat weiter aus:

> „*Die Personen müssen so in die betriebliche Arbeitsorganisation integriert werden, dass der Arbeitgeber das für ein Arbeitsverhältnis typische Weisungsrecht innehat und die Entscheidung über den Einsatz auch nach Zeit und Ort trifft. Er muß diese Arbeitgeberfunktion wenigstens im Sinne einer aufgespaltenen Arbeitgeberstellung teilweise ausüben.*"[1344]

Unter die auch mit „*Personalhoheit des Betriebsinhabers*"[1345] beschriebenen Fälle einer aufgespaltenen Arbeitgeberstellung subsumiert das BAG jedoch

---

1340 Grdl. BAG v. 15.4.1986 – 1 ABR 44/82, NZA 1986, 688 unter B II 2 b) der Gründe; seitdem st. Rspr., vgl. BAG v. 13.12.2016 – 1 ABR 59/14, NZA 2017, 525 Rn. 24; BAG v. 13.5.2014 – 1 ABR 50/12, NZA 2014, 1149 Rn. 18; BAG v. 23.6.2010 – 7 ABR 1/09, NZA 2010, 1302 Rn. 10; BAG v. 15.12.1998 – 1 ABR 9/98, NZA 1999, 722 unter B II 2 a) der Gründe; BAG v. 30.8.1994 – 1 ABR 3/94, NZA 1995, 649 unter B II 1 der Gründe; BAG v. 3.7.1990 – 1 ABR 36/89, NZA 1990, 903 unter B III 1 der Gründe; BAG v. 18.4.1989 – 1 ABR 97/87, NZA 1989, 804 unter B III 3 der Gründe.

1341 BAG v. 15.4.1986 – 1 ABR 44/82, NZA 1986, 688 unter B II 2 b) der Gründe.

1342 BAG v. 3.7.1990 – 1 ABR 36/89, NZA 1990, 903 unter B III 1 der Gründe.

1343 BAG v. 15.12.1998 – 1 ABR 9/98, NZA 1999, 722; unter B II 2 a) der Gründe; BAG v. 30.8.1994 – 1 ABR 3/94, NZA 1995, 649 unter B II 1 der Gründe.

1344 BAG v. 11.9.2001 – 1 ABR 14/01, BeckRS 2001, 30982415 unter B I der Gründe; vgl. aus jüngerer Zeit BAG v. 13.12.2016 – 1 ABR 59/14, NZA 2017, 525 Rn. 24; BAG v. 13.5.2014 – 1 ABR 50/12, NZA 2014, 1149 Rn. 18 jeweils m.w.N.

1345 Grdl. BAG v. 5.3.1991 – 1 ABR 39/90, NZA 1991, 686 unter 5.; vgl. auch BAG v. 5.12.2012 – 7 ABR 17/11, AP BetrVG 1972 § 5 Nr. 80 Rn. 25; BAG v.

nicht nur Leiharbeitnehmer, sondern unter anderem auch Fremdfirmenarbeitnehmer, das heißt Beschäftigte solcher Firmen, die in einem dienst- oder werkvertraglichen Verhältnis zum Betriebsinhaber stehen.[1346] Betriebszugehörigkeit i.S.d. §§ 5, 7 BetrVG und die Einstellung nach § 99 Abs. 1 Var. 1 BetrVG fallen demnach weiterhin auseinander.

Auch in der Literatur wird mitunter vertreten, dass die Beschäftigung von betriebsexternen Beschäftigten – insbesondere von Fremdfirmenarbeitnehmern – dem Zustimmungsrecht des § 99 Abs. 1 S. 1 Var. 1 BetrVG unterfällt.[1347] Die Norm bezwecke den Schutz der bestehenden Betriebsbelegschaft vor dem einzustellenden Arbeitnehmer und seinem Einsatz[1348], was insbesondere aus dem Zustimmungsverweigerungsgrund des § 99 Abs. 2 Nr. 6 BetrVG herausgelesen wird, wonach der Betriebsrat seine Zustimmung zur Einstellung verweigern kann, *„wenn die durch Tatsachen begründete Besorgnis besteht, dass der für die personelle Maßnahme in Aussicht genommene Bewerber oder Arbeitnehmer den Betriebsfrieden […] stören [wird]"*. Auch Betriebsexterne könnten den Betriebsfrieden stören.[1349]

Anders als für die Einstellung im Sinne des § 99 Abs. 1 S. 1 Var. 1 BGB sei eine solch extensive Auslegung für die Betriebszugehörigkeit nicht erforderlich, da die mit der Betriebszugehörigkeit verbundenen Rechte (beispielsweise das aktive und passive Wahlrecht sowie die Anwendbarkeit von Betriebsvereinbarungen) einzig die persönliche Abhängigkeit des einzelnen Arbeitnehmerns ausgleichen sollten, die für Fremdfirmenarbeitnehmer aber gerade nicht bestehe.[1350] *Rein* differenziert insofernzwischen einem aus sämtlichen Betriebszugehörigen bestehenden *„formellen Betrieb"* im Sinne des § 1 BetrVG und einem darüber hinausgehenden *„materiellen Betrieb"* im Sinne des § 99 BetrVG.[1351]

23.6.2010 – 7 ABR 1/09, NZA 2010, 1302; BAG v. 13.12.2005 – 1 ABR 51/04, NZA 2006, 1369; BAG v. 9.7.1991 – 1 ABR 45/90, NZA 1992, 275; hierzu *Greiner*, RdA 2014, 262, 265; *Hunold*, NZA-RR 2012, 113, 115 ff.; *Trebinger/Engels*, in: FS 100 Jahre Betriebsverfassungsrecht, S. 756, 760.

1346 BAG v. 13.12.2016 – 1 ABR 59/14, NZA 2017, 525 Rn. 24; BAG v. 13.5.2014 – 1 ABR 50/12, NZA 2014, 1149 Rn. 18.

1347 *Karthaus/Klebe*, NZA 2012, 417, 420; *Rein*, S. 54; *Traeger*, S. 178; *Trebinger/Engels*, in: FS 100 Jahre Betriebsverfassungsrecht, S. 756, 762.

1348 Vgl. nur BAG v. 2.10.2007 – 1 ABR 60/06, AP BetrVG 1972 § 99 Einstellung Nr. 54 Rn. 19 m.w.N.; *Rein*, Mitbestimmungsfragen, S. 183; *Traeger*, S. 113.

1349 *Rein*, S. 54; *Traeger*, S. 178.

1350 *Rein*, S. 54; *Traeger*, S. 179.

1351 *Rein*, S. 181; vgl. auch die Unterscheidung von *Preis*, RdA 2000, 257, 272 der (nicht zu § 99 BetrVG) zwischen dem Betrieb als Organisationsbegriff und

cc) Stellungnahme

Die Entkopplung des Einstellungsbegriffs von dem der formellen Betriebszugehörigkeit überzeugt ebenso wenig wie das zugrundeliegende Argument, die in § 99 Abs. 2 BetrVG zum Ausdruck kommenden Schutzgüter könnten auch durch betriebsexterne Personen beeinträchtigt werden. Der von einer Regelung intendierte Schutz beschränkt sich auf ihren als Tatbestand bezeichneten Anwendungsbereich.[1352] Bestimmt man ein Tatbestandsmerkmal hingegen allein anhand der geschützten Rechtsgüter, wird es konturenlos und unbrauchbar.[1353] Den Materialien zum BetrVG 1952 lässt sich entnehmen, dass der Gesetzgeber unter den personellen Angelegenheiten im Sinne der §§ 60 ff. BetrVG 1952 alle Maßnahmen verstanden wissen wollte, die sich auf die Zusammensetzung der Belegschaft und ihrer Schichtung beziehen.[1354] Belegschaft bezeichnete in diesem Kontext die Gesamtheit der Betriebszugehörigen, nicht jedoch außerhalb der Betriebsgemeinschaft stehende Beschäftigte. § 99 Abs. 1 BetrVG 1972 lehnte sich ausweislich der Gesetzesbegründung an die Vorgängervorschriften der §§ 60 ff. BetrVG 1952 an und fasste hierbei lediglich verschiedene personelle Einzelmaßnahmen in einer Norm zusammen.[1355] Weder in den Materialien zum BetrVG 1972 noch in denen zum BetrVG 2001 finden sich Hinweise auf eine Erweiterung des Begriffsverständnisses der Einstellung und damit des Tatbestands von § 99 Abs. 1 S. 1 Var. 1 BetrVG.[1356] Vielmehr wurde der Begriff der Einstellung vielfach ohne weitere Erläuterung verwendet[1357], was auf eine Beibehaltung des ursprünglichen Verständnisses schließen lässt.

---

einem materiellen Betriebsbegriff, der Unternehmen bestimmte Belastungen und Risiken auferlegt (etwa § 111 BetrVG).

1352 GK-BetrVG/*Raab*, § 99 Rn. 50.

1353 Insoweit steht die teleologische Auslegung, die ja gerade nach dem Willen des Normgebers fragt, bereits konzeptionell in der Nähe des Zirkelschlusses, dazu *Larenz/Canaris*, Methodenlehre, S. 28, 149–153; *Rüthers/Fischer/Birk*, Rn. 717–730a.

1354 BT-Drs. 1/3585, S. 11; hierzu *Schuster*, Betriebszugehörigkeit, S. 71.

1355 BT-Drs. 6/1786, S. 51.

1356 *Schuster*, Betriebszugehörigkeit, S. 72; *Wirbelauer*, NZA 2017, 970, 972.

1357 Für das BetrVG 1972 etwa BT-Drs. 6/1786, S. 51; BT-PlPr 6. WP / 101. Sitzung v. 11.2.1971, S. 5803, 5806; BT-Ausschuss für Arbeit- u. Soziales, 6. WP / 46. Sitzung v. 25.2.1971, S. 117, 118, 125; BT-PlPr 6. WP / 150. Sitzung v. 10.11.1971, S. 8585, 8591; für das BetrVG 2001 etwa BT-Drs. 14/5741, S. 29, 32, 48, 50.

Mithin ist es zutreffend, dass die Vorschrift Transparenz, Verteilungsgerechtigkeit und Betriebsfrieden schützt[1358] – jedoch nur zwischen den Betriebszugehörigen. Legt man die Vorstellung des Betriebs als Verteilungseinheit zugrunde (Ausgleichsfunktion)[1359], sollen die Zustimmungsverweigerungsrechte des § 99 Abs. 2 BetrVG im Rahmen der Einstellung, die bestehende Betriebsbelegschaft davor schützen, Arbeitgeberressourcen mit einem weiteren (einzustellenden) Betriebsangehörigen teilen zu müssen, wenn hierdurch Nachteile zu befürchten sind (vgl. insbesondere § 99 Abs. 2 Nr. 2, Nr. 3 und Nr. 5 BetrVG). Zugleich dient die Begrenzung des Einstellungsbegriffs auf zukünftig Betriebszugehörige dem Schutz der unternehmerischen Organisationsfreiheit des Arbeitgebers, hinsichtlich derer sich die Rechte des Betriebsrats auf den Sozialplan beschränken, vgl. §§ 111 ff. BetrVG.[1360]

Diese Synchronität von Betriebszugehörigkeit und Einstellung schließt allerdings eine analoge Anwendung des § 99 Abs. 1 BetrVG nicht aus, wenn und soweit die Interessenlage vergleichbar und die Nichtanwendung des § 99 BetrVG einen Wertungswiderspruch darstellen würde.[1361] Eine Analogie mag man unter engen Voraussetzungen beispielsweise für Solo-Selbstständige annehmen, muss dann aber auch als solche kenntlich gemacht werden. Auch bezüglich Fremdfirmenarbeitnehmern verhält sich das BAG wenig konsequent, wenn es deren Einstellung einerseits mit der Unterstellung unter ein arbeitsrechtliches Weisungsrecht des Betriebsinhabers begründet, es andererseits aber vermeidet, diese Fälle als Arbeitnehmerüberlassung zu bezeichnen, auf die § 14 Abs. 3 AÜG Anwendung fände.[1362] Einer Ausweitung der beteiligungspflichtigen Einstellung i.S.d. § 99 Abs. 1 S. 1 Var. 1 BetrVG auf den Einsatz echter Werkvertrags- und Dienstvertragsarbeitnehmer widerspräche hingegen dem eindeutigen gesetzgeberischen Willen, der durch entsprechende, aber gescheiterte gesetzgeberische Versuche[1363] hinreichend belegt ist.[1364]

1358 So explizit *Traeger*, S. 60; vgl. auch BAG v. 5.3.1991 – 1 ABR 39/90, NZA 1991, 686, 688 unter II 5 a) der Gründe; *Hunold*, NZA-RR 2012, 113.

1359 Siehe 1. Kap. B. I.

1360 *Bittmann/Weise*, DB 2018, 2114, 2117; GK-BetrVG/*Raab*, § 99 Rn. 40; *Schuster*, Betriebszugehörigkeit, S. 75; *Wank*, ZfA 1996, 535, 542; *Wirbelauer*, NZA 2017, 970, 975.

1361 Vgl. GK-BetrVG/*Raab*, § 99 BetrVG Rn. 47.

1362 ErfK/*Kania*, § 99 BetrVG Rn. 9; GK-BetrVG/*Raab*, § 99 BetrVG Rn. 4.

1363 Vgl. BT-Drs. 18/14, S. 6; BR-Drs- 687/13, S. 2 f.

1364 GK-BetrVG/*Raab*, § 99 BetrVG Rn. 50; vgl. hierzu u.a. *Maschmann*, NZA 2013, 1305, 1311.

Aufgrund des diffusen Einstellungsbegriffs der Rechtsprechung können den undifferenzierten Aussagen, der Einsatz des Matrixmanagers sei als Einstellung im Sinne des § 99 Abs. 1 BetrVG zu qualifizieren,[1365] keine Aussagen zur Zugehörigkeit des Matrixmanagers zu den ihm unterstellten Betrieben entnommen werden. Dessen Betriebszugehörigkeit bestimmt sich vielmehr nach den allgemeinen Kriterien der aufgeweichten Zwei-Komponenten-Lehre. Dabei wird im Folgenden nach den dem Einsatz des Matrixmanagers zugrundeliegenden Kausalverhältnis (Arbeitsvertrag[1366], Geschäftsbesorgungsvertrag[1367] oder Organstellung[1368]) differenziert.

b) Arbeitsvertrag als Kausalverhältnis der Stellvertretung

In der zuerst zu beurteilenden Konstellation liegt dem Einsatz des Matrixmanagers eine arbeitsvertragliche Beziehung zu den Vertragsarbeitgebern der ihm unterstellten Schnittstellen-Arbeitnehmer zugrunde.

aa) Keine Eingliederung durch Weisungserteilung

Grundsätzlich bestimmt sich die Eingliederung eines Arbeitnehmers anhand dessen Unterstellung unter den betriebskonstituierenden Leitungsapparat.[1369] Gleichwohl wird mitunter vertreten, dass sich eine Zugehörigkeit des Matrixmanagers zu den Betrieben der ihm unterstellten Schnittstellen-Arbeitnehmer auch aufgrund dessen Weisungs*erteilung* ergeben könne.[1370] Die Begründung dessen beschränkt sich jedoch auf einen Verweis auf die bereits erwähnten Urteile zu § 99 Abs. 1 BetrVG, die aufgrund der Weisungserteilung durch den Matrixmanager auch von der Mitbestim-

1365 BAG v. 12.6.2019 – 1 ABR 5/18, NZA 2019, 1288; LAG Düsseldorf v. 20.12.2017 – 12 TaBV 66/17, NZA-RR 2018, 298; LAG Düsseldorf v. 10.2.2016 – 7 TaBV 63/15, BeckRS 2016, 68795; LAG Berlin-Brandenburg v. 17.6.2015 – 17 TaBV 277/15, NZA-RR 2015, 529; LAG BaWü v. 28.5.2014 – 4 TaBV 7/13, BB 2013, 2298.

1366 Hierzu ausführlich unter 3. Kap. B. II. 2. b).

1367 Hierzu ausführlich unter 3. Kap. B. II. 2. c).

1368 Hierzu ausführlich unter 3. Kap. B. II. 2. a).

1369 Vgl. 4. Kap. A. III.

1370 *Berger*, S. 324; Düwell/*Brors*, § 7 BetrVG Rn. 8; Richardi/*Maschmann*, § 1 Rn. 105; *Seebacher/Silberberger*, AiB 2018, Nr 5, 42; a.A. *Lingemann/Steinhauser*, NZA 2020, 87, 90: GK-BetrVG/*Raab*, § 99 Rn. 34; *Ricken*, ZFA 2016, 535, 544; *Witschen*, RdA 2016, 38, 47; *Wurth*, in: FS Moll, S. 775, 784.

mungspflichtigkeit dessen Einstellung gemäß § 99 Abs. 1 S. 1 Var. 1 BetrVG ausgingen. Wie bereits dargestellt,[1371] hat die Zustimmungspflichtigkeit der Einstellung nach Ansicht der Rechtsprechung jedoch nicht zwingend auch die Betriebszugehörigkeit zur Folge. Ob dies der Fall ist, ist im Einzelfall zu untersuchen:

(1) Rechtsprechung zur Einstellung

Der diesbezüglich erste Beschluss entstammt dem LAG Baden-Würtemberg.[1372] Ihm lag die Matrixstruktur eines IT-Konzerns zugrunde, die nach Kundengruppen und Serviceleistungen ausgerichtet war.[1373] Eine der Serviceleistungen bestand in der Systemintegration (SI), die seit einem Zukauf durch die Konzerngesellschaften X und Y angeboten wurde. Beabsichtigt war, X und Y miteinander zu verschmelzen, was bislang aus steuerlichen Gründen unterblieben war. In Form einer unternehmensübergreifenden, virtuellen Service Line traten beide bereits unter einer einheitlichen Marke auf. Hierüber arbeiteten circa 6.500 Mitarbeiter aus beiden Unternehmen an den deutschlandweit verteilten Standorten in virtuellen Business Units an gemeinsamen Projekten über Internet, Telefon und E-Mail. Für 60 dieser Arbeitnehmer (58 bei X angestellt, 2 bei Y) war M als Leiter der Business Unit „SI Automotive" personalverantwortlich. Sämtliche wesentlichen Investitionsentscheidungen (im Wert von bis zu 5 Mio. Euro) traf er allein, das heißt ohne Weisung der Geschäftsführung. Sein Team führte M von seinem räumlich mit keinem Standort der virtuellen Business Unit verbundenen Büro aus, indem er Arbeitsschritte telefonisch, per Internet oder via E-Mail mit den einzelnen Mitarbeitern abstimmte und die unterschiedlichen Projektarbeiten plante. Innerhalb dieses Teams traf er Personalentscheidungen und hatte in der Vergangenheit fünf Mitarbeiter direkt eingestellt. Er veranlasste die gesamte Arbeitseinteilung und war für die Urlaubsgenehmigung innerhalb seines Teams sowie für die Ausübung des arbeitgeberseitigen Direktionsrechts unmittelbar verantwortlich.

1371 Hierzu bereits unter 2. Kap. A. I. 2.
1372 LAG BaWü v. 28.5.2014 – 4 TaBV 7/13, BB 2014, 2298.
1373 Vgl. dazu auch die Abb. 4 unter 3. Kap. A. II. 3.

Das LAG Baden-Württemberg[1374] bejahte, wie später die Landesarbeitsgerichte Berlin-Brandenburg[1375] und Düsseldorf[1376] und letztlich auch das BAG[1377] in vergleichbaren Sachverhalten, eine Einstellung des Matrixmanagers M. Den arbeitstechnischen Zweck aller Betriebe sahen die Gerichte in der Beteiligung an der „virtuellen Wolke“, zu dessen Förderung auch der Matrixmanager beschäftigt worden sei. Ferner gingen die Gerichte auf den Zweck des Mitbestimmungsrechts nach § 99 Abs. 1 BetrVG ein, das sich insbesondere aus den Zustimmungsverweigerungsgründen ablesen lasse und insbesondere der Wahrung des Betriebsfriedens (vgl. § 99 Abs. 2 Nr. 6 BetrVG) diene. Der Betriebsfrieden sei besonders gefährdet, wenn sich Vorgesetzte etwa rassistisch oder fremdenfeindlich betätigten, so dass gerade ihre Einsetzung als mitbestimmungspflichtige Einstellung im Sinne des § 99 Abs. 1 BetrVG zu werten sei.[1378]

Ergebnis und Begründung der zitierten Entscheidungen stimmen mit dem weiten Einstellungsbegriff des BAG überein.[1379] Unter Zugrundelegung des hier vertretenen, an die Betriebszugehörigkeit anknüpfenden Verständnisses käme eine Beteiligung des Betriebsrats in analoger Anwendung des § 99 Abs. 1 S. 1 Var. 1 BetrVG in Betracht. Denn dass die Interessen der von § 99 Abs. 1 BetrVG geschützten bestehenden Betriebsbelegschaft durch die Einsetzung eines Vorgesetzten in besonderem Maß berührt werden,[1380] ist nicht von der Hand zu weisen.

(2) Übertragbarkeit auf die Betriebszugehörigkeit

Beiden Begründungswegen lässt sich jedoch keine Aussage zur Betriebszugehörigkeit des Matrixmanagers entnehmen, da sowohl der Einstellungsbegriff des BAG als auch die analoge Anwendung des § 99 Abs. 1 S. 1 Var. 1 BetrVG über diesen hinausgehen. Vielmehr führt die These, wonach der Matrixmanager vor allem aufgrund seines mit dem Vertragsarbeitgeber bestehenden Arbeitsvertrags in den ihm unterstellten Betrieb eingegliedert

1374 LAG BaWü v. 28.5.2014 – 4 TaBV 7/13, BB 2014, 2298.

1375 LAG Berlin-Brandenburg v. 17.6.2015 – 17 TaBV 277/15, NZA-RR 2015, 529.

1376 LAG Düsseldorf v. 20.12.2017 – 12 TaBV 66/17, NZA-RR 2018, 298; LAG Düsseldorf v. 10.12.2016 – 7 TaBV 63/15, DB 2016, 1508.

1377 BAG v. 12.6.2019 – 1 ABR 5/18, NZA 2019, 1288.

1378 LAG BaWü v. 28.5.2014 – 4 TaBV 7/13, BB 2014, 2298 unter II 2 b) cc) der Gründe.

1379 Zustimmend etwa *Hamann/Rudnik*, jurisPR-ArbR 38/2015 Anm. 1.

1380 *Rein*, S. 197 f.; *Traeger*, S. 176.

sein soll, zu einer bedenklichen Vermischung von Betriebs- und Unternehmensebene.[1381] Ferner wird verkannt, dass Betriebsbegriff und Betriebszugehörigkeit der Abgrenzung von Arbeitnehmergruppen mit vergleichbaren Interessen dienen.[1382] Es ist nicht zu begründen, weshalb der Matrixmanager als über die Arbeitgeberressourcen disponierende Person vergleichbare Interessen wie die ihm unterstellten Arbeitnehmer als Verteilungsempfänger haben sollte, die eine Zusammenfassung zu einer gemeinsamen Betriebsgemeinschaft rechtfertigen würde. Denn, wie erläutert, bildet die Eingliederung den betriebskonstituierenden Leitungsapparat im Rahmen der Betriebszugehörigkeit ab. Der der Eingliederung zugrundeliegende betriebskonstituierenden Grundsatz der Entscheidungsnähe des Arbeitgebervertreters ergibt sich jedoch nicht aus der Beziehung des Matrixmanagers zu den ihm unterstellten Arbeitnehmern, sondern allein aus seinem Verhältnis gegenüber der ihm in Mitbestimmungsangelegenheiten entscheidungsbefugten Instanz. Diese befindet sich regelmäßig auf der dem Matrixmanager überstellten Hierarchiebene, häufig beim Vorstand bzw. der Geschäftsführung der abhängigen Gesellschaft. Indem das BetrVG alle von einer Instanz einheitlich geführten Arbeitnehmer zu einer Betriebsgemeinschaft zusammenfasst, stellt es nicht nur die Sachnähe, sondern auch die demokratische Legitimation des Betriebsrats sicher.[1383] Dieser Ordnungsentscheidung der Betriebsverfassung würde es widersprechen, den Matrixmanager allein aufgrund seiner Weisungsbefugnis einer Betriebsgemeinschaft zuzuordnen, die einer anderen Arbeitgeberinstanz gegenübersteht.[1384]

Es wäre zudem widersinnig, diejenige Instanz in den Kreis der vom Betriebsrat repräsentierten Arbeitnehmer aufzunehmen, die aufgrund ihrer Weisungsbefugnis als der betriebskonstituierende Leitungsapparat und damit gerade als Verhandlungspartner des Betriebsrats fungiert, von dem sie nicht gleichzeitig vertreten werden kann. Aus eben diesem Grund nimmt § 5 Abs. 3 S. 1 BetrVG auch leitende Angestellte weitestgehend aus dem Anwendungsbereich des BetrVG aus.[1385] Dies bedeutet allerdings noch nicht, dass der Matrixmanager als leitende Instanz nun keinem Betrieb mehr zuzuordnen wäre. Gemäß § 1 Abs. 1 SprAuG werden Sprecheraus-

---

1381 *Bittmann/Weise*, DB 2018, 2114, 2118.

1382 Siehe 1. Kap. B. I.

1383 Zur Betriebszugehörigkeit als Ordnungsentscheidung *Richardi*, NZA 1987, 145; *Schubert*, Matrixorganisationen, S. 87.

1384 *Bittmann/Weise*, DB 2018, 2114, 2118.

1385 Vgl. BT-Drs. 11/2503, S. 26.

schüsse *in Betrieben*[1386] mit in der Regel mindestens zehn leitenden Angestellten im Sinne des § 5 Abs. 3 BetrVG gewählt. Dies bringt zum Ausdruck, dass weisungserteilende leitende Angestellten einem eigenständigen Betrieb zugehören, der allerdings keinen Betriebsrat, sondern einen Sprecherausschuss mit im Vergleich eingeschränkten Befugnissen wählt. Der Betrieb der leitenden Angestellten bestimmt sich entsprechend der allgemeinen Regeln ausgehend von dem für sie in mitbestimmungsrelevanten Angelegenheiten entscheidungsbefugten Leitungsapparat. Dies wird aufgrund der hohen Hierarchieebene regelmäßig das vertretungsberechtigte Organ der abhängigen Gesellschaft sein. Da ein abhängiges Unternehmen insbesondere im mehrstufigen Matrixkonzern an mehreren Matrixzellen beteiligt ist, ist es denkbar, dass die eingesetzten Matrixmanager einen eigenen Betrieb im Sinne des § 1 BetrVG bzw. § 1 Abs. 1 SprAuG bilden.

Die *Ausübung* arbeitsrechtlicher Direktionsrechte gegenüber einem bestimmten Kreis von Arbeitnehmern führt demgegenüber nicht zur Eingliederung in den unterstellten Betrieb.[1387] Es bleibt folglich auch für den Matrixmanager dabei, dass die Eingliederung in einen Betrieb im Sinne des § 1 BetrVG die Weisungsunterstellung, nicht die Weisungsausübung, voraussetzt. Von einer Eingliederung des Matrixmanagers in den Betrieb der ihm unterstellten Arbeitnehmer ist nur dann auszugehen, wenn die mitbestimmungsrelevanten Angelegenheiten sowohl für das Arbeitsverhältnis des Matrixmanagers als auch für die Verträge der Schnittstellen-Arbeitnehmer von einer beiden übergeordneten Instanz einheitlich entschieden werden. Dies kommt allenfalls dann in Betracht, wenn sich der Einsatz des Matrixmanagers auf die Ausübung fachlich-inhaltlicher Weisungsrechte beschränkt.

bb) Bereichsausnahme für leitende Angestellte

Die Zugehörigkeit des Matrixmanagers zu einem Betrieb der abhängigen Gesellschaft setzt ein mit dieser bestehendes Arbeitsverhältnis voraus. Nach der in § 5 Abs. 1 S. 1 BetrVG enthaltenen Legaldefinition sind Ar-

1386 § 1 Abs. 1 SprAuG liegt der Betriebsbegriff des § 1 BetrVG zugrunde, worauf bereits die Verweisung auf den betriebsverfassungsrechtlichen Begriff des leitenden Angestellten hinweist, vgl. ErfK/*Oetker*, § 1 SprAuG Rn. 3; NK-GA/*Steinau-Steinrück*, § 1 SprAuG Rn. 2.

1387 *Lingemann/Steinhauser*, NZA 2020, 87, 90: *Wurth*, in: FS Moll, S. 775, 784; a.A. *Berger*, S. 324; *Däubler*, in: FS 100 Jahre Betriebsverfassungsrecht, S. 115, 124; Düwell/*Brors*, § 7 BetrVG Rn. 8; Richardi/*Maschmann*, § 1 Rn. 105.

beitnehmer im Sinne des BetrVG Arbeiter und Angestellte, einschließlich der zur Berufsausbildung Beschäftigten, unabhängig davon, ob sie im Betrieb, im Außendienst oder mit Telearbeit beschäftigt werden. Dem liegt grundsätzlich der Arbeitnehmerbegriff des § 611a BGB zugrunde, der in § 5 Abs. 1 S. 3 BetrVG erweitert und in den Absätzen 2 bis 4 BetrVG beschränkt wird.[1388] Insbesondere leitende Angestellte (§ 5 Abs. 3, 4 BetrVG) werden aus dem Anwendungsbereich des BetrVG ausgenommen und stattdessen aufgrund ihrer arbeitgebernahen Stellung durch einen Sprecherausschuss mit gegenüber einem Betriebsrat deutlich geringeren Beteilungsrechten vertreten, vgl. § 1 Abs. 1 SprAuG. Die Stellung des leitenden Angestellten ist dadurch gekennzeichnet, dass er in einem erheblichen Ausmaß zur selbstständigen Einstellung und Entlassung von im Betrieb oder in der Betriebsabteilung beschäftigten Arbeitnehmern berechtigt ist (§ 5 Abs. 3 S. 2 Nr. 1 BetrVG), Generalvollmacht oder Prokura hat und die Prokura auch im Verhältnis zum Arbeitgeber nicht unbedeutend ist (§ 5 Abs. 3 S. 2 Nr. 2 BetrVG) oder solche Aufgaben im Wesentlichen weisungsfrei wahrnimmt, die für den Bestand und die Entwicklung eines Unternehmens oder eines Betriebs von Bedeutung sind und deren Erfüllung besondere Erfahrungen und Kenntnisse voraussetzt (§ 5 Abs. 3 S. 2 Nr. 3 BetrVG).

In den bereits dargestellten Entscheidungen zur Einstellung im Sinne des § 99 Abs. 1 Var. 1 BetrVG hatten die Instanzgerichte die betreffenden Matrixmanager jeweils nicht als leitende Angestellte eingeordnet, da die dem Matrixmanager unterstellten Unternehmensteile in Relation zum Gesamtunternehmen nicht von hinreichender Bedeutung seien.[1389] Als Kriterien wurden dabei die Anzahl der vom Matrixmanager geleiteten Arbeitnehmer sowie der Umsatz des ihm überantworteten Unternehmensteils herangezogen und denen der gesamten Gesellschaft gegenübergestellt.[1390] Auf die Bedeutung der Matrixzelle für den Gesamtkonzern komme es nicht an, da die Stellung als leitender Angestellter unternehmens- und nicht konzernbezogen zu ermitteln sei.[1391]

1388 BAG v. 13.10.2004 – 7 ABR 6/04, NZA 2005, 480, 481 m.w.N.; BeckOK-ArbR/*Besgen*, § 5 BetrVG Rn. 2; Richardi/*Richardi*, § 5 BetrVG Rn. 10.

1389 LAG Düsseldorf v. 10.2.2016 – 7 TaBV 63/15, BeckRS 2016, 68795; LAG BaWü v. 28.5.2014 – 4 TaBV 7/13, BeckRS 2014, 70642.

1390 Besonders ausführlich ArbG Essen v. 23.4.2015 – 1 BV 87/14, BeckRS 2015, 122567.

1391 LAG Düsseldorf v. 10.2.2016 – 7 TaBV 63/15, BeckRS 2016, 68795; LAG BaWü v. 28.5.2014 – 4 TaBV 7/13, BeckRS 2014, 70642; ArbG Essen v. 23.4.2015 – 1 BV 87/14, BeckRS 2015, 122567.

Zweifel an der ausreichenden Relevanz für das Unternehmen sind jedoch insofern nicht angebracht, als dass der Matrixmanager mit der Kontrolle und Umsetzung konzerngesellschaftsrechtlicher Weisungen Aufgaben wahrnimmt, die originär dem Vorstand bzw. der Geschäftsführung der abhängigen Gesellschaft obliegen und damit auf höchster Hierarchieebene angesiedelt sind.[1392] Jedenfalls, wenn der Matrixmanager als betriebskonstituierender Leitungsapparat fungiert, scheint eine Einordnung als leitender Angestellter im Sinne des § 5 Abs. 3 S. 2 Nr. 3 BetrVG geboten.[1393]

Im Rahmen einer Auseinandersetzung mit der Betriebszugehörigkeit bedarf es letztlich aber keiner abschließenden Beantwortung der Frage, ob der Matrixmanager als leitender Angestellter anzusehen ist, da die Einordnung als leitender Angestellter tatsächlich keine Auswirkungen auf die Betriebszugehörigkeit des Matrixmanagers hat. Denn auch der für leitende Angestellte maßgebliche § 1 Abs. 1 SprAuG setzt deren Zugehörigkeit zu dem Betrieb voraus, der sich anhand des für sie zuständigen Leitungsapparats ausrichtet. Ob es sich bei dem Matrixmanager um einen leitenden Angestellten handelt, betrifft daher nicht dessen Betriebszugehörigkeit, sondern lediglich die Frage, ob er von einem bei der abhängigen Gesellschaft bestehenden Sprecherausschuss oder aber von einem Betriebsrat repräsentiert wird. Die vorliegende Arbeit behandelt die Betriebszugehörigkeit aus organisatorischer Perspektive, nicht deren materiellrechtliche Folgen, weshalb eine weiterführende Auseinandersetzung zu unterbleiben hat.[1394]

c) Geschäftsbesorgungsvertrag als Kausalverhältnis der Stellvertretung

Häufig beruht die Befugnis des Matrixmanagers zur Vertretung der abhängigen Gesellschaft auf einem zwischen dieser und dem herrschenden Unternehmen geschlossenen Geschäftsbesorgungsvertrag (häufig in Form eines Betriebsführungsvertrags), aufgrunddessen der Matrixmanager als Un-

---

1392 § 5 Abs. 3 S. 2 Nr. 3 BetrVG erfordert nach st. BAG-Rspr. die Wahrnehmung typisch unternehmerischer (Teil-)Aufgaben aus dem Bereich der wirtschaftlichen, technischen, kaufmännischen, organisatorischen, personellen und wissenschaftlichen Leitung des Unternehmens, vgl. BAG v. 25.3.2009 – 7 ABR 2/08, NZA 2009, 1296, 1299 Rn. 30; BAG v. 29.1.1980 – 1 ABR 45/79, NJW 1980, 2724 unter I 1 a) (1) jeweils m.w.N.

1393 Vgl. *Hromadka*, BB 1990, 57, 61.

1394 Hierzu *Bitsch*, NZA 2018, 696; *Witschen*, RdA 2016, 38, 46.

tervertreter der abhängigen Gesellschaft tätig wird.[1395] In dieser Gestaltungsvariante kommt eine Zugehörigkeit der Matrixmanager zu den Betrieben der geführten Gesellschaften nicht in Betracht[1396] – auch nicht nach den Grundsätzen der aufgeweichten Zwei-Komponenten-Lehre. Denn das Arbeitsverhältnis des Matrixmanagers ist nicht aufgespalten, sondern besteht einzig zum herrschenden Unternehmen. Anders als etwa der Entleiher gegenüber dem Leiharbeitnehmer übt die abhängige Gesellschaft gegenüber dem Matrixmanager keinerlei Arbeitgeberfunktionen aus. Dass solche jedoch erforderlich wären, belegen bereits die Materialien zu § 7 S. 2 BetrVG, wonach Arbeitnehmer zur Arbeitsleistung überlassen werden, *„wenn sie in den Einsatzbetrieb derart eingegliedert sind, dass sie dem Weisungsrecht des Betriebsinhabers unterliegen.“*[1397] Erteilt das geführte Unternehmen dem Matrixmanager Direktiven, konkretisieren diese ausschließlich den zwischen den Gesellschaften geschlossenen Geschäftsbesorgungsvertrag. Diese sind für die Betriebszugehörigkeit jedoch nicht maßgeblich, da sich die durch das BetrVG auszugleichende persönliche Abhängigkeit der Betriebsangehörigen allein aus arbeitsvertraglichen Verpflichtungen ergeben kann: Entweder durch einen mit dem Betriebsinhaber selbst geschlossenen Arbeitsvertrag oder aber, wie bei der Arbeitnehmerüberlassung, aufgrund der Qualifizierung des Arbeitsvertrags mit dem Verleiher als Vertrag zugunsten Dritter, aufgrunddessen dem Entleiher ein eigenes originäres Forderungs- und Direktionsrecht zusteht.

Für die vorliegend behandelte Konstellation, in denen die Weisungsbefugnis des Matrixmanagers auf einen Betriebsführungsvertrag fußt, hat das BAG bereits 2005 seine *Einstellung* im Sinne des § 99 Abs. 1 S. 1 Var. BetrVG in die Betriebe der Schnittstellen-Arbeitnehmer verneint. In dem zugrundeliegenden Sachverhalt bestanden innerhalb eines Konzerns zwei Werbeagenturen, deren „Traffic“-Abteilungen (Beschaffung von Arbeitsmitteln, Materialien und Fachkräften für bestimmte Projekte, Steuerung der Arbeitsabläufe bei der Auftragsabwicklung) durch eine Matrixmanagerin koordiniert werden sollten. Der 1. Senat entschied, dass auch in einer solchen Konstellation nicht auf das Merkmal der Personalhoheit des Betriebsinhabers gegenüber der betreffenden Person verzichtet werden könne, sondern vielmehr von maßgeblicher Bedeutung sei.[1398] Jene Rechtspre-

1395 Hierzu ausführlich unter 3. Kap. B. II 2 c).

1396 *Berger*, S. 321 ff.; Richardi/*Maschmann*, § 1 BetrVG Rn. 105; *Wisskirchen/Bissels*, DB 2007, 340, 342.

1397 BT-Drs. 14/5741, S. 36.

1398 BAG v. 13.12.2005 – 1 ABR 51/04, NZA 2006, 1369 Rn. 19.

chung hat der Senat im Jahr 2019 in einer Art obiter dictum bestätigt:[1399] In einem Verfahren, in dem die Vertretungsmacht des eingestellten Matrixmanagers auf einen mit der Betriebsinhaberin geschlossenen Arbeitsvertrag beruhte, betonte das Gericht, dass die Übertragung einer Vorgesetztenposition auf Drittpersonal nicht dessen mitbestimmungspflichtige Einstellung zur Folge habe. Die für eine Eingliederung des Beschäftigten erforderliche Weisungsgebundenheit gegenüber dem Betriebsinhaber könne nicht durch die bloße Bestellung zum Vorgesetzten von schon betriebsangehörigen Arbeitnehmern ersetzt werden.[1400] Der Rechtsprechung des BAG ist zuzustimmen, setzen die Zustimmungsverweigerungsgründe des § 99 Abs. 2 Nr. 4 – 6 BetrVG doch eine bereits erfolgte Individualisierung des einzustellenden Arbeitnehmers voraus. Beispielsweise kann der Betriebsinhaber als nach § 99 BetrVG Verpflichteter nur dann für Betriebsfrieden im Sinne des § 99 Abs. 2 Nr. 6 BetrVG sorgen, wenn er mittels eines entsprechenden Weisungsrechts Einfluss auf die Auswahl des von der Fremdfirma eingesetzten Personals hätte.[1401] Nicht zufällig legt das BAG der Einstellung im Sinne des § 99 Abs. 1 BetrVG die Personalhoheit der Betriebsleitung zugrunde. Der Begriff der Personalhoheit war vor 1991 insbesondere im öffentlichen Dienstrecht geläufig als personalpolitische Verantwortung des Dienstherrn für die öffentlich Bediensteten, also als Entscheidungskompetenz hinsichtlich Auswahl, Einstellung, Beförderung, Entlassung und Verwendung von Personal.[1402] Führt man sich diese Genese vor Augen, ist Kerninhalt der Personalhoheit, die individuelle Auswahl des Personals.[1403] Diese obliegt bei Bestehen eines Betriebsführungsvertrags jedoch dem herrschenden und nicht dem geführten (abhängigen) Unternehmen. Ein Zustimmungsrecht der dort errichteten Betriebsräte gemäß § 99 Abs. 1 S. 1 Var. 1 BetrVG besteht in einer solchen Matrixkonstruktion nicht.[1404]

1399 Vgl. BAG v. 12.6.2019 – 1 ABR 5/18, NZA 2019, 1288 Rn. 26.

1400 BAG v. 12.6.2019 – 1 ABR 5/18, NZA 2019, 1288 Rn. 26.

1401 *Löwisch/Kaiser*, § 99 BetrVG Rn. 16; *Müllner*, S. 94.

1402 Vgl. BVerfG v. 26.11.1963 – 2 BvL 12/62, NJW 1964, 491, 492: „*Die Personalhoheit umfaßt vor allem die Befugnis, die Gemeindebeamten auszuwählen, anzustellen, zu befördern und zu entlassen*“; vgl. zur Personalhoheit des Dienstherrn auch BVerwG v. 14.1.2010 – 6 P 10/09, NVwZ-RR 2010, 405, 406 Rn. 19; BVerwG v. 8.3.1988 – 6 P 32/85, NVwZ 1989, 563, 565.

1403 Umfassend zum Kriterium der Personalhoheit *Greiner*, RdA 2014, 262.

1404 *Bittmann/Weise*, DB 2018, 2114, 2118; *Henssler*, NZA-Beil. 3/2014, 95, 103; *Kort*, NZA 2013, 1318, 1325; *Lunk*, ArbRB 2014, 334; *Ricken*, ZfA 2016, 535, 545.

Neben den expliziten Aussagen zur Einstellung im Sinne des § 99 Abs. 1 S. 1 Var. 1 BetrVG lassen die getätigten Ausführungen auch Schlussfolgerungen zur *Betriebszugehörigkeit* von Matrixmanagern zu, die aufgrund eines zwischen den beteiligten Unternehmen geschlossenen Geschäftsbesorgungsvertrags eingesetzt werden. Denn selbst nach dem weiten Einstellungsbegriff des BAG[1405] ist vor jeder Beschäftigung eines Betriebszugehörigen unstreitig die Zustimmung des Betriebsrats gemäß § 99 Abs. 1 S. 1 Var. 1 BetrVG einzuholen. Anders ausgedrückt: Nach Ansicht des BAG führt nicht jede Einstellung zur Betriebszugehörigkeit, aber jeder Betriebszugehörigkeit liegt eine Einstellung zugrunde. Weil das BAG aber schon die Einstellung verneint hat, scheidet e fortiori auch eine Betriebszugehörigkeit des Matrixmanagers aus.

Es gilt festzuhalten: Steht der Matrixmanager in keinerlei arbeitsvertraglicher Beziehung zum Vertragsarbeitgeber, ist er keinem Betrieb des Vertragsarbeitgebers zugehörig.

d) Doppelorganstellung des Matrixmanagers

Wird der Matrixmanager zum Organmitglied des Vertragsarbeitgebers berufen, scheidet seine Betriebszugehörigkeit bereits gemäß § 5 Abs. 2 Nr. 1 BetrVG aus. Demnach gelten in Betrieben einer juristischen Person die Mitglieder des Organs, das zur gesetzlichen Vertretung der juristischen Person berufen ist, nicht als Arbeitnehmer im Sinne des BetrVG.

2. Betriebszugehörigkeit der Schnittstellen-Arbeitnehmer

Anders als Matrixmanager stehen die Arbeitnehmer an der Schnittstelle der Matrix häufig nur in einem einzigen Vertragsverhältnis, sind gleichwohl aber den Weisungen unternehmensfremder Dritter unterstellt. Für diese Arbeit relevante Zuordnungsprobleme ergeben sich für sie nur dann, wenn diese „dotted lines" die Merkmale nichtvertraglicher Arbeitsverhältnisse aufweisen. Erst dann sind die Schnittstellen und die sie besetzenden Arbeitnehmer einer weiteren Konzerngesellschaft zuzurechnen.

1405 Hierzu unter 4. Kap. B. III. 1. a).

a) Nichtvertragliches Arbeitsverhältnis

Das Verhältnis des Schnittstellen-Arbeitnehmers zum herrschenden Unternehmen unterscheidet sich grundlegend von dem zwischen Entleiher und Leiharbeitnehmer.[1406] Zwar kommt es auch in der Matrix trotz fehlender vertraglicher Verbindung zu regelmäßigen Kontakten zwischen dem herrschenden Unternehmen und den Schnittstellen-Arbeitnehmern. Ein Erfüllungsverhältnis im bereits beschriebenen Sinn[1407] besteht in dieser Beziehung jedoch nicht. Denn der Matrixmanager tritt gegenüber den Schnittstellen-Arbeitnehmern als Vertreter der abhängigen Gesellschaft, also im Namen deren Vertragsarbeitgebers, auf. Da er nur selten explizit angeben wird, in wessen Namen er handelt, ergibt dies eine Auslegung seines Verhaltens nach den Grundsätzen des unternehmensbezogenen Geschäfts. So kommt dem Matrixmanager hinsichtlich der inhaltlich-fachlichen Direktion in aller Regel lediglich eine das Weisungsrecht des Vertragsarbeitgebers *ergänzende*, koordinierende Aufgabe zu, während die Schnittstellen-Arbeitnehmer im abhängigen Unternehmen integriert bleiben.[1408] Davon ist selbst dann nicht abzurücken, wenn die Schnittstellen-Arbeitnehmer für unternehmensübergreifende Projekte fachlich *ausschließlich* vom Matrixmanager angewiesen werden und sich hierfür mittels moderner Kommunikationsmittel mit Arbeitnehmern anderer Konzernunternehmen abstimmen. Denn aufgrund der gesellschaftsrechtlichen Unterstellung ihres Vertragsarbeitgebers unter das herrschende Unternehmen ist die unternehmensübergreifende Zusammenarbeit gerade auch arbeitstechnischer Zweck des Vertragsarbeitgebers. Ein Indiz für eine Vertretung des herrschenden Unternehmens ergibt sich daraus nicht.[1409]

Erneut sei an *Riebles* prägnante Formulierung erinnert: „*Nicht der eigene [Schnittstellen-]Arbeitnehmer wird fremder Direktion ausgeliefert, sondern die fremde Entscheidung [des herrschenden Unternehmens] durch Zurechnung zur eigenen [der abhängigen Gesellschaft] gemacht*“.[1410] Anders als Leiharbeitnehmer erfüllen die Schnittstellen-Arbeitnehmer mit der Weisungsbefolgung daher gerade keine eigene, gegenüber der abhängigen Gesellschaft bestehende Verbindlichkeit, sondern einzig die Pflicht zur Arbeitsleistung ge-

---

1406 a.A. GK-BetrVG/*Raab*, § 7 Rn. 55, wonach die Konstruktion mit der konzerninternen (nichtwirtschaftlichen) Arbeitnehmerüberlassung vergleichbar ist.

1407 Hierzu unter 2. Kap. B. II. 4.

1408 *Berger*, S. 303 f; *Günther/Böglmüller*, NZA 2017, 546, 549; Richardi/*Maschmann*, § 1 BetrVG Rn. 105; *Wurth*, in: FS Moll, S. 775, 780.

1409 *Berger*, S. 307.

1410 *Rieble*, NZA-Beil. 1/2014, 28, 29.

genüber ihrem Vertragsarbeitgeber. Folglich sollte es vermieden werden, unternehmensübergreifende Matrixstrukturen als Beispiel gespaltener Arbeitsverhältnisse anzuführen.[1411] Denn ein Arbeitsverhältnis des Schnittstellen-Arbeitnehmers als Summe der arbeitsrechtlich relevanten schuldrechtlichen Pflichten besteht einzig zu seinem Vertragsarbeitgeber, nicht gegenüber dem herrschenden Unternehmen. Dass die Beziehung teilweise dennoch als aufgespaltene Arbeitgeberstellung bezeichnet wird, erinnert eher an die Theorie vom funktionellen Arbeitgeber und ihre Vorläufer, die heute jedoch ohne Relevanz ist.[1412] Vielmehr handelt es sich um eine Doppelvertretung durch den Matrixmanager, die als solche bezeichnet werden sollte.

b) Rechtsfolgen der Arbeitnehmerüberlassung

In seltenen Ausnahmefällen kann es zu einer Arbeitnehmerüberlassung der Schnittstellen-Arbeitnehmer an das herrschende Unternehmen kommen.[1413] Das ist jedoch nur dann der Fall, wenn der Matrixmanager ausnahmsweise das fachlich-inhaltliche Weisungsrecht nicht im Namen des Vertragsarbeitgebers, sondern *im Namen des herrschenden Unternehmens* ausübt und die Schnittstellen-Arbeitnehmer dadurch vollständig in dessen Unternehmensstruktur eingegliedert werden. Im Sinne der aufgeweichten Zwei-Komponenten-Lehre des BAG entstünde durch diese Ausübung von Arbeitgeberbefugnissen eine Abhängigkeit der Schnittstellen-Arbeitnehmer, die durch die zumindest punktuelle Zuordnung zum Betrieb des „nichtvertraglichen Arbeitgebers"[1414] auszugleichen wäre.[1415]

1411 So aber *Kort*, NZA 2013, 1318, 132; *Lingemann/Steinhauser*, NZA 2020, 87, 88; *Maschmann*, in: Maschmann/Fritz, S. 203 Rn. 246; *Meyer*, NZA 2013, 1326, 1329; *Mückl*, DB 2015, 2695, 2696 GK-BetrVG/*Raab*, § 7 Rn. 55; wohl auch *Schubert*, Matrixorganisationen, S. 88 f.; *Wiebauer*, in: Löwisch/Kaiser, § 7 BetrVG Rn. 21; plakativ, aber treffender ist es von einer „gespaltenen Persönlichkeit" des Matrixmanagers zu sprechen, *Bitsch*, NZA 2018, 696.

1412 Hierzu siehe bereits 3. Kap. B. III. 1.

1413 Siehe hierzu bereits 3. Kap. B. III. 2. b).

1414 Begriff übernommen von EuGH v. 21.10.2010 – C-242/09 – Albron Catering, NZA 2010, 1225 Rn. 20.

1415 Die Relevanz der Abgrenzung zur Arbeitnehmerüberlassung betonen auch *Berger*, S. 310; Richardi/*Maschmann*, § 1 BetrVG Rn. 105.

Zwar bliebe in diesem Fall die grundsätzliche Zuordnung zum Betrieb des Verleihers erhalten (§ 14 Abs. 1 AÜG; ggf. analog[1416] im Fall einer gemäß § 1 Abs. 3 Nr. 2 AÜG privilegierten Konzernleihe[1417]). Darüber hinaus wäre der Schnittstellen-Arbeitnehmer aber zumindest partiell[1418] auch im Einsatzbetrieb des herrschenden Unternehmens als Entleiher zu berücksichtigen (vgl. § 14 Abs. 2 – 4, § 7 S. 2 BetrVG).[1419] Zudem stünde ihm als Leiharbeitnehmer gemäß § 7 S. 1 BetrVG im Betrieb des herrschenden Unternehmens das aktive Wahlrecht zu. Er hätte dort die in § 14 Abs. 2 S. 2, 3 AÜG statuierten Rechte (z.B. Aufsuchen von Sprechstunden, Teilnahme an Betriebsversammlungen, Anhörungs-, Erörterungs- und Beschwerderecht) und würde gemäß § 14 Abs. 2 S. 4 AÜG bei der Berechnung mitbestimmungsrechtlicher Schwellenwerte mitgezählt. Bei seiner Einstellung wäre der Betriebsrat des Betriebs des herrschenden Unternehmens zu beteiligen, § 14 Abs. 3 AÜG i.V.m. § 99 BetrVG. Bei einer Konzernleihe wäre der Schnittstellen-Arbeitnehmer zudem im Betrieb des herrschenden Unternehmens als Entleiher aktiv wahlberechtigt (§ 7 S. 2 BetrVG)[1420], jedoch nicht nach § 8 BetrVG wählbar[1421].

c) Doppelarbeitsvertrag

Vollwertiger und ausschließlicher Betriebszugehöriger eines Betriebs des herrschenden Unternehmens ist der Schnittstellen-Arbeitnehmer nur dann, wenn er mit diesem einen zusätzlichen Arbeitsvertrag geschlossen

---

1416 BAG v. 10.3.2004 – 7 ABR 49/03, AP BetrVG 1972 § 7 Nr. 8 unter B I 1 a) aa) der Gründe; Düwell/*Brors*, § 7 BetrVG Rn. 23; *Windbichler*, Arbeitsrecht im Konzern, S. 278; a.A. Richardi/*Thüsing*, § 7 BetrVG Rn. 13.

1417 Zum Umfang des Konzernprivilegs vgl. *Lembke*, BB 2012, 2497, 2498 f.; *Schüren/Fasholz*, DB 2016, 1375, 1378 f.; *Tucci*, Arbeitnehmermobilität, S. 174 ff.

1418 Siehe 2. Kap. B. II. 1.; a.A. *Berger*, S. 317.

1419 Vgl. *Berger*, S. 310.

1420 Düwell/*Brors*, § 7 BetrVG Rn. 22; *Fitting*, § 7 BetrVG Rn. 41; *Kort*, NZA 2013, 1318, 1324; *Müller-Bonanni/Mehrens*, ZIP 2010, 2228, 2231; Richardi/*Thüsing*, § 7 BetrVG Rn. 15; *Wiebauer*, in: Löwisch/Kaiser, § 7 BetrVG Rn. 21.

1421 BAG v. 10.3.2004 – 7 ABR 49/03, AP BetrVG 1972 § 7 Nr. 8 unter B I 2 a) aa) der Gründe; BeckOK-ArbR/*Besgen*, § 8 BetrVG Rn. 8a; *Christ*, in: Münchener Anwaltshandbuch Arbeitsrecht Rn. 166; NK-GA/*Podewin*, § 8 BetrVG Rn. 9; Richardi/*Thüsing*, § 8 BetrVG Rn. 5; a.A. *Hamann*, in: Schüren/Hamann § 14 Rn. 589; *Richardi*, NZA 1987, 145, 147; zur nicht-gewerbsmäßigen Überlassung zuletzt BAG v. 17.2.2010 – 7 ABR 51/08, NZA 2010, 832.

hat.[1422] Dafür kommt im Regelfall nur ein expliziter Vertragsschluss in Betracht. Konkludent wäre dies nur durch die Ausübung von Disziplinarrechten *im Namen des herrschenden Unternehmens* möglich, was wiederum nach den Grundsätzen des unternehmensbezogenen Geschäfts entsprechend dem objektiven Empfängerhorizont zu ermitteln ist. Auch hier wird die Auslegung jedoch in aller Regel den Vertragsarbeitgeber als Vertretenen hervorbringen.[1423]

Im demnach seltenen Fall des Doppelarbeitsverhältnisses bleibt der Schnittstellen-Arbeitnehmer zusätzlich dem Betrieb des „ersten" Vertragsarbeitgebers zugehörig (doppelte Betriebszugehörigkeit).[1424] Denn auch dieser ist als Vertragspartei weiterhin weisungsbefugt[1425] und führt die Personalverwaltung und administrative Abwicklung weiter[1426]. Für die fortbestehende Zugehörigkeit zum Betrieb des Vertragsarbeitgebers lässt sich zudem ein Vergleich zu Fällen des ruhenden Arbeitsverhältnisses ziehen[1427], für die ein Fortbestehen der Betriebszugehörigkeit anerkannt ist.[1428]

C. *Kündigungsschutz*

Dem KSchG liegt kein einheitlicher Betriebsbegriff zugrunde.[1429] Vielmehr bezeichnet „Betrieb" im Sinne der Kleinbetriebsklausel des § 23

1422 Zum Arbeitsverhältnis des Schnittstellen-Arbeitnehmers mit dem herrschenden Unternehmen bereits unter 3. Kap. B II 2 b).

1423 Hierzu bereits ausführlich unter 3. Kap. B. III. 2.

1424 *Berger*, S. 314; *Braun/Schreiner*, in: Braun/Wisskirchen, S. 55 Rn. 41; *Fitting*, § 7 Rn. 46a; *Reinhard/Kettering*, ArbRB 2014, 87, 89; *Schubert*, Matrixorganisationen, S. 97 f.

1425 *Berger*, S. 315; *Maywald*, S. 158.

1426 *Berger*, S. 315; *Fitting*, § 5 Rn. 226b; *Kort*, NZA 2013, 1318, 1324; *Maywald*, S. 158; *Schubert*, Matrixorganisationen, S. 88; zur Relevanz von Rückrufklauseln für den Kündigungsschutz *Henssler*, NZA-Beil. 3/2014, 95, 102.

1427 *Maywald*, S. 38; *Schubert*, Matrixorganisationen, S. 98; vgl. auch Richardi/*Thüsing*, § 7 BetrVG Rn. 14.

1428 Vgl. etwa BAG v. 25.5.2005 – 7 ABR 45/04, AP BetrVG 1972 § 24 Nr. 13 unter II 2 b) der Gründe; BAG v. 16.4.2003 – 7 ABR 53/02, AP BetrVG 2002 § 9 Nr. 1 unter II 2 b) der Gründe (Elternzeit ohne Arbeitsleistung); *Braun/Schreiner*, in: Braun/Wisskirchen, S. 58 Rn. 54; *Christiansen*, S. 90 ff.; ErfK/*Koch*, § 7 BetrVG Rn. 3; Richardi/*Thüsing*, § 7 BetrVG Rn. 48 ff.

1429 Siehe hierzu 1. Kap. B. II.; a.A. BAG v. 2.3.2017 – 2 AZR 427/16, NZA 2017, 859 Rn. 15; BAG v. 19.7.2016 – 2 AZR 468/15, NZA 2016, 1196 Rn. 12; BAG v. 17.1.2008 – 2 AZR 902/06, NZA 2008, 872 Rn. 16; BAG v. 15.3.2001 – 2 AZR 151/00, NZA 2001, 831.

Abs. 1 S. 2, 3 KSchG das Unternehmen des Arbeitgebers, während der Bereich der Sozialauswahl (§ 1 Abs. 3 KSchG) dem Betrieb des § 1 BetrVG entspricht. Folglich ist auch bezüglich der Auswirkungen von Matrixorganisationen zwischen den beiden Betriebsbegriffen zu differenzieren.

I. Sozialauswahl

Der Betriebsbegriff der Sozialauswahl entspricht dem des § 1 BetrVG.[1430] Im Betriebsverfassungsrecht führen Matrixorganisationen insbesondere dann zu großen Betrieben im Sinne des § 1 BetrVG, wenn über die beteiligungspflichtigen Angelegenheiten geschäftsbereichsbezogen entschieden wird und sich Betrieb und Business Unit decken (sogenannter Matrixbetrieb)[1431] oder aber die Leitungsbefugnisse dergestalt auf mehrere Instanzen verteilt sind, dass keine über eine Mehrheit der betriebsverfassungsrechtlich relevanten Aspekte entscheidet (sogenannte heterogene Leitungsstrukturen)[1432]. Da in derart großen Einheiten eine arbeitnehmernahe Repräsentation durch den Betriebsrat kaum denkbar wäre, können Betriebsräte gemäß § 4 Abs. 1 S. 1 BetrVG auch in Betriebsteilen gewählt werden, wenn diese entweder räumlich weit vom Hauptbetrieb entfernt (Nr. 1) oder aber durch Aufgabenbereich und Organisation eigenständig sind (Nr. 2). Die Vorschrift verhindert mithin, dass bestimmte Organisationsentscheidungen des Arbeitgebers zu einer unpraktikablen Betriebsverfassung führen. Auf § 1 Abs. 3 KSchG sind die Betriebsfiktionen des § 4 Abs. 1 S. 1 hingegen nicht anwendbar,[1433] weshalb dies Sozialauswahl in den beschriebenen heterogenen Leitungsstrukturen unternehmensweit durchzuführen ist. Sofern der Matrixmanager die ihm unterstellte Matrix-Schnittstelle als Gemeinschaftsbetrieb im Sinne des § 1 Abs. 2 BetrVG führt, kommt es sogar zu einer raum- und unternehmensübergreifenden Sozialauswahl. Aufgrund des territorialen Anwendungsbereichs des KSchG ist sie jedoch auf innerhalb Deutschlands liegende Betriebsstätten beschränkt.[1434] Erstreckt sich die Sozialauswahl über mehrere Betriebe im

1430 Siehe 1. Kap. B. II. b) aa).

1431 Siehe hierzu unter 4. Kap. B. I. 2.

1432 Siehe hierzu unter 4. Kap. B. I. 3.

1433 Hierzu bereits ausführlich unter 1. Kap. B. II. 2. b) cc).

1434 APS/*Kiel*, § 1 KSchG Rn. 598; ErfK/*Oetker*, § 1 KSchG Rn. 319; *Vogt*, Arbeitsrecht im Konzern, S. 62; vgl. auch BAG v. 29.8.2013 – 2 AZR 809/12, NZA 2014, 730, 733 Rn. 30 ff. zur auf deutsche Betriebe beschränkten Weiterbeschäftigungspflicht i.S.d. § 1 Abs. 2 KSchG.

Sinne des §§ 1, 4 Abs. 1 S. 1 BetrVG, führt dies zur Zuständigkeit des Gesamt- bzw. Konzernbetriebsrats.[1435]

1. Betriebszugehörigkeit des Matrixmanagers

Aufgrund des zwingenden Erfordernisses eines mit dem Betriebsinhaber bestehenden Arbeitsvertrags kann der Matrixmanager von vornherein nur dann in eine bei der abhängigen Gesellschaft vorzunehmende Sozialauswahl einbezogen werden, wenn seine Vertretungsmacht auf einem mit der abhängigen Gesellschaft geschlossenen Arbeitsvertrag beruht. Dies gilt unabhängig von einer etwaigen Stellung als leitender Angestellter, da das KSchG gemäß § 14 Abs. 2 KSchG auch auf diese anwendbar ist. Beschränkt sich die Tätigkeit des Matrixmanagers auf eine bloß koordinierende Ausübung fachlich-inhaltlicher Weisungen, ist er zwar in den ihm diesbezüglich unterstellten Betrieb eingegliedert. Da in die Sozialauswahl jedoch nur vergleichbare Arbeitnehmer miteinzubeziehen sind,[1436] scheitert die Berücksichtigung des Matrixmanagers an seiner herausgehobenen, speziellen Funktion im Betrieb, die einer Versetzung auf einen hierarchisch niedrigeren Arbeitsplatz entgegensteht.[1437]

Überdies liegt seine Weiterbeschäftigung regelmäßig im berechtigten betrieblichen Interesse im Sinne des § 1 Abs. 3 S. 2 KSchG, so dass er auch aus diesem Grund nicht in die Sozialauswahl miteinzubeziehen ist.[1438] Denn die Tätigkeit des Matrixmanagers setzt ein besonders hohes Maß an Qualifikation (insbesondere im Hinblick auf Führungsstil, Kommunikations- und Konfliktlösungsfähigkeit)[1439] voraus.[1440] Seine Schlüsselposition[1441] ergibt sich zudem daraus, dass er direkt vom vertretungsberechtigten Organ der abhängigen Gesellschaft zur Erfüllung deren konzerngesell-

1435 *Kania/Gilberg*, NZA 2000, 678, 680.

1436 BAG v. 24.2.2005 – 2 AZR 214/02, NZA 2005, 867 unter B II 1 a) der Gründe; BAG v. 5.12.2002 – 2 AZR 697/01, NZA 2003, 849; BAG v. 17.2.2000 – 2 AZR 142/99, NJW 2000, 2604 unter I der Gründe; *Hergenröder*, in: MüKo-BGB, § 1 KSchG Rn. 409; APS/*Kiel*, § 1 KSchG Rn. 607; ErfK/*Oetker*, § 1 KSchG Rn. 323.

1437 *Maschmann*, in: Maschmann/Fritz, Kap. 3 Rn. 353.

1438 *Maschmann*, in: Maschmann/Fritz, Kap. 3 Rn. 358.

1439 Zu den besonder hohen Anforderungen, die von Seiten der Betriebswirtschaftslehre an den Matrixmanager gestellt werden, siehe bereits 3. Kap. A. I.

1440 Vgl. BAG v. 20.10.1983 – 2 AZR 211/82, AP KSchG 1969 § 1 Betriebsbedingte Kündigung Nr. 13 zur Maßgeblichkeit besonderer Kenntnisse für § 1 Abs. 3 S. 2 KSchG.

1441 Hierzu SPV/*Preis* Rn. 1112.

schaftsrechtlicher Verpflichtungen eingesetzt wird. Ebenfalls zugunsten des Matrixmanagers zu berücksichtigen ist, dass er zugleich Aufgaben in anderen Konzernunternehmen erfüllt und diese hierdurch miteinander verklammert.[1442]

Ist der Matrixmanager dazu befugt – über eine fachlich-inhaltliche Koordination hinausgehend – über mitbestimmungsrelevante Angelegenheiten der ihm unterstellten Arbeitnehmer zu entscheiden, ist er nicht in deren Betrieb eingegliedert[1443] und von vornherein auch nicht im Rahmen einer dort vorzunehmenden Sozialauswahl zu berücksichtigen. In dieser Gestaltung bildet in der Regel das vertretungsberechtigte Organ der abhängigen Gesellschaft den für den Matrixmanager betriebskonstituierenden Leitungsapparat, dem meist mehrere Matrixmanager (je nach Anzahl der im Unternehmen vorhandenen Funktionsbereiche) unterstellt sind. Führt die Zusammenlegung von Funktionsbereichen zu einem Wegfall von Arbeitsplätzen auf Ebene der Matrixmanager, ist unter diesen die Sozialauswahl vorzunehmen.

2. Betriebszugehörigkeit der Schnittstellen-Arbeitnehmer

Da sich die für die Sozialauswahl relevante Betriebszugehörigkeit nach den für § 1 BetrVG erläuterten Grundsätzen richtet, ist auch die Sozialauswahl der Schnittstellen-Arbeitnehmer im demjenigen Bereich durchzuführen, der einem einheitlichen Leitungsapparat in den mitbestimmungsrelevanten Angelegenheiten untersteht. Divergenzen ergeben sich einzig aus zwei Gesichtspunkten: Zum einen ist die Sozialauswahl weder auf räumlich, noch organisatorisch verselbstständigte Einheiten im Sinne des § 4 Abs. 1 S. 1 BetrVG zu beschränken, weshalb der den Sozialauswahl-Betrieb konstituierende Leitungsapparat stets derjenige ist, der die qualitative Mehrheit der mitbestimmungsrelevanten Entscheidungen trifft. Zum anderen sind die Schnittstellen-Arbeitnehmer sogar im seltenen Fall einer Arbeitnehmerüberlassung an das herrschende Unternehmen[1444] einzig einem Betrieb ihres Vertragsarbeitgebers zugehörig. In eine im Einsatzbetrieb des

1442 Vgl. *Windbichler*, Arbeitsrecht im Konzern, S. 161.
1443 Siehe hierzu bereits 4. Kap. B. III. 1. b) aa).
1444 Hierzu unter 4. Kap. B. III. 2. a) und b).

Entleihers stattfindende Sozialauswahl sind sie mangels arbeitsvertraglicher Beziehung nicht miteinzubeziehen.[1445]

II. Kleinbetriebsklausel

Aufgrund der Verbreitung der Matrixstruktur in internationalen Großkonzernen wird die Kleinbetriebsklausel selten relevant werden. Daher sollen die Ergebnisse der Arbeit in der gebotenen Kürze auf unternehmensübergreifende Matrixstrukturen angewendet werden. Nach dem hier zugrundegelegten Verständnis setzt sich der Betrieb im Sinne des § 23 Abs. 1 S. 2, 3 KSchG aus allen Arbeitsplätzen des Arbeitgebers zusammen. Ohne Berücksichtigung bleiben grundsätzlich die bei anderen Konzerngesellschaften bestehenden Arbeitsplätze, selbst wenn diese mit denen der betreffenden abhängigen Gesellschaft eine Matrixzelle bilden.

Unabhängig von den Voraussetzungen des gemeinsamen Betriebs mehrerer Unternehmen wird vereinzelt ein sogenannter Berechnungsdurchgriff im Konzern befürwortet, wonach als Arbeitnehmer konzernverbundener Unternehmen auch die Beschäftigten anderer Konzerngesellschaften berücksichtigt werden.[1446] Das BAG und die herrschende Meinung halten die vorgeschlagene teleologische Reduktion hingegen de lege lata für nicht zulässig, da der Gesetzgeber sich bewusst für eine betriebsbezogene Konzeption des KSchG einschließlich des § 23 Abs. 1 S. 2, 3 KSchG entschieden habe.[1447] Obgleich eine verfassungskonforme Auslegung des § 23 Abs. 1 S. 2, 3 KSchG nach hier vertretener Ansicht zu einem unternehmensbezogenen Verständnis der Vorschrift führt, ist der Ansicht des BAG aufgrund der gesellschaftsrechtlichen Selbstständigkeit der einzelnen Konzernunternehmen im Ergebnis zuzustimmen. Ohne eine den gemeinsa-

1445 Vgl. 2. Kap. B. II. 2. b) zur fehlenden Berücksichtigung von Leiharbeitnehmern in die Sozialauswahl des Entleihers.

1446 *Bepler*, ArbuR 1997, 54, 58; *Kittner*, NZA 1998, 731, 732, *Urban*, S. 100.

1447 BAG v. 16.1.2003 – 2 AZR 609/01, AP KSchG 1969 § 1 Gemeinschaftsbetrieb Nr. 1 unter B I 2 e) der Gründe; BAG v. 13.6.2001 – 2 AZR 327/01, NZA 2002, 1147, 1149 unter II 1 c); BAG v. 29.4.1999 – 2 AZR 352/98, NZA 1999, 932, 934 unter III 5 a); BAG v. 12.11.1998 – 2 AZR 459/97, NZA 1999, 590, 592 unter II 4; LAG RLP v. 8.3.2016 – 6 Sa 191/15, BeckRS 20016, 71291 Rn. 29; KR-Komm/*Bader*, § 23 KSchG Rn. 70; *Falder*, NZA 1998, 1254, 1258; *Gragert/ Kreutzfeld*, NZA 1998, 567, 569; *Hergenröder*, in: MüKo-BGB, § 23 KSchG Rn. 8; ErfK/*Kiel*, § 23 KSchG Rn. 5; APS/*Moll*, § 23 KSchG Rn. 8a; *Preis*, RdA 2000, 257, 261; *Steljes*, S. 258; *Thüsing*, in: Thüsing/Rachor/Lembke, § 23 KSchG Rn. 6.

men Betrieb mehrerer Unternehmen konstituierende Führungsvereinbarung fehlt es an einem Zurechnungstatbestand, der die Zusammenrechnung sämtlicher in den Betrieb eingegliederter Arbeitnehmer rechtfertigen könnte. Die Konzernierung allein kann den Abschluss einer solchen Vereinbarung nicht substituieren.[1448] Sofern die Gesellschaften keinen Gewinnabführungsvertrag vereinbaren, bleiben die Unternehmen auch finanziell eigenständig, so dass ihrer konzernrechtlichen Verbindung keine Indizwirkung für eine erhöhte wirtschaftliche Belastbarkeit zu entnehmen ist.[1449] Die vorliegende Untersuchung hat zudem aufgezeigt, dass konzerngesellschaftsrechtliche Befugnisse lediglich das Innenverhältnis zwischen den Organen der verbundenen Gesellschaften betreffen, nicht jedoch die Beziehung zu den Arbeitnehmern.[1450] Die Konzernierung führt weder zu einer Arbeitgeberstellung des Konzerns, noch zu einer solchen der herrschenden Gesellschaft. Neben der anhand der Arbeitnehmerzahl zu ermittelnden wirtschaftlichen Leistungsfähigkeit liegt § 23 Abs. 1 S. 2, 3 KSchG der Gedanke eines besonderen Vertrauensverhältnisses zwischen Arbeitgeber und Arbeitnehmer zugrunde. Beide Erwägungen stehen in keinerlei Zusammenhang zur gesellschaftsrechtlichen Gestaltung[1451], weshalb ein Berechnungsdurchgriff im Konzern abzulehnen ist.[1452]

Eine gewisse Konzerndimensionalität der Kleinbetriebsklausel ist nur dann anzunehmen, wenn die Matrixzelle zugleich einen gemeinsamen Betrieb der abhängigen Unternehmen bildet. Aufgrund der Führungsvereinbarung muss sich eine abhängige Gesellschaft auch die in den gemeinsamen Betrieb eingebrachten Arbeitsplätze der anderen beteiligten Konzerngesellschaften zurechnen lassen. Der Matrixmanager ist hierbei nur zu berücksichtigen, wenn er mit mindestens einer beteiligten abhängigen Gesellschaft einen Arbeitsvertrag geschlossen hat. Liegt seiner von den abhängigen Gesellschaften erteilten (Unter)vertretungsmacht hingegen ein mit

---

1448 Siehe hierzu bereits unter 4. Kap. B. I. 2. b) bb).

1449 *Stelljes*, S. 258.

1450 Siehe 3. Kap. B. I. 3.

1451 a.A. *Kittner*, NZA 1998, 731, 732.

1452 Ein Konzerndurchgriff bzgl. des Weiterbeschäftigungsanspruchs gemäß § 1 Abs. 2 Nr. 1 lit. b wird insb. vertreten von *Temming*, Vertragsbeherrschende Dritte, S. 1105 ff.; *ders.*, RdA 2018, 84; a.A. st. BAG-Rspr. BAG v. 22.9.2016 – 2 AZR 276/16, NZA 2017, 175 Rn. 66; BAG v. 24.9.2015 – 2 AZR 562/14, NZA 2016, 366 Rn. 45 jeweils m.w.N.; speziell zur Weiterbeschäftigungspflicht im Matrixkonzern vgl. *Bauer/Herzberg*, NZA 2011, 713, 714; *Maschmann*, in: Maschmann/Fritz, Kap. 3 Rn. 308 ff. Da es sich hierbei um eine abweichende Auslegung des Unternehmens-, nicht des Betriebsbegriffs handelt, war hierauf nicht einzugehen.

dem herrschenden Unternehmen geschlossener Betriebsführungsvertrag zugrunde, besteht sein Arbeitsplatz einzig bei diesem, nicht aber bei den abhängigen Gesellschaften. Denn die Steuerungsmöglichkeit des Betriebsinhabers ist Voraussetzung sowohl für die Zuordnung einer Stelle zu einer Organisation als auch für die Zugehörigkeit eines Arbeitnehmers zu einem Betrieb. In einer durch einen Geschäftsbesorgungsvertrag begründeten Untervertretungskonstruktion fehlt es an eben jenem Einfluss der abhängigen Gesellschaften auf den Matrixmanager, da dieser dann ausschließlich der Leitung des herrschenden Unternehmens untersteht.

D. Betriebsübergangsrecht

Die Frage nach der übergangsfähigen Einheit und der Zuordnung der Arbeitnehmer stellt sich im Matrixkonzern insbesondere in zwei Konstellationen: Zum einen gilt es bei der Restrukturierung hin zu einer rechtsträgerübergreifenden Matrixorganisation zu eruieren, ob hiermit ein oder mehrere Betriebsübergänge verbunden sind. Veranschaulichen lässt sich dies insbesondere anhand der Transaktionsmatrix aus Abbildung 4.[1453] Führt der Zukauf der Y-AG und deren Einbindung zu einem oder mehreren Betriebsübergängen auf eine Gesellschaft des A-Konzerns? Die Frage nach dem Zuschnitt der wirtschaftlichen Einheit stellt sich erneut, wenn Teile einer Matrixzelle veräußert werden sollen – etwa, wenn ein Erwerber in dem Beispiel aus Abbildung 4 lediglich die Automobil-Systemintegration der X-AG (X-SI/Auto) übernehmen möchte. Hier gilt es zu beantworten, ob dies gemäß § 613a Abs. 1 S. 1 BGB auch einen Übergang der Arbeitsverhältnisse der bei der Y-AG beschäftigten und in der Systemintegration (Y-SI/Auto) eingesetzten Arbeitnehmer nach sich ziehen kann. Beide aufgeworfenen Fragen – sowohl die des Betriebsübergangs durch Implementierung einer Matrixorganisation als auch die durch spätere Veräußerung eines Matrixzellen-Teils – wären zu bejahen, wenn die Matrixzelle in ihrer Gesamtheit als wirtschaftliche Einheit anzusehen wäre.

I. Betriebsübergang durch Restrukturierung

Die einen Betrieb-/Betriebsteil im Sinne des § 613a Abs. 1 BGB bzw. eine wirtschaftliche Einheit im Sinne des Art. 3 RL 2001/23/EG konstituierende

1453 Siehe 3. Kap. A. II. 3.

Leitungsbefugnis bestimmt sich vom Begriff des Betriebsinhabers her, also derjenigen Person, die für den Betrieb verantwortlich ist, indem sie ihn im eigenen Namen führt[1454] und sich dadurch den Wertschöpfungszusammenhang zu eigen macht.[1455] Ein die Rechtsfolgen des § 613a BGB auslösender Betriebsübergang liegt demnach dann vor, wenn die Person, in deren Namen eben jener Wertschöpfungszusammenhang genutzt wird, wechselt.[1456] In dem Beispiel der Transaktionsmatrix[1457] gilt es mithin zu untersuchen, ob die Wertschöpfung der Y-AG auch nach der Konzernierung weiterhin in deren Namen erfolgt oder nunmehr als solche der Konzernmutter A-AG bzw. einer anderen Konzerngesellschaft anzusehen ist.

Matrixmanager agieren in unternehmensübergreifenden Matrixstrukturen regelmäßig als Doppelvertreter, wobei sie gegenüber dem Vorstand der abhängigen Gesellschaft als Vertreter des herrschenden Unternehmens, gegenüber den Schnittstellen-Arbeitnehmern als Vertreter der abhängigen Gesellschaft handeln.[1458] Wie bereits für die Frage eines konkludenten Arbeitsvertragsschlusses zwischen dem herrschenden Unternehmen und den Schnittstellen-Arbeitnehmern kommt es auch im Rahmen der Betriebsinhaberschaft entscheidend darauf an, in wessen Namen der Matrixmanager auftritt und aus welcher Perspektive dies zu beurteilen ist. Während bei der Beurteilung einer vertraglichen Einigung unstreitig auf den Horizont des Erklärungsempfängers abzustellen ist,[1459] ist die Bestimmung des maßgeblichen Empfängerhorizonts im Betriebsübergangsrecht deutlich komplexer. Denn zur Schaffung und Koordination des Wertschöpfungszusammenhangs wirkt der Betriebsinhaber einerseits in die Organisation hinein (gegenüber den Arbeitnehmern), tritt andererseits aber auch gegenüber Externen (beispielsweise Kunden, Lieferanten) rechtsgeschäftlich in Er-

---

1454 EuGH v. 19.10.2017 – C-200/16 – Securitas, NZA 2017, 1379 Rn. 23; EuGH v. 26.11.2015 – C-509/14 – Ferroviarias, NZA 2016, 31 Rn. 28; BAG v. 25.1.2018 – 8 AZR 309/16, NZA 2018, 933 Rn. 50; BAG v. 22.6.2011 – 8 AZR 107/10, AP BGB § 613a Nr. 408 Rn. 36; BAG v. 20.3.2003 – 8 AZR 312/02, NZA 2003, 1338.

1455 Siehe 1. Kap. B. III 2. d).

1456 *Hauck*, in: FS Bauer, S. 401, 408; HWK/*Willemsen*, § 613a BGB Rn. 51 f. („Transaktionsansatz").

1457 Siehe Abb. 4.

1458 Ausführlich hierzu 3. Kap. B. II.

1459 Vgl. nur BGH v. 1.3.2011 – II ZR 16/10, NJW 2011, 1666 Rn. 11; BGH v. 3.2.1967 – VI ZR 114/65, NJW 1967, 673 unter II der Gründe; BGH v. 5.10.1961 – VII ZR 207/60, NJW 1961, 2251 unter II 1 der Gründe; grdl. RG v. 17.9.1919 – V 131/19, RGZ 96, 273, 276; *Busche*, in: MüKo-BGB, § 133 BGB Rn. 12 ff.

scheinung. Es bestehen mithin divergierende Empfänger, aus deren Perspektive das Verhalten des Matrixmanagers ausgelegt werden könnte.

1. Echte und unechte Betriebsführung

Nach allgemeiner Ansicht hat lediglich ein unechter Betriebsführungsvertrag, aufgrunddessen der Betriebsführer (auf die Matrix übertragen das herrschende Unternehmen) den Betrieb des Eigentümerunternehmens (sprich: der abhängigen Gesellschaft) im eigenen Namen und auf eigene Rechnung leitet, einen Betriebsübergang zur Folge. Bei einem echten Betriebsführungsvertrag wird der Betrieb hingegen im Namen und auf Rechnung des Eigentümerunternehmens geführt, so dass dieses weiterhin als Betriebsinhaber anzusehen ist und ein Betriebsübergang auf den Betriebsführer folglich ausscheidet.[1460] Die Frage, gegenüber welchem Adressatenkreis die Offenkundigkeit, in fremdem Namen zu handeln, bestehen muss, ist für die Abgrenzung von echten und unechten Betriebsführungsverträgen umstritten. Während manche Stimmen in der Literatur für die Betriebsinhaberschaft ausschließlich das Auftreten gegenüber den weisungsunterworfenen Arbeitnehmern als maßgeblich angesehen[1461], stellt die neuere Rechtsprechung *„auf die umfassende Nutzung des Betriebs nach außen"*, das heißt gegenüber dem gesamten Rechtsverkehr wie beispielsweise Kunden und Lieferanten, ab.[1462] Diese Auslegung von § 613a Abs. 1 S. 1 BGB entspricht nach Ansicht des BAG der EuGH-Auslegung von Art. 3

1460 Vgl. *Fenzl*, Der Konzern 2006, 18, 23; *Koller-van Delden*, DStR 2018, 2528; *Priester*, in: FS Hommelhoff, S. 875, 876: *Rieble*, NZA 2010, 1145,1146; *Weißmüller*, BB 2000, 1949, 1951; *Winter/Theisen*, AG 2011, 662, 663 zur Unterscheidung zwischen echtem und unechtem Betriebsführungsvertrag.

1461 *Hey/Simon*, BB 2010, 2957, 2959; *Ingenfeld*, S. 229; *Rieble*, NZA 2018, 1302, 1304; *ders.*; NZA 2010, 1145, 1147; *Thüsing/Flink*, in: FS Moll, S. 659, 661; HWK/*Willemsen*, § 613a BGB Rn. 42; WHSS/*Willemsen*, Kap. G Rn. 38.

1462 BAG v. 25.1.2018 – 8 AZR 338/16, BeckRS 2018, 2098 Rn. 35; BAG v. 27.9.2012 – 8 AZR 826/11, NZA 2013, 961, 963 Rn. 21; BAG v. 10.5.2012 – 8 AZR 434/11, NZA 2013, 1161, 1165 Rn. 27; BAG v. 31.1.2008 – 8 AZR 2/07, AP BGB § 613a Nr. 339 Rn. 28; BAG v. 13.12.2007 – 8 AZR 1107/06, AP BGB § 613a Nr. 338 Rn. 24; BAG v. 20.3.2003 – 8 AZR 312/02, NZA 2003, 1338, 1340; LAG Thüringen v. 9.2.2017 – 3 Sa 403/15 -, juris Rn. 34; LAG Köln v. 27.1.2017 – 4 Sa 426/16-, juris Rn. 83; LAG Berlin-Brandenburg v. 11.5.2016 – 15 Sa 108/16,- juris Rn. 80; LAG BaWü v. 26.2.2016 – 17 Sa 58/15,- juris Rn. 116; a.A. wohl noch BAG v. 20.11.1984 – 3 AZR 584/83, NZA 1985, 393 unter 1 b) der Gründe.

Abs. 1 der Betriebsübergangsrichtlinie, wonach der Zeitpunkt des Übergangs im Sinne dieser Bestimmung dem Zeitpunkt entspricht, zu dem die Inhaberschaft, mit der die Verantwortung für den Betrieb der übertragenen Einheit verbunden ist, vom Veräußerer auf den Erwerber übergeht und dieser den Betrieb fortführt.[1463] Hierauf Bezug nehmend haben mehrere Instanzgerichte sowie das BAG in jüngerer Zeit Betriebsübergänge in solchen Fällen abgelehnt, in denen der Erwerber nach der Transaktion zwar gegenüber Arbeitnehmern, Gewerkschaften und Sozialversicherungsträgern im eigenen Namen aufgetreten war, im Außenverhältnis zu Kunden und Lieferanten hingegen als Generalbevollmächtigter des bisherigen Inhabers.[1464] Sämtliche Entscheidungen betrafen Umstrukturierungen, durch die das operative Geschäft einer Gesellschaft auf eine neu gegründete Schwestergesellschaft übertragen wurde, während das bereits bestehende Unternehmen als Vermögensträger für die Immobilien, das Anlagevermögen, Lizenzrechte sowie sonstige Vermögensgegenstände fungieren sollte.

2. Übertragbarkeit auf unternehmensübergreifende Matrixstrukturen

Insbesondere in zweistufigen Matrixstrukturen (sogenannten Transaktionsmatrizen) kann es zur umgekehrten Konstellation kommen: Häufig werden zur Vorbereitung von Fusionen bereits unternehmensübergreifende Abteilungen gebildet, die gegenüber den Kunden nach Außen bereits als einheitliche Marke auftreten, im Inneren jedoch noch aus verschiedenen selbstständigen Rechtsträgern bestehen, so dass auch das arbeitsrechtliche Direktionsrecht gegenüber den in der Matrixzelle eingesetzten Arbeitnehmern jeweils im Namen deren jeweiligen Vertragsarbeitgebers ausge-

---

1463 BAG v. 25.1.2018 – 8 AZR 309/16, NZA 2018, 933 Rn. 56 mit Verweis auf EuGH v. 26.5.2005 – 478/03 – Celtec, NZA 2005, 681.

1464 BAG v. 25.1.2018 – 8 AZR 309/16, NZA 2018, 933 sowie die Parallelentscheidungen BAG v. 25.1.2018 – 8 AZR 338/16, BeckRS 2018, 2098; BAG v. 25.1.2018 – 8 AZR 308/16 -, juris; BAG v. 25.1.2018 – 8 AZR 524/16 -, juris; LAG Thüringen v. 9.2.2017 – 3 Sa 403/15 -, juris Rn. 34; LAG Berlin-Brandenburg v. 11.5.2016 – 15 Sa 108/16, DStR 2016, 2236; LAG BaWü v. 23.3.2016 – 2 Sa 35/15, BeckRS 2016, 68742; LAG BaWü v. 23.3.2016 – 2 Sa 46/15, BeckRS 2016, 68743; zust. *Greiner/Pionteck*, RdA 2020, 84, 90; *Koller-van Delden*, DStR 2018, 2528, 2531; *Wypych*, EWiR 2018, 537; abl. *B. Gaul*, in: FS Moll, S. 165, 179 f.; *Rieble*, NZA 2018, 1302, 1304; *Thüsing/Flink*, in: FS Moll, S. 659, 660.

übt wird.[1465] Die Relevanz der Abgrenzung zwischen echtem und unechtem Betriebsführungsvertrag für unternehmensübergreifende Matrixstrukturen ist dabei offenkundig, wenn der Vertretung der abhängigen Gesellschaft (im obigen Beispiel der Y-AG) ein mit dem herrschenden Unternehmen geschlossener Betriebsführungsvertrag zugrunde liegt, aufgrunddessen der Matrixmanager als Vertreter der herrschenden und Untervertreter der abhängigen Gesellschaft handelt. Die Frage des maßgeblichen Empfängerhorizonts stellt sich jedoch gleichermaßen in den Gestaltungen, in denen die Vertretung des abhängigen Unternehmens durch den Matrixmanager auf einem Arbeitsvertrag oder einer Doppelorganstellung beruht. Denn auch wenn er gegenüber den Schnittstellen-Arbeitnehmern dann offenkundig im Namen deren Vertragsarbeitgebers auftreten wird, hat der Matrixmanager im Kontakt mit Kunden und Lieferanten stets die Wahl zwischen zwei Hüten: dem des Vertreters des herrschenden (A-AG) und dem des Vertreters des abhängigen Unternehmens (Y-AG).

a) Gesamtbetrachtung

Richtigerweise ist bei der Ermittlung des Betriebsinhabers sowohl das Auftreten gegenüber Dritten als auch das gegenüber der Belegschaft im Rahmen einer Gesamtbetrachtung zu berücksichtigen. Denn ausweislich seiner Gesetzesbegründung will § 613a BGB verhindern, *„dass Betriebe erworben werden, um sie alsbald stillzulegen"*.[1466] Bereits *Rolf Birk*[1467] hat zutreffend darauf hingewiesen, dass in herkömmlichen Betriebsführungsverträgen diese Gefahr wächst, wenn man zur Ermittlung des Betriebsinhabers allein auf die Arbeitnehmer abstellt und somit eine Spaltung der sächlichen (beim Betriebseigentümer verbleibend) und persönlichen (dann auf den Betriebsführer übergehend) Betriebsmittel ermöglicht. Hierdurch könne sich der Betriebseigentümer bei Bedarf durch die anschließende Kündigung des Betriebsführungsvertrags leicht vom Personal trennen. Eine Spaltung von sächlichen Betriebsmitteln und Belegschaft führe stets zu einem Wechsel zum wirtschaftlich schwächeren Arbeitgeber und damit

1465 So etwa im Sachverhalt der § 99 BetrVG betreffenden Entscheidung des LAG BaWü v. 28.5.2014 – 4 TaBV 7/13, BB 2014, 2298.

1466 BT-Drs. VI/1786, S. 59.

1467 *Birk*, ZGR 1984, 23, 31.

zu einem erhöhten Risiko für die Arbeitsplätze.[1468] Die von *Birk* skizzierte Gefahr besteht auch in der umgekehrten, matrixtypischen Konstellation, in der die Arbeitnehmer weiterhin im Namen ihrer bisherigen Vertragsarbeitgebers geführt werden, materielle und immaterielle Betriebsmittel hingegen vom herrschenden Unternehmen verantwortet werden – etwa indem dieses Verträge mit Zulieferern im eigenen Namen schließt, um Mengenrabatte zu erhalten. Denn in dieser Gestaltung würden die abhängigen Gesellschaften zu bloßen Personalführungsgesellschaften abgewertet, was für ihre Arbeitnehmer mit einem erhöhten Risiko betriebsbedingter Kündigungen einherginge.

Zu berücksichtigen ist ferner, dass die Betriebsführung durch das Innehaben der betrieblichen Leitungsmacht gekennzeichnet ist. Diese umfasst die Steuerung und Verantwortlichkeit für den zur Wertschöpfung erforderlichen Funktionszusammenhang.[1469] Übt der Betriebsführer diese betriebliche Leitungsmacht im fremden Namen aus, liegt eine echte Betriebsführung vor. Handelt er im eigenen Namen, ist von einer unechten Betriebsführung auszugehen. Der Unterschied liegt mithin darin, ob der Betriebsführer gegenüber dem geführten Unternehmen lediglich die Leitung der wirtschaftlichen Einheit schuldet (echte Betriebsführung) oder aber die Erzielung eines Arbeitsergebnisses der wirtschaftlichen Einheit (unechte Betriebsführung).[1470] Die Leitung der wirtschaftlichen Einheit im Rahmen der echten Betriebsführung beschränkt sich dabei ebensowenig auf die Ausübung des arbeitsrechtlichen Direktionsrechts wie sich das Arbeitsergebnis im Rahmen der unechten Betriebsführung ausschließlich aus der Arbeitsleistung der Arbeitnehmer ergibt. Vielmehr muss die Gesamtleitung betrachtet werden. Auf welchen Empfängerhorizont hierbei mehrheitlich abzustellen ist, richtet sich nach der Art der übergehenden Einheit. So sind für die Wertschöpfung im produzierenden Gewerbe vor allem das Auftreten in den vertraglichen Verbindungen zu Zulieferern und Kunden maßgeblich, im Dienstleistungssektor hingegen die Steuerung des eigenen Personals. An dieser im Betriebsübergangsrecht etablierten Differenzierung hat sich auch die Abgrenzung von echter und unechter Betriebsführung zu orientieren. Der für die Ermittlung des Vertretenen maß-

1468 *Birk*, ZGR 1984, 23, 31; a.A. *Rieble*, NZA 2018, 1302, 1304, *Thüsing/Flink*, in: FS Moll, S. 659, 660, die gerade durch eine Gesamtbetrachtung den Arbeitnehmerschutz gefährdet sehen.

1469 Hierzu bereits unter 1. Kap. B. III. 2. d).

1470 *Jochums*, S. 60.

gebliche Empfängerhorizont bestimmt sich mithin anhand der Charakteristik der jeweiligen Einheit.

b) Mitleitungsmacht des herrschenden Unternehmens

Nach ständiger Rechtsprechung des BAG setzt der dem Betriebsübergang immanente Inhaberwechsel zudem voraus, dass der bisherige Betriebsinhaber seine wirtschaftliche Betätigung in dem Betrieb- oder Betriebsteil einstellt und der Übernehmer die Geschäftstätigkeit tatsächlich weiterführt.[1471] Für die Annahme eines Betriebsübergangs genügt es dehalb nicht, dass zu dem bisherigen Betriebsinhaber eine weitere Instanz mit Leitungsmacht hinzutritt oder diese im Namen des bisherigen Betriebsinhabers handelt. Nichts anderes geschieht jedoch regelmäßig in solchen Matrixorganisationen, in denen dem herrschenden Unternehmen eine „Mitleitungsmacht“[1472] eingeräumt wird. Da die abhängige Gesellschaft die Vollmacht zudem widerrufen und die Leitung im Außenverhältnis an sich ziehen kann,[1473] stellt sie ihre wirtschaftliche Betätigung gerade nicht ein, sondern beauftragt mit der Steuerung lediglich eine externe Einheit – das herrschende Unternehmen bzw. den Matrixmanager. Diese werden hierdurch nicht selbst zum Betriebsinhaber.

c) Entstehen eines Gemeinschaftsunternehmens

Die Restrukturierung ist allenfalls dann mit einem Betriebsübergang verbunden, sofern die an einer Schnittstelle beteiligten Rechtsträger ein Gemeinschaftsunternehmen gründen. Da eine explizite Vereinbarung zwischen den beteiligten Unternehmen für das Entstehen eines Gemeinschaftsunternehmens nicht erforderlich ist, muss das Verhalten der Beteiligten auf den Willen zum Abschluss eines Gesellschaftsvertrages hin untersucht werden.[1474] Von einem Gemeinschaftsunternehmen ist auszuge-

---

1471 BAG v. 27.9.2012 – 8 AZR 826/11, NZA 2013, 961 Rn. 21; BAG v. 26.4.2007 – 8 AZR 766/08, NZA-RR 2010, 660 Rn. 22; BAG v. 31.1.2008 – 8 AZR 2/07, AP BGB § 613a Nr. 339 Rn. 28; BAG v. 15.12.2005 – 8 AZR 202/05, AP BGB § 613a Nr. 294 Rn. 42; BAG v. 18.3.1999 – 8 AZR 159/98, AP BGB § 613a Nr. 189 unter II 1 der Gründe.

1472 *Jochums*, S. 68.

1473 Hierzu bereits unter 3. Kap. B. II. 2. c).

1474 *Windbichler*, Arbeitsrecht im Konzern, S. 289 Fn. 115.

hen, wenn die beteiligten Unternehmen gerade in ihrer Verbundenheit am Rechtsverkehr teilnehmen.[1475] Parallel zur Abgrenzung von echtem und unechtem Betriebsführungsvertrag[1476] ist insbesondere darauf abzustellen, in wessen Namen das arbeitsrechtliche Direktionsrecht ausgeübt wird, in wessen Namen die Verträge mit Lieferanten und Kunden geschlossen werden und ob am Markt unter einer einheitlichen Marke oder getrennt voneinander aufgetreten wird. Letzteres ist insbesondere im Dienstleistungssektor von erheblicher Relevanz. Gleichwohl wird das Verhalten der beteiligten Unternehmen nur äußerst selten als Wille zum Abschluss eines Gesellschaftsvertrags interpretierbar sein. Denn wenn eine Außengesellschaft nicht explizit gegründet wird, werden auch Verträge mit Lieferanten und Kunden nicht im Namen einer – nach Ansicht der beteiligter Unternehmen – nicht bestehenden Gesellschaft abgeschlossen, sondern im Namen einer oder beider beteiligten Unternehmen. Eine bloße Gesamtschuldnerschaft genügt jedoch nicht, um von einem Gemeinschaftsunternehmen auszugehen. Welche Relevanz das Bewerben von Produkten und Dienstleistungen durch eine einheitliche Marke hat, ist stark von der jeweiligen Geschäftstätigkeit abhängig.

II. Übergangsfähige Einheiten in der Matrix

Ruft man sich in Erinnerung, dass „Betrieb" im Sinne des § 613a Abs. 1 BGB die Gesamtorganisation eines Rechtsträgers bezeichnet und „Betriebsteil" einen funktionell autonomen Teil hiervon, hat eine Matrixorganisation nur in den seltenen Fällen Auswirkungen auf den Betrieb, in denen das herrschende Unternehmen auf Grundlage eines unechten Betriebsführungsvertrags im eigenen Namen tätig wird. Hierdurch wird dessen gesamtes Unternehmen zum Betrieb im Sinne des § 613a Abs. 1 BGB und die Matrixzelle ein hierzu gehörender Betriebsteil. Wird sich für die Betriebsführung hingegen einer eigens gegründeten bereichsbezogenen Betriebsführungsgesellschaft bedient (z.B. eine Betriebsführungsgesellschaft Automotive), handelt es sich bei der Matrixzelle um deren Betrieb.

Praktisch relevanter sind die Konstellationen, in denen eine herrschende Konzerngesellschaft mittels echter Betriebsführung auf die Wertschöpfung ihrer Töchter Einfluss nimmt, der Wertschöpfungszusammenhang also weiterhin im Namen der abhängigen Unternehmen hergestellt wird. Hier

1475 Vgl. *Hamann*, in: Schüren/Hamann, § 1 Rn. 79.
1476 Siehe hierzu bereits 4. Kap. D. I.

stellt sich die Frage, ob und inwieweit die Matrixorganisation Auswirkungen auf den Zuschnitt der Betriebsteile hat – genauer: ob die Beiträge der einzelnen Gesellschaften trotz der Einbindung in die Konnzernmatrix selbstständig übergangsfähig bleiben. Zu differenzieren ist hierbei zwischen einstufigen und mehrstufigen Matrixgestaltungen.

1. Einstufige Matrixorganisation

Im matrixmodifizierten Spartenkonzern ergeben sich für die Beurteilung der Schnittstelle als wirtschaftliche Einheit keine Besonderheiten. Bei ihr wird es sich regelmäßig um einen Betriebsteil der abhängigen Gesellschaft handeln, der als solcher übergangsfähig im Sinne des § 613a Abs. 1 S. 1 BGB ist. Keinen Einfluss hat insofern die Unterstellung unter zwei Instanzen – in dem im dritten Kapitel gewählten Beispiel[1477] unter den des Vertragsarbeitgers Systemintegration AG und den Matrixmanager der Automobil-Dimension. Denn die beiden Dimensionen treffen im matrixmodifizierten Spartenkonzern im Leiter der Automobilabteilung der Systemintegration-AG als Schnittstelle aufeinander. Gegenüber den ihm unterstellten Arbeitnehmern verfügt der Schnittstellenleiter über die für einen Betriebsteil im Sinne des § 613a Abs. 1 BGB erforderliche funktionelle Autonomie.

2. Zweistufige Matrixorganisation

Komplexere Fragen stellen sich in einer zweistufigen Matrixorganisation – der Transaktionsmatrix – in der ein Schnittstellenleiter des Gesamtkonzerns zugleich als Matrixmanager eines Teilkonzerns fungiert.[1478] Während der in einer einstufigen Matrixorganisation eingesetzte Matrixmanagers hauptsächlich koordinierend tätig wird, greift der Matrixmanager in einer zweistufigen Gestaltung aufgrund seiner Funktion als Schnittstellenleiter zugleich in den operativen Bereich der ihm überantworteten Schnittstelle ein. Als solcher übt er gegenüber Arbeitnehmern verschiedener Vertragsarbeitgeber das fachlich-inhaltliche Weisungsrecht aus.

1477 Siehe 3. Kap. A. III. 3. Abb. 3.
1478 Siehe 3. Kap. A. III. 3. Abb. 4.

a) Übergangsfähigkeit der Schnittstelle

Im betriebsverfassungsrechtlichen Abschnitt dieses Kapitels wurde aufgezeigt, dass die Schnittstelle in der Transaktionsmatrix einen gemeinsamen Betrieb der beteiligten Unternehmen darstellt, sofern dem Matrixmanager die betriebsverfassungsrechtlich relevanten Entscheidungen überantwortet sind.[1479] Während die betriebsverfassungsrechtlichen Befugnisse ebenso gut dezentral beim jeweiligen Vertragsarbeitgeber verbleiben können und somit ein gemeinsamer Betrieb im Sinne des § 1 Abs. 2 BetrVG nicht zwingend vorliegen muss, ist die einheitliche Ausübung der fachlich-wirtschaftlichen Entscheidungskompetenz durch den als Schnittstellenleiter fungierenden Matrixmanager das Kernelement einer Transaktionsmatrix. Gleichwohl scheidet die Veräußerung der Schnittstelle als Ganzes durch eine einzige Transaktion aus, da das Betriebsübergangsrecht – anders als das Betriebsverfassungs- und das Kündigungsschutzrecht – keinen gemeinsamen Betrieb mehrerer Unternehmen anerkennt.[1480] Unternehmensübergreifende Matrixeinheiten – seien es Business Units oder Matrixzellen – sind als solche daher kein taugliches Transferobjekt im Sinne des § 613a Abs. 1 BGB.

b) Funktionelle Autonomie der Schnittstellen-Teile

Da die Schnittstelle in einer Transaktionsmatrix regelmäßig nicht als Gemeinschaftsunternehmen organisiert ist,[1481] gilt es zu untersuchen, ob das eingebrachte Personal und die Betriebsmittel jedes einzelnen beteiligten Unternehmens für sich genommen über hinreichend funktionelle Autonomie verfügen, um ein übergangsfähiges Transferobjekt darzustellen. Organisationstheoretisch gewendet: Bleiben die Matrixzellen-Teile der beteiligten Rechtsträger jeweils eigenständige Organisationseinheiten, obwohl die Matrixzelle als Ganzes der einheitlichen Führung des Matrixmanagers untersteht?

Speziell Matrixorganisationen betreffende Rechtsprechung findet sich zu der Frage bislang nicht. Einer Antwort nähert sich jedoch, wer die (ebenfalls rar gesäten) Urteile zur Übergangsfähigkeit von Betriebsteilen

---

1479 Siehe 4. Kap. B. I. 2.
1480 Hierzu bereits unter 1. Kap. B. III. 3.
1481 Hierzu bereits unter 4. Kap. D. I. 2. c).

im gemeinsamen Betrieb mehrerer Unternehmen betrachtet.[1482] Exemplarisch herausgegriffen sei der dem diesbezüglich ersten BAG-Urteil zugrundeliegende Sachverhalt aus dem Jahr 1999:[1483] Mehrere Unternehmen der Druckweiterverarbeitung hatten gemeinsam über eine Betriebshalle und Maschinen verfügt und auch die dort beschäftigten Arbeitnehmer durch einen einheitlichen Geschäftsführer geführt. Als eines der beteiligten Unternehmen Insolvenz anmeldete und infolgedessen dem klagenden Arbeitnehmer betriebsbedingt kündigte, berief sich dieser unter anderem auf einen Übergang seines Arbeitsverhältnisses auf die anderen Unternehmen des Gemeinschaftsbetriebs gemäß § 613a Abs. 1 S. 1 BGB. Konträr zur Vorinstanz[1484] führte das BAG in seiner Revisionsbegründung aus, dass mit dem Ausscheiden eines Unternehmens als Teilhaber eines Gemeinschaftsbetriebs durchaus ein Teilbetriebsübergang verbunden sein könne. So könnten die verbleibenden Unternehmen gemeinsam, einzelne von ihnen oder auch ein neu eintretendes Unternehmen den bisher von dem ausscheidenden Unternehmen geführten Betriebsteil übernehmen und fortführen. Hiervon sei auszugehen, wenn der Gesamtbetrieb nach dem Ausscheiden unverändert fortgeführt werde. *„[D]enn dann wird auch der Teilbetrieb unverändert fortgeführt, so daß ein Teilbetriebsübergang anzunehmen ist.“*[1485]

Dem Urteil des BAG lassen sich zwei Thesen entnehmen, zwischen denen zu differenzieren ist:[1486] Erstens ist ein in einen Gemeinschaftsbetrieb eingebrachter Unternehmensteil aufgrund der rechtlichen Selbständigkeit der beteiligten Unternehmen[1487] eine abgrenzbare und damit selbstständig übergangsfähige Einheit.[1488] Zweitens geht diese Einheit der ausscheidenden Gesellschaft jedenfalls dann identitätswahrend auf die verbleibenden

1482 BAG v. 24.2.2000 – 8 AZR 162/99 –, juris; BAG v. 26.8.1999 – 8 AZR 588/98, BeckRS 1999, 30780253; LAG Hessen v. 16.4.1997 – 8 Sa 1202/95, NZA-RR 1998, 242; ArbG Berlin v. 7.11.2007 – 7 Ca 10298/07 -, juris.

1483 BAG v. 26.8.1999 – 8 AZR 588/98, BeckRS 1999, 30780253.

1484 LAG Düsseldorf v. 19.6.1998 – 11 Sa 1569/97, BeckRS 1998, 41323.

1485 BAG v. 26.8.1999 – 8 AZR 588/98, BeckRS 1999, 30780253 unter B 2 b) der Gründe; in diesem Sinn auch BAG v. 24.2.2000 – 8 AZR 162/99 –, juris Rn. 22; ArbG Berlin v. 7.11.2007 – 7 Ca 10298/07 -, juris; vgl. auch *Bonanni*, Gemeinsamer Betrieb, S. 261; *B. Gaul*, Betriebs- und Unternehmensspaltung, § G Rn. 17; HWK/*Willemsen*, § 613a BGB Rn. 45; WHSS/*Willemsen*, Kap. G Rn. 82.

1486 Ungenau ist insoweit *Jochums*, S. 88, der beide Aussagen auf den Betriebsteilbegriff bezieht.

1487 *„Aus Rechtsgründen“*, vgl. BAG v. 26.8.1999 – 8 AZR 588/98, BeckRS 1999, 30780253 unter B 2 c) ee) der Gründe.

1488 So auch HWK/*Willemsen*, § 613a BGB Rn. 45.

Unternehmen über, wenn die Unternehmung des Gemeinschaftsbetriebs unverändert fortgesetzt wird.[1489]

Das LAG Düsseldorf als Vorinstanz hatte einen Betriebsteilübergang auf die verbleibenden Unternehmen des Gemeinschaftsbetriebs hingegen ausgeschlossen, da die bestehende Einheit durch das Ausscheiden der Gesellschaft nicht angetastet worden sei.[1490] Stattdessen betonte es, dass der Arbeitnehmerschutz vorliegend weder über die Konstruktion des Arbeitsvertrags noch über das Betriebsübergangsrecht zum Tragen komme, sondern durch das KSchG gewahrt werde. Schließlich seien bei Vorliegen eines gemeinsamen Betriebs mehrerer Unternehmen für die soziale Rechtfertiung einer Kündigung im Sinne des § 1 Abs. 1, 2 Var. 3 KSchG die Verhältnisse aller Gesellschaften zu berücksichtigen.[1491]

Im konkret zu entscheidenden Fall vermag das Ergebnis des BAG zu überzeugen.[1492] Denn wird eine gemeinsame wirtschaftliche Einheit nach dem Ausscheiden eines Unternehmens von den verbleibenden Unternehmen unverändert fortgeführt, profitieren diese von der Aufbauleistung des stillgelegten Unternehmens, ohne in Zukunft den Profit mit diesem teilen zu müssen. Bildlich gesprochen hatten vier Unternehmen einen Kuchen gebacken, der nun – nach der Insolvenz einer Gesellschaft – nicht mehr unter Vieren, sondern unter Dreien aufgeteilt wird. Die Kuchenstücke der verbleibenden Unternehemen sind größer als vor der Insolvenz der ausscheidenden Gesellschaft. An eben eine solche Übernahme eines Wertschöpfungszusammenhangs knüpft § 613a Abs. 1 S. 1 BGB an. Der Verweis des LAG Düsseldorf auf den Kündigungsschutz im gemeinsamen Betrieb geht hingegen ins Leere. Denn zum einen sind Organisationsmodelle denkbar, in denen zwar die fachliche, nicht aber die für das Kündigungsschutzrecht relevante disziplinarische Leitung durch eine einheitliche Instanz ausgeübt wird. In diesen Konstellationen käme es mangels gemeinsamen Betriebs im Sinne des KSchG nicht zu einer unternehmensübergreifenden Sozialauswahl, obgleich sich die verbleibenden Unternehmen die vom Ausscheidenden erbrachte Wertschöpfungs-Leistung zu eigen machen. Zum anderen kommt es auch bei Vorliegen eines Gemeinschaftsbe-

---

1489 So auch BAG v. 17.1.2002 – 2 AZR 57/01, NJOZ 2003, 1200 unter B. II. 2. e) der Gründe; BAG v. 26.8.1999 – 8 AZR 588/98, BeckRS 1999, 30780253 unter B. 2. b) der Gründe; WHSS/*Willemsen*, Kap. G Rn. 82.

1490 LAG Düsseldorf v. 19.6.1998 – 11 Sa 1569/97, BeckRS 1998, 41323 unter A II 1 b) bb) (2) der Gründe.

1491 LAG Düsseldorf v. 19.6.1998 – 11 Sa 1569/97, BeckRS 1998, 41323 unter A I 2 c) der Gründe.

1492 WHSS/*Willemsen*, Kap. G Rn. 82.

triebs gerade nicht zu einer unternehmensübergreifenden Sozialauswahl, wenn der Betrieb des ausscheidenden Unternehmens stillgelegt wird. Denn durch die Stilllegung des einen Betriebsteils scheidet dessen Inhaber aus der gemeinsamen Leitungsebene aus. Infolge dessen kann er eine Weiterbeschäftigung seiner Arbeitnehmer in dem fortgeführten Betrieb des anderen Unternehmers rechtlich nicht mehr durchzusetzen.[1493]

Auch bezüglich der Schnittstelle innerhalb einer Transaktionsmatrix überzeugt es, aufgrund der rechtlichen Selbstständigkeit der beteiligten Unternehmen von einer Abgrenzbarkeit der Einheiten auszugehen. Denn da die rechtliche Verbindung zwischen den am gemeinsamen Betrieb beteiligten Unternehmen lediglich im Innvenverhältnis zueinander (Innengesellschaft) besteht, wird die Betriebsleitung im Außenverhältnis gegenüber den Arbeitnehmern in Vertretung des jeweiligen Vertragsarbeitgebers augeübt (Mehrfachvertretung) – nicht hingegen als einheitlich zu betrachtende Gesamtvertretung. Durch die Zurechnung gemäß § 164 Abs. 1 BGB ist es das jeweils gesteuerte Unternehmen, das die einzelnen Betriebsmittel funktionell miteinander verknüpft und somit in einen Wertschöpfungszusammenhang stellt.[1494] Die einzelnen Teile der Matrixzelle bleiben für sich genommen funktionell autonome Organisationseinheiten, die keiner gemeinsamen Instanz unterstehen, sondern deren Leitungsstellen personenidentisch mit einem Matrixmanager besetzt sind.

III. Zugehörigkeit der Grenzstellen

Matrixorganisationen führen dazu, dass der Matrixmanager und die Arbeitnehmer an den Schnittstellen in mehrere Organisationseinheiten hineinwirken. Der Matrixmanager, indem er Leitungsaufgaben für mehrere

1493 BAG v. 22.9.2005 – 6 AZR 526/04, NZA 2006, 658 Rn. 28; BAG v. 13.9.1995 – 2 AZR 954/94, NZA 1996, 307 unter II 1 b) der Gründe; LAG Düsseldorf v. 17.8.2010 – 17 Sa 406/10, BeckRS 2011, 66641; HWK/*Quecke*, § 1 KSchG Rn. 336; NK-GA/*Weber*, § 1 KSchG Rn. 1240.

1494 Vgl. zur Zurechnung der Verantwortlichkeit i.R.v. echten Betriebsführungsverträgen BAG v. 25.1.2018 – 8 AZR 338/16, BeckRS 2018, 2098 Rn. 37; LAG Berlin-Brandenburg v. 11.5.2016 – 15 Sa 108/16 BeckRS 2016, 70093 Rn. 32; LAG BaWü v. 26.2.2016 – 17 Sa 58/15, BeckRS 2016, 68073 Rn. 37; *Altmeppen*, in: MüKo-AktG, § 292 AktG Rn. 145; *Koch*, in: Hüffer/Koch, § 292 AktG Rn. 20; *Krieger*, in: MHdb GesR IV, § 73 Rn. 56; *Paschos*, in: Henssler/Strohn, § 292 AktG Rn. 14; *Rieble*, NZA 2010, 1145, 1147; *Rüthers*, BB 1977, 605, 607; *Windbichler*, Konzernarbeitsrecht, S. 351; *Zöllner*, ZdA 1983, 93, 94 f.; a.A. *Birk*, ZGR 1984, 23, 48 (doppelte Arbeitgeberstellung).

Abteilungen wahrnimmt; die Schnittstellen-Arbeitnehmer, indem sie Vorgaben mehrerer Unternehmens- bzw. Konzerndimensionen befolgen, die auch anderen Unternehmens- und Konzernabteilungen zugute kommen. Wie bereits im Betriebsverfassungsrecht[1495] stellt sich für den Matrixmanager die Frage, ob die Weisungserteilung gegenüber den ihm unterstellten wirtschaftlichen Einheiten dazu führt, dass er diesen betriebsübergangsrechtlich angehört. Bejaht man das, muss beantwortet werden, mit welcher der zahlreichen ihm unterstellten Einheiten sein Arbeitsverhältnis letztlich übergeht.[1496]

Nachdem der EuGH in der Rs. *Albron Catering* geurteilt hat, dass ein Arbeitsverhältnis zum Erwerber auch dann entstehen kann, wenn zuvor kein Arbeitsvertrag mit dem Veräußerer bestand, gilt es zudem zu untersuchen, ob diese Rechtsprechung auch auf unternehmensübergreifende Matrixstrukturen zu übertragen ist. Nicht arbeitsvertraglich begründete Weisungsbeziehungen finden sich einerseits zwischen herrschendem Unternehmen und den Schnittstellen-Arbeitnehmern, anderseits zwischen der abhängigen Gesellschaft und dem Matrixmanager. Es wird mithin zu untersuchen sein, ob das herrschende Unternehmen als nichtvertraglicher Arbeitgeber der Schnittstellen-Arbeitnehmer bzw. die abhängige Gesellschaft als nichtvertragliche Arbeitgeberin des Matrixmanagers im Sinne der EuGH-anzusehen ist.

1. Betriebszugehörigkeit des Matrixmanagers

Die Zuordnung des Matrixmanagers hängt, wie in den anderen bereits untersuchten Bereichen, maßgeblich von der gewählten Vertragsgestaltung ab. Denn auch die Zugehörigkeit im Betriebsübergangsrecht setzt einerseits eine tatsächliche Beziehung zu der wirtschaftlichen Einheit, andererseits ein Arbeitsverhältnis zu deren Inhaber voraus. Wurde zwischen der abhängigen Gesellschaft als Betriebsinhaberin und dem Matrixmanager ein Arbeitsvertrag geschlossen, gilt es folglich zu beantworten, ob der Matrixmanager aufgrund seiner Weisungsbefugnis in die ihm unterstellten wirtschaftlichen Einheiten eingegliedert ist. Liegt der Vertretung der abhängigen Gesellschaft durch den Matrixmanager hingegen kein Arbeits-, sondern ein Geschäftsbesorgungsvertrag zugrunde, muss darüber hinaus geklärt werden, ob das abhängige Unternehmen als nichtvertraglicher Ar-

1495 Hierzu 4. Kap. B. III. 1. b) aa).
1496 Hierzu 4. Kap. D. III. 1. a) bb).

beitgeber im Sinne der EuGH-Rs. *Albron Catering* angesehen werden muss, so dass das Arbeitsverhältnis des Matrixmanagers auch in dieser Konstruktion vom Übergang der unterstellten wirtschaftlichen Einheit umfasst wäre.

a) Arbeitsvertrag als Kausalverhältnis der Stellvertretung

Wurde zwischen dem Matrixmanager und dem abhängigen Unternehmen als Betriebsinhaber ein Arbeitsvertrag geschlossen, gilt es seine Eingliederung in die übergangsfähige Einheit zu untersuchen.

aa) Eingliederung durch Leitungsausübung

Das BAG legt seiner strukturellen Betrachtung – wie auch im Betriebsverfassungsrecht – das Kriterium der Weisungsunterstellung zugrunde, so dass der Matrixmanager dem Betrieb bzw. Betriebsteil im Sinne des § 613a BGB jedenfalls dann zuzuordnen ist, wenn er von der für diesen zuständigen Leitungsebene Weisungen erhält.[1497] Aufgrund der hohen Hierarchieebene, auf der ein Matrixmanager regelmäßig angesiedelt ist, wird er unmittelbar der Unternehmensleitung der abhängigen Gesellschaft unterstellt sein. Folglich ginge sein Arbeitsverhältnis nur dann auf den Erwerber über, wenn das gesamte Unternehmen (der Betrieb im Sinne des § 613a Abs. 1 BGB) veräußert würde.

Handelt es sich bei dem Transferobjekt hingegen lediglich um einen Unternehmensteil (Betriebsteil im Sinne des § 613a Abs. 1 BGB), hilft das Kriterium der Weisungsunterstellung bezüglich des Matrixmanagers nicht weiter. Auf den ersten Blick entspricht die Stellung des Matrixmanagers in dieser Konstellation derjenigen von in Zentralabteilungen eingesetzten Arbeitnehmern, die als lediglich mittelbar Übergangsbetroffene nur dann vom Betriebsübergang erfasst werden, wenn auch die Zentralabteilung selbst übergeht.[1498] Denn wie Arbeitnehmer in Zentralabteilungen untersteht auch der Matrixmanager einer anderen Instanz als die unmittelbar übergangsbetroffenen Arbeitnehmer an der Schnittstelle.

1497 Vgl. BAG v. 17.10.2013 – 8 AZR 763/12, NZA-RR 2014, 175 Rn. 36.

1498 Vgl. BAG v. 17.10.2013 – 8 AZR 763/12, NZA-RR 2014, 175 Rn. 35; HWK/*Willemsen/Müller-Bonanni*, § 613a BGB Rn. 228 m.w.N.; zu den Anforderungen einer strukturellen Eingliederung bereits unter 2. Kap. A. III.

Ein Unterschied zu den typischerweise in Zentralabteilungen angesiedelten Stellen besteht jedoch insofern, als dass der Matrixmanager nicht bloß für die ihnen unterstellten Betriebe bzw. Betriebsteile tätig wird, sondern gegenüber den Arbeitnehmern (zumindest) in fachlicher Hinsicht weisungsbefugt ist. Diesbezüglich divergiert seine Stellung beispielsweise von der des Verkaufsleiters eines filialgeprägten Einzelhandelsunternehmens, der nach zutreffender Ansicht des BAG nicht den einzelnen Filialen zuzuordnen war, sondern als Stabstelle der Unternehmensleitung fungierte.[1499] Eine strukturelle Eingliederung des Verkaufsleiters in die einzelnen Filialen lehnte das BAG ab, da sich seine Tätigkeit auf die Gesamtheit der Verbrauchermärkte bezöge und er außerhalb der Hierarchien und Betriebsabläufe der einzelnen Märkte stünde.[1500] Ebenso verhält es sich mit anderen Arbeitnehmern mit überbetrieblicher Leitungsfunktion (z.B. Personalleitern, Leiter des Finanz- und Rechnungswesens[1501]) und sonstigen Querschnittsfunktionen (z.B. Buchhaltung, EDV, Finanzen, Controlling, Hausmeistertätigkeiten).[1502]

Aufgrund seiner Stellung als Doppelvertreter ist bezüglich der Tätigkeit des Matrixmanagers zu differenzieren: Bei der Erteilung konzernrechtlicher Weisungen an die abhängigen Konzerngesellschaften handelt es sich – vergleichbar mit der Tätigkeit des Verkaufsleiters im Einzelhandel – um eine Tätigkeit, die sich auf die Gesamtheit der unterstellten Einheiten bezieht und zu keiner hierarchischen Eingliederung in die einzelne unterstellte wirtschaftliche Einheit führt. Diesbezüglich nimmt der Matrixmanager eine ausschließlich koordinierende Funktion ein, die eine möglichst effiziente Ressourcennutzung im Gesamtkonzern bezweckt. Anders verhält es sich jedoch mit der zusätzlichen Rolle des Matrixmanagers als Erfüllungsgehilfe der abhängigen Konzerngesellschaft bei der Umsetzung der konzerngesellschaftsrechtlichen Direktiven. In Vertretung des Vertragsarbeitgebers übt der Matrixmanager gegenüber den unmittelbar übergangsbetroffenen Schnittstellen-Arbeitnehmern das arbeitsrechtliche Direktionsrecht (und gegebenenfalls sogar Disziplinarrechte) aus und ist hierdurch in die betriebliche Hierarchie jeder einzelnen ihm unterstellten wirtschaftlichen Einheit einbezogen. Diesbezüglich besteht ein untrennba-

---

1499 BAG v. 17.6.2003 – 2 AZR 134/02, AP BGB § 613a Nr. 260.

1500 BAG v. 17.6.2003 – 2 AZR 134/02, AP BGB § 613a Nr. 260 unter B I 1 b) bb) der Gründe.

1501 Vgl. BAG v. 13.11. 1997 – 8 AZR 375/96, AP BGB § 613a Nr. 170 unter II 3 der Gründe.

1502 *B. Gaul*, Betriebs- und Unternehmensspaltung, § 12 Rn. 8; *Haupt*, S. 18; *Wang*, S. 59.

rer Zusammenhang zwischen der funktionellen Autonomie auf der Tatbestands- und der strukturellen Eingliederung auf der Rechtsfolgenebene. Zu der wirtschaftlichen Einheit zählen tatbestandlich sämtliche Arbeitnehmer und Betriebsmittel, die für die Verfolgung eines selbstständigen, in sich abgeschlossenen Wertschöpfungszusammenhangs erforderlich sind. Abgebildet wird das durch die Direktiven des Betriebsteilleiters, der für eben diese Wertschöpfung verantwortlich ist. Für eine strukturelle Eingiederung des Matrixmanagers in die ihm unterstellten Einheiten spricht, dass er durch die Ausübung des Weisungsrechts konkret auf die Wertschöpfung der ihm unterstellten Einheiten einwirkt. Anders als solche Arbeitnehmer, die beispielsweise in der zentralisierten Buchhaltung den operativen Einheiten zuarbeiten, nimmt der Matrixmanager konkret Einfluss auf den Inhalt und die Modalitäten der Arbeit, die in den ihm unterstellten Einheiten geleistet wird.

Insofern unterscheidet sich die Eingliederung in die übergangsfähige Einheit von der in den Betrieb im Sinne des § 1 BetrVG. Denn während die betriebliche Mitbestimmung die durch die Weisungsgebundenheit hervorgerufene persönliche Abhängigkeit des Arbeitnehmers auszugleichen bezweckt, ist für den Betrieb bzw. Betriebsteil im Sinne des Betriebsübergangs die Schaffung eines Wertschöpfungszusammenhang maßgeblich, auf den gerade die weisungserteilende Stelle maßgeblichen Einfluss nimmt. Diese Divergenz findet ihren Ausdruck unter anderem darin, dass leitende Angestellte gemäß § 5 Abs. 3 BetrVG grundsätzlich aus dem Anwendungsbereich des BetrVG ausgenommen sind, dem des § 613a BGB hingegen unterfallen.[1503] Der Matrixmanager ist mithin in sämtliche Betriebe bzw. Betriebsteile eingegliedert, in denen er kontinuierlich Vorgesetztenfunktionen ausübt.

bb) Mehrfachzugehörigkeit

Der Matrixmanager ist in mehrere übergangsfähige Einheiten eingegliedert. Nach zutreffender Ansicht der Rechtsprechung setzt § 613a BGB jedoch voraus, dass jedes Arbeitsverhältnis nur einem Betrieb oder Betriebs-

1503 BAG v. 19.1.1988 – 3 AZR 263/86, NZA 1988, 501; BAG v. 22.2.1978 – 5 AZR 800/76, AP BGB § 613 a Nr. 11; APS/*Steffan* BGB § 613a Rn. 81.

teil zugeordnet werden kann.[1504] Folglich werden in Literatur und Rechtsprechung diverse Ansätze vertreten, mit welchem Transferobjekt das Arbeitsverhältnis eines solch mehrfach eingegliederten Arbeitnehmers letztlich übergeht. Die Rechtsprechung stellt, sofern weder eine Vereinbarung zwischen den Arbeitsvertragsparteien[1505] noch eine einseitige Zuordnung durch das Direktionsrecht des Arbeitgebers[1506] besteht, auf diejenige Einheit ab, in der Arbeitnehmer vor der Veräußerung überwiegend tätig war[1507] Ist ein solcher Schwerpunkt nicht feststellbar, ist umstritten, ob der Arbeitgeber[1508] oder der Arbeitnehmer[1509] einseitig wählen können, welcher wirtschaftlichen Einheit das Arbeitsverhältnis zuzuordnen ist oder ob ein Übergang des Arbeitsverhältnisses gänzlich ausscheidet[1510].

Derartige Fragen stellen sich hinsichtlich der Betriebszugehörigkeit des Matrixmanagers nicht. Zwar kann jedes Arbeitsverhältnis nur einem Betrieb bzw. Betriebsteil zugeordnet werden; der Matrixmanager steht jedoch nicht in einem einzigen (einheitlichen) Arbeitsverhältnis zu den an der Matrix beteiligten Gesellschaften, sondern in mehreren – in der Regel einem pro Betriebsinhaber im Sinne des § 613a BGB.[1511] Auch hierin drückt sich aus, dass der Matrixmanager in der zweistufigen Matrix mehre-

---

1504 BAG v. 17.10.2013 – 8 AZR 763/12, NZA-RR 2014, 175; BAG v. 25.6.1985 – 3 AZR 254/83, NZA 1986, 93 unter II der Gründe; BAG v. 20.7.1982 – 3 AZR 261/80, AP BGB § 613a Nr. 31 zu unter 1 c) der Gründe.

1505 Zum Vorrang einer dreiseitigen Vereinbarung über die Zuordnung grdl. BAG v. 27.7.1982 – 3 AZR 261/80, AP BGB § 613a Nr. 31 unter 1 c) der Gründe; vgl. auch BAG v. 21.6.2012 – 8 AZR 181/11, NZA-RR 2013, 6 Rn. 78; *Schmidt*, Zuordnung von Arbeitnehmern, S. 83 ff. jeweils m.w.N.

1506 Vgl. BAG v. 20.4.2016 – 10 AZR 111/15, NJW 2016, 2830 Rn. 30, LAG Köln, 4.12.2018 – 4 Sa 962/17, NZA-RR 2019, 286; LAG Nürnberg, 12.4.2016 – 7 Sa 649/14, NZA-RR 2016, 517; HWK/*Müller-Bonanni*, § 613a BGB Rn. 227; zu der aus dem Umgehungsverbot herleitbaren Grenze der einseitigen Zuordnung *Elking*, NZA 2014, 295 ff.; *Schmidt*, Zuordnung von Arbeitnehmern, S. 149 ff.

1507 BAG v. 17.10.2013 – 8 AZR 763/12, NZA-RR 2014, 175 Rn. 28; BAG v. 24.1.2013 – 8 AZR 706/11, BeckRS 2013, 69658 Rn. 68; BAG v. 27.1.2011 – 8 AZR 326/09, NZA 2011, 1162 Rn. 32.

1508 Staudinger-BGB/*Annuß*, § 613a BGB Rn. 149; *Bauer*, Unternehmensveräußerung, S. 47; *B. Gaul*, Betriebs- und Unternehmensspaltung, § 12 Rn. 3; *Kreitner*, in: FS Küttner, S. 399, 413 f.; HWK/*Willemsen/Müller-Bonanni*, § 613a BGB Rn. 229.

1509 LAG Thüringen v. 14.11.2011 – 6 Sa 41/11, BeckRS 2016, 66425; *v. Hoyningen-Huene/Windbichler*, RdA 1977, 329, 334; *Müller/Thüsing* ZIP 1997, 1869, 1873 f.; ErfK/*Preis*, § 613a BGB Rn. 72; KR-Komm/*Treber*, § 613a BGB Rn 56.

1510 *Kreitner*, NZA 1990, 429, 432; *Moll*, RdA 1999, 233, 240; vgl. auch LAG Düsseldorf v. 18.4.1996 – 5 Sa 1579/95, BeckRS 1996, 30907986.

1511 Siehe hierzu bereits 3. Kap. B. II. 2. b) aa).

re Stellen besetzt: Eine koordinierende bei der herrschenden und je eine umsetzende bei jeder abhängigen Gesellschaft. Die Annahme eines einheitlichen Arbeitsverhältnisses verbietet sich hingegen, da die Vorstände der abhängigen Gesellschaften nicht mehr selbstständig dazu befugt wären, die Umsetzung der konzerngesellschaftsrechtlichen Direktiven durch den Matrixmanager zu kontrollieren und bei Bedarf wieder an sich zu ziehen, um eine eigene organschaftlichen Haftung gegenüber ihrer Anstellungsgesellschaft zu vermeiden. Mithin schließt der Matrixmanager zwar mit jedem Vertragsarbeitgeber einen Arbeitsvertrag, nicht jedoch ein einheitliches Arbeitsverhältnis mit sämtlichen an der Matrixzelle beteiligten Gesellschaften.[1512]

Aufgrund der separat zu beurteilenden Arbeitsverhältnisse des Matrixmanagers ist auch eine mehrfache Betriebszugehörigkeit des Matrixmanagers möglich. Durch das ihm gemäß § 613a Abs. 4 BGB zustehenden Widerspruchsrechts besteht zudem nicht die Gefahr, dass ihm im Fall des Verkaufs einer unterstellten Einheit ein konzernexterner Arbeitgeber gegen seinen Willen aufgedrängt wird.

b) Geschäftsbesorgungsvertrag als Kausalverhältnis der Stellvertretung

Liegt der Vertretung durch den Matrixmanager ein Geschäftsbesorgungsvertrag zugrunde, kommt eine Zuordnung zur übergehenden Einheit nach bisherigem nationalen Verständnis nicht in Betracht. Demnach findet § 613a BGB auf Dienstnehmer, die keine Arbeitnehmer des Betriebsinhabers sind (etwa freie Mitarbeiter, GmbH-Geschäftsführer, AG-Vorstandsmitglieder), keine Anwendung.[1513] Der EuGH hat in jüngerer Zeit jedoch deutlich gemacht, dass die Verweisung auf den nationalen Arbeitnehmerbegriff in Art. 2 Abs. 1 lit. d RL 2001/23/EG nur soweit reicht, wie hierdurch zwingende Vorgaben der Richtlinie nicht umgangen werden. Diesbezüglich behält sich das Gericht eine am effet-utile Grundsatz und Äquivalenzprinz ausgerichtete Missbrauchskontrolle vor. Die praktischen Wirksamkeit der RL 2001/23/EG werde untergraben, wenn die Stellung als Vertragsarbeitgeber und die Verantwortlichkeit des Betriebsinhabers für die

1512 Hierzu bereits unter 3. Kap. B. II. 2. b) bb).

1513 BAG v. 13.2.2003 – 8 AZR 654/01, NZA 2003, 552, unter II 1 bb) der Gründe; *B. Gaul*, Betriebs- und Unternehmensspaltung, § 10 Rn. 9; *Müller-Glöge*, in: MüKo-BGB, § 613a BGB Rn. 80; ErfK/*Preis*, § 613a BGB Rn. 67.

Tätigkeit des Arbeitnehmers dauerhaft auseinanderfielen.[1514] Anders gewendet: Die Stellung als nichtvertraglicher Arbeitgeber beruht nach Ansicht des EuGH im Wesentlichen auf dessen dauerhaften Verantwortlichkeit für die Tätigkeit des Arbeitnehmers.

aa) Keine Verantwortlichkeit der abhängigen Gesellschaft

Die Verantwortlichkeit des Betriebsinhabers für die Tätigkeit des Arbeitnehmers kennzeichnet nicht nur den Begriff des Veräußerers, sondern ist gleichsam auch bei der Zuordnung der Arbeitnehmer zur wirtschaftlichen Einheit zu beachten. Nach der ständigen Rechtsprechung von EuGH und BAG ist diejenige Person für den Betrieb einer wirtschaftlichen Einheit verantwortlich, die die wirtschaftliche Einheit im eigenen Namen führt und nach außen als deren Inhaber auftritt.[1515] Die Formulierung bezieht sich erkennbar auf die Bestimmung des Betriebsinhabers, weshalb sie nicht nur das Auftreten gegenüber den Arbeitnehmern, sondern auch gegenüber Dritten (z.B. Kunden und Lieferanten) umfasst. Zieht man das Kriterium der Verantwortlichkeit nicht zur Konkretisierung des Veräußerers heran, sondern als Merkmal der Betriebszugehörigkeit von Arbeitnehmern, ist hingegen lediglich die Beziehung zwischen dem Betriebsleiter und dem zuzuordnenden Arbeitnehmer maßgeblich. Diesbezüglich ist nach zutreffender Auffassung des EuGH verantwortlich, wer zum Betrieb des Unternehmens Arbeitgeberverpflichtungen eingeht.[1516]

Um als nichtvertraglicher Arbeitgeber des Matrixmanagers im Sinne der EuGH-Rechtsprechung zu gelten, müsste die abhängige Gesellschaft mithin Arbeitgeberverplichtungen eingehen und – aufgrund des Synallagmas – Arbeitgeberbefugnisse gegenüber dem Matrixmanager ausüben. Es bedürfte einer gegenüber der abhängigen Gesellschaft bestehenden persönlichen Abhängigkeit des Matrixmanagers, um deren Verantwortlichkeit als nichtvertragliche Arbeitgeberin zu begründen. Erforderlich wäre, dass der Matrixmanager von dem abhängigen Unternehmen dauerhaft wie ein Stammarbeitnehmer eingesetzt werden könnte.[1517] Diese Voraussetzungen

---

1514 EuGH v. 21.10.2010 – C-242/09 – Albron Catering, NZA 2010, 1225 Rn. 29.

1515 Vgl. nur BAG v. 25.1.2018 – 8 AZR 309/16, NZA 2018, 933; EuGH v. 26.5.2005 – C-478/03 – Celtec, NZA 2005, 681 Rn. 36.

1516 EuGH v. 17.12.1987 – C-287/86 – Ny Moelle Kro, Slg. 1987, S. 5465 Rn. 12; vgl. auch EuGH v. 5.5.1988 – C-145/87 – Berg, NZA 1990, 885, 886 Rn. 17; EuGH v. 10.2.1988 – C-324/86 – Daddy's Dance Hall, Slg. 1988, S. 739 Rn. 9.

1517 Vgl. *Elking*, S. 128 zur Arbeitnehmerüberlasung.

sind bei einem der Vertretung zugrundeliegenden Geschäftsbesorgungsvertrag nicht erfüllt. Kommt es in diesem Konstrukt zu an den Matrixmanager gerichteten Weisungen der abhängigen Gesellschaft, fungiert dieser lediglich als Empfangsvertreter und Erfüllungsgehilfe des herrschenden Unternehmens, mit dem er vertraglich verbunden ist. Aufgrund dessen ist bei der Gestaltung mittels eines Geschäftsbesorgungsvertrags nicht die abhängige, sondern die herrschende Gesellschaft für die Tätigkeit des Matrixmanagers verantwortlich. Hierin unterscheidet sich die Gestaltung mittels Geschäftsbesorgungsvertrags von einer Überlassung des Matrixmanagers an die abhängige Gesellschaft.[1518]

Die Situation in der Matrix divergiert zudem insoweit von der dauerhaften Arbeitnehmerüberlassung, als dass der Arbeitsplatz des Matrixmanagers beim Erwerber regelmäßig nicht fortbestehen wird. Der Abschluss des Geschäftsbesorgungsvertrags führt nämlich dazu, dass die vom Matrixmanager besetzte Leitungsstelle nicht mehr der Organisation der abhängigen Gesellschaft angehört, sondern zu einer des herrschenden Unternehmens wird (Outsourcing). Dies ist konsequent, da der Matrixmanager – anders als der Leiharbeitnehmer – nicht ausschließlich den Zweck der übergehenden Einheit verfolgt, sondern als Erfüllungsgehilfe des herrschenden Unternehmens mit der Koordinierung mehrerer Betriebe bzw. Betriebsteile betraut ist, weshalb auch der damit verbundene Arbeitsplatz nicht zu der vom Erwerber übernommenen Wertschöpfung zu zählen ist. § 613a BGB und die ihm zugrundeliegende Richtlinie 2001/23/EG verpflichten den Erwerber jedoch nicht, Stellen zu schaffen, die in der wirtschaftlichen Einheit zuvor nicht bestanden. Eine Pflicht zum Insourcing wäre als Eingriff in die Unternehmerfreiheit des Erwerbers auch nicht zu rechtfertigen. Anders als der Arbeitsplatz von Herrn Roest in der Rs. *Albron Catering* besteht der Arbeitsplatz des Matrixmanagers beim neuen Betriebsinhaber nicht fort, so dass § 613a Abs. 1 S. 1 BGB keine Vorgaben zu dessen personeller Besetzung treffen kann.[1519]

bb) Keine Verletzung des Äquivalenzprinzips

Trotz des Verweisung auf den nationalen Arbeitnehmerbegriff greift der EuGH stets dann in die den Mitgliedstaaten zugewiesene Definitionsmacht ein, wenn die nationale Umsetzung zu einer willkürlichen Ausgren-

---

1518 Vgl. *Mückl*, DB 2015, 2695, 2698.
1519 *Mückl*, DB 2015, 2695, 2699.

zung bestimmter Personengruppen aus dem Anwendungsbereich einer Richtlinie führt. Wer in einer nationalen Rechtsordnung als Arbeitnehmer behandelt wird, darf nach dem Äquivalenzprinzip nicht ausgerechnet aus dem Anwendungsbereich einer arbeitnehmerschützenden Richtlinienumsetzung ausgenommen werden.[1520] Die vorliegende Arbeit hat bereits gezeigt, dass der Matrixmanager nach deutschem Recht nur dann als Arbeitnehmer der abhängigen Gesellschaft zu behandeln ist, wenn mit dieser auch ein Arbeitsvertrag geschlossen oder er – selten – von dem herrschenden Unternehmen an diese überlassen wurde. Folglich verstößt es nicht gegen das Äuqivalenzprinzip, ihn auch aus dem Anwendungsbereich des § 613a BGB auszunehmen.

2. Betriebszugehörigkeit der Schnittstellen-Arbeitnehmer

Die Schnittstellen-Arbeitnehmer sind regelmäßig nur Partei eines Arbeitsverhältnisses, das auf einem mit ihrem Vertragsarbeitgeber geschlossenen Arbeitsvertrag beruht. Ein nichtvertragliches Arbeitsverhältnis zu einer anderen, herrschenden Konzerngesellschaft besteht – mit Ausnahme der seltenen Fälle der Arbeitnehmerüberlassung – nicht.[1521] Auch eine an die Rechtsprechung des EuGH in der Rs. *Albron Catering* angelehnte effektivitätskonforme Auslegung des § 613a Abs. 1 BGB gebietet es nicht, die Schnittstellen-Arbeitnehmer einem Betriebsübergang des herrschenden Unternehmens zuzuordnen, wenn mit diesem weder ein Arbeitsvertrag besteht, noch der Schnittstellen-Arbeitnehmer dauerhaft an diesen entliehen ist. Dies lässt sich anhand des dem Betriebsübergang zugrundeliegenden Wertschöpfungsgedankens veranschaulichen: Denn sofern das herrschende Unternehmen den Betrieb bzw. Betriebsteil nicht im eigenen Namen führt, besetzen die Schnittstellen-Arbeitnehmer Stellen, die organisatorisch ihrem Vertragsarbeitgeber zuzuordnen und folglich in dessen wirtschaftliche Einheit eingegliedert sind. Eine Zuordnung der Schnittstellenarbeitnehmer zum herrschenden Unternehmen scheidet aus, da letzteres den Betrieb ihres Vertragsarbeitgebers führt und nicht umgekehrt. Die Schnittstellen-Arbeitnehmer tragen – anders als die Matrixmanager – nicht zur Führung des Betriebs bei, sondern bilden den zu führenden Betrieb. Da das herrschende Unternehmen ihnen gegenüber als Vertreter ihres Vertragsarbeitgebers handelt, erfolgt die Wertschöpfung, an der die Schnitt-

---

1520 Vgl. *Wank*, BB 2018, 1909 zur Leiharbeitsrichtlinie 2008/104/EG.
1521 Hierzu bereits unter 4. Kap. B. III. 2.

stellen-Arbeitnehmer mitwirken, ausschließlich im Namen ihres Vertragsarbeitgebers. Hierin unterscheidet sich ihre Stellung von der dauerhaft eingesetzter Leiharbeitnehmer, die ihre Arbeit in die Wertschöpfung ihres nichtvertraglichen Arbeitgebers (Entleiher) einbringen. Während dieser die Leiharbeitnehmer im eigenen Namen anweist und somit für deren wirtschaftliche Tätigkeit verantwortlich ist, werden die Direktiven des herrschenden Unternehmens dem Vertragsarbeitgeber gemäß § 164 Abs. 1 BGB zugerechnet.[1522] Da der Vertragsarbeitgeber zudem eigenständig am Markt auftreten und die Arbeitskraft der Schnittstellen-Arbeitnehmer selbst verwerten wird, kann ihre Schutzbedürftigkeit nicht mit der solcher Leiharbeitnehmer verglichen werden, die von Personalführungsgesellschaften angestellt werden, um anschließend ausschließlich und dauerhaft für operativ tätige Konzerngesellschaften tätig zu sein. Die vom EuGH in der Rs. *Albron Catering* aufgestellten Grundsätze sind daher regelmäßig nicht auf in unternehmensübergreifenden Matrixstrukturen eingesetzte Schnittstellen-Arbeitnehmer übertragbar.

Eine andere Beurteilung ist einzig in den seltenen Fällen einer Überlassung an die herrschende Konzerngesellschaft angezeigt. Da in einer matrixstrukturierten Aufbauorganisation der Verleih des Schnittstellen-Arbeitnehmers nicht lediglich vorübergehend, sondern dauherhaftes Mittel der Konzerngestaltung sein wird, agiert das herrschende Unternehmen hier als nichtvertraglicher Arbeitgeber im Sinne der *Albron Catering*-Entscheidung. Der Matrixmanager sollte in unternehmensübergreifenden Matrixstrukturen mithin deutlich machen, dass er die Weisungen im Namen des Vertragsarbeitgebers erteilt, um den im Regelfall nicht gewollten Übergang der Arbeitsverhältnisse auf das herrschende Unternehmen zu verhindern.[1523]

E. Systematisierung

Gemeinsam haben die hier untersuchten Organisationseinheiten, dass zur Bestimmung der konstituierenden Leitungseinheit eine anzustellen ist. Die bloß punktuelle Ausübung von Entscheidungsbefugnissen führt nicht zu einem veränderten Zuschnitt der jeweiligen Organisationseinheit. Im

1522 Vgl. BAG v. 9.9.1982 – 2 AZR 253/80, AP BGB § 611 Hausmeister Nr. 1, wonach die Arbeitgeberstellung maßgeblich durch das originäre Forderungsrecht gekennzeichnet ist.

1523 Hierzu bereits unter 3. Kap. B. III. 2. b).

einstufig organisierten Matrixkonzern kommt es daher grundsätzlich zu keiner Anpassung der hier untersuchten Organisationseinheiten. Denn in einem solchen hat der Matrixmanager regelmäßig nur die Aufgabe, die einzelnen Schnittstellen zu koordinieren, wozu er punktuell das inhaltliche Weisungsrecht gegenüber den Schnittstellen-Arbeitnehmern in Vertretung deren Vertragsarbeitgeber ausübt. Sofern auch die Art und Weise der Arbeitsleistung betroffen ist, weil etwa Arbeitszeiten oder Arbeitsverfahren gesellschaftsübergreifend vereinheitlicht werden sollen, kann dies zwar einzelne betriebsverfassungsrechtliche Mitbestimmungstatbestände betreffen. Der Matrixmanager wird hierdurch jedoch nicht zum betriebskonstituierenden einheitlichen Leitungsapparat. Gleiches gilt für die wirtschaftliche Einheit im Sinne des § 613a BGB: Obgleich sich der diese prägende Wertschöpfungszusammenhang gegenüber den Arbeitnehmern aus der Ausübung des inhaltlichen Weisungsrechts ergibt, führt der einstufige Matrixkonzern wegen der bloß punktuellen Ausübung regelmäßig zu keinem veränderten Zuschnitt des Transferobjekts.

Wird die Matrixstruktur von der herrschenden Gesellschaft hingegen genutzt, um umfassend in die Tochterunternehmen hineinzuregieren, verändern sich regelmäßig auch die Zuschnitte der hier untersuchten Organisationseinheiten. Dies führt im einstufigen Matrixkonzern regelmäßig zur dominanten Stellung einer Dimension, so dass es sich de facto um keine Matrix-, sondern eine Spartenorganisation handelt.

Die größten Besonderheiten weist der zweistufige Matrixkonzern in Form einer sogenannten Transaktionsmatrix auf, also in Vorbereitung einer geplanten Verschmelzung. Hier bildet die Schnittstelle des Gesamtkonzerns zugleich einen eigenen Teilkonzern, dessen Matrixmanager operativ tätig wird. Dieser entscheidet hierbei nicht nur schwerpunktmäßig über den Inhalt der Wertschöpfung (und damit der zu erbringenden Arbeitsleistung der Arbeitnehmer), sondern ist darüber hinaus für die Personalplanung verantwortlich. Obgleich ihm Arbeitnehmer verschiedener Vertragsarbeitgeber unterstellt sind, führt der Matrixmanager die ihm unterstellten Einheiten in dieser Gestaltungsform wie eine einzige Organisationseinheit. Betriebsverfassungsrechtlich führt dies dazu, dass die dem Matrixmanager unterstellte Geschäftseinheit einen gemeinsamen Betriebs mehrerer Unternehmen bildet, wobei aufgrund der Betriebsfiktion des § 4 Abs. 1 S. 1 Nr. 1 BetrVG gleichwohl örtliche Betriebsräte gewählt werden können. Die Sozialauswahl hat hingegen zwingend innerhalb des so entstandenen Gemeinschaftsbetriebs stattzufinden und kann nicht auf örtliche Einheiten beschränkt werden, da die Betriebsfiktion des § 4 Abs. 1 S. 1 BetrVG nicht auf § 1 Abs. 2, 3 KSchG übertragbar ist. Betriebsübergangsrechtlich führt selbst diese stärkste Form der unternehmensübergreifenden Zusammenheit zu keiner Änderung des übergangsfäigen Transaktionsobjekts. Da eine gemeinsame wirtschaftliche Einheit mehrerer Unternehmen nicht anzuerkennen ist, endet jeder Wertschöpfungszusammenhang an den Grenzen des vom Matrixmanager vertretenen Rechtsträgers. Die in die Transaktionsmatrix einbezogenen Teile der einbezogenen Konzerngesellschaften können mithin nur isoliert, nicht aber einheitlich als Gesamteinheit übertragen werden.

Die Betriebszugehörigkeit in den hier untersuchten Gebieten setzt auch nach der aufgeweichten Zwei-Komponenten-Lehre zumindest ein mit dem Betriebsinhaber bestehendes Arbeitsverhältnis voraus, weshalb ein Schnittstellen-Arbeitnehmer nur dann einem Betrieb des herrschenden bzw. der Matrixmanager nur dann einem Betrieb des abhängigen Unternehmens zugeordnet werden kann, wenn er entweder mit dessen Inhaber einen Arbeitsvertrag geschlossen hat oder aber an diesen überlassen wurde. In allen anderen Gestaltungsvarianten besteht weder zwischen den abhängigen Gesellschaften und den Matrixmanagern, noch zwischen dem herrschenden Unternehmen und den Schnittstellen-Arbeitnehmern ein für die Betriebszugehörigkeit mitunter ausreichendes nichtvertragliches Arbeitsverhältnis. Hierin zeigt sich erneut der Unterschied zwischen der in unternehmensübergreifenden Matrixstrukturen typischerweise vorliegenden Mehrfachvertretungen zu Konstruktionen aufgespaltener Arbeitsverhältnisse wie beispielsweise der Arbeitnehmerüberlassung. Anders als der Leiharbeitnehmer besetzen weder der Matrixmanager, noch die Schnittstellen-Arbeitnehmer Arbeitsplätze arbeitgeberfremder Organisationen und sind daher auch nicht im Rahmen von bei diesen stattfindenden Betriebsübergängen zu berücksichtigen.

Mehrfache arbeitsvertragliche Bindungen sind allenfalls für den Matrixmanager gängig. Werden zwischen ihm und den abhängigen Gesellschaften Arbeitsverträge geschlossen, ist er in jedem Fall einem Betrieb jedes abhängigen Unternehmens zuzuordnen – zu welchem, richtet sich nach dem Kriterium der Eingliederung. Betriebsverfassungsrechtlich erfolgt diese die Unterstellung unter einen in mitbestimmungsrelevanten Angelegenheiten kompetenten Leitungsapparat des abhängigen Unternehmens. Da der Matrixmanager aufgrund seiner Schlüsselstellung einer höheren Hierarchieebene angehören wird als die ihm weisungsunterworfenen Arbeitnehmer, wird auch über die beteiligungspflichtigen Aspekte für beide nur selten von einer einheitlichen Instanz entschieden werden. Dass der Matrixmanager durch die *Ausübung* von Weisungen und Disziplinarrechten mitbestimmungsrelevant in den Betrieb der Schnittstellen-Arbeitnehmer hineinwirkt, führt nicht zu dessen dortiger Betriebszugehörigkeit. Sofern er Arbeitnehmer der abhängigen Gesellschaft ist, sind die Betriebsräte der ihm unterstellten Betriebe jedoch gemäß § 99 Abs. 1 S. 1 Var. 1 BGB analog (!) zu beteiligen. Für Rechtsunsicherheit hat diesbezüglich die extensive Auslegung der Einstellung im Sinne des § 99 Abs. 1 S. 1 Var. 1 BGB durch die Rechtsprechung gesorgt, die auch Nicht-Betriebsangehörige umfasst, ohne dies als analoge Anwendung zu kennzeichnen.

Demgegenüber führt im Betriebsübergangsrecht auch die Koordination der einzelnen Betriebsmittel durch die *Ausübung* von Leitungsbefugnissen zu einer Eingliederung in die unterstellten Einheiten. Da eine „gemeinsame wirtschaftliche Einheit mehrerer Unternehmen" nicht denkbar ist, ist der Matrixmanager hier mehreren Betrieben bzw. Betriebsteilen zugehörig. Kündigungsschutzrechtlich ist zwischen der „Kleinunternehmensklausel" des § 23 Abs. 1 S. 2, 3 KSchG und der nach § 1 Abs. 3 KSchG vorzunehmenden Sozialauswahl zu differenzieren: Während der Matrixmanager im Rahmen des § 23 Abs. 1 KSchG bei allen seinen Vertragsarbeitgebern mitzuzählen ist, scheitert seine Berücksichtigung im Rahmen der Sozialauswahl regelmäßig an der fehlenden Vergleichbarkeit mit anderen Arbeitnehmern sowie dem berechtigten betrieblichen Interesse am Fortbestand seines Arbeitsverhältnisses (§ 1 Abs. 3 S. 2 KSchG).

Zusammenfassung

Die voranstehende Untersuchung hat bestätigt, dass sich eine teleologische Begriffsbildung des Betriebs in den hier untersuchten Gebieten anhand des organisatorischen Kriteriums der Leitung vollziehen lässt. Die etablierte Vorstellung vom Betrieb als „organisatorische Einheit" und die Relativität des Betriebsbegriffs stehen sich nicht unvereinbar gegenüber, sondern lassen sich miteinander in Einklang bringen. Nicht zuletzt *Jacobis* Abhandlung „*Betrieb und Unternehmen als Rechtsbegriffe*" aus dem Jahr 1926 dürfte hingegen zur Fehlvorstellung eines allgemeinen, für das gesamte Arbeitsrecht zu verwendenden Betriebsbegriffs geführt haben. Der Gesetzgeber hat diesen – auf die damals herrschende Literatur vertrauend – dem KSchG und § 613a BGB zugrundegelegt. Mithin handelt es sich bei der These von einem allgemein arbeitsrechtlichen Betriebsbegriff um eine sich selbst erfüllende Prophezeiung: Denn selbst, wenn die Anknüpfung an das Unternehmen[1524] im Kündigungsschutz- und Betriebsübergangsrecht von vornherein zweckdienlicher gewesen wäre, ist der Gesetzesanwender an den Willen des demokratisch legitimierten Gesetzgebers gebunden. Dieser ist grundsätzlich frei, die Relativität der Rechtsbegriffe für bestimmte Anwendungsbereiche „auszuschalten"[1525] und stattdessen auf ein bestimmtes Begriffsverständnis zu verweisen. Spätestens seitdem § 613a BGB die RL 77/187/EWG und ihre Nachfolger in deutsches Recht umsetzt, kann nicht mehr von einem allgemein arbeitsrechtlichen Betriebsbegriff gesprochen werden, da der Betriebsübergangsrichtlinie ein autonom europäisch zu bestimmendes Transferobjekt – die wirtschaftliche Einheit – zugrunde liegt. Ebenso verhält es sich mit dem Betriebsbegriff des Massenentlassungsrechts, dessen umfassende unionsrechtliche Determination das BAG erst im Jahr 2020 anerkannt hat. Um der teleologischen Begriffsbildung zur Durchsetzung zu verhelfen, sollte in Zukunft vermieden werden, den

1524 Im Sinne des gesamten Tätigkeitsbereichs eines Rechtsträgers.

1525 *Wank*, Begriffsbildung, S. 112.

Betrieb als „Grundbegriff"[1526], „Zentralbegriff"[1527], oder den „zweitwichtigste[n] Begriff des Arbeitsrechts"[1528] zu bezeichnen. Denn sprachwissenschaftlich setzt sich ein Begriff aus einem Sprachzeichen (Wort) und seiner Bedeutung zusammen.[1529] Spricht man also von einem Betriebsbegriff oder „dem" Betrieb als Grund- bzw. Zentralbegriff, impliziert man denselben Bedeutungsinhalt unabhängig vom konkreten normativen Kontext.

Trotz aller Missinterpretationen besteht *Jacobis* historischer Verdienst darin, den Betrieb als Organisationseinheit erkannt und beschrieben zu haben. So wie *Jacobi* zwischen den vom Betrieb verfolgten unmittelbaren technischen Zwecken des Betriebs und dem entfernteren Zweck des Unternehmens differenzierte, unterteilt sich auch nach der Betriebswirtschaft die Gesamtwertschöpfung einer Organisation in Teilzwecke, die durch die Bildung von Stellen und deren Zusammenfassung zu Abteilungen verfolgt werden. Entsprechend der betriebswirtschaftlichen Abteilung richten sich die in dieser Arbeit untersuchten Betriebsbegriffe nach einer leitungsbefugten Stelle (Instanz) aus. Auf einen allgemeinen arbeitsrechtlichen Betriebsbegriff kann hieraus jedoch nicht geschlossen werden. Vielmehr muss der Inhalt der ausgeübten Leitungsmacht, entsprechend der Relativität der Rechtsbegriffe, in Bezug zum telos der jeweiligen Regelung gesetzt werden, in der das Tatbestandsmerkmal „Betrieb" verwendet wird. Welche Befugnisse für die Anerkennung als betriebskonstituierenden Leitungsapparat und damit für den Betriebszuschnitt maßgeblich sind, ist nach dem jeweiligen Normzweck zu bestimmen.

So richtet sich der Betrieb im Sinne des § 1 BetrVG an der Instanz aus, die über beteiligungspflichtige Angelegenheiten (vgl. § 3 Abs. 1 Nr. 2 BetrVG) entscheidet. Hiervon erfasst ist insbesondere die Ausübung sogenannter Disziplinarrechte, wie etwa die Befugnis zur Kündigung des Arbeitsverhältnisses und zu anderen personellen Einzelmaßnahmen (vgl. §§ 99 ff. BetrVG). Berührungspunkte ergeben sich aber auch zum sogenannten fachlichen Weisungsrechts im Sinne des § 611a Abs. 1 S. 2 („Durchführung, Zeit und Ort der Tätigkeit"), etwa bei der Anordnung

1526 BAG v. 3.12.1954 – 1 ABR 7/54, NJW 1955, 277; *Hueck*, in: Hueck/Nipperdey, ArbR I (1930) S. 69; *Jacobi*, in: FS Ehrenberg, S. 2; *Joost*, Betrieb und Unternehmen; *Konzen*, Unternehmensaufspaltungen, S. 19; *Nikisch*, ArbR I, 3. Aufl. 1961, S. 148; *Preis/Poverdano Peramato*, in: FS 100 Jahre Betriebsverfassung, S. 571.

1527 *Böhm*, RdA 2013, 193, 196.

1528 *Junker*, Grundkurs ArbR, Rn. 125.

1529 *Wank*, Begriffsbildung, S. 10-15; vgl. auch *Fischels*, S. 63 zur Anwendung auf den „Arbeitnehmer".

von Überstunden (vgl. § 87 Abs. 1 Nr. 3 BetrVG), der Einführung technischer Einrichtungen (vgl. § 87 Abs. 1 Nr. 6 BetrVG) oder dem Aufstellen allgemeiner Urlaubsgrundsätze (vgl. § 87 Abs. 1 Nr. 5 BetrVG). Wegen der von Art. 12 Abs. 1 GG geschützten Unternehmerfreiheit mitbestimmungsfrei und daher für den Betriebszuschnitt im Sinne des § 1 BetrVG irrelevant ist hingegen die inhaltliche Konkretisierung der Arbeitsleistung. Der Betrieb im Sinne des § 1 BetrVG setzt sich mithin aus sämtlichen Arbeitnehmern zusammen, die von einer bezüglich der beteiligungspflichtigen Angelegenheiten kompetenten Instanz einheitlich und im Namen des Betriebsinhabers geführt werden.

Der Gesetzgeber des KSchG 1951 legte dem dort verwendeten Betriebsbegriff zunächst das betriebsverfassungsrechtliche Verständnis zugrunde, woran aufgrund verfassungsrechtlicher Kollisionen und legislatorischer Änderungen nicht mehr einheitlich festgehalten werden kann. Die Kleinbetriebsklausel des § 23 Abs. 1 KSchG wäre nicht mit dem Gleichheitssatz des Art. 3 Abs. 1 GG vereinbar, würde sie auf den Betrieb im Sinne des § 1 BetrVG abstellen. Da zumindest Anhaltspunkte dafür bestehen, dass im Rahmen der Änderungen des § 23 Abs. 1 KSchG von einem unternehmensbezogenen Verständnis ausgegangen wurde, ist diese Interpretation aufgrund des Gebots der verfassungskonformen Auslegung vorzuziehen. Auch das im Rahmen der Sozialauswahl zu berücksichtigende Kriterium der Betriebszugehörigkeit ist als Arbeitgeberzugehörigkeit auszulegen. Festzuhalten ist hingegen an der Anwendung des betriebsverfassungsrechtlichen Betriebsbegriffs auf den Bereich, in dem die Sozialauswahl vorzunehmen ist. Außer Betracht zu bleiben hat jedoch die speziell betriebsverfassungsrechtliche Betriebsfiktion des § 4 Abs. 1 S. 1 BetrVG.

Obgleich die sogenannte Kleinbetriebsklausel (treffender: Kleinunternehmensklausel) sowie der Betrieb im Sinne des § 613a BGB beide das gesamte Unternehmen des Arbeitgebers bezeichnen, ergeben sich bezüglich der maßgeblichen Leitungsbefugnisse Unterschiede. Denn der Schwellenwert des § 23 Abs. 1 KSchG bezieht sich auf sämtliche im Unternehmen vorhandenen Stellen und damit auch auf solche Arbeitsplätze, die (dauerhaft) von Leiharbeitnehmern besetzt sind, weshalb es auf die Ausübung des fachlichen und inhaltlichen Weisungsrechts im Namen des Betriebsinhabers ankommt, nicht aber auf Disziplinarrechte, die im Fall der Arbeitnehmerüberlassung einzig vom Verleiher ausgeübt werden.

Betrieb und Betriebsteil im Sinne des § 613a BGB sind die einzigen in dieser Arbeit untersuchten Organisationseinheiten, die nicht ausschließlich durch die Ausübung von Arbeitgeberbefugnissen gekennzeichnet sind, sondern durch sämtliche unternehmerische Kompetenzen. Denn während der Betrieb im Sinne des § 1 BetrVG ein Kollektiv wahlberechtigter Arbeitnehmer bezeichnet, § 1 Abs. 3 KSchG aufgrund der betriebsverfassungsrechtlichen Bedeutung der Kündigung auf eben dieses verweist und die Kleinunternehmerklausel des § 23 Abs. 1 KSchG die wirtschaftliche Leistungsfähigkeit eines Unternehmens anhand der Anzahl der vorhandenen Arbeitsplätze misst, stellt § 613a BGB auf die Übernahme eines Wertschöpfungszusammenhangs ab, der sich auch, aber nicht ausschließlich, aus der persönlichen Arbeitskraft der Arbeitnehmer ergeben kann. Folglich umfasst der Betrieb im Sinne des § 613a BGB den gesamten Tätigkeitsbereich des inhabenden Rechtsträgers (Unternehmen). Der Betriebsteil im Sinne des § 613a BGB ist eine funktionelle Verknüpfung von Ressourcen, die beim Veräußerer der Disposition einer Instanz unterstanden. Der Inhalt der im Betriebsteil ausgeübten Leitungsmacht ist deckungsgleich mit der dem Betriebsinhaber originär zustehenden Leitungsmacht. Der Unterschied zum Betrieb besteht einzig in der Vertretung des Betriebsinhabers.

Die vorliegend präferierte, organisatorisch-teleologische Begriffsbildung führt auch in Organisationsgestaltungen mit weit ausdifferenzierten Leitungsbefugnissen zu sachgerechten Ergebnissen. Als „Probe aufs Exempel" dienten der vorliegenden Arbeit matrixorganisierte Konzerne. In diesen sind Teileinheiten mehrerer Konzerngesellschaften einer gemeinsamen bereichsbezogenen Leitung (Matrimanager) unterstellt. Aufgrund des erheblichen Eingriffs in die Selbstständigkeit der beteiligten Unternehmen bedarf die Implementierung unternehmensübergreifender Matrixstrukturen grundsätzlich des Abschlusses von Beherrschungsverträgen; für die AktG kommt zusätzlich eine Eingliederung im Sinne des § 319 AktG, für die eingliedrige GmbH die Steuerung mittels des Gesellschafter-Weisungsrechts (vgl. §§ 37 Abs. 1, 38 Abs. 1, 46 Nr. 5, 46 Nr. 6 GmbHG) in Betracht. Da die gesellschaftsrechtlichen Einwirkungsmöglichkeiten auf das Verhältnis des herrschenden Unternehmens zum vertretungsberechtigten Organ der abhängigen Gesellschaft beschränkt sind, muss der Matrixmanager zusätzlich vom abhängigen Unternehmen bevollmächtigt werden, um auch im Außenverhältnis gegenüber den Arbeitnehmern und Geschäftspartnern tätig werden zu können. Übt der Matrixmanager gegenüber den Schnittstellen-Arbeitnehmern Arbeitgeberbefugnisse aus, wird er als Doppelvertreter tätig: Mit ein und derselben Handlung vertritt er sowohl das herrschende Unternehmen bei der Erteilung gesellschaftsrechtlicher Weisungen und zugleich die abhängige Gesellschaft bei deren Umsetzung gegenüber ihren Arbeitnehmern. Da der Matrixmanager gegenüber den Schnittstellen-Arbeitnehmern im Namen deren Vertragsarbeitgeber handelt, führen unternehmensübergreifende Matrixstrukturen nicht zu einer Aufspaltung des Arbeitsverhältnisses oder der Arbeitgeberstellung.

Bezüglich des betriebskonstituierenden einheitlichen Leitungsapparats ist allein auf die Entscheidungsmacht im Außenverhältnis zur Belegschaft abzustellen, weshalb jeglicher vorstandsinterne konzernrechtliche Einfluss, der unternehmensübergreifenden Matrixstrukturen zugrunde liegt, für die Bestimmung des Betriebs zunächst irrelevant ist. Ferner gilt es nach dem Inhalt der auf mehrere Stellen verteilten Kompetenzen zu differenzieren: Betriebsverfassungsrechtlich müssen solche Weisungen ohne Berücksichtigung bleiben, die sich auf das bloße Arbeitsverhalten der Arbeitnehmer beziehen, so dass die „Lehrbuch"-Matrix grundsätzlich zu keinem veränderten Betriebszuschnitt führt. Allein in dem (nicht seltenen) Fall, in dem die Matrixstruktur vom herrschenden Unternehmen zum Anlass genommen wird, umfassend – auch hinsichtlich des Ordnungsverhaltens – in das Tochterunternehmen hineinzuregieren und auch im Außenverhältnis zu den Arbeitnehmern aufzutreten, entsteht ein gemeinsamer Betrieb mehrerer Unternehmen, der die gesamte Business Unit umfasst. Ist ein einheitlicher Leitungsapparat nicht auszumachen, weil die Entscheidungsbefugnisse über das mitbestimmungsrelevante Verhalten auf mehrere Instanzen verteilt sind, ohne dass sich ein Schwerpunkt feststellen lässt, decken sich der Bereich des Vertragsarbeitgeber-Unternehmens und der des Betriebs. Denn sämtliche Instanzen leiten ihre Vertretungmacht letztlich vom Vertragsarbeitgeber ab. In diesem Fall wird, wie auch beim gemeinsamen Betrieb mehrerer Unternehmen, eine arbeitnehmernahe Interessenvertretung regelmäßig mittels der Fiktion des § 4 Abs. 1 S. 1 Nr. 1 BetrVG sichergestellt werden. Die betriebsverfassungsrechtliche Betriebsfiktion des § 4 BetrVG ist jedoch nicht auf § 1 Abs. 3 KSchG übertragbar, so dass unter den skizzierten Voraussetzungen eine unternehmensweite oder gar unternehmensübergreifende Sozialauswahl durchzuführen ist.

Auf die organisatorischen Einheiten des Betriebsübergangsrechts haben Matrixstrukturen hingegen keine Auswirkungen, solange der Matrixmanager Erklärungen im Namen der abhängigen Gesellschaften abgibt. Selbst, wenn er sämtliche Arbeitgeberbefugnisse einheitlich in Vertretung der abhängigen Gesellschaften ausübt, bleiben die einzelnen unterstellten Unternehmensteile funktionell autonom und damit selbstständig übergangsfähig. Eine gemeinsame wirtschaftliche Einheit mehrerer Unternehmen ist nicht anzuerkennen. Auswirkungen auf den Betriebs(teil)begriff des § 613a BGB haben unternehmensübergreifende Matrixstrukturen nur in den seltenen Fällen, in denen der Matrixmanager auf Grundlage eines sogenannten unechten Betriebsführungsvertrags umfassend im Namen des herrschenden Unternehmens tätig wird. Hierdurch wird das herrschende Unternehmen zum Betriebsinhaber der in die Matrix einbezogenen Unternehmensteile, so dass die diesem zuzuordnenden Arbeitsverhältnisse gemäß § 613a Abs. 1 S. 1 BGB auf das herrschende Unternehmen übergehen.

Zwischen der organisatorischen Einheit als Tatbestandsmerkmal und der Organisationszugehörigkeit auf Rechtsfolgenseite kann einzig im Betriebsübergangsrecht differenziert werden. Im Betriebsverfassungs- und Kündigungsschutzrecht ergibt sich bereits aus dem Betriebsbegriff die Betriebszugehörigkeit und umgekehrt aus der Betriebszugehörigkeit der Betrieb. Gleichwohl lassen sich Parallelen zwischen den hier untersuchten Rechtsgebieten feststellen. So setzt sich die Betriebszugehörigkeit stets aus einer tatsächlichen Nähebeziehung zur organisatorischen Einheit (Eingliederung) sowie einem rechtlichen Band zu deren Betriebsinhaber zusammen (Arbeitsverhältnis). Im Kriterium der Eingliederung spiegelt sich der Betriebsbegriff des jeweiligen Rechtssatzes und mithin die diesen konstituierende Leitungsmacht wider. Anders als auf Tatbestandsebene ist für die Zuordnung der Arbeitnehmer zu einer wirtschaftlichen Einheit im Sinne des § 613a BGB jedoch nicht auf die gesamte betriebs(teil)konstituierende unternehmerische Leitungsmacht abzustellen, sondern auf die Ausübung von Arbeitgeberbefugnissen im Namen des Betriebsinhabers. Die Voraussetzung des zum Betriebsinhaber bestehenden Arbeitsverhältnisses wird anhand des Arbeitnehmerbegriffs der betreffenden Norm konkretisiert. Vor dem Hintergrund der Besonderheiten des betriebsverfassungsrechtlichen Arbeitnehmerbegriffs (vgl. §§ 7 S. 2 BetrVG, 14 AÜG) erklärt sich, weshalb Leiharbeitnehmer betriebsverfassungsrechtlich dem Entleiherbetrieb zumindest partiell zugehören, die Zuordnung zu den Betrieben des KSchG und der wirtschaftlichen Einheit im Sinne des § 613a BGB hingegen einen mit dem Betriebsinhaber bestehenden Arbeitsvertrag voraussetzen.

Ein Grundverständnis der betriebswirtschaftlichen Organisationsgestaltung trägt auch zu einer sachgerechten Beurteilung der Zugehörigkeit zu den hier untersuchten Betriebsbegriffen bei. Während die Betriebswirtschaftslehre im Rahmen der Organisationszugehörigkeit zunächst streng zwischen der hierarchischen Organisation auf der einen und dem Markt auf der anderen Seite differenzierte, beobachtet sie seit Anfang der 1990er-Jahre, dass Unternehmen Aufgaben vermehrt externalisieren, um die Flexibilitätsvorteile des Marktes zu nutzen. Indem die entsprechenden Verträge mit externen Dritten auf eine stabile, dauerhafte Beziehung abzielen, sollen die mit der Organisation verbundenen Vorteile (Kontrolle, Effizienz, zentrale Imageeinheit) beibehalten werden. Durch die Verbindung von

Markt und Hierarchie entstehen hybride Organisationen, zu denen aufgrund der rechtlichen Selbstständigkeit der einzelnen Gesellschaften auch matrixorganisierte Konzerne gezählt werden können. Die Auflösung der Dichtomie von Organisation und Markt lässt sich im Arbeitsrecht an der Aufweichung der sogenannten Zwei-Komponenten-Lehre ablesen, wonach die Betriebszugehörigkeit neben einer Eingliederung nicht mehr zwingend einen mit dem Betriebsinhaber bestehenden Arbeitsvertrag voraussetzt.

Nach wie vor kennzeichnet sowohl die betriebswirtschaftliche Organisations- als auch die arbeitsrechtliche Betriebszugehörigkeit eine Verfügungsbefugnis des Organisations- bzw. Betriebsinhabers über die zuzuordnende Stelle. Fehlt es an einer solchen, ist die Stelle Teil einer anderen Organisationseinheit und mithin aus Sicht der betrachteten Organisation dem Markt zugehörig. In die arbeitsrechtliche Terminologie eingeordnet erfordert eine für die Betriebszugehörigkeit hinreichende Verfügungsbefugnis jedenfalls ein nichtvertragliches Arbeitsverhältnis im Sinne eines Erfüllungsverhältnisses, das heißt die Ausübung von Arbeitgeberrechten im eigenen Namen. Ein solches nichtvertragliches Arbeitsverhältnis ist etwa beim faktischen Arbeitsverhältnis und der Arbeitnehmerüberlassung gegeben, in den vorliegend untersuchten Matrixorganisationen jedoch regelmäßig weder zwischen herrschendem Unternehmen und den Schnittstellen-Arbeitnehmern, noch zwischen dem Matrixmanager und den ihm unterstellten, abhängigen Gesellschaften. Denn gegenüber den Schnittstellen-Arbeitnehmer gibt der Matrixmanager Erklärungen grundsätzlich im Namen deren Vertragsarbeitgeber ab, nicht im Namen des herrschenden Unternehmens. Der Matrixmanager selbst handelt im Verhältnis zu den Organen der ihm unterstellten Gesellschaften hingegen als Empfangsvertreter und Erfüllungsgehilfe des herrschenden Unternehmens. Sowohl die Schnittstellen-Arbeitnehmer als auch die Matrixmanager besetzen mithin, sofern kein zusätzlicher Arbeitsvertrag geschlossen oder ein seltener Fall der Arbeitnehmerüberlassung vorliegt, ausschließlich Arbeitsplätze ihrer jeweiligen Vertragsarbeitgeber.

Eine Zuordnung des Matrixmanagers zu einer ihm unterstellten Organisationseinheit ist nur dann in Betracht zu ziehen, wenn seine Vertretungsmacht auf einem mit der abhängigen Gesellschaft geschlossenen Arbeitsvertrag beruht. Für eine Berücksichtigung im Rahmen der Kleinbetriebsklausel des § 23 Abs. 1 S. 2, 3 KSchG bedarf es keiner weiteren Voraussetzungen, da der Betrieb hier die Summe der Arbeitsplätze eines Rechtsträgers bezeichnet. Von einer Eingliederung des Matrixmanagers in ihm unterstellte Betriebe im Sinne des § 1 BetrVG und § 1 Abs. 3 KSchG ist jedoch nur dann auszugehen, wenn der Matrixmanager gegenüber den Schnittstellen-Arbeitnehmern ausschließlich fachlich-inhaltliche Arbeitgeberrechte ausübt, sodass er hinsichtlich der Disziplinarrechte derselben Leitungsinstanz unterstellt ist wie sie. Da der Betrieb im Sinne des § 1 BetrVG eine Gruppe von Arbeitnehmern mit vergleichbarer Interessenlage gegenüber der Restbelegschaft abgrenzt, führt die bloße Weisungs*erteilung* hingegen nicht zur betriebsverfassungsrechtlichen und kündigungsschutzrechtlichen Zugehörigkeit des Matrixmanagers zu den ihm unterstellten Betrieben. Er ist regelmäßig dem Betrieb zugeordnet, der durch die ihm überstellte Leitungsmacht (meist die Unternehmensleitung) konstituiert wird. Für die Zugehörigkeit zum Betrieb bzw. Betriebsteil im Sinne des § 613a BGB genügt dagegen sehr wohl die Weisungserteilung, da durch sie der übergehende Wertschöpfungszusammenhang maßgeblich geprägt wird. Betriebsübergangsrechtlich ist der Matrixmanager – sofern er mit den abhängigen Gesellschaften arbeitsvertraglich verbunden ist – jeder ihm unterstellten wirtschaftlichen Einheit zugehörig.

Literaturverzeichnis

Adzic, Michael, Matrixstrukturen in multinationalen Unternehmen – Anwendungsfelder, Informationsfluss und Erfolgsfaktoren (Diss.), Wiesbaden 2006 (zit.: *Adzic*)

Altmeppen, Holger, Die Haftung des Managers im Konzern, München 1998 (zit.: *Altmeppen, Haftung*)

Ders., Zur Delegation des Weisungsrechts im mehrstufigen Konzern, in: *Schneider, Uwe H. / Hommelhoff, Peter / Schmidt, Karsten* u.a. (Hrsg.), Festschrift für Marcus Lutter zum 70. Geburstag, Köln 2001, S. 975 – 993 (zit.: *Altmeppen*, in: FS Lutter)

Alsbaek, Henriette, Betriebsübergang und seine individualarbeitsrechtlichen Folgen in Europa (Diss.), Berlin 2001 (zit.: *Alsbaek*)

***Altvater, Lothar / Baden, Eberhard / Baunack, Sebastian / Berg, Peter / Dierßen, Martina / Herget, Gunnar / Kröll, Michael / Lenders, Dirk / Noll, Gerhard* (Hrsg.)**, Bundespersonalvertretungsgesetz: BPersVG, 10. Auflage, Frankfurt a.M. 2019 (zit.: Altvater/*Bearbeiter*, BPersVG)

Alvensleben, Constantin v., Die Rechte der Arbeitnehmer bei Betriebsübergang im europäischen Gemeinschaftsrecht (Diss.), Baden-Baden 1992 (zit.: *v. Alvensleben*)

Annuß, Georg, Der Betriebsübergang nach „Ayse Süzen“, NZA 1998, S. 70 – 77

Ders., Schwierigkeiten mit § 3 I Nr. 3 BetrVG?, NZA 2002, S. 290 – 294

Ders., Die rechtsmissbräuchliche Unternehmerentscheidung im Konzern, NZA 2003, 783 – 785

***Ascheid, Reiner / Preis, Ulrich / Schmidt, Ingrid* (Hrsg.)**, Kündigungsrecht – Großkommentar zum gesamten Recht der Beendigung von Arbeitsverhältnissen, 5. Auflage, München 2017 (zit.: APS/*Bearbeiter*)

Ashkenas, Ron / Ulrich, Dave /Jick, Todd. / Kerr, Steve., The Boundlaryless Organization – Breaking the chains of Organizational Structure, San Francisco 1995 (zit.: *Ashkenas et al.*, Boundlaryless Organization)

Bach, Norbert / Brehm, Carsten / Buchholz, Wolfgang / Petry, Thorsten, Wertschöpfungsorientierte Organisation: Architekturen – Prozesse – Strukturen, Wiesbaden 2012 (zit.: *Bach et al.*, Wertschöpfungsorientierte Organisation)

***Backmeister, Thomas / Trittin, Wolfgang / Mayer, Udo* (Hrsg.)**, Kündigungsschutzgesetz mit Nebengesetzen: Kommentar zum Kündigungsschutzgesetz und weiteren wichtigen Vorschriften des Kündigungsrechts, 4. Auflage, München 2009 (zit.: *Bearbeiter*, in: Backmeister/Trittin/Mayer)

Baeck, Ulrich / Lingemann, Stefan, Auftragsübergang als Betriebsübergang? - Neues vom EuGH, NJW 1997, S. 2492 – 2495

Bail, Hugo, Das Rechtsverhältnis der Arbeitgeber und Arbeitnehmer in Handwerk, Industrie und Handelsgewerbe auf Grund der Reichsgesetze und ihrer Ausgestaltung durch Wissenschaft und Rechtsprechung, Berlin 1912 (zit.: *Bail*)

Ballerstedt, Kurt, Schranken der Weisungsbefugnis aufgrund eines Beherrschungsvertrages, ZHR 137 (1973), S. 388 – 403

Bälz, Ulrich, Verbundene Unternehmen, AG 1992, 277 – 311

Bauer, Jobst-Hubertus, Unternehmensveräußerung und Arbeitsrecht: arbeitsrechtliche Probleme bei der Übertragung von Unternehmen, Betrieben, Betriebsteilen und Gesellschaftsanteilen, Heidelberg 1983 (zit.: *Bauer*, Unternehmensveräußerung)

Ders., Anwendung der Leiharbeitsrichtlinie 2008/104/EG auf Rote-Kreuz-Schwestern, ArbRAktuell 2016, S. 601

Ders. / Herzberg, Dana, Arbeitsrechtliche Probleme in Konzernen mit Matrixstrukturen, NZA 2011, S. 713 – 719

Ders. / von Medem, Andreas, § 613a BGB: Übergang von Leiharbeitsverhältnissen bei Übertragung des Entleiherbetriebs?, NZA 2011, S. 20 – 23

***Baumbach, Adolf / Hueck, Alfred* (Begr.)**, Gesetz betreffend die Gesellschaften mit beschränkter Haftung: GmbHG, 22. Auflage, München 2019 (zit.: *Bearbeiter*, in: Baumbach/Hueck)

Bayreuther, Frank, Wirtschaftlich-existenziell abhängige Unternehmen im Konzern-, Kartell- und Arbeitsrecht: zugleich ein Beitrag zur rechtlichen Erfassung moderner Unternehmensverträge (Diss.), Berlin 2001 (zit.: *Bayreuther*, Abhängige Unternehmen)

Ders., Der Leiharbeitnehmer im Kündigungsrecht, NZA 2016, S. 1304 – 1309

Beck-online Großkommentar, *Gsell, Beate / Krüger, Wolfgang / Lorenz, Stephan / Reymann, Christoph / Henssler, Martin* (Hrsg.), Stand: 1.2.2020 (zit.: BeckOGK/*Bearbeiter*)

Beck'scher Online-Kommentar Arbeitsrecht, Rolfs, Christian / Giesen, Richard / Kreikebohm, Ralf / Udsching, Peter (Hrsg.), 50. Edition (Stand 1.12.2018) (zit.: BeckOK-ArbR/*Bearbeiter*)

Beck'scher Online-Kommentar GmbHG, Jaeger, Carsten / Ziemons, Hildegard, 37. Edition (Stand 1.11.18) (zit.: BeckOK-GmbHG/*Bearbeiter*)

Beltzer, Ronald M., The Transfer of Undertakings and the Importance of Taking Over Personnel – A Vicious Circle, International Journal of Comparative Labour Law and Industrial Relations, Vol. 23 (2007), S. 139 – 155

Benecke, Martina, Der Citoyen als Travailleur – Recht als Schutzzone, EuZA 2018, S. 3 – 17

Dies., Leiharbeitnehmer in der Betriebsverfassung des Entleihbetriebes – Das BAG zu Betriebszugehörigkeit und Schwellenwert, in: *Henssler, Martin / Joussen, Jacob / Maties, Martin / Preis, Ulrich (Hrsg.)*, Moderne Arbeitswelt; Festschrift für Prof. Rolf Wank zum 70. Geburtstag, München 2014, S. 27 – 40 (zit.: *Benecke*, in: FS Wank)

Bepler, Klaus, Der Betriebsbegriff des Kündigungsschutzgesetzes und die Kleinbetriebsklausel, ArbuR 1997, S. 54 – 60

Berger, Veronica, Organisation der Betriebsverfassung im matrixorganisierten Konzern (Diss.), Baden-Baden 2017 (zit.: *Berger*)

Berkowsky, Wilfried, Die „Betriebsbezogenheit" der Sozialauswahl - Gesetzesbefehl oder Notbremse?, NZA 1996, S. 290 – 294

Ders., Die betriebsbedingte Kündigung: eine umfassende Darstellung unter Berücksichtigung des Betriebsverfassungsrechts und des Arbeitsgerichtsverfahrens, 6. Auflage, München 2008 (zit.: *Berkowsky*, Betriebsbedingte Kündigung)

Bieder, Marcus, Die Bewahrung der organisatorischen Selbständigkeit der übertragenen Einheit - konstitutive Voraussetzung eines Betriebsübergangs? Urteil des Europäischen Gerichtshofs vom 12.2.2009 - Rs. Klarenberg, EuZA 2009, S. 513 – 521

Ders., Betriebsübergang bei Übertragung funktional unselbständiger wirtschaftlicher Einheiten innerhalb eines Konzerns; Urteil des Europäischen Gerichtshofs vom 6.3.2014 - Rs. Amatori EuZA 2014, S. 494 – 503

Birk, Rolf, Die arbeitsrechtliche Leitungsmacht, Köln u.a. 1973 (zit.: *Birk*, Leitungsmacht)

Ders., Zum Übergang des Arbeitsverhältnisses gemäß BGB § 613a, EzA § 613a BGB Nr. 1

Ders., Die betriebsverfassungsrechtliche Zuordnung der Arbeitnehmer von Betriebsteilen, ArbuR 1978, S. 226 – 233

Ders., Betriebsaufspaltung und Änderung der Konzernorganisation im Arbeitsrecht, ZGR 1984, S. 23 – 70

Ders., Betriebszugehörigkeit bei Auslandstätigkeit, in: *Gamillscheg, Franz / Rüthers, Bernd / Stahlhacke, Eugen (Hrsg.)*, Sozialpartnerschaft in der Bewährung: Festschrift für Karl Molitor zum 60. Geburtstag, München 1988, S. 19 – 40 (zit.: *Birk*, in: FS Molitor)

Bitsch, Christian, Die gespaltene Persönlichkeit im Arbeitsrecht - Überlegungen zum Begriff des „Leitenden Angestellten" in Matrixstrukturen, NZA 2018, S. 696 – 698

Bittmann, Barbara / Weise, Johanna, Matrixstrukturen: Übertragung einer Führungsposition als zustimmungspflichtige Einstellung? – Der Einstellungsbegriff des § 99 BetrVG: Rechtsprechungsüberblick und Plädoyer für eine restriktive Auslegung sowie die Zuständigkeit des Gesamtbetriebsrats, DB 2018, S. 2114 – 2119

Bobrowski, Paul / Gaul, Dieter, Das Arbeitsrecht im Betrieb von der Einstellung bis zur Entlassung, 6. Auflage, Heidelberg 1970 (zit.: *Bobrowski/Gaul*, ArbR im Betrieb)

Bodenstedt, Kai / Schnabel, Astrid, Betriebsbedingte Kündigungen in der Matrixstruktur - insbesondere im grenzüberschreitend tätigen Unternehmensverbund, BB 2014, S. 1525 – 1529

Boecken, Winfried, Unternehmensumwandlungen und Arbeitsrecht, Köln 1996 (zit.: *Boecken*)

Ders. / Düwell, Franz Josef / Diller, Martin / Hanau, Hans (Hrsg.), Gesamtes Arbeitsrecht – Nomos Kommentar, Band 3, Baden-Baden 2016 (zit.: NK-GA/*Bearbeiter*)

Böhm, Wolfgang, 60 Jahre Betriebsverfassungsgesetz – Rückblick und Ausblick anhand der Zentralbegriffe Betrieb und Arbeitnehmer, RdA 2013, S. 193 – 211

Boemke, Burkhard, Neue Selbständigkeit und Arbeitsverhältnis – Grundsatzfragen sinnvoller Abgrenzung von Arbeitnehmern, Arbeitnehmerähnlichen und Selbständigen, ZFA 1998, S. 285 – 326

Ders., Schuldvertrag und Arbeitsverhältnis (Habil.), München 1999 (zit.: *Boemke*, Schuldvertrag)

Bonanni, Andrea, Der gemeinsame Betrieb mehrerer Unternehmen (Diss.), Köln 2003 (zit.: *Bonanni*, Gemeinsamer Betrieb)

Bonanni, Andrea / Otte, Daniel, Unternehmerische Mitbestimmung durch Gemeinschaftsbetrieb?, BB 2016, S. 1653 – 1657

Borngräber, Helmut, Arbeitsverhältnis bei Betriebsübergang: der Eintritt des neuen Betriebsinhabers in die Rechte und Pflichten aus den Arbeitsverhältnissen beim Betriebsübergang durch Rechtsgeschäft (§ 613a, Abs. 1 BGB) (Diss.), Düsseldorf/Frankfurt 1977 (zit.: *Borngräber*)

Bötticher, Eduard, Vertragstheorie und Eingliederungstheorie, RdA 1955, S. 321 – 323

Böttner, Walter, Das Direktionsrecht des Arbeitgebers, Marburg 1971 (zit.: *Böttner*, S.)

Brachvogel, Gerrit, Leitungsmacht und Verantwortlichkeit im Konzern (Diss.), München 1967 (zit.: *Brachvogel*)

Brams, Isabelle, Unionsrechtliche Impulse für das Recht der Massenentlassung,

Baden-Baden 2019 (zit.: *Brams*)

Braun, Axel / Wisskirchen, Gerlind (Hrsg.), Konzernarbeitsrecht Handbuch, München 2015 (zit.: *Bearbeiter*, in: Braun/Wisskirchen)

Brauneisen, Kai Thomas / Ibes, Julius W., Der Tatbestand der Arbeitnehmerüberlassung: Zur Abgrenzung verschiedener Formen des Fremdpersonaleinsatzes in Unternehmen, RdA 2014, S. 213 – 222

Brings, Karl, Kompetenz und Verantwortung der Entscheidungsträger in mehrdimensional strukturierten Organisationssystemen, Zürich/Frankfurt a.M. 1977 (zit.: *Brings*)

Brors, Christiane, „Leiharbeitnehmer wählen ohne zu zählen" – Eine kurzlebige Entscheidung, NZA 2003, S. 1380 – 1383

Buchner, Herbert, Lösung der Kontroverse um den Betriebsübergang - Eine Konsensfähige Entscheidung des EuGH (Ayse Süzen), NZA 1997, S. 408 – 409

Bundesministerium für Arbeit und Soziales (Hrsg.), Weißbuch Arbeiten 4.0, Berlin 2017 (zit.: *BMAS*, Arbeiten 4.0)

Bütefisch, Wylka, Die Sozialauswahl: praxisorientierte Darstellung der §§ 1 Abs. 3, 4 KSchG und 125 Abs. 1 S. 1 Nr. 2 InsO (Diss.), Köln 2000 (zit.: *Bütefisch*)

Canaris, Claus-Wilhelm, Die Vertrauenshaftung im deutschen Privatrecht (Habil.), München 1971 (zit.: *Canaris*, Vertrauenshaftung)

Ders., Die Verdinglichung obligatorischer Rechte, in: *Jakobs, Horst Heinrich / Knobbe-Keuk, Brigitte / Picker, Eduard / Wilhelm, Jan* (Hrsg.), Festschrift für Werner Flume zum 70. Geburtstag, Band 1, Köln 1978, S. 371 – 427, (zit.: *Canaris*, in: FS Flume)

Ders., Anmerkung zu BGH, Urt. v. 07.06.1984 – IX ZR 66/83, NJW 1984, S. 2279 – 2282

Collingwood, Robin George, Denken – Eine Autobiographie, Stuttgart 1955 (zit.: *Collingwood*)

Cramer, Carsten, Die Bestellung von Vorstandsmitgliedern zu Geschäftsführern einer Tochter-GmbH, NZG 2012, S. 765 – 769

Christiansen, Dörte, Betriebszugehörigkeit: die Zuordnung von Arbeitnehmern aus betriebsverfassungsrechtlicher Sicht (Diss.), Frankfurt a.M./Berlin/New York/Paris/Wien 1997 (zit.: *Christiansen*)

Däubler, Wolfgang, Das Grundrecht auf Mitbestimmung und seine Realisierung durch tarifvertragliche Begründung von Beteiligungsrechten, Frankfurt a.M. 1973 (zit.: *Däubler*, Grundrecht auf Mitbestimmung)

Ders., Die Technikoffenheit der Betriebsverfassung, in: *Gräfl, Edith / Lunk, Stefan / Oetker, Hartmut / Trebinger, Yvonne* (Hrsg.), Festschrift 100 Jahre Betriebsverfassungsrecht, München 2020, S. 115 – 127 (zit.: *Däubler*, in: FS 100 Jahre Betriebsverfassungsrecht)

***Ders. / Kittner, Michael / Klebe, Thomas / Wedde, Peter* (Hrsg.)**, BetrVG Betriebsverfassungsgesetz, 16. Auflage, Frankfurt a.M. 2018 (zit.: DKKW/*Bearbeiter*)

Ders. / Deinert, Olaf / Zwanziger, Bertram (Hrsg.), KSchR – Kündigungsschutzrecht, 11. Auflage, Frankfurt a.M. 2020 (zit.: DDZ/*Bearbeiter*)

Dauner-Lieb, Barbara, Der innerbetriebliche Fremdfirmeneinsatz auf Dienst- oder Werksvertragsbasis im Spannungsfeld zwischen AÜG und BetrVG, NZA 1992, S. 817 – 825

Davidow, William H. / Malone, Michael S., Das virtuelle Unternehmen – Der Kunde als Co-Produzent, Frankfurt a. M. 1993 (zit.: *Davidow/Malone*, Virtuelles Unternehmen)

Davis, Stanley / Lawrence, Paul R., Matrix, Boston 1977 (zit.: *Davis/Lawrence*)

Decher, Christian E., Personelle Verflechtungen im Aktienkonzern: Loyalitätskonflikt und qualifizierter faktischer Konzern (Diss.), Heidelberg 1990 (zit.: *Decher*)

Deinert, Olaf, Neuregelungen des Fremdpersonaleinsatzes im Betrieb, RdA 2017, 65 – 82

Dieterich, Thomas, Die Arbeitsgerichte zwischen Bundesverfassungsgericht und Europäischen Gerichtshof, NZA 1996, S. 673 – 681

Dietz, Rolf, Selbständigkeit des Betriebsteils und des Nebenbetriebes, in: Festschrift für Arthur Nikisch: zum 70. Geburtstag am 25.11.1958, Tübingen 1958, S. 23 – 48 (zit.: *Dietz*, in. FS Nikisch)

Ders. / Richardi, Reinhard, Betriebsverfassungsgesetz, Band 1, 6. Auflage, München 1981 (zit.: *Bearbeiter*, in: Dietz/Richardi 1981)

Dörfler, Frank / Heidemann, Ralf, Direktionsrecht und Organisation in Matrixstrukturen – Ein Überblick über die Ausgestaltung, AiB 2012, S. 196 – 199

Dornbusch, Gregor / Fischermeier, Ernst / Löwisch, Manfred (Hrsg.), AR – Arbeitsrecht: Kommentar zum gesamten Arbeitsrecht, 9. Auflage, Köln 2019 (zit.: *Bearbeiter*, in: Dornbusch/Fischermeier/Löwisch)

Drexl, Josef, Die gemeinschaftsrechtliche Pflicht zur einheitlichen richtlinienkonformen Auslegung hybrider Rechtsnormen und deren Grenzen, in: *Lorenz, Stephan / Trunk, Alexander / Eidenmüller, Horst / Wendehorst, Christiane / Adolff, Johannes (Hrsg.)*, Festschrift für Andreas Heldrich zum 70. Geburtstag, München 2005, S. 67 – 86 (zit.: *Drexl*, in: FS Heldrich)

Dütz, Wilhelm, Der Beschäftigungsanspruch in der Rechtsprechung des Bundesarbeitsgerichts, in: *Gamillscheg, Franz (Hrsg.)*, 25 Jahre Bundesarbeitsgericht, München 1979, S. 71 – 90 (zit.: *Dütz*, in: FS 25 Jahre BAG)

Düwell, Franz Josef (Hrsg.), Betriebsverfassungsgesetz – Handkommentar, 5. Auflage, Baden-Baden 2018 (zit.: Düwell/*Bearbeiter*)

Ebert, Sabine, Folgepflicht und Haftung des GmbH-Geschäftsführers beim Erhalt und bei der Ausführung von Weisungen, GmbHR 2003, S. 444 – 449

Elking, Lennart, Der „Nichtvertragliche Arbeitgeber“: Leiharbeit im Betriebsübergang auf Entleiherseite (Diss.), Baden-Baden 2014 (zit.: *Elking*)

Ders., Zuordnungsentscheidung und Versetzung vor Betriebsübergang – § 613a IV 1 BGB als rechtliche Grenze, NZA 2014, 295 – 299

Ders. /Aszmons, Mattis, Nicht zuzuordnende Arbeitsverhältnisse beim Betriebsübergang - Neue Rechtsprechung, Theorie und Praxisempfehlung, BB 2014, 373 – 379

Emmerich, Volker, Zur Organhaftung im Vertragskonzern, in: *Jickeli, Joachim / Kreutz, Peter / Reuter, Dieter (Hrsg.)*, Gedächtnisschrift für Jürgen Sonnenschein: 22. Januar 1938 bis 6. Dezember 2000, Berlin/Boston 2003, S. 651 – 660 (zit.: *Emmerich*, in: GS Sonnenschein)

Ders. / Habersack, Mathias (Hrsg.), Aktien- und GmbH-Konzernrecht: Kommentar, 9. Auflage, München 2019 (zit.: *Bearbeiter*, in: Emmerich/Habersack, KonzernR-Komm)

Ders. / Ders., Konzernrecht: ein Studienbuch, 11. Auflage, München 2020 (zit.: *Emmerich/Habersack*, KonzernR StudB)

Engisch, Karl, Die Relativität der Rechtsbegriffe, in: *Ferid, Murad (Hrsg.)*, Deutsche Landesreferate zum V. Internationalen Kongreß für Rechtsvergleichung in Brüssel 1958, Berlin 1958 (zit.: *Engisch*, Relativität)

Erdmann, Gerhard-Hellmuth, Unternehmensbezogener Kündigungsschutz (Diss.), 1990 (zit.: *Erdmann*)

Erfurter Kommentar zum Arbeitsrecht, *Müller-Glöge, Rudi / Preis, Ulrich / Schmidt, Ingrid (Hrsg.)*, 19. Auflage, München 2019 (zit.: ErfK/*Bearbeiter*)

Erman Bürgerliches Gesetzbuch: Handkommentar mit AGG, EGBGB (Auszug), ErbbauRG, LPartG, ProdHaftG, UKlaG, VBVG, VersAusglG und WEG, *Westermann, Harm Peter / Grunewald, Barbara / Maier-Reimer, Georg (Hrsg.) / Ermann Walter (Begr.)*, 15. Auflage, Münster/Köln 2017 (zit.: Erman-BGB/*Bearbeiter*)

Exner, Werner, Beherrschungsvertrag und Vertragsfreiheit: ein Beitrag zur Gestaltung des aktienrechtlichen Beherrschungsvertrags (Diss.), Frankfurt a.M. u.a. 1984 (zit.: *Exner*, Beherrschungsvertrag)

Ders., Vollmacht und Beherrschungsvertrag, AG 1981, S. 175 – 178

Fabricius, Fritz, Rechtsprobleme gespaltener Arbeitsverhältnisse im Konzern: dargestellt am Rechtsverhältnis der Ruhrkohle-Aktiengesellschaft zu ihren Betriebsführungsgesellschaften, Darmstadt/Neuwied 1982 (zit.: *Fabricius*, Gespaltene Arbeitsverhältnisse)

Falder, Roland, Kündigungsschutz für alle - Wunschdenken oder Realität, NZA 1998, S. 1254 – 1258

Falkenberg, Rolf-Dieter, Auswirkungen des § 613a BGB in der betrieblichen Praxis, DB 1980, S. 783 – 787

Feig, Johannes / Sitzler, Friedrich, Betriebsrätegesetz: Betriebsbilanzgesetz u. Aufsichtsratsgesetz, 14. Auflage, Berlin 1931 (zit.: *Feig/Sitzler*, BRG)

Fenzl, Alexander, Betriebspachtvertrag und Betriebsführungsvertrag - Verträge im Grenzbereich zwischen gesellschaftsrechtlichen Organisations- und schuldrechtlichen Austauschverträgen, Der Konzern 2006, S. 18 – 31

Fischels, André, Der Arbeitnehmerbegriff: Typologik, Dogmatik und Systematisierung (Diss.), Baden-Baden 2019 (zit.: *Fischels*)

Fischermeier, Ernst, Die betriebsbedingte Kündigung nach den Änderungen durch das Arbeitsrechtliche Beschäftigungsförderungsgesetz, NZA 1997, S. 1089 – 1100

Fitting, Karl (Begr.)), Betriebsverfassungsgesetz: BetrVG mit Wahlordnung – Handkommentar, 30. Auflage, München 2020 (zit.: *Fitting*)

Flatow, Georg / Kahn-Freund, Otto, Betriebsrätegesetz vom 4. Februar 1920 nebst Wahlordnung, Ausführungsverordnungen und Ergänzungsgesetzen (Betriebsbilanzgesetz, Aufsichtsratsgesetz und Wahlordnung, unter Berücksichtigung des Gesetzes vom 28. Febr. 1928), 13. Auflage, Berlin 1931 (zit.: *Flatow/Kahn-Freund*, 13. Aufl. 1931)

Fleischer, Holger, Zur Leitungsaufgabe des Vorstands im Aktienrecht, ZIP 2003, S. 1 – 11

Forst, Gerrit, Zur richtlinienkonformen Auslegung des § 613a BGB in Bezug auf Leiharbeitnehmer, EwiR 2010, S. 737 – 738

Ders., Leiharbeitnehmer im Betriebsübergang, RdA 2011, S. 228 – 236

Ders., Anmerkung zum Urteil des EuGH vom 6.3.2014, Az. C-458/12 - Zur Auslegung von Art. 1 Abs. 1 RL 2001/23/EG, EWiR 2014, S. 259 – 260

Frahm, Sebastian, Betriebsteilübergang gemäß § 613 a BGB und die Zuordnung der übergehenden Arbeitsverhältnisse (Diss.), Frankfurt a.M. u.a. 2006 (zit.: *Frahm*)

Franzen, Martin, Der Betriebsinhaberwechsel nach § 613 a BGB im internationalen Arbeitsrecht (Diss.), Heidelberg 1994 (zit.: *Franzen*, Betriebsinhaberwechsel)

Ders., Die Richtlinie 98/50/EG zur Änderung der Betriebsübergangsrichtlinie 77/187/EWG und ihre Auswirkungen auf das deutsche Arbeitsrecht, RdA 1999, S. 361 – 374

Ders., Privatrechtsangleichung durch die Europäische Gemeinschaft, Berlin/Boston 1999 (zit.: *Franzen*, Privatrechtsangleichung)

Ders., Reformbedarf beim Betriebs- und Arbeitnehmerbegriff des Betriebsverfassungsgesetzes?, ZFA 2000, S. 285 – 327

Ders., Betriebsvereinbarung: Alternative zu Tarifvertrag und Arbeitsvertrag?, NZA-Beilage 2006, S. 107 – 115

Ders., Vorgaben des Europäischen Gemeinschaftsrechts für die arbeitsrechtliche Regulierung des Betriebsübergangs, NZA-Beilage 2008, S. 139 – 145

Ders. / Gallner, Inken / Oetker, Hartmut (Hrsg.), Kommentar zum Europäischen Arbeitsrecht, 3. Auflage, München 2020 (zit.: EuArbR/*Bearbeiter*)

Freckmann, Anke/Hendricks, Nora, Die Massenentlassungsanzeige - Kann sie noch richtiggestellt werden?, BB 2018, S. 1205 – 1211

Frese, Erich (Hrsg.), Handwörterbuch der Organisation, 3. Auflage, Stuttgart 1992 (zit.: *Bearbeiter*, in: HWO)

Ders. / Graumann, Matthias / Theuvsen, Ludwig, Grundlagen der Organisation: entscheidungsorientiertes Konzept der Organisationsgestaltung, 10. Auflage, Wiesbaden 2012 (zit.: *Frese/Graumann/Theuvsen*, Organisation)

Frieling, Tino, Gesetzesmaterialien und Wille des Gesetzgebers (Diss.), Tübingen 2017 (zit.: *Frieling*)

Fritz, Hans-Joachim, Die Führungskraft in der Matrixorganisation, NZA-Beilage 2018, S. 98 – 103

Froesch, Daniel, Managerhaftung – Risikominimierung durch Delegation?, DB 2009, 722 – 726

Fromen, Wolfgang, Der gemeinsame Betrieb mehrerer Unternehmen - Der Versuch einer kritischen Analyse, in: *Boewer, Dietrich / Gaul, Björn (Hrsg.)*, Festschrift für Dieter Gaul zum 70. Geburtstag, S. 151 – 188 (zit.: *Fromen*, in: FS D. Gaul)

Frost, Jetta / Morner, Michèle, Konzernmanagement: Strategien für Mehrwert, Wiesbaden 2010 (zit.: *Frost/Morner*, Konzernmanagement)

Fuchs, Maximilian / Marhold, Franz (Hrsg.), Europäisches Arbeitsrecht, 5. Auflage, Wien 2017 (zit.: *Fuchs/Marhold*)

Fuhlrott, Michael, BAG ändert Rechtsprechung zur Berücksichtigung von Leiharbeitnehmern, GWR 2013, 332 – 334

Galbraith, Jay R., Designing Matrix Organizations that Actually Work: How IBM, Proctor & Gamble and Others Design for Success, New York 2008 (zit.: *Galbraith*)

Gallner, Inken / Mestwerdt, Wilhelm / Nägele, Stefan (Hrsg.), Kündigungsschutzrecht: KSchR Handkommentar, 6. Auflage, Baden-Baden 2018 (zit.: HaKo-KSchR/*Bearbeiter*)

Gamillscheg, Franz, „Betrieb" und „Bargaining unit" Versuch des Vergleichs zweier Grundbegriffe, ZFA 1975, 357 – 400

Ders., Kollektives Arbeitsrecht – ein Lehrbuch, Band 1, München 1997 (zit.: *Gamillscheg*, Kollektives ArbR I)

Ders., Nachruf auf den Gruppengrundsatz, Überlegungen zum Betriebsbegriff, ArbuR 2001, 411 – 416

Gaul, Björn, Das Arbeitsrecht der Betriebs- und Unternehmensspaltung: Gestaltung von Betriebsübergang, Outsourcing, Umwandlung (Habil.), Köln 2002 (zit.: *B. Gaul*, Betriebs- und Unternehmensspaltung)

Ders., Die Übernahme von Betriebmsitteln als Merkmal des Betriebs- oder Betriebsteilübergangs nach § 613a BGB, in: *Eckhoff, Frank / Gallner, Inken / Henssler, Martin / Reufels, Martin (Hrsg.)*, Dynamisches Recht – Festschrift für Wilhelm Moll zum 70. Geburtstag, München 2019, S. 165 – 181 (zit.: *B. Gaul*, in: FS Moll)

Ders. / Ludwig, Daniel, Wird § 613a BGB jetzt uferlos? – Neues von EuGH und BAG zu Leiharbeitnehmern beim Betriebsübergang, DB 2011, 298 – 303

Gaul, Dieter, Betriebsinhaberwechsel und Arbeitsverhältnis, München 1966 (zit.: *D. Gaul*, Betriebsinhaberwechsel)

Gentges, Peter, Nicht zuzuordnende Arbeitsverhältnisse beim Betriebsübergang - Neue Rechtsprechung, Theorie und Praxisempfehlung, RdA 1996, 265 – 275

Gick, Dietmar, Gewerbsmäßige Arbeitnehmerüberlassung zwischen Verbot und Neugestaltung (Diss.), Berlin 1984 (zit.: *Gick*)

Giesen, Richard / Kersten, Jens, Arbeit 4.0 – Arbeitsbeziehungen und Arbeitsrecht in der digitalen Welt, München 2017 (zit.: *Giesen/Kersten*, Arbeit 4.0)

Goette, Wulf, Leitung, Aufsicht, Haftung – zur Rolle der Rechtsprechung bei der Sicherung einer modernen Unternehmensführung, in: *Geiß, Karlmann / Nehm, Kay / Brandner, Hans Erich / Hagen, Horst (Hrsg.)*, Festschrift aus Anlaß des fünfzigjährigen Bestehens von Bundesgerichtshof, Bundesanwaltschaft und Rechtsanwaltschaft beim Bundesgerichtshof, Köln/Berlin/Bonn/München 2000, S. 123 – 142 (zit.: *Goette*, in: FS 50 Jahre BGH)

Gragert, Nicola / Kreutzfeldt, Heiko, Sturm auf die Gerichte? - Die Konsequenzen aus dem Beschluß des BVerfG zur Kleinbetriebsklausel in § 23 I 2 KSchG, NZA 1998, S. 567 – 571

Greiner, Stefan, Werkvertrag und Arbeitnehmerüberlassung – Abgrenzungsfragen und aktuelle Rechtspolitik, NZA 2013, 697 – 703

Ders., „Personalhoheit" als Schlüsselbegriff der Abgrenzung von echtem Fremdpersonaleinsatz und verdeckter Arbeitnehmerüberlassung, RdA 2014, S. 262 – 271

Ders., Zwischen Kücük, Albron Catering, Della Rocca und Cartesio – Die Entscheidung des BAG vom 15.5.2013 (NZA 2013, 1214) als europarechtlicher Mikrokosmos, NZA 2014, S. 284 – 289

Ders. / Hennecken, Maria, Der Betriebsbegriff im Sinne der Massenentlassungsrichtlini – Anmerkung zum Urteil des EuGH vom 30. April 2015, Rs. C-80/14 - USDAW und Wilson, GPR 2015, 288 – 290

Grigoleit, Hans Christoph *(Hrsg.)*, Aktiengesetz AktG, 2. Auflage, München 2020 (zit.: *Bearbeiter*, in: Grigoleit AktG)

Grochla, Erwin, Grundlagen der organisatorischen Gestaltung, Stuttgart 1995 (zit.: *Grochla*, Organisatorische Gestaltung)

Groeger, Axel *(Hrsg.)*, Arbeitsrecht im Öffentlichen Dienst, 2. Auflage, Köln 2014 (zit.: Groeger/*Bearbeiter*)

Großkommentar Aktiengesetz, *Gadow, Wilhelm / Heinichen, Eduard / Schmidt, Eberhard / Schmidt, Walter / Weipert, Otto* (Begr.), Erster Band §§ 1 – 144, 2. Auflage, Berlin 1961 (zit.: *Bearbeiter*, in: Großkomm-AktG (1961))

Gsell, Beate / Herresthal, Carsten *(Hrsg.)*, Vollharmonisierung im Privatrecht: die Konzeption der Richtlinie am Scheideweg?, Tübingen 2009 (zit.: *Gsell/Herresthal*, Vollharmonisierung)

Dies. / Schellhase, Hans Martin, Vollharmonisiertes Verbraucherkreditrecht - Ein Vorbild für die weitere europäische Angleichung des Verbrauchervertragsrechts?, JZ 2009, S. 20 – 29

Günther, Jens / Böglmüller, Matthias, Digital Leadership - Mitarbeiterführung in der Arbeitswelt 4.0, NZA 2017, S. 546 – 552

Gürteler, Alfred, Betriebsrätegesetz vom 4. Februar 1920 nebst Wahlordnung, Ausführungsverordnung und Erg. Gesetzen: Betriebsbilanzgesetz und Betriebsrats-Aufsichtsratsgesetz nebst Wahlordnung hierzu, Hamburg 1928 (zit.: *Gürteler*, 1928)

Gutenberg, Erich, Unternehmensführung – Organisation und Entscheidungen, Wiesbaden 1962 (zit.: *Gutenberg*)

Haarmann, Wilhelm, Umsatzsteuerrechtliche Organschaft im GmbH-Konzern mit Matrixorganisation, BB 2019, 407 – 411

Habersack, Mathias, Festvergütung des stillen Gesellschafters – ein Problem des § 301 AktG?, in: *Hoffmann-Becking, Michael / Ludwig, Rüdiger (Hrsg.)*, Liber amicorum Wilhelm Happ: zum 70. Geburtstag am 30. April 2006, S. 49 – 64 (zit.: *Habersack*, in: FS Happ)

Hamann, Wolfgang, Die Grenze zwischen illegaler Arbeitnehmerüberlassung und erlaubtem Fremdpersonaleinsatz im Rahmen von Dienst- und Werkverträgen, WiVerw 1996, S. 212 – 228

Ders., Anm. zu BAG, Beschl. V. 28.09.1988 – 1 ABR 85/87, AP BetrVG 1972 § 99 Nr. 60

Ders., Anm. zu BAG, Urt. v. 18.10.2011 – 1 AZR 335/10, AP BetrVG 1972 § 111 Nr. 70

Ders., Anm. zu BAG v. 13. 3. 2013 – 7 ABR 69/11, EzA BetrVG 2001 § 9 Nr. 6

Ders., Vorbeschäftigungsverbot bei Arbeitnehmerüberlassung im Konzern, jurisPR-ArbR 29/2011, Anm. 1.

Ders., Leiharbeitnehmer statt eigener Arbeitnehmer – Zulässigkeit und Grenzen einer Personaltauschstrategie, NZA 2010, 1211 – 1218

Ders. / Rudnik, Tanja, Einstellung in einer Matrixorganisation, jurisPR-ArbR 38/2015, Anm. 1

Hanau, Hans, Individualautonomie und Mitbestimmung in sozialen Angelegenheiten (Diss.), Köln u.a. 1994 (zit.: *H. Hanau*, Individualautonomie)

Hanau, Peter, Aktuelles zu Betrieb, Unternehmen und Konzern im Arbeitsrecht, ZFA 1990, S. 115 – 132

Ders., Brennpunkte der Rechtsprechung zum Betriebsübergang, in: *Hanau, Peter / Röller, Jürgen / Macher, Ludwig / Schlegel, Rainer (Hrsg.)*, Personalrecht im Wandel: Arbeitsrecht, Lohnsteuerrecht, Sozialversicherungsrecht; Festschrift für Wolfdieter Küttner zum 70. Geburtstag, München 2006, S. 357 – 382 (zit.: *P. Hanau*, in: FS Küttner)

Ders. / Steinmeyer, Heinz-Dietrich / Wank, Rolf, Handbuch des europäischen Arbeits- und Sozialrechts, München 2002 (zit.: *Bearbeiter*, in: Hanau/Steinmeyer/Wank)

Harbarth, Stephan, Weisungsrecht und Berichtswege bei der Konzernleitung in Matrixstrukturen, in: *Dreher, Meinrad / Mülbert, Peter / Verse, Dirk / Drescher, Ingo (Hrsg.)*, Festschrift für Alfred Bergmann zum 65. Geburtstag am 13. Juli 2018, Berlin 2018, S. 243 – 258 (zit.: *Harbarth*, in: FS Bergmann)

Hartmann, Felix, Der Schutzzweck der Betriebsübergangsrichtlinie in historisch-rechtsvergleichender Perspektive, EuZA 2012, S. 35 – 53

Hassemer, Winfried, Tatbestand und Typus: Untersuchungen zur strafrechtlichen Hermeneutik (Diss.), Köln u.a. 1968 (zit.: *Hassemer*, Tatbestand und Typus)

Hauck, Friedrich, Die Tatbestandsmerkmale des Betriebsübergangs in der Rechtsprechung des BAG und des EuGH, in: Baeck, Ulrich (Hrsg.), Festschrift für Jobst-Hubertus Bauer zum 65. Geburtstag, München 2010, S. 401 – 410 (zit.: *Hauck*, in: FS Bauer)

Haupt, Thorsten, Die Zuordnung von Arbeitsverhältnissen beim Betriebs- und Betriebsteilübergang (Diss.), Hamburg 2009 (zit.: *Haupt*)

Heinze, Meinhard, Die Ausübung von Arbeitgeberfunktionen durch Konkursverwalter und Testamentsvollstrecker, AuR 1976, S. 33 – 41

Ders., Der Betriebsübergang in der Rechtsprechung des EuGH – Anmerkung zum EuGH-Urteil vom 11.03.1997 - Rs C-13/95, DB 1997, S. 628, DB 1997, S. 677 – 678

Helle, Michael, Konzernbedingte Kündigungsschranken bei Abhängigkeit und Beherrschung durch Kapitalgesellschaften (Diss.), Berlin 1989 (zit.: *Helle*)

Henssler, Martin, Der Arbeitsvertrag im Konzern (Diss.), Berlin 1983 (zit.: *Henssler*, Arbeitsvertrag)

Ders., Aufspaltung, Ausgliederung und Fremdvergabe, NZA 1994, S. 294 – 305

Ders., Betriebsratswahlen bei Unternehmen mit bundesweiter Vertriebsstruktur – Überlegungen zur betriebsverfassungsrechtlichen Abgrenzung von Betrieb und Betriebsteil, in: *Hanau, Peter / Röller, Jürgen / Macher, Ludwig / Schlegel, Rainer (Hrsg.)*, Personalrecht im Wandel: Arbeitsrecht, Lohnsteuerrecht, Sozialversicherungsrecht; Festschrift für Wolfdieter Küttner zum 70. Geburtstag, München 2006, S. 479 – 498 (zit.: *Henssler*, in: FS Küttner)

Ders., 1. Deutscher Arbeitsrechtstag – Generalbericht, NZA-Beilage 2014, S. 95 – 103

Ders., Fremdpersonaleinsatz durch On-Site-Werkverträge und Arbeitnehmerüberlassung – Offene Fragen und Anwendungsprobleme des neuen Rechts, RdA 2017, S. 83 – 100

Ders. / Willemsen, Heinz Josef / Kalb, Heinz-Jürgen (Hrsg.), Arbeitsrecht Kommentar, 8. Auflage, Köln 2018 (zit.: HWK/*Bearbeiter*)

Ders. / Grau, Timon (Hrsg.), Arbeitnehmerüberlassung und Werkverträge – Gesetzliche Neuregelung und Auswirkungen für die Praxis, Bonn 2017 (zit.: *Henssler/Grau*, Arbeitnehmerüberlassung und Werkverträge)

Ders. / Strohn, Lutz (Hrsg.), Gesellschaftsrecht, 4. Auflage, München 2019 (zit.: *Bearbeiter*, in: Henssler/Strohn)

Henze, Hartwig, Leitungsverantwortung des Vorstands - Überwachungspflicht des Aufsichtsrats, BB 2000, S. 209 – 216

Henze, Marc / Lübke, Julia, „Virtuelle Reorganisation" im mehrstufigen GmbH-Vertragskonzern, Der Konzern 2009, S. 159 – 166

Herschel, Wilhelm, Die typologische Methode und das Arbeitsrecht, in: *Ballerstedt, Kurt u.a. (Hrsg.)*, Recht und Rechtsleben in der sozialen Demokratie: Festgabe für Otto Kunze zum 65. Geburtstag, Berlin 1969, S. 225 – 242 (zit.: *Herschel*, in: FS Kunze)

Ders., Betriebsbezogenheit des arbeitsrechtlichen Kündigungsschutzes und ganzheitliche Abwägung, in: *Hubmann, Heinrich / Hübner, Heinz (Hrsg.)*, Festschrift für Ludwig Schnorr von Carolsfeld: zum 70. Geburtstag, 26. Januar 1973, Köln u.a. 1973, S. 157 – 172 (zit.: *Herschel*, in: FS Schnorr von Carolsfeld)

Ders., Übertragung eines Betriebsteils bei Widerspruch eines Arbeitnehmers, ArbuR 1975, S. 382 – 384

Ders. / Steinmann Georg, Kommentar zum Kündigungsschutzgesetz, Heidelberg 1951 (zit.: *Herschel/Steinmann*)

Hess, Harald / Schlochauer, Ursula / Glaubitz, Werner (Hrsg.), Kommentar zum Betriebsverfassungsgesetz, 5. Auflage, Neuwied u.a. 1997 (zit.: *Bearbeiter*, in: Hess/Schlochauer/Glaubitz, BetrVG)

Ders. / Worzalla, Michael / Glock, Dirk / Nicolai, Andrea / Rose, Franz-Josef / Huke, Kristina (Hrsg.), Kommentar zum Betriebsverfassungsgesetz: BetrVG, 10. Auflage, Köln 2018 (zit.: *Bearbeiter*, in: Hess/Worzalla et al.)

Heuchemer, Frank-Karl / Schielke, Christian, Herausforderungen für die Zeitarbeitsbranche, BB 2011, S. 758 – 763

Heuschmid, Johannes / Hlava, Daniel, Anwendbarkeit der Leiharbeitsrichtlinie auf Rotkreuzschwestern, ArbuR 2017, S. 121 – 123

Hey, Thomas / Simon, Johannes, Arbeitgeberstellung im Rahmen einer Kündigung bei Kettenverschmelzung, BB 2010, S. 2957 – 2959

Hirsch, Günter, Die deutsche Arbeitsgerichtsbarkeit und der Europäische Gerichtshof – Eine wechselvolle Beziehung, RdA 1999, S. 48 – 53

Holler, Daniel, Massenentlassung – Berücksichtigung von Leiharbeitnehmern, ZESAR 2018, 74- 76

***Hölters, Wolfgang** (Hrsg.)*, Handbuch des Unternehmens- und Beteiligungskaufs: Grundfragen - Bewertung - Finanzierung - Steuerrecht - Arbeitsrecht - Vertragsrecht - Kartellrecht - Börsenrecht - Insolvenzrecht - internationales Recht - Vertragsbeispiele, 6. Auflage, Köln 2005 (zit.: *Bearbeiter*, in: Hölters, Unternehmens- und Beteiligungskauf)

Ders., AktG Aktiengesetz: Kommentar, 3. Auflage, München 2017 (zit.: *Bearbeiter*, in: Hölters AktG)

Höpfner, Clemens, Die systemkonforme Auslegung: zur Auflösung einfachgesetzlicher, verfassungsrechtlicher und europarechtlicher Widersprüche im Recht (Diss.), Tübingen 2008 (zit.: *Höpfner*, Systemkonforme Auslegung)

Ders., Gesetzesbindung und verfassungskonforme Auslegung im Arbeits- und Verfassungsrecht, RdA 2018, S. 321 – 337

Ders. / Rüthers, Bernd, Grundlagen einer europäischen Methodenlehre, AcP 209 (2009), S. 1 – 36

Hoffmann-Becking, Michael, Vorstands-Doppelmandate im Konzern, ZHR 150 (1986), S. 570 – 584

Ders., Gibt es das Konzerninteresse?, in: *Erle, Bernd / Goette, Wulf / Kleindiek, Detlef / Krieger, Gerd / Priester, Hans-Joachim / Schubel, Christian / Schwab, Martin / Teichmann, Christoph / Witt, Carl-Heinz (Hrsg.)*, Festschrift für Peter Hommelhoff: zum 70. Geburtstag, Köln 2012, S. 433 – 446 (zit.: *Hoffmann-Becking*, in: FS Hommelhoff)

Hommelhoff, Peter, Die Konzernleitungspflicht: zentrale Aspekte eines Konzernverfassungsrechts (Habil.), Köln u.a. 1982 (zit.: *Hommelhoff*, Konzernleitungspflicht)

v. Hoyningen-Huene, Gerrick / Windbichler, Christine, Der Übergang von Betriebsteilen nach § 613a BGB, RdA 1977, S. 329 – 336

v. Hoyningen-Huene, Gerrick, Subunternehmervertrag oder illegale Arbeitnehmerüberlassung?, BB 1985, S. 1669 – 1675

Ders., Zu den Voraussetzungen für das Vorliegen eines "Betriebs" bei Unternehmensmehrheit, EWiR 1985, S. 727 – 728

Ders., Grundfragen der Betriebsverfassung: Mitbestimmung – Betriebsrat – Betrieb – Betriebszugehörigkeit, in: *Farthmann, Friedhelm (Hrsg.)*, Arbeitsgesetzgebung und Arbeitsrechtsprechung: Festschrift zum 70. Geburtstag von Eugen Stahlhacke, Neuwied u.a. 1995, S. 173 – 184 (zit.: *v. Hoyningen-Huene*, in: FS Stahlhacke)

***Ders. / Kneip*, Kristina**, Die Massenentlassung zwischen Europarecht und § 17 KSchG, in: *Henssler, Martin / Joussen, Jacob / Maties, Martin / Preis, Ulrich (Hrsg.)*, Festschrift für Prof. Rolf Wank zum 70. Geburtstag, München 2014, S. 161 – 174 (zit.: v. *Hoyningen-Huene/Kneip*, in: FS Wank)

Hromadka, Wolfgang, Der Begriff des leitenden Angestellten – Zur Auslegung des § 5 Abs. 3, 4 BetVG i.d.F. vom 23. Dezember 1988, BB 1990, S. 57 – 64

Ders., Beschäftigung von freien Mitarbeitern als mitbestimmungspflichtige Einstellung - Ausschreibung von Arbeitsplätzen, SAE 1994, S. 133 – 136

Ders., Versetzung durch Weisung - Zu § 106 GewO und zu den §§ 315, 275 Abs. 2 BGB, in: *Boemke, Burkhard / Lembke, Mark / Linck, Rüdiger (Hrsg.)*, Festschrift für Gerrick Frhr. v. Hoyningen-Huene zum 70. Geburtstag, München 2014, S. 145 – 156 (zit.: *Hromadka*, in: FS v. Hoyningen-Huene)

Ders. / Maschmann, Frank, Arbeitsrecht Band 2: Kollektivarbeitsrecht, 7. Auflage, Berlin 2017 (zit.: *Hromadka/Maschmann*, ArbR II)

Ders. / Maschmann, Frank, Arbeitsrecht Band 1: Individualarbeitsrecht, 7. Auflage, Berlin 2018 (zit.: *Hromadka/Maschmann*, ArbR I)

Huber, Ulrich, Betriebsführungsverträge zwischen konzernverbundenen Unternehmen, ZHR 152 (1988), S. 123 – 164

Hueck, Alfred, Kündigungsschutzgesetz – Kommentar, München 1951 (zit.: *Hueck*, KSchG 1951)

Ders. / Nipperdey, Hans Carl, Lehrbuch des Arbeitsrechts, Band 1, 1. Auflage, Mannheim u.a. 1928 (zit.: *Hueck/Nipperdey*, ArbR I, 1. Aufl. 1928)

Ders. / Ders., Lehrbuch des Arbeitsrechts, Band 1, 7. Auflage, Berlin/Frankfurt a.M. 1963 (zit.: *Hueck/Nipperdey*, ArbR I, 7. Aufl. 1963)

***Ders.* / Ders.**, Lehrbuch des Arbeitsrechts, Band 2, 1. Auflage, Mannheim u.a. 1930 (zit.: *Hueck/Nipperdey*, ArbR II (1930))

Ders. / Ders. / Dietz, Rolf (Hrsg.), Gesetz zur Ordnung der nationalen Arbeit – Kommentar, 2. Auflage, München/Berlin 1937 (zit.: *Bearbeiter*, in: Hueck/Nipperdey/Dietz, AOG)

Hüffer, Uwe / Koch, Jens (Hrsg.), Aktiengesetz, 14. Auflage, München 2020 (zit.: *Bearbeiter*, in: Hüffer/Koch, AktG)

Hunold, Wolf, Das Recht der Personalanpassung nach den Grundsatzentscheidungen des Bundesarbeitsgerichts vom 22.5.1979, BB 1980, S. 1750 – 1756

Ders., Zur Entwicklung des Einstellungsbegriffs in der Rechtsprechung (Randbelegschaften), NZA 1990, S. 461 – 465

Ders., § 99 BetrVG: Die Bedeutung der Personalhoheit bei drittbezogenem Personaleinsatz (Werk- und Dienstverträge), NZA-RR 2012, S. 113 – 117

Husemann, Tim, Der Schutz der Arbeitnehmer bei einem Betriebsübergang, Jura 2016, S. 472 – 482

Hutzschenreuter, Thomas, *Allgemeine Betriebswirtschaftslehre, 6. Aufl., Wiesbaden 2015 (zit.: Hutzschenreuter)*

Ingenfeld, Gisbert, Die Betriebsausgliederung aus der Sicht des Arbeitsrechts: arbeitsrechtliche Probleme bei Umstrukturierungen in Unternehmensgruppen, unter besonderer Berücksichtigung von Gemeinschaftsbetrieben verbundener Unternehmen (Diss.), Bergisch Gladbach/Köln 1992 (zit.: *Ingenfeld*)

Jacobi, Erwin, in: *Leipziger Juristenfakultät (Hrsg.)*, Festschrift der Leipziger Juristenfakultät für Dr. Victor Ehrenberg zum 30. März 1926, Leipzig 1927 (zit.: *Jacobi*, in: FS Ehrenberg)

Jochums, Dominik, Gemeinschaftsbetrieb als Betrieb im Sinne des § 613a BGB (Diss.), Berlin 2010 (zit.: *Jochums*)

Jöst, Andreas, Der Betriebsübergang: Europarechtliche Vorgaben und deren Umsetzung in Österreich (Diss.), Wien 2004 (zit.: *Jöst*)

Joost, Detlev, Betrieb und Unternehmen als Grundbegriffe des Arbeitsrechts (Habil.), München 1988 (zit.: *Joost*, Betrieb und Unternehmen)

Ders., Betriebsübergang und Funktionsausgliederung, in: *Anzinger, Rudolf / Wank, Rolf (Hrsg.)*, Entwicklungen im Arbeitsrecht und Arbeitsschutzrecht: Festschrift für Otfried Wlotzke zum 70. Geburtstag, München 1996, S. 683 – 700 (zit.: *Joost*, in: FS Wlotzke)

Ders., Betriebsveräußerung durch die Arbeitnehmer?, in: *Hönn, Günther (Hrsg.)*, Festschrift für Alfons Kraft zum 70. Geburtstag, Neuwied/Kriftel 1998, S. 281 – 290 (zit.: *Joost*, in: FS Kraft)

Ders., Anm. zu BAG, Urt. v. 28.10.2010 – 2 AZR 392/08, AP KSchG 1969 § 23 Nr. 48

Junker, Abbo, Systembildung und Systemlücken im harmonisierten Arbeitsvertragsrecht, NZA 1999, S. 2 – 11

Ders., Die Abgrenzung des Betriebsübergangs (§ 613a BGB) von der Auftragsnachfolge in der Rechtsprechung des BAG und des EuGH (§ 613a BGB), SAE 2010, 239 – 248

Ders., Grundkurs Arbeitsrecht, 18. Auflage, München 2019 (zit.: *Junker*, Grundkurs ArbR)

Kalbfus, Michael, Betriebliche Strukturen in der Arbeitswelt 4.0, in Baker McKenzie (Hrsg.), Arbeitswelt 4.0, Berlin 2017, S. 11 – 25 (zit.: *Kalbfus*, in: Arbeitswelt 4.0)

Kamlah, Klaus, Die organisatorische Verselbständigung von Geschäftszweigen im Konzern zwischen Steuerrecht, Arbeitsrecht und Konzernrecht, BB 2003, S. 109 – 116

Kamann, Karl-Udo / Hess, Harald / Schlochauer, Ursula, Kommentar zum Betriebsverfassungsgesetz, Neuwied 1979 (zit.: *Bearbeiter*, in: Kamann/Hess/Schlochauer (1979)

Kania, Thomas / Gilberg, Dirk, Kündigungsrechtliche Bedeutung der Betriebsfiktion gemäß § 4 BetrVG, NZA 2000, S. 678 – 682

Kantzas, Ioannis, Das Weisungsrecht im Vertragskonzern (Diss.), Frankfurt a.M. u.a. 1988 (zit.: *Kantzas*, Weisungsrecht im Vertragskonzern)

Kapaischinski, Christoph / Brächer, Michael, Umbau von Nestlé ängstigt die Mitarbeiter, Handelsblatt Nr. 151 v. 8.8.2018, S. 16 – 17

Kempen, Otto Ernst, Das grundrechtliche Fundament der Betriebsverfassung – Eine arbeitsverfassungsrechtliche Skizze, ArbuR 1986, S. 129 – 138

Kieser, Alfred / Walgenbach, Peter, Organisation, 6. Auflage, Stuttgart 2010 (zit.: *Kieser/Walgenbach*)

Kindereit, Lothar, Probleme des Leiharbeitsverhältnisses, RdA 1971, S. 207 – 211

Kingdon, Donald Ralph, Matrix Organization: Managing Technological Complexity (Organizations, people, society), London/Assen 1973 (zit.: *Kingdon*)

Kittner, Michael, Neues Kündigungsschutzrecht außerhalb des Kündigungsschutzgesetzes, NZA 1998, S. 731 – 734

Klausing, Friedrich, Gesetz über Aktiengesellschaften und Kommanditgesellschaften auf Aktien (AktG) nebst Einführungsgesetz und „Amtlicher Begründung“, Berlin 1937 (zit.: *Klausing*)

Klebe, Thomas / Karthaus, Boris, Betriebsratsrechte bei Werkverträgen, NZA 2012, S. 417 – 426

Kleinebrink, Wolfgang / Commandeur, Gert, Der „neue" Betriebsbegriff bei Massenentlassungen und dessen Folgen, NZA 2015, S. 853 – 858

Klevemann, Joachim, Unternehmensaufspaltung - Betriebsratsamt (Anm. zu BAG v. 23.11.1988 – 7 AZR 121/88), ArbuR 1989, S. 356 – 360

Kocher, Eva, Hausangestellte im deutschen Arbeitsrecht – Ratifikation der ILO-Konvention 189, NZA 2013, S. 929 – 934

Köhn, Kai, Der Betriebsführungsvertrag – Rechtliche Qualifikation und gesellschaftsrechtliche Wirksamkeitsvoraussetzungen, Der Konzern 2011, S. 530 – 547

Körnig, Jürgen, Einheitlicher Betrieb mehrerer Unternehmen (Anm. zu BAG v. 25.10.1980 – 6 ABR 108/78), SAE 1982, S. 284 – 286

Kohte, Wolfhard, Der Gemeinschaftsbetrieb im Spiegel des Gesellschafts- und Konzernrechts, RdA 1992, S. 302 – 310

Koller van Delden, Martin, Kein Betriebsübergang und damit Scheitern der Unternehmensumstrukturierung bei "gemischt unechtem/echtem Betriebsführungsvertrag, DStR 2018, 2528 – 2533

Kölner Kommentar zum Aktiengesetz, Band 6, §§ 291 – 328 AktG, Zöllner, Wolfgang / Noack, Ulrich (Hrsg.), 3. Auflage, Köln 2004 (zit.: *Bearbeiter*, in KK-AktG)

Konzen, Horst, Arbeitsrechtliche Drittbeziehungen – Gedanken über Grundlagen und Wirkungen der „gespaltenen Arbeitgeberstellung", ZFA 1982, S. 259 – 310

Ders., Arbeitnehmerschutz im Konzern, RdA 1984, S. 65 – 88

Ders., Unternehmensaufspaltung und Betriebseinheit, ArbuR 1985, S. 341 – 354

Ders., Unternehmensaufspaltungen und Organisationsänderungen im Betriebsverfassungsrecht, Heidelberg 1986 (zit.: *Konzen*, Unternehmensaufspaltungen)

Ders., Geschäftsführung, Weisungsrecht und Verantwortlichkeit in der GmbH und GmbH und Co KG, NJW 1989, S. 2977 – 2987

Ders., Errichtung und Kompetenzen des Konzernbetriebsrats, in: *Hanau, Peter / Lorenz, Egon / Matthes, Hans-Christoph (Hrsg.)*, Festschrift für Günther Wiese zum 70. Geburtstag, Neuwied/Kriftel 1998, S. 199 – 218 (zit.: *Konzen*, in: FS Wiese)

Ders., Der Regierungsentwurf des Betriebsverfassungsreformgesetzes, RdA 2001, S. 76 – 92

Kort, Michael, Matrix-Strukturen und Betriebsverfassungsrecht, NZA 2013, S. 1318 – 1326

Kosiol, Erich, Organisation der Unternehmung, Wiesbaden 1962 (zit.: *Kosiol*)

Kraft, Alfons, Betriebsübergang und Arbeitsverhältnis in der Rechtsprechung des Bundesarbeitsgerichts, in: *Gamillscheg, Franz (Hrsg.)*, 25 Jahre Bundesarbeitsgericht, München 1979, S. 299 – 314 (zit.: *Kraft*, in: FS 25 Jahre BAG)

Ders., Mehrere Unternehmen als Träger eines Betriebes i.S. des Betriebsverfassungsgesetzes, in: *Dieterich, Thomas (Hrsg.)*, Festschrift für Marie Luise Hilger und Hermann Stumpf zum 70. Geburtstag, München 1983, S. 395 – 408 (zit.: *Kraft*, in: FS Hilger/Stumpf)

Ders., Fragen zur betriebsverfassungsrechtlichen Stellung von Leiharbeitnehmern, in: *Hofmann, Paul (Hrsg.)*, Festschrift für Klemens Pleyer zum 65. Geburtstag, Köln u.a. 1986, S. 383 – 400 (zit.: *Kraft*, in: FS Pleyer)

Krause, Rüdiger, Zu den Zielen und Folgen des Betriebsübergangsrechts, in: *Henssler, Martin / Joussen, Jacob / Maties, Martin / Preis, Ulrich (Hrsg.)*, Festschrift für Prof. Rolf Wank zum 70. Geburtstag, München 2014, S. 275 – 298 (zit.: *Krause*, in: FS Wank)

Krebber, Sebastian, Unternehmensübergreifende Arbeitsabläufe im Arbeitsrecht (Habil.), München 2005 (zit.: *Krebber, Unternehmensübergreifende Abläufe*)

Ders., Massenentlassungen aus betriebsbedingten oder wirtschaftlichen Gründen - Unionsrechtliche Vorgaben und Überblick über deren Umsetzung in den Mitgliedstaaten, RdA 2018, S. 271 – 286

Kreitner, Jochen, Die Zuordnung von Arbeitsverhältnissen beim Betriebsinhaberwechsel, NZA 1990, S. 429 – 432

Ders., Die Zuordnung von Arbeitsverhältnissen beim Übergang von Betrieben und Betriebsteilen, in: *Hanau, Peter / Röller, Jürgen / Macher, Ludwig / Schlegel, Rainer (Hrsg.)*, Personalrecht im Wandel: Arbeitsrecht, Lohnsteuerrecht, Sozialversicherungsrecht; Festschrift für Wolfdieter Küttner zum 70. Geburtstag, München 2006, S. 399 – 416 (zit.: *Kreitner*, in: FS Küttner)

Kreßel, Eckhard, Anpassung des Betriebsverfassungsrechts an veränderte wirtschaftliche Rahmenbedingungen, AuA 1998, S. 145 – 149

Kreuder, Thomas, Netzwerkbeziehungen und Arbeitsrecht – Individualarbeits- und betriebsverfassungsrechtliche Aspekte bei Franchise-Systemen, in: *Simon, Dieter /Weiss, Manfred* (Hrsg.), Zur Autonomie des Individuums – Liber amicorum Spiros Simitis, Baden-Baden 2000, S. 171 – 208 (zit.: *Kreuder*, in: FS Simitis)

Kreutz, Peter, Die Problematik der Betriebszugehörigkeit bei der Betriebsratswahl, in: *Jahr, Günther (Hrsg.)*, Gedächtnisschrift für Dietrich Schultz, Köln u.a. 1987, S. 209 – 234 (zit.: *Kreutz*, in: GS D. Schultz)

Ders., Leiharbeiter wählen - nur Argumente zählen, in: *Kohte, Wolfhard (Hrsg.)*, Arbeitsrecht im sozialen Dialog : Festschrift für Hellmut Wissmann zum 65. Geburtstag, München 2005, S. 364 – 377 (zit.: *Kreutz*, in: FS Wißmann)

Ders., Gemeinsamer Betrieb und einheitliche Leitung, in: *Annuß, Georg (Hrsg.)*, Festschrift für Reinhard Richardi zum 70. Geburtstag, München 2007, S. 637 – 656 (zit.: *Kreutz*, in: FS Richardi)

Ders., Grenzen der Betriebsautonomie (Habil.), München 1979 (zit.: *Kreutz*, Betriebsautonomie)

Kropff, Bruno, Aktiengesetz – Textausgabe des Aktiengesetzes vom 6.9.1965, Düsseldorf 1965 (zit.: *Kropff*)

Kubis, Dietmar / Semler, Johannes / Peltzer, Martin (Hrsg.), Arbeitshandbuch für Vorstandsmitglieder, 2. Auflage, München 2015 (zit.: *Bearbeiter*, in: Kubis/Semler/Peltzer)

Kuhlen, Lothar, Typuskonzeptionen in der Rechtstheorie (Diss.), Berlin 1977 (zit.: *Kuhlen*, Tyouskonzeptionen)

Lakies, Thomas, Änderung des Kündigungsschutzgesetzes und allgemeiner Kündigungsschutz nach § 242 BGB - Verfassungsrechtliche Fragen, DB 1997, S. 1078 – 1083

Lambrich, Thomas / Happ, Daniel / Tucci, Marco (Hrsg.), Flexibler Personaleinsatz im Konzern, Frankfurt a.M. 2015 (zit.: *Bearbeiter*, in: Lambrich/Happ/Tucci)

Larenz, Karl / Canaris, Claus-Wilhelm, Methodenlehre der Rechtswissenschaft, 3. Auflage, Berlin u.a. 1995 (zit.: *Larenz/Canaris*, Methodenlehre)

Laux, Helmut / Liermann, Felix, Grundlagen der Organisation, 6. Auflage, Berlin 2006 (zit.: *Laux/Liermann*)

Leenen, Detlef, Typus und Rechtsfindung: Die Bedeutung der typologischen Methode für die Rechtsfindung dargestellt am Vertragsrecht des BGB (Diss.), Berlin 1971 (zit.: *Leenen*, Typus)

Lembke, Mark, Arbeitnehmerüberlassung im Konzern, BB 2012, S. 2497 – 2505

Ders., Neues vom EuGH zum Befristungsschutz von Leiharbeitnehmern, NZA 2013, 815 – 821

Ders., Der Einsatz von Fremdpersonal im Rahmen von freier Mitarbeit, Werkverträgen und Leiharbeit, NZA 2013, 1312 – 1318

Ders., AÜG-Reform 2017 – Eine Reformatio in Peius, NZA 2017, S. 1 – 12

Ders. / Oberwinter, Jens-Wilhelm, Massenentlassungen zwei Jahre nach Junk – Eine Bestandsaufnahme, NJW 2007, 721 – 729

Linck, Rüdiger, Die soziale Auswahl bei betriebsbedingter Kündigung (Diss.), Köln u.a. 1990 (zit.: *Linck*, Soziale Auswahl)

Lindemann, Achim / Simon, Oliver, Wahlberechtigung und Ermittlung der Betriebsratsgröße, NZA 2002, S. 365 – 372

Lingemann, Stefan / Steinhauser, Rut, Betriebsverfassungsrechtliche Einstellung im entgrenzten Betrieb, NZA 2020, 87 – 91

Linsenmaier, Wolfgang / Kiel, Heinrich, Der Leiharbeitnehmer in der Betriebsverfassung – „Zwei-Komponenten-Lehre" und normzweckorientierte Gesetzesauslegung, RdA 2014, S. 135 – 157

Löwisch, Manfred, Einheitlicher Betrieb und Mehrheit von Unternehmen, RdA 1976, S. 35 – 38

Ders., Einheitliche und eigenständige Arbeitsorganisation als Merkmal des Betriebsbegriffs im Sinne der Betriebsverfassung in: *Heinze, Meinhard (Hrsg.)*, Arbeitsrecht in der Bewährung: Festschrift für Otto Rudolf Kissel zum 65. Geburtstag, München 1994, S. 679 – 686 (zit.: *Löwisch*, in: FS Kissel)

Ders., Neuregelungen des Kündigungs- und Befristungsrechts durch das Gesetz zu Reformen am Arbeitsmarkt, BB 2004, S. 154 – 162

Ders., Einrechnung von Leiharbeitnehmern in den Schwellenwert der Kleinbetriebsklausel – Beispiel verfehlter Gesetzesauslegung, in: *Henssler, Martin / Joussen, Jacob / Maties, Martin / Preis, Ulrich (Hrsg.)*, Festschrift für Prof. Rolf Wank zum 70. Geburtstag, München 2014, S. 315 – 322 (zit.: *Löwisch*, in: FS Wank)

Ders. / Kaiser, Dagmar (Hrsg.), BetrVG – Betriebsverfassungsgesetz, Band 1 (§§ 1 – 73b und Wahlordnung), Band 2 (§§ 74 – 132), 7. Auflage, Frankfurt a.M. 2017 (zit.: *Bearbeiter*, in: Löwisch/Kaiser)

Lorenz, Frank, Neuvergabe von Dienstleistungsaufträgen kein Betriebsübergang? Eine Besprechung des Urteils des EuGH vom 11. März 1997, C-13/95 = ZIP 1997, 516 - Ayse Süzen, ZIP 1997, S. 531 – 536

Loritz, Karl-Georg, Anmerkung zu EuGH, Urt. v. 14.04.1994 – C 392/92, AP BGB § 613a Nr. 106

Ders., Neuartige Betriebs- und Unternehmensstrukturen in der digitalen Welt – Gedanken zum Veränderungsbedarf bei der Betriebsverfassung, in: *Gräfl, Edith / Lunk, Stefan / Oetker, Hartmut / Trebinger, Yvonne* (Hrsg.), Festschrift 100 Jahre Betriebsverfassungsrecht, München 2020, S. 425 – 439 (zit.: *Loritz*, in: FS 100 Jahre Betriebsverfassungsrecht)

Lunk, Stefan / Rodenbusch, Vincent, Der unionsrechtliche Arbeitnehmerbegriff und seine Auswirkungen auf das deutsche Recht – Eine Prognose am Beispiel des GmbH-Geschäftsführers, GmbHR 2012, S. 188 – 195

Lutter, Marcus Hommelhoff, Peter, GmbH-Gesetz Kommentar, 20. Auflage, Köln 2020 (zit.: *Bearbeiter*, in: Lutter/Hommelhoff)

Mansfeld, Werner, Betriebsrätegesetz vom 4. Februar 1920 mit den einschlägigen Nebengesetzen, 2. Auflage, Mannheim 1930 (zit.: *Mansfeld*, 2. Aufl. 1930)

Martens, Klaus-Peter, Das Arbeitsverhältnis im Konzern, in: *Gamillscheg, Franz (Hrsg.)*, 25 Jahre Bundesarbeitsgericht, München 1979, S. 367 – 392 (zit.: *Martens*, in: FS 25 Jahre BAG)

Maschmann, Frank, Arbeitsverträge und Verträge mit Selbständigen: rechtliche Qualifizierung von Dienstleistungsverhältnissen als Abgrenzungs- und Einordnungsproblem (Diss.), Berlin 2001 (zit.: *Maschmann*, Arbeitsverträge)

Ders., Was ist ein Betrieb im Sinne der Massenentlassungsrichtlinie? Urteile des Europäischen Gerichtshofs vom 30.4.2015 und 13.5.2015 - Rechtssachen Wilson, Lyttle und Rabal Cañas, EuZA 2015, S. 488 – 499

Ders., Das Weisungsrecht im Matrix-Konzern, NZA 2017, S. 1557 – 1562

Ders., Betriebsverfassung in der Matrixorganisation, in: *Gräfl, Edith / Lunk, Stefan / Oetker, Hartmut / Trebinger, Yvonne* (Hrsg.), Festschrift 100 Jahre Betriebsverfassungsrecht, München 2020, S. 463 – 480 (zit.: *Maschmann*, in: FS 100 Jahre Betriebsverfassungsrecht)

Ders. / Fritz, Hans-Joachim (Hrsg.), Matrixorganisationen: Gesellschaftsrecht, Arbeitsrecht, Datenschutz, München 2019 (zit.: *Bearbeiter*, in: Maschmann/Fritz)

Maurer, Hartmut, Der Justizgewährungsanspruch, in: *Detterbeck, Steffen / Rozek, Jochen / von Coelln, Christian* (Hrsg.), Recht als Medium der Staatlichkeit – Festschrift für Herbert Bethge zum 70. Geburstag, Berlin 2009, S. 535 – 550 (zit.: *Maurer*, in: FS Bethge)

Mayer, Udo, Rechtsprobleme bei der Personalpolitik mit Selbständigen, ArbuR 1990, S. 213 – 221

Mayer-Maly, Theo, Das Leiharbeitsverhältnis, ZFA 1972, S. 1 – 34

Maywald, Ian M., Der Einsatz von Arbeitnehmern in Matrixstrukturen multinationaler Konzerne (Diss.), Baden-Baden 2010 (zit.: *Maywald*)

***v. Medem, Andreas*, Anmerkung zu EuGH v. 13.6.2019 – C-664/17 - Ellinika Nafpigeia, ZESAR 2020, 226 - 230**

Medicus, Dieter / Petersen, Jens, Allgemeiner Teil des BGB, 11. Auflage, Heidelberg 2016 (zit.: *Medicus/Petersen*, BGB-AT)

v. Mehrhoff, Friedrich, Die Veränderung des Arbeitgeberbegriffs (Diss.), Berlin 1984 (zit.: *v. Mehrhoff*, Arbeitgeberbegriff)

Mengel, Anja, Umwandlungen im Arbeitsrecht: eine Untersuchung der arbeitsrechtlichen Vorschriften des Gesetzes zur Bereinigung des Umwandlungsrechts vom 28. Oktober 1994 (Diss.), Heidelberg 1997 (zit.: *Mengel*, Umwandlungen)

Meyer, Cord, Von Mehrfachbeschäftigungsverhältnissen bis hin zu Matrix-Strukturen im Konzern - Herausforderungen auch für den Arbeitsrechtler, NZA 2013, S. 1326 – 1332

Meyer, Holger, Der Tatbestand des Betriebsübergangs nach der Rechtsprechung des Europäischen Gerichtshofs und des Bundesarbeitsgerichts (Diss.), Frankfurt a.M. u.a. 2004 (zit.: *Meyer*, Tatbestand)

Michalski, Lutz (Begr.) / Heidinger, Andreas / Leible, Stefan / Schmidt, Jessica (Hrsg.), Kommentar zum Gesetz betreffend die Gesellschaften mit beschränkter Haftung (GmbH-Gesetz), Band 1, 3. Auflage, München 2017 (zit.: *Bearbeiter*, in: Michalski et al., Bd. 1)

Michalski, Lutz (Begr.) / Heidinger, Andreas / Leible, Stefan / Schmidt, Jessica (Hrsg.), Kommentar zum Gesetz betreffend die Gesellschaften mit beschränkter Haftung (GmbH-Gesetz), Band 2, 3. Auflage, München 2017 (zit.: *Bearbeiter*, in: Michalski et al., Bd. 2)

Mielke, Werner, Die Leitung der unverbundenen Aktiengesellschaften: aktienrechtliche Probleme dezentraler Unternehmensorganisationen (Diss.), Frankfurt a.M. u.a. 1990 (zit.: *Mielke*)

Mill, Ulrich. / Weißbach Hans Jürgen, Vernetzungswirtschaft, in: Malsch, Thomas / Mill, Ulrich (Hrsg.), ArBYTE – Modernisierung der Industriesoziologie, S. 315 – 342, Berlin 1992 (zit.: *Mill/Weißbach*, in Malsch/Mill)

Molitor, Erich, Arbeitnehmer und Betrieb: zugleich ein Beitrag zur einheitlichen Grundlegung des Arbeitsrechts, Marburg 1929 (zit.: *Molitor*, Arbeitnehmer und Betrieb)

Ders., Deutsches Arbeitsrecht, Leipzig 1938 (zit.: *Molitor*, Deutsches Arbeitsrecht (1938))

Moll, Wilhelm, Bedeutung und Voraussetzungen des Betriebsübergangs im Wandel, RdA 1999, S. 233 – 243

Ders./ Ittmann, Benjamin, Betriebsbedingte Kündigung und Leiharbeit, RdA 2008, 321 – 331

Mückl, Patrick, Wie wirkt ein fiktiver Betrieb? – Fernwirkungen betriebsverfassungsrechtlicher Vereinbarungen und ihre Grenzen, DB 2010, S. 2615 – 2619

Ders., Anmerkung zur Entscheidung des Europäischen Gerichtshofs vom 21.10.2010, C-242/09 (GWR 2011, 45), GWR 2011, S. 45

Ders., Betriebsübergang und Matrix-Struktur - Welche Arbeitnehmer sind erfasst?, DB 2015, S. 2695 – 2701

Müller-Bonanni, Thomas / Mehrens, Christian, Arbeitsrechtliche Rahmenbedingungen funktionaler Konzernsteuerungsmodelle, ZIP 2010, S. 2228 – 2234

Müller-Erzbach, Rudolf, Die Relativität der Begriffe und ihre Begrenzung durch den Zweck des Gesetzes – Zur Beleuchtung der Begriffsjurisprudenz, Jena 1913 (zit.: *Müller-Erzbach*)

Müller, Wigo, Die betriebsbedingte Kündigung im Kündigungsschutzprozeß, DB 1975, S. 2130 – 2136

Müller, Gerhard, Die Notwendigkeit der tatsächlichen Beschäftigungsmöglichkeit eines Arbeitnehmers im Betrieb als Voraussetzung der Zugehörigkeit zum dortigen Betriebsrat und damit zusammenhängende Fragen, ZFA 1990, S. 607 – 629

Müller, Thomas / Thüsing, Gregor, Die Zuordnung von Arbeitsverhältnissen beim Betriebsübergang, ZIP 1997, S. 1869 – 1877

Müllner, Wolfgang, Aufgespaltene Arbeitgeberstellung und Betriebsverfassungsrecht (Diss.), Berlin 1978 (zit.: *Müllner*)

Münchener Anwaltshandbuch Personengesellschaftsrecht, *Gummert, Hans (Hrsg.)*, 3. Auflage, München 2019 (zit.: *Bearbeiter*, in: MAH-Personengesellschaftsrecht)

Münchener Handbuch des Gesellschaftsrechts, Band 4, *Hoffman-Becking, Michael (Hrsg.)*, 5. Auflage, München 2020 (zit.: *Bearbeiter*, in: MHdB GesR IV)

Münchener Handbuch zum Arbeitsrecht , *Kiel, Heinrich / Lunk, Stefan / Oetker, Hartmut (Hrsg.)*,

– **Band 1:** Individualarbeitsrecht I, 4. Auflage, München 2018

– **Band 2:** Individualarbeitsrecht II, 4. Auflage, München 2018

– **Band 3:** Kollektives Arbeitsrecht I, 4. Auflage, München 2019 (zit.: *Bearbeiter*, in: MHdB ArbR, Bd.)

Münchener Handbuch zum Arbeitsrecht, Band 2, *Kiel, Heinrich / Lunk, Stefan / Oetker, Hartmut (Hrsg.)*, 3. Auflage, München 2009 (zit.: *Bearbeiter*, in: MHdB ArbR, Bd. 2, 3. Aufl. 2009)

Münchener Kommentar zum Aktiengesetz: AktG, *Goette, Wulf / Habersack, Mathias (Hrsg.)*,

– **Band 1** (§§ 1 – 75 AktG), 5. Auflage, München 2019

– **Band 5** (§§ 278 – 328 AktG, SpruchG), 5. Auflage, München 2020 (zit.: *Bearbeiter*, in: MüKo-AktG)

Münchener Kommentar zum Bürgerlichen Gesetzbuch: BGB, Säcker, Franz Jürgen / Rixecker, Roland / Oetker, Hartmut / Limperg, Bettina (Hrsg.)

– **Band 1** (§§ 1-240 BGB, AllgPersönlR, ProstG, AGG), 8. Auflage, München 2018

– **Band 3** (§§ 311-432 BGB), 8. Auflage, München 2019

– **Band 4** (§§ 535-630 BGB, HeizkostenV, BetriebskostenV, EFZG, TzBfG, KSchG), 8. Auflage, München 2019

– **Band 5** (§§ 631-651 BGB), 8. Auflage, München 2020 (zit.: *Bearbeiter*, in: MüKo-BGB)

Münchener Kommentar zum Gesetz betreffend die Gesellschaften mit beschränkter Haftung: GmbHG, Fleischer, Holger / Goette, Wulf (Hrsg.)

– **Band 1** (§§ 1-34 GmbHG), 3. Auflage, München 2018

– **Band 2** (§§ 35-52 GmbHG), 3. Auflage, München 2019 (zit.: *Bearbeiter*, in: MüKo-GmbHG)

Lieb, Manfred, Betriebs-(Teil-)Übergang bei zentraler Unternehmensorganisation, ZFA 1994, S. 229 – 250

Müntefering, Michael, BB-Kommentar: „Die EuGH-Entscheidung steht im Widerspruch zur bisherigen Rechtsprechung des BAG", BB 2009, S. 1135

Natzel, Ivo, Die Betriebszugehörigkeit im Arbeitsrecht (Diss.), München 2000 (zit.: *Natzel*)

Neufeld, Tobias, Einsatz in Matrixstrukturen – Arbeitsrechtliche Fragen bei Mehrliniensystemen, AuA 2012, S. 219 – 222

Ders. / Michels, Johannes, Arbeitsrechtliche Fragen des Einsatzes von Arbeitnehmern in Matrixstrukturen, KSzW 2012, S. 49 – 57

Neumann-Duesberg, Horst., Betriebsübergang und Tendenzbetrieb (§ 613a BGB, § 118 Abs. 1 BetrVG), NJW 1973, 268 ff.

Nicolai, Christiana, Betriebliche Organisation, 2. Auflage, München 2018 (zit.: Nicolai)

Nießen, Tobias, Die funktionale Steuerung von Konzernunternehmen aus gesellschafts- und arbeitsrechtlicher Sicht, Der Konzern 2010, S. 12 – 20

Nikisch, Arthur, Arbeitsrecht, Band I, Tübingen 1936 (zit.: *Nikisch*, ArbR I (1936))

Ders., Arbeitsrecht und Arbeitsverhältnis, Berlin u.a. 1941 (zit.: *Nikisch*, Arbeitsrecht und Arbeitsverhältnis)

Ders., Arbeitsrecht, Band I: Allgemeine Lehren und Arbeitsvertragsrecht, 3. Auflage, Tübingen 1961 (zit.: *Nikisch*, ArbR I, 3. Aufl. 1961)

Ders., Arbeitsrecht, Band III: Betriebsverfassungsrecht, 2. Auflage, Tübingen 1966 (zit.: *Nikisch*, ArbR III, 2. Aufl. 1966)

Niklas, Thomas / Koehler, Lisa-Marie, Vermeidung von Problemen bei Massenentlassungsanzeigen, NZA 2010, S. 913 – 919

Niklas, Thomas / Schauß, Lena-Marie, Die Arbeitnehmerüberlassung ist endlich - was kommt dann?, BB 2014, S. 2805 – 2810

Nordsieck, Fritz, Die schaubildliche Erfassung und Untersuchung der Betriebsorganisation, Stuttgart 1932 (zit.: *Nordsieck*)

Nörpel, Clemens, Probleme der Betriebsstillegung, NZFA 1930, Sp. 137 – 152

Oetker, Hartmut, Betriebszugehörigkeit und gelockerte Betriebsbeziehung – Dargestellt am Beispiel der Zeitungszusteller, AuR 1991, S. 359 – 369

Paulus, David, Stellvertretung und unternehmensbezogenes Geschäft, JuS 2017, S. 399 – 402

Pawlowski, Hans-Martin, Die gewillkürte Stellvertretung – Eine juristische Entdeckung der deutschen Rechtswissenschaft, JZ 1996, S. 125 – 132

Pelz, Christian, Die persönliche Haftung des Geschäftsführers einer GmbH, RNotZ 2003, S. 415 – 433

Peter, Manfred, Probleme des Betriebs- und Unternehmensbegriffs nach dem Betriebsverfassungsgesetz – Dargestellt am Beispiel einer Betriebs- und Unternehmensaufspaltung, DB 1990, S. 424 – 428

Picot, Arnold / Reichwald, Ralf, Auflösung der Unternehmung? Vom Einfluss der IuK-Technik auf Organisationsstrukturen und Kooperationsformen, ZfB 64 (1994), S. 547 - 570

Ders. / Dietl, Helmut / Franck, Egon / Fiedler, Maria / Royer, Susanne, Organisation – Theorie und Praxis aus ökonomischer Sicht, 7. Auflage, Stuttgart 2015 (zit.: *Picot/Dietl/Franck* et al.)

Ders. / Reichwald, Ralf / Wigand, Rolf / Möslein, Kathrin / Neuburger, Rahild / Neyer, Anne-Katrin, Die grenzenlose Unternehmung – Information, Organisation & Führung, 6. Aufl., Wiesbaden 2020 (zit.: *Picot et al.*, Grenzenlose Unternehmung)

Pietzko, Joachim, Der Tatbestand des § 613a BGB (Diss.), Berlin 1987 (zit.: *Pietzko*, Tatbestand)

Plander, Harro, Der Betrieb als Verhandlungsobjekt im Betriebsverfassungs- und sonstigen Arbeitsrecht, NZA 2002, S. 483 – 492

Polter, Cornelius, Das Betriebsverfassungsgesetz vom 15. Januar 1972: Vorgeschichte, Entstehung und weitere Änderungen (Diss.), Frankfurt a.M. 2017 (zit.: *Polter*)

Potacs, Michael, Effet utile als Auslegungsgrundsatz, EuR 2009, S. 465 – 487

Preis, Bernd, Rahmen und Grenzen der Sozialauswahl – Gedanken zur Anpassung von § 1 Abs 3 KSchG an Massenentlassungen, DB 1984, S. 2244 – 2250

Preis, Ulrich, Prinzipien des Kündigungsrechts bei Arbeitsverhältnissen: eine Untersuchung zum Recht des materiellen Kündigungsschutzes, insbesondere zur Theorie der Kündigungsgründe (Diss.), München 1987 (zit.: *Preis*, Prinzipien des Kündigungsrechts)

Ders., Entwicklungslinien in der Rechtsprechung des EuGH zum Arbeitsrecht, ZIP 1995, S. 891 – 909

Ders., Legitimation und Grenzen des Betriebsbegriffes im Arbeitsrecht, RdA 2000, S. 257 – 279

Ders., in: *Bauer, Jobst-Hubertus / Rieble, Volker (Hrsg.)*, Auswirkungen der Reform des Betriebsverfassungsgesetzes auf das Kündigungsschutzrecht, RWS Forum 21, Arbeitsrecht 2001: Tagungsband zum RWS-Forum am 30. und 31. August 2001 in Köln, Köln 2002, S. 83 – 130 (zit.: *Preis*, in: RWS Forum 21)

Ders., Unbillige Weisungsrechte und überflüssige Änderungskündigungen, NZA 2015, S. 1 – 10

Ders., § 611 a BGB – Potenziale des Arbeitnehmerbegriffes, NZA 2018, S. 817 - 826

Ders. / Greiner, Stefan, Arbeitsrecht Kollektivarbeitsrecht – Lehrbuch für Studium und Praxis, 5. Auflage, Köln 2020 (zit.: *Preis/Greiner*, KollArbR)

Ders. / Morgenbrodt, Kai, Die Rotkreuzschwester zwischen Arbeitnehmerbegriff und Beschäftigungsverhältnis – Urteil zum Europäischen Gerichtshof vom 17.11.2016 - Rs. Betriebsrat der Ruhrlandklinik, EuZA 2017, S. 418 – 430

Ders. / Poverdano Peramato, Alberto, 100 Jahre betriebsverfassungsrechtlicher Betriebsbegriff, in: *Gräfl, Edith / Lunk, Stefan / Oetker, Hartmut / Trebinger, Yvonne* (Hrsg.), Festschrift 100 Jahre Betriebsverfassungsrecht, München 2020, S. 571 – 584 (zit.: *Preis/Poverdano Peramato*, in: FS 100 Jahre Betriebsverfassungsrecht)

Ders. / Sagan, Adam (Hrsg.), Europäisches Arbeitsrecht: Grundlagen - Richtlinien - Folgen für das deutsche Recht, 2. Auflage, Köln 2019 (zit.: *Bearbeiter*, in: Preis/Sagan)

Ders. / Temming, Felipe, Arbeitsrecht: Individualarbeitsrecht – Lehrbuch für Studium und Praxis, 6. Auflage, Köln 2020 (zit.: *Preis/Temming*, IndivArbR)

Priester, Hans-Joachim, Betriebsführungsverträge im Aktienkonzern – organisationsrechtliche Instrumente, in: *Erle, Bernd / Goette, Wulf / Kleindiek, Detlef / Krieger, Gerd / Priester, Hans-Joachim / Schubel, Christian / Schwab, Martin / Teichmann, Christoph / Witt, Carl-Heinz (Hrsg.)*, Festschrift für Peter Hommelhoff: zum 70. Geburtstag, Köln 2012, S. 875 – 890 (zit.: *Priester*, in: FS Hommelhoff)

Raab, Thomas, Europäische und nationale Entwicklungen im Recht der Arbeitnehmerüberlassung, ZFA 2003, S. 389 – 446

Ders., Betriebsübergang und Leiharbeit - Rechtsfolgen der Übernahme des Entleiherbetriebs für die dort beschäftigten Leiharbeitnehmer – Urteil des Europäischen Gerichtshofs vom 21.10.2010 - Rs. Albron Catering, EuZA 2011, S. 537 – 553

Ders., Anforderungen an den identitätswahrenden Übergang einer wirtschaftlichen Einheit – Die Voraussetzungen des Betriebsübergangs in den Fällen der Ausgliederung, Rückgliederung und Auftragsnachfolge, EuZA 2019, 283 – 309

Raiser, Thomas, Das Unternehmen als Organisation, Berlin 1969 (zit.: *Raiser*, Das Unternehmen als Organisation)

Ramm, Thilo (Hrsg.), Entwürfe zu einem Deutschen Arbeitsvertragsgesetz, Frankfurt am Main 1992 (zit.: *Ramm*)

Rancke, Friedbert, Betriebsverfassung und Unternehmenswirklichkeit, Opladen 1982 (zit.: *Rancke*)

Ratayczak, Jürgen, Betriebsratswahl - Einstweilige Verfügung auf Abbruch der Wahl, AiB 1997, S. 600 – 602

Reichold, Hermann, Betriebsverfassung als Sozialprivatrecht: historisch-dogmatische Grundlagen von 1848 bis zur Gegenwart (Habil.), München 1995 (zit.: *Reichold*, Betriebsverfassung als Sozialprivatrecht)

Ders., Betriebsverfassung ohne "Betrieb"? – Zur Strukturreform des Betriebsverfassungsgesetzes aus privatdogmatischer Sicht, NZA 1999, S. 561 – 570

Ders., Die reformierte Betriebsverfassung 2001 – Ein Überblick über die neuen Regelungen des Betriebsverfassungs-Reformgesetzes, NZA 2001, S. 857 – 865

Ders., Zum Betriebsbegriff in der Kleinbetriebsklausel des § 23 KSchG, EWiR 2011, 127 – 128

Ders., „Wählen heißt auch Zählen“ - Die neue BAG-Rechtsprechung zur „Einbürgerung“ von Leiharbeitnehmern, in: *Boemke, Burkhard / Lembke, Mark / Linck, Rüdiger (Hrsg.)*, Festschrift für Gerrick Frhr. v. Hoyningen-Huene zum 70. Geburtstag, München 2014, S. 413 – 424 (zit.: *Reichold*, in: FS v. Hoyningen-Huene)

Ders., 100 Jahre Betriebsverfassung – „Per Aspera ad Astra“ – Ein Blick zurück auf den Beginn der betrieblichen Mitbestimmung in Deutschland, ZFA 2020, 5 – 29

Rein, Stefan Hermann, Mitbestimmungsfragen beim grenzüberschreitenden Arbeitsverhältnis im Konzern: das internationale Betriebsverfassungsrecht und der Betrieb im formellen sowie im materiellen Sinne (Diss.), Baden-Baden 2012 (zit.: *Rein*)

Reinhard, Barbara, Rechtsfolgen fehlerhafter Massenentlassungen, RdA 2007, S. 207 – 216

Dies. / Kettering, Lisa, Die schwierige Einordnung von Matrixstrukturen in das System des BetrVG – Neue Fragen erfordern neue Lösungsansätze, ArbRB 2014, S. 87 – 90

Reinhardt, Kai, Digitale Transformation der Organisation – Grundlagen, Praktiken und Praxisbeispiele der digitalen Unternehmensentwicklung, Wiesbaden 2020 (zit.: *Reinhardt*, Digitale Transformation)

Reinsch, Julia, Das Rechtsverhältnis zwischen Entleiher und Leiharbeitnehmer (Diss.), Baden-Baden 2008 (zit.: *Reinsch*)

Reuter, Dieter, Anm. zu BAG, Beschl. v. 14.9.1988 – 7 ABR 10/87, AP BetrVG 1972 § 1 Nr. 9

Richardi, Reinhard (Hrsg.), Betriebsverfassungsgesetz, 16. Auflage, München 2018 (zit.: Richardi/*Bearbeiter*)

Ders., Betriebszugehörigkeit als Rechtsproblem, in: *Martinek, Oswin (Hrsg.)*, Arbeitsrecht und soziale Grundrechte: Festschrift Hans Floretta zum 60. Geburtstag, Wien 1983, S. 595 – 606 (zit.: *Richardi*, in: FS Floretta)

Ders., Vertrags- oder Eingliederungstheorie als ergänzende Gesichtspunkte für die Begründung arbeitsrechtlicher Beziehungen in der Betriebsverfassung, in: *Henssler, Martin / Joussen, Jacob / Maties, Martin / Preis, Ulrich (Hrsg.)*, Festschrift für Prof. Rolf Wank zum 70. Geburtstag, München 2014, S. 465 – 474 (zit.: *Richardi*, in: FS Wank)

Ders., Betriebsbegriff als Chamäleon, in: Festschrift für Herbert Wiedemann zum 70. Geburtstag, München 2002, S. 493 – 518 (zit.: *Richardi*, in: FS Wiedemann)

Ders., Wahlberechtigung und Wählbarkeit zum Betriebsrat im Konzern, NZA 1987, S. 145 – 147

Ders., Reform des Betriebsverfassungsgesetzes?, NZA 2000, S. 161 – 167

Ders., Formzwang im Arbeitsverhältnis, NZA 2001, S. 57 – 63

Ders., Betriebsratswahlen nach § 3 BetrVG - nicht „Wie es Euch gefällt!", NZA 2014, S. 232 – 234

Ders. / Dörner, Hans-Jürgen / Weber, Christoph (Hrsg.), Personalvertretungsrecht, 5. Auflage, München 2020 (zit.: *Bearbeiter*, in: Richardi/Dörner/Weber)

Ricken, Oliver, Matrixstrukturen und Fremdpersonal als Herausforderungen der Mitbestimmung bei personellen Einzelmaßnahmen, ZFA 2016, 535 – 547

Rieble, Volker, Kompensation der Betriebsspaltung durch den Gemeinschaftsbetrieb mehrerer Unternehmen (§ 322 UmwG), in: *Hanau, Peter / Lorenz, Egon / Matthes, Hans-Christoph (Hrsg.)*, Festschrift für Günther Wiese zum 70. Geburtstag, Neuwied/Kriftel 1998, S. 453 – 478 (zit.: *Rieble*, in: FS Wiese)

Ders., Vereinbarte Betriebsratsstruktur im Unternehmen und Konzern, in: *Bauer, Jobst-Hubertus / Rieble, Volker (Hrsg.)*, RWS Forum 21, Arbeitsrecht 2001: Tagungsband zum RWS-Forum am 30. und 31. August 2001 in Köln, Köln 2002, S. 25 – 54 (zit.: *Rieble*, in: RWS Forum 21)

Ders., Betriebsführungsvertrag als Gestaltungsinstrument, NZA 2010, S. 1145 – 1150

Ders., Mitbestimmung in komplexen Betriebs- und Unternehmensstrukturen, NZA-Beilage 2014, S. 28 – 30

Ders., Betriebsführungsvertrag und Betriebsübergang, NZA 2018, S. 1302 – 1309

Ders. / Gistel, Cornelia, Konzernpersonaldienstleister und Gemeinschaftsbetrieb, NZA 2005, S. 242 – 247

Ders. / Klebeck, Ulf, Betriebsteil (§ 4 Abs. 1 BetrVG), in: *Annuß, Georg (Hrsg.)*, Festschrift für Reinhard Richardi zum 70. Geburtstag, München 2007, S. 693 – 710 (zit.: *Rieble/Klebeck*, in: FS Richardi)

Riesenhuber, Karl, Europäisches Arbeitsrecht, Heidelberg 2009 (zit.: *Riesenhuber*, Europäisches Arbeitsrecht)

Ders., Europäische Methodenlehre: Handbuch für Ausbildung und Praxis, 3. Auflage, Berlin u.a. 2015 (zit.: *Riesenhuber*, Europäische Methodenlehre)

Roth, Günter H. / Altmeppen, Holger (Hrsg.), GmbHG - Gesetz betreffend die Gesellschaften mit beschränkter Haftung: Kommentar, 9. Auflage, München 2019 (zit.: *Bearbeiter*, in: Roth/Altmeppen)

Rüthers, Bernd, Rechtsprobleme des betriebsbezogenen wilden Streiks, JZ 1970, S. 625 - 632

Ders., Mitbestimmungsprobleme in Betriebsführungsaktiengesellschaften, BB 1977, S. 605 - 612

Ders., Die unbegrenzte Auslegung: zum Wandel der Privatrechtsordnung im Nationalsozialismus (Habil.), 8. Auflage, Tübingen 2017 (zit.: *Rüthers*, Auslegung)

Ders. / Bakker, Rainer, Arbeitnehmerentsendung und Betriebsinhaberwechsel im Konzern, ZFA 1990, S. 245 - 335

Ders. / Fischer, Christian / Birk, Axel (Hrsg.), Rechtstheorie: mit Juristischer Methodenlehre, 11. Auflage, München 2020 (zit.: *Rüthers/Fischer/Birk*)

Säcker, Franz Jürgen, Arbeitnehmerüberlassung im Konzern und Betriebsratsorganisation, in: *Westermann, Harm Peter (Hrsg.)*, Festschrift für Karlheinz Quack zum 65. Geburtstag am 3. Januar 1991, Berlin/New York 1991, S. 421, 423 (zit.: *Säcker*, in: FS Quack)

Ders., Freiheit durch Recht – Abhandlungen zur Dialektik von freiheitsgewährleistenden und freiheitsbegrenzenden Normen in sozialstaatlich geprägten Privatrechtsordnungen aus den Jahren 1966 bis 2016, Baden-Baden 2016 (zit.: *Säcker*, Freiheit)

Ders. / Joost, Detlev, Betriebszugehörigkeit als Rechtsproblem im Betriebsverfassungs- und Mitbestimmungsrecht: zur Unterscheidung von Betrieb u. Unternehmen, Königstein/Taunus 1980 (zit.: *Säcker/Joost*, Betriebszugehörigkeit)

Saenger, Ingo / Inhester, Michael (Hrsg.), GmbHG Handkommentar, 3. Auflage, Baden-Baden 2016 (zit.: *Bearbeiter*, in: Saenger/Inhester)

Sagan, Adam, Die aktuelle Rechtsprechung des EuGH zum Recht der Gleichbehandlung und des Betriebsübergangs, ZESAR 2011, S. 412 – 423

Ders. / Brockfeld, Marius, Anmerkung zu EuGH v. 13.6.2019 – C-664/17 Ellinika Nafpigeia, AP Richtlinie 2001/23/EG Nr. 23.

Salamon, Erwin, Unterrichtung und Beratung im Konsultationsverfahren nach § 17 KSchG, NZA 2015, S. 789 – 793

Ders. / Hoppe, Christian, Die Maßgabe der fortbestehenden Organisationsstrukturen für den Betriebsteilübergang nach „Klarenberg", NZA 2010, S. 989 – 991

Schanz, Günther, Organisationsgestaltung: Management von Arbeitsteilung und Koordination, 2. Auflage, München 1994 (zit.: *Schanz*)

Schaub, Günter (Begr.), Arbeitsrechts-Handbuch: Systematische Darstellung und Nachschlagewerk für die Praxis, 18. Auflage, München 2019 (zit.: *Schaub*, ArbR-Hdb)

Ders., Die betriebsbedingte Kündigung in der Rechtsprechung des Bundesarbeitsgerichtes, NZA 1987, S. 217 – 223

Schauf, Maximilian, Rolle und Kompetenzen des GmbH-Geschäftsführers in einer Matrixstruktur, BB 2017, S. 2883 – 2888

Scheibeler, Elke, Begriffsbildung durch den Europäischen Gerichtshof - autonom oder durch Verweis auf die nationalen Rechtsordnungen? (Diss.), Berlin 2004 (zit.: *Scheibeler*)

Schiefer, Bernd, Die Sozialauswahl bei der betriebsbedingten Kündigung, NZA-RR 2002, S. 169 – 180

Ders., Betriebsbedingte Kündigung - Kündigungsursache und Unternehmerentscheidung, NZA-RR 2005, S. 1 – 12

Schierenbeck, Henner / Wöhle, Claudia B., Grundzüge der Betriebswirtschaftslehre, 19. Auflage, Berlin/Boston 2016 (zit.: *Schierenbeck/Wöhle*)

Schlachter, Monika, Methoden der Rechtsgewinnung zwischen EuGH und der Arbeitsgerichtsbarkeit, ZFA 2007, S. 249 – 275

Dies., Entwicklungen im Individualarbeitsrecht unter dem Einfluss der Rechtsprechung des EuGH – erforderliche und entbehrliche Veränderungen, RdA-Beil. 2009, 31 – 40

Schlegelberger, Franz (Hrsg.), Aktiengesetz: Gesetz über Aktiengesellschaften und Kommanditgesellschaften auf Aktien vom 30. Januar 1937 – Kommentar, 3. Auflage, Berlin 1939 (zit.: Schlegelberger/*Bearbeiter*, AktG 1937)

Schmidt, Carlo, Die Zuordnung von Arbeitnehmern durch Direktionsrecht als Umgehungsmaßnahme im Betriebsübergang (Diss.), Baden-Baden 2020, (zit.: *Schmidt*, Zuordnung von Arbeitnehmern)

Schmidt, Karsten / Lutter, Marcus, Aktiengesetz: Kommentar, Band II, §§ 133 – 410 AktG, SpruchG, 4. Auflage, Köln 2020 (zit.: *Bearbeiter*, in: Schmidt/Lutter)

Schmidt, Constanze / Wilkening, Friedrich, Reformbedarf im Rahmen von Massenentlassungen – Umformulierung von § 17 KSchG, NZA-RR 2017, S. 169 – 176

Schmitt, Laura, Leiharbeit durch Rotkreuzschwestern? - Zulässigkeit und Grenzen mitgliedschaftlicher Arbeitspflichten – Zugleich Besprechung zu EuGH v. 17.11.2016, Rs. C-216/15 (Betriebsrat der Ruhrlandklinik), ZESAR 2017, 167 – 175

Schockenhoff, Martin, Compliance in Konzernen mit Matrix-Strukturen, ZHR 180 (2016), S. 197 – 226

Schönbrod, Wolfgang, Die Organstellung von Vorstand und Aufsichtsrat in der Spartenorganisation: eine aktien- und konzernrechtliche Untersuchung (Diss.), Frankfurt a.M./Bern/New York/Paris 1987 (zit.: *Schönbrod*, Organstellung)

Scholz, Franz (Hrsg.), Kommentar zum GmbH-Gesetz: mit Anhang Konzernrecht, 12. Auflage, Köln 2018 (zit.: Scholz/*Bearbeiter*, GmbHG)

Schrader, Peter, Ist der betriebsverfassungsrechtliche Betriebsbegriff noch zeitgemäß?, NZA 2019, 951 - 959

Schrammel, Walter / Windisch-Graetz, *Michaela*, Europäisches Arbeits- und Sozialrecht, 2. Auflage, Wien 2018 (zit.: *Schrammel/Windisch-Graetz*)

Schreiber, Christoph, Konzernrechtsfreie Kontrolle: zivilrechtliche Möglichkeiten der Einflussnahme auf die Geschäftsführung der GmbH (Habil.), Tübingen 2017 (zit.: *Schreiber*, Konzernrechtsfreie Kontrolle)

Schreyögg, Georg / Geiger, Daniel, Organisation: Grundlagen moderner Organisationsgestaltung; mit Fallstudien, 6. Auflage, Wiesbaden 2016 (zit.: *Schreyögg/Geiger*)

Ders. / von Werder, Axel (Hrsg.), *Handwörterbuch Unternehmensführung und Organisation, 4. Auflage, Stuttgart 2004* (zit.: *Bearbeiter*, in: HWUO)

Schubert, Claudia, Betriebliche Mitbestimmung in Unternehmen und Konzernen mit Matrixorganisation, Frankfurt a.M. 2017 (zit.: *Schubert*, Matrixorganisationen)

Schüren, Peter, Betriebsratswahl - Leiharbeitnehmer - Arbeitnehmer in der Freistellungsphase der Altersteilzeit, RdA 2004, S. 184 - 187

Ders., Betriebsratswahl - Leiharbeitnehmer - Arbeitnehmer in der Freistellungsphase der Altersteilzeit – Anmerkung zu BAG v. 16.4.2003 – 7 ABR 53/02. zu BAG, RdA 2004, S. 184 - 187

Ders., Kostensenkung durch konzerneigene Verleihunternehmen – zugleich Anmerlung zur Entscheidung des LAG Niedersachen vom 28.2.2006 – 13 Ta BV 56/05, BB 2007, 2346 - 2350

Ders. / Fasholz, Sabrina, Inhouse-Outsourcing im Konzernverbund – Legale Werkverträge und konzerninterne Überlassungen gemäß § 1 Abs. 3 Nr. 2 AÜG 2011 und 2017, DB 2016, S. 1375 - 1379

Ders. / Hamann, Wolfgang (Hrsg.), Arbeitnehmerüberlassungsgesetz: AÜG – Kommentar, 5. Auflage, München 2018 (zit.: *Bearbeiter*, in: Schüren/Hamann)

Schulte-Zurhausen, Manfred, Organisation, 6. Auflage, München 2014 (zit.: *Schulte-Zurhausen*, Organisation)

Schulze, Reiner (Hrsg.), Bürgerliches Gesetzbuch – Handkommentar, 10. Auflage, Baden-Baden 2019 (zit.: HK-BGB/*Bearbeiter*)

Schuster, Fabian, Arbeitnehmer, Betrieb und Betriebszugehörigkeit im Betriebsverfassungsgesetz : zugleich eine Analyse des Zwecks des BetrVG (Diss.), Darmstadt 1997 (zit.: *Schuster*, Betriebszugehörigkeit)

Schwanda, Klaus, Der Betriebsübergang in § 613a BGB unter besonderer Berücksichtigung des Betriebsbegriffs (Diss.), Berlin 1992 (zit.: *Schwanda*)

Schwark, Eberhard, Spartenorganisation in Großunternehmen und Unternehmensrecht, ZHR 142 (1978), S. 203 - 227

Seibt, Christoph H., Dekonstruktion des Delegationsverbots bei der Unternehmensleitung, in: *Bitter, Georg (Hrsg.)*, Festschrift für Karsten Schmidt zum 70. Geburtstag, Köln 2009, S. 1463 – 1487 (zit.: *Seibt*, in: FS K. Schmidt)

Seibt, Christoph H. / Wollenschläger, Bernward, Trennungs-Matrixstrukturen im Konzern, AG 2013, S. 229 - 243

Ders. / Ders., Matrixorganisation international im Trend, Börsenzeitung vom 1.2.2014, S. 13 - 16

Seiter, Hugo, Betriebsinhaberwechsel: arbeitsrechtliche Auswirkungen eines Betriebsübergangs unter besonderer Berücksichtigung des § 613a BGB i.d.F. vom 13. August 1980, Stuttgart 1980 (zit.: *Seiter*, Betriebsinhaberwechsel)

Semler, Johannes, Leitung und Überwachung der Aktiengesellschaft: die Leitungsaufgabe des Vorstands und die Überwachungsaufgabe des Aufsichtsrats, 2. Auflage, Köln u.a. 1996 (zit.: *Semler*, Leitung und Überwachung)

Seyr, Sibylle, Der effet utile in der Rechtsprechung des EuGH (Diss.), Berlin 2008 (zit.: *Seyr*)

Siebert, Wolfgang, Das Arbeitsverhältnis in der Ordnung der nationalen Arbeit, Hamburg 1935 (zit.: *Siebert*, Arbeitsverhältnis)

Sina, Peter, Grenzen des Konzern-Weisungsrechts nach § 308 AktG, AG 1991, S. 1 – 10

Sinzheimer, Hugo, Grundzüge des Arbeitsrechts, 2. Auflage, Jena 1927 (zit.: *Sinzheimer*, Grundzüge)

Söllner, Alfred, Betrieb und Menschenwürde – Ein Beitrag zur Sinndeutung des Betriebsverfassungsrechts, RdA 1968, S. 437 – 439

Spelge, Karin, Die Gewährung von Massenentlassungsschutz im Europäischen Mehrebenensystem - Eine unlösbare Aufgabe?, RdA 2018, S. 297 – 305

Spindler, Gerald / Stilz, Eberhard (Hrsg.), Kommentar zum Aktiengesetz (2 Bände), 4. Auflage, München 2019 (zit.: *Bearbeiter*, in: Spindler/Stilz, AktG)

Stahlhacke, Eugen / Preis, Ulrich / Vossen, Reinhard (Hrsg.), Kündigung und Kündigungsschutz im Arbeitsverhältnis; Handbuch, 11. Auflage, München 2015 (zit.: SPV/*Bearbeiter*)

Staudinger BGB: Kommentar zum Bürgerlichen Gesetzbuch, Staudinger, Julius v. (Begr.)

– Buch 2: Recht der Schuldverhältnisse: §§ 315 – 326 BGB (Leistungsstörungsrecht 2), Neubearbeitung 2015

– Buch 2: Recht der Schuldverhältnisse: §§ 328-345 (Vertrag zugunsten Dritter, Draufgabe, Vertragsstrafe), Neubearbeitung 2015

– Buch 2: Recht der Schuldverhältnisse: Vorbem. zu § 611 ff; §§ 611-613 (Dienstvertragsrecht 1), Neubearbeitung 2016

– Buch 2: Recht der Schuldverhältnisse: §§ 613a-619a (Dienstvertragsrecht 2), Neubearbeitung 2019 (zit.: Staudinger-BGB/*Bearbeiter*)

Steffan, Ralf, Der Betriebsteil als „wirtschaftliche Einheit", NZA 2000, S. 687 – 690

Steidl, Bernhard, Synergiemanagement im Konzern: organisatorische Grundlagen und Gestaltungsoptionen (Diss.), Wiesbaden 1999 (zit.: *Steidl*, Synergiemanagement im Konzern)

Steiner, Michael, Die Haftung im Vertragskonzern (Diss.), Deggendorf 2006 (zit.: *Steiner*, Haftung im Vertragskonzern)

Steinmeyer, Heinz-Dietrich, Was bedeutet vorübergehend? – Die neue Grundsatzfrage des deutschen Arbeitsrechts, DB 2013, 2740 - 2744

Stelljes, Volker, Zu Grundlage und Reichweite des allgemeinen Kündigungsschutzes: Probleme der Kleinbetriebsbeschlüsse des Bundesverfassungsgerichts (Diss.), Berlin 2002 (zit.: *Stelljes*)

Stephan, Klaus-Dieter, Zum Stand des Vertragskonzernrechts, Der Konzern 2014, S. 1 – 28

Stöckel, Lena, Das Amt des Betriebsrats nach Umstrukturierungen – Das Substrat betriebsverfassungsrechtlicher Repräsentation und die Lehre von der betrieblichen Identität (Diss.), Berlin 2011 (zit.: *Stöckel*)

Strache, Karl-Heinz, Das Denken in Standards: Zugleich ein Beitrag zur Typologik (Diss.), München 1968 (zit.: *Strache*)

Streyl, Annedore, Zur konzernrechtlichen Problematik von Vorstands-Doppelmandaten (Diss.), Heidelberg 1992 (zit.: *Streyl*)

Streinz, Rudolf, Der „effet utile" in der Rechtsprechung des Gerichtshofs der Europäischen Gemeinschaften, in: *Due, Ole / Lutter, Marcus / Schwarze, Jürgen* (Hrsg.), Festschrift für Ulrich Everling, Band 2, Baden-Baden 1995, S. 1491 – 1510 (zit.: *Streinz*, in: FS Everling)

Sydow, Jörg /Wirth, Carsten (Hrsg.), Organisation und Strukturation, Wiesbaden 2014 (zit.: *Sydow/Wirth*)

Tacke, Veronika, Systemrationalisierung an ihren Grenzen - Organisationsgrenzen und Funktionen von Grenzstellen in Wirtschaftsorganisationen, in: Schreyögg, Georg / Sydow, Jörg (Hrsg.), Managementforschung 7 – Gestaltung von Organisationsgrenzen, Berlin 1997, S. 1 – 39 (zit.: *Tacke*, in: Managementforschung 7)

Taylor, Frederick Winslow, Die Grundsätze wissenschaftlicher Betriebsführung. München/Berlin 1913 (zit.: *Taylor*)

Teichmann, Robert / Koehler, Walter, Aktiengesetz: Gesetz über Aktiengesellschaften und Kommanditgesellschaften auf Aktien vom 30. Januar 1937, mit Einführungsgesetz, Durchführungsverordnungen und dem D-Mark-Bilanzgesetz; Kommentar, 3. Auflage, Heidelberg 1950 (zit.: *Teichmann/Koehler*, AktG 1937)

Temming, Felipe, Der vertragsbeherrschende Dritte – Drittbeherrschte Schuldverhältnisse und Sonderverbindungen i.S.d. § 311 Abs. 3, 2 Nr. 3 BGB unter besonderer Berücksichtigung des Konzernhaftungsrechts (Habil.), Baden-Baden 2015 (zit.: *Temming*, Vertragsbeherrschende Dritte)

Ders., Anerkennung und Grenzen eines konzerndimensionalen Kündigungsschutzes, RdA 2018, S. 84 – 100

Teubert, René, Die betriebsbedingte Kündigung von Leiharbeitnehmern, Hamburg 2016 (zit.: *Teubert*)

Teubner, Gunther, Die vielköpfige Hydra: Netzwerke als kollektive Akteure höherer Ordnung, in: Krohn, Wolfgang / Küppers, Günter (Hrsg.), Emergenz: Die Entstehung von Ordnung, Organisation und Bedeutung, Frankfurt 1992, S. 189 – 216 (zit.: *Teubner*, in: Krohn/Küppers)

Ders., Das Recht hybrider Netzwerke, ZHR 165 (2001), S. 550 – 575

Ders., Netzwerk als Vertragsverbund: Virtuelle Unternehmen, Franchising, Just-in-time in sozialwissenschaftlicher und juristischer Sicht, Baden-Baden 2004 (zit.: *Teubner*, Netzwerk als Vertragsverbund)

Teusch, Jan L., Die Organisation der Betriebsverfassung durch Tarifvertrag (Diss.), Berlin 2007 (zit.: *Teusch*, Organisation)

Thüsing, Gregor, Wahrung der Ansprüche der Arbeitnehmer beim Übergang von Unternehmen, SAE 1997, S. 276 – 281

Ders., Digitalisierung der Arbeitswelt - Impulse zur rechtlichen Bewältigung der Herausforderung gewandelter Arbeitsformen, SR 2016, S. 87 – 108

Ders. (Hrsg.), Arbeitnehmerüberlassungsgesetz: Kommentar, 4. Auflage, München 2018 (zit.: Thüsing/*Bearbeiter*, AÜG)

Ders. / Flink, Maike, Betriebsübergang bei Abschluss eines Betriebsführungsvertrages?, in: *Eckhoff, Frank / Gallner, Inken / Henssler, Martin / Reufels, Martin (Hrsg.)*, Dynamisches Recht – Festschrift für Wilhelm Moll zum 70. Geburtstag, München 2019, S. 659 – 666 (zit.: *Thüsing/Flink*, in: FS Moll)

Ders. / Rachor, Stephanie / Lembke, Mark (Hrsg.), Kündigungsschutzgesetz: Praxiskommentar zum KSchG und zu angrenzenden Vorschriften mit Gestaltungshinweisen und Beispielen, 4. Auflage, Freiburg 2018 (zit.: *Bearbeiter*, in: Thüsing/Rachor/Lembke, KSchG)

Ders. / Stiebert, Tom, Die Zukunft von Gestellung in Diakonie und Caritas – Zugleich eine Anmerkung zu EuGH vom 17.11.2016, C-216/15, Ruhrlandklinik, ZAT 2016, S. 178 – 183

Tillmanns, Kerstin, Strukturfragen des Dienstvertrages: Leistungsstörungen im freien Dienstvertrag und im Arbeitsvertrag (Habil.), Tübingen 2007 (zit.: *Tillmanns*, Strukturfragen)

Timm, Wolfram, Mehrfachvertretung im Konzern – Überlegungen zum Binnenrecht der Unternehmergruppe, AcP 193 (1993), S. 423 – 452

Titze, Heinrich, Das Recht des kaufmännischen Personals, Leipzig 1918 (zit.: *Titze*)

Traeger, Sabrina, Die Einstellung nach § 99 BetrVG (Diss.), Berlin 2018 (zit.: *Traeger*)

Treber, Jürgen / Bader, Peter / Fischermeier, Ernst / Gallner, Inken / u.a. (Hrsg.), KR Gemeinschaftskommentar zum Kündigungsschutzgesetz und zu sonstigen kündigungsschutzrechtlichen Vorschriften, 12. Auflage, Köln 2019 (zit.: KR-Komm/*Bearbeiter*)

Trittin, Wolfgang, Wahrung der Ansprüche der Arbeitnehmer beim Übergang von Unternehmen, AiB 1997, S. 479 – 481

Tschöpe, Ulrich, Leiharbeitnehmer als Arbeitnehmer des Entleiherbetriebs bei Betriebsänderungen?, NJW 2012, S. 2161 – 2163

Tucci, Marco, Arbeitnehmermobilität im Konzern: unter besonderer Berücksichtigung der Möglichkeiten und Grenzen konzerninterner Arbeitnehmerüberlassung, Baden-Baden 2012 (zit.: *Tucci*, Arbeitnehmermobilität)

Ulber, Jürgen, Rechtliche Grenzen des Einsatzes von betriebsfremden Arbeitnehmern und Mitbestimmungsrechte des Betriebsrats, ArbuR 1982, S. 54 – 65

Ulmer, Peter / Habersack, Mathias / Löbbe, Marc (Hrsg.), GmbHG - Gesetz betreffend die Gesellschaften mit beschränkter Haftung: Großkommentar Band III: §§ 53-87, Tübingen 2016 (zit.: *Bearbeiter*, in: Ulmer/Habersack/Löbbe, GmbHG)

Umnuß, Karsten, Organisation der Betriebsverfassung und Unternehmerautonomie: Grundlegung für die Reform des organisatorischen Teils der Betriebsverfassung (Diss.), Baden-Baden 1993 (zit.: *Umnuß*, Betriebsverfassung)

Urban, Sandra, Der Kündigungsschutz außerhalb des Kündigungsschutzgesetzes: das Arbeitsverhältnis im Spannungsfeld zwischen Kündigungsfreiheit und Kündigungsschutz (Diss.), Berlin 2001 (zit.: *Urban*)

Utermark, Silke, Die Organisation der Betriebsverfassung als Verhandlungsgegenstand: Vereinbarungslösungen nach § 3 BetrVG (Diss.), Frankfurt a.M. 2005 (zit.: *Utermark*)

van Peijpe, Taco, Transfers, Dismissal and Change of Conditions in Dutch labour law, NZA-Beilage 2008, S. 151 – 155

Veelken, Winfried, Der Betriebsführungsvertrag im deutschen und amerikanischen Aktien- und Konzernrecht (Diss.), Baden-Baden 1975 (zit.: *Veelken*)

Volkmann, Peter, Konzernverantwortung und Betriebsverfassung (Diss.), Baden-Baden 2011 (zit.: *Volkmann*, Konzernverantwortung)

Vogt, Volker, Arbeitsrecht im Konzern, Auslandsentsendung, Arbeitnehmerüberlassung, Kündigungsschutz, Betriebsübergang, Compliance, Baden-Baden 2014 (zit.: *Vogt*, Arbeitsrecht im Konzern)

Waas, Bernd, Zur Konsolidierung des Betriebsbegriffs in der Rechtsprechung von EuGH und BAG zum Betriebsübergang, ZFA 2001, S. 377 – 395

Wagner, Jochen, Die "Just-in-Time"-Produktion: Anlaß zum Überdenken des Arbeitgeber- und des Betriebsbegriffs, ArbuR 1990, S. 245 – 252

Walker, Wolf-Dietrich, Rechtsverhältnisse bei der gewerbsmäßigen Arbeitnehmerüberlassung und Schadensersatzansprüche des Entleihers wegen Schlechtleistung, AcP 194 (1994), S. 295 – 318

Walle, Andreas, Der Gemeinschaftsbetrieb als Gestaltungsinstrument, in: *Eckhoff, Frank / Gallner, Inken / Henssler, Martin / Reufels, Martin (Hrsg.)*, Dynamisches Recht – Festschrift für Wilhelm Moll zum 70. Geburtstag, München 2019, S. 712 – 726 (zit.: *Walle*, in: FS Moll)

Wanhöfer, Harald, Gemeinschaftsbetrieb und Unternehmensmitbestimmung (Diss.), Berlin 1994 (zit.: *Wanhöfer*)

Wang, Ximeng, Betriebs(teil)übergang und Arbeitsverhältniszuordnung (Diss.), München 2012 (zit.: *Wang*)

Wank, Rolf, Die juristische Begriffsbildung (Habil.), München 1985 (zit.: *Wank*, Begriffsbildung)

Ders., Arbeitnehmer und Selbstständige (Habil.), München 1988 (zit.: *Wank*, Arbeitnehmer und Selbstständige)

Ders., Rechtsfortbildung im Kündigungsschutzrecht, RdA 1987, S. 129 – 160

Ders., Anmerkung zu EuGH, Urt. v. 19.9.1995 – C 48/94, AP BGB § 613a Nr. 133

Ders., Lean-Management und Business reengineering aus arbeitsrechtlicher Sicht, Stuttgart 1995 (zit.: *Wank*, Lean-Management)

Ders., Arbeitnehmerüberlassungsgesetz – Buchbesprechung - Kommentar von Prof. Dr. Peter Schüren, Münster, unter Mitwirkung von Wiss. Ass. Dr. Andreas Feuerborn und Richter am Arbeitsgericht Wolfgang Hamann, ZFA 1996, S. 535 – 543

Ders., Betriebsstillegung durch Konkursverwalter - Betriebsübergang bei Neuvergabe eines Reinigungsauftrags, SAE 1998, S. 209 – 214

Ders., Der Betriebsübergang in der Rechtsprechung von EuGH und BAG – eine methodische Untersuchung, in: *Oetker, Hartmut / Preis, Ulrich / Rieble, Volker*, Festschrift 50 Jahre Bundesarbeitsgericht, München 2004, S. 245 – 264 (zit.: *Wank*, in: FS 50 Jahre BAG)

Ders. / Maties, Martin, Arbeitnehmer oder Gesellschaftsorgan oder Vereinsmitglied?, NZA 2007, S. 353 – 358

Ders., Der Arbeitnehmer-Begriff im neuen § 611a BGB, ArbuR 2017, S. 140 – 153

Ders., Neues zum Arbeitnehmerbegriff des EuGH, EuZW 2018, S. 21 – 30

Ders., Genügt das reformierte AÜG dem Unionsrecht?, BB 2018, S. 1909 – 1916

Weber, Ralph, Vom Klassenkampf zur Partnerschaft – Die Entwicklung des Verhältnisses zwischen Arbeitgeber und betrieblicher Arbeitnehmervertretung, ZFA 1993, S. 517 – 554

Weber, Hansjörg / Weber, Jörg-Andreas, Zur Dogmatik eines allgemeinen Beschäftigungsanspruchs im Arbeitsverhältnis, RdA 2007, S. 344 – 352

Wedemeyer, Philipp, Die Betriebszugehörigkeit im BetrVG (Diss.), 2007 [ohne Verlag] (zit.: *Wedemeyer*, Betriebszugehörigkeit)

Weller, Bernhard, Kündigungsschutz in Betrieb und Unternehmen – Unter besonderer Berücksichtigung von Fragen der sozialen Auswahl, ArbuR 1986, S. 225 – 233

Wellspacher, Moriz, Das Vertrauen auf äußere Tatbestände im bürgerlichen Recht, Wien 1906 (zit.: *Wellspacher*)

Wolf, Sebastian / Weller Bernd, (Inter-)nationale Matrixstrukturen – Individualrechtliche Probleme, AuA 2015, S. 210 – 212

Wendeling-Schröder, Ulrike, Divisionalisierung, Mitbestimmung und Tarifvertrag: zur Möglichkeit d. Mitbestimmungssicherung in divisionalisierten Unternehmen u. Konzernen (Diss.), Köln u.a. 1984 (zit.: *Wendeling-Schröder*, Divisionalisierung)

Dies., Mehrere Unternehmen - ein Betrieb, NZA 1984, S. 247 – 250

Dies., Betriebsverfassung nach Maß?, NZA 1999, S. 1065 – 1071

Weißmüller, Wolfgang, Der Betriebsführungsvertrag - eine Alternative zum Unternehmenskauf?, BB 2000, S. 1949 – 1955

Weng, Björn, Das Weisungsrecht in der gesellschaftsrechtlichen Praxis, FuS 2013, S. 138 – 140

Wieneke, Laurenz, Leitungsstrukturen bei Integration deutscher Gesellschaften in internationale Konzerne, in: Gesellschaftsrecht in der Diskussion 2010, Köln 2011 (zit.: *Wieneke*, in: GesR in der Diskussion)

Willemsen, Heinz Josef, Die neuere Rechtsprechung des Bundesarbeitsgerichts zu § 613a BGB: Tendenzen und Schlußfolgerungen für die Praxis, ZIP 1986, S. 477 – 479

Ders., Der Grundtatbestand des Betriebsübergangs nach § 613a BGB, RdA 1991, S. 204 – 216

Ders., Erneute Wende im Recht des Betriebsübergangs - ein „Christel Schmidt II"-Urteil des EuGH?, NZA 2009, S. 289 – 294

Ders., Erosion des Arbeitgeberbegriffs nach der Albron-Entscheidung des EuGH? – Betriebsübergang bei gespaltener Arbeitgeberfunktion, NJW 2011, S. 1546 – 1551

Ders., Aktuelle Rechtsprechung des EuGH zum Arbeits- und Sozialrecht – Befristung, Betriebsübergang, RdA 2012, S. 291 – 303

Ders., Mehr Klarheit nach „Klarenberg"!, NZA 2014, S. 1010 – 1013

Ders., „Freikauf durch Einkauf?" – Vermeidung des § 613a BGB durch Austausch wesentlicher Betriebsmittel, NZA 2017, S. 953 – 960

Ders. / Hohenstatt, Klaus-Stefan / Schnitker, Elmar / Schweibert, Ulrike / Seibt, Christoph (Hrsg.), Umstrukturierung und Übertragung von Unternehmen: arbeitsrechtliches Handbuch, 5. Auflage, München 2016 (zit.: WHSS/*Bearbeiter*)

Ders. / Sagan, Adam, Der Tatbestand des Betriebsübergangs nach „Klarenberg" (Zugleich Besprechung EuGH v. 12.2.2009 - Rs C-466/07, ZIP 2009, 433 - Klarenberg und BAG v. 17.12.2009 - 8 AZR 1019/08, ZIP 2010, 694), ZIP 2010, S. 1205 – 1214

Wicke, Hartmut (Hrsg.), Gesetz betreffend die Gesellschaften mit beschränkter Haftung (GmbHG): Kommentar, 3. Auflage, München 2016 (zit.: Wicke/*Bearbeiter*, GmbHG)

Wiedemann, Herbert, Die Unternehmensgruppe im Privatrecht: methodische und sachliche Probleme des deutschen Konzernrechts, Tübingen 1988 (zit.: *Wiedemann*, Unternehmensgruppe)

Ders., Anmerkung zu BAG, Urt. v. 13.6.1985 – 2 AZR 452/84, AP KSchG 1969 § 1 Nr. 10

Wiese, Günther, Individuum und Kollektiv im Betriebsverfassungsrecht, NZA 2006, S. 1 – 10

Ders., Schutz und Teilhabe als Zwecke notwendiger Mitbestimmung in sozialen Angelegenheiten und deren Rangverhältnis, ZFA 2000, S. 117 – 148

Ders. / Kreutz, Peter / Weber, Christoph / Franzen, Martin / Jacobs, Matthias / Gutzeit, Martin / Oetker, Hartmut (Hrsg.), Gemeinschaftskommentar zum Betriebsverfassungsgesetz (GK-BetrVG), 11. Auflage, Köln 2018 (zit.: GK-BetrVG/*Bearbeiter*)

Wilde, Christiane, Abschluss und Änderung von Beherrschungs- und Gewinnabführungsverträgen im GmbH-Konzernrecht (Diss.), Frankfurt a.M. u.a. 2011 (zit.: *Wilde*, GmbH-Konzernrecht)

Windbichler, Christine, Arbeitsrecht im Konzern (Habil.), München 1989 (zit.: *Windbichler*, Arbeitsrecht im Konzern)

Dies., Arbeitsrechtliche Vertragsgestaltung im Konzern, Köln 1990 (zit.: *Windbichler*, Vertragsgestaltung)

Windt, Jörg, Die Neukonstruktion des Tatbestands des Betriebsübergangs: eine Untersuchung zu den dogmatischen und methodischen Grundlagen des § 613a Abs. 1 Satz 1 BGB (Diss.), Berlin 2005 (zit.: *Windt*, Neukonstruktion)

Winter, Michael / Theisen, Dominik, Betriebsführungsverträge in der Konzernpraxis, AG 2011, S. 662 – 669

Wirbelauer, Wolfram Heinrich, Der Begriff der „Einstellung" nach Inkrafttreten des AÜG-Änderungsgesetzes – Eine methodische Untersuchung unter Berücksichtigung nationalökonomischer Aspekte, NZA 2017, S. 970 – 976

Wisskirchen, Gerlind / Bissels, Alexander, Arbeitsrechtliche Probleme bei „Matrix-Strukturen" – Kündigungsschutz im multinationalen Konzern bei multinational tätigen Arbeitnehmern, DB 2007, S. 340 – 346

Dies. / Block, Janis, Auf der Suche nach dem Arbeitgeber: Mitbestimmung in komplexen Organisationsformen: oder et hät noch immer joot jejange!, NZA-Beilage 2017, S. 90 – 95

Wißmann, Tim / Schneider, David, Europa hat gesprochen: Betriebsübergang ohne Erhalt der organisatorischen Einheit!, BB 2009, S. 1126 – 1129

Witschen, Stefan, Matrixorganisationen und Betriebsverfassung, RdA 2016, S. 38 – 49

Witte, Stefan, Leiharbeit beim Betriebsübergang (Diss.), Baden-Baden 2015 (zit.: *Witte*, Leiharbeit)

Wlotzke, Otfried, Zum Wahlrecht von Leiharbeitnehmern und vergleichbaren Arbeitnehmern zur Wahl des Betriebsrats im Einsatzbetrieb, in: Oetker, Hartmut / Preis, Ulrich / Rieble, Volker, Festschrift 50 Jahre Bundesarbeitsgericht, München 2004, S. 1149 – 1164 (zit.: *Wlotzke*, in: FS 50 Jahre BAG)

Wlotzke, Otfried / Preis, Ulrich / Kreft, Burghard (Hrsg.), Betriebsverfassungsgesetz: Kommentar, 4. Auflage, München 2009 (zit.: *Bearbeiter*, in: Wlotzke/Preis/Kreft)

Wolf, Roland, Gefühlt oder durchdacht? BAG-Entscheidung zu Zeitarbeit und Kündigungsschutz, AuA 2013, S. 160 – 161

Wollenschläger, Michael, Betriebsverfassungsrechtliche Fragen des Betriebsüberganges nach § 613a BGB unter Berücksichtigung des Rechtes der Europäischen Union, in: *Heinze, Meinhard*, Festschrift für Wolfgang Gitter zum 65. Geburtstag am 30. Mai 1995, Wiesbaden 1995, S. 1067 – 1080 (zit.: *Wollenschläger*, in: FS Gitter)

Worpenberg, Stephan, Die konzerninterne Arbeitnehmerüberlassung (Diss.), Frankfurt a.M. u.a. 1993 (zit.: *Worpenberg*)

Wortmann, Florian, Neue Regeln beim Betriebsübergang – Beibehaltung des Funktionszusammenhangs übernommener Produktionsfaktoren, ArbRB 2010, S. 123 – 126

Worzalla, Michael, Arbeitsverhältnis - Selbständigkeit, Scheinselbständigkeit, Neuwied/Kriftel/Berlin 1996 (zit.: *Worzalla*, Arbeitsverhältnis)

Wurth, Gilbert, Die Matrixorganisation im internationalen Konzern, in: *Eckhoff, Frank / Gallner, Inken / Henssler, Martin / Reufels, Martin (Hrsg.)*, Dynamisches Recht – Festschrift für Wilhelm Moll zum 70. Geburtstag, München 2019, S. 775 – 792 (zit.: *Wurth*, in: FS Moll)

Wypych, Artur-Konrad, Anmerkung zum Urteil des BAG vom 25.1.2018, Az 8 AZR 309/16 – zur Annahme eines Betriebsübergangs bei Vorliegen eines Betriebsführungsvertrags, EWiR 2018, 537

Zeuner, Albrecht, Zur Bestimmung des für die Rechte nach § 102 BetrVG zuständigen Betriebsrates bei aufgespaltener Arbeitgeberstellung im Konzern, in: *Dieterich, Thomas (Hrsg.)*, Festschrift für Marie Luise Hilger und Hermann Stumpf zum 70. Geburtstag, München 1983, S. 771 – 783 (zit.: *Zeuner*, in: FS Hilger/Stumpf)

Ziemann, Werner, Betriebsbegriff - Betriebszugehörigkeit - drittbezogener Personaleinsatz, ArbuR 1990, S. 58 – 64

Zink, Der Begriff „Betrieb" nach dem Betriebsrätegesetz (BRG) und der WO von 12. Februar 1920 in Unternehmungen, die mehrere Betriebe umfassen, Der Arbeitgeber, S. 53 – 55

Zöllner, Wolfgang, Gemeinsame Betriebsnutzung – Kritische Bemerkungen zur Rechtsfigur des gemeinsamen Betriebs, in: *Bierich, Marcus / Hommelhoff, Peter (Hrsg.)*, Festschrift für Johannes Semler zum 70. Geburtstag am 28. April 1993, Berlin u.a. 1993, S. 995 – 1014 (zit.: *Zöllner*, in: FS Semler)

Ders., Betriebs- und unternehmensverfassungsrechtliche Fragen bei konzernrechtlichen Betriebsführungsverträgen, ZFA 1983, S. 93 ff.

Ders. / Loritz, Karl-Georg / Hergenröder, Curt Wolfgang, Arbeitsrecht, 7. Auflage, München 2015 (zit.: *Zöllner/Loritz/Hergenröder*)

Zwanziger, Bertram, Vom Reinigungsvertrag zur Krise der Europäischen Union? – Stellungnahme zu EuGH DB 1994 S 1370 f und Buchner, DB 1994 S 1417 ff., DB 1994, S. 2621 – 2625

FSC
www.fsc.org
MIX
Papier | Fördert gute Waldnutzung
FSC® C083411

Kolibri 360 GmbH
Ferdinand-Jühlke-Straße 7
99095 Erfurt, Deutschland
produktsicherheit@kolibri360.de